개정증보판 TAX AFFAIRS

부가가치세 이론과 실무

박성욱(경희대 교수) · 김선일 공저

SAMIL | 삼일인포마인

차례

차례

차례

제 **1** 장

총칙

01 부가가치세의 기본개념

'부가가치세(value added tax, VAT)'란 재화나 용역이 생산·제공되거나 유통될 때에 각 단계마다 기업이 창출하는 부가가치에 대하여 부과하는 세금이다. 여기서 '부가가치 (value added)'란 각 거래단계의 사업자가 독자적으로 새로 창출한 가치의 증가분이라고 정의할 수 있다.

부가가치는 재화나 용역의 매출액에서 그 매입액을 공제하여 계산한다. 또한 부가가치는 재화나 용역이 생산되거나 유통되는 각각의 단계에 사용된 요소인 자본, 경영, 노동, 토지에 대한 보수가 이자, 이윤, 임금, 지대의 형태로 배분될 것이므로 요소소득의 합과도 동일하게 된다.

02 우리나라 부가가치세의 특징

(1) 기본구조

1) 소비형 부가가치세

현행 부가가치세법은 매출액에서 중간재 매입액과 자본재 매입액을 모두 공제한 금액을 과세대상 부가가치로 산정하여 투자지출(자본재 구입[1])은 과세되지 않는다. 즉, 총소비액을 근간으로 과세하는 소비형 부가가치세이다.

구 분	부가가치
총생산형	총매출액 − 중간재 매입액 = 임금 + 지대 + 이자 + 이윤 + 감가상각비
소득형	총매출액 − 중간재 매입액 − 감가상각비 = 임금 + 지대 + 이자 + 이윤
소비형	총매출액 − 중간재 매입액 − 자본재 매입액 = 임금 + 지대 + 이자 + 이윤 − 순투자액(총투자액 − 감가상각비)

---

1) 자본재 구입 시 부담한 부가가치세를 즉시 회수할 수 있기 때문에 투자를 촉진하는 효과가 있다.

2) 전단계세액공제법(invoice method[2])

	A 사업자 (제조업)	B 사업자 (도매업)	C 사업자 (소매업)		최종소비자
매출	100,000	150,000	180,000	구입액	198,000
매출세액	10,000	15,000	18,000	공급가액	180,000
매입	–	100,000	150,000	부가가치세	18,000
매입세액	–	10,000	15,000		
납부세액	10,000	5,000	3,000		18,000

① A 사업자 : 부가가치 100,000
　　매출세액 : 100,000(매출) × 10%(부가가치세율) ＝ 　10,000
　　매입세액 :
　　납부세액 : 　　　　　　　　　　　　　　　　　　　　　10,000
② B 사업자 : 부가가치 50,000
　　매출세액 : 150,000(매출) × 10%(부가가치세율) ＝ 　15,000
　　매입세액 : 　　　　　　　　　　　　　　　　　　　 (10,000)
　　납부세액 : 　　　　　　　　　　　　　　　　　　　　　 5,000
③ C 사업자 : 부가가치 30,000
　　매출세액 : 180,000(매출) × 10%(부가가치세율) ＝ 　18,000
　　매입세액 : 　　　　　　　　　　　　　　　　　　　 (15,000)
　　납부세액 : 　　　　　　　　　　　　　　　　　　　　　 3,000
④ 최종소비자 구입액 ＝ 198,000

　부가가치세를 과세하는 방법으로 전단계세액공제법(간접법)을 채택하고 있는데, 이는 사업자의 매출액에 세율을 곱하여 매출세액을 계산한 다음, 매입액에 세율을 곱하여 계산된 매입세액(전단계 세액)을 매출세액에서 빼는 방법으로 부가가치세를 계산한다.

　재화 또는 용역의 공급자는 매출액에 세율을 곱한 매출세액을 공급받는 자로부터 거래징수[3]하고, 그 거래내용을 증명하기 위하여 세금계산서를 발급해준다.

> 부가가치세 납부세액 ＝ 매출세액(매출액 × 세율) − 매입세액(매입액 × 세율)

---

2) 매출세액과 매입세액은 세금계산서에 의하여 확인하도록 하고 있으며 이것은 사업자에게 부과되는 부가가치세를 거래상대방에게 전가하는(거래징수) 과정에서 거래징수사실을 증명하는 영수증을 의미하는 것이다.
3) 원천징수와의 용어 차이에 주의. 원천징수는 소득을 지급하는 자(원천징수 의무자: 국가, 법인 및 개인 사업자, 비사업자 포함)가 소득을 지급하는 때 소득자의 세금을 징수·납부하는 제도이다.

3) 세부담의 전가

공급자는 과세표준에 세율을 적용하여 계산한 부가가치세를 그 공급받는 자로부터 거래 징수하도록 규정(법 제31조)하여 세부담이 최종소비자에게 전가될 것으로 예상된다.

4) 소비지국과세원칙 채택(destination principle of taxation)

생산지국에서 수출할 때에는 간접세를 전액 공제 또는 환급하여 간접세 부담을 완전히 제거하고, 수입할 때에는 자국에서 생산된 물품과 동일하게 간접세를 부과한다.

(2) 부가가치세의 특성

1) 간접세

부가가치세는 납세의무자와 담세자가 구분되는 간접세이다. 법률상 부가가치세의 납세 의무를 지는 자는 재화나 용역을 공급하는 사업자이지만, 그 세액은 다음 거래단계로 전가 되어 궁극적으로는 최종소비자가 부담한다.

2) 일반소비세[4]

부가가치세는 원칙적으로 모든 거래단계에서 재화·용역의 공급과 재화의 수입을 과세 대상으로 규정하고 있다. 또한 예외적으로 과세되지 아니하는 경우와 면세대상[5]이 되는 경 우를 제한적으로 규정하고 있다.

3) 다단계 거래세

부가가치세는 재화 또는 용역이 어떠한 형태이든 독립된 경제거래의 대상이 될 때에 과 세함으로써 제조, 도매, 소매 등의 각 유통단계마다 모두 과세하는 다단계거래세이다.

4) 물세

납세의무자의 부양가족·기초생계비 등 인적사항을 고려하지 않고 재화·용역의 소비 사실에 대하여 과세한다.

---

4) 특정한 재화나 용역의 소비행위에 대해서만 과세하는 개별소비세, 교통·에너지·환경세, 주세 등과는 구분 된다.
5) 모든 재화와 용역의 공급 및 재화의 수입에 대하여 과세를 하는 부가가치세의 특성으로 역진성 문제가 제기 되고, 이에 부가가치세법은 저소득층 등 일반 서민들의 부담이 커지는 것을 방지하고자 기초생활필수품 등에 대하여 '면세'를 설정하고 있다.

01 납세의무자

(1) 의의(부가가치세법 제3조)

1) 일반적인 납세의무자

다음에 해당하는 자로서 개인, 법인(국가·지방자치단체와 지방자치단체조합을 포함), 법인격이 없는 사단·재단 또는 그 밖의 단체는 부가가치세를 납부할 의무가 있다.

① 재화 또는 용역을 공급하는 <u>사업자</u>[6]

② 재화를 <u>수입하는 자</u>(사업자 여부 불문)

2) 신탁 관련 납세의무자[7](2022.1.1. 이후 신탁계약을 체결하는 분부터 적용)

신탁재산과 관련된 재화 또는 용역을 공급하는 때에는 「신탁법」에 따른 <u>수탁자</u>가 신탁재산별로 각각 별도의 납세의무자로서 부가가치세를 납부할 의무가 있다.

다만, 다음의 경우 납세의무자가 수탁사가 아닌 <u>위탁자(위탁자 지위 이전시 기존 위탁자[8])</u>가 된다.

① 신탁재산과 관련된 재화 또는 용역을 위탁자 명의로 공급하는 경우(위탁자가 거래 당사자가 되는 임대 등)

② 위탁자가 신탁재산을 실질적으로 지배·통제하는 경우

    ⓐ 부동산 개발사업 목적 신탁으로서 수탁자가 개발사업비 조달의무를 부담하지 아니하는 경우 : 관리형 토지 신탁(다만, 수탁자가 「도시 및 주거환경정비법」 또는 「빈집 및 소규모주택 정비에 관한 특례법」에 따른 재개발사업·재건축 사업 또는 가로주택정비사업·소규모 재건축사업·소규모 재개발사업의 사업시행자인 경우는 제외

    ⓑ 수탁자가 「도시 및 주거환경정비법」 및 「빈집 및 소규모주택 정비에 관한 특례법」

---

6) 사업자란 사업목적이 영리이든 비영리이든 관계없이 사업상 독립적으로 재화 또는 용역을 공급하는 자를 말한다(부가가치세법 제2조의3). 사업자가 아닌 개인 또는 면세사업자가 일시적·우발적으로 재화 또는 용역을 공급하는 경우에는 부가가치세 납세의무자에 해당되지 않음(집행기준 3-0-2).

7) 수탁자가 납세의무자가 되는 경우 수탁자(공동수탁자가 있는 경우 대표수탁자)는 해당 신탁재산을 사업장으로 보아 사업자등록을 신청하여야 한다(부가가치세법 제8조의6).

8) 2022.1.1. 이후 위탁자 지위를 이전하는 분부터 적용

에 따른 재개발사업·재건축 사업 또는 가로주택정비사업·소규모 재건축사업·소규모 재개발사업의 사업대행자인 경우

ⓒ 위탁자의 지시로 수탁자가 위탁자의 특수관계인에게 신탁재산과 관련된 재화 또는 용역을 공급하는 경우[9]

ⓓ 「자본시장과 금융투자업에 관한 법률」에 따른 투자신탁의 경우

③ 그 밖에 신탁의 유형, 신탁 설정의 내용, 수탁자의 임무 및 신탁사무 범위 등을 고려하여 시행령으로 정하는 경우

3) 공동수탁자가 있는 경우(2022.1.1. 이후 신탁계약을 체결하는 분부터 적용)

신탁재산에 둘 이상의 수탁자(공동수탁자)가 있는 경우 공동수탁자는 부가가치세를 연대하여 납부할 의무가 있다. 이 경우 공동수탁자 중 신탁사무를 주로 처리하는 수탁자를 대표 수탁자로 하여 부가가치세를 신고·납부하여야 한다.

(2) 신탁 관련 제2차 납세의무 및 물적납세의무(부가가치세법 제3조의2)

1) 제2차 납세의무

다음 어느 하나에 해당하는 부가가치세 또는 강제징수비를 신탁재산으로 충당하여도 부족한 경우에는 그 신탁의 수익자는 지급받은 수익과 귀속된 재산의 가액[10]을 합한 금액을 한도로 하여 그 부족한 금액에 대하여 납부할 의무를 진다.

① 신탁 설정일[11] 이후에 「국세기본법」 제35조 제2항에 따른 법정기일이 도래하는 부가가치세로서 해당 신탁재산과 관련하여 발생한 것

② 위 부가가치세에 대한 강제징수 과정에서 발생한 강제징수비

2) 물적납세의무

납세의무자가 위탁자의 경우에 위탁자가 다음 어느 하나에 해당하는 부가가치세 또는 강제징수비를 체납한 경우로서 그 위탁자의 다른 재산에 대하여 강제징수를 하여도 징수할 금액에 미치지 못할 때에는 해당 신탁재산의 수탁자는 그 신탁재산으로써 위탁자의 부가가치세 및 강제징수비를 납부할 의무가 있다.

---

9) 2022.1.1. 이후 재화 또는 용역을 공급하는 분부터 적용
10) 신탁재산이 해당 수익자에게 이전된 날 현재의 시가(부가가치세법 시행령 제5조의3)
11) 신탁법에 따라 해당 재산이 신탁재산에 속한 것임을 제3자에게 대항할 수 있게 된 날로 한다. 다만, 다른 법률에서 제3자에게 대항할 수 있게 된 날을 신탁법과 달리 정하고 있는 경우에는 그 날로 한다(부가가치세법 시행령 제5조의3).

① 신탁 설정일 이후에 「국세기본법」 제35조 제2항에 따른 법정기일이 도래하는 부가가치세로서 해당 신탁재산과 관련하여 발생한 것
② 위 부가가치세에 대한 강제징수 과정에서 발생한 강제징수비

(3) 재화 또는 용역을 공급하는 사업자의 요건

1) 영리 목적[12]불문

사업목적이 <u>영리든 비영리[13]든</u> 관계없이 부가가치를 창출하여 공급하는 사업자인 경우 납세의무자가 된다. 부가가치세는 사업자가 얻은 소득에 대해 과세하는 것이 아니라, 최종 소비자가 부담하는 조세이며 영리를 목적으로 하는 다른 사업자와 조세의 중립성을 유지하기 위함이다.

> **관련질의**
>
> 비영리 재단법인이며 법인세법에 의한 지정기부금 단체로 시험, 검사, 교정, 인증 등 국내 적합성 평가 서비스산업의 건전한 육성, 발전을 위해 국내의 표준 제·개정을 위한 조사 연구 및 개발 활동을 수행하며, 이를 바탕으로 적합성 평가기관에 대한 정부의 인정업무 등을 수행하는 비영리법인의 부가가치세 납세의무자 해당 여부는 사업목적이 영리든 비영리든 관계없이 사업상 독립적으로 부가가치세가 과세되는 재화 또는 용역을 공급하는 사업자는 「부가가치세법」 제3조에 따라 부가가치세법상 납세의무자에 해당하는 것임 (부가 부가가치세과-683, 2013.7.26.)

2) 사업성

① 부가가치를 창출해 낼 수 있는 정도의 사업형태를 갖추고 <u>계속적, 반복적인 의사로 재화 또는 용역을 공급[14]</u>(대법원 86누555, 1986.12.9.)
② 단순히 1회 정도의 재화 또는 용역의 공급이 있거나 일시적·우발적으로 재화 또는 용역의 공급이 있는 정도로는 사업성을 갖추었다고 볼 수 없음.
③ 사업자 스스로 사업을 표방하여 사업자등록을 하고 재화 또는 용역을 공급하는 경우에는 사업성을 갖춘 것으로 본다.

---

12) 영리 목적이란 사업을 영위하여 그 이익을 구성원에게 분배하는 것을 말한다.
13) 비영리법인이 부가가치세 과세사업인 수익사업을 개시한 경우 수익사업 개시일로부터 20일 내에 관할세무서에 사업자등록 정정을 통해 수익사업을 추가하여야 한다. 당초에 비영리법인 사업자번호가 아닌 고유번호증을 교부받은 법인이 아닌 단체는 과세사업 개시 시 고유번호증을 반납하고 새로운 사업자등록증을 교부받아야 한다.
14) 사업자등록 여부 불문, 부가가치세 거래징수 여부 불문 부가가치세 납세의무자가 된다(기본통칙 3-0-1,②).

실무

플랫폼(ex. 중고나라 등)을 통한 중고거래 관련 사업자등록 여부

플랫폼을 통한 중고거래를 계속적·반복적으로 하는 경우 사업자로 등록하고 부가가치세를 신고·납부하여야 함. 중고거래 플랫폼 사업자의 중개자료 제출이 2023년 7월 1일 이후 의무화(중고나라, 당근마켓, 번개장터 등의 중고거래 플랫폼, 네이버 크림, 무신사 솔드아웃 등 리셀 플랫폼 등 적용) 되었기 때문에 2023년 소득세 신고 당시 신고안내문에 소득자료가 적출됨. 이에 따른 과세관청의 사업자 미등록에 따른 사후검증 예고.

부동산 매매에 대한 부가가치세 과세 여부(부가칙 §2 ②)

1. 부동산 매매(주거용 또는 비거주용 건축물 및 그 밖의 건축물을 자영건설하여 분양·판매하는 경우를 포함) 또는 그 중개를 사업목적으로 나타내어 부동산을 판매하는 사업: 부동산의 취득과 매매 횟수와 관계없이 부동산매매업에 해당
   ex. 상가신축분양, 주택 신축분양 등 각종 신축분양사업

   해석사례

   대출을 위해 부동산매매업으로 사업자등록 후 부동산을 판매했을 때 과세 여부
   처분청은 쟁점부동산의 양도가 부가가치세 과세대상인 재화의 공급에 해당한다는 의견이나, 쟁점부동산 소재에 신청한 사업자등록신청서에 업종을 부동산/매매로 사업자등록을 신청한 것으로 나타나는 점, 청구인은 기간제 교사로 재직 중이고 청구인의 부동산 취득 및 양도내역 등을 볼 때 커피숍을 운영하기 위한 목적에서 사업자등록을 한 것이라는 청구주장이 신빙성이 있는 것으로 보이는 점,「부가가치세법 시행령」제6조 제3호에서 사업개시일을 재화나 용역의 공급을 시작하는 날로 규정하고 있는데, 청구인은 건물을 신축한 후 커피숍을 운영하기 전에 쟁점부동산을 양도하여 청구인이 음식점업 사업자의 지위에서 쟁점부동산을 양도한 것으로 보기도 어려워 보이는 점, 청구인이 쟁점부동산 신축과 관련하여 교부받은 세금계산서 관련 매입세액을 공제받은 사실도 없는 점 등에 비추어 청구인이 자금사정에 따라 건물을 신축한 후 일시적·우발적으로 쟁점부동산을 양도한 것으로 보이므로 처분청이 쟁점부동산의 양도를 부가가치세 과세대상인 재화의 공급으로 보아 이 건 부가가치세를 과세한 처분은 잘못인 것으로 판단됨.

2. 사업상 목적으로 <u>1 과세기간 중에 1회 이상 부동산을 취득하고 2회 이상 판매하는</u> 사업
   → 부동산의 매매가 사업에 해당하는지 여부가 불분명한 경우가 많음을 고려 위 요

건을 충족하면 부동산매매업으로 보는 경우를 예시적으로 규정한 것에 불과하다 (대법원 2010두29192, 2013.2.28.).

cf. 사업의 계속성 또는 반복성이 없다고 하더라도 사업의 실체를 객관적으로만 갖추면 부가가치세 납세의무는 성립

→ 상가신축분양, 주택 신축분양 등 각종 신축분양사업은 단 1회의 거래 및 매매라 하더라도 이는 사업자로 보아야 한다. 위 시행규칙 제2조 제2항에 해당하지 않는 다 하더라도 제1호가 적용될 수 있는 이상 부동산매매업을 영위한 자로서 일반과세의 적용을 받아야 한다(부산고법 2019누11562, 2020.1.22.).

3. 부동산매매업을 영위하는 사업자가 분양목적으로 신축한 건축물이 분양되지 아니하여 일시적·잠정적으로 임대하다가 양도하는 경우에는 부동산매매업에 해당한다.

고 유 번 호 증

(수익사업을 하지 않는 비영리법인 및 국가기관 등)

고유번호 :

단 체 명 :

대표자 성 명 :   생 년 월 일 :
                                         (법 인 등 록 번 호)

소 재 지 :

발 급 사 유 :

공 동 대 표 :

(유의사항)

(1) 이 고유번호증의 부여로 인해 고유번호증상의 대표자가 정당한 대표
    자임을 증명하지 않으며, 「민법」 기타 특별법에 따른 법인격이 부여
    되는 것은 아닙니다.

(2) 수익사업을 하고자 하는 경우에는 비영리법인의 수익사업 개시
    신고서(「법인세법」 시행규칙 별지 제75호의 4)를 제출하고 납세
    의무를 이행하여야 하며, 미이행시 가산세 등의 세무상 불이익을
    받을 수 있습니다.

년   월   일

세 무 서 장 ㉑

비영리법인의 수익사업 개시신고서
(사업자등록증 발급 신청서)

접수번호	접수일자	처리기간	3일 (보정기간은 불산입)

신 고 할 내 용

법인명 (단체명)		고유번호		대표자 (관리책임자)	
수익사업의 사업장 소재지				층	호
본점, 주사무소, 또는 사업의 실질적 관리장소의 소재지				층	호
전화번호		핸드폰번호			
고유목적사업				수익사업 개시일	
사 업 연 도	월 일 ~ 월 일				

수 익 사 업 의 종 류

주 업 태	주 종 목	주업종코드	부 업 태	부 종 목	부업종코드

주 류 면 허		개 별 소 비 세 (해당란에 ○표)				부가가치세 과세사업		인 · 허가 사업여부			
면 허 번 호	면허신청	제 조	판 매	장 소	유 흥	여	부	신고	등록	인·허가	기타
	여 부										
전자우편주소		국세청이 제공하는 국세정보 수신동의 여부				[ ]동의함 [ ]동의하지않음					

납세자의 위임을 받아 대리인이 신고를 하는 경우 아래 사항을 적어 주시기 바랍니다.

대리인 인적사항	성 명		생 년 월 일	
	전화번호		납세자와의 관계	

「법인세법」 제110조에 따라 위와 같이 비영리법인의 수익사업 개시신고서를 제출합니다.

년 월 일

신고인 (서명 또는 인)

세무서장 귀하

첨부서류	1. 고유번호증 2. 수익사업에 관련된 개시 재무상태표 1부. ※ 새롭게 사업장을 설치하고 수익사업 개시신고를 하는 경우에는 사업 자등록신청서를 별도로 제출하여야 합니다.	수수료 없 음

210mm×297mm[백상지 80g/㎡ 또는 중질지 80g/㎡]

3) 독립성

재화 또는 용역의 공급이 사업상 '독립적'이어야 한다.

① 인적독립성

사업과 관련하여 재화 또는 용역을 공급하는 주체가 다른 사업자에게 고용되거나 종속되지 않아야 한다.

> **✎ 실무 ●**
>
> 인적용역자가 공급하는 용역의 제공은 독립성이 없으므로 과세되지 않으나, 인적용역자가 사업자를 등록하여 제공하는 용역은 독립적으로 제공하는 용역이므로 과세대상에 해당

② 물적독립성

사업 자체가 다른 사업에 부수되어 있지 아니하고 대외적으로 독립하여 재화 또는 용역을 공급하는 것을 말한다.

| 소득세가 비과세되는 농가 부업소득에 대한 부가가치세 과세 여부(부가칙 §2 ③) |

농가 부업소득	과세 여부	이 유
축산·양어·고공품제조	과세 안됨[15]	독립된 사업으로 보지 않고 농업의 일부[16]로 봄
민박·음식물판매·특산물제조·전통차 제조 및 그 밖에 이와 유사한 활동	과세됨	독립된 사업으로 봄

4) 과세대상인 재화 또는 용역의 공급

위의 요건을 모두 갖추었다 하더라도 재화·용역의 공급이 부가가치세법 제26조에 규정하는 면세대상인 경우에는 부가가치세법상 납세의무자가 아니며, 과세대상인 재화 또는 용역을 공급하여야 부가가치세의 납세의무자가 된다.

---

15) 농업·어업은 면세사업으로 규정되어 있어 농어가부업은 이에 따라 부가가치세가 과세되지 아니한다.
16) 농어민이 상설판매장(영업장)을 특설하여 농·수산물 등을 판매하는 경우 농가부업소득에 해당되지 않고 이는 비과세 대상이 되는 농업소득이 아니므로 소득세 부과대상이 되고, 부가가치세 과세물품에 대하여는 부가가치세 과세대상이 된다(부가 1265-732 1984.4.23.).

5) 관련 해석

◉ 주무관청의 허가를 받아 설립된 사회복지법인이 주무관청에 장애인 직업 재활시설로 신고된 장애인 보호 사업장을 운영하면서 직업 재활훈련 프로그램의 일환으로 실비로 재화 또는 용역을 공급하는 경우 **면세대상**이다(서면-2015-법령해석 부가-0379, 2015.8.31.).

◉ 정부(고용노동부장관)에서 청소년과 어린이에게 다양한 직업 세계에 대한 정보를 제공할 목적으로 설립한 공익법인이 그 고유의 사업목적으로 직업 세계관, 체험관, 진로설계관을 운영하여 청소년 등에게 이용하게 하면서 그 운영원가에 상당하거나 미달하는 입장료·체험료를 받는 경우 **면세대상**이다(법규 부가 2012-355, 2012.9.28.).

◉ 민법 제32조에 따라 주무관청의 허가를 받아 설립된 사단법인이 그 고유목적사업인 학술대회를 개최하면서 학술, 전시, 후원광고, 부스임대에 대한 용역을 일시적으로 공급하거나 실비로 공급하는 경우에는 「부가가치세법」 제12조 제1항 제16호 및 같은 법 시행령 제37조 제1호에 따라 **부가가치세를 면제**한다(법규 부가 2009-429, 2010.1.11.).

◉ 공익법인 소유의 체육시설(수영장, 헬스, 에어로빅 등)을 일반인에게도 이용하게 하고 받는 대가는 부가가치세 **과세대상**이다(국심 2005서3130, 2006.6.2.).

◉ 공익단체가 계속적으로 공급하는 수익사업
주무관청에 등록된 공익단체 등이 자체기금 등의 조성을 위해 계속적으로 공급하는 수익사업 관련 재화는 부가가치세 **과세대상**이다(서면3팀-801, 2004.4.23.).

◉ 친목을 도모하는 동호회의 과세여부
일반적으로 동호회비를 걷어 동호회 운영을 위한 임대료 등을 지출하여 모임회비 및 입금액 사용내역에 대한 별도의 정산절차를 수반한 경우 과세대상이 아니나, 특정인의 책임과 계산 아래 지속적으로 운영되고 특정인의 독립된 사업자 지위에서 동호회 성격의 특정 용역을 제공한다면 이는 부가가치세 과세대상이다(조심 2020중1569).

◉ 명의자와 사실상 귀속자가 서로 다른 경우의 납세의무자
과세의 대상이 되는 행위 또는 거래의 귀속이 명의일 뿐이고 사실상 귀속되는 자가 따로 있는 경우에는 사실상 귀속되는 자에 대하여 부가가치세법을 적용한다(부가통칙 3-0-2).

◉ 국외거래에 대한 납세의무
부가가치세의 납세의무는 우리나라의 주권이 미치는 범위 내에서 적용되므로 사업자가 우리나라의 주권이 미치지 아니하는 국외에서 재화를 공급하는 경우에는 납세의무가 없다. 다만, 중계무역 방식의 수출, 위탁판매수출, 외국인도 수출, 위탁가공 무역 방식의 수출로 재화를 공급하거나 원료를 대가 없이 국외의 수탁가공 사업자에게 반

출하여 가공한 재화를 양도하는 경우에 그 원료를 반출하는 경우에는 그러하지 아니한다(집행기준 3-0-4).

◉ 비거주자가 국내의 오픈마켓을 통해 상품을 판매하는 경우 과세 여부

비거주자가 국내의 오픈마켓(사이버몰)에 판매자로 등록한 후 그 오픈마켓을 통해 국내소비자로부터 주문을 받아 국외에서 국내소비자에게 직배송하는 방법으로 상품을 판매하는 경우 해당 오픈마켓은 그 비거주자의 「부가가치세법」상 사업장에 해당하지 아니하며, 그 오픈마켓을 통한 상품판매에 대하여 해당 비거주자는 같은 법에 따른 납세의무를 부담하지 아니한다.

◉ 비거주자가 국내 인터넷 블로그를 통해 상품판매를 하는 경우 국내사업장 여부

비거주자가 국내에 서버를 둔 인터넷 포털사이트(블로그)를 통하여 국내 소비자로부터 주문을 받아 국외에서 직배송하는 방식으로 상품을 판매함에 있어, 해당 사이트를 통한 고객과의 계약체결, 국내계좌를 이용한 대금결제 등 사업의 중요하고도 본질적인 행위가 국내에서 계속적·반복적으로 이루어지는 경우 **국내 고정사업장에 해당**함
→ 특히 2015년 세법의 개정으로 외국 법인 구글, 애플 등의 국내오픈마켓은 국내에 온라인으로 사업자등록하고 부가가치세를 신고·납부하여야 한다. 이는 2019년 부가가치세법 시행령 제96조의2 개정으로 재화의 공급뿐만 아니라 게임 및 소프트웨어 등 용역의 공급도 포함된다.

◉ 입주자대표회의의 납세의무

공동주택의 입주자대표회의가 단지 내 주차장 등 부대시설을 운영·관리하면서 입주자들로부터 실비상당의 이용료를 받는 경우 부가가치세 납세의무가 없다. 다만, 외부인으로부터 이용료를 받는 경우에는 해당 외부인의 이용료에 대하여는 부가가치세 납부의무가 있다(기본통칙 3-0-4).

◉ 입주자대표회의가 징수하는 1차량 초과 주차료 수익사업 여부

비영리법인인 아파트 입주자대표회의가 1차량을 초과하여 주차하는 세대에 아파트 관리비 외 주차장 유지·보수 등 관리목적으로 별도 징수하는 주차료는 수익사업에 해당하지 않음(기획재정부 법인-765, 2018.7.2. 2020년 12월 세법해석사례 정비로 기존 서면2팀-799는 삭제)

◉ 아파트, 상가의 관리 수입

아파트와 상가의 관리비 부가가치세 과세는 입주자들이 자체적으로 운영하는 경우 즉, 아파트의 입주자 자체관리, 상가의 번영회 등을 설립하여 자체관리하는 경우 과세대상이 아니지만, 외부에 도급을 주거나 위탁 경영하는 경우 수익의 발생 여부와 관계없이 부가가치세와 소득세 과세대상에 해당한다.

→ 관리단이 입주자들로부터 해당 건물의 관리에 실제 소요되는 관리비 외에 주차장을 사용하는 입주자와 방문자로부터 수령한 주차료, 헬스이용료, 재활용 폐사원판매, 알뜰시장 장소임대, 통신 중계기 설치 임대, 전기검침 대행 수입 등은 <u>외부인으로부터 받는 계속 반복적 수입금액</u>(외부인 이용료만)은 **부가가치세와 종합소득세 과세대상에 해당**한다(법령해석부가-0304, 2015.6.19., 기획재정부 부가-631 2017.12.4.).

→ 공동주택의 입주자대표회의가 헬스장 등을 설치하여 동 시설을 실질적으로 관리 운영하면서 입주자만이 배타적으로 사용하도록 하고 이용자들로부터 <u>실비상당액의 회비</u>를 받는 경우 부가가치세 **납세의무가 없는 것**임(서면부가 2015-22492, 2016.2.29.)

◉ 신탁 관련 수탁자의 물적납세의무 판단 시 다른 신탁재산으로도 납부할 의무를 부담하는지 여부

신탁 설정일 이후에 법정기일이 도래하는 부가가치세등을 체납한 위탁자에게 신탁재산이 있는 경우로서, 해당 위탁자의 다른 재산에 대하여 체납처분을 하여도 징수할 금액에 미치지 못할 때에는 그 신탁재산으로써 수탁자가 물적납세의무를 부담하는 것이나, 다른 위탁자의 신탁재산으로는 해당 물적납세의무를 부담하지 아니함(서면법령해석부가 2020-3925, 2020.11.23.)

◉ 수탁자가 신탁재산을 관리·처분하면서 재화를 공급하는 경우 부가가치세 납세의무자

수탁자가 위탁받은 신탁재산을 관리·처분하면서 대법원 판결일(2017.5.18.) 이전 공급분의 경우 부가가치세 납세의무자는 위딕자임

◉ 세금계산서를 발급할 수 있는 납세의무자 해당 여부

매년 정기적으로 대학생들을 위한 대학생들이 만들어가는 박람회로서 NGO, 기업프로그램 등의 단체가 참가하여 부스에서의 홍보 컨설팅, 연사 강연, 멘토링, 취업컨설팅 등을 하는 박람회이며 임의단체의 고유번호를 받은 상태이나 세금계산서 발급 가능 여부는 사업성 유무 및 재화 또는 용역의 공급이 계속·반복적인지 여부에 대해 사실판단할 사항임(질의회신 부가가치세과-920, 2013.10.8.)

02 **과세대상(부가가치세법 제4조)**

부가가치세법상 과세대상은 사업자가 행하는 **재화 또는 용역의 공급**과 **재화의 수입**이다.

03 과세기간[17](부가가치세법 제5조)

　부가가치세법은 매년 1.1.~12.31.을 1 과세기간으로 하는 소득세, 1년 이내의 범위로 사업연도를 정하는 법인세법상 사업연도와 다르게, 1년을 2 과세기간으로 하여 상반기, 하반기를 각 1 과세기간으로 하고 있다. 다만, 사업자의 자금사정과 국가의 안정적인 재정수입 확보를 위하여 각 과세기간의 초일부터 3개월을 예정신고[18]기간으로 두어 각 과세기간의 세액을 미리 납부하도록 하고 있다.

(1) 일반과세자 과세기간

구 분	계속사업자	신규사업자	폐업자
1기	1.1. ~ 6.30.	사업개시일[19] ~ 6.30.	1.1. ~ 폐업일
2기	7.1. ~ 12.31.	사업개시일 ~ 12.31.	7.1. ~ 폐업일

(2) 간이과세자의 과세기간

① 일반적인 경우

계속사업자	신규사업자	폐업자
1.1. ~ 12.31.	사업개시일 ~ 12.31.	1.1. ~ 폐업일

② 수입금액에 따른 과세유형 변경의 경우

일반과세자가 간이과세자로 변경되는 경우	그 변경 이후 7.1. ~ 12.31. (간이적용)
간이과세자가 일반과세자로 변경되는 경우	7.1. 일반유형 전환된 경우 : 그 변경 이전 1.1. ~ 6.30. (간이적용)
간이과세 포기로 유형 전환[20]된 경우	1.1. - 간이과세 포기일이 속하는 달의 말일

---

17) 과세기간은 세법에 따라 국세의 과세표준 계산에 기초가 되는 기간을 말하며(국세기본법 제2조의13), 납세의무의 성립시기, 과세표준 및 납부세액의 계산시기, 신고·납부시기 등을 정하는 기준이 된다.
18) 예정신고에 대해서는 제6장에서 자세히 다룬다.
19) 사업개시일 이전에 사업자등록을 신청한 경우 : 신청일 ~ 해당 과세기간의 종료일
20) 간이과세 적용 포기의 경우 과세기간 : 각각 1 과세기간

실무

① 부가가치세 신고기한은 <u>각 과세기간 종료일부터 25일</u> 이내이다.

② 폐업자의 경우 <u>폐업일이 속하는 달의 말일로부터 25일</u> 이내 확정신고하여야 한다.
　→ 폐업시 부가가치세신고를 기한 내 실시하여야 하며, 납부할 세액이 없다고 하더라도 기존 환급된 부분이 있는지를 검토하여 <u>폐업 시 잔존재화 과세 등 주의</u>(비품 등 자산 2년 이내 취득여부 확인)
　→ 폐업사실증명을 발급받는 경우 폐업신고한 사업자의 폐업취소가 현실적으로 불가능

③ 일반과세사업자로의 전환 시 간이과세자는 과세기간이 끝난 후 다음 달 25일 이내에 부가가치세 확정신고를 하여야 한다.
　→ 3월 31일 전환한 경우 : 1월 1일~3월 31일(간이과세로 신고) + 4월 1일~6월 30일(일반과세로 신고), 확정신고 때 합쳐서 신고하는 경우 가산세 대상임.
　→ 재고매입세액공제를 받기 위해서는 '재고품 및 감가상각자산 신고서'를 제출

④ 합병으로 인한 소멸법인의 최종 과세기간은 그 과세기간의 개시일부터 합병등기를 한 날까지로 한다(기본통칙 5-7-1).

● [집행기준 5-0-3] 신규사업등의 과세기간

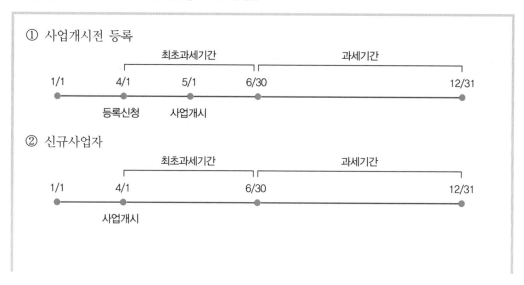

간이과세 적용 과세기간	1.1 ~ 간이과세 적용 포기 신고일이 속하는 달의 마지막 날 ex. 5월 18일 간이과세 포기한 경우 1.1 ~ 5.31 까지의 간이과세자분 신고를 6월 25일까지 하여야 함 (확정신고기간인 7월 25일에 한번에 하는 것이 아님)
일반과세 적용 과세기간	간이과세 적용 포기 신고일이 속하는 달의 다음 달 1일 ~ 과세기간의 종료일

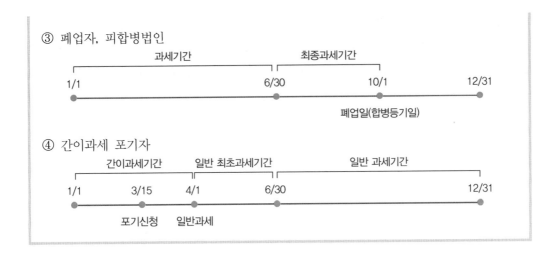

③ 폐업자, 피합병법인

| 과세기간 | 최종과세기간 |

1/1 ─────── 6/30 ─── 10/1 ─── 12/31

폐업일(합병등기일)

④ 간이과세 포기자

| 간이과세기간 | 일반 최초과세기간 | 일반 과세기간 |

1/1 ── 3/15 ── 4/1 ── 6/30 ──────── 12/31

포기신청 일반과세

(3) 사업의 개시일(개업일)

① **제조업** : 제조장별로 재화의 제조를 시작하는 날

② **광업** : 사업장별로 광물의 채취, 채광을 시작하는 날

③ **기타** : 재화 또는 용역의 공급을 시작하는 날

④ **법령 개정 등으로 면세사업에서 과세사업으로 전환되는 경우** : 그 과세 전환일

⑤ **부동산임대업**은 해당 임대용역의 공급을 개시하는 날이므로 전세금 또는 임대보증금의 과세표준 계산 시 기산일은 그 임대용역의 공급을 개시하는 날이 된다.

⑥ **사업규모를 확장하기 위하여 기존사업장 외의 다른 장소에 있는 사업장을 양수하였을 경우**동 사업장의 개시일은 양수인이 사업장별로 사업을 양수하여 사업을 시작하는 날이 된다.

(4) 폐업일(부가가치세법 시행령 제7조)

① **합병으로 인한 소멸법인의 경우** : 합병법인의 변경등기일 또는 설립등기일

② **분할로 인하여 사업을 폐업하는 경우** : 분할법인의 분할변경등기일(분할법인이 소멸하는 경우에는 분할신설법인의 설립등기일)

③ **①, ② 외의 경우** : 사업장별로 그 사업을 실질적으로 폐업하는 날(다만, 폐업한 날이 분명하지 아닌한 경우에는 폐업신고서의 접수일)

④ **해산으로 청산 중에 있는 법인, 회생계획인가 결정을 받고 회생절차를 진행 중인 내국법인** : 잔여재산가액 확정일, 해산일부터 365일이 되는 날까지 잔여재산가액이 확정되지 아니한 경우에는 그 해산일부터 365일이 되는 날

(다만, 사업을 실질적으로 <u>폐업하는 날로부터 25일 이내에 관할세무서장에게 신고하</u>

여 승인을 얻은 경우에 한함)

⑤ 폐업일이 명백하지 않은 경우 : 폐업신고서 접수일(다만, 폐업신고를 한 경우에도 관할세무서장이 폐업 사유, 사업장 상태, 사업의 계속 여부 등을 확인하여 실질적으로 사업을 계속 영위한 때에는 폐업한 것으로 보지 아니한다)

⑥ 하나의 사업장에서 여러 개의 업종의 사업을 영위하는 사업자가 그 중 하나의 업종을 폐지하는 경우에는 폐업에 해당하지 아니한다.

⑦ 사업개시일 전에 사업자등록을 한 자로서 사업자등록을 한 날부터 6개월이 되는 날까지 재화와 용역의 공급실적이 없는 자에 대해서는 그 6개월이 되는 날을 폐업일로 본다. 다만, 사업장의 설치기간이 6개월 이상이거나 그 밖의 정당한 사유로 인하여 사업개시가 지연되는 경우에는 그러하지 아니하다.

04 납세지[21](부가가치세법 제6조)

(1) 의의

사업자의 부가가치세 납세지는 각 사업장의 소재지로 한다. 부가가치세는 납세의무자의 인적사항을 고려하지 않는 간접세이기 때문에 납세의무자의 주소지와 관계없이 사업장을 기준으로 하여 납세지를 결정하고 있다. 만약 사업장에 해당함에도 사업자등록을 하지 않았다면 이는 미등록가산세(공급가액의 1%)에 해당된다.

따라서 사업자는 사업장마다 사업자등록을 하여야 하며, 사업장별로 구분하여 관할세무서장에게 각각 신고·납부뿐만 아니라 모든 부가가치세법 제반 의무를 이행하여야 한다. 이를 '사업장별 과세원칙[22]'이라고 한다.

(2) 사업장

부가가치세법에서 정한 사업장이라 함은 사업자 또는 그 사용인이 상시 주재하여 거래의 전부 또는 일부를 행하는 고정된 장소를 말한다(부가가치세법 제6조의2). 만약 이러한 사업장을 두지 아니하면 사업자의 주소 또는 거소를 사업장으로 한다. 다만 다음의 경우에는 각 호에서 정하는 장소를 사업장으로 본다.

---

21) 납세지란 납세의무자가 납세의무 및 협력 의무를 이행하고 과세권자가 부과·징수권을 행사하는 기준이 되는 장소를 말한다.
22) 사업장별과세원칙의 예외인 ① 주사업장 총괄납부 ② 사업자단위 과세제도에 대해서는 뒤에서 설명하기로 한다.

구 분	사업장의 판정
① 광업	광업사무소의 소재지(광업사무소가 광구 밖에 있는 때에는 그 광업사무소에서 가장 가까운 광구에 대한 광업 원부의 맨 처음 등록된 광구 소재지)
② 제조업	최종 제품을 완성하는 장소(제품의 포장만을 하거나 용기에 충전만을 하는 장소와 석유제품의 단순 보관을 위한 저유소는 제외)
	최종제품을 완성하는 장소 외의 자기사업과 관련된 매입거래만을 행하는 장소(본사·출장소 등)도 사업자의 신청에 의하여 사업장으로 등록할 수 있다(집행기준 6-8-2).
③ 건설업·운수업·부동산매매업	① 법인 : 등기부상 소재지(등기부상 지점소재지 포함) ② 개인 : 사업에 관한 업무를 총괄하는 장소 ③ 법인 명의로 등록된 차량을 개인이 운용하는 경우 : 그 법인의 등기부상 소재지(등기부상의 지점 소재지 포함) ④ 개인 명의로 등록된 차량을 다른 개인이 운용하는 경우 : 그 등록된 개인이 업무를 총괄하는 장소
④ 부동산임대업	부동산의 등기부상 소재지
	다만, 다음의 경우에는 그 사업에 관한 업무를 총괄하는 장소 ① 부동산상의 권리(분묘기지권, 지상권, 지역권, 전세권, 광업권, 조광권, 어업권)만을 대여하는 경우 ② 다음의 각 법률에 따른 사업자가 부동산을 임대하는 경우 ㉮ 한국자산관리공사 ㉯ 농업협동조합자산관리회사 ㉰ 기업구조조정 부동산투자회사 ㉱ 예금보험공사 및 정리금융회사 ㉲ 전기사업자 ㉳ 전기통신사업자 ㉴ 한국농어촌공사 ㉵ 한국도로공사 ㉶ 국가철도공단 ㉷ 한국토지주택공사 ㉮ 다음의 지방공사 　서울주택도시공사 　부산도시공사 　대구도시공사 　인천도시공사 　광주광역시도시공사 　대전도시공사

구 분	사업장의 판정
	울산도시공사 강원도개발공사 전북개발공사 경상북도개발공사 경남개발공사 경기주택도시공사 제주특별자치도개발공사 충북개발공사 충청남도개발공사 전남개발공사 주택도시보증공사(HUG)[23]
⑤ 수자원개발사업과 대구시설관리 공단이 공급하는 사업	사업에 관한 업무를 총괄하는 장소 (2024.2.29. 삭제)
⑥ 다단계판매원의 사업	• 해당 다단계판매원이 등록한 다단계판매업자의 주된 사업장 의 소재지 • 다단계판매원이 상시 주재하여 거래의 전부 또는 일부를 행 하는 별도의 장소가 있는 경우에는 그 장소
⑦ 전기통신사업, 전기판매사업 (요금 통합청구시)	사업에 관한 업무를 총괄하는 장소
⑧ 이동통신역무를 제공하는 전기 통신사업	• 법인 : 본점 소재지 • 개인 : 사업에 관한 업무를 총괄하는 장소
⑨ 무인자동판매기사업	사업에 관한 업무를 총괄하는 장소
⑩ 한국철도공사가 경영하는 사업	사업에 관한 업무를 지역별로 총괄하는 장소
⑪ 우정사업조직의 택배사업	사업에 관한 업무를 총괄하는 장소
⑫ 사업장 설치하지 않은 경우	사업자의 주소지 또는 거소지
⑬ 비거주자 또는 외국법인	소득세법 또는 법인세법에 규정하는 국내사업장
⑭ 신탁재산[24]	해당 신탁재산의 등기부상 소재지, 등록부상 등록지 또는 신탁 사업에 관한 업무를 총괄하는 장소

→ 위에서 설명한 사업장 및 직매장 이외의 장소도 사업자의 신청에 의하여 추가로 사업
장으로 등록할 수 있다. 다만, <u>무인자동판매기 사업의 경우에는 신청에 의하여 추가로
사업장을 등록할 수 없다.</u>

---

23) 2025년 영 시행일 이후 사업자등록 분부터 적용
24) 신탁재산별로 별도의 사업장으로 보아 사업자등록(2022.1.1. 이후 신청하는 분부터 적용)

🌐 부가가치세법 집행기준 6-8-3 사업장에 해당하지 않는 장소의 예시[25]

① 제품의 판매 목적이나 보관·관리를 위한 별도의 시설을 갖추지 아니하고 단순히 견본품만을 전시할 목적으로 진열시설을 갖춘 장소

② 재화 또는 용역의 공급 없이 주문만을 받는 장소

③ 물품을 판매하지 아니하고 단순히 본점의 지시에 따라 판매업무에 수반하는 상품의 수주나 대금의 영수, 신용조사 및 주문처와의 단순한 업무 연락만 하는 장소

④ 사업자가 자기가 생산한 재화를 판매하지 아니하고 단순히 보관 또는 관리하는 장소

⑤ 사업자가 백화점 사업자와 일반적인 또는 특정 거래조건(재고반품 및 마진율과 대금 지급 등)에 의한 계약을 체결하여 백화점 사업자에게 재화를 공급(납품)하고 그 공급 대가는 해당 매장에서 고객에게 판매된 금액 중 일정 비율에 상당하는 이윤을 차감한 금액으로 지급 받기로 하는 경우 그 매장

⑥ 단체급식사업자가 인력 파견하여 수탁사업자로 하여금 음식 용역을 제공하게 하는 장소

⑦ 직접 판매행위를 하지 않고 단순히 모바일 서비스 홍보, 가입 신청자 접수, 제품의 인도 등 보조적인 업무만 하는 경우

⑧ 외국법인이 국내 보세구역 내 창고에서 다수의 다른 고객을 상대로 사업을 하는 독립적인 물류업자를 통하여 물품의 보관·인도만 하고, 주문·계약 등은 국외에서 수행함에 따라 법인세법 제94조에 따른 장소에 해당하지 아니하는 경우 해당 보세구역 내 창고

해석사례

◉ 소득세 부과 기준이 되는 거주자 판단 요건에서의 부가가치세법 상 사업장 판단의 의미

소득세법 상「국내에 주소를 둔 사람」에 해당하는지 여부는 국내에서 생계를 같이하는 가족의 유무, 국내에 소재하는 자산의 유무, 출국의 목적, 직업, 외국의 국적이나 영주권을 얻었는지 여부 등 생활관계의 객관적 사실을 종합하여 판정하고 있기 때문에 단순 주소 또는 183일 이상의 거주요건으로 판단하는 것은 위험하고, 부가가치세법 상 사업장 요건도 사실판단에 의해 이루어져 있기 때문에 이는 종합적으로 판단할 문제임(조심 2020중1198 참고)

◉ 여러 지역에서 무인태양광발전시설을 운영하는 경우 사업장 소재지

여러 지역에서 설치된 무인 태양광발전시설의 사업장 소재지는 각 지역의 시설 설치

---

25) 별도의 사업자 등록 없이 기존의 사업자로 매입세액 공제 가능

장소가 아닌 사업자가 상시 주재하여 거래의 전부 또는 일부를 총괄하여 행하는 장소이며, 각 지역별로 설치된 태양광발전시설의 사업실적을 합산하여 부가가치세를 신고·납부하여야 함(사전법령해석부가 2020-808)

◉ 동일건물 내의 사업장

복합 건물 내의 상가를 **층별 또는 동일층**으로 2개 이상을 분양받아 부동산 임대업 또는 판매업을 영위하는 경우에는 상가호수별로 사업자등록을 하는 것이 원칙이다. 다만, 이 경우 분양받은 2개 이상의 상가가 바로 인접하고 있어 사실상 하나의 사업장으로 볼 수 있는 경우에는 당해 인접하는 상가 전체를 하나의 사업장으로 등록할 수 있는 것임(부가-733, 2014.8.28.)

건물 내 **다른 층의 점포를 소유**하여 부동산 임대업을 영위하는 경우, 원칙적으로 각각의 점포별로 사업자등록을 하여야 한다. 다만, 동일건물 내 서로 다른 층의 점포를 소유하여 동일 업종을 영위하면서 한 장소에서 일괄 운영하는 경우 하나의 사업장으로 볼 수 있으며, 사업자등록을 하지 않은 점포에 대한 취득 관련 매입세액도 사업자등록을 한 사업장의 사업자 번호로 세금계산서를 교부받은 경우 공제받을 수 있다(부가 2857, 2008.9.3.).

◉ 인접한 부동산의 동일사업장 여부

사업자가 지번이 다른 연접된 토지에 각각 건물을 신축하여 부동산임대업을 영위하면서 그 건물들에 대해 한 장소에서 총괄적으로 관리하는 등 그 실태가동일 사업장으로 인정되는 경우에는 하나의 사업장으로 볼 수 있으므로 별도의 사업자등록을 할 필요는 없는 것임(부가 203, 2009.1.14.)

◉ 공동명의 부동산의 별도 사업장 가능 여부

부동산을 각 공유자 지분비율로 구분 사용 수익하기로 약정하고, 각 공유자별로 부동산을 임대하는 경우 각자 사업자등록을 할 수 있는 것이나 사용수익 구분이 분명하지 아니하는 경우에는 각각 그 소유지분에 따라 사업자등록을 할 수 없는 것임(부가 2414, 2017.11.30.)

◉ 부부 공동 소유 부동산에 대한 임대사업자 대표를 단독명의로 정정할 수 있는지 여부

청구인들의 사업자등록정정 신청내용이 쟁점부동산에 대한 소유권 등기사항과 다르고, 청구인들이 제시한 쟁점부동산 보증금 및 월세에 대한 증여계약을 체결하였다고 하더라도 사업자등록정정사항이라고 보기 어려운 점 등에 비추어 처분청이 한 이 건 사업자등록정정 거부처분은 달리 잘못이 없는 것으로 판단됨(조심 2022인5945, 2022. 7.21.)

◉ 연락사무소

사업장은 사업자 또는 사용인이 상시주재하여 거래의 전부 또는 일부를 행하는 장소

이므로 단순히 연락만을 위한 연락사무소는 사업장으로 보지 않는 것임. 연락사무소에서 판매 활동을 하고 본사에서 재화를 실지로 인도하는 경우에는 본사가 사업장이 되며 연락사무소에 사용하는 임차료, 전기료, 소모품비 등은 본사에서 지급하고 본사 명의로 세금계산서를 교부 받아 본사의 매입세액으로 공제 받을 수 있음(부가 1265 - 1, 1993.9.17.)

◉ 확장 목적으로 기존사업장 부동산 취득 후 일시적 임대

도·소매업을 영위하는 사업자가 기존 사업장과 연접한 장소에 부동산임대업에 사용하던 부동산을 취득하면서 해당 부동산의 임차인을 승계받아 임대기간 종료일까지 임대한 후 해당 부동산을 기존 도·소매업을 위한 사무실 및 창고로 사용하고자 하는 경우, 해당 부동산 소재지에 부가가치세법 제8조에 따른 사업자등록을 하여야 하는 것이며 해당 부동산을 도·소매업을 위한 사업장으로 사용하는 때에는 같은 법 시행령 제14조에 따른 기존 사업장의 사업자등록 사항을 정정(부동산임대사업장의 등록번호는 폐지)하는 것이다(사전법령부가 - 0438, 2018.7.2).

예제

「부가가치세법」상 사업장

「부가가치세법」상 사업장에 관한 설명으로 옳지 않은 것은?　　　　　2019 CTA 1차수정

① 사업장은 사업자가 사업을 하기 위하여 거래의 전부 또는 일부를 하는 고정된 장소로 한다.

② 사업장을 설치하지 아니하고 사업자등록도 하지 아니한 경우에는 과세표준 및 세액을 결정하거나 경정할 당시의 사업자의 주소 또는 거소를 사업장으로 한다.

③ 무인자동판매기를 통하여 재화·용역을 공급하는 사업의 경우에는 사업에 관한 업무를 총괄하는 장소를 사업장으로 하며, 사업자의 신청에 따라 추가로 사업장을 등록할 수 없다.

④ 제조업의 경우 따로 제품 포장만을 하거나 용기에 충전만을 하는 장소와 「개별소비세법」 제10조의5에 따른 저유소를 사업장으로 한다.

⑤ 부동산상의 권리만을 대여하거나 전기사업자, 전기통신사업자 등에 해당하는 사업자가 부동산을 임대하는 경우에는 그 사업에 관한 업무를 총괄하는 장소를 사업장으로 한다.

[풀이] ④ 제조업의 경우 최종 제품을 완성하는 장소를 사업장으로 하며 제품의 포장만을 하거나 용기에 충전만을 하는 장소와 석유제품의 단순 보관을 위한 저유소는 제외한다.

부가가치세 총론

다음 중 부가가치세와 관련된 설명으로 옳지 않은 설명은?

① 〈법인세법〉과 같이 〈부가가치세법〉에서도 국가와 지방자치단체는 납세의무자에 포함되지 않는데, 이것은 국가와 지방자치단체가 실질적으로 부가가치세 납세의무를 부담할 수 없기 때문이다.

② 사업자등록 없이 부가가치세가 과세되는 재화 또는 용역을 공급하는 사업자의 경우에도 부가가치세를 신고·납부할 의무가 있다.

③ 사업자가 국외에서 재화를 공급하는 경우에는 납세의무가 없다.

④ 청산 중에 있는 내국법인은 계속등기 여부에 불구하고 사실상 사업을 계속하는 경우에는 납세의무가 있다.

⑤ 주된 사업장에서 부가가치세를 총괄 납부할 수 있는 사업자는 둘 이상의 사업장을 가진 사업자로서 법인 및 개인사업자를 모두 포함한다.

[풀이] ① 국가와 지방자치단체도 부가가치세는 납세의무를 진다.

(3) 직매장·하치장·임시사업장

구 분	직매장	하치장	임시사업장
의의	자기의 사업과 관련하여 생산 또는 취득한 재화를 직접 판매하기 위하여 특별히 판매시설을 갖춘 장소	재화를 보관·관리하기 위한 시설만 갖춘 장소로서 판매행위는 하지 않는 경우	기존 사업장 외에 각종 경기대회·박람회·국제회의 등 행사가 개최되는 장소에서 개설하는 임시적 사업장
사업장 여부	별개의 사업장	사업장으로 보지 않음	기존 사업장에 포함
사업자등록 등	별도의 사업자등록	하치장을 둔 날부터 10일 내에 하치장 설치신고서[26] 제출	임시사업장의 개설[27][28][29] (사업개시일부터 10일 이내) 및 폐쇄신고(폐쇄일로부터 10일 이내) 요함
세금 계산서	직매장 명의로 작성 발급	출고 지시한 사업장 명의로 작성·발급	기존 사업장 명의로 작성·발급
의무 불이행시	미등록가산세 매입세액불공제	질서범으로 처벌	

---

26) 하치장 요건을 갖추었으면, 하치장 설치신고서 제출 여부에 관계없이 하치장으로 보아야 하고, 하치장 설치신고를 한 자라도 하치장에서 상행위가 이루어지면 하치장이 아니라 독립된 별개의 사업장으로 보아야 한

실무

임시사업장(집행기준 6-10-1)

바자회나 시장조사목적 또는 해수욕장 등에서 재화 또는 용역을 공급하기 위하여 사업장을 임시로 개설한 경우에도 임시사업장으로 신고할 수 있다.

→ 사업자가 임시사업장개설신고서를 제출하지 아니하는 때에는 임시사업장으로 보지 아니하는 것이므로 독립된 사업장으로 보아 미등록가산세 등의 가산세를 적용

다. 다만, 관할세무서장의 승인을 받은 주류하치장의 경우 제출 생략

27) 임시사업장의 설치 기간이 10일 이내인 경우에는 개설신고를 하지 않을 수 있다.

28) 임시사업장 폐쇄신고서를 접수한 임시사업장 관할세무서장은 그 신고서상의 공급가액을 확인한 후 임시사업장 폐쇄 확인 및 공급실적 통보서를 임시사업장 폐쇄일로부터 20일 이내에 기존사업장의 관할세무서장에게 통보하여야 한다(사무처리규정 §32).

29) 임시사업장 개설자는 기존사업장에서 공급하는 재화 또는 용역과 임시사업장에서 공급하는 재화 또는 용역의 내용을 구분하여 장부에 기록하여야 한다(사무처리규정 §33).

홈택스(www.hometax.go.kr)
에서도 신청할 수 있습니다.

하치장 설치 신고서

접수번호	접수일		처리기간 즉시

| 신고인
인적사항	상호(법인명)	사업자등록번호
	성명(대표자)	전화번호
	사업장(주된 사업장) 소재지	
	업태	종목

신고내용

| 설치
연월일 | 하치장
소재지 | 소속
사업장 | 규모 | | 소유구분 | | 하치할
재화의 품목 | 연락
전화번호 |
|---|---|---|---|---|---|---|---|---|
| | | | 대지
면적
(㎡) | 건물
면적
(㎡) | 자가 | 타가 | | |

「부가가치세법 시행령」 제9조 제1항에 따라 하치장 설치를 신고합니다.

년   월   일

신고인   (서명 또는 인)

세무서장   귀하

| 첨부서류 | 없음 | 수수료
없음 |
|---|---|---|

210mm×297mm[백상지 80g/㎡(재활용품)]

(4) 주사업장 총괄납부(부가가치세법 제51조, 시행령 제92조)

1) 의의

사업장이 둘 이상인 사업자(사업장이 하나이나 추가로 사업장을 개설하려는 사업자를 포함)가 주사업장 총괄납부를 신청한 경우에는 각 사업장의 납부세액 또는 환급세액을 통산하여 주된 사업장에서 총괄하여 납부할 수 있는 제도이다.

> ┌─ 실무 ○ ─
>
> 주사업장 총괄납부는 납부만 총괄하는 것으로 부가가치세법상 기타의 의무(과세표준 신고, 세금계산서합계표의 제출 등)는 각 사업장별로 하여야 하며, 이를 위반하는 경우 각종 가산세 부과 대상임을 주의하여야 한다.

2) 주된 사업장

① 법인 : 본점(주사무소 포함) 또는 지점(분사무소 포함)
② 개인 : 주사무소

3) 총괄납부의 신청

구 분	총괄납부 신청기한	총괄납부 개시 과세기간
원칙	총괄하여 납부하려는 과세기간 개시 20일 전에 주된 사업장의 관할세무서장에게 신청 (1기 - 전년도 12월 11일, 2기 - 6월 10일 이전)	신청일이 속하는 다음 과세기간부터 총괄 납부한다.
예외	신규사업자 : 다음의 기한까지 주사업장 총괄납부신청서(국세정보통신망에 의한 제출 포함)를 제출하여야 함 ① 주된 사업장의 사업자등록증을 받은 날부터 20일 이내 ② 사업장이 하나이나 추가사업장 개설하는 자 : 추가사업장의 사업개시일이 속하는 과세기간부터 적용받으려는 경우에는 추가사업장의 사업 개시일부터 20일 이내(추가사업장의 사업개시일이 속하는 과세기간 이내로 한정한다)	해당 신청일이 속하는 과세기간부터 총괄 납부한다.

→ 2010.7.1. 이후 과세기간부터 국세청 승인요건을 폐지하고 사업자의 신청만으로 가능하도록 개정

4) 총괄납부의 효력

① 주된 사업장 총괄납부

주사업장 총괄납부 사업자는 각 사업장별로 계산된 납부세액 또는 환급세액을 통산한 후의 잔액을 <u>주된 사업장 관할세무서장에게 납부하거나 환급받게</u> 된다.

총괄납부를 하는 경우에도 사업장별로 각각 납부(환급)세액을 계산하여 이를 <u>각 사업장 관할세무서장에게 각각 신고</u>[30]하여야 한다.

→ 종된 사업장분을 주사업장에 합산하여 신고하는 경우 종된 사업장분은 무신고가 된다. 다만, 각 사업장별로 작성한 신고서를 관할세무서장 외의 세무서장에게 제출한 경우에는 무신고로 보지 않는다(부가통칙 49-90-1).

수정신고 · 경정청구 및 기한후신고는 사유가 발생한 사업장 관할세무서장에게 제출함과 동시에 납부하여야 하며, 주사업장 관할세무서장에게는 수정한 사업장별 부가가치세 과세표준 및 납부(환급)세액 신고 명세서를 제출하여야 한다.

총괄납부의 장점은 자금 부담에서 벗어날 수 있는 것이다. 예를 들어 둘 이상의 사업장을 가진 사업자가 한 사업장에서는 납부세액이 발생하고 다른 곳에서는 환급세액이 발생하는 경우, 사업장 단위로 과세하면 사업자는 절차상 납부를 먼저하고 환급은 나중에 받아야 하므로 이로 인한 자금 부담이 생길 수 있다.

📊 **실무** ●

총괄납부사업자에 대한 가산세 적용(집행기준 60-0-18)

① 총괄납부사업자의 종사업장이 재화를 공급하고 주사업장 명의로 세금계산서를 발급한 경우에는 세금계산서 미발급가산세(1%)를 적용한다.

② 총괄납부사업자가 종사업장의 매출 및 매입을 주사업장에 신고 · 납부한 경우 무신고가산세 또는 과소신고가산세를 적용한다.

③ 총괄납부사업자가 지점 매입분을 본점 매입분으로 또는 본점 매출분을 지점 매출분으로 잘못 신고한 것이 확인되어 경정하는 경우 과소 신고에 따른 가산세를 적용하나, 납부 · 환급불성실가산세를 적용하지 아니한다.

④ 총괄납부 시 납부불성실가산세는 <u>총괄납부세액을 기준</u>으로 계산한다.

⑤ 총괄납부신청을 하지 아니한 사업자가 부가가치세 납부기한까지 어느 사업장에 대한 부가가치세를 다른 사업장에 대한 부가가치세에 더하여 신고 · 납부한 경우에는 납부불성실 · 환급불성실가산세를 적용하지 아니한다.

---

30) 주된 사업장 관할세무서에는 "사업장별 부가가치세 과세표준 및 납부세액신고명세서" 제출

① 조기환급 신고 : 총괄납부사업자가 조기환급신고를 할 경우 주사업장 종된 사업장 각각 신고하여야 하며, 주사업장은 주사업장 및 종된 사업장 환급세액을 총괄한다 (부가 1265 - 2663).

② 총괄납부사업자의 한 지점에서 재화를 공급하고 다른 지점에서 세금계산서를 발급할 수 있는지 여부 : 총괄납부사업자의 A지점에서 계약(발주, 대금결제 등)을 체결하여 재화를 공급하면서 B지점에서 재화의 일부를 거래처에 직접 인도하고 A지점으로 거래명세서를 교부한 경우에는 A지점에서 재화의 공급가액 합계액으로 거래처에 세금계산서를 발급(사전법령해석부가 2020 - 368)

② 판매목적 타사업장 반출재화의 공급의제 배제

판매목적 타사업장 반출의 공급의제 규정을 적용하지 아니한다. 다만, 사업자가 세금계산서를 교부하여 예정 또는 확정신고를 하는 경우에는 재화의 공급으로 본다.

총괄 납부승인을 받은 사업자가 내부거래에 대하여 세금계산서를 교부할 의무가 없으나 착오로 세금계산서를 교부한 경우 납부세액의 감소를 가져오지 아니하였으므로 가산세를 부과하는 것은 합당하지 않음(국심 2000중90)

5) 총괄납부의 변경

주사업장 총괄납부 사업자는 다음의 사유가 발생한 경우에는 '주사업장 총괄납부변경신청서'를 제출[31]하여야 한다. 이 경우 변경신청서를 제출한 날이 속하는 과세기간부터 총괄하여 납부한다.

---

31) 변경신청을 하지 아니한 경우에는 관할세무서장의 직권취소가 없는 한 해당 총괄납부는 계속 유효

변경신청사유		변경신청서의 제출처
① 종된 사업장을 신설하는 경우		그 신설하는 종된 사업장 관할세무서장
② 종된 사업장을 주된 사업장으로 변경하고자 하는 경우		주된 사업장으로 변경하려는 사업장 관할세무서장
③ 사업장 이전의 경우	㉮ 주된 사업장을 이전한 경우	이전한 후 사업장 관할세무서장
	㉯ 종된 사업장을 이전한 경우	이전한 후 종된 사업장 관할세무서장
④ 사업자등록 정정사유가 발생한 경우		그 정정사유가 발생한 사업장 관할세무서장(대표자 변경 : 주된 사업장 관할세무서장)
⑤ 일부 종된 사업장을 총괄납부대상에서 제외하고자 하는 경우		주된 사업장 관할세무서장
⑥ 기존의 사업장을 총괄납부대상에 추가하고자 하는 경우		주된 사업장 관할세무서장

6) 총괄납부의 적용 제외 및 포기

① 총괄납부의 적용 제외

주사업장 총괄납부 사업자가 다음 중 어느 하나에 해당하는 경우 주된 사업장 관할세무서장은 주사업장 총괄납부를 적용하지 않을 수 있다. 주사업장 총괄납부를 적용하지 않게 되는 경우에는 그 적용을 하지 않게 된 날이 속하는 과세기간의 다음 과세기간부터 각 사업장에서 납부하여야 한다.

- 사업내용의 변경으로 총괄납부가 부적당하다고 인정되는 경우
- 주된 사업장의 이동이 빈번한 경우
- 그 밖의 사정 변경으로 인하여 총괄납부가 적당하지 않게 된 경우

② 총괄납부의 포기

주사업장 총괄납부 사업자가 주사업장 총괄납부를 포기할 때에는 각 사업장에서 납부하려는 과세기간 개시 20일 전에 '주사업장 총괄납부 포기신고서'를 주된 사업장 관할세무서장에게 제출하여야 한다.

홈택스(www.hometax.go.kr)에서도 신청할 수 있습니다.

주사업장 총괄 납부 [ ] 신청서 [ ] 포기신고서

※ [ ]에는 해당하는 곳에 √ 표시를 합니다.

접수번호	접수일		처리기간	즉시

신고(신청)인 인적사항	상호(법인명)		사업자등록번호	
	성명(대표자)		전화번호	
	사업장(주된 사업장) 소재지			
	업태		종목	
	총괄 납부 관리번호			

주사업장 총괄 납부(신청·포기신고)를 하려는 사업장의 내용 및 사유

사업장 소재지	사업의 종류		사업자 등록번호	상호 (법인명)	사업장 관할 세무서
	업태	종목			
(주된 사업장)					
사유					

[ ] 「부가가치세법」 제51조 및 같은 법 시행령 제92조 제2항·제3항에 따라 위와 같이 주된 사업장에서 총괄하여 납부할 것을 신청합니다.

[ ] 「부가가치세법 시행령」 제94조 제2항에 따라 주된 사업장 총괄 납부를 포기하고 위의 각 사업장에서 부가가치세를 납부할 것을 신고합니다.

년   월   일

신고(신청)인   (서명 또는 인)

세무서장 귀하

첨부서류	없음	수수료 없음

작 성 방 법

1. 주사업장 총괄 납부를 신청하거나 이미 총괄 납부를 신청한 사업장의 총괄 납부 포기를 신고하는 경우에 작성합니다.
2. 해당되는 신청(신고)사항에 [√]표시하고 해당 사항을 적은 후 작성일자와 신청인(신고인)란에 서명 또는 날인하여 제출합니다.

210mm×297mm[백상지 80g/㎡(재활용품)]

홈택스(www.hometax.go.kr)
에서도 신청할 수 있습니다.

주사업장 총괄 납부 변경신청서

접수번호	접수일	처리기간 즉시

신청인 인적사항	상호(법인명)	사업자등록번호
	성명(대표자)	전화번호
	사업장(주된 사업장) 소재지	
	업태	종목
	총괄 납부 관리번호	

신청내용

변경사유		사업장 소재지	사업의 종류		사업자등록 번호	상호 (법인명)	대표자
			업태	종목			
사업장 신설							
기존 사업장 추가							
일부 사업장 제외							
주된 사업장 변경사항	당초						
	정정						
사업자등록 변경사항	당초						
	정정						
	당초						
	정정						

「부가가치세법 시행령」 제93조에 따라 주사업장 총괄 납부의 변경을 신청합니다.

년   월   일

신청인   (서명 또는 인)

세무서장 귀하

첨부서류	없음	수수료 없음

210mm×297mm[백상지 80g/㎡(재활용품)]

(5) 사업자단위 과세제도(부가가치세법 제8조의3, 시행령 제17조)

1) 의의

둘 이상의 사업장이 있는 사업자(사업장이 하나이나 추가로 사업장을 개설하려는 사업자를 포함)가 사업자단위 과세제도를 신청한 경우 그 사업자의 본점 또는 주사무소에서 총괄하여 부가가치세(개별소비세 포함)의 신고·납부 및 각종 협력의무를 이행하도록 하는 것을 말한다. 이는 납세자의 편의를 도모하기 위한 목적이다.

2) 사업자단위과세 사업자의 납세지

① 법인 : 본점(주사무소 포함)
② 개인 : 주사무소

3) 사업자단위과세 신청

① 계속사업자

사업자단위과세를 적용받으려는 과세기간 개시 20일 전에 사업자단위과세 등록신청서를 사업자단위과세 적용사업장의 관할세무서장에게 제출[32]하여야 한다.

② 신규사업자

사업자등록증을 받은 날(사업자단위사업자는 사업개시일)부터 20일 이내에 신청 또는 등록하여야 한다.

③ 사업장이 하나이나 추가사업장 개설사업자

추가 사업자의 사업 개시일이 속하는 과세기간부터 적용받으려는 경우에는 추가 사업장의 사업 개시일부터 20일 이내(추가 사업장의 사업 개시일이 속하는 과세기간 이내로 한정)에 신청 또는 등록하여야 한다.

4) 사업자단위과세의 승인·통지[33]

관할세무서장은 신청일부터 20일 이내에 그 승인 여부를 통지하여야 한다. 다만, 기한 내에 승인 여부를 통지하지 않은 경우 승인을 한 것으로 본다.

---

32) 첨부서류 : 본점 또는 주사무소와 관련된 첨부서류뿐만 아니라, 종된 사업장에 대한 첨부서류 및 사업장 소재지·업태·종목 등의 서류도 함께 제출하여야 함.
33) 사업자단위과세 신청기한 내 적절하게 신청한 경우를 제외하고는 사업자단위과세 신청이 반려될 일은 없으나 사업자단위과세의 경우 주 사업장을 제외한 다른 사업장의 사업자번호는 과세관청에서 별도로 보관하기 때문에 승인절차는 존재함. 실제로 승인여부를 통지하지는 않으나 실무적으로 과세관청의 사업자단위 승인번호는 각종업무(세무대리인 프로그램 등록 또는 금융권의 요청자료 등)에 여전히 사용 됨.

5) 사업자단위과세의 효력

① 본점 또는 주사무소에서 총괄하여 신고·납부하여야 한다.
- 사업자단위과세 사업자는 본점 또는 주사무소 사업장에 한 개의 등록번호만 부여 된다.
- 본점 또는 주사무소를 제외한 <u>다른 사업장의 사업자등록 번호는 말소</u>가 된다.
- 사업자등록(정정 포함), 세금계산서의 발급 및 각종 협력 의무도 모두 사업자단위 과세 적용사업장에서 하여야 한다.
- 본점(주사업장) 관할세무서장이 조사와 경정 및 징수권을 행사한다.

② 판매목적 타사업장 반출에 대한 공급의제 규정을 적용하지 아니한다.

📈 **실무** ○

① 종된 사업장을 신설 또는 이전하는 경우 별도의 사업자등록 신청이 아닌, 사업자등록 정정신고를 하여야 한다.
② 종된 사업장에서 매출이 발생하는 경우 세금계산서는 본점 또는 주사무소의 상호·소재지 등을 기재하고, "비고"란에 실제 공급하는 종된 사업장의 상호와 소재지를 기재하여야 한다(임의적 기재사항-부가-170, 2010.2.8.).

---

6) 사업자단위과세의 포기

① **포기신고서 제출**

사업자단위과세 사업자가 각 사업장별로 신고·납부하거나, 주사업장 총괄납부를 하려는 경우에는 그 납부하려는 과세기간 개시 20일 전까지 '사업자단위과세 포기신고서'를 사업자단위과세 적용 사업장 관할세무서장에게 제출하여야 한다.

② **처리결과의 통지**

사업자단위과세 적용 사업장 관할세무서장은 사업자단위과세 포기신고서의 처리결과를 지체 없이 해당 사업자와 종된 사업장의 관할세무서장에게 통지하여야 한다.

③ **포기의 효과**

포기신청일이 속하는 과세기간까지는 사업자단위과세를 적용하고, 그 다음 과세기간부터 '사업자단위과세 포기신고서'에 적은 내용에 따라 각 사업장별로 신고·납부하거나 주사업장 총괄납부를 하여야 한다.

⚞ **실무** ○━━━━━━━━━━━━━━━━━━━━━━━━━━━━━━━━━

사업자단위과세 적용시 유의사항

① 개인사업자의 전자세금계산서 의무발급 기준[34] 적용에 있어서 전체 사업장의 공급가액을 합산한 금액으로 판정한다.

② 신용카드매출전표 발급에 따른 세액공제[35]는 직전연도의 주사무소와 종된 사업장의 사업장별 공급가액을 기준으로 판단한다. {연간 한도 500만 원(2026.12.31.까지는 1,000만 원)은 사업장별로 판단함을 의미 – 기획재정부부가 – 352, 2020.8.12.}

③ 간이과세자의 적용대상 여부 및 납부의무면제 여부는 모든 사업장의 수입금액을 통산하여 판정한다.

④ 사업자단위과세적용사업자가 종된 사업장 정정신고를 하지 아니한 경우 사업자등록 불이행 가산세는 적용되지 아니한다.

⑤ 사업자단위과세적용사업자가 종된 사업장만을 포괄양수도하는 경우에도 재화의 공급으로 보지 아니한다(서면 3팀 – 786, 2008.4.18).

⑥ 사업자단위과세 적용의 경우 통합재무제표가 작성되어지므로 신용보증기금 등 금융권 대출거래에 있어서 종전 사업장별 사업의 실적이 인정되지 않을 수 있다.

⑦ 각 지방자치단체의 입찰참가 자격에 있어서 해당 지방에 소재하는 기업에 한하도록 하는 등의 제한이 있는 경우 입찰에 참여할 수 없게 될 수도 있다.

⑧ 사업자가 여러개의 사업장 중 일부 사업장을 제외하고 사업자단위과세를 적용받을 수는 없다.

⑨ 과세사업을 영위하는 법인사업자가 면세사업만을 영위하는 지점 사업장을 개설하는 경우 해당 지점에 대해서는 사업자단위과세가 적용되지 아니한다(기준 법령해석 부가 2020 – 89).

⑩ 대표자가 동일한 각기 다르게 등기된 법인은 사업자단위과세를 적용할 수 없다(서면 부가 2015 – 1722, 2016.4.4.).

⑪ 사업자단위과세 제도는 국세의 부가가치세법상 규정이므로 지방소득세의 경우 각 지자체에서 별도로 신고·납부해야 한다.

⑫ 카드 수수료의 경우 사업장별 매출로 산정되기 때문에 매출이 많은 음식점의 경우 사업자단위과세로 묶는 경우 수수료가 올라갈 수 있다.

---

34) 직전연도 사업장별 공급가액 합계액(면세수입금액 포함) 8천만 원 이상인 개인사업자

	이전	2021년 개정	2022년 개정	2023년 개정
공급가액 합계액 판단 기준	2021년 이전	2021년 1월 1일 ~2021년 12월 31일	2022년 1월 1일 ~2022년 12월 31일	2023년 1월 1일 ~2023년 12월 31일
금액 기준	3억 원 이상	2억 원 이상	1억 원 이상	8천만 원 이상
적용 시기	다음연도 7월 1일	2022년 7월 1일	2023년 7월 1일	2024년 7월 1일

35) 발급금액 또는 결제금액의 1퍼센트(2026.12.31.까지는 1.3%)
연간 한도 : 사업장별 500만 원(2026.12.31.까지는 1,000만 원)

사업자단위과세

다음 중 사업자단위과세에 대한 설명으로 옳지 않은 것은?

① 사업자는 사업자단위과세사업자로 적용 받으려는 과세기간 개시 20일 전까지 주사업장의 관할세무서장에게 사업자단위 등록신청서를 제출하여 신청하면 된다.

② 사업자단위과세 적용 사업자는 주사업장에서 총괄하여 신고·납부가 가능하다.

③ 법인인 경우 주사업장을 본점(주사무소) 또는 지점(분사무소) 중에서 선택하여 신청하면 된다.

④ 관할세무서장은 사업자의 사업자단위과세 신청일부터 20일 이내에 그 승인 여부를 통지하여야 한다.

⑤ 사업자단위과세의 포기는 각 사업장별로 신고·납부하거나 주사업장 총괄납부를 하려는 과세기간 개시 20일 전에 포기가 가능하다.

[풀이] ③ 사업자단위과세는 주사업장을 지점으로 선택할 수 없다.

■ 부가가치세법 시행규칙 [별지 제5호 서식] 〈개정 2021.3.16.〉

사업자단위과세 등록신청서
(기존사업자용)

접수번호		접수일		처리기간	2일(보정기간은 산입 하지 않음)

신청인 인적사항	상호(법인명)			사업자등록번호	
	성명(대표자)			전화번호	
	사업장(주된 사업장) 소재지				
	업태			종목	
사업자단위과세 적용 사업장 개수			사업자단위과세 적용 과세기간	. . 부터	

신청내용

구분	일련 번호	사업자 등록번호	사업의 종류		사업장 소재지	상호 (법인명)	사업장 관할세무서
			업태	종목			
본점 또는 주사무소	0000						
종된 사업장	0001						
	0002						
	0003						
	0004						
	0005						
신청 사유							

「부가가치세법」 제8조 제4항·제5항 및 같은 법 시행령 제11조 제2항·제3항에 따라 위와 같이 사업자단위과세 등록을 신청합니다.

년   월   일

신청인   (서명 또는 인)

세무서장   귀하

신청인 제출서류	신설되는 종된 사업장이 있는 경우에는 사업자단위과세 사업자의 종된 사업장 명세서 1 부	수수료
담당 공무원 확인사항	주사무소 및 종된 사업장의 사업자등록증	없음

행정정보 공동이용 동의서

본인은 이 건 업무처리와 관련하여 담당 공무원이 「전자정부법」 제36조에 따른 행정정보의 공동이용을 통하여 위의 담당 공무원 확인 사항을 확인하는 것에 동의합니다.   *동의하지 않는 경우에는 신청인이 직접 관련 서류를 제출해야 합니다.

신청인   (서명 또는 인)

210mm×297mm[백상지 80g/㎡(재활용품)]

(6) 주사업장 총괄납부 및 사업자단위과세의 비교

	주사업장 총괄납부	사업자단위과세
주된사업장 또는 사업자단위과세 사업자의 납세지	• 법인 : 본점(주사무소) 또는 지점 (분사무소) • 개인 : 주사무소	• 법인 : 본점(지점 불가) • 개인 : 주사무소
신청	• 원칙 : 적용받으려는 과세기간 개시 20일 전 • 신규사업자 ① 주된 사업장의 사업자등록증을 받은 날부터 20일 ② 사업장이 하나이나 추가 사업장 개설시 추가사업장의 사업개시일부터 20일 • 승인요건 없음	• 원칙 : 적용받으려는 과세기간 개시 20일 전 • 신규사업자 ① 사업자등록증을 받은 날부터 20일 ② 사업장이 하나이나 추가 사업장 개설시 추가사업장의 사업개시일부터 20일 • 신청일부터 20일 이내에 승인 여부 통지
효력	• 주된 사업장 총괄 납부 • 판매목적 타사업장 반출재화의 공급의제 배제	• 본점 또는 주사무소에서 총괄하여 신고·납부 • 본점 또는 주사무소에서 사업자등록, 세금계산서의 발급 및 각종 협력 의무이행 • 본점 또는 주사업장 관할세무서장이 조사와 경정 및 징수권을 행사
포기	• 각 사업장에서 납부하려는 과세기간 개시 20일 전에 포기 가능	• 각 사업장별로 신고·납부하거나 주사업장총괄납부를 하려는 과세기간 개시 20일 전에 포기 가능

05 사업자등록

(1) 의의

사업자는 사업장마다 사업개시일[36]부터 20일 이내에 일정한 서류를 첨부하여 사업장관

---

36) 사업개시일

구 분	사업개시일
제조업	제조장별로 재화의 제조를 개시하는 날
광 업	광물의 채취·채광을 개시하는 날
기 타	재화 또는 용역의 공급을 개시하는 날

할세무서장[37])에게 사업자등록을 신청해야 한다. 다만, 신규로 사업을 개시하고자 하는 자는 <u>사업개시일 이전[38])이라도 사업자등록을 신청할 수 있다.</u> 이는 개업 준비기간 중의 매입세액을 환급해 주기 위함이다. 수탁자가 납세의무자가 되는 경우 수탁자(공동수탁자가 있는 경우 대표수탁자)는 해당 신탁재산을 사업장(담보신탁의 경우 다수의 담보신탁 재산을 대표하여 하나의 사업자등록[39]) 가능)으로 보아 사업자등록을 신청하여야 한다.

이러한 사업자등록이란 부가가치세 업무를 효과적으로 운영하기 위하여 납세의무자의 사업에 대한 자세한 사항을 세무관서의 공부에 등재하는 것이다. 이에 따라 과세관청은 납세의무자와 그 사업 내용을 알 수 있으므로 근거과세와 공평과세를 이룰 수 있다.

① 개인사업자 등록(첨부서류 부령 §11의4 ③)

구 분		첨부서류
법령에 의하여	① 허가를 받아야 하는 사업	사업허가증 사본
	② 등록을 하여야 하는 사업	사업등록증 사본
	③ 신고를 하여야 하는 사업	신고확인증 사본
사업장을 임차한 경우		임대차계약서 사본[40])
사업장을 전차한 경우[41])		전대차계약서 사본 임대인의 전대동의서(임대차계약서에 전대 시 임대인의 동의가 필요없다는 특약 있는 경우는 해당 임대차계약서 사본)
상가건물임대차보호법에 의한 상가건물을 임차한 경우 (상가건물의 일부분을 임차하는 경우에 한함)		해당 부분의 도면
공동사업[42])[43])의 경우		동업계약서

---

37) 사업자는 사업자등록신청을 사업장 관할세무서장이 아닌 신청인의 편의에 따라 선택한 세무서장에게 신청할 수 있다. 이 경우 사업장 관할세무서장에게 사업자등록을 신청한 것으로 본다(부가가치세법 시행령 제11조).
38) 과세사업과 관련하여 건설 중인 공장 또는 사업장을 설치하지 아니한 자는 사업개시일 전에 사업자의 주소지를 사업장으로 하여 사업자등록을 할 수 있다.
39) 「자본시장법」의 무체재산권 신탁업, 「저작권법」의 저작권신탁관리업, 「기술이전법」의 기술신탁관리업 포함 (2024년 영 시행일 이후 사업자등록 분부터 적용)
40) 임대차보호법에 의한 확정일자 받을 경우에는 임대차 계약서 원본 제출
41) 2025년 영 시행일 이후 사업자등록 분부터 적용
42) 2인 이상의 사업자가 공동사업을 영위하는 경우 사업자등록신청은 공동사업자 중 1인을 대표자로 하여 신청
43) 법인과 법인, 법인과 개인 간 공동사업 시 사업자 등록 : 2 이상의 법인 또는 개인과 법인이 동업계약에 의하여 공동사업을 영위하는 경우 영위하는 공동사업체의 인격에 따라 법인 또는 개인으로 사업자등록을 할 수 있다.

구 분	첨부서류
사업자 단위로 등록하려는 사업자	주된 사업자 외 종된 사업자의 모든 서류 첨부하여야 함
금지금 도·소매업, 액체연료 및 관련제품 도매업, 기체연료 및 관련제품 도매업, 차량용 주유소 운영업, 차량용 가스 충전업, 가정용 액체연료 소매업, 가정용 가스연료 소매업, 재생용 재료 수집 및 판매업, 과세유흥장소에서 영업을 경영하는 경우	자금출처명세서
공통서류	사업자등록신청서 및 대표 신분증(해외동포의 경우 재외국민등록증번호 및 등록부등본, 외국인의 경우 외국인등록번호 및 외국인등록표등본)
사업자가 미성년자인 경우	법정대리인 동의서(2024.2.29. 개정)

실무

등기완료 전 임대사업자 등록

임대사업자의 경우 원칙적으로 당사자 간 계약을 바탕으로 대금이 지급되어 등기를 완료한 후 사업자등록을 하여야 하지만 대출 등의 문제를 고려하여 계약서 및 계약금 지급내역 등으로 사업자 등록을 할 수 있다. 이는 과세관청 담당자의 사후관리 사항으로 추후 등기부등본을 확인하는 절차가 필요하다.

실무

허가 및 등록을 하여야 하는 개인사업자의 사업자등록

기존의 사업자등록시 허가를 받아야 하는 사업의 경우 관할 지자체에서 사업허가증을 득하여야 사업자가 나오는 데 반해, 사업허가를 위해서는 사업자등록증이 필요한 경우가 있어 실무적으로 사업자등록을 처리할 수 없는 경우가 있었다. 사업자등록을 위해서는 허가증이 필요하고 허가증을 신청하기 위해서는 사업자등록증이 필요하기 때문이다. 또한 실무에서 어떠한 사업이 허가가 필요한지 알기 어려워 실무적용에 어려움이 있었다. 관련 기관에 업무요청을 지속적으로 한 결과 홈택스에서 사업자등록시 허가 및 등록 사업에 대해 확인이 가능하게 되었다. 다만, 앞서 말한 허가와 등록 시 사업자등록증이 먼저 준비되어야 하는 점은 아직 고쳐지지 않았다.

┌───┐
  📈 **실무** ●───────────────────────────────

  유튜버 또는 BJ 등의 사업자등록(1인 미디어 창작자)

  1인 미디어 창작자의 소득은 플랫폼 운영사로부터의 광고수입, 시청자의 후원으로 인한
  수입, 특정 업체 및 제품의 홍보에 대한 홍보수입, 외부 특강 및 행사로 인한 수입 등이
  주를 이룸

  ① 일반과세사업자(대부분) : 미디어 콘텐츠 창작업(업종코드 921505)
    인적고용관계(PD, 촬영팀, 편집 등) 또는 별도의 물적시설(스튜디오 등)을 갖춘 경
    우에 해당
  ② 면세사업자 : 1인 미디어 콘텐츠 창작자(업종코드 940306)
└───┘

② 법인이 아닌 임의의 단체(입주자 단체 등)

　　사업자등록신청서, 대표자의 신분증, 사무실 있는 경우 임대차계약서 등, 단체의 회칙
　　또는 관리규약(단체 소개 및 조직도 등; 총회 참석의 임원은 인적사항 등 필요), 대표
　　자 선임 회의록, 회원명부 등

③ 법인사업자 등록

본 점	지 점
－ 법인 등기부 등본 － 법인 정관 사본 － 주주 또는 출자자 명부 － 법인 대표이사[44] 인감증명서 － 사업포괄양수도계약서(필요한 경우) － 사업장 임대차 계약서 사본, 해당 사업장도면 － 허가증, 등록증, 신고필증 사본[45] 　(각종 인허가 및 자격을 요하는 사업의 경우)	－ 본점 법인 등기부 등본(지점 등기 여부와 관 　계없이 사업자등록 가능함) － 법인 등기부 등본(지점 등기된 경우) － 지점 설치에 관한 이사회 회의록 － 본점 법인 사업자등록증 사본 － 허가증, 등록증, 신고필증 사본 － 지점 또는 사업장 책임자의 재직증명서

• 폐업 후 사업재개법인의 사업자등록(새로이 법인사업자 등록처럼 처리)
　－ 법인설립신고 및 사업자등록신청서
　－ 법인 등기부 등본
　－ 정관 사본
　－ 주주 또는 출자자 명세서
　－ 임대차계약서

---

44) 대표이사가 2인 이상 등기된 법인의 사업자등록 : 법인등기부상 2인 이상이 대표이사로 등재되어 있는 경우
　　(각 대표이사가 독립하여 회사 대표권이 있는지 여부와 관계없음)에는 사업자등록증의 성명란에 대표이사
　　로 등기된 자 전원을 기재

(2) 사업자등록증의 발급

① 사업자등록신청을 받은 사업장 관할세무서장은 **신청일부터 2일 이내**[46] (토요일, 일요일, 공휴일 및 대체공휴일 또는 근로자의 날은 산정에서 제외)에 신청자에게 발급하여야 한다.

② 다만, 사업장시설이나 사업 현황을 확인하기 위하여 국세청장이 필요하다고 인정하는 경우에는 발급기한을 5일 이내에서 연장하고 조사한 사실에 따라 사업자등록증을 발급할 수 있다.

③ 사업관련 인·허가 서류 미제출 등으로 인해 등록신청의 내용에 대하여 보정할 필요가 있다고 인정되는 때에는 10일 이내의 기간을 정하여 보정을 요구할 수 있다. 이 경우 해당 보정기간은 사업자등록 처리 기간에 산입하지 아니한다.

📈 실무 ●

사업자등록 사전확인

유흥업소, 금 지금 및 자료상 관련 사업자(포괄양수도 및 자료상 다발 지역 등)의 경우 관할세무서에서 현장 확인을 나올 가능성이 크며, 현장 확인을 나오는 경우 대표자 본인과 면담하여 사업의 자금 출처, 구체적인 사업내용 또는 사업계획 등을 확인하여 검토 후 사업자등록증이 발급된다. 사업자등록 거부되는 경우 서면으로 통지된다. 이때 사후 관리대상자로 선정된 경우 3개월 이내에 사업장 현장 확인이 나오며, 지속적 사후관리 대상자로 선정될 수 있다.

---

(3) 직권등록 및 등록거부

① 사업자가 사업자등록을 하지 않거나 국외사업자 등이 간편사업자등록을 하지 않은 경우에는 납세지 관할 세무서장이 조사하여 등록할 수 있다.

② 사업개시일 전에 사업자등록신청을 받은 관할 세무서장은 신청자가 사업을 사실상 시작하지 아니할 것이라고 인정되는 때에는 등록을 거부할 수 있다.

---

45) 다만, 사업개시일 이전에 등록신청하는 경우로서 해당 법인의 설립등기 전 또는 사업의 허가·등록이나 신고 전에 사업자등록을 할 때에는 법인 설립을 위한 사업허가신청서 사본, 사업등록신청서 사본, 사업신고서 사본 또는 사업계획서로 허가증 등의 서류를 대신할 수 있다(법령 §11 ④).

46) 2020.7.1. 이후 사업자등록을 신청하는 분부터 적용(이전 신청분은 3일 이내)

(4) 등록번호 및 고유번호의 부여

등록번호의 부여	일반적인 경우	사업장마다 등록번호 부여(부령 §12 ① 본문)
		사업자등록번호는 10자리로 구성되는데 가운데 2자리로 다음을 구분할 수 있음 ① 개인과세 01~79 ② 개인면세 90~99 ③ 국가 등 83 ④ 영리법인 본점 81, 86, 87, 88 ⑤ 영리법인 지점 85 ⑥ 비영리법인 82
	사업자단위 과세사업자	사업자단위과세적용사업장에 대하여 한 개의 등록번호를 부여(부령 §12 ① 단서)
	통신판매업자	• 통신판매업자가 부가통신사업자를 납세관리인으로 선정한 경우에는 통신판매업자가 부가통신사업자의 사이버몰에 등록한 아이디(이용자 식별부호)를 사업자등록번호로 봄 • 아이디가 2개 이상인 경우에는 최초로 등록된 아이디를 말함
고유번호의 부여	부가가치세의 납세의무가 없는 자라 할지라도 세금계산서합계표의 제출의무가 있는 자들(세금계산서를 발급한 세관장, 세금계산서를 발급받은 국가·지방자치단체 및 지방자치단체조합·사단·재단·기타 단체·면세사업자 등)에게는 등록번호에 준하는 고유번호를 부여할 수 있다.	
	① 고유번호를 부여받은 단체가 재화 또는 용역을 공급(수익사업 아닌 경우)하는 경우에는 계산서 또는 영수증을 발급하여야 한다. ② 고유번호를 기재하여 교부받은 세금계산서의 매입세액은 등록 전 매입세액으로 공제되지 아니함 ③ 고유번호를 부여받은 단체가 수익사업 영위하는 경우 반드시 수익사업 개시신고 및 사업자등록 정정신고를 하여야 한다. ④ 고유번호를 부여받은 단체가 세금계산서를 교부받은 경우 매입처별세금계산서합계표를 해당 과세기간 종료 후 25일 이내에 사업장 관할세무서장에게 제출하여야 함	

(5) 사업자등록의 특수문제

① 다단계판매원의 사업자등록

구 분	주요 내용
총괄등록	① 다단계판매원이 다단계판매업자에게 등록을 하고 도·소매업자로 신고한 자에 대하여 다단계판매업자가 그 신고일이 속하는 달의 다음달 10일까지 사업장 관할세무서장에게 다단계판매원의 인적사항·사업개시연월일 기타

구 분	주요 내용
	국세청장이 정하는 사항을 신고한 때에는 당해 다단계판매원이 등록신청을 한 것으로 봄(부령 §11 ⑧) ② 다단계판매원에 대하여는 다단계판매업자가 발급한 다단계판매원 등록증을 관할세무서장이 교부한 사업자등록증으로 보고, 다단계판매원에게 부여한 등록번호는 사업자등록번호로 봄(부령 §11 ⑨)
별도등록	다음에 해당하는 경우 별도로 사업자등록을 하여야 함(부령 §11 ⑧ 단서) ① 납부의무가 면제되는 간이과세자(직전 과세기간 공급대가가 4,800만 원 미만)에 해당되지 아니하는 다단계판매원 → 공급대가가 4,800만 원 이상인 과세기간의 확정 신고기한이 속하는 과세기간의 다음 과세기간 개시일 20일 전까지 별도의 사업자등록신청을 하여야 함 ② 상시 주재하는 별도의 사업장을 가진 다단계판매원 → 개별등록을 한 후에는 다시 총괄등록대상자로 전환되지 않음

② 면세사업자의 과세 · 면세 겸업 시 사업자등록문제

구 분	주요 내용
사업자등록	• 부가가치세법의 규정에 의한 사업자등록을 하여야 함 • 이 경우 별도의 소득세법이나 법인세법상 사업자등록을 할 필요 없음(부가통칙 8-11-2)
과세사업 전환[47]	• 면세사업에 대하여는 폐업 후 신규로 부가가치세법에 의한 사업자등록을 하여야 함(사업자 등록 정정이 아님) • 그렇지 않은 경우 미등록사업자에 해당되어 미등록가산세가 적용되는 것이며, 과세사업에 대하여 세금계산서도 발급할 수 없음
과세사업 추가	소득세법 및 법인세법의 규정에 의하여 등록한 자로서 면세사업을 영위하는 자가 추가로 과세사업을 영위하고자 하는 경우에 사업자등록정정신고서를 제출한 때에는 사업자등록신청을 한 것으로 봄(부령 §11 ⑩)

③ 개별소비세 및 교통 · 에너지 · 환경세 과세사업자의 특례

개별소비세 및 교통 · 에너지 · 환경세의 규정에 따라 개업 · 휴업 · 폐업 및 변경 신고 또는 양수 · 상속 · 합병 신고를 한 때에는 부가가치세법의 규정에 따른 신고를 한 것으로 본다.

---

47) 면세사업을 전혀 하지 아니하는 100% 과세사업만을 하는 과세사업으로의 전환을 의미함.

④ 둘 이상의 신탁재산을 하나의 사업장(신탁사업에 관한 업무를 총괄하는 장소)으로 보아 사업자등록을 신청

구 분	주 요 내 용
수탁자 사업자등록 신청	다음 요건을 모두 갖춘 경우 • 수탁자가 하나 또는 둘 이상의 위탁자와 둘 이상의 신탁계약을 체결 • 신탁계약이 수탁자가 위탁자로부터 「자본시장과 금융투자업에 관한 법률」에 따른 재산을 위탁자의 채무이행을 담보하기 위해 수탁으로 운용하는 내용으로 체결되는 신탁계약

(6) 사업자등록의 사후관리

① 사업자등록 정정

사업자가 다음 중 어느 하나에 해당하는 경우에는 지체 없이[48] 사업자등록 정정신고서를 관할세무서장이나 그 밖에 신고인의 편의에 따라 선택한 세무서장에게 제출해야 한다. 또한 신고를 받은 세무서장은 재발급기한 이내에 변경된 내용을 확인하고 사업자등록증의 기재사항을 정정하여 재발급하여야 한다.

정정사유	재발급 기한
① 상호를 변경하는 경우 ② 통신판매업자가 사이버몰의 명칭 또는 인터넷 도메인 이름을 변경하는 경우	신고일 당일
③ 면세사업자가 추가로 과세사업을 영위하고자 하는 경우 ④ 법인 또는 1거주자로 보는 단체의 대표자를 변경하는 경우 ⑤ 사업의 종류를 변경하거나 추가하는 경우 ⑥ 상속으로 인하여 사업자의 명의가 변경되는 경우(증여의 경우 정정사유 아닌 폐업사유) ⑦ 공동사업자의 구성원 또는 출자지분이 변경되는 경우 ⑧ 사업자단위 과세사업자가 사업자단위과세 적용 사업장을 변경하는 경우 종된 사업장을 신설, 이전, 휴업, 폐업하는 경우	신고일부터 2일 내

---

48) 정정신고를 이행하지 아니하거나 지연신고한 경우에도 발급받은 매입세금계산서 관련 매입세액은 공제할 수 있고, 미등록가산세 또는 조세범 처벌법상 처벌 대상도 아니다(집행기준 8-14-2).

📈 **실무** ○

대표자 주소지로 사업자등록을 한 경우 주소 이전시 정성

기존에는 대표자 주소지로 사업자등록을 한 경우 주소 이전한 경우 사업자등록의 정정을 통하여 이를 수정하여야 했지만 시행령 개정으로 인하여 주소를 이전한 경우 사업장이 함께 이전하는 것에 동의(사업자등록 신청시 선택)한 경우 별도의 정정이 필요없게 된다.

② 휴업 · 폐업신고

- 사업자가 휴업 또는 폐업하거나 사업개시일 전에 등록을 신청한 자가 사실상 사업을 시작하지 아니하게 되는 때에는 지체 없이 휴업 또는 폐업연월일 및 사유 등을 적은 휴업(폐업)신고서에 사업자등록증[49]을 첨부하여 관할세무서장 또는 그 밖에 신고인의 편의에 따라 선택한 세무서장에게 제출해야 한다.
- 다만, 폐업을 하는 사업자가 부가가치세 확정신고서에 폐업 연월일 및 그 사유를 적고 사업자등록증을 첨부하여 제출하는 경우에는 폐업신고서를 제출한 것으로 본다.

📈 **실무** ○

휴업과 폐업 관련 매입세액공제

• 사업자가 휴업기간 중 사업장의 유지 및 관리를 위하여 일반적인 관리업무에 대한 비용을 지출하고 교부받은 세금계산서의 매입세액은 공제되는 것임(통칙 32-67-3)
• 폐업자로부터 교부받은 세금계산서상 매입세액은 공제되지 아니함. 만약, 공제하였다면 매입세액 불공제 처리하여야 하며 이에 따른 가산세는 적용됨
• 직권폐업된 사업자로부터 받은 세금계산서의 경우에도 매입세액은 공제되지 아니하지만, 직권폐업된 사업자가 사업의 계속 여부 등을 확인받는 경우에는 매입세액공제 가능함. 사업자등록 말소의 경우에도 동일함

③ 등록말소

사업장 관할세무서장은 다음의 어느 하나에 해당하면 지체 없이 사업자등록을 말소하여야 한다. 이 때 관할세무서장은 지체 없이 등록증을 회수해야 하며, 등록증을 회수할 수 없는 경우에는 등록말소 사실을 공시해야 한다.

---

49) 2021.2.17. 이후 폐업신고 확인서는 제출하지 아니하여도 된다.

구 분	주 요 내 용
폐 업	• 폐업한 경우
사실상 사업을 시작하지 아니하게 되는 경우	• 사업자 등록을 한 후 정당한 사유 없이 6개월 이상 사업을 시작하지 아니하는 경우 • 사업자가 부도발생, 고액체납 등으로 도산하여 소재 불명인 경우 • 사업자가 인가·허가의 취소 또는 그 밖의 사유로 사업을 수행할 수 없어 사실상 폐업상태에 있는 경우 • 사업자가 정당한 사유 없이 계속하여 둘 이상의 과세기간에 걸쳐 부가가치세를 신고하지 아니하고 사실상 폐업상태에 있는 경우

(7) 미등록사업자에 대한 제재

① 미등록 가산세(등록기한 경과 후 1개월 이내에 등록하는 경우 50% 감면)

사업개시일로부터 20일 이내 등록 신청하지 않은 경우, 사업개시일로부터 등록 신청한 날의 전일까지의 <u>공급가액</u>에 대하여 <u>1%</u>의 미등록가산세가 해당된다.

② 매입세액 불공제

사업자등록을 신청하기 전의 매입세액은 매출세액에서 공제하지 아니한다. 다만, 공급시기가 속하는 과세기간이 끝난 후 20일 이내에 등록을 신청한 경우 등록신청일부터 공급시기가 속하는 과세기간 기산일(1월 1일 또는 7월 1일)까지 역산한 기간 내의 매입세액은 매출세액에서 공제한다(신규사업자의 경우 최초 과세기간은 사업개시일, 사업개시일 이전에 사업자등록을 신청한 경우는 사업자등록 신청일부터 그 날이 속하는 과세기간 종료일까지).

③ 미등록사업자에 대해 질서범 해당으로 50만 원 이하의 벌금 또는 과료 처분

④ 명의위장 가산세

- 사업자가 타인[50]의 명의로 사업자등록을 하거나, 그 타인 명의의 사업자등록을 이용하여 사업을 하는 것으로 확인되는 경우 사업개시일부터 실제 사업을 하는 것으로 확인되는 날의 직전 일까지의 공급가액에 대하여 2%의 가산세(2024.12.31. 이전 1%)가 부과된다.

- 조세범으로 처벌(조세범 처벌법 제11조) : 조세의 회피 또는 강제집행의 면탈을 목적으로 타인의 성명을 사용하여 사업자등록을 한 자는 2년 이하의 징역 또는 2천만 원 이하의 벌금(본인의 명의를 빌려준 사람은 1년 이하의 징역 또는 1천만 원 이하의 벌금)

---

50) 타인명의가 ① 실사업자의 배우자 ② 상속으로 인하여 피상속인이 경영하던 사업이 승계되는 경우 그 피상속인에 해당되는 경우 가산세 적용에서 제외

◉ 지점 미등록에 대한 가산세

법인이 부동산을 임대하는 지점이 있음에도 지점 사업자등록을 하지 않고 법인 본점 명의로 세금계산서를 발급하고 부가가치세를 신고·납부한 경우, 지점에 대해서는 사업자미등록가산세, 일반 과소신고 가산세를 적용하고 본점에 대해서는 세금계산서 불성실 가산세를 부과함은 정당하다(조심 2011광2553 2011.11.10.).

◉ 미등기지점 등의 사업자등록

과세사업을 영위하는 법인이 지점 또는 직매장에 대한 사업자등록신청을 하는 경우에는 당해 지점의 등기 여부와는 관계없이 사업자등록신청서에 당해 법인의 법인등기부등본을 첨부하여 등록할 수 있음(부가통 8-11-1)

◉ 사업자등록의 효과

「부가가치세법」상 사업자등록은 과세관청으로 하여금 부가가치세의 납세의무자를 파악하고 그 과세자료를 확보케 하려는 데 입법취지가 있는 것으로, 이는 단순한 사업사실의 신고로서 사업자가 소관 세무서장에게 소정의 사업자등록신청서를 제출함으로써 성립되는 것인 점에서 사업자등록증의 발급은 이와 같은 등록사실을 증명하는 증서의 발급행위에 불과한 것이므로, 세무서장이 납세의무자에게 부가가치세 면세사업용 사업자등록증을 발급하였다 하더라도 그가 영위하는 사업에 관하여 부가가치세를 과세하지 아니함을 시사하는 언동이나 공적인 견해를 표명한 것이라고 볼 수 없다(조심 2021전6704, 2022.6.7.).

◉ 현지확인 후 사업자등록 정정

납세자는 어린이천문대를 설립하면서 부가가치세 과세사업자로 사업자등록을 신청하였고, 과세매출로 신고하였다. 이후 업종을 교육서비스, 평생교육운영(천문교육)에서 서비스/천문학교육, 관람(과학관)으로 정정신고를 하였다. 이에 관할세무서장은 현지확인을 실시하고 면세법인사업자로 정정하여 사업자등록증을 교부하였다. 이는 과세관청이 해당 교육용역에 대하여 공적인 견해를 표명한 것으로 볼 수 있고, 청구법인이 이를 신뢰한 데에 귀책사유가 있다거나 그 신뢰를 보호할 가치가 없다고 보기는 어렵다 할 것이므로, 처분청이 청구법인에게 부가가치세를 부과한 처분은 잘못이 있다고 판단됨(조심 2023부7185, 2023.10.20.)

→ 납세자가 과세사업자에서 면세사업자로 사업자등록 정정 신청과정에서 세무서장의 현지 확인 후 정정(공적견해 표명으로 봄)을 받은 경우 납세자에게 신의칙을 적용

◉ 허가사업의 사업자등록

법령에 의하여 허가를 얻어야 하는 사업을 영위하는 자가 사업허가증사본을 첨부하

지 아니하고 사업자등록신청서를 제출한 경우, 당해 사업장에서 사실상 사업을 영위하는 때는 실지 사업내용대로 사업자등록증을 교부할 수 있다(기본통칙 8-11-3).

◉ 공동으로 허가받은 사업에 대하여 사업자등록증을 각각 교부받을 수 있는지 여부

공동으로 허가받은 사업에 대하여 공동사업자가 사실상 각각 독립적으로 사업을 영위하는 경우에는 실지 사업내용대로 각각 사업자등록을 교부받을 수 있음(부가-2020, 2008.7.15.)

◉ 재외국민이 부동산임대업 영위시 사업자등록 신청방법

국내에 주민등록이 되어 있지 아니한 재외국민이 동 재외국민 소유의 국내 대지위에 상가를 신축하여 부동산 임대업을 영위하고자 하는 경우에는 사업자등록을 신청할 수 있으며, 동 사업자등록 신청시에 주민등록번호 및 등본에 갈음하여 재외공관장이 확인하는 재외국민등록증번호 및 동 등록부등본을 사용함(부가 22601-66, 1991.1.15.)

◉ 부동산매매업자가 건물을 일시적 또는 잠정적으로 임대하는 경우

부동산매매업을 영위하는 사업자가 분양목적으로 신축하였으나 분양되지 아니하여 임대로 전용하다가 다시 분양하는 경우에는 부동산 매매업에 해당되는 것이며, 이 경우 그 건물의 등기부상의 소재지를 사업장으로 하여 별도의 사업자등록을 신청하여야 한다(부가 46015-1728. 1994.8.25.).

◉ 공동사업자의 사업자등록

(1) 개인과 법인이 공동사업을 영위하기 위하여 사업용 건물을 신축하는 경우

당해 개인과 법인이 공동사업자로서 사업자등록을 하여야 하는 것이며, 건물의 신축에 관련된 세금계산서는 공동사업자의 명의로 교부받아야 하는 것임(부가 46015-93 1995.1.12.)

(2) 공동사업 해지 시 사업자등록 및 공동사업 해지 없는 분할등기의 과세대상 여부

① 2인의 공동사업자가 동업계약을 해지한 후 대표자로 되어 있던 1인은 기존사업을 계속하여 영위하고 다른 1인은 신규로 사업을 개시하는 경우, 기존사업을 계속하여 영위하는 자는 사업자등록을 정정하여야 하며, 신규로 사업을 개시하는 자는 새로이 사업자등록을 하여야 함

② 공동사업자가 사업에 공할 건물을 신축하여 소유권보존등기를 신청함에 있어서 각자의 지분을 기재하는 경우에는 출자지분의 현물반환에 해당하지 아니함(재무부 부가 22601-1073, 1990.11.9.)

(3) 공유부동산을 개별로 사용·수익하는 경우 사업자등록과 과세방법

① 수인이 공유하는 부동산을 임대하는 공동사업자가 당해 부동산 전부를 각 공유자의 지분별로 구분하여 사용·수익하기로 약정하고 각 공유자별로 자기지분에 상당하는 부동산을 자기 책임과 계산 하에 타인에게 임대하거나 자기의 사업에 공

하는 경우에는 각 공유자별로 사업자등록을 할 수 있음

　② 각 공유자별로 자기지분에 상당하는 부동산을 사용·수익하는 것에 대하여는 공동사업자의 출자지분을 현물로 반환하는 것으로 보아 재화의 공급에 해당하여 부가가치세가 과세됨(부가 46015-977, 2001.7.3.)

(4) 공동사업자가 분양, 임대목적의 상가를 신축 중에 지분탈퇴를 하는 경우 등록정정 등

　① 부동산 분양 및 임대를 목적으로 건물을 신축하는 공동사업자 중 1인이 자기의 지분을 탈퇴하고 당해 건물 신축공사를 하도급 받은 건설법인에게 양도하는 경우에는 공동사업자의 구성원을 변경하는 사업자등록을 정정함

　② 이 경우 탈퇴하는 공동사업자가 자기의 지분을 양도하는 것을 재화의 공급으로 보지 아니하는 것임

　③ 건설용역을 제공하는 건설업자는 새로운 공동사업자에게 건설용역 공급가액 전액을 과세표준으로 하는 세금계산서를 교부하고, 건물 준공후 분양시에는 분양가액 전액을 과세표준으로 하여 공동사업자 명의의 세금계산서를 교부함(부가 46015-2964, 1997.12.31.)

◉ 명의 위장

(1) 강압에 의하여 사업자등록 명의 대여가 인정되는 경우 경정청구 가능 여부

　실사업자가 아님이 객관적으로 확인(사실근거 판단)되는 경우로서 그 명의대여가 실사업자의 강압에 의하여 이루어졌음이 인정되는 경우 명의대여자를 실사업자로 볼 수 없으므로 실사업자가 아니라고 하는 경정청구를 거부함은 부당함(심사부가 2019-85)

(2) 단순 명의대여자라는 주장이 입증되지 않는 경우

　단순 명의대여자에 불과하다는 주장은 객관적으로 충분히 입증되어야 하고, 그러한 입증은 단순명의대여라는 사실을 주장하는 자가 해야 함. 만약 객관적으로 충분히 입증되지 아니한 경우 과세관청의 부가가치세 과세 처분은 정당함(조심 2019구822)

(3) 실제 운영자가 아닌 것이 확인되는 경우

　실사업자가 명확히 밝혀져 원고가 단순히 명의대여자임이 확인되는 점, 사업자 명의를 대여한 데 지적장애가 있는 원고의 책임이 있다고 보기 어려운 점, 간단한 사실 확인만으로도 원고가 실사업자가 아님을 비교적 쉽게 알 수 있었을 것으로 보이는 점 등으로 보아 실제 운영자가 아닌 자에게 부과된 것으로 무효로 봄이 타당함(서울행법 2020구합75057, 2021.8.20.)

◉ 집합투자업자가 부동산집합투자기구를 이관 받아 운용하는 경우 사업자등록 방법

　집합투자업자가 다른 집합투자업자로부터 부동산펀드의 집합투자업자 지위를 이전받아 신탁업자와 신탁계약을 체결한 경우 해당 집합투자업자는 부동산펀드의 부동산 소재지를 사업장으로 하여 자신의 지점으로 신규 사업자등록하는 것임(사전법령해석부가 2020-520)

◉ 사회적협동조합 지점을 분리하여 분할신설조합을 설립하는 경우 사업자등록 방법

분할법인의 지점사업장을 분할하는 경우 분할신설조합의 명의로 사업자등록을 변경하고자 하는 때에는 사업자등록증의 정정신고를 하는 것이 아니라 신규사업장으로 하여 사업자등록을 하여야 하는 것임(사전법령해석부가 2020 – 472)

◉ 고유번호를 부여받은 단체의 매입세액 공제 가능 여부

(1) 임대목적으로 취득한 건물에 대한 매입세액 공제 가능 여부

고유번호를 부여받은 비영리법인이 임대 목적으로 건물을 취득하고 해당 고유번호로 세금계산서를 정상적으로 교부받았지만, 고유번호로 세금계산서를 교부받은 경우에는 건물 취득에 따른 매입세액 공제는 되지 아니함(부가-320, 2010.3.18.)

(2) 예외적 매입세액 공제가 가능한 경우

상가 입주자들이 자치관리기구를 조직하여 고유번호를 부여받은 후 입주자들이 실지로 소비하는 재화 또는 용역에 대하여 자치관리기구 고유번호로 세금계산서를 교부받은 경우 예외적으로 공제가 가능하다. 이 경우 교부받은 세금계산서에 기재된 공급가액의 범위 안에서 실지로 소비하는 입주자들에게 세금계산서를 교부(공급받은 날을 발행일자)할 수 있으며, 이 경우 과세사업을 영위하는 입주자들은 교부받은 세금계산서상의 매입세액은 공제 가능함

사업자등록 신청서(개인사업자용)
(법인이 아닌 단체의 고유번호 신청서)

※ 사업자등록의 신청 내용은 영구히 관리되며, 납세 성실도를 검증하는 기초자료로 활용됩니다.
　아래 해당 사항을 사실대로 작성하시기 바라며, 신청서에 본인이 자필로 서명해 주시기 바랍니다.
※ [　]에는 해당하는 곳에 √표를 합니다.

(앞쪽)

접수번호		처리기간　　2일(보정 기간은 불산입)

1. 인적사항

상호(단체명)		연락처	(사업장 전화번호)
성명(대표자)			(주소지 전화번호)
주민등록번호			(휴대전화번호)
(단체)부동산등기용등록번호			(FAX 번호)
사업장(단체) 소재지			층　　　　호
사업장이 주소지인 경우 주소지 이전 시 사업장 소재지 자동 정정 신청			([　]여, [　]부)

2. 사업장 현황

업 종	주업태		주종목		주생산요소		주업종 코드	개업일	종업원 수
	부업태		부종목		부생산요소		부업종 코드		

사이버몰 명칭					사이버몰 도메인				

사업장 구분	자가 면적	타가 면적	사업장을 빌려준 사람 (임대인)			임대차 명세			
			성 명 (법인명)	사업자 등록번호	주민(법인) 등록번호	임대차 계약기간	(전세) 보증금	월세(차임)	
	m²	m²				．　．　． ~ ．　．　．	원	원	

허가 등 사업 여부	[　]신고　　[　]등록 [　]허가　　[　]해당 없음		주류면허	면허번호	면허신청
					[　]여 [　]부

개별소비세 해당 여부	[　]제조　　[　]판매 [　]입장　　[　]유흥	사업자 단위 과세 적용 신고 여부	[　]여　　　　[　]부

사업자금 명세 (전세보증금 포함)	자기자금	원	타인자금	원

간이과세 적용 신고 여부	[　]여　　　[　]부	간이과세 포기 신고 여부	[　]여　　　[　]부

전자우편주소		국세청이 제공하는 국세정보 수신동의	[　]문자(SMS) 수신에 동의함 (선택) [　]전자우편 수신에 동의함 (선택)

그 밖의 신청사항	확정일자 신청 여부	공동사업자 신청 여부	사업장소 외 송달장소 신청 여부	양도자의 사업자등록번호 (사업양수의 경우에만 해당함)
	[　]여 [　]부	[　]여 [　]부	[　]여 [　]부	

신탁재산 여부	[　]여 [　]부	신탁재산의 등기부상 소재지 또는 등록부상 등록지	

210mm×297mm[백상지(80g/㎡) 또는 중질지(80g/㎡)]

3. 사업자등록 신청 및 사업 시 유의사항 (아래 사항을 반드시 읽고 확인하시기 바랍니다)

가. 다른 사람에게 사업자명의를 빌려주는 경우 사업과 관련된 각종 세금이 명의를 빌려준 사람에게 나오게 되어 다음과 같은 불이익이 있을 수 있습니다.
  1) 조세의 회피 및 강제집행의 면탈을 목적으로 자신의 성명을 사용하여 타인에게 사업자등록을 할 것을 허락하거나 자신 명의의 사업자등록을 타인이 이용하여 사업을 영위하도록 한 자는 「조세범 처벌법」 제11조 제2항에 따라 1년 이하의 징역 또는 1천만원 이하의 벌금에 처해집니다.
  2) 소득이 늘어나 국민연금과 건강보험료를 더 낼 수 있습니다.
  3) 명의를 빌려간 사람이 세금을 못 내게 되면 체납자가 되어 소유재산의 압류·공매처분, 체납명세의 금융회사 등 통보, 출국규제 등의 불이익을 받을 수 있습니다.
나. 다른 사람의 명의로 사업자등록을 하고 실제 사업을 하는 것으로 확인되는 경우 다음과 같은 불이익이 있을 수 있습니다.
  1) 조세의 회피 또는 강제집행의 면탈을 목적으로 타인의 성명을 사용하여 사업자등록을 하거나 타인 명의의 사업자등록을 이용하여 사업을 영위한 자는 「조세범 처벌법」 제11조 제1항에 따라 2년 이하의 징역 또는 2천만원 이하의 벌금에 처해집니다.
  2) 「부가가치세법」 제60조 제1항 제2호에 따라 사업 개시일부터 실제 사업을 하는 것으로 확인되는 날의 직전일까지의 공급가액 합계액의 1%에 해당하는 금액을 납부세액에 더하여 납부해야 합니다.
  3) 「주민등록법」 제37조 제10호에 따라 다른 사람의 주민등록번호를 부정하게 사용한 자는 3년 이하의 징역 또는 3천만원 이하의 벌금에 처해집니다.
다. 귀하가 재화 또는 용역을 공급하지 않거나 공급받지 않고 세금계산서 또는 계산서를 발급하거나 발급받은 경우 또는 이와 같은 행위를 알선·중개한 경우에는 「조세범 처벌법」 제10조 제3항 또는 제4항에 따라 3년 이하의 징역 또는 공급가액에 부가가치세의 세율을 적용하여 계산한 세액의 3배 이하에 상당하는 벌금에 처해집니다.
라. 신용카드 가맹 및 이용은 반드시 사업자 본인 명의로 해야 하며 사업상 결제목적 외의 용도로 신용카드를 이용할 경우 「여신전문금융업법」 제70조 제3항 제2호부터 제6호까지의 규정에 따라 3년 이하의 징역 또는 2천만원 이하의 벌금에 처해집니다.

창업자 멘토링 서비스	신청 여부	[ ]여 [ ]부

※ 세무대리인을 선임하지 못한 경우 신청 가능하며, 서비스 제공 요건을 충족하지 못한 경우 서비스가 제공되지 않을 수 있음

대리인이 사업자등록신청을 하는 경우에는 아래의 위임장을 작성하시기 바랍니다.

위 임 장	본인은 사업자등록 신청과 관련한 모든 사항을 아래의 대리인에게 위임합니다. 본 인:　　　　　　　　　　　(서명 또는 인)			
대리인 인적사항	성명	주민등록번호	전화번호	신청인과의 관계

위에서 작성한 내용과 실제 사업자 및 사업내용 등이 일치함을 확인하며, 「부가가치세법」 제8조 제1항·제3항, 제61조 제3항, 같은 법 시행령 제11조 제1항·제2항, 제109조 제4항, 같은 법 시행규칙 제9조 제1항·제2항 및 「상가건물 임대차보호법」 제5조 제2항에 따라 사업자등록 ([ ]일반과세자[ ]간이과세자[ ]면세사업자[ ]그 밖의 단체) 및 확정일자를 신청합니다.

　　　　　　　　　　　　　　　　　　　　　　　　　　　　　　년　　　　　월　　　　　일

　　　　　　　　　　　　　　　　　　　　신청인:　　　　　　　　　(서명 또는 인)

　　　　　　　　　　　　　　　　　　　위 대리인:　　　　　　　　(서명 또는 인)

세무서장 귀하

신고인 제출서류	1. 사업허가증 사본, 사업등록증 사본 또는 신고확인증 사본 중 1부(법령에 따라 허가를 받거나 등록 또는 신고를 해야 하는 사업의 경우에만 제출합니다) 2. 임대차계약서 사본 1부(사업장을 임차한 경우에만 제출합니다) 3. 「상가건물 임대차보호법」이 적용되는 상가건물의 일부분을 임차한 경우에는 해당 부분의 도면 1부 4. 자금출처명세서 1부(금지금 도매·소매업, 과세유흥장소에서의 영업, 액체연료 및 관련제품 도매업, 기체연료 및 관련제품 도매업, 차량용 주유소 운영업, 차량용 가스 충전업, 가정용 액체연료 소매업, 가정용 가스연료 소매업, 재생용 재료 수집 및 판매업을 하려는 경우에만 제출합니다) 5. 신탁계약서 1부 6. 주택임대사업을 하려는 경우 「소득세법 시행규칙」별지 제106호 서식의 임대주택 명세서 1부 또는 임대주택 명세서를 갈음하여 「민간임대주택에 관한 특별법 시행령」 제4조 제5항에 따른 임대사업자 등록증 사본 1부	수수료 없음

유의사항

사업자등록을 신청할 때 다음 각 호의 사유에 해당하는 경우에는 붙임의 서식 부표에 추가로 적습니다.
  1. 공동사업자가 있는 경우
  2. 사업장 외의 장소에서 서류를 송달받으려는 경우
  3. 사업자 단위 과세 적용을 신청하려는 경우(2010년 이후부터 적용)

210mm×297mm[백상지(80g/㎡) 또는 중질지(80g/㎡)]

법정대리인 동의서

신청인	성명		주민등록번호	
	주소			
1 법정대리인	성명		생년월일	
	주소		신청인과의 관계	
2 법정대리인	성명		생년월일	
	주소		신청인과의 관계	

본인(들)은 신청인의 법정대리인으로서 신청인의 사업자등록 신청(「부가가치세법」 제8조 사업자등록)에 동의합니다.

년   월   일

법정대리인(부모가 공동친권자인 경우는 공동친권자 중 대표자)   (서명 날인)

세무서장 귀하

유 의 사 항

법정대리인이 공동친권자인 경우 공동친권자인 부모 모두의 동의가 필요합니다. 동의 내용이 사실과 다를 경우 이에 대한 민·형사상 및 행정상 책임은 작성자에게 있음을 알려드립니다.

210mm×297mm[백상지(80g/㎡) 또는 중질지(80g/㎡)]

[　] 공동사업자 명세
[　] 서류를 송달받을 장소

※ [　]에는 해당되는 곳에 √표를 합니다.

1. 인적사항

상호(단체명)	
성명(대표자)	
주민등록번호	
사업장(단체) 소재지	

2. 공동사업자 명세

출자금		원	성립일		
성명	주민등록번호		지분율	관계	출자공동사업자여부

* 소득분배비율과 지분율이 다른 경우에는 소득분배비율을 적습니다.
* 출자공동사업자란 「소득세법 시행령」 제100조 제1항에 따라 경영에는 참여하지 않고 출자만 하는 공동사업자를 말합니다.

3. 서류를 송달받을 장소

「국세기본법」 제9조 및 같은 법 시행령 제5조에 따라 사업장이 아닌 다음 장소에서 서류를 송달받고자 합니다.
이 신청서로 등록신청한 사업장에 대하여 발생되는 고지서나 신고안내문 등의 송달주소로 활용됩니다.
　- 구분 : [　] 1. 주민등록상 주소　　　　　[　] 2. 기타　　(전화번호 :　　　　　　　)
※ 주민등록상 주소를 선택한 경우 「주민등록법」 제16조에 따라 주소가 이전되면 송달주소가 이전된 주소로 자동으로 변경되는 것에 동의하는 경우 아래의 동의함에 체크하여 주시기 바랍니다.
　　　[　] 동의함　　　　　　　　　　[　] 동의하지 않음

송달받을 장소	주소
	전화번호
사유	

210mm×297mm[백상지(80g/㎡) 또는 중질지(80g/㎡)]

■ 부가가치세법 시행규칙 [별지 제4호 서식 부표 2] 〈2021.3.16. 개정〉

사업자단위과세 사업자의 종된 사업장 명세서(개인사업자용)

※ [ ]에는 해당되는 곳에 √표를 합니다.

종된 사업장 일련번호 ( )	상 호		사업장 소재지	종된 사업장 개설일	업종	주업태	주종목	업종코드
						부업태	부종목	업종코드
	층 호							
	확정 일자 신청	도면 첨부	자가 면적	타가 면적	사업장을 빌려준 사람 (임대인)			임대차명세
					성명 (법인명)	사업자 등록번호	주민(법인) 등록번호	임대차 계약기간	(전세) 보증금	월세
	여[ ] 부[ ]	여[ ] 부[ ]	㎡	㎡					원	원

종된 사업장 일련번호 ( )	상 호		사업장 소재지	종된 사업장 개설일	업종	주업태	주종목	업종코드
						부업태	부종목	업종코드
	층 호							
	확정 일자 신청	도면 첨부	자가 면적	타가 면적	사업장을 빌려준 사람 (임대인)			임대차명세
					성명 (법인명)	사업자 등록번호	주민(법인) 등록번호	임대차 계약기간	(전세) 보증금	월세
	여[ ] 부[ ]	여[ ] 부[ ]	㎡	㎡					원	원

종된 사업장 일련번호 ( )	상 호		사업장 소재지	종된 사업장 개설일	업종	주업태	주종목	업종코드
						부업태	부종목	업종코드
	층 호							
	확정 일자 신청	도면 첨부	자가 면적	타가 면적	사업장을 빌려준 사람 (임대인)			임대차명세
					성명 (법인명)	사업자 등록번호	주민(법인) 등록번호	임대차 계약기간	(전세) 보증금	월세
	여[ ] 부[ ]	여[ ] 부[ ]	㎡	㎡					원	원

종된 사업장 일련번호 ( )	상 호		사업장 소재지	종된 사업장 개설일	업종	주업태	주종목	업종코드
						부업태	부종목	업종코드
	층 호							
	확정 일자 신청	도면 첨부	자가 면적	타가 면적	사업장을 빌려준 사람 (임대인)			임대차명세
					성명 (법인명)	사업자 등록번호	주민(법인) 등록번호	임대차 계약기간	(전세) 보증금	월세
	여[ ] 부[ ]	여[ ] 부[ ]	㎡	㎡					원	원

종된 사업장 일련번호 ( )	상 호		사업장 소재지	종된 사업장 개설일	업종	주업태	주종목	업종코드
						부업태	부종목	업종코드
	층 호							
	확정 일자 신청	도면 첨부	자가 면적	타가 면적	사업장을 빌려준 사람 (임대인)			임대차명세
					성명 (법인명)	사업자 등록번호	주민(법인) 등록번호	임대차 계약기간	(전세) 보증금	월세
	여[ ] 부[ ]	여[ ] 부[ ]	㎡	㎡					원	원

210mm×297mm[백상지(80g/㎡) 또는 중질지(80g/㎡)]

사업자단위과세 사업자의 종된 사업장 명세서(법인사업자용)

※ [ ]에는 해당되는 곳에 √표를 합니다.

종된 사업장 일련번호 ( )	상 호	대표자 성명	대표자 주민등록번호	사업장 소재지	종된 사업장 개설일	업종	주업태	주종목	업종코드
							부업태	부종목	업종코드
				층 호					
	확정 일자 신청	도면 첨부	자가 면적	타가 면적	사업장을 빌려준 사람 (임대인)			임대차명세	
					성명 (법인명)	사업자 등록번호	주민(법인) 등록번호	임대차 계약기간	(전세) 보증금	월세
	여[ ] 부[ ]	여[ ] 부[ ]	㎡	㎡					원	원

종된 사업장 일련번호 ( )	상 호	대표자 성명	대표자 주민등록번호	사업장 소재지	종된 사업장 개설일	업종	주업태	주종목	업종코드
							부업태	부종목	업종코드
				층 호					
	확정 일자 신청	도면 첨부	자가 면적	타가 면적	사업장을 빌려준 사람 (임대인)			임대차명세	
					성명 (법인명)	사업자 등록번호	주민(법인) 등록번호	임대차 계약기간	(전세) 보증금	월세
	여[ ] 부[ ]	여[ ] 부[ ]	㎡	㎡					원	원

종된 사업장 일련번호 ( )	상 호	대표자 성명	대표자 주민등록번호	사업장 소재지	종된 사업장 개설일	업종	주업태	주종목	업종코드
							부업태	부종목	업종코드
				층 호					
	확정 일자 신청	도면 첨부	자가 면적	타가 면적	사업장을 빌려준 사람 (임대인)			임대차명세	
					성명 (법인명)	사업자 등록번호	주민(법인) 등록번호	임대차 계약기간	(전세) 보증금	월세
	여[ ] 부[ ]	여[ ] 부[ ]	㎡	㎡					원	원

종된 사업장 일련번호 ( )	상 호	대표자 성명	대표자 주민등록번호	사업장 소재지	종된 사업장 개설일	업종	주업태	주종목	업종코드
							부업태	부종목	업종코드
				층 호					
	확정 일자 신청	도면 첨부	자가 면적	타가 면적	사업장을 빌려준 사람 (임대인)			임대차명세	
					성명 (법인명)	사업자 등록번호	주민(법인) 등록번호	임대차 계약기간	(전세) 보증금	월세
	여[ ] 부[ ]	여[ ] 부[ ]	㎡	㎡					원	원

종된 사업장 일련번호 ( )	상 호	대표자 성명	대표자 주민등록번호	사업장 소재지	종된 사업장 개설일	업종	주업태	주종목	업종코드
							부업태	부종목	업종코드
				층 호					
	확정 일자 신청	도면 첨부	자가 면적	타가 면적	사업장을 빌려준 사람 (임대인)			임대차명세	
					성명 (법인명)	사업자 등록번호	주민(법인) 등록번호	임대차 계약기간	(전세) 보증금	월세
	여[ ] 부[ ]	여[ ] 부[ ]	㎡	㎡					원	원

210mm×297mm[백상지(80g/㎡) 또는 중질지(80g/㎡)]

홈택스(www.hometax.go.kr)에서도 신고할 수 있습니다.
(앞쪽)

접수번호	[ ] 법인설립신고 및 사업자등록신청서 [ ] 국내사업장설치신고서(외국법인)	처리기간
		3일 (보정기간은 불산입)

귀 법인의 사업자등록신청서상의 내용은 사업내용을 정확하게 파악하여 근거과세의 실현 및 사업자등록 관리업무의 효율화를 위한 자료로 활용됩니다. 아래의 사항에 대하여 사실대로 작성하시기 바라며 신청서에 서명 또는 인감(직인)날인하시기 바랍니다.

1. 인적사항

법 인 명(단체명)		승인법인고유번호 (폐업당시 사업자등록번호)	
대 표 자		주민등록번호	－
사업장(단체)소재지		층 호	
전 화 번 호	(사업장)	(휴대전화)	

2. 법인현황

법인등록번호	－	자본금	원	사업연도	월 일 ~ 월 일

법 인 성 격 (해당란에 ○표)

내 국 법 인						외 국 법 인			지점(내국법인의 경우)		분할신설법인		
영리 일반	영리 외투	비영리	국 가 지방자치	법인으로 보는 단체		지 점 (국내 사업장)	연 락 사무소	기타	여	부	본점 사업자 등록번호	분할전 사업자 등록번호	분할연월일
				승인법인	기타								

조합법인 해당 여부		사업자 단위 과세 여부		공 익 법 인					외국 · 외투 법인	국 적	투자비율
여	부	여	부	해당여부	사업유형	주무부처명	출연자산여부				
				여 부			여 부				

3. 외국법인 내용 및 관리책임자 (외국법인에 한함)

외 국 법 인 내 용

본점	상 호	대 표 자	설치년월일	소 재 지

관 리 책 임 자

성 명 (상 호)	주민등록번호 (사업자등록번호)	주 소 (사업장소재지)	전 화 번 호

4. 사업장현황

사 업 의 종 류						사업(수익사업) 개 시 일
주업태	주 종 목	주업종코드	부업태	부 종 목	부업종코드	
						년 월 일

사이버몰 명칭		사이버몰 도메인	

사업장 구분 및 면적		도면첨부		사업장을 빌려준 사람(임대인)			
자가	타가	여	부	성 명(법인명)	사업자등록번호	주민(법인)등록번호	전화번호
㎡	㎡						

임 대 차 계 약 기 간	(전세)보증금	월 세(부가세 포함)
20 . . ~ 20 . .	원	원

개 별 소 비 세				주 류 면 허		부가가치세 과세사업		인·허가 사업 여부			
제 조	판 매	장 소	유 흥	면 허 번 호	면 허 신 청	여	부	신고	등록	인·허가	기타
					여 부						

설립등기일 현재 기본 재무상황 등

자산 계	유동자산	비유동자산	부채 계	유동부채	비유동부채	종업원수
천 원	천 원	천 원	천 원	천 원	천 원	명

전자우편주소		국세청이 제공하는 국세정보 수신동의 여부	[ ] 문자(SMS) 수신에 동의함(선택) [ ] 이메일 수신에 동의함(선택)

210mm×297mm[백상지 80g/㎡ 또는 중질지 80g/㎡]

5. 사업자등록신청 및 사업시 유의사항(아래 사항을 반드시 읽고 확인하시기 바랍니다)

가. 사업자등록 상에 자신의 **명의를 빌려주는 경우 해당 법인**에게 부과되는 각종 세금과 과세자료에 대하여 소명 등을 해야 하며, 부과된 세금의 체납시 **소유재산의 압류 · 공매처분, 체납내역 금융회사 통보, 여권발급제한, 출국규제** 등의 불이익을 받을 수 있습니다.

나. 내국법인은 주주(사원)명부를 작성하여 비치해야 합니다. 주주(사원)명부는 사업자등록신청 및 법인세 신고시 제출되어 지속적으로 관리되므로 사실대로 작성해야 하며, 주주명의 대여시는 **양도소득세 또는 증여세**가 과세될 수 있습니다.

다. 사업자등록 후 정당한 사유 없이 **6개월이 경과할 때까지 사업을 개시하지 아니하거나 부가가치세 및 법인세를 신고하지 아니하거나 사업장을 무단 이전하여** 실지사업여부의 확인이 어려울 경우에는 사업자등록이 직권으로 말소될 수 있습니다.

라. 실물거래 없이 세금계산서 또는 계산서를 발급하거나 수취하는 경우 「조세범처벌법」 제10조 제3항 또는 제4항에 따라 해당 법인 및 대표자 또는 관련인은 3년 이하의 징역 또는 공급가액 및 그 부가가치세액의 3배 이하에 상당하는 벌금에 처하는 처벌을 받을 수 있습니다.

마. 신용카드 가맹 및 이용은 반드시 사업자 본인 명의로 해야 하며 **사업상 결제목적 이외의 용도로 신용카드를 이용할 경우** 「여신전문금융업법」 제70조 제2항에 따라 3년 이하의 징역 또는 2천만 원 이하의 벌금에 처하는 처벌을 받을 수 있습니다.

바. 공익법인의 경우 공익법인에 해당하게 된 날부터 **3개월 이내**에 전용계좌를 개설하여 신고해야 하며, 공익목적사업과 관련한 수입과 지출금액은 반드시 신고한 **전용계좌**를 사용해야 합니다.(미이행시 가산세가 부과될 수 있습니다.)

신청인의 위임을 받아 대리인이 사업자등록신청을 하는 경우 아래 사항을 적어 주시기 바랍니다.

대 리 인 인적사항	성　　명		주민등록번호	
	주 소 지			
	전화 번호		신청인과의 관계	
신청 구분	[　] 사업자등록만 신청　　　[　] 사업자등록신청과 확정일자를 동시에 신청 [　] 확정일자를 이미 받은 자로서 사업자등록신청 (확정일자 번호:　　　　　　　)			

　신청서에 적은 내용과 실제 사업내용이 일치함을 확인하고, 「법인세법」 제109조 · 제111조, 같은 법 시행령 제152조부터 제154조까지, 같은 법 시행규칙 제82조 제3항 제11호 및 「상가건물 임대차보호법」 제5조 제2항에 따라 법인설립 및 국내사업장설치 신고와 사업자등록 및 확정일자를 신청합니다.

년　　　월　　　일

신　청　인　　　　　　　　　(인)
위 대 리 인　　　　　　　(서명 또는 인)

세 무 서 장 귀하

붙임 서류	1. 정관 1부(외국법인만 해당합니다) 2. 임대차계약서 사본(사업장을 임차한 경우만 해당합니다) 1부 3. 「상가건물 임대차보호법」의 적용을 받는 상가건물의 일부를 임차한 경우에는 해당 부분의 도면 1부 4. 주주 또는 출자자명세서 1부 5. 사업허가 · 등록 · 신고필증 사본(해당 법인만 해당합니다) 또는 설립허가증사본(비영리법인만 해당합니다) 1부 6. 현물출자명세서(현물출자법인의 경우만 해당합니다) 1부 7. 자금출처명세서(금지금 도 · 소매업, 액체 · 기체연료 도 · 소매업, 재생용 재료 수집 및 판매업, 과세유흥장소에서 영업을 하려는 경우에만 제출합니다) 1부 8. 본점 등의 등기에 관한 서류(외국법인만 해당합니다) 1부 9. 국내사업장의 사업영위내용을 입증할 수 있는 서류(외국법인만 해당하며, 담당 공무원 확인사항에 의하여 확인할 수 없는 경우만 해당합니다) 1부 10. 사업자단위과세 적용 신고자의 종된 사업장 명세서(법인사업자용)(사업자단위과세 적용을 신청한 경우만 해당합니다) 1부

작 성 방 법

　사업장을 임차한 경우 「상가건물 임대차보호법」의 적용을 받기 위하여서는 사업장 소재지를 임대차계약서 및 건축물관리대장 등 공부상의 소재지와 일치되도록 구체적으로 적어야 합니다.
　(작성 예) ○○동 ○○○○번지 ○○호 ○○상가(빌딩) ○○동 ○○층 ○○○○호

210mm×297mm[백상지 80g/㎡ 또는 중질지 80g/㎡]

■ 부가가치세법 시행규칙 [별지 제11호 서식] 〈2021.3.16. 개정〉

홈택스(www.hometax.go.kr)에서도 신청할 수 있습니다.

[　] 사업자등록 정정신고서
[　] 법인이 아닌 단체의 고유번호 정정신고서

※ 뒤쪽의 작성방법을 읽고 작성하시기 바라며, [　]에는 해당되는 곳에 √표를 합니다.　　　　　　　(앞쪽)

접수번호		변경 연월일		처리기간　　즉시(2일)	

인적 사항	상호(법인명) (단체명)		사업자등록번호		
	성명(대표자)		연 락 처	(사업장 전화번호)	
				(주소지 전화번호)	
				(휴대전화번호)	

정정할 사항	신고 내용					
	상호(법인명) (단 체 명)	연 락 처	사업장 전화번호	주소지 전화번호	휴대전화번호	
	성명(대 표 자)	주민등록번호 (법인등록번호)	－	본점 대표자 변경 시 지점 또는 종된 사업 장 일괄정정 (법인사업자만 기재)	[　]동의함 [　]동의하지 않음	
	총괄사업장 소재지				층	호
	사업장 소재지 (임대차부동산)					
	사업장이 주소지인 경우 주소지 이전 시 사업장 소재지 자동 정정 신청				([　]여, [　]부)	
	전자우편 주소		국세청이 제공하는 국세정보 수신동의	[　]문자(SMS) 수신에 동의함(선택) [　]전자우편 수신에 동의함(선택)		

사 업 의 종 류							
구분	주업태	주종목	주업종 코드	부업태	부종목	부업종 코드	
추가할 사항							
삭제할 사항							
사이버몰 명칭			사이버몰 도메인				

사업장 구분 및 면적		도면 첨부		사업장을 빌려준 사람(임대인)			
자가	타가	여	부	성명(법인명)	사업자등록번호	주민(법인)등록번호	
㎡	㎡						

임대차 계약기간		(전세)보증금	월세(차 임)
． ． ． ~ ． ． ．		원	원

주류면허		개별소비세(해당란에 ○표)				부가가치세 해당 여부 ※법인사업자만 적음	
면허번호	면허신청 여　부	제조	판매	장소	유흥	여	부

공동 사업자 명세	출자금　　　　원		변경일			변경 구분(해당란에 ○표)			
	성 명	주민등록번호	지분율	관 계	출자공동사업자여부	성 립	지분 변경	탈 퇴	
		－							
		－							

210mm×297mm[백상지(80g/㎡) 또는 중질지(80g/㎡)]

서류를 송달받을 장소 신고 (개인사업자만 기재)	「국세기본법」 제9조 및 같은 법 시행령 제5조에 따라 사업장이 아닌 다음 장소에서 서류를 송달받으려 합니다. 이 신청서로 등록 신청한 사업장에 대해 발생되는 고지서나 신고안내문 등의 송달 주소로 활용됩니다.	
	사업자단위과세 적용 종된 사업장 정정신고 여부	[　]여　　[　]부
	송달받을 장소	[　] 주소지 [　] 기　타 (　　　　　　　　　　　　　) ※ 주민등록상 주소를 선택한 경우 「주민등록법」 제16조에 따라 주소가 이전되면 송달주소가 이전된 주소로 자동으로 변경되는 것에 동의하는 경우 아래의 동의함에 √ 표를 합니다. 　　[　] 동의함　　　　　　　　　[　] 동의하지 않음
	신 고 이 유	

신고 구분	[　]사업자등록 정정만 신고 [　]사업자등록 정정신고와 확정일자를 동시에 신청 [　]확정일자를 이미 받은 자로서 사업자등록 정정신고(확정일자 번호:　　　　　) [　]총괄사업장을 이전 또는 변경 [　]사업자단위과세 사업자로서 종된 사업장 정정 신고

납세자의 위임을 받아 대리인이 사업자등록 정정 신고를 하는 경우에는 아래의 위임장을 작성하시기 바랍니다.

위 임 장	본인은 사업자등록 정정 신고와 관련한 모든 사항을 아래의 대리인에게 위임합니다.	
	본인 :　　　　　　　　　　　　　(서명 또는 인)	
대리인 인적사항	성　　명	주민등록번호
	전화번호	납세자와의 관계

「부가가치세법」 제8조 제8항, 같은 법 시행령 제14조 제1항, 같은 법 시행규칙 제11조 및 「상가건물 임대차보호법」 제5조 제2항에 따라 위와 같이 사업자등록 정정신고 및 확정일자를 신청합니다.

년　　　월　　　일

신고인　　　　　　　　　　　(서명 또는 인)

세무서장　　　　　　　　귀하

신고인 제출서류	1. 사업자등록증 원본 2. 임대차계약서 사본(사업장을 임차한 경우에만 제출합니다) 1부 3. 「상가건물 임대차보호법」이 적용되는 상가건물의 일부분을 임차한 경우에는 해당 부분의 도면(「부가가치세법 시행령」 제14조 제2항 단서에 따라 임대차 목적물 등 임대차 관련 사항의 변경 등을 이유로 정정신고를 하는 경우에만 제출합니다) 1부 4. 변경 사항이 반영된 사업허가증 사본, 사업등록증 사본 또는 신고확인증 사본 중 1부(법령에 따라 허가를 받거나 등록 또는 신고를 해야 하는 사업의 경우에만 제출합니다) 5. 자금출처명세서 1부(금지금 도매·소매업, 과세유흥장소에서의 영업, 액체연료 및 관련제품 도매업, 기체연료 및 관련제품 도매업, 차량용 주유소 운영업, 차량용 가스 충전업, 가정용 액체연료 소매업, 가정용 가스연료 소매업, 재생용 재료 수집 및 판매업을 하려는 경우에만 제출합니다)	수수료 없음
남당 공무원 확인사항	사업자등록증	

행정정보 공동이용 동의서

본인은 이 건 업무처리와 관련하여 담당 공무원이 「전자정부법」 제36조 제1항에 따른 행정정보의 공동이용을 통해 위의 담당 공무원 확인 사항을 확인하는 것에 동의합니다. ＊ 동의하지 않는 경우에는 신고인이 직접 관련 서류를 제출해야 합니다.

신고인　　　　　　　　　　　(서명 또는 인)

작 성 방 법

1. 「정정할 사항」란에는 사업자등록을 정정하여야 할 사항만 해당란에 적습니다.
2. 공동사업자 명세에서 소득분배비율과 지분율이 다른 경우에는 소득분배비율을 적습니다.
　　출자공동사업자란 「소득세법 시행령」 제100조 제1항에 따라 경영에는 참여하지 않고 출자만 하는 공동사업자를 말합니다.
3. 사업장을 임차한 경우 「상가건물 임대차보호법」의 적용을 받기 위해 사업장 소재지를 임대차계약서 및 건축물관리대장 등 공부상의 소재지와 일치되도록 구체적으로 적어야 합니다. (예시) ○○시 ○○구 ○○로 ○○(○○빌딩) ○○층 ○○호, ○○동)
4. 「본점 대표자 변경 시 지점 일괄정정」 동의여부는 법인 본점사업자만 적고, 동의함을 선택하는 경우 모든 지점의 대표자가 변경 후 본점 법인대표자로 일괄 정정됩니다. (변경 전 본·지점의 대표가 동일인으로서 단독대표인 경우에만 적용됩니다)

210mm×297mm[백상지(80g/㎡) 또는 중질지(80g/㎡)]

홈택스(www.hometax.go.kr)에서도 신청할 수 있습니다.

[ ] 휴업
[ ] 폐업 ┐ 신고서

접수번호		접수일			처리기간	즉시

인적사항	상호(법인명)		사업자등록번호	
	성명(대표자)		전화번호	
	사업장 소재지			

신고내용	휴업기간	년 월 일부터 년 월 일까지(일간)
	폐 업 일	년 월 일

휴업·폐업 사유	사업부진	행정처분	계절사업	법인전환	면세포기
	1	2	3	4	5
	면세적용	해산(합병)	양도·양수	기타	
	6	7	8	9	

사업 양도 내용 (포괄양도·양수의 경우만 적음)	양수인 사업자등록번호(또는 주민등록번호)

송달받을 장소 신고 (「국세기본법」 제9조에 따라 서류를 송달 받을 장소를 신고하는 경우만 적음)	신고(변경) 후 장소
	1. 대표자 주민등록상 주소 □
	2. 기타 □ (주소: ,전화번호:)
	주민등록상 주소가 이전하는 때에 송달장소도 변경되는 것에 동의 여부
	□ 동의함 □ 동의하지 않음
	"주민등록상 주소"를 선택하고, 위의 동의함에 체크한 경우 대표자의 주민등록상 주소를 이전하는 때에 자동으로 송달장소가 변경됩니다(「국세기본법 시행령」 제5조 제2항)

폐업자 멘토링 서비스	신청 여부	[ ]여 [ ]부

※ 세무대리인을 선임하지 못한 경우 신청 가능하며, 서비스 세공 요건을 충족하지 못한 경우 서비스가 제공되지 않을 수 있음

납세자의 위임을 받아 대리인이 휴업·폐업 신고를 하는 경우에는 아래의 위임장을 작성하시기 바랍니다.

위 임 장	본인은 [ ]휴업,[ ]폐업신고와 관련한 모든 사항을 아래의 대리인에게 위임합니다.
	본인 : (서명 또는 인)

대리인 인적사항	성명	주민등록번호	전화번호	신고인과의 관계

「부가가치세법」 제8조 제8항 및 같은 법 시행령 제13조 제1항·제2항에 따라 위와 같이([ ]휴업, [ ]폐업)하였음을 신고합니다.

년   월   일

신고인   (서명 또는 인)

세무서장   귀하

신고인(대표자) 제출서류	1. 사업자등록증 원본(폐입신고를 한 경우에만 제출합니다) 2. 사업양도·양수계약서 사본(포괄 양도·양수한 경우에만 제출합니다)	수수료 없음
담당 공무원 확인사항	사업자등록증	

행정정보 공동이용 동의서

본인은 이 건 업무처리와 관련하여 담당 공무원이 「전자정부법」 제36조에 따른 행정정보의 공동이용을 통해 위의 담당 공무원 확인 사항을 확인하는 것에 동의합니다. *동의하지 않는 경우에는 신고인이 직접 관련 서류를 제출해야 합니다.

신고인   (서명 또는 인)

잠고 및 유의사항

※ 참고사항
    관련 법령에 따라 허가·등록·신고 등이 필요한 사업으로서 주무관청에 제출해야 하는 해당 법령상의 신고서(예: 폐업신고서)를 함께 제출할 수 있습니다. 이 경우 세무서장은 해당 신고서를 주무관청에 보냅니다.

※ 유의사항
  1. 휴업기간 중에도 제세신고 기한이 도래하면, 부가가치세 등 확정신고·납부를 해야 합니다.
  2. 폐업하는 사업자는 과세기간 개시일부터 폐업일까지의 사업실적과 잔존 재화에 대해 **폐업일이 속한 달의 말일부터 25일 이내**에 부가가치세 확정신고·납부를 해야 합니다.

210mm×297mm[백상지(80g/㎡) 또는 중질지(80g/㎡)]

제**2**장

과세거래

과세대상(부가가치세법 제2장 제1절) 거래

부가가치세 과세대상은 사업자가 공급하는 재화 또는 용역의 공급, 재화의 수입이다.

01 재화의 공급(부가가치세법 제9조)

(1) 재화

재화란 재산 가치가 있는 물건 및 권리를 말하며(법 제2조의1), 그 구체적 범위는 다음과 같다(부령 §2).

구 분	구체적 범위(집행기준 2-2-1)
물건	상품·제품·원료·기계·건물 등 모든 유체물[51]
	전기, 가스, 열 등 관리할 수 있는 자연력
권리	광업권, 특허권, 저작권 등 물건 외에 재산적 가치가 있는 모든 것

📈 **실무** ○

특허권 대여행위의 과세 여부

특허권 대여행위가 계속성과 반복성이 있는지를 판단해 볼 때 계속적·반복적으로 재화 또는 용역을 공급한다 함은 여러 차례의 재화 또는 용역의 공급이 계속 반복된다는 뜻이고, 시간적 경과가 요구되는 단 한번의 용역을 공급할 의사로 용역을 제공하는 경우까지 계속적으로 용역을 공급할 의사가 있다고 할 수 없다. 쟁점 특허권을 대여 이외에 다른 산업재산권을 양도·대여한 사실이 없어 특허권의 대여행위에 사업상 계속·반복성이 없음(대법원 90-누-8442, 1991.5.28., 적부-국세청-2020-58, 2020.6.17.)

☞ 한 과세기간을 초과하여 특허권을 대여한다고 하더라도 그 대여가 1회의 계약에 의한 것이라면 사업성이 없는 것으로 보아 과세대상이 아님

---

51) 수표·어음이나 상품권 등의 화폐 대용증권은 재화로 보지 않는다(그 자체가 소비대상이 아니기 때문). 온라인게임에 필요한 게임머니의 거래는 재화의 공급에 해당한다. 또한, 창고증권, 선하증권, 화물상환증 등(단, 임치물의 반환을 수반하는 것만)은 재화에 해당한다(보관물을 인도하는 것과 동일한 효력이 있기 때문).

실무 ○
상품권의 세무처리

구 분	주요 내용
(1) 상품권 유통업자	• 기타금융업에 해당(도·소매업이 아님) • 조세특례제한법상 중소기업 특별세액감면 업종 아님(부가 46015 – 3650, 2000.10.26.)
(2) 부가가치세법	• 상품권 발행이나 판매는 재화의 공급이 아니므로 세금계산서를 발급할 수 없음 ※ 현금영수증이나 계산서 발급의 대상도 아님 • 상품권과 교환하여 재화와 용역이 공급시 과세되며, 이때 세금계산서를 발급해야 함
(3) 소득세법 및 법인세법	• 상품권을 구입하는 경우 『지출증빙서류의 수취 및 보관』 규정 및 지출증빙서류의 수취관련 가산세에 관한 규정은 적용되지 아니함(구입 시 신용카드 등을 사용하지 않는 경우에도 적격증빙수취불성실가산세는 적용되지 아니함) • 그러나 상품권으로 거래처에 접대하는 경우에는 건당 3만 원 초과 기업업무추진비는 신용카드 등 사용하지 않는 경우 손비 부인됨(부가 46015 – 3650, 2000.10.26.)

(2) 재화 공급의 범위[52]

재화의 공급은 계약상 또는 법률상의 모든 원인에 따라 재화를 인도하거나 양도하는 것을 말한다(부령 §18).

구 분	범 위
(1) 계약상의 원인	① 매매계약 : 현금판매, 외상판매, 할부판매, 장기할부판매, 조건부 및 기한부판매, 위탁판매와 그 밖의 매매계약에 따라 재화를 인도하거나 양도하는 것 ② 가공계약[53] : 자기가 <u>주요자재의 전부 또는 일부를 부담</u>하고 상대방으로부터 인도받은 재화를 가공하여 새로운 재화를 만드는 가공계약에 따라 재화를 인도하는 것 ③ 교환계약 : 재화의 인도대가로서 다른 재화를 인도받거나 용역을 제공받는 교환계약에 따라 재화를 인도하거나 양도하는 것

---

52) 해석사례에 따라 일반적으로 다음 네 가지의 요건을 모두 충족하여야 한다.
   ① 과세사업자가 국내에서 공급하여야 한다.
   ② 계약상 또는 법률상의 모든 원인에 따른 공급이어야 한다.
   ③ 재화를 인도하거나 양도하여야 한다.
   ④ 대가가 수반되어야 한다.

구 분	범 위
(2) 그 밖의 원인	경매, 수용, 현물출자와 그 밖의 계약상 또는 법률상의 원인에 따라 재화를 인도하거나 양도하는 것[54]
(3) 보세구역 내 창고의 임치물	국내로부터 보세구역에 있는 창고(조달청 창고와 런던금속거래소의 지정창고로 한정)에 임치된 임치물을 국내로 다시 반입하는 것

⌁ 실무 ○

점포임차권과 영업권 등 각종 권리의 양도 대가

구 분	주요 내용
(1) 과세대상 여부	사업자가 점포임차권과 영업권, 특허권, 광업권 등 각종 권리를 양도하는 경우 그 양도대가는 재산적 가치가 있는 무체물인 재화의 공급에 해당되어 부가가치세 과세대상임
(2) 양도자	• 점포임차권 등의 양도에 대하여 세금계산서를 발급해야 함(단, 사업의 포괄양도에 해당되는 경우에는 재화의 공급으로 보지 아니하므로 세금계산서를 발급할 수 없음) • 개인사업자의 경우 점포임차권 등의 양도 대가는 사업소득이 아니라 기타소득에 해당됨(다만, 양도소득세 과세대상인 건물과 함께 양도되는 경우에는 양도소득세의 과세대상이 됨에 유의해야 함) • 기타소득에 해당되더라도 양도가액의 60%는 필요경비로 인정되므로 양도가액의 40%만 기타소득으로 종합소득을 구성하게 됨 • 건강보험법 개정으로 인하여 건강보험료 소득기준에 기타소득도 포함되어 건강보험료 부과가 불가피함
(3) 양수자	• 점포임차권 등의 대가로 지급한 금액은 상대방의 기타소득에 해당되므로 지급금액 중 60% 필요경비를 제외한 금액에 대하여 원천징수하여야 함 • 점포임차권 등의 대가로 지급한 금액에 대하여는 세금계산서를 발급받아 매입세액공제 및 환급을 받을 수 있고, 영업권으로 계상하여 5년간 영업권 상각을 통해 필요경비로 인정됨
(4) 세금효과	• 부가가치세는 납부와 환급을 통해 서로 간 부담할 금액이 없음 • 양도자가 부담하는 종합소득세는 필요경비가 60% 인정되어 비교적 과세부담이 적고, 양수자가 필요경비로 계상하는 금액은 양수가액 전액이 되므로 양수자의 종합소득세 절감효과가 상대적으로 더 큼 • 양도자와 양수자 간 합의에 의해 정상적으로 세금계산서를 발급하고 기타소득을 원천징수 할 수 있도록 관리하여야 함

---

53) 상대방으로부터 인도받은 재화에 주요자재를 전혀 부담하지 아니하고 단순가공만하여 주는 것은 용역의 공급

54) 위 규정에도 불구하고 법률(ex. 국세징수법, 민사집행법, 도시 및 주거환경 정비법 등)에 따른 공매, 경매 및 수용절차에 따라 재화를 인도하거나 양도하는 것은 재화의 공급으로 보지 않는다.

실무 ○

회원권의 양도

① 골프장, 테니스장 등 경영자가 장소 이용자로부터 받는 입회금으로서 일정 기간 거치 후 반환하지 아니하는 입회금은 과세대상[55]이 된다(용역의 공급대가). 다만, 일정기간 거치 후 반환하는 입회금은 과세대상이 아니다(부채에 해당)(부가통칙 4-0-2).
② 골프장 테니스장 경영자가 아닌 이용자인 사업자가 시설물 이용권을 양도하는 경우 부가가치세 과세대상이 된다(매입세액 공제 여부 불문 – 개인사업자의 경우 자산 계상하지 않는 것이 유리).
(주의) 회원권의 저가 양도에 대한 사후관리
증여가 아닌 일반적인 회원권의 양도에서도 시가표준액(위택스 조회 등)으로 양도한 경우 시가와의 차이로 인한 문제 발생(코로나로 인한 회원권 시세 증가 및 유명 회원권의 경우 주의)

실무 ○

기타 재화의 인도·양도에 해당하는 거래와 해당하지 않는 거래

구 분	주요 내용
법인직영차량의 개인사업 면허전환	법인이 자기명의로 등록하여 직영하던 차량(위장 직영차량 포함)을 개인사업 면허로 전환함에 따라 개인 차주별로 분할 매도하는 경우에는 재화의 공급으로 봄 (부가통칙 9-18-3)
원료 등을 차용하여 사용하거나 소비하고 반환하는 재화	사업자간에 상품·제품·원재료 등의 재화를 차용하여 사용하거나 소비하고 동종 또는 이종의 재화를 반환하는 소비대차의 경우에 해당 재화를 차용하거나 반환하는 것은 각각 재화의 공급에 해당한다(부가통칙 9-18-1)
재고자산 등의 폐품처리	사업자가 고정자산 또는 재고자산을 폐품 처리하여 장부가액을 소멸시키고 장부외자산으로 소유하고 있는 경우에는 재화의 공급으로 보지 아니함. 다만, 당해 재화가 재화의 공급의제(부법 §10)에 해당되는 경우에는 그러하지 아니함(부가통칙 9-18-4)
화재·도난품 등	수재·화재·도난·파손·재고감모손 등으로 인하여 재화를 잃어버리거나 재화가 멸실된 경우에는 재화의 공급으로 보지 아니함(부가통칙 9-18-5)
이혼에 의한 재산분할 등	사업자가 이혼으로 인하여 사업용 재산을 분할하는 경우와 이혼시 위자료로 지급하는 재화는 부가가치세의 과세대상이 됨

---

55) 법인 대표의 개인사용, 거래처 접대 등의 목적은 매입세액 불공제되며 직원의 복리후생차원으로 부담한 매입세액의 경우는 공제가능하다.

구 분	주요 내용
증여재산	사업자가 사업에 사용하는 부동산 등 재화를 타인에게 증여하거나 법인에 증여하는 경우 시가에 의하여 부가가치세가 과세됨 다만, 이 경우 당해 증여가 사업의 포괄양수도의 경우에는 과세대상이 되지 아니함
로또복권, 스포츠토토 등	복권의 공급은 부가가치세 면세대상이다. 그러나 이는 복권사업자로부터 자기 책임과 계산하에 복권을 구입하여 판매하는 경우에 해당, 일반적인 로또복권, 스포츠복권 판매자와 같이 복권판매를 대행하는 대가로 수수료를 받는 사업자는 수수료는 부가가치세에 해당
차량 번호판 등의 양도	영업용 화물자동차번호판의 매매는 실질적으로 해당 번호판이 표창하는 '화물자동차 운송사업용 자동차등록번호를 사용할 수 있는 권리'를 매매하는 것으로 보아야 한다. 이는 무체물인 재화를 공급하는 것으로서 부가가치세 과세대상(대구고법 2016누6468 2018.1.12.)
단체의 특별회비	각종 단체가 재화, 용역의 제공 없이 받는 일반 회비는 부가세 과세대상이 아니나 공동구매, 공동판매와 관련한 용역을 제공하고 받는 수수료, 특별회비등은 부가가치세 과세대상임(부가 46015-851, 1994.4.27.)
각종 입장권의 판매	월드컵 입장권, 항공권, 영화관람권, 공연티켓 등을 구입 후 판매하는 것은 유가증권의 양도에 해당하여 부가가치세 과세대상이 아니나, 입장권 판매등에 대한 수수료 등을 받는 경우 이는 주선, 알선용역에 해당하므로 부가가치세 과세대상에 해당한다.
학원 프랜차이즈 가맹비	부가가치세가 면제되는 학원을 운영하는 자가 독립된 사업으로서 다른 학원운영 업자에게 자기의 상호 등의 사용 및 자체 개발한 교육프로그램 등을 제공하고 가맹비 및 월회비를 받는 경우에 이는 교육용역이 아니므로 부가가치세가 과세되는 것임(서면3팀-1804 2005.10.18.)
물품증권 매매	선하증권, 창고증권, 화물상환증을 매매하는 것은 거래당사자간에 물품의 종류, 규격, 수량, 품질이 정해져 있고 물품증권을 양도하는 것은 운송중이거나 보관중인 물품을 인도하는 것과 동일한 효력이 있으므로 재화의 공급에 해당한다.
기부채납하는 재화	사업자가 건물 등을 신축하여 국가 또는 지방자치단체에 기부채납하고 그 대가로 일정기간 동 건물 등에 대한 무상사용·수익권을 얻는 경우 해당 건물 등의 공급 거래는 과세대상이 된다(부가통칙 9-18-8). 다만, 사업자가 사업을 수행하기 위한 인허가 조건에 의하여 사회기반시설 등을 국가나 지방자치단체에 기부채납하거나, 아무런 대가 관계없이 무상으로 기부채납하는 경우 부가가치세가 면제된다.

공동사업자의 출자지분 양도와 반환(부가통칙 9-18-2)

구 분		주요 내용
출자지분의 양도, 상속, 증여		• 지분증권의 양도로서 과세대상이 아님 • 공동사업자의 변경을 가져오므로 사업자등록 정정하여야 함
공동사업자 구성원이 각각 독립적으로 사업을 영위하기 위하여 공동사업의 사업용 고정자산인 건축물을 분할 등기하는 경우 해당 건축물의 이전은 재화의 공급으로 본다.		
출자지분의 반환	현금반환	• 과세대상 아님 • 공동사업자의 변경을 가져오므로 사업자등록 정정하여야 함
	현물반환	• 재화의 공급에 해당함(출자지분을 반환받는 자는 공급받는 자가 되고 출자지분을 반환하는 사업자가 공급자임) • 공동사업자의 변경을 가져오므로 사업자등록 정정하여야 함

해석사례

◉ 경매에 의한 신탁부동산의 양도에 대한 부가가치세 과세 여부

부동산신탁회사가 우선수익자의 환가 요청으로 신탁부동산을 공개시장에서 경쟁을 통하여 처분하는 경우 당해 신탁부동산의 양도는 재화의 공급에 해당하는 것임(부가 -3896, 2008.10.29.)

◉ 손해배상금, 위약금, 변상금 등으로 받은 경우 재화공급 대상 여부

① 각종 원인에 의하여 사업자가 받는 다음에 예시하는 손해배상금 등은 과세대상이 되지 아니함(부가통칙 4-0-1)

  ㉠ 소유재화의 파손·훼손·도난 등으로 인하여 가해자로부터 받는 손해배상금
    → 재산적 가치가 있는 파손 또는 훼손된 재화를 가해자에게 인도하는 경우 당해 재산적 가치 상당액은 과세대상임(부가 22601-2198, 1987.10.22.)

  ㉡ 도급공사 및 납품계약서상 그 기일의 지연으로 인하여 발주자가 받는 지체상금

  ㉢ 공급받을 자의 해약으로 인하여 공급할 자가 재화 또는 용역의 공급 없이 받는 위약금 또는 이와 유사한 손해배상금

  ㉣ 대여한 재화의 망실에 대하여 받는 변상금

  ㉤ 부동산을 타인이 적법한 권한 없이 처음부터 계약상 또는 법률상의 원인없이 불법으로 점유하여 법원의 판결에 따라 지급받는 부당이득금 및 지연손해금

② 부동산 임대업을 영위하는 사업자가 부동산임대차 계약기간이 만료되었음에도 불구하고 임차인으로부터 임대한 부동산을 반환받지 못하여 소송을 제기한 경우 그 소송

이 종료될 때까지 실질적으로 계속하여 임대용역을 제공하고 임차인으로부터 그 대가를 받거나 동 소송에서 승소하여 건물반환일까지의 임대료 상당액을 받는 때에는 그 대가 또는 임대료 상당액은 과세대상이 된다.

③ 임가공업체의 원자재에 대한 손해배상(클레임)의 과세대상 여부

사업자가 가공사업자에게 가공목적으로 원자재를 반출한 경우, 당해 원자재의 파손·훼손·불량·도난·망실 등으로 인하여 원자재를 반출한 사업자가 가공사업자로부터 손해배상금을 받는 때에는 부가가치세 과세대상이 되지 아니함(상담3팀-2664, 2006.11.6.)

④ 재화의 불량으로 공급자로부터 받는 손해배상금의 과세대상 여부

재화의 불량으로 인하여 당해 재화의 공급자로부터 받는 손해배상금은 부가가치세 과세대상에 해당하지 않는 것임(상담3팀-3266, 2006.12.26.)

⑤ 임차건물의 양수인으로부터 이주비 명목의 금전을 지급받은 경우 과세대상 여부

㉠ 양수자로부터 이주비 명목으로 금전을 지급받은 경우, 동 금전이 사업 폐업에 따른 자기의 사업과 관련이 있는 권리금 및 시설투자비에 의하여 형성된 영업권의 대가에 해당하는 경우에는 부가가치세가 과세되는 것이나,

㉡ 당해 금전이 재화 또는 용역의 공급 없이 잔여임대기간에 대한 보상성격으로 지급받는 손실보상금에 해당하는 경우에는 부가가치세 과세대상에 해당하지 아니하는 것임(부가-813, 2009.6.15.)

⑥ 임차인이 임대인의 동의 없이 타인에게 전대한 경우 부가가치세 과세대상 여부

㉠ 임대인이 해당 계약을 해지 통고하면서 무단점유에 따른 손실금액 상당액을 임차인에게 청구하여 손해배상금으로 받는 경우 해당 배상금은 부가가치세 과세대상에 해당하지 아니함

㉡ 임대차계약이 해지되어 임차인의 점유가 불법점유가 되는 경우에도 임차인이 건물을 명도하지 아니하고 계속하여 사용하고 있고, 임대인은 임대보증금을 반환하지 아니하고 보유하면서 향후 월 임대료 상당액, 원상복구를 하지 않을 시의 복구비용 등을 보증금에서 공제하는 관계에 있다면 이는 부가가치세의 과세대상인 용역의 공급에 해당함(사전-2023-법규부가-0136, 2023.4.3.).

◉ 법원판결로 지급받는 부당이득금의 부가가치세 과세 여부 등

부당이득금은 법률상 원인 없이 타인의 재산으로 인하여 얻은 이익을 반환받는 것으로서 계약상 또는 법률상의 원인에 의한 용역의 공급대가에 해당하지 아니하므로 부가가치세가 과세되지 아니하는 것임(부가-3141, 2008.9.19.)

◉ 공익사업 시행을 위한 건물 등 협의 매수시 부가세 과세 여부

토지보상법에 따른 사업시행자가 공익사업을 시행함에 있어 사업인정을 받기 전에 사업부지 지상 건물의 소유자와 협의에 의하여 해당 건물을 매수하는 경우 부가가치세가 과세되는 것이며, 사업시행자가 해당 건물의 임차인에게 영업손실 및 시설이전

비를 지급하는 경우는 부가가치세 과세대상에 해당하지 아니함(사전-2017-법령해석 부가-0891, 2018.1.12.)

◉ 주택재건축정비사업자가 매도청구를 행사하여 건물 양도 시 부가세 과세 여부

「도시 및 주거환경정비법」에 따라 조합설립 인가를 받은 주택재건축정비사업자(이하 "사업시행자")가 부동산 임대업을 영위하는 사업자에게 같은 법 제64조에 따른 매도 청구를 행사하여 사업자가 사업시행자에게 사업용 건물을 양도하는 경우에는 부가가 치세가 과세됨(기준-2020-법령해석부가-0001, 2020.2.6.)

◉ 지방자치단체에 기부채납한 자산의 부가가치세 과세 여부

사업자가 과세사업과 관련하여 지방자치단체에 기부채납하고 그 대가로 향후 일정기 간 동 시설물에 대한 무상사용·수익권을 취득하는 경우, 동 기부채납에 대하여는 재 화공급으로 보아 부가가치세가 과세되는 것임(서면3팀-623, 2008.3.25.)

◉ 공동사업의 출자지분의 양도, 공유물 분할 등

(1) 부동산 임대업 또는 부동산 매매업을 영위하는 공동사업자가 자기의 출자지분을 타인 에게 양도하고 그 대가로 현금을 받는 경우 출자지분의 현금 반환에 해당되어 과세대 상이 아니며 사업자등록 정정사항에 해당(부가 46015-4306)

(2) 공동사업을 영위하던 공동사업자들이 동업관계를 해체하고 각자 독립적으로 사업을 영위하고자 공유물인 부동산을 분할등기하여 출자지분을 현물로 반환한 경우 재화의 공급에 해당함(서울행법 2019구합81988, 대법원 97누12082)

(3) 공동사업에 공하던 부동산을 공동사업자 구성원의 지분비율대로 분할등기하는 경우 로서 일부 구성원이 공동사업을 탈퇴하여 독립된 사업을 영위하는 경우는 출자지분의 현물반환으로 재화의 공급에 해당하는 것이나 일부 구성원은 공동사업을 계속 유지하 는 경우 재화의 공급에 해당하지 아니함(사전법령해석부가 2020-487)

(4) 공동사업자가 사업용 건물을 신축한 후 각각 독립하여 사업을 영위하기 위하여 공유 하던 사업용 건물의 소유권을 분할 등기하여 소유권을 이전하는 경우 당해 건물에 대 하여는 공동사업자의 출자지분을 현물로 반환하는 것으로 재화의 공급에 해당한다. (부가 46015-977) 그러나 공동으로 상가를 신축 분양하는 사업자가 당해 상가의 일부 를 분양하고 미 분양된 상가를 각자의 지분별로 분할등기한 후 계속하여 공동사업을 영위하는 경우에는 출자지분의 현물반환으로 볼 수 없으므로 부가가치세가 과세되지 않는다(부가 46015-4052).

→ 공동사업용 부동산의 공유물 분할, 지분분할 등기로 부가가치세가 과세되는 경우 임대업(사업용 고정자산)의 경우 별도의 총수입금액에 산입되지 않으며, 분양업 (사업용 재고자산)의 경우 총수입금액에 산입된다.

(5) 건물을 취득하여 제조업을 영위하던 갑이 을의 출자로 공동사업자가 되어 건물을 공

동사업에 사용하던 중 갑이 공동사업에서 탈퇴하여 제조업은 을의 단독사업이 되고 갑은 임대업을 영위하는 경우 당초 갑이 건물을 현물출자 하였다가 현물반환 하는 경우에는 부가가치세 과세대상이나 사용권만을 출자한 경우에는 과세되지 아니함(서면법령해석부가 2021-5808, 2021.11.11.)

(6) 공동사업으로 아들의 토지 위에 아버지가 건물을 신축한 후 계속하여 공동사업을 영위하다 건물을 아들에게 증여한 것은 <u>출자지분을 타인에게 양도한 거에 해당되므로 부가가치세가 과세되지 아니한다</u>(서삼 46015-11896).

(7) 자기 소유의 토지·건물에서 숙박업을 영위하던 사업자인 부가 그 자녀에게 당해 숙박업에 공하던 부동산을 증여하고 계속하여 사업을 영위하는 경우에 <u>부동산(건물)의 증여는 재화의 공급에</u> 해당하여 부가가치세가 과세됨(부가 46015-2407, 1994.11.28.)

(8) 아버지의 단독 소유 상가 건물(임대사업자등록 되어있음) 중 일부를 2명의 딸에게 토지를 제외하고 건물만 1/2씩 증여하여 3명이 공동사업을 하게 되는 경우 사업자등록정정신고서에 사업자등록증과 등기부등본을 첨부하여 공동사업자로 사업자등록 정정 신청하여야 함(서면부가 2017-1990, 2017.9.28.). 이때 기존 사업자가 출자지분의 일부를 상대방에게 양도 또는 증여를 하여 공동사업을 영위하게 되는 경우 부가가치세가 과세되지 아니함(부가 46015-1073, 1999.5.27.)

(3) 재화 공급의 특례(부가가치세법 제10조)

가. 재화의 공급의제

'재화의 공급의제(간주공급)'라 함은 재화 공급의 일반적 요건 중 일부를 충족하지 못하여 일반적인 재화의 공급에는 해당하지 않으나, 부가가치세법상 일정한 것을 재화의 공급으로 보는 것을 말한다. 여기에는 자가공급과 개인적공급, 사업상증여 및 폐업시 잔존재화가 있다.

사업자가 과세사업을 위해 재화를 매입하여 매입세액 공제를 받은 후 과세사업 외의 것으로 사용하는 경우에, 매입세액 공제만 받고 부가가치세를 부담하지 않은 채 재화를 사용하게 된다. 따라서 이러한 경우를 제한하기 위해 이를 재화의 공급으로 의제하고 있다.

나. 자가공급

1) 의의

'자가공급[56]'이라 함은 사업자가 자기의 과세사업과 관련하여 생산·취득한 재화를 자기의 면세사업 및 부가가치세가 과세되지 아니하는 재화 또는 용역을 공급하는 사업을 위하

---

56) 이미 공제받은 매입세액을 재화의 공급의제로 과세함으로써 과세형평을 구현한다.

여 직접 사용하거나 소비하는 것을 말하며, 이를 재화의 공급으로 본다.

현행 부가가치세법은 과세재화의 면세사업 전용, 비영업용 승용자동차와 그 유지를 위한 재화, 판매목적으로 직매장에 반출하는 재화에 대하여 공급으로 보고 있다.

여기서 자기생산·취득재화란 사업자가 자기의 과세사업과 관련하여 생산하거나 취득한 재화로서 다음 중 어느 하나에 해당하는 재화를 말한다.

① 매입세액이 공제된 재화

② 재화의 공급으로 보지 않는 사업양도(포괄양수도)로 취득한 재화로서 사업양도자가 매입세액을 공제받은 재화

③ 내국신용장 또는 구매확인서에 의하여 공급받은 재화, 한국 국제협력단 등이 공급받은 재화, 일정한 수탁 가공무역으로서 수출에 해당하여 영세율을 적용받는 재화(2019.1.1. 이후 사용·소비하는 분부터 적용)

2) 자가공급의 유형과 주요 내용

자가공급의 유형	주요 내용
(1) 면세사업 전용	과세사업을 위하여 생산하거나 취득한 재화로서 매입세액이 공제된 재화(이하 "자기생산·취득재화"라 함)를 자기의 면세사업을 위하여 직접 사용하거나 소비하는 것
	[사례] 집행기준 10-0-4 ① 오피스텔 신축판매업을 운영하는 사업자가 완공한 오피스텔을 임대한 경우로서 임차인이 이를 상시 주거용으로 사용하는 경우 해당 오피스텔 ② 부가가치세가 과세되었던 재화가 법령개정으로 면세로 전환된 경우 전환당시의 재고재화 ③ 사업자가 과세되는 미분양주택을 면세되는 주택임대사업으로 전환한 것으로 볼 수 있는 경우
(2) 비영업용 승용자동차[57]와 그 유지를 위한 재화	① 사업자가 자기생산·취득재화(매입세액이 공제된 재화)를 매입세액이 공제되지 아니하는 개별소비세 과세대상 자동차로 사용 또는 소비하거나 그 자동차의 유지를 위하여 사용 또는 소비하는 것 → 주유소, 카센타, 자동차부품상사 등에서 발생 ② 운수업, 자동차 판매업, 자동차 임대업, 운전학원업, 경비업법에 따른 기계경비업무를 하는 경비업 및 이와 유사한 업종의 사업을 경영하는 사업자가 자기생산·취득재화(매입세액이 공제된 재화) 중 개별소비세 과세대상 자동차와 그 자동차의 유지를 위한 재화를 해당 업종에 직접 영업으로 사용하지 아니하고 다른 용도로 사용하는 것

---

57) 개별소비세법에 따라 개별소비세가 과세되는 차량

자가공급의 유형	주요 내용		
(3) 판매목적 직매장 반출 재화	사업장이 둘 이상인 사업자가 자기의 과세사업과 관련하여 생산 또는 취득한 재화를 판매할 목적으로 자기의 다른 사업장에 반출하는 것 → 매입세액이 공제되지 아니한 경우에도 공급의제 됨에 유의		
	① 원칙	• 공급의제됨 • 세금계산서 발급해야 함	
	② 주사업장 총괄납부	• 공급의제되지 아니함 • 세금계산서를 발급한 경우 공급으로 봄	
	③ 사업자단위 과세사업자	• 공급의제되지 아니함	

3) 자가공급에 해당하지 않는 경우(부가통칙 10-0-1, 10-0-2)

① 자기의 다른 사업장에서 원료·자재 등으로 사용·소비하기 위하여 반출하는 경우

② 자기 사업상의 기술개발을 위하여 시험용으로 사용·소비하는 경우

③ 수선비 등에 대체하여 사용·소비하는 경우

④ 사후 무료서비스 제공을 위하여 사용·소비하는 경우

⑤ 불량품 교환 또는 광고·선전을 위한 상품진열 등의 목적으로 자기의 다른 사업장으로 반출하는 경우

⑥ 건설업을 영위하는 사업자가 자기의 해외건설공사에서 건설용 자재로 사용·소비할 목적으로 국외로 반출하는 경우

⑦ 위탁가공을 위하여 원자재를 국내반입조건부로 국외위탁가공사업자에게 무환 수출하는 경우

📈 **실무** ○

자가공급 사례

1. 주유소를 운영하는 사업자 갑이 본인의 출퇴근용 승용차에 110,000원에 해당하는 휘발유를 무상으로 주유한 경우 자가공급에 해당되어 부가가치세가 과세된다.
   (차) 차량유지비 110,000 　　　　 (대) 상품매입(타계정대체로 처리) 100,000
   　　　　　　　　　　　　　　　　　　　　　　부가가치세예수금　　　　　　10,000

2. 위 주유소에서 사용하는 저유 운반트럭에 55,000원에 해당하는 경유를 무상으로 주유한 경우에는 자가공급에 해당되지 않아 부가가치세가 과세되지 아니함
   (차) 차량유지비 55,000 　　　　 (대) 상품매입(타계정대체로 처리)　55,000

다. 개인적 공급

사업자가 자기생산·취득재화(매입세액이 공제된 재화)를 사업과 직접적인 관계없이 자기의 개인적인 목적이나 그 밖의 다른 목적을 위하여 사용·소비하거나 그 사용인 또는 그 밖의 자가 사용·소비하는 것으로서 사업자가 그 대가를 받지 아니하거나 시가보다 낮은 대가를 받는 경우는 재화의 공급으로 본다. 다만, 다음 중 어느 하나에 해당하는 경우는 재화의 공급으로 보지 아니한다(부법 §10 ④).

① 매입당시 매입세액이 공제되지 않은 재화를 자기나 사용인이 사용·소비하는 경우
② 사업자가 자기의 사업과 관련하여 실비 변상적이거나 복리후생적인 목적으로 자기의 사용인에게 재화를 무상 또는 시가보다 낮은 가격(시가와 받은 대가의 차액에 한정)으로 공급하는 것(부령 §19의2)
   ㉠ 사업을 위해 착용하는 작업복, 작업모, 작업화
   ㉡ 직장연예 및 직장문화 관련 재화(직장체육비, 직장연예비 관련 재화)
   ㉢ 경조사를 ㉢-1, ㉢-2, ㉢-3의 경우로 구분하여 각각 1인당 연간 10만 원 이하의 금액(연간 10만 원을 초과하는 경우 초과금액에 대해서 재화의 공급으로 봄)
      ㉢-1 : 경조사와 관련된 재화
      ㉢-2 : 설날·추석과 관련된 재화
      ㉢-3 : 창립기념일 및 생일 등과 관련된 재화
   ※ ㉠, ㉡은 부가가치세법 기본통칙 10-0-3을 상향입법

라. 사업상 증여

1) 의의

사업자가 자기생산·취득재화(매입세액이 공제된 재화)를 자기의 고객이나 불특정 다수에게 증여하는 경우(증여하는 재화의 대가가 주된 거래인 재화의 공급에 대한 대가에 포함되는 경우 제외)는 재화의 공급으로 본다(부법 §10 ⑤).

2) 재화의 공급으로 보는 경우

① 사업자가 자기 재화의 판매촉진을 위하여 거래상대자의 판매실적에 따라 일정률의 장려금품을 재화로 공급하는 것(부가통칙 10-0-5)[58]

---

[58] 금전으로 지급하는 경우 과세표준에서 공제하지 아니하며, 재화로 공급하여 사업상 증여에 해당된다 하더라도 해당 재화가 자기생산·취득재화에 해당하지 않는 경우 과세되지 아니한다.

② 당사자간의 약정에 의하여 일정기간의 판매비율에 따라 장려금품으로 공급하는 재화
(부가통칙 10 - 0 - 6)

③ 사업자가 자기의 고객 중 추첨을 통하여 당첨된 자에게 재화를 경품으로 제공하는 경우
(부가통칙 10 - 0 - 6)

> ### 📉 실무 ●
>
> **사업용 부동산 증여**
>
> 사업자가 과세사업에 사용하던 부동산을 도·소매업을 영위하는 자녀에게 임대하다가 무상으로 증여하고 자녀는 해당 부동산에서 계속하여 도·소매업을 영위하는 경우 사업 양도에 해당하지 아니하는 것으로서 부가가치세가 과세되는 것이며, 시가를 과세표준으로 하여 세금계산서를 발급하는 것임(서면3팀 - 2238, 2007.8.9., 부가 46013 - 503, 2000.10.17. 사전법령부가 - 145, 2016.4.18)
>
> ☞ 일반적인 사업상 증여의 경우 세금계산서 발급대상이 아니다. 위 경우 증여자는 부가가치세를 납부하고 수증자는 세금계산서를 받지 못해 매입세액공제를 못받는 경우 누적효과가 발생되기 때문에 세금계산서 수수를 통하여 매입세액공제를 인정한다.

3) 재화의 공급으로 보지 않는 경우

① 처음부터 매입세액이 공제되지 않은 재화(다만, 사업양도에 의하여 사업양수자가 양수한 자산으로서 사업양도자가 매입세액을 공제받은 재화는 공급의제 됨)

② 증여되는 재화의 대가가 주된 거래인 재화 공급의 대가에 포함되는 것

③ 사업을 위하여 대가를 받지 아니하고 다른 사업자에게 인도하거나 양도하는 견본품

④ 「재난 및 안전관리기본법」의 적용을 받아 특별재난지역에 공급하는 물품

⑤ 자기적립마일리지(사업자가 마일리지등으로 결제 받은 부분에 대하여 재화 또는 용역을 공급받는 자 외의 자로부터 보전 받지 아니한 경우)등으로만 전부를 결제 받고 공급하는 재화

⑥ 자기 사업의 광고·선전 목적으로 불특정 다수인에게 광고·선전용 재화로서 무상배포(직매장·대리점을 통하여 배포하는 경우 포함)하는 경우(부가통칙 10 - 0 - 4)

⑦ 사업자가 자기의 제품 또는 상품을 구입하는 자에게 구입 당시 그 구입액의 비율에 따라 증여하는 기증품 등은 주된 재화의 공급에 포함하므로 사업상 증여에 해당하지 아니함(부가통칙 10 - 0 - 6)

> **📊 실무**
>
> 견본품, 광고선전비, 경품
> 1. 사업을 위하여 대가를 받지 아니하고 다른 사업자에게 인도하거나 양도하는 견본품 (샘플 등)은 사업상 증여에 해당하지만 부가가치세가 과세되지 않는다.
> 2. 자기 사업의 광고선전목적으로 불특정다수인에게 광고선전용 재화를 무상으로 공급하는 경우 과세되지 아니한다(견본품, 광고선전물 등).
> 3. 일반 구매자에게 차별 없이 제공되는 광고선전비의 성격이 아닌 특정인을 선발하거나 추첨에 의하여 제공되는 경품의 경우 특정인에게 제공되는 기업업무추진비이므로 사업상 증여에 해당되어 부가가치세가 과세된다. 이때 당첨된 고객의 경우 기타소득에 해당되므로 원천징수하고 지급명세서를 제출하여야 한다.

마. 폐업시 잔존재화

1) 재화의 공급으로 보는 경우

사업자가 폐업할 때 자기생산·취득재화(매입세액이 공제된 재화) 중 남아 있는 재화는 자기에게 공급하는 것으로 본다. 사업시작 전 사업자등록을 신청한 자가 사실상 사업을 시작하지 아니하게 되는 때에 잔존하는 재화 또한 같다(부법 §10 ⑥).

> **📊 실무**
>
> 부동산임대업의 폐업
> 부동산임대업자의 부동산 양도로 인한 폐업의 경우에는 폐업보다 양도가 먼저 이루어진 것으로 보아야 하고, 양도하는 건물의 실제 공급가액이 존재하므로 본래의 공급에 해당하여 실제 공급가액을 과세표준으로 하여 세금계산서를 발급하여야 한다.
> 다만, 이 경우에도 사업포괄양수도에 해당되는 경우에는 재화의 공급으로 보지 않는다.

2) 재화의 공급으로 보지 않는 경우(부가통칙 10-0-7)

① 처음부터 매입세액이 공제되지 아니한 재화(다만, 사업양도에 의하여 사업양수자가 양수한 자산으로서 사업양도자가 매입세액을 공제받은 재화는 공급의제됨)

② 사업자가 사업의 종류를 변경한 경우 변경 전 사업에 대한 잔존재화

③ 동일사업장내에서 2 이상의 사업을 겸영하는 사업자가 그 중 일부 사업을 폐지하는 경우 해당 폐지한 사업과 관련된 재고재화

④ 개인사업자 2인이 공동사업을 영위할 목적으로 한 사업자의 사업장을 다른 사업자의

사업장에 통합하여 공동명의로 사업을 영위하는 경우에 통합으로 인하여 폐지된 사업장의 재고재화

⑤ 폐업일 현재 수입신고(통관)되지 아니한 미도착재화

⑥ 사업자가 직매장을 폐지하고 자기의 다른 사업장으로 이전하는 경우 당해 직매장의 재고재화

해석사례

◉ 매입세액공제받은 감가상각자산 등이 멸실된 경우 간주공급 여부

음식점업을 영위하는 사업자가 인테리어공사 등 감가상각자산의 취득 관련 매입세액을 공제받고 폐업 전에 해당 감가상각자산 등을 파쇄 또는 멸실하는 경우 해당 감가상각자산 등은 폐업 시 잔존재화에 해당하지 아니하는 것. 다만, 폐업 전에 해당 감가상각자산 등을 파쇄 또는 멸실하였는지 여부는 관련 사실을 종합하여 사실판단할 사항임(사전법령해석부가 2019-87)

📈 실무

계정과목별 물품 제공에 대한 부가가치세 과세 여부

계정과목		매입세액	공급의제	비 고
① 광고선전비		공제	×	
② 판매촉진비		공제	×	
③ 기업업무추진비		불공제	×	당초 접대목적 매입이 아니어서 매입세액공제 받은 경우에는 사업상 증여로 과세됨
④ 판매장려금 (물품제공)		공제	○	• 사업상 증여로 과세 • 매입세액불공제된 경우 사업상 증여로 보지 않음 • 세법상 기업업무추진비에 해당됨
⑤ 복리후생비		공제	○, ×	• 매입세액 공제된 경우 개인적 공급으로 과세됨 • 다만, 작업복·작업모·작업화 등 일정한 물품은 개인적 공급으로 보지 아니함
⑥ 기부금	사업관련	공제	○	국가 등 공익단체 무상기부에 해당되는 경우 면세임
	사업무관	불공제	×	

📈 실무

재화의 공급의제 실무처리 방법

1. 판매목적타사업장 반출 재화를 제외하고는 세금계산서를 발급하지 않으며, 부가가치세 신고시 신고서상 기타 분 매출로 신고한다.
2. 부가가치세 신고서 하단 과세표준 명세 수입금액 제외 란에 기재하여야 한다(개인적 공급 중 사업목적이 아닌 개인적 용도로 사용한 재화, 특수관계자간 증여는 기업회계 기준 상 매출이며, 소득세법상 수입금액 산입대상임).
3. 사업상 증여에 해당되어 기업업무추진비로 분개한 경우 세무조정 시 정규증빙인 신용 카드사용액으로 간주하여 처리한다.
4. 폐업시 잔존재화로서 납부한 부가가치세는 결산시 필요경비에 해당한다. 세금과공과 로 처리하는 경우 세무조정(손금불산입(유보) 후 추후 매출 상황에 따라 손금산입)이 발생되기 때문에 일반적으로 원가로 처리

해석사례

◉ 사업양도에 따라 취득한 재화의 간주공급 해당 여부

사업자가 사업을 포괄양수하면서 양도한 사업자가 매입세액을 공제받은 재화를 취득 한 후 재화의 공급의제에 해당하는 경우 당해 사업자의 재화는 자기에게 공급한 것으 로 보아 부가가치세 과세대상에 해당하는 것임(부가-668, 2009.5.13.)

◉ 건설업자가 미분양 상가를 일시적으로 면세사업에 사용하는 경우 부가가치세 과세 여부

상가를 신축하여 분양하는 사업자가 상가 신축 관련 매입세액을 공제받고 일부 미분 양상가를 사업목적의 변경 없이 일시적·잠정적으로 면세사업을 위하여 사용하는 경 우에는 면세전용에 해당하지 아니함(부가-2715, 2008.8.26.)

◉ 분양목적으로 신축한 오피스텔을 주거용으로 임대하는 경우 면세전용 여부

분양목적으로 신축한 쟁점오피스텔 준공 전에 민간임대주택등록을 하고 임차인이 상 시 주거용으로 사용하는 경우 일시적, 잠정적으로 임대한 것으로 보기 어려워 면세전 용으로 보아 부가가치세가 과세되어야 함(심사부가 2022-23, 2022.9.28.)
　　☞ 지방청 감사 지적이 늘면서 주거용 임대(세입자에게 직접 질의 등으로 확인)의 경우 부가가치
　　　세 환급검토도 까다롭고 면세전용으로 과세되는 경우가 많아짐

◉ 기부채납 후 과세사업에서 면세사업으로 전환하는 경우 부가가치세 과세 여부

사업자가 BTO 방식을 준용하여 기숙사를 학교에 기부채납하고 시설관리운영권을 설

정받아 기숙사를 운영하던 중 조특법에 따라 기숙사 운영이 과세사업에서 면세사업으로 전환된 경우 학교가 사업자에게 시설관리운영권을 설정한 것은 면세전용에 해당하지 아니함(기획재정부 조세법령-496, 2021.6.3. <u>국세청의 기존 해석을 변경</u>)

◉ 화물운송업과 주유소업을 하는 사업자가 화물차량에 유류를 공급하는 경우 자기공급 여부

2 이상의 사업장에서 서로 다른 과세사업을 영위하는 법인사업자가 어느 하나의 사업장인 주유소업 사업장에서 자기의 과세사업과 관련하여 취득한 유류를 자기의 다른 사업장인 화물운송업 사업장 소속 화물자동차에 주입하는 경우에는 재화의 공급에 해당하지 아니하는 것임(부가-595, 2009.4.27.)

◉ 재화의 자가공급 해당 여부

여러 개의 음식점을 각각 공동으로 운영하는 사업자가 당해 공동사업과 관련하여 취득한 재화(시설장치, 비품 등)를 다른 공동사업장에서 과세사업에 사용할 목적으로 반출하는 경우에는 부가가치세가 과세되지 아니하는 것임(서면3팀-626, 2008.3.25.)

◉ 국내지점이 제공한 용역이 외국본점의 일괄공급계약에 대한 부수용역으로 자기공급[59]에 해당하는지 여부

국외 소재 외국법인(甲)이 다른 외국법인(乙)에게 전력장비 공급 및 동 전력장비 설치감독・시운전 감리용역(본건용역)을 제공하는 계약을 체결하고, 甲의 국내지점(丙)이 국내 보세구역에서 본건용역을 제공한 경우 丙의 본건용역 제공은 용역의 공급에 해당함

◉ 유니폼을 구입하여 종업원에게 무상 제공하거나 다른 사업자에게 제공하는 경우

사업자가 자기 사업과 관련한 유니폼을 구입하여 자기 종업원들에게 무상으로 제공하는 경우는 재화의 공급으로 보지 않는 것이며, 다른 사업자에게 제공하는 경우에는 재화의 공급으로 보아 부가가치세가 과세되는 것임(부가-2223, 2008.7.24.)

◉ 국민주택규모초과주택 신축업자가 본인이 주거용으로 사용하는 주택의 재화공급 해당 여부

사업자가 판매할 목적으로 국민주택규모초과 주택을 신축하였으나 분양하지 아니하고 본인이 주거용으로 사용하는 경우 재화의 공급에 해당함. 다만, 그 주택의 건축과 관련된 매입세액이 공제되지 아니한 경우에는 재화의 공급에 해당하지 아니하는 것임(부가-3165, 2008.9.19.)

---

59) 기획재정부 해석 변경에 따라 기존 외국법인의 국내지점이 국외소재 본점에 공급하는 용역은 용역의 자가공급으로서 부가가치세 과세대상에 해당하지 아니한다는 관련 사례 전부 삭제(서면법령해석부가 2019-2939, 부가-746, 서면부가 2016-5008, 사전법령해석부가 2020-974 등)

◉ 매입세액이 공제되지 아니한 건물을 특수관계자에게 증여하는 경우 부가가치세 과세 여부

사업자가 자기의 과세사업에 사용하던 건물을 특수관계자에게 증여하는 경우, 재화의 공급으로 보지 아니하는 사업의 양도에 해당하는 경우를 제외하고는 당초 매입세액의 공제 여부에 관계없이 당해 건물의 증여는 실질공급에 해당하는 것임(부가-3481, 2008.10.7.)

◉ 매입세액이 공제되지 아니한 골프용품 등을 특정인 등에게 무상으로 증여하는 경우 재화의 공급 해당 여부

① 골프용품 및 의류 등을 수입하여 판매하는 사업자가 자기의 사업과 관련하여 수입한 골프용품 및 의류 등을 광고·선전 목적으로 특정 골프대회 또는 특정 프로골프 선수에게 무상으로 증여하는 경우에는 부가가치세가 과세되는 것임
② 다만, 당해 무상으로 증여되는 재화에 대한 매입세액이 공제되지 아니하는 경우에는 과세되는 재화의 공급으로 보지 아니하는 것임(부가-656, 2009.2.19.)

◉ 공급단가를 고정하는 조건으로 일정 수량을 거래처에 증여하는 경우 과세 여부

사업자가 자기의 사업과 관련하여 취득한 재화에 대하여 공급단가를 고정시키는 조건으로 일정 수량을 자기의 거래처인 다른 사업자에게 증여하는 경우 부가가치세가 과세되는 것이며, 당해 증여하는 재화에 대하여 구매승인서에 의하여 공급하는 경우 부가가치세 영세율을 적용하는 것임(부가-2550, 2008.8.13.)

◉ 2개의 사업장을 이전·통합시 부가가치세 과세대상 여부

2개의 사업장을 이전·통합하는 과정에서 한 사업장을 폐지하고 폐지되는 사업장의 설비 등을 존속하는 사업장에 이동하는 경우 폐지되는 사업장에 대해 폐업시 잔존재화로 과세되지 아니하는 것임(법규부가 2008-119, 2009.1.28.)

◉ 지점을 폐업하는 경우 폐업 시 잔존재화 과세 여부 및 공급가액 산정방법 등

법인이 사업의 포괄양수도로 취득한 건물을 지점 사업장으로 하여 과세사업을 영위하다 해당 지점을 폐업하고 건물을 사업에 사용하지 아니하는 경우(그 건물을 본점이나 다른 지점에서 과세사업에 사용하는 경우 제외) 폐업 시 잔존재화로 부가가치세가 과세되며 이 경우 공급가액 계산 시 경과 과세기간 수는 양도자의 취득일을 기준으로 하는 것임(서면법령해석부가 2020-2141)

(4) 위탁매매와 대리인에 의한 매매

거래 구분	재화공급의 판정(부법 §10 ⑦)
(1) 위탁매매 또는 대리인에 의한 매매	위탁자 또는 본인이 수탁자 또는 대리인으로부터 재화를 구입하는 자에게 직접 재화를 공급하는 것으로 봄
(2) 위탁매입 또는 대리인에 의한 매입	위탁자 또는 본인이 수탁자 또는 대리인에게 재화를 판매한 자로부터 직접 재화를 공급받은 것으로 봄
(3) 위탁자 또는 본인을 알 수 없는[60] 경우	위탁자(또는 본인)와 수탁자(또는 대리인) 그리고 거래상대방 사이에 각각 재화를 공급한 것으로 봄

(5) 신탁법에 따른 재화의 공급

신탁법 제10조에 따라 위탁자의 지위가 이전되는 경우에는 기존 위탁자가 새로운 위탁자에게 신탁재산을 공급한 것으로 본다. 다만, 신탁재산에 대한 실질적인 소유권의 변동이 있다고 보기 어려운 경우로서 다음의 경우에는 신탁재산의 공급으로 보지 아니한다.
- ① 「자본시장과 금융투자업에 관한 법률」에 따른 집합투자기구의 집합투자업자가 다른 집합투자업자에게 위탁자의 지위를 이전하는 경우
- ② 신탁재산의 실질적인 소유권이 위탁자가 아닌 제3자에게 있는 경우 등 위탁자의 지위 이전에도 불구하고 신탁재산에 대한 실질적인 소유권의 변동이 있다고 보기 어려운 경우

(6) 재화의 공급으로 보지 않는 경우

가. 담보제공

질권, 저당권 또는 양도담보의 목적으로 동산, 부동산 및 부동산상의 권리를 제공하는 것 (부법 §10 ⑨ 1호 및 부령 §22)

나. 사업양도

1) 의의

사업장별(상법에 의하여 분할 또는 분할합병하는 경우에는 동일한 사업장 안에서 사업부문별로 양도하는 경우 포함)로 그 사업에 관한 모든 권리와 의무를 포괄적으로 승계(법

---

60) 위탁매매 또는 대리인에 의한 매매를 하는 해당 거래 또는 재화의 특성상 또는 보관·관리상 위탁자 또는 본인을 알 수 없는 경우(부령 §21)

인세법상의 일정한 요건을 갖춘 분할의 경우와 양수자가 승계받은 사업 외에 새로운 사업의 종류를 추가하거나 사업의 종류를 변경한 경우를 포함)시키는 사업의 양도는 재화의 공급으로 보지 아니한다(부법 §10 ⑨ 2호 및 부령 §23 전단).

2) 사업양도의 요건

① 사업장별 승계

사업승계단위는 사업장별로 승계하여야 한다.[61] 사업장별 승계에 해당하는 한 미등록사업장도 포함된다.

그러나 사업장별 승계가 아닌 사업별 승계는 사업양도에 해당하지 아니한다.

📈 **실무** ○

사업양도(포괄양수도)에 해당하는 경우(통칙 10-23-1)

① 개인인 사업자가 법인설립을 위하여 사업장별로 그 사업에 관한 모든 권리와 의무를 포괄적으로 현물출자하는 경우
② 과세사업과 면세사업을 겸영하는 사업자가 사업장별로 과세사업에 관한 모든 권리와 의무를 포괄적으로 양도하는 경우
③ 과세사업에 사용할 목적으로 건설 중인 독립된 제조장으로서 등록되지 아니한 사업장에 관한 모든 권리와 의무를 포괄적으로 양도하는 경우
④ 둘 이상의 사업장이 있는 사업자가 그 중 하나의 사업장에 관한 모든 권리(미수금에 관한 것을 제외한다)와 의무(미지급금에 관한 것을 제외한다)를 포괄적으로 양도하는 경우에는 사업의 양도에 해당된다.

---

② 포괄적 승계

㉠ 원칙

사업장별로 그 사업에 관한 모든 권리와 의무를 포괄적 승계하여야 한다. 포괄적 승계는 그 사업에 관한 인적설비(종업원)와 물적설비(기계장치 등 사업 관련 자산) 일체를 승계하는 것을 원칙으로 한다.

→ 종업원 전부를 승계해야 하는 것은 아니나, 사업을 위한 최소한의 핵심인원은 반드시 승계해야 함

---

61) 동일한 사업장 안에서의 승계 중 다음에 해당하는 것도 사업양도에 포함한다.
　① 상법에 의하여 분할 또는 분할 합병하는 경우에는 동일한 사업장 안에서 사업부문별로 양도하는 경우
　② 법인세법상 일정한 요건을 갖춘 분할의 경우

ⓛ 제외 가능 권리와 의무[62]

그 사업에 관한 권리와 의무 중 다음의 것을 포함하지 아니하고 승계시킨 경우에
도 포괄적 승계시킨 것으로 본다(부령 §23 후단).

ⓐ 미수금에 관한 것

ⓑ 미지급금에 관한 것

ⓒ 당해 사업과 직접 관련이 없는 토지·건물 등에 관한 것으로서 다음에 해당하
는 자산

  - 사업양도자가 법인인 경우에는 업무에 직접 사용하지 아니하는 부동산 및 유
    예기간 중에 당해 법인의 업무에 직접 사용하지 아니하고 양도하는 부동산
  - 사업양도자가 법인이 아닌 사업자인 경우에는 위 내용에 준하는 자산

ⓒ 업태·종목의 동일성

ⓐ 양수자가 승계받은 사업 외에 새로운 사업의 종류를 추가하거나 사업의 종류
를 변경한 경우에도 사업의 양도로 본다. 그러나 사업양수자는 반드시 과세사
업을 영위하여야 한다.

  → 사업양수도 시점에서는 적어도 사업양수자가 사업양도자와 동일 업종을
    영위(조심 2010중1105, 2010.6.24.)하여야 하며, 사업양수 후 사업양수자가 승
    계받은 사업 외에 새로운 사업의 종류를 추가하거나 사업의 종류를 변경하
    는 것은 무방한 것이다.

  → 그러나 이 경우에도 사업양수자가 면세사업을 추가하거나 면세사업으로
    변경하는 경우에는 사업의 양도로 보지 아니한다.

ⓑ 양도자와 양수자의 과세유형이 서로 다르더라도 사업양도로 본다. 다만, 일반
과세자로부터 사업을 양수한 사업자는 간이과세의 적용이 배제된다.

  → 그러나 사업양수자가 연간 공급대가의 합계액이 1억 400만 원에 미달하는
    경우에는 간이과세로의 과세유형 변경이 허용된다.

ⓒ 사업양수자의 사업자등록

사업양수자의 사업자등록 여부는 사업의 양도 여부를 판단하는 데 영향을 주지
않는다.

---

62) "미수금" 또는 "미지급금"은 그 명칭에 관계없이 사업의 일반적인 거래 외에서 발생한 미수채권·미지급채
무를 말하는 것이며, 미수금 또는 미지급금의 포함 여부는 사업양도의 요건에 해당하지 아니한다(통칙 10-
23-2).

③ 요건충족의 효과

재화의 공급으로 보지 아니한다. 그러므로 공급자는 원칙적으로 세금계산서를 발급할 수 없다. 그러나 세금계산서를 잘못 발급한 경우에는 (−)수정세금계산서 발급이 가능하다. 다만, 사업을 양수받는 자가 대리납부를 이행한 경우에는 재화의 공급으로 본다(부법 §10 ⑧ 2호 단서).

📉 **실무** ○

사업양도에 해당됨에도 불구하고 세금계산서를 발급한 경우

① 사업양도자가 세금계산서를 발급하고 신고납부한 경우 당초 신고납부는 과다신고납부가 된다. 이 경우 사업양도자는 경정청구에 의하여 환급을 받거나 (−)수정세금계산서를 발급할 수 있다.
② 사업양수자는 발급받은 세금계산서에 의하여 매입세액공제를 받을 수가 없고, 신고 및 납부불성실가산세가 적용된다.
③ 다만, 2014년부터는 사업의 포괄양도에 해당됨에도 불구하고 세금계산서를 발급한 경우에는 사업양수자가 대리납부를 이행하면 된다.
④ 2018.1.1. 이후 사업을 양도하는 분부터는 **사업양도 여부가 분명하지 아니한 경우**에도 사업양수자가 대리납부를 이행하면 된다.

📉 **실무** ○

사업양수도에 따른 대리납부

① 사업의 양도에 따라 그 사업을 양수받는 자는 그 대가를 지급하는 때에 그 대가를 받은 자로부터 부가가치세를 징수하여 그 대가를 지급하는 날이 속하는 달의 다음달 25일까지 사업장 관할세무서장에게 다음 사항을 기재한 대리납부신고서를 제출하여야 한다(부법 §52 ④).
  ㉠ 사업양수자의 인적사항
  ㉡ 사업의 양수에 따른 대가를 받은 자의 인적사항
  ㉢ 사업의 양수에 따른 대가의 가액과 부가가치세액
  ㉣ 그 밖의 참고 사항
② 사업양수자가 대리납부를 하는 경우에는 사업양도(사업양도에 해당하는지 여부가 분명하지 아니한 경우 포함)를 재화의 공급으로 보며, 매입세액공제가 가능하다.
③ 사업양도자는 부가가치세 신고 시 사업양수자가 대리 납부한 세액을 기납부세액으로 차감하여 기재한다.

사업양수도에 해당되지 아니함에도 세금계산서를 발급하지 아니한 경우

사업양도인	사업양수인
• 매출 부가가치세 추징 • 세금계산서 미발급가산세(2%) • 신고불성실가산세(20%) • 납부불성실가산세(1일 2.2/10,000)	• 적법한 세금계산서를 수취하지 아니하였으므로 매입세액을 공제받을 수 없음 • 그러나 거래징수 당한 세액이 없으므로 손해는 없음

→ 실무상 사업양도의 요건을 충족하였는지 여부에 대하여 정확하게 판단하기 어려운 경우에는 사업양도자가 세금계산서를 발급하고 사업양수자가 대리납부를 이행하도록 유도하는 것이 위험을 최소화하는 것이 될 것이다.

실무

부동산임대업의 사업양도

• 사업장별로 다음에 해당되는 인적·물적 시설 및 모든 권리와 의무 등을 원칙적으로 승계시켜야 함
  ① 임대차계약 내용
  ② 종업원 및 전문자산관리업체와의 용역계약
  ③ 부동산임대업 관련 토지
• 특히, 임대차계약 내용과 부동산임대업 관련 토지를 승계시키지 아니한 경우에는 사업양도에 해당되지 아니함에 유의하여야 함
• 부동산임대업자가 임대부동산을 해당 부동산의 임차인에게 양도하는 경우 사업의 양도에 해당되지 않음에 유의하여야 함(기획재정부 부가-628, 2012.12.11.)
• 건물신축판매업 또는 부동산매매업을 영위하는 사업자가 일시적으로 임대하던 부동산을 양도하는 경우에는 사업의 양도에 해당되지 아니함
• 하나의 사업자등록(사업자단위과세 포함)으로 여러 개의 부동산임대를 하다가 그 중 하나의 부동산을 포괄적으로 양도하는 경우에도 사업의 양도에 해당됨

다. 조세의 물납

사업용 자산을 「상속세 및 증여세법」 제73조, 「지방세법」 제117조 및 「종합부동산세법」 제19조에 따라 물납하는 것(부법 §10 ⑨ 3호 및 부령 §24)

라. 신탁재산의 소유권 이전

신탁재산의 소유권 이전으로서 다음 중 어느 하나에 해당하는 것
① 위탁자로부터 수탁자에게 신탁재산을 이전하는 경우
② 신탁의 종료로 인하여 수탁자로부터 위탁자에게 신탁재산을 이전하는 경우
③ 수탁자가 변경되어 새로운 수탁자에게 신탁재산을 이전하는 경우

마. 위탁자 지위 이전 중 재화의 공급으로 보지 않는 경우(부령 §21의2)

① 「자본시장과 금융투자업에 관한 법률」에 따른 집합투자기구의 집합투자업자가 다른 집합투자업자에게 위탁자 지위를 이전한 경우
② 신탁재산의 실질적인 소유권이 위탁자가 아닌 제3자에게 있는 경우 등 위탁자의 지위 이전에도 불구하고 신탁재산에 대한 실질적인 소유권의 변동이 있다고 보기 어려운 경우

바. 매매계약 중 재화의 공급으로 보지 않는 경우(부령 §18 ②)

① 보세구역에 있는 조달청 창고(조달청장이 개설한 것으로서 세관장의 특허를 받은 보세창고)에 보관된 물품에 대하여 조달청장이 발행하는 창고증권의 양도로서 임치물의 반환이 수반되지 아니하는 것(창고증권을 가진 사업자가 보세구역의 다른 사업자에게 인도하기 위하여 조달청 창고에서 임치물을 넘겨받는 경우를 포함한다)
② 보세구역에 있는 런던금속거래소의 지정창고에 보관된 물품에 대하여 같은 거래소의 지정창고가 발행하는 창고증권의 양도로서 임치물의 반환이 수반되지 아니하는 것(창고증권을 가진 사업자가 보세구역의 다른 사업자에게 인도하기 위하여 지정창고에서 임치물을 넘겨받는 경우를 포함한다)
③ 사업자가 위탁가공을 위하여 원자재를 국외의 수탁가공 사업자에게 대가 없이 반출하는 것("영세율"이 적용되는 것은 제외한다)
④ 한국석유공사가 비축된 석유를 수입통관하지 아니하고 보세구역에 보관하면서 국내 사업장이 없는 비거주자 또는 외국법인과 무위험차익거래 방식으로 소비대차하는 것

사. 그 밖의 계약상 또는 법률상 원인에 의한 공급 중 재화의 공급으로 보지 않는 경우(부령 §18 ③)

① 「국세징수법」 제66조에 따른 공매(같은 법 제67조에 따른 수의계약에 따라 매각하는

것을 포함한다)에 따라 재화를 인도하거나 양도하는 것

② 「민사집행법」에 따른 경매(같은 법에 따른 강제경매, 담보권 실행을 위한 경매와 「민법」・「상법」 등 그 밖의 법률에 따른 경매를 포함한다)에 따라 재화를 인도하거나 양도하는 것

③ 「도시 및 주거환경정비법」,「공익사업을 위한 토지 등의 취득 및 보상에 관한 법률」 등에 따른 수용 절차에서 수용 대상 재화의 소유자가 수용된 재화에 대한 대가를 받는 경우

④ 「도시 및 주거환경 정비법」상 사업시행자의 매도청구에 따라 재화를 인도하거나 양도하는 것(2023.2.28. 이후 재화를 인도・양도하는 분부터 적용)

예제

「부가가치세법」상 재화의 공급으로 보는 경우에 해당하는 것은?   2019 CTA 1차수정
① 질권, 저당권 또는 양도담보의 목적으로 동산, 부동산 및 부동산상의 권리를 제공하는 것
② 국세징수법에 따른 공매 및 민사집행법에 따른 경매에 따라 재화를 인도하는 것
③ 사업에 관한 모든 권리와 의무를 포괄적으로 승계시키는 사업의 양도로서 양수자가 승계받은 사업의 종류를 변경하는 것
④ 사업용 자산을 「상속세 및 증여세법」에 따라 물납하는 경우
⑤ 「도시 및 주거환경정비법」에 따른 지정개발자인 수탁자가 재개발사업・재건축사업을 시행하는 과정에서 신탁재산을 처분하는 경우

[풀이] ⑤ 수탁자가 재화를 공급하는 경우로 봄(신탁재산 매매 시 납세의무자 규정의 보완 제10조 제8항)

해석사례

◉ 재화의 공급으로 보지 않는 사업양도(포괄양수도)에 해당하는 경우
(1) 다수 사업장에서 임대업을 영위하다 일부 사업장을 양도하는 경우
  사업자가 다수의 사업장에 대하여 하나의 사업자등록번호로 부동산 임대업을 영위하다가 일부 사업장을 분리하여 사업자등록을 신청한 후, **구분된 그 일부 사업장**에 대한 권리와 의무를 포괄적으로 승계하여 양도하는 경우에는 사업의 양도에 해당하는 것임(부가-892, 2009.3.6.)
(2) 사업자가 하나의 사업자등록번호로 인접한 사업장에서 제조업과 부동산 임대업을 영위하다가 부동산 임대업을 양도하는 경우

사업자가 하나의 사업자등록번호로 인접한 사업장에서 제조업과 부동산 임대업을 영위하다가 부동산 임대업에 관한 권리와 의무를 포괄적으로 승계시키는 경우에는 사업양도에 해당하는 것임(부가-2746, 2008.8.27.)

(3) 층별·호수별로 구분등기 된 집합건물 내에서 부동산 매매업과 여관업을 4년여 동안 겸영하다가 자금경색으로 여관업만 양도한 것이 사업의 양도에 해당하는지 여부
사업자가 판매를 목적으로 신축하였다가 미분양된 2개의 인접사업장(층·호별로 구분등기 한 집합건물)에서 부동산 매매업과 여관업을 각각 4년여 동안 영위하던 중 여관업에 사용하던 토지·건물을 양도한 경우로서, 여관업에 사용한 사업장의 인적·물적 시설에 대한 권리와 의무가 부동산 매매업에 사용한 사업장의 것과는 분명히 구분되고, 영업활동도 각각 독립적이며, 양도부동산과 그에 부속된 인테리어, 집기비품, 여관 전화번호, 건물 화재보험 계약, 종업원, 부채 등 사업에 관한 모든 인적·물적 권리와 의무를 포괄적으로 승계한 때에는 '재화의 공급으로 보지 아니하는 사업의 양도'에 해당하는 것임(법규부가 2009-32, 2009.3.31.)

(4) 사업자단위과세 승인사업자 종사업장의 포괄양도시 재화의 공급 해당 여부
주사업장 외에 종사업장을 가지고 있는 사업자단위승인 과세사업자가 종사업장에 대한 모든 권리와 의무를 포괄적으로 승계시키는 경우(일정요건을 갖춘 분할의 경우와 양수자가 승계받는 사업 외에 새로운 사업의 종류를 추가하거나 사업의 종류를 변경한 경우 포함)에는 사업양도에 해당되어 재화의 공급으로 보지 않는 것임(서면3팀-786, 2008.4.18.)

(5) 부동산 임대업 포괄승계 후 사업양수자가 새로운 사업을 추가시킨 경우
부동산 임대업을 영위하는 사업자가 공실을 포함한 부동산 임대업에 관한 모든 권리와 의무를 포괄적으로 승계시키는 경우에는 당해 사업을 양수한 자가 양수한 후 새로운 사업의 종류를 추가하여 영위하는 경우에도 사업양도에 해당하는 것임(부가-1401, 2009.9.29.)

(6) 한 사업지에서 두 개의 사업을 겸업하는 자로부터 포괄승계한 양수자가 양수한 사업의 종류를 변경하거나 제외하는 경우
하나의 사업지에서 건물신축판매업을 영위하는 사업자가 부동산 임대업을 추가하여 사업을 영위하다가 건물신축판매업과 부동산 임대업에 관한 모든 권리와 의무를 포괄적으로 승계시키는 경우에는 당해 사업을 양수한 자가 양수한 사업의 종류를 변경하거나 제외하는 경우에도 사업양도에 해당하는 것임(부가-1334, 2009.9.18.)

(7) 사업의 모든 권리와 의무를 포괄양도 후 양수인이 업종 변경한 경우
숙박업을 영위하는 사업자가 숙박업에 관한 모든 권리와 의무를 포괄적으로 양도하는 경우, 양수인이 과세사업인 부동산 임대업으로 업종을 변경한 경우에도 사업의 양도에 해당하는 것임(부가-4221, 2008.11.14.)

(8) 신축상가 분양 중 양도의 경우

신축 중인 건물을 분양받아 부동산 임대업을 영위하기 위하여 사업개시 전 사업자등록을 한 자가 당해 임대용 건물이 완공되기 전에 부동산 임대업 일반과세자로 사업자등록을 한 사업자에게 그 사업에 관한 권리(미수금에 관한 것을 제외)와 의무(미지급금에 관한 것 제외)를 포괄적으로 승계시키는 경우에는 부가가치세법 제6조 제6항 제2호에서 규정하는 사업의 양도에 해당하는 것임(소비 46015-58, 2003.3.3., 서삼 46015-10423, 2003.3.13.)

(9) 양수자가 사업자등록을 하지 않은 경우

사업의 양도는 사업장별로 당해 사업에 관련된 모든 권리(미수금에 관한 것을 제외한다)와 의무(미지급금에 관한 것을 제외한다)를 포괄적으로 승계시키는 것을 말하는 것으로, 사업의 양수자가 사업자등록을 하지 않았더라도 사실상 양도자의 사업을 계속하여 영위한 경우에는 사업의 양도에 해당하는 것임(서면3팀-1964, 2006.8.30.)

(10) 사업자등록 정정 않고 부동산 임대업을 영위하다가 양도하는 경우

사업자가 업종변경에 따른 사업자등록 정정신고를 하지 아니하고 실질적으로 부동산 임대업을 영위하다가, 임차인에게 토지와 건물 등 일체의 인적·물적 권리와 의무를 포괄적으로 양도하는 경우에는 사업의 양도에 해당하는 것임(부가-1552, 2009.10.26.)

◉ 모든 권리와 의무의 포괄적 승계(포괄양수도 인정)

(1) 개인사업자의 현물출자와 사업양도

개인인 사업자가 법인설립을 위하여 재화를 현물출자하는 것은 재화의 공급에 해당하나, 사업장별로 그 사업에 관한 모든 권리(미수금에 관한 것 제외)와 의무(미지급금에 관한 것 제외)를 포괄적으로 현물출자하여 법인을 설립하는 경우에는 사업의 양도에 해당함(부가통칙 10-23-1)

(2) 미등록된 건설 중인 사업장의 사업양도

과세사업에 공할 목적으로 건설 중인 독립된 제조장으로서 등록되지 아니한 사업장을 다른 사업자에게 당해 제조장에 관한 모든 권리(미수금에 관한 것 제외)와 의무(미지급금에 관한 것 제외)를 포괄적으로 양도하는 경우에는 사업의 양도로 봄

(3) 사업양도시 제외시킬 수 있는 권리와 의무

① 외상매출금과 외상매입금 제외한 경우 사업양도 해당 여부

식품제조업을 경영하던 사업자가 당해 사업양도시에 사업용 재산과 운영권 일체 및 사용인의 퇴직금 등 모든 자산 및 권리·의무를 양도하고 다만, 거래처에 대한 외상매출금과 외상매입금만을 제외한 경우에는 사업의 양도에 해당함(부가 46015-809 1994.4.21.)

② 외상매입금 및 차입금을 제외한 경우 사업양도 해당 여부

양도인이 양수인에게 모든 사업시설뿐만 아니라 영업권 및 그 사업에 관한 일체의 인적·물적 권리와 의무를 양도하여 양도인과 동일시되는 정도로 법률상의 지위

를 그대로 승계시키고 동일성을 상실하지 아니하는 범위 내에서 외상매입금과 은행차입금 등의 부채를 제외하여도 사업양도로 봄(부가 46015-983 1996.5.20.)

(4) 상가를 분양받은 사업자가 원 분양자에게 사업을 양도하는 경우

상가를 분양받아 부동산 임대업을 영위하는 사업자가 당초 상가를 분양한 사업자에게 부동산 임대업과 관련된 모든 권리와 의무를 포괄적으로 양도하는 경우에는 사업의 양도에 해당하는 것임(부가-4869, 2008.12.18.)

(5) 반품된 상품을 제외하고 사업을 양도하는 경우 사업양도 해당 여부

의류소매업을 영위하는 사업자가 당해 의류소매업을 양도함에 있어, 사업양도일 전에 재고상품을 반품하여 상품을 제외한 모든 시설 및 권리와 의무를 포괄적으로 승계시키는 경우에는, 양수인이 다른 과세사업으로 업종을 변경하는 경우에도 사업의 양도에 해당하는 것임(부가-3318, 2008.9.29.)

(6) 지점사업에 사용 중인 자산(본점명의 구입)을 포함하여 지점사업을 포괄적 양도하는 경우 사업양도 해당 여부

사업자가 지점의 사업을 포괄적으로 양도함에 있어, 본점 명의로 구입하여 지점 사업에 사용하던 차량운반구 및 시설장치를 포함하여 양도하는 경우에도, 사업의 양도에 해당하여 재화의 공급으로 보지 아니하는 것임(부가-4401, 2008.11.25.)

(7) 부동산임대업자가 부동산 임대업을 양도한 경우의 해석 사례

① 부동산임대업자가 건물자산관리계약을 제외한 권리의무 포괄승계시 사업양도 해당 여부

부동산 임대업을 영위하는 사업자가 해당 사업장에 관한 모든 권리와 의무를 포괄적으로 승계시키면서 사업의 포괄승계에 영향을 미치지 아니하는 임대건물에 대한 자산관리위탁계약을 제외한 경우에는 사업의 양도에 해당하는 것임(부가-1271, 2009.9.9.)

② 부동산임대업자가 보험계약을 제외한 권리의무 포괄승계시 사업양도 해당 여부

부동산 임대업을 영위하는 사업자가 해당 사업장에 관한 모든 권리와 의무를 포괄적으로 승계시키면서 사업의 포괄승계에 영향을 미치지 아니하는 임대건물 및 주차장에 대한 보험계약을 제외한 경우에는 재화의 공급으로 보지 아니하는 사업의 양도에 해당하는 것임(부가-1250, 2009.9.3.)

③ 부동산임대사업자가 임대업에 사용하지 않은 토지는 제외하고 일부 공실 상태인 임대용 부동산을 양수인에게 포괄승계시키는 경우 해당 임대부동산 양도는 「부가가치세법」 제10조 제9항 제2호 및 같은 법 시행령 제23조에 따른 재화의 공급으로 보지 아니하는 사업의 양도에 해당하는 것임(사전-2020-법령해석부가-281, 2020.3.13.)

④ 상가를 분양받아 부동산 임대업을 영위하기 위하여 사업개시 전 사업자등록을 한 자가 임대용 건물이 완공되기 전에 부동산 임대업으로 사업자등록을 한 자녀에게 해당 상가분양권을 증여하면서 그 사업에 관한 권리와 의무를 포괄적으로 승계하

는 경우에는 「부가가치세법」 제10조 제9항 제2호 및 같은 법 시행령 제23조에 따라 재화의 공급으로 보지 아니하는 사업의 양도에 해당하는 것임(사전-2019-법령해석부가-0379, 2019.8.7.)

◉ 재화의 공급으로 보는 일반적인 사업의 양도(포괄양수도 아님)

(1) 사업별 양도

① 사업의 양도는 "사업장별로 그 사업에 관한 모든 권리와 의무를 포괄적으로 승계시키는 것"을 말하므로 그 사업에 관한 권리와 의무를 모두 승계하지 아니하고 일부의 권리와 의무만을 승계한 경우는 사업의 양도에 해당하지 아니함(재경부 부가 22601-1140, 1990.11.17.)

② 동일한 사업장에서 하나의 사업자등록으로 부동산 임대업과 상표권 대여업을 겸영하던 중 상표권 대여업과 관련한 자산 일체를 양도하는 것은 '사업의 양도'에 해당하지 아니함(법규부가 2009-117, 2009.4.23.)

③ 동일사업장에서 부동산 임대업과 음식점업을 겸영하는 일반과세자가 그 중 하나의 사업인 음식점업을 양도함에 있어 당해 음식점업에 사용하던 토지와 건물을 제외하는 경우에는 사업양도에 해당하지 아니하는 것임(부가-1824, 2008.7.7.)

④ 재화의 공급으로 보지 아니하는 사업의 양도는 사업장별로 사업의 양도인이 양수인에게 모든 사업시설뿐만 아니라 그 사업에 관한 일체의 인적·물적 권리와 의무를 양도하여 양도인과 동일시되는 정도로 법률상의 지위를 그대로 승계시키는 것으로, 한 사업장에서 영위하던 둘 이상의 사업 중 일부 사업만을 양도하는 경우에는 재화의 공급으로 보지 않는 사업의 양도에 해당하지 아니하는 것임(서면3팀-1234, 2008.6.19.)

(2) 재화의 공급으로 보지 않는 사업양도로 볼 수 없는 경우

① 건물신축판매업을 영위하는 사업자가 일부 사업지를 양도하는 경우
다수의 사업지(지역)에서 부동산을 신축하여 판매하는 사업자가 자금 부족 등의 사유로 일부 사업지의 토지와 신축 중인 건축물 등을 다른 사업자에게 양도하는 경우에는 사업의 양도에 해당하지 아니하는 것임(부가-1483, 2009.10.13.)

② 부동산매매업자가 일시적으로 임대업 영위하던 사업장 양도하는 경우
㉠ 건물을 신축하여 판매할 것을 사업목적으로 하는 사업자가 당해 신축건물에서 일시적으로 임대업을 영위하다가 당해 건물을 양도한 경우는 사업양도에 해당하지 아니하는 것임(서면3팀-291, 2008.2.5.)
㉡ 부동산매매업을 영위하는 사업자가 사업목적으로 매입한 건물을 일시적·잠정적으로 임대하다가 공급하는 경우에는 부동산 매매업에 해당되는 것임(서면3팀-513, 2008.3.7.)

(3) 임대업 부동산을 겸영사업자에게 양도하고 양수자가 면세사업에 사용한 경우
부동산임대업자가 임대업에 사용하던 부동산을 과세사업과 면세사업을 겸영하는 약

국 사업자에게 양도하고, 양수자는 당해 부동산을 약국사업(과세·면세사업 겸업)에 사용하는 경우 사업의 양도에 해당하지 아니함(서면3팀 – 3059, 2006.12.7.)

(4) 부동산임대업자가 과세사업과 면세사업을 겸영하는 세입자에게 사업을 양도하는 경우

사업자가 부가가치세가 과세되는 부동산(건물) 임대업을 양도함에 있어, 양수자가 그 부동산(건물)을 양수하여 과세사업과 면세사업을 겸영하는 경우 그 부동산(건물)의 양도는 사업의 양도에 해당하지 아니하는 것임(부가 – 3319, 2008.9.29.)

(5) 부동산 임대사업자등록을 하고 일시 임대하다가 신축건물을 양도하는 경우

부동산 임대업으로 사업자등록을 한 자가 건물을 신축한 후 일시적으로 임대하다가 이를 타인에게 양도하였다 하더라도 그 양도가 부동산매매업자로서의 사업활동의 일환으로 이루어진 경우에는 부가가치세법상 비과세 대상인 사업의 양도에 해당 되지 아니하고, 그 신축 건물의 임대사실이 부동산 매매업으로서의 사업성에는 아무런 영향을 미치지 않는다고 할 것임(대법원 1993.4.27. 선고 93누524 판결, 대법원 2000.10.24. 선고 99두7609 판결 등)

(6) 토지와 건물 중 토지는 제외하고 건물의 모든 권리와 의무를 양수하는 경우

부동산임대업을 영위할 목적으로 토지 및 상가건물을 매입하여 구 상가건물을 철거하고, 상가건물을 신축하던 중 토지는 제외하고 신축 중인 건물과 그 건물에 관련된 모든 권리와 의무를 양수인에게 승계하는 경우 사업의 양도에 해당하지 아니하는 것임(사전법규부가 2022 – 1302, 2023.3.7.)

◉ 모든 권리와 의무의 포괄적 승계에 해당되지 않는 경우(포괄양수도 인정 안함)

(1) 당해 사업의 일부만을 양도하거나 사업용 자산만을 양도하는 경우

사업자가 사업장별로 그 사업에 관련된 모든 권리와 의무 및 인적·물적시설을 포괄적으로 승계하는 경우에는 재화의 공급으로 보지 않는 사업양도에 해당하는 것(승계받은 사업 외에 새로운 사업의 종류를 추가하거나 사업의 종류를 변경한 경우를 포함)이나, 당해 사업의 일부만을 양도하거나 사업용 자산만을 양도하는 경우에는 사업양도에 해당하지 않는 것임(서면3팀 – 513, 2008.3.7.)

(2) 종업원을 승계하지 않은 경우

① 종업원을 제외하는 경우 사업양도 해당 여부

㉠ 재화의 공급으로 보지 아니하는 사업의 양도는 사업의 양도인이 양수인에게 모든 사업시설뿐만 아니라 그 사업에 관한 일체의 인적·물적 권리와 의무를 양도하여 양도인과 동일시되는 정도로 법률상의 지위를 그대로 승계시키는 것으로, 종업원을 제외하고 양도하는 경우 사업양도에 해당되지 아니하는 것임(서면3팀 – 48, 2008.1.8.)

㉡ 회사의 사업용 재산을 비롯한 물적·인적시설 및 권리의무 등이 포괄적으로

원고에게 이전되었으므로, 일부 근로자들을 재고용하지 않았다거나 일부 거래업체에 대한 미수금채무를 인수하지 않았다 하더라도 사업의 양도에 해당함 (대법원 2007두15056, 2008.7.24.)

ⓒ 복합상가 공사부분 등 사업과 관련된 일체의 권리의무를 포괄적으로 양수하여 사업을 계속하여 실시하였고 다만 종업원 등의 인적설비는 승계하지 않았지만 인적설비는 이 사업의 핵심적인 구성요소가 아니므로 사업의 양도로 인정하는 데 장애가 되지 않음(서울고등법원 2009누630, 2009.7.10.)

☞ 전체 종업원을 승계시켜야 하는 것은 아니며, 사업의 동일성을 유지시킬 수 있는 핵심적인 종업원만 승계시켜도 됨

② 전체 종업원, 매출채권 및 매입채무 전액을 승계하지 아니하는 경우 사업양도 해당 여부

사업을 양수하면서 해당 사업장에 종사하는 전체 종업원, 매출채권 및 매입채무의 전액을 승계하지 아니하는 경우 당해 거래는 재화의 공급으로 보지 아니하는 사업의 양도에 해당하지 아니함(부가 2009 - 203, 2009.6.8.)

③ 사업과 관련된 채무 일부 및 종업원을 제외하고 토지 및 사업시행권을 양도한 경우

건설업자가 사업과 관련된 채무 일부 및 종업원을 제외하고 토지 및 사업시행권을 양도하는 경우에는 사업의 양도에 해당되지 아니하는 것임(부가 - 2748, 2008.8.27.)

④ 직원 및 선수금 등을 제외하고 체력 단련업 양도시 사업의 양도 해당 여부

사업자가 체력단련장업과 스피닝업을 영위하던 중 사업부진으로 직원 전원을 퇴사시키고 기존 회원에 대한 선수금을 환불한 후 체력단련장업에 관련된 사업시설 및 영업권 등을 양도하는 경우 사업 양도에 해당하지 아니함(사전법령해석부가 2021 - 1558, 2021.11.8.)

(3) 매출채권과 채무 및 자산을 제외한 경우

① 모든 매출채권 및 일체의 부채를 제외하고 사업을 양도하는 경우

재화의 공급으로 보지 아니하는 사업의 양도는 사업의 양도인이 양수인에게 모든 사업시설뿐만 아니라 그 사업에 관한 일체의 인적·물적 권리와 의무를 양도하여 양도인과 동일시되는 정도로 법률상의 지위를 그대로 승계시키는 것을 말하는 것으로, 모든 매출채권 및 일부 자산과 일체의 부채를 제외하고 양도하는 경우에는 당해 규정에 의한 사업양도에 해당하지 아니하는 것임(부가 - 3476, 2008.10.7.)

② 금융리스자산, 고정자산 및 종업원의 일부를 제외하고 양도하는 경우

사업자가 사업과 관련된 금융리스자산, 고정자산 및 종업원의 일부를 제외하고 사업을 양도하는 경우에는 사업의 양도에 해당하지 아니하는 것임(부가 - 511, 2009.2.9.)

(4) 토지와 건물을 제외한 경우

① 사업자가 자기 소유의 토지 및 건물에서 도·소매업을 영위하다 사업용 토지와 건

물을 제외하고 사업을 양도하는 경우에는 당해 사업용 토지와 건물의 기장 여부에 관계없이 사업의 양도에 해당하지 아니하는 것임(부가-4939, 2008.12.22.)

② 재화의 공급으로 보지 아니하는 사업의 양도라 함은 사업장별(상법에 의하여 분할 또는 분할 합병하는 경우에는 동일한 사업장 안에서 사업부문별로 양도하는 경우를 포함)로 그 사업에 관한 모든 권리와 의무를 포괄적으로 승계시키는 것을 말하는 것으로서, 물적 분할시 양도하는 사업부문의 토지 및 건물을 제외하는 경우에는 재화의 공급으로 보지 아니하는 사업의 양도에 해당하지 아니하는 것임(부가-2745, 2008.8.27.)

(5) 부동산임대업자가 부동산 임대업을 양도한 경우 관련 해석 사례

① 부동산 임대차계약 이외의 자산과 부채 등을 제외하고 사업양도하는 경우
부동산임대사업장을 양도하면서 양수인에게 임ㆍ대차계약의 승계 외에 다른 자산 및 부채와 종업원, 건물관리를 위한 전문자산관리업체와 용역계약, 건물의 보험계약 등을 승계시키지 아니한 경우에는 사업의 양도에 해당되지 아니함(부가 2009-12, 2009.1.30.)

② 부동산 임대업 관리운영 관련 모든 채무를 제외하거나 임차인의 임대보증금 일부를 제외하는 경우 사업양도 해당 여부
부동산 임대업에 공하던 부동산과 임차인의 임대보증금을 제외한 당해 부동산임대업의 관리운영에 관련된 모든 채무를 제외하거나 임차인의 임대보증금 일부를 제외하는 경우에는 사업의 양도에 해당하지 아니하는 것임(부가-2318, 2008.7.29.)

③ 부동산 임대업 관련 토지를 제외하고 신축 중인 건물을 양도하는 경우 사업양도 해당 여부
사업자가 부동산 임대업에 관련된 토지를 제외하고 신축 중인 건물과 그 건물에 관련된 모든 권리와 의무를 양수인에게 승계하는 경우에는 사업의 양도에 해당하지 아니하는 것임(부가-356, 2009.3.19.)

④ 부동산임대업자가 임차인 일부를 승계하지 아니하고 양도하는 경우
부동산임대업자가 계약기간이 남아 있는 임차인 일부를 양수인에게 승계하지 아니하고 사업을 양도하는 경우에는 「부가가치세법」 제6조 제6항 제2호에서 규정하는 재화의 공급으로 보지 아니하는 사업의 양도에 해당하지 아니하는 것임(부가-117, 2009.1.8.)

⑤ 부동산임대업자가 임대부동산을 임차인에게 양도하는 경우 사업양도 해당 여부
부동산임대사업자가 임대부동산을 해당 부동산의 임차인에게 양도하는 경우 부가가치세법 제10조 제8항 제2호에 따른 사업의 양도에 해당되지 아니하는 것임(법규부가 2014-259, 2014.8.12. ; 기존 상충된 예규인 서면3팀-619 예규 삭제 후 유지)

⑥ 공실상태인 부동산을 양도하는 경우
집합건물 내에 2개 이상의 구분점포를 소유한 자가 이를 하나의 사업장으로 하여

사업자등록을 하고 부동산 임대업을 영위하다가 그 중 임대차 계약기간이 만료되어 공실상태인 하나의 구분점포를 양도하는 경우에는 부가가치세법 제6조 제6항 제2호와 같은 법 시행령 제17조 제2항에 따른 사업의 양도에 해당하지 아니하는 것임(법규부가 2011-450, 2011.11.15.)

⑦ 임대보증금을 제외하여 증여하는 경우

부동산 임대업을 영위하는 사업자가 임대업에 사용하던 부동산을 포함하여 그 사업의 인적·물적시설 및 권리와 의무 등을 자녀에게 증여하면서 해당 부동산 임대업과 관련된 임대보증금을 제외하는 경우에는 사업의 양도에 해당하지 아니하는 것임(사전법령부가-0752, 2019.12.26.)

⑧ 부동산 임대업을 영위하는 단독사업자가 공동사업자로 변경되는 경우에는 사업자등록 정정신청을 하여야 하는 것임(서면부가-0525, 2018.4.20.)

→ 부동산 지분을 증여하는 경우 사업자등록 정정 대상임(공동사업자)

    cf. 부동산을 100% 증여하는 경우 포괄양수도에 해당되지 않는다면 세금계산서를 발급하고, 증여자는 폐업신고를 수증자는 신규사업자등록을 하여야 한다.

⑨ 부동산 임대업의 포괄양도를 위해 지급한 중개수수료 관련 매입세액 공제 여부

부가가치세 과세대상인 부동산 임대업을 영위하던 사업자가 임대사업을 포괄 양도하면서 부담한 중개수수료 관련 매입세액은 매출세액에서 공제되는 것임(기획재정부부가-10, 2022.1.7.)

(6) 사업자단위과세 사업자의 사업 양도의 경우

사업자단위과세 사업자로 등록을 하고 두 개 이상의 사업장에서 여러 종류의 사업을 영위하는 사업자가 어느 하나의 사업장에서 영위하는 여러 사업부문 중 하나의 사업부문과 관련된 권리와 의무를 포괄적으로 양도하는 경우로서 「상법」에 따라 분할 또는 분할합병하는 경우에 해당하지 아니하는 경우에는 부가가치세법에 따른 사업의 포괄양도에 해당하지 아니하는 것임(사전-2020-법령해석부가-0211, 2020.3.12.)

◉ 사업자의 사업용 건물 등이 수용되는 경우 부가가치세 과세대상 여부 등

수용의 경우 건물의 양도 전에 철거가 누구의 계산과 책임 하에 진행되는지의 여부에 따라 재화의 공급 여부가 결정되는 것으로 그 계산과 책임이 수용대상인 건물의 소유자에게 귀속되는 경우에 재화의 공급으로 보지 아니하는 것이며, 수용하는 당해 도시계획사업시행자와 건물의 소유자와의 계약관계 및 건물철거의 책임 등이 누구에게 귀속되는지를 사실 판단하여 결정할 사항임(부가-1406, 2009.9.29.)

◉ 폐업 후 경매에 의하여 인도 또는 양도되는 재화의 부가가치세 과세 여부

과세사업에 사용하던 감가상각자산이 2006.2.9. 이후 담보권 실행을 위한 경매에 의하여 인도 또는 양도되는 경우에는 재화의 공급으로 보지 아니하므로 부가가치세가 과세되지 아니하는 것임(부가-2227, 2008.7.24.)

◉ 공익사업의 사업인정 전에 협의에 의하여 건물 등을 매매하는 경우 부가가치세 과세대상인지 여부

사업시행자가 공익사업의 사업인정을 받기 전에 건물의 소유자와 협의에 의하여 건물을 매수하는 경우 부가가치세가 과세되는 것이며 해당 건물 임차인에게 영업의 휴·폐업으로 인한 영업손실 및 시설이전비를 지급하는 경우 부가가치세 과세대상에 해당하지 아니함(사전−2017−법령해석부가−0891, 2018.1.12.)

부가가치세 대리납부신고서(사업양수자용)

※ 아래의 작성방법을 읽고 작성하시기 바랍니다.

접수번호	접수일	처리기간 즉시

1. 사업양수자 인적사항

① 상호(법인명)	② 사업자등록번호
③ 성명(대표자)	④ 사업장 소재지
⑤ 업태	⑥ 종목

2. 사업양도자 인적사항

⑦ 상호(법인명)	⑧ 사업자등록번호
⑨ 성명(대표자)	⑩ 사업장 소재지
⑪ 업태	⑫ 종목

3. 대리납부 신고 내용

⑬ 공급일	⑭ 공급가액	⑮ 부가가치세액

「부가가치세법 시행령」 제95조 제5항에 따라 위와 같이 부가가치세 대리납부를 신고합니다.

년   월   일

신고인   (서명 또는 인)

세 무 서 장   귀하

첨부서류	없음	수수료 없 음

작 성 방 법

이 신고서는 아래의 작성방법에 따라 한글과 아라비아 숫자로 정확하게 적고, 거래금액은 원단위까지 표시합니다.

1. **사업양수자 인적사항**

① ~ ⑥ : 대리납부신고서를 제출하는 사업자의 인적사항을 적습니다.

2. **사업양도자 인적사항**

⑦ ~ ⑫ : 사업의 양도에 따른 대가를 받은 사업자의 인적사항을 적습니다.

3. **대리납부 신고 내용**

⑬ : 사업의 양수에 따른 대가의 지급일을 적습니다.

⑭ : 사업의 양수에 따른 대가의 가액을 적습니다.

⑮ : 대리납부하는 부가가치세액을 적습니다.

210mm×297mm[백상지 80g/㎡(재활용품)]

■ 부가가치세법 시행규칙 [별지 제31호 서식] 〈2020.3.13. 개정〉

사업양도신고서

접수번호		접수일		처리기간 즉시

1. 양도자 인적사항

법인명(상호)	사업자등록번호
대표자명(성명)	전화번호
사업장 소재지	
업태	종목

2. 양수자 인적사항

상호	사업자등록번호
대표자명(성명)	
사업장 소재지	
업태	종목
사업양도 연월일	

3. 사업양도내용

양도되는 권리		양도되는 의무	
명세	금액	명세	금액
양도에서 제외되는 권리		양도에서 제외되는 의무	

「부가가치세법」 제10조 제9항 제2호 및 같은 법 시행령 제91조 제2항의 표 제1호에 따라 사업을 양도하였음을 신고합니다.

년   월   일

신고인   (서명 또는 인)

세 무 서 장   귀하

첨부서류	계약서 사본	수수료 없 음

210mm×297mm[백상지(80g/㎡) 또는 중질지(80g/㎡)]

사업포괄양도양수계약서

양도자 성   명 :

　　　　사업자 번호 :

　　　　사업장소재지 :

양수자 성   명 :

　　　　주민등록번호 :

양도자 ○○○(이하 '갑'이라 칭한다)과 양수자 ○○○(이하 '을'이라 칭한다)간에 부가가치세법 제6조 제6항 및 동법시행령 제17조 제2항에 규정한 포괄적인 사업 양도 양수 계약을 다음과 같이 체결한다.

제1조 '갑'은 '갑'이 운영해 온 사업체의 장부상 자산 및 부채 전부(이하 '양도물'이라 칭한다)를 '을'에게 양도하기로 하고 '을'은 이를 양수하기로 한다.

제2조 '갑'은 양도물을 ○○○○년 ○○월 ○○일까지 '을'에게 양도하기로 한다.

제3조 양도물의 가액과 대상은 명도일 현재 재무상태표 및 재산목록을 기준으로 쌍방 합의 하에 결정하되 각 자산 및 부채는 장부 가액으로 평가하여 순자산 가액을 양도키로 하고, 재무제표상에 계상되지 아니한 일체의 유형, 무형의 권리 및 의무는 포함하지 않기로 한다.

제4조 대금 지불 조건은 양도물 가액 결정 후 1개월 이내에 현금으로 지급하기로 한다.

제5조 '갑'의 전 종업원은 '을'이 계속 고용키로 한다.

제6조 '갑'의 채권, 채무에 대하여는 '갑'의 책임하에 '을'에게 인계하도록 하되, 장부에 계상되지 않거나 양수도 계약서에 명시되지 않은 채권, 채무는 '을'에게는 영향을 주지 않는다.

제7조 양도물 중 등기 등록을 요하는 것에 대하여는 '을'의 요구에 따라 이전 등기 등록절차를 밟도록 하고, 등록일 이전이라도 양도일 이후의 사실상 소유자는 '을'임을 확인한다.

제8조 본 계약이후 계약에 착오 또는 정정사항이 발생하는 경우에는 쌍방합의 하에 결정키로 한다.

○○○○년 ○○월 ○○일

　　　　　　　　　　　　　　　　　양 도 자 (갑)　　　　(서명 또는 인)

　　　　　　　　　　　　　　　　　양 수 자 (을)　　　　(서명 또는 인)

02 용역의 공급

(1) 일반적인 용역의 공급

가. 의의

'**용역**[63]**의 공급**'이라 함은 계약상 또는 법률상의 모든 원인에 의하여 역무를 제공하는 것과 시설물, 권리 등 재화를 사용하게 하는 것을 말한다(부법 §11 ①).

나. 용역공급의 요건

용역의 공급이 되기 위해서는 재화의 공급과 마찬가지로 일반적으로 다음 네 가지의 요건을 모두 갖추어야 한다.

---

63) 용역의 범위 (부가가치세법 시행령 제3조)
　　① 용역은 재화 외에 재산 가치가 있는 다음 각 호의 사업에 해당하는 모든 역무와 그 밖의 행위로 한다.
　　1. 건설업
　　2. 숙박 및 음식점업
　　3. 운수 및 창고업
　　4. 정보통신업(출판업과 영상·오디오 기록물 제작 및 배급업은 제외)
　　5. 금융 및 보험업
　　6. 부동산업. 다만, 다음 각 목의 사업은 제외한다.
　　　　가. 전·답·과수원·목장용지·임야 또는 염전 임대업으로서 지적공부상의 지목에 관계없이 실제로 경작하거나 해당 토지의 고유 용도에 사용하는 것
　　　　나. 「공익사업을 위한 토지 등의 취득 및 보상에 관한 법률」 제4조에 따른 공익사업과 관련하여 지역권·지상권(지하 또는 공중에 설정된 권리를 포함)을 설정하거나 대여하는 사업
　　7. 전문, 과학 및 기술 서비스업과 사업시설 관리, 사업 지원 및 임대서비스업
　　8. 공공행정, 국방 및 사회보장 행정(사회보장보험업, 연금업 포함)
　　9. 교육 서비스업
　　10. 보건업 및 사회복지 서비스업
　　11. 예술, 스포츠 및 여가관련 서비스업
　　12. 협회 및 단체, 수리 및 기타 개인서비스업과 제조업 중 산업용 기계 및 장비 수리업
　　13. 가구내 고용활동 및 달리 분류되지 않은 자가소비 생산활동
　　14. 국제 및 외국기관의 사업
　　② 건설업과 부동산업 중 다음의 사업은 재화를 공급하는 사업으로 본다.
　　1. 부동산 매매(주거용 또는 비거주용 건축물 및 그 밖의 건축물을 자영건설하여 분양·판매하는 경우를 포함) 또는 그 중개를 사업목적으로 나타내어 부동산을 판매하는 사업
　　2. 사업상 목적으로 1과세기간 중에 1회 이상 부동산을 취득하고 2회 이상 판매하는 사업

① 과세사업자가 <u>국내에서</u> 용역을 공급하여야 한다.
② 용역의 제공이 <u>계약상 또는 법률상의 모든 원인</u>에 의하여 이루어져야 한다.
③ <u>역무를 제공하거나 시설물, 권리 등 재화를 사용</u>하게 하여야 한다.
④ 용역의 공급과 관련하여 <u>대가가 수반</u>되어야 한다.

다. 일반적인 용역의 공급 범위

1) 역무를 제공하는 것

인적용역으로서 물적 형태를 취하지 않으면서 생산의 필요 또는 인간의 욕망을 충족시키는 것

2) 시설물, 권리 등 재화를 사용하게 하는 것

테니스장·냉장창고·자동차 정류장 등의 재화·시설물 또는 권리를 사용하게 하고 그 대가를 받는 것은 용역의 공급으로서 부가가치세를 과세(기본통칙 11-0-1)

라. 용역의 공급으로 보는 경우

① 건설용역 : 건설사업자가 건설자재의 전부 또는 일부를 부담하는 경우를 말함. 한편, 한국표준산업분류표상 다른 건설업체에 위탁하여 건설 후 직접 분양하는 부동산공급업과 건설업 중 자영건설하여 분양판매하는 경우에는 부동산매매업(재화를 공급하는 사업)으로 봄.

② 임가공용역 : 상대방으로부터 인도받은 재화에 주요자재를 전혀 부담하지 아니하고 단순히 가공만 하여 주는 것

③ 정보제공용역 : 산업상·상업상 또는 과학상의 지식·경험 또는 숙련에 관한 정보를 제공하는 것

④ 숙박 및 음식점업

⑤ 부동산업 : 다만, 전·답·과수원·목장용지·임야·염전임대업으로서 실제로 경작하거나 해당 토지의 고유용도에 사용하는 것과 공익사업 관련 지역권·지상권(지하 또는 공중에 설정된 권리 포함) 설정 및 대여사업은 제외함.

⑥ 전문, 과학 및 기술 서비스업과 사업시설 관리, 사업 지원 및 임대서비스업

실무

종업원 등에게 음식을 제공하는 경우

구 분	과세대상 여부
(1) 무상공급	용역의 무상공급으로 과세대상 아님
(2) 대가를 일부라도 받는 경우	용역의 저가공급에 해당하여 과세대상임

(2) 용역의 공급의제

가. 의의

'용역의 공급의제'라 함은 본래의 용역공급이 되기 위한 일반적 요건을 모두 충족하지 못하고 있으나 부가가치세법이 용역의 공급으로 보는 것을 말한다.

나. 용역의 공급의제

사업자가 자신의 용역을 자기의 사업을 위하여 대가를 받지 아니하고 공급함으로써 다른 사업자와의 과세형평이 침해되는 경우, 자기에게 용역을 공급하는 것으로 본다(부법 §12 ①).

그러나, 현재 특수관계인에 대한 사업용 부동산 임대용역 외 공급의제는 적용되지 않는다(이는 용역의 자가공급은 과세하기 힘든게 현실적 이유이고 일반적인 용역의 무상공급을 과세하지 않는 것을 고려한 것).

---

1. **관련 규정**
   사업자가 대가를 받지 아니하고 타인에게 용역을 공급하는 것은 용역의 공급으로 보지 아니한다. 다만, 사업자가 특수관계에 있는 자에게 사업용 부동산의 임대용역(산학협력단과 대학 간 사업용부동산의 임대용역은 제외)을 공급하는 경우에는 그러하지 아니하다(부법 §12 ②, 부령 §26).

2. **해석**
   재화의 공급에서는 대가수반이 반드시 필요한 요건이 아니라고 할 수 있으나, 용역의 공급에서는 대가를 받지 아니하는 경우에는 원칙적으로 용역의 공급으로 보지 않고 있으므로 대가의 수반이 필요하다.
   하지만 과세형평을 이루기 위하여 특수관계자에 대한 부동산 임대용역의 무상공급은 2012.7.1.부터 시가에 의하여 과세된다. 다만, 2013.2.15.부터 산학협력단과 대학 간의 부동산 임대용역의 무상공급은 과세대상이 되지 않는다. 또한 공공주택 특별법에 따

른 공공주택사업자(국가, 지자체, LH 등)와 부동산투자회사 간 사업용 부동산의 임대용역(공공주택 사업자가 총 지분의 전부 혹은 공동으로 출자하여 부동산 투자회사법에 따라 설립한 부동산투자회사와 사업용 부동산을 대가를 받지 않고 임대한 경우 포함)도 서민의 주거비 안정을 위해 과세대상이 되지 않는다.

📈 **실무**

특수관계자에 대한 부동산 무상임대의 과세표준

$$과세표준 = \left(\begin{array}{l}해당\ 부동산의\ 시가 \times 50\% \\ -\ 수령한\ 전세금\ 또는\ 보증금\end{array}\right) \times \frac{해당일수}{365(366)} \times 정기예금이자율$$

① 특수관계자간 부동산임대 시에는 위의 금액을 기준으로 임차보증금과 월세를 책정하여야 함
② 임차보증금 책정에 있어서 사업자금출처에 대한 증여세 과세 문제도 함께 고려하여야 함
③ 부가가치세 측면에서는 부동산 임대업에 대하여 일반과세자로 사업자등록을 하여 세금계산서를 발급하는 것이 일반적으로 유리함(임대보증금에 대한 간주임대료 부가가치세는 매입세액공제도 받지 못하면서 부담해야 하기 때문임) – 시가대로 세금계산서를 발급하는 것을 의미하며, 시가로 거래하지 않아 시가와 낮은 대가의 차액에 대해서는 세금계산서 발급의무가 없음
④ 소득세 측면까지 고려하면 임대인의 소득세는 증가될 수 있는 반면, 임차인은 필요경비 처리할 수 있을 것이나, 순부담의 증가가 예상됨

📈 **실무**

용역의 자가공급에 해당되어 과세되지 않는 경우

다음 예시와 유사한 경우에는 용역의 자가공급이므로 부가가치세를 과세하지 아니함(부가통칙 12-0-1)
① 사업자가 자기의 사업과 관련하여 사업장 내에서 그 사용인에게 음식용역을 무상으로 제공하는 경우
② 사업자가 사용인의 직무상 부상 또는 질병을 무상으로 치료하는 경우
③ 국내에 사업장이 각각 다른 수개의 사업을 겸영하는 사업자가 그 중 한 사업장의 재화 또는 용역의 공급에 필수적으로 부수되는 용역을 자기의 다른 사업장에서 공급하는 경우

03 재화의 수입

(1) 의의

'재화의 수입'이란 다음에 해당하는 물품을 우리나라에 반입하는 것(보세구역을 경유하는 것은 보세구역으로부터 반입하는 것)을 말한다(부법 §13).
① 외국으로부터 우리나라에 도착한 물품(외국선박에 의하여 공해에서 채집되거나 잡힌 수산물 포함)으로서 수입신고가 수리되기 전의 것
② 수출신고가 수리된 물품(다만, 선적되지 아니한 물품을 보세구역으로부터 반입하는 경우 제외)

(2) 보세구역에 대한 부가가치세의 적용(부가통칙 6-14-7)

구 분	주요 내용
(1) 과세대상 여부	① 외국에서 보세구역으로 재화를 반입하는 것은 재화의 수입에 해당하지 아니함(과세대상 아님) ② 동일한 보세구역 내에서 재화를 공급하거나 용역을 제공하는 것은 재화의 공급 또는 용역의 제공에 해당함 ③ 보세구역 이외의 장소에서 보세구역으로 재화 또는 용역을 공급하는 것은 재화 또는 용역의 공급에 해당함
(2) 거래징수와 세금계산서 발급	보세구역 내에서 보세구역 이외의 장소로 재화를 공급하는 경우 • 공급가액 중 관세가 과세되는 부분에 대하여는 세관장이 부가가치세를 거래징수하고 수입세금계산서를 발급 • 공급가액 중 관세의 과세가격과 관세·개별소비세·주세·교육세·교통·에너지·환경세 및 농어촌특별세의 합계액을 공제한 잔액에 대하여는 재화를 공급하는 사업자가 부가가치세를 거래징수하고 세금계산서를 발급

| 보세구역 |

구 분	주요 내용
(1) 보세구역의 범위	• 관세법에 의한 보세구역(지정보세구역, 특허보세구역, 종합보세구역) • 자유무역지역의 지정 및 운영에 관한 법률에 의한 자유무역지역
(2) 보세구역	외국물품과 수출신고 수리를 받고자 하는 내국물품을 장치하거나 외국물품을 외국물품상태로 반입·장치·가공·제조·전시·건설·판매를 하기 위한 장소로서 세관장이 지정하거나 특허한 장소

구 분	주요 내용
(3) 자유무역지역	대외무역법·관세법 등 관계 법률에 의한 규제를 완화하여 자유로운 제조·유통·무역활동 등이 보장되는 지역으로서 지정된 지역

참고

수출 및 수입의 절차

1. 수출 절차[64]

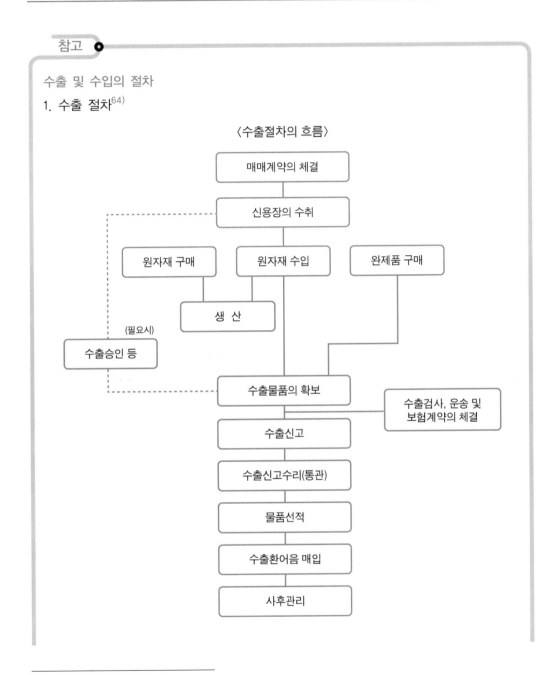

〈수출절차의 흐름〉

매매계약의 체결

신용장의 수취

원자재 구매　　원자재 수입　　완제품 구매

생 산

(필요시)

수출승인 등

수출물품의 확보

수출검사, 운송 및 보험계약의 체결

수출신고

수출신고수리(통관)

물품선적

수출환어음 매입

사후관리

---

64) 이창식. 손에 잡히는 수출입 업무(2022)

2. 수입 절차[65]

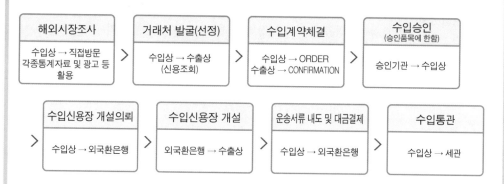

1) 수입계약의 체결

수입상은 해외 거래처로부터 직접 청약(offer)을 받거나 국내에서 통상 오퍼상이라고 불리는 업자의 청약에 대하여 승낙(acceptance)함으로써 물품매도확약서(offer sheet)를 발급받아 계약이 체결된다.

한편, 기본적인 계약체결은 일반적인 약정조건에 대해서만 물품매도확약서상에 명시되지만 이것만으로는 전체적인 계약내용을 완전히 약정했다고는 볼 수 없으므로 물품매도확약서만으로 수입계약을 대신하지 말고 별도의 거래조건에 대하여 상세히 수입계약을 체결하여 두는 것이 사후에 발생될 수 있는 분쟁을 막을 수 있다.

2) 수입승인

수입상은 수입승인품목을 수입하고자 할 경우 매 계약건별로 구비서류를 갖추어 수입승인을 신청하여야 하나 승인대상 품목이 아닐 경우에는 수입승인을 받을 필요가 없다. 수입승인의 권한은 산업통상자원부장관에게 있으나 추천 등을 행하는 기관에 위임하고 있다. 수입승인을 받아야 하는 승인대상품목은 수출입공고상의 수입제한 품목과 수출입공고 별도공고상의 수입제한 품목이다. 따라서 수입상은 해당 상품이 수입승인대상품목에 적용되는지를 먼저 H·S 번호를 근거하여 검토해야 한다.

한편, 대외무역법 이외의 50개 개별법에 의한 수출입 제한 내용을 통합하여 고시하는 통합공고에 따라 요건확인 등을 받아야 하는 물품은 수출입 승인 대상에 포함되지 않는다. 따라서 해당 개별법에서 정하고 있는 바에 따라 요건확인 등을 받은 후 곧바로 세관에 수출신고나 수입신고를 함으로써 수출입을 이행하게 된다. 또한 수입승인 거래 당사자가 합의한 수입대금의 결제방법에 대해서는 외국환거래법과 관계없이 검토대상에서 제외되며, 수입승인의 효력유효기간은 1년이다. 그러나 물가안정, 수급조정 등 그 용도와 물품이 인도조건 기타 거래상의 특성에 따라 필요하다고 인정되는 경우는 수입승인기관은 승인시에 유효기간을 1년 이내 또는 20년의 범위 내에서 단축 또는 초과하여 설정할 수 있다.

3) 수입신용장 개설

승인기관의 수입승인을 받은 수입상은 수입승인서 및 물품매도확약서(offer sheet) 또는 구매계약서(order sheet)를 참조하여 신용장 개설은행의 소정의 양식인 화환신용장 발행 신청서(application for issuance of documentary letter of credit)에 신용장 조건 등을 기재하여 신용장 발행은행에 수입신용장 발행을 의뢰한다.

신용장 발행 신청시에 신청서상에 기재되는 내용은 곧 신용장의 조건이 되므로 모든 사항을 간단 명료하고 정확하게 기재해야 한다.

4) 운송서류 내도 및 대금 결제

① 운송서류 내도

신용장의 수익자, 즉 수출상은 물품을 선적한 후 신용장상의 조건에 따른 운송서류를 구비하여 환어음을 거래은행을 통하여 신용장 개설은행에 송부하여 대금을 회수하게 된다. 이때 신용장 개설은행은 내도된 선화증권(Bill of Lading) 등 운송서류가 신용장 조건과 일치하는지의 여부를 심사한 후 수입상에게 운송서류도착통지서(Arrival Notice of Documents)를 발송한다. 한편, 수입화물은 이미 도착하였으나 운송서류 미도착으로 화물을 인수하지 못할 경우에는 수입화물선취보증서(L/G : Letter of Guarantee)를 신용장 개설은행으로부터 발급받아 선박회사로부터 화물을 인수할 수 있다.

② 수입대금 결제

운송서류도착통지를 받은 수입상은 수입신용장 개설은행에 수입대금과 관련 수수료를 납부한 후 운송서류를 수취하는데, 이때 운송서류가 신용장조건과 일치하는지의 여부를 검토하여 수입대금의 결제에 동의하게 되면 개설은행은 수입자에게 운송서류를 인도한다.

수입상은 운송서류를 외국환은행이 접수한 날로부터 7일 이내에 수입대금을 결제해야 하는데, 동 기일 내에 결제하지 않으면 8일째에 외국환은행이 대신 지급처리하며, 7일 이내에서도 4일째부터는 결제지연이자를 징수하고 있다.

5) 수입통관

수입대금을 결제하고 운송서류를 수취하거나 또는 수입화물선취보증서(L/G)를 받은 수입상은 수입물품을 보세구역에 반입한 다음 관세법 또는 기타 법령이 정하는 바에 의하여 세관에 수입신고를 하게 된다.

그러나 예외적으로 수입물품이 우리나라에 도착하기 전에도 수입신고를 할 수 있는데, 부두에서 직접 통관하는 화물은 사전수입신고가 가능하다. 수입신고를 받은 세관에서는 수입신고한 물품과 수입승인서 상의 물품이 일치하는지 여부를 확인하고 수입신고사항이 수입승인 사항과 일치하는지의 여부에 대하여 심사한 후 수입신고필증을 교부한다. 수입신고필증을 교부받으면 보세구역에서 당해 물품을 반출할 수 있다. 한편 관세의 납부는 물품의 수입화주가 관세의 납세의무자가 되며, 수입신고 수리 전에 납부하는 사전납부와 신고 후에 납부하는 사후납부로 구분된다.

사후납부는 담보제공이 면제된 경우와 담보를 제공한 경우에 수입신고 수리 후에 관세 등 제세를 납부케 하는 것이다. 사후납부는 수입신고 수리 후 15일 이내에 관세를 국고수납은행이나 우체국에 납부하여야 한다.

04 부수 재화 및 부수 용역의 공급

(1) 주된 거래에 부수되는 재화 또는 용역

주된 재화의 공급에 부수되는 재화 또는 용역의 공급은 주된 재화의 공급에 포함되고, 주된 용역의 공급에 부수되는 재화 또는 용역의 공급은 주된 용역의 공급에 포함된다(부법 §14 ①).

따라서 별개의 거래로 보지 아니하고 하나의 거래로 보아 재화 또는 용역의 공급유형과 과세 또는 면세 여부를 판단한다. 이는 구분이 사실상 어렵고 구분계산의 실익이 없기 때문이다. 또한, 과세(면세)되는 재화 또는 용역의 공급에 통상적으로 부수되는 재화 또는 용역의 공급은 그 과세(면세)되는 재화 또는 용역의 공급에 포함되는 것으로 본다.

유 형	사 례
해당 '**대가**'가 주된 재화 또는 용역의 공급대가에 통상적으로 포함되어 공급되는 재화 또는 용역	• 의류 판매시의 쇼핑백 • 가전제품의 배달용역
'**거래의 관행**'으로 보아 통상적으로 주된 재화 또는 용역의 공급에 부수하여 공급되는 것으로 인정되는 재화 또는 용역	• 아이스크림 판매시의 드라이아이스 제공 • 화장품 판매시의 화장법 강의

---

65) 한국수입협회

(2) 주된 사업에 부수되는 재화 또는 용역

주된 사업에 부수되는 재화 또는 용역의 공급은 별도의 공급으로 보되, 과세 및 면세 여부 등은 주된 사업의 과세 및 면세 여부 등을 따른다(부법 §13 ②). 이는 별도의 독립된 거래이기 때문에 공급시기가 독자적으로 존재하고 세금계산서를 별도로 발급하는 사업이다.

유 형	사 례
주된 사업과 관련하여 주된 재화의 생산 과정이나 용역의 제공 과정에서 필연적으로 생기는 재화 → 용역은 포함되지 않음	• 부산물·작업폐물 등으로서 교환가치가 있는 것 • 살구 통조림 제조업자가 필수부산물인 살구씨를 판매하는 경우
주된 사업과 관련하여 '우연히 또는 일시적'으로 공급되는 재화 또는 용역	• 사업용 고정자산을 사용하다가 양도하는 것 • 부동산매매업자가 판매목적의 부동산을 일시적으로 임대하는 것

또한, 과세사업자가 과세사업과 관련하여 사용하던 자산을 매각하는 경우 부가가치세는 과세되며, 면세사업자가 면세사업과 관련하여 사용하던 자산을 매각하는 경우 면세된다. 하지만, 주된 사업과 관련하여 우연히 또는 일시적으로 공급되는 재화 또는 용역의 경우 해당 재화 또는 용역이 면세대상인 경우에는 주된 사업과 무관하게 면세된다. 이는 면세우선원칙이 적용되기 때문이다.

📈 실무 ○

부수재화 또는 용역의 유형별 과세대상 판정

구 분	주된 거래에 부수되는 경우			주된 사업에 부수되는 경우
독립된 거래 여부	• 독립된 거래 아님 • 주된 거래에 흡수됨			독립된 거래
공급유형 판정	주된 거래의 공급유형에 따름			독립된 거래이므로 별도 판정함
	주된 거래	부수거래	판정	
	재화	재화	재화	
		용역	재화	
	용역	재화	용역	
		용역	용역	

구 분	주된 거래에 부수되는 경우	주된 사업에 부수되는 경우
과세·면세 판정	주된 거래의 과세·면세에 따름	주된 재화의 생산 과정이나 용역의 제공 과정에서 필연적으로 생기는 재화의 경우 주된 사업의 과세·면세에 따름 우연히 또는 일시적으로 공급되는 재화 또는 용역

주된 거래에 부수되는 경우:

주된 거래	부수거래	판정
과세	과세	과세
과세	면세	과세
면세	과세	면세
면세	면세	면세

주된 사업에 부수되는 경우 (필연적으로 생기는 재화):

주된 사업	부수거래	판정
과세	과세	과세
과세	면세	과세
면세	과세	면세
면세	면세	면세

주된 사업에 부수되는 경우 (우연히 또는 일시적으로 공급되는 재화 또는 용역):

주된 사업	부수거래	판정[66]
과세	과세	과세
과세	면세	면세
면세	과세	면세
면세	면세	면세

해석사례 주된 거래 부수

(1) 기증품의 과세

사업자가 자기의 제품 또는 상품을 구입하는 자에게 구입당시 그 구입액의 비율에 따라 증여하는 기증품 등은 주된 재화의 공급에 포함하므로 사업상 증여에 해당하지 아니한다. 다만, 당사자 간의 약정에 의하여 일정기간의 판매비율에 따라 장려금품으로 공급하는 재화는 그러하지 아니함(부가통칙 6-16-4)

(2) 용역의 대가가 재화의 공급대가와 구분된 경우에도 부수재화에 해당되는지 여부

용역의 대가가 재화의 공급대가와 구분된 경우에도 당해 용역이 당해 완제품의 공급에 필수적으로 부수되는 것으로 확인되는 경우에는 주된 거래인 재화의 공급에 포함되는 것임(서면3팀-828, 2008.4.25.)

(3) 조경공사 관련 수목을 공급하는 경우 부가가치세 면제 여부

우리나라에서 생산된 수목의 공급에 대하여는 부가가치세가 면제되는 것이나, 조경공사용역의 공급가액에 포함된 수목에 대하여는 부가가치세가 과세되는 것임(상담3팀-2919, 2007.10.29.)

---

66) 면세우선의 원칙을 적용

(4) 일괄도급계약을 체결한 발코니 확장용역이 주택건설 용역의 부수용역에 해당되는지 여부
국민주택규모 이하의 공동주택을 신축하여 임대하고자 하는 사업자가 전체 세대를 발코니 확장형으로 공급받기로 시공사와 일괄도급계약을 체결하여 발코니를 거실 등으로 변경하기 위해 공급받는 용역은 주택건설 용역과 구분되는 별도의 용역으로서「부가가치세법」제14조에 따라 '주택건설 용역의 공급에 부수되어 공급되는 것으로서 주택건설 용역의 공급에 포함되는 것'에 해당하지 아니함(기획재정부 부가가치세제과-54, 2019.1.15.).

해석사례 주된 사업 부수

(1) 토지를 공급하는 면세사업자가 사용하던 사옥·비품 등을 타인에게 매각하는 경우 부가가치세 과세 여부
면세 재화인 토지를 공급하는 면세사업자가 사용하던 사옥·비품 등을 타인에게 매각하는 경우에는 면세사업과 관련하여 부수되는 재화의 공급으로 부가가치세가 면제되는 것임(부가-2002, 2008.7.15.)

(2) 금융기관의 담보부동산 양도가 금융보험용역사업의 부수재화에 해당되는지 여부
① 담보부동산의 금융보험용역 부수재화 해당 여부
주된 사업에 부수하여 금융보험용역과 동일 또는 유사한 용역을 제공하는 경우에도 금융보험용역에 포함되는 것이며, 금융보험업을 영위하는 자가 대출을 받은 자의 채무변제불이행으로 인한 채권보전 목적으로 경매를 통하여 담보부동산을 취득하여 매각하는 경우에는 부가가치세가 면제되는 것임(상담3팀-840, 2006.5.8.)
② 금융기관이 채권보전목적으로 담보부동산을 취득하여 부동산임대업에 사용하던 중 양도하는 경우 과세 여부
금융기관이 채권보전 목적으로 담보부동산을 취득하여 부동산임대사업에 사용하던 중 양도하는 경우에는 부가가치세를 과세함이 타당한 것임(부가-563, 2009.4.21.)

(3) 주택임대사업자가 주거용으로 사용하던 아파트를 공급하는 경우 부가가치세 면제 여부
사업자가 부가가치세가 면제되는 주택임대용역에 사용하던 자산을 매각하는 경우에는 면세사업과 관련하여 부수되는 재화의 공급으로 부가가치세가 면제되는 것임(상담3팀-2307, 2005.12.16.)

(4) 국민주택 건설용역과 함께 제공되는 분양 대행용역의 면세 여부
분양을 대행하는 용역을 공급하고 수수료를 받는 것은 부동산 관련 서비스업으로 국민주택 건설용역에 필수적·통상적으로 부수하여 공급되는 용역이라 볼 수 없는 것이므로 부가가치세를 면세하지 아니함(상담3팀-2369, 2005.12.27.)

제2절 1. **재화 또는 용역의 공급시기**

01 의의

'공급시기'란 재화나 용역의 공급 또는 재화의 수입이 이루어진 시점을 말하며, 그러한 거래가 어느 과세기간에 귀속되는가를 결정하는 기준이 된다.

부가가치세법상 공급시기가 도래하면 그 공급자는 거래상대방으로부터 부가가치세를 거래징수하고 세금계산서를 발급하여야 한다.

02 재화의 공급시기

(1) 일반적인 재화의 공급시기

① 재화의 이동이 필요한 경우	재화가 인도되는 때
② 재화의 이동이 필요하지 않은 경우	재화가 이용가능하게 되는 때
③ 위 ①, ②를 적용할 수 없는 경우	재화의 공급이 확정되는 때

(2) 거래 형태에 따른 재화의 공급시기

가. 본래의 재화공급

1) 일반적인 거래형태의 재화공급시기

① 현금판매, 외상판매 또는 할부판매	재화가 인도되거나 이용가능하게 되는 때 (대금이 지급된 때는 아님)
② 상품권 등을 현금 또는 외상으로 판매하고 그 후 그 상품권 등이 현물과 교환되는 경우	재화가 실제 인도되는 때 (상품권이 인도되는 때는 아님)
③ 재화의 공급으로 보는 가공의 경우	가공된 재화를 인도하는 때 (가공이 완료된 때는 아님)

2) 반환조건부 판매, 동의조건부 판매, 그 밖의 조건부 판매 및 기한부 판매

그 조건이 성취되거나 기한이 지나 판매가 확정되는 때를 공급시기로 본다.

3) 장기할부판매[67], 완성도기준지급조건부, 중간지급조건부, 전력이나 그 밖에 공급단위를 구획할 수 없는 재화를 계속적으로 공급하는 경우

① 기본적으로 대가의 각 부분을 받기로 한 때를 재화의 공급시기로 본다.
   (실제 대가를 받았는지 여부는 관계없음)

② 완성도기준지급조건부와 중간지급조건부로 재화를 공급하는 경우.
   다만, 재화가 인도되거나 이용가능하게 되는 날 이후에 받기로 한 대가의 부분에 대해서는 재화가 인도되거나 이용가능하게 되는 날을 그 재화의 공급시기로 본다.

③ 장기할부판매의 경우 공급시기 도래 전에 세금계산서 발급하면 대가수령 여부와 관계없이 그 세금계산서 발급시기가 공급시기가 된다(인도기준 세금계산서 발급 가능함).

④ 전력이나 그 밖에 공급단위를 구획할 수 없는 재화를 계속적으로 공급하는 경우 공급시기 도래 전 세금계산서 발급하면 대가수령 여부와 관계없이 세금계산서 발급시기가 공급시기가 된다.

4) 무인판매기를 이용하여 재화를 공급하는 경우

해당 사업자가 무인판매기에서 현금을 꺼내는 때를 재화의 공급시기로 본다(현금을 투입한 때가 아님).

5) 수출재화의 공급시기

① 내국물품의 외국반출	
② 중계무역방식 수출	수출재화의 선(기)적일
③ 수입신고수리 전 보세구역 물품의 외국반출	
④ 위탁판매수출	수출재화의 공급가액이 확정되는 때
⑤ 원양어업	

---

67) 장기할부판매란 재화를 공급하고 그 대가를 월부 또는 연부 그 밖의 할부의 방법에 따라 받는 것 중 다음의 요건을 모두 갖춘 것을 말한다(부가칙 §17).
   ① 2회 이상으로 분할하여 대가를 받는 것
   ② 해당 재화의 인도일의 다음날부터 최종 할부금 지급기일까지의 기간이 1년 이상인 것

⑥ 위탁가공무역방식 수출	
⑦ 외국인도수출	외국에서 해당 재화가 인도되는 때
⑧ 무환반출원료 가공 양도	

6) 보세구역에서 수입하는 재화

사업자가 보세구역 안에서 보세구역 밖의 국내에 재화를 공급하는 경우가 재화의 수입에 해당할 때에는 수입신고 수리일을 재화의 공급시기로 본다.

7) 임치물의 반환이 수반되는 창고증권의 양도

조달청 창고 또는 런던금속거래소의 지정창고에 보관된 임치물의 반환이 수반되어 재화를 공급하는 경우에는 다음의 구분에 따른 때를 재화의 공급시기로 본다.

① 창고증권을 소지한 사업자가 해당 조달청 창고 또는 거래소의 지정창고에서 실물을 넘겨받은 후 보세구역의 다른 사업자에게 해당 재화를 인도하는 경우	해당 재화를 인도하는 때
② 해당 재화를 실물로 넘겨받는 것이 재화의 수입에 해당하는 경우	그 수입신고 수리일
③ 국내로부터 조달청 창고 또는 거래소의 지정창고에 임치된 임치물이 국내로 반입되는 경우	그 반입신고 수리일

8) 폐업일 이후 공급시기가 도래하는 경우

사업자가 폐업 전에 공급한 재화의 공급시기가 폐업일 이후에 도래하는 경우에는 그 폐업일을 공급시기로 본다(폐업일 이후에는 과세할 수 없기 때문).

> 📈 **실무** ○
>
> 폐업일 이후에 수취한 통신료 및 전기료 등의 세금계산서는 폐업일을 공급시기로 하여 변경하여 신고 마감하는 것

9) 위탁판매 또는 대리인에 의한 매매의 경우

① 원칙	'수탁자 또는 대리인의 공급기준'으로 개별적인 재화의 공급시기 판정
② 위탁자 또는 본인을 알 수 없는 경우	위탁자와 수탁자 또는 본인과 대리인 사이에도 별개의 공급이 이루어진 것으로 보아 개별적인 재화의 공급시기 적용

10) 시설대여업자(리스회사)로부터 시설 등을 임차하는 경우

사업자가 시설대여업자로부터 시설 등을 임차하고 당해 시설 등을 공급자 또는 세관장으로부터 직접 인도받은 경우에는 그 사업자가 공급자로부터 재화를 직접 공급받거나 외국으로부터 재화를 직접 수입한 것으로 보아 개별적인 재화의 공급시기를 적용한다.

나. 재화의 공급의제

① **자가공급(직매장 반출 제외), 개인적 공급** : 재화를 사용하거나 소비하는 때
② **직매장반출** : 재화를 반출하는 때
③ **사업상 증여** : 재화를 증여하는 때
④ **폐업시 잔존재화** : 폐업일

참고

반환조건부, 동의조건부, 기한후판매

① **'반환조건부 판매'**란 거래상대자에게 재화를 인도한 후 거래상대자가 사용해 보거나 실제 제품을 본 후 일정기한까지 반환하지 아니하면 구입한 것으로 본다는 조건부 약정에 의하여 공급하는 것을 말한다. 이에는 시용판매와 시제품판매 등이 있다.
② **'동의조건부 판매'**란 거래상대자에게 재화를 인도한 후 거래상대자가 구매동의를 하는 경우에만 구입한 것으로 본다는 조건부 약정에 의하여 공급하는 것을 말한다. 이에는 검수조건부 판매와 시용품 판매 등이 있다.
③ **'기한후판매'**란 거래상대자에게 재화를 인도한 후 일정기한까지 반환하지 않거나 매입거절 등의 의사표시가 없으면 그 기한이 경과하는 때에 구입한 것으로 본다는 약정에 의하여 공급하는 것을 말한다.

실무

부동산의 공급시기

구 분	공급 시기
(1) 일반적 공급	재화가 이용가능하게 되는 때 • 잔금청산일 또는 소유권이전등기일을 재화가 이용가능하게 되는 때로 봄 • 잔금청산일 또는 소유권이전등기일 이전에 당해 부동산의 전부 또는 일부를 사용 · 수익하는 경우에는 그 사용 · 수익일 • **잔금청산일과 소유권이전등기일 및 입주일(입주지정일 또는 입주기간 종료일) 중 가장 빠른 날이 됨** 부가1265-1380 (2024년 10월 세법해석 사례 정비에 따라 기존 해석사례 변경 됨)

구 분	공급 시기
(2) 중간지급조건부 공급	• 대가의 각 부분을 받기로 한 때를 재화의 공급시기로 보며, 다만 재화가 인도되거나 이용가능하게 되는 날 이후에 받기로 한 대가의 부분에 대해서는 재화가 인도되거나 이용가능하게 되는 날을 그 재화의 공급시기로 봄 • 입주지정일 또는 입주지정기간의 종료일까지 잔금이 청산되지 않는 경우 : 입주가 불가능하기 때문에 이후 실제 입주증 교부, 소유권이전등기 등에 의해 사실상 해당 주택이 이용가능하게 되는 날을 잔금의 공급시기로 봄(기획재정부가-191)
(3) 장기할부판매	계약에 따라 대가의 각 부분을 받기로 한 때

03 용역의 공급시기

(1) 일반적인 용역의 공급시기

용역이 공급되는 시기는 다음 중 어느 하나에 해당하는 때로 한다(부법 §16 ①).

① 역무의 제공이 완료되는 때

② 시설물, 권리 등 재화가 사용되는 때

(2) 거래 형태에 따른 용역의 공급시기

1) 장기할부조건부 등으로 용역을 공급하는 경우

① 다음 중 어느 하나에 해당하는 경우에는 대가의 각 부분을 받기로 한 때를 용역의 공급시기로 본다(부법 §16 ② 및 부령 §29 ① 본문).

　㉠ 장기할부조건부 또는 그 밖의 조건부로 용역을 공급하는 경우

　㉡ 완성도기준지급조건부로 용역을 공급하는 경우

　㉢ 중간지급조건부로 용역을 공급하는 경우

　㉣ 공급단위를 구획할 수 없는 용역을 계속적으로 공급하는 경우

② 완성도기준조건부와 중간지급조건부로 용역을 공급하는 경우 역무의 제공이 완료되는 날 이후 받기로 한 대가의 부분에 대해서는 역무의 제공이 완료되는 날을 그 용역의 공급시기로 본다(부령 §29 ① 단서).

2) 일반적인 용역의 공급시기를 적용할 수 없는 경우

역무의 제공이 완료되는 때 또는 대가를 받기로 한 때를 공급시기로 볼 수 없는 경우에는 역무의 제공이 완료되고 그 공급가액이 확정되는 때를 공급시기로 한다.

3) 임대보증금 및 선불 또는 후불로 받는 임대료 등의 공급시기

사업자가 부동산 임대용역을 공급하는 경우로서 다음의 경우에는 예정신고기간 또는 과세기간의 종료일을 공급시기로 본다(부령 §29 ② 2호).

① 전세금 또는 임대보증금에 대하여 정기예금 이자율에 의거 간주임대료를 계산하는 경우
② 사업자가 2과세기간 이상에 걸쳐 부동산 임대용역을 공급하고 그 대가를 선불 또는 후불로 받는 금액에 대하여 해당 금액을 계약 기간의 월수로 나눈 금액의 각 과세기간의 합계액을 과세표준으로 계산하는 경우
③ 사업자가 부동산을 임차하여 다시 임대용역을 공급하고 받는 전세금 또는 임대보증금에 대하여 정기예금 이자율에 의거 간주임대료를 계산하는 경우

4) 계속적으로 용역을 공급하면서 대가를 선불로 받는 경우

다음에 해당하는 용역을 둘 이상의 과세기간에 걸쳐 계속적으로 제공하고 그 대가를 선불로 받는 경우에는 예정신고기간 또는 과세기간의 종료일을 공급시기로 본다(부령 §29 ② 3호).

① 헬스클럽장 등 스포츠센터를 운영하는 사업자가 연회비를 미리 받고 회원들에게 시설을 이용하게 하는 것
② 사업자가 다른 사업자와 상표권 사용계약을 할 때 사용대가 전액을 일시불로 받고 상표권을 사용하게 하는 것
③ 「노인복지법」에 따른 노인복지시설(유료인 경우에만 해당한다)을 설치·운영하는 사업자가 그 시설을 분양받은 자로부터 입주 후 수영장·헬스클럽장 등을 이용하는 대가를 입주 전에 미리 받고 시설 내 수영장·헬스클럽장 등을 이용하게 하는 것
④ 그 밖에 위와 유사한 용역

5) BOT방식[68]에 의한 시설이용 용역의 공급

사업자가 「사회기반시설에 대한 민간투자법」 제4조 제3호의 방식(BOT방식)을 준용하여 설치한 시설에 대하여 둘 이상의 과세기간에 걸쳐 계속적으로 시설을 이용하게 하고 그 대가를 받은 경우에는 예정신고기간 또는 과세기간의 종료일을 공급시기로 본다(부령 §29 ② 4호).

6) 폐업일 이후 공급시기가 도래하는 경우

사업자가 폐업 전에 공급한 용역의 공급시기가 폐업일 이후에 도래하는 경우에는 그 폐업일을 공급시기로 본다.

참고

중간지급조건부 재화 또는 용역의 공급(부가가치세법 시행규칙 제20조)
중간지급조건부로 재화 또는 용역을 공급하는 경우는 다음에 해당하는 경우를 말한다.
① 계약금을 받기로 한 날의 다음 날부터 재화를 인도하는 날 또는 재화를 이용가능하게 하는 날, 용역의 제공을 완료하는 날까지의 기간이 6개월 이상인 경우로서 그 기간 이내에 계약금 외의 대가를 분할하여 받는 경우
② 「국고금관리법」 제26조에 따리 경비를 미리 지급받는 경우
③ 「지방회계법」 제35조에 에 따라 선급금을 지급받는 경우

실무

완성도기준의 적용

부가가치세법상 '완성도기준'은 ① 재화의 제작이나 공사에 대하여 그 진행도 또는 완성도를 확인하여, ② 그 확인된 비율만큼 대가를 지급하는 방식의 재화 또는 용역의 공급을 말한다.
① 재화의 제작기간이나 공사기간에 대한 요건이 없음에 유의하여야 한다(6월 이내의 단기공급에서도 적용될 수 있음).
② 완성도의 측정은 제작(공사) 시작부터 완성사이에서만 이루어질 수 있으므로 완성 시점 이후의 공급시기는 장기할부의 경우를 제외하고는 발생될 수 없다.
③ 다음의 경우에는 완성도기준지급으로 보지 않는다.

---

68) 'BOT(Built-Operate-Transfer)방식'이란 사회기반시설의 준공 후 일정기간 동안 사업시행자에게 해당 시설의 소유권이 인정되며 그 기간이 만료되면 시설소유권이 국가 또는 지방자치단체에게 귀속되는 방식을 말한다.

- 계약서에 대금지급방법이나 지급일자등이 구체적으로 명시되지 아니한 경우
- 계약서상 기성금 지급은 월 1회로 되어 있으나, 그 지급기일을 명시하지 아니한 경우
- 계약서상 기성부분 확인절차 등을 명시하고 실제로는 기성고를 확인하지 아니하여 기성고 금액이 확정되지 아니한 경우

📉 **실무**

중간지급조건부의 적용

중간지급조건부로 재화 또는 용역을 공급하는 경우 중 ①은 다음 3가지 요건을 모두 갖춘 재화 또는 용역의 공급을 말한다.

① 본래의 공급시기 전에 대가를 받을 것
② 계약금을 받기로 한 날의 다음 날부터 재화를 인도하는 날 또는 재화를 이용가능하게 하는 날, 용역의 제공을 완료하는 날까지의 기간이 6개월 이상일 것
③ 그 기간 이내에 계약금 이외의 대가를 분할하여 지급받을 것(최소한 계약금, 중도금, 잔금의 3회 이상 분할하여 지급받을 것)

📉 **실무**

완성도기준 및 중간지급조건부 계약의 관리

- 계약서 작성시에 완성도기준 계약인지 아니면 중간지급조건부 계약인지 구분이 가능하도록 할 필요가 있고(완성도기준 보다는 중간지급조건부 계약이 많은 편임),
- 6월 이내의 단기공급이라면 완성도기준 계약이 되지 않도록 주의하여야 하며,
- 당초 중간지급조건부 계약이 아닌 경우라면 나중에 제작·공사기간이 연장되더라도 중간지급조건부 계약으로 변경하지 않는 것이 세무관리상 용이함

📉 **실무**

중간지급조건부 계약 변경 등의 공급시기(부가통칙 9-21-4)

구 분	주요 내용
(1) 계약변경	• **당초 계약의 지급일자변경** : 계약의 변경내용에 따라 대가의 각 부분을 받기로 한 때 • **계약금 이외의 대가를 일시에 지급하는 경우** : 재화의 인도 또는 용역의 제공이 완료된 때 → 중간지급조건부에 해당하지 않게 됨

구 분	주요 내용	
(2) 공사지연 등의 경우	당초 6월 이내의 단기공급에 해당되었으나 제작이나 공사의 지연 등으로 인하여 계약금 지급일부터 잔금지급예정일까지의 기간이 6월 이상이 되는 경우의 공급시기	
	구 분	**공급 시기**
	① 당초 단기 공급의 경우	완성도기준지급조건이 아닌 경우에는 인도 등의 시점이 공급시기가 됨
	② 중간지급조건부로 계약을 변경한 경우	• 계약변경일 이전에 이미 지급한 계약금과 중도금 : 변경계약일이 공급시기가 됨 • 변경계약일 이후의 중도금과 잔금은 변경된 계약에 의하여 대가의 각 부분을 받기로 한 때가 공급시기가 됨
	③ 중간지급조건부로 계약변경이 없는 경우	중간지급조건부 공급에 해당되지 아니하므로 인도 등의 시점이 공급시기가 됨

📈 실무 ○

건설용역의 공급시기

구 분	주요 내용
(1) 통상적인 경우의 공급시기	① 당해 건설공사에 대한 건설용역의 제공이 완료되는 때. 다만, 당해 건설용역 제공의 완료 여부가 불분명한 경우에는 준공검사일 ② 당해 건설공사의 일부분을 완성하여 사용하는 경우에는 당해 부분에 대한 건설용역의 제공이 완료되는 때. 다만, 당해 건설용역 제공의 완료 여부가 불분명한 경우에는 그 부분에 대한 준공검사일
(2) 완성도 기준지급의 공급시기	① 계약서상 검사를 거쳐 대가의 각 부분의 지급이 확정되는 경우 검사 후 대가의 지급이 확정되는 때 ② 지급일을 명시하지 아니한 경우 공사기성고가 결정되어 그 대금을 지급받을 수 있는 날
(3) 중간지급 조건부 공급시기	① 계약에 따라 대가의 각 부분을 받기로 한 때 ② 계약서상 검사를 거쳐 대가의 각 부분의 지급이 확정되는 경우 검사 후 대가의 지급이 확정되는 때
(4) 하자보증금의 공급시기	기성금의 일부를 건설용역의 공급에 대한 하자보증금으로 유보하는 경우 당해 하자보증금의 공급시기는 건설용역의 공급에 대한 기성고가 확정되어 대가의 각 부분을 받기로 한 때임 *) 하자보증금으로 지급 유보된 금액을 공급가액에서 차감하지 않음

04 공급시기의 특례

(1) 대가가 수반되는 경우

원래 세금계산서는 사업자가 재화 또는 용역의 공급시기에 공급받는 자에게 발급한다. 하지만 일정한 요건을 갖춘 경우에는 사업자가 그 공급시기가 되기 전에 세금계산서를 발급할 수도 있다.[69]

① 사업자가 재화 또는 용역의 공급시기가 되기 전에 재화 또는 용역에 대한 대가의 전부 또는 일부를 받고, **그 받은 대가에 대하여** 세금계산서 또는 영수증을 발급하면 그 세금계산서 등을 발급하는 때를 각각 그 재화 또는 용역의 공급시기로 본다(부법 §17 ①).

② 사업자가 재화 또는 용역의 공급시기가 되기 전에 세금계산서를 발급하고 그 세금계산서 발급일부터 7일 이내에 대가를 받으면 해당 세금계산서를 발급한 때를 재화 또는 용역의 공급시기로 본다(부법 §17 ②).

③ 대가를 지급하는 사업자가 다음의 어느 하나에 해당하는 경우에는 재화 또는 용역을 공급하는 사업자가 그 재화 또는 용역의 공급시기가 되기 전에 세금계산서를 발급하고 그 세금계산서 발급일부터 7일이 지난 후 대가를 받더라도 해당 세금계산서를 발급한 때를 재화 또는 용역의 공급시기로 본다(부법 §17 ③).

  ㉠ 거래 당사자 간의 계약서·약정서 등에 대금 청구시기(세금계산서 발급일)와 지급시기를 따로 적고, 대금 청구시기와 지급시기 사이의 기간이 30일 이내인 경우

  ㉡ 재화 또는 용역의 공급시기가 세금계산서 발급일이 속하는 과세기간 내(공급받는 자가 조기환급을 받은 경우에는 세금계산서 발급일부터 30일 이내)에 도래하는 경우

(2) 대가가 수반되지 않는 경우

다음의 경우에는 사업자가 공급시기가 되기 전에 세금계산서 또는 영수증을 발급하는 경우에는 그 발급한 때를 각각 그 재화 또는 용역의 공급시기로 본다(부법 §17 ④ 및 부령 §30).

① 장기할부판매로 재화를 공급하거나 장기할부조건부로 용역을 공급하는 경우

② 전력이나 그 밖에 공급단위를 구획할 수 없는 재화를 계속적으로 공급하는 경우

③ 통신 등 그 공급단위를 구획할 수 없는 용역을 계속적으로 공급하는 경우

④ 외국항행용역을 공급하는 경우로서 상법에 따라 발행된 선하증권에 따라 거래 사실이

---

69) 사실과 다른 세금계산서 발급으로 보는 것을 방지하기 위함.

확인되는 경우의 공급시기(용역의 공급시기가 선하증권 발행일부터 90일 이내인 경우로 한정)[70]

📈 실무 ○

대가지급과 세금계산서의 선발급 기한

구 분	주요 내용
(1) 대가의 범위	• 대가란 현금, 수표, 어음, 채무승계금액이 모두 포함됨 • 세금계산서 선발급의 대상이 되는 대가는 부가가치세를 포함하지 아니한 금액으로 해석됨(서면3팀-2185, 2005.12.1.)
(2) 세금계산서 선발급 기한	• 대가를 지급받은 후에는 대가를 지급받은 금액 범위 내에서 재화 또는 용역의 공급시기 이전이라면 언제든지 세금계산서를 발급할 수 있음 • 즉, 대가를 지급받은 과세기간뿐만 아니라 대가를 지급받은 과세기간 이후의 과세기간이라도 세금계산서를 발급할 수 있음

해석사례 재화의 공급시기

(1) 완성도기준지급 및 중간지급조건부 공급에 있어서 수령한 계약금의 공급시기
   ① 완성도기준지급 및 중간지급조건부로 재화를 공급하거나 용역을 제공함에 있어서 그 대가의 일부로 계약금을 거래상대자로부터 받는 경우에는 당해 계약조건에 따라 계약금을 받기로 한 때를 그 공급시기로 봄
   ② 이 경우 착수금 또는 선수금 등의 명칭으로 받는 경우에도 당해 착수금 또는 선수금이 계약금의 성질로 인정되는 때에는 계약금으로 봄(부가통칙 9-21-3)

(2) 부동산을 공급하는 경우 공급시기와 이용가능하게 되는 때의 의미
   재화의 이동이 필요하지 않는 부동산의 공급시기는 당해 건물이 이용가능하게 되는 때이며, 이 경우 "이용가능하게 되는 때"라 함은 원칙적으로 소유권이전등기일을 말하는 것임(상담3팀-3073, 2007.11.12.)

(3) 특약에 의하여 사용·수익이 제한된 부동산의 공급시기
   부동산의 공급시기는 당해 건물이 이용가능하게 되는 때이나 당사자간 특약에 의하여 사용·수익 등 이용을 제한하고 있는 경우에는 실제로 사용·수익이 가능한 날을 공급시기로 보는 것임(상담3팀-1213, 2007.4.25.)

---

70) 2024.2.29. 신설

(4) 건설용역대가로 대물변제하기로 하고 소유권이전을 약정한 부동산의 공급시기

부동산매매업을 영위하는 사업자가 당해 사업과 관련된 건물신축 건설용역을 제공받고 그 대가를 당해 신축건물로 소유권이전을 하여 주기로 약정한 경우 공급시기는 당해 건물이 이용가능하게 되는 때로 하는 것임(상담3팀-1638, 2006.7.28.)

(5) 현물출자 재화의 공급시기

사업자가 재화를 법인에 현물출자하는 경우에는 현물출자로서의 이행이 완료되는 때를 그 공급시기로 본다. 이 경우 이행이 완료되는 때라 함은 출자의 목적인 재산을 인도하는 때이며, 등기·등록 기타 권리의 설정 또는 이전을 요할 경우에는 이에 관한 서류를 완비하여 교부하는 때를 말함(부가통칙 9-21-1)

(6) 상품권 등에 의하여 공급하는 재화의 공급시기

상품권 등을 현금 또는 외상으로 판매하고 그 후 당해 상품권 등에 의하여 현물과 교환하는 경우에는 재화가 실제로 인도되는 때를 그 공급시기로 봄(부가통칙 9-21-2)

(7) 선수금을 받고 재화를 공급하는 경우 공급시기

이동이 필요한 재화에 대하여 인도되기 전에 선수금을 받고 그 후에 재화를 공급하는 경우 당해 재화를 인도하는 때를 공급시기로 보는 것임(상담3팀-2427, 2006.10.13.)

해석사례 용역의 공급시기

1. 건설용역의 공급시기 관련 해석사례

(1) 지급시기를 정하지 아니한 통상적인 건설용역의 공급시기

건설용역을 공급함에 있어 건설공사기간에 대한 약정만 체결하고 대금지급기일에 관한 약정이 없는 경우의 공급시기는 다음과 같음(부가통칙 9-22-3)

① 당해 건설공사에 대한 건설용역의 제공이 완료되는 때. 다만, 당해 건설용역 제공의 완료 여부가 불분명한 경우에는 준공검사일

② 당해 건설공사의 일부분을 완성하여 사용하는 경우에는 당해 부분에 대한 건설용역의 제공이 완료되는 때. 다만, 당해 건설용역 제공의 완료 여부가 불분명한 경우에는 그 부분에 대한 준공검사일

(2) 지급일을 명시하지 아니한 완성도기준지급조건부 건설공사의 공급시기

건설공사 계약시에 완성도에 따라 기성고대금을 수차에 걸쳐 지급받기로 했으나 그 지급일을 명시하지 아니한 경우에는 공사기성고가 결정되어 그 대금을 지급받을 수 있는 날을 그 공급시기로 봄(부가통칙 9-22-2)

(3) 완성도기준지급 또는 중간지급조건부 건설용역의 공급시기

사업자가 완성도기준지급 또는 중간지급조건부 건설용역의 공급계약서상 특정내용에 따라 당해 건설용역에 대하여 검사를 거쳐 대가의 각 부분의 지급이 확정되는 경우에는 검사후 대가의 지급이 확정되는 때를 그 공급시기로 봄(부가통칙 9-22-4)

(4) 완성도기준지급조건부 건설용역 공급시 기성고검사보고서를 발행하는 경우

사업자가 완성도기준지급조건부로 건설용역을 공급함에 있어 발주자에게 기성고검사 요청서를 신청하여 발주자가 사업자에게 발행하는 기성고검사보고서에 의하여 그 기성부분에 대한 지불할 금액 등이 확정되는 경우 당해 기성부분에 대한 공급 시기는 발주자가 기성고검사보고서를 발행하는 때가 되는 것임(부가-1820, 2009.12.16.)

(5) 완성도기준지급조건 건설용역공급시 각 기성고대금에서 지급유보된 하자보증금의 공급시기

사업자가 완성도기준지급 조건부로 건설용역을 공급하면서 결정된 기성금의 일부를 당해 건설용역의 공급에 대한 하자보증금으로 유보하는 경우 당해 하자보증금의 공급시기는 당해 건설용역의 공급에 대한 기성고가 확정되어 대가의 각 부분을 받기로 한 때인 것임(상담3팀-2961, 2007.10.31.)

(6) 완성도기준지급조건부 공급시 용역제공완료일 이후에 잔금받기로 한 경우 잔금의 공급시기

사업자가 완성도기준지급·중간지급조건부로 건설용역을 공급하는 경우 당해 용역의 공급시기는 그 대가를 받기로 한 때인 것으로, 이 경우 용역제공완료일 이후에 잔금을 받기로 한 경우에는 용역제공이 완료되는 때를 공급시기로 하는 것임(상담3팀-80, 2007.1.10.)

(7) 기성금 등에 다툼이 있어 법원 판결에 의하여 대가가 확정되는 경우의 공급시기

사업자가 완성도기준지급조건부로 건설용역을 공급함에 있어 공급시기는 그 대가를 받기로 한 때인 것이며, 기성금 등에 대한 다툼이 있어 법원의 판결에 의하여 대가가 확정되는 경우 공급시기는 법원의 판결에 의하여 당해 대가가 확정되는 때인 것임(상담3팀-2054, 2007.7.24.)

(8) 검사를 거쳐 대가의 각 부분의 지급이 확정되는 경우 공급시기

사업자가 완성도기준지급 또는 중간지급조건부 건설용역의 공급계약서상 특정내용에 따라 당해 건설용역에 대하여 검사를 거쳐 대가의 각 부분의 지급이 확정되는 경우에는 검사 후 대가의 지급이 확정되는 때를 그 공급시기로 보는 것임(상담3팀-355, 2007.1.31.)

(9) 당초 중간지급조건부였으나 조기준공예정으로 공사기간이 6월 미만이 되는 경우의 공급시기

중간지급조건부로 건설용역을 제공하면서 계약금 등에 대하여 대가의 각 부분을 받기로 한 때에 세금계산서를 교부하고 부가가치세를 신고·납부하였으나, 조기 준공으로 인하여 계약금을 지급하기로 한 날부터 준공예정일까지의 기간이 6월 미만이 되는 경우, 당해 사업자가 계약금 등에 대하여 기 발행한 세금계산서는 적법한 것이며, 기 발행된 세금계산서의 금액을 제외한 용역대가에 대한 세금계산서는 준공일을 공급시기로 하여 교부하는 것임(부가-509, 2009.4.10.)

2. 기타 용역의 공급시기 관련 해석사례

(1) 임대료 상당액에 대해 다툼이 있어 법원 판결에 의하여 확정되는 경우 공급시기
부동산 임대용역의 공급시기는 그 대가의 각 부분을 받기로 한 때가 공급시기이며 임대료 상당액에 대해 다툼이 있어 법원 판결에 의하여 확정되는 경우에는 법원 판결에 의하여 확정되는 때가 공급시기에 해당하는 것임(상담3팀-1867, 2006.8.22.)

(2) 자동차 수리용역의 공급시기
자동차 수리용역을 공급하는 경우 그 공급시기는 수리용역의 제공이 완료되는 때로 하는 것이나, 수리용역에 대한 대가가 확정되지 아니한 경우에는 수리용역의 제공이 완료되고 그 공급가액이 확정되는 때로 하는 것임(상담3팀-1061, 2006.6.9.)
→ 보험차량 수리의 경우 공급시기는 수리가 완료된 후 보험가액이 확정되는 때임

(3) 키워드검색광고를 위하여 지급하는 비즈머니의 공급시기 등
인터넷 광고용역을 제공하는 사업자가 그 대가를 수령하면서 폐쇄형 전자화폐를 지급하는 경우 당해 광고용역대가를 지급받는 때에 세금계산서를 교부할 수 있는 것임(상담3팀-1772, 2007.6.19.)

제2절 2. 재화 또는 용역의 공급장소

 01 의의

'**거래장소**'(재화 또는 용역의 공급에 있어서는 **공급장소**)란 재화 또는 용역의 공급 및 재화의 수입이 발생하는 장소를 말한다. 이러한 거래장소는 과세권의 행사 또는 납세의무의 성립 여부를 결정하는 중요한 기준이 된다.

그러므로 우리나라의 과세권이 미치기 위해서는 그 공급장소가 우리나라 주권이 미치는 국내이어야 하고, 국내에서 공급되는 경우 공급장소는 어느 사업장에서 부가가치세의 납세의무를 이행하여야 하는지를 결정하는 기준이 되는 것이다.

02 재화의 공급장소

(1) 재화의 이동이 필요한 경우	재화의 이동이 시작되는 장소
(2) 재화의 이동이 필요하지 아니한 경우	재화가 공급되는 시기에 재화가 있는 장소

03 용역의 공급장소

(1) 일반적인 경우	역무가 제공되거나 시설물, 권리 등 재화가 사용되는 장소
(2) 국제운송의 경우	• 거주자 또는 내국법인의 경우 : 모두 국내거래로 보아 과세대상이 됨 • 비거주자 또는 외국법인의 경우 : 여객이 탑승하거나 화물이 적재되는 장소(국내에서 이루어지는 경우에 한해서 과세대상이 됨)
(3) 전자적 용역의 경우	용역을 공급받는 자의 사업장 소재지, 주소지 또는 거소지

제**3**장

영세율과 면세

01 의의

(1) 개념

'**영세율**'이란 사업자의 공급가액에 적용하는 세율을 영으로 하는 것을 말한다.

영세율제도는 형식적으로는 납세의무가 면제되지 아니하지만 재화 또는 용역의 공급에 대한 과세표준에 영의 세율을 적용하기 때문에 매출세액은 영이 되고, 이에서 재화 또는 용역을 공급받을 때 자기가 부담한 매입세액을 공제하여 납부세액이 부(−)가 되어 결국 자기가 부담한 매입세액을 전액 환급받게 되어 부가가치세 부담이 전혀 없게 된다. 그리하여 현행 부가가치세법상의 영세율제도를 완전면세제도라고 하는 것이다.

이와는 달리 면세는 특정 재화나 용역의 공급에 대해 납세의무가 면제되지만 그 전단계에서 부담한 부가가치세(매입세액)는 공제되거나 환급되지 않는 부분면세제도이다.

(2) 영세율제도의 목적

1) 소비지국 과세원칙의 실현

영세율제도는 기본적으로 소비지국 과세원칙을 실현하기 위한 장치이다. 일반소비세로서의 부가가치세는 소비지국 과세원칙에 따라 우리나라 내에서 소비되는 재화 또는 용역에 대해서만 과세되어야 하는 바, 영세율제도는 우리나라에서 소비되지 아니하는 수출재화 등에 대하여 이미 과세된 부가가치세를 환급하기 위한 조정세율제도의 성격을 갖는다고 할 것이다.

그러므로 영세율제도는 사업자의 부가가치세 부담을 줄여주는 것이 아니라 소비지국 과세원칙을 실현하기 위하여 적용하고 있는 것이라는 사실에 유의하여야 한다.

2) 수출촉진

영의 세율이 적용되는 재화 등에는 부가가치세 부담이 완전히 없어지게 되므로 수출하는 재화 등의 가격조건이 그만큼 유리하게 되어 국제경쟁력이 제고될 수 있다. 그리고 수출로 인하여 영의 세율이 적용되는 경우에는 조기환급대상이 되기 때문에 수출업자의 자금부담을 덜어줄 수 있다. 그러므로 재화 또는 용역의 수출에 적용하는 영세율은 수출을 촉진시키는 기능을 수행하게 되는 것이다.

3) 기타 정책적인 목적

현행 세법은 외국환의 관리 및 부가가치세의 징수질서를 해하지 않는 범위 내에서 국제적 관행이나 외화획득목적 기타 국가정책적 목적을 달성하기 위하여 국내공급 중 다음의 재화 또는 용역의 공급에 대해서도 영의 세율을 적용하고 있다.

① 외국항행용역과 기타 외화를 획득하는 재화 · 용역
② 농민 등에게 공급하는 농어업용기자재 등 일부 거래
③ 조세특례제한법상의 일정한 재화 또는 용역

(3) 영세율 적용대상자

영세율 적용대상자가 되기 위해서는 다음과 같은 두 가지 요건이 필요하다.
① 과세사업자일 것
　　면세사업자는 영세율을 적용받을 수 없으나, 간이과세자는 영세율을 적용받을 수 있음
② 거주자 또는 내국법인일 것
　　비거주자 또는 외국법인의 경우에는 상호면세주의에 따름

📈 **실무** ●

수출 매출액 손익귀속시기

1. 수출물품의 손익인식시기는 계약조건에 따라 소유권이 이전된 시점으로 보아야 함

2. 법인세법상 귀속사업연도(법기통 40 - 68 - 2)
　　물품을 수출하는 경우에는 수출물품을 계약상 인도하여야 할 장소에 보관한 날을 인도한 날로 보아 수출매출의 수익인식시점이 된다. "수출물품을 계약상 인도하여야 할 장소에 보관한 날"이라 함은 계약상 별단의 명시가 없는 한 선적을 완료한 날을 말한다. 다만, 선적완료일이 분명하지 아니한 경우로서 수출할 물품을 「관세법」제155조 제1항 단서에 따라 보세구역이 아닌 다른 장소에 장치하고 통관절차를 완료하여 수출면장을 발급받은 경우에는 규칙 제33조 제2호에 해당하는 것으로 한다.

3. 부가가치세법상 공급시기와의 차이

일반적인 수출 거래조건인 FOB, CIF, CFR 조건의 경우 선적일이 귀속시기에 해당되어 부가가치세법상 공급시기와 일치하지만, 부가가치세법상 공급시기와 법인세법상 손익 귀속시기와의 차이가 발생한다면 차이는 조정 후 수입금액명세서에 거래시기 차이로 인한 감액(증액)으로 표시하여야 한다.

(사례)

×1. 12. 30. 수출물품을 선적

×2. 1. 10. 수입국에 물품이 도착하여 수입상의 창고에 물품을 하차

	FOB, CIF, CFR	DDP
부가가치세법상 공급시기	×1. 12. 30.	×1. 12. 30.
법인세법상 수입금액 귀속시기	×1. 12. 30.	×2. 1. 10.

☞ 수출매출에 대한 부가가치세법상 공급시기(선적일)와 법인세법상 수입금액 귀속시기(소유권 이전)의 차이가 발생하는 경우 '조정후 수입금액 명세서'에 거래시기차이감액 또는 가산으로 작성

---

4. 환차익 및 환차손

공급시기와 대금결제일 사이의 환율 차이에 의한 환차익 및 환차손은 부가가치세 공급가액에 영향을 미치지 아니하고, 각 사업연도의 소득금액 계산 시 영업외 손익에 반영

(사례)

×1. 12. 30. 수출물품을 선적 (FOB조건, 기준환율 1,300원)

×1. 12. 10. 수출물품에 대한 선수금 입금
           (USD 10,000, 원화로 환가한 금액 12,000,000)

회계처리				부가가치세법상 공급가액
×1. 12. 10.				12,000,000
(차) 현금	12,000,000	(대) 선수금	12,000,000	(공급시기는
×1. 12. 30.				선적일인 ×1. 12. 30.)
(차) 선수금	12,000,000	(대) 수출매출	13,000,000	
외환차손	1,000,000			

☞ 수출매출에 대한 부가가치세법상 공급시기(선적일)와 법인세법상 수입금액 귀속시기(소유권 이전)의 차이가 발생하는 경우 '조정후 수입금액 명세서'에 거래시기차이감액 또는 가산으로 작성

---

5. 정리

구분	부가가치세법상 공급가액	법인세법상 수입금액
수출선수금	선적일의 기준(재정)환율에 따라 환산한 가액 (다만, 선적일 전 환가한 경우 그 환가한 가액)	계약상 인도조건에 따라 조건성취일의 기준(재정)환율에 따라 환산한 가액
수출외상매출금	선적일의 기준(재정)환율에 따라 환산한 가액	
사전약정에 따른 고정환율에 의한 수출대금	사전에 정해진 환율에 따라 환가한 가액	사전에 정해진 환율에 따라 환가한 가액
선적일이 토요일인 경우	선적일의 기준(재정)환율에 따라 환산한 가액	선적일의 기준(재정)환율에 따라 환산한 가액
선적일이 공휴일인 경우	선적일 전일의 기준(재정)환율에 따라 환산한 가액	선적일 전일의 기준(재정)환율에 따라 환산한 가액

02 영세율 적용대상거래

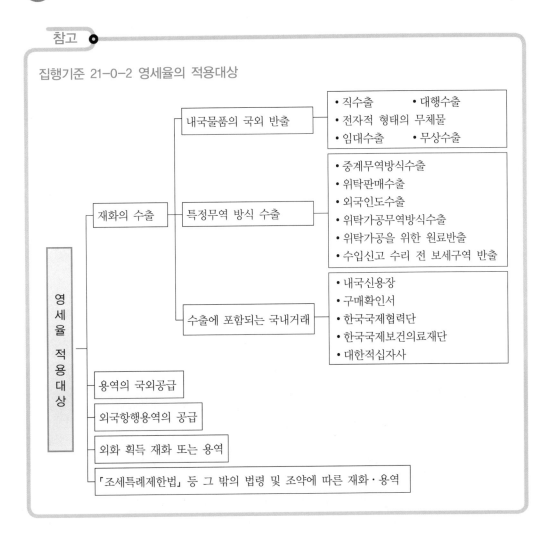

참고

집행기준 21-0-2 영세율의 적용대상

| 영세율 적용대상 | 재화의 수출 | 내국물품의 국외 반출 | • 직수출   • 대행수출
• 전자적 형태의 무체물
• 임대수출   • 무상수출 |

영세율 적용대상

재화의 수출
- 내국물품의 국외 반출
  - • 직수출   • 대행수출
  - • 전자적 형태의 무체물
  - • 임대수출   • 무상수출
- 특정무역 방식 수출
  - • 중계무역방식수출
  - • 위탁판매수출
  - • 외국인도수출
  - • 위탁가공무역방식수출
  - • 위탁가공을 위한 원료반출
  - • 수입신고 수리 전 보세구역 반출
- 수출에 포함되는 국내거래
  - • 내국신용장
  - • 구매확인서
  - • 한국국제협력단
  - • 한국국제보건의료재단
  - • 대한적십자사

- 용역의 국외공급
- 외국항행용역의 공급
- 외화 획득 재화 또는 용역
- 「조세특례제한법」 등 그 밖의 법령 및 조약에 따른 재화·용역

(1) 재화의 수출

가. 본래의 수출

　"수출"이라 함은 내국물품(대한민국 선박에 의하여 채집되거나 잡힌 수산물 포함)을 외국으로 반출하는 것을 말한다. 수출에는 내국물품의 외국반출에 해당하는 직수출과 대행수출이 있고, 대외무역방식에 의한 수출(중계무역, 위탁판매, 외국인도수출, 위탁가공무역, 위탁가공용 원료반출, 보세구역 내 수입통관 전 물품 반출)이 있다.

1) 내국물품의 국외반출

① 직수출

　　㉠ 수출품 생산업자가 자신이 생산·취득한 내국물품을 자기명의·책임 하에 직접 수출하는 것을 말한다(수출대가가 유상이든 무상이든 영세율 적용).

> **🗞 실무 ●**
>
> **무상증여**
>
> 사업자가 자기의 사업과 관련하여 생산하였거나 취득한 재화를 해외의 친지 또는 거래처에 무상으로 증여하는 경우 당해 재화의 시가를 영세율 과세표준으로 하여 신고하여야 하며, 이를 신고하지 않을 경우에는 영세율 과세표준 신고불성실가산세가 적용된다.

　　㉡ 직수출의 경우 공급시기는 **수출 재화의 선(기)적일(다만, 원양어업의 경우에는 수출재화의 공급가액이 확정되는 때)**이 된다.

　　㉢ 직수출의 경우 공급가액은 선(기)적일의 환율[71]로 환가한 금액(공급시기가 되기 전에 원화로 환가한 경우 환가금액)이 된다.

> **🗞 실무 ●**
>
> **공급시기와 대금결제일의 환율차이로 인해 증감되는 금액**
>
> 사업자가 재화를 공급하고 그 대가를 외국통화 기타 외국환으로 받아 공급시기 이후에 외국통화 또는 기타 외국환의 상태로 보유하거나 지급받는 경우에는 동조에 의한 공급시기의 외국환거래법에 의한 기준환율 또는 재정환율에 의하여 계산한 금액을 공급가액으로 하여 동조에 의한 공급시기에 세금계산서를 발급하여야 하는 것이며, 공급시기 이후에 환율변동으로 인하여 증감되는 금액은 해당 과세표준에는 영향을 미치지 아니하는 것이다(서삼 46015-11983, 2002.11.19., 부가 46015-1196, 1999.4.23).

　　㉣ 사업자가 본사와 제조장 등 2 이상의 사업장이 있는 경우에 자기가 제조한 수출재화에 대한 영세율 적용 사업장은 최종 제품을 완성하여 외국으로 반출하는 제조장으로 하고, 영세율 첨부서류는 수출실적명세서이다.

　　㉤ 총괄납부승인을 받은 2 이상의 사업장을 가진 사업자가 원재료를 지점사업장에서 국외로 반출하여 대외무역법에 의한 위탁가공무역방식으로 수출하는 경우 수출

---

71) 기준환율(미화)·재정환율(미화의외) 확인 : 서울외국환중개(http://www.smbs.biz/)에서 조회

계약의 체결, 대가의 수령 및 지점으로부터 거래내역 수보 등이 이루어지는 본점 사업장에서 부가영세율을 적용받을 수 있는 것이다(서면3팀 – 1588, 2006.7.26.).

실무

직수출 영세율적용 첨부서류

① 수출실적명세서
② 소포우편에 의하여 수출한 경우에는 해당 우체국장이 발행하는 소포수령증(부령 §101 ①). 그리고 사업자가 소포수령증을 복사하여 정보처리시스템으로 처리된 전산매체에 영세율첨부서류제출명세서(정보처리시스템으로 처리된 전산매체)와 함께 제출하는 경우에는 소포수령증을 제출한 것으로 본다(부령 §101 ④).
③ 개별소비세법에 의한 수출면세의 적용을 받기 위하여 영세율첨부서류를 관할세무서장에게 이미 제출한 경우에는 영세율첨부서류제출명세서로 수출실적명세서 및 소포수령증을 갈음할 수 있다(부령 §101 ③).
④ 이 경우 동 규정에서 정하는 서류(①~③)를 제출할 수 없는 경우에는 외화획득명세서에 영세율이 확인되는 증빙서류를 첨부하여 제출하여야 된다(부가 46015 – 4457, 1999.11.5).

실무

소포 수출 또는 간이통관 수출(FOB 200만 원 이하)

국내 인터넷 쇼핑몰을 통하여 비거주자로부터 과세재화를 주문받아 소포우편 또는 인편으로 수출하는 경우를 의미한다. 통관절차가 비교적 간단하나 관세환급이 배제된다.
→ 수출실적명세서, 소포수령증사본, 간이수출신고필증, 국제특송업체(DHL, Fedex 등) 관련 서류를 준비하여야 영세율 적용 가능하다.

실무

선적일 확인(72)

1. 해상운송 – 선하증권(B/L)
    ① 선적선하증권(Shiped B/L) : 발행일
    ② 수취선하증권(Received B/L) : 본선적재부기일(On Board Notation)
    ③ 비유통성 해상화물운송장 : 발행일
2. 항공운송 – 항공운송장(AWB)
    운송서류의 발행일 또는 flight date(발행일과 다른 비행일이 표시되었다면 비행일을 선적일로 함)

3. 철도, 도로운송

신용장에 명기된 장소에서 선적, 발송 또는 운송을 위하여 수령된 일자(accepted for carriage)를 선적일로 봄(수령일의 표시가 없는 경우 발행일)

4. 우편발송(EMS)

우편수령일(date of post receipt)을 선적일로 봄

5. 특송화물수령증(DHL 등)

접수일(date of pick-up) 또는 수령일을 선적일로 봄

6. 복합운송서류

물품이 신용장상에 명기된 장소에서 발송, 수탁 또는 본선적재일을 표시하고 있는 경우 그 일자를 선적일로 봄

해석사례 선적일 관련 사례

- 사업자가 국내에서 취득한 철강제품을 외국법인에게 수출하기로 하는 계약을 체결하여 수출대금 전액을 입금받은 후 해당 제품은 일정기간 경과 후 외국법인이 지정하는 해외 목적항에 인도하는 경우 해당 재화의 수출은 직수출에 해당하는 것이며, 그 공급시기는 수출재화의 선적일이 되는 것임(사전법령해석부가 2017-874, 2018.1.11.)
- 수출재화의 공급시기는 선적일이고 재화 또는 용역의 공급시기 이후에 그 대가를 외국통화 또는 외국환으로 지급받는 경우 공급가액은 부가가치세법 시행령 제59조 제2호에 따라 공급시기(선적일)의 기준환율에 따라 계산함(서면부가 2016-3603, 2017.2.27.)
- 사업자가 재화를 수출(내국물품을 외국으로 반출하는 것)하는 경우에는 국외의 수입자가 당해 수출하는 재화의 대금을 입금한 것이 확인되는 때에 당해 국외의 수입자가 사용하거나 판매할 수 있도록 하는 경우에도 당해 수출하는 재화에 대하여는 선적일을 공급시기로 하는 것임(서면3팀-2520, 2004.12.13.)
- 사업자가 무상투자한 외국의 현지인과 합작으로 외국에 재화의 보관·관리시설만을 갖춘 보관창고를 설치하고 자기가 생산하거나 취득한 재화를 국내항구에서 선적하여 당해 외국의 보관창고로 반출한 후 당해 국가의 수입상에게 판매하는 경우에는 그 대금을 판매되는 시점에 수입상으로부터 받는 경우에도 당해 수출재화에 대하여는 선적일을 공급시기로 함. 다만, 국내사업장에서 계약과 대가수령 등 거래가 이루어지는 것으로서 당해 수출방식이 대외무역법에 의한 위탁판매수출에 해당하는 경우에는 수출재화의 공급가액이 확정되는 때를 공급시기로 하는 것임(서면3팀-2167, 2004.10.25.)

---

72) 신용장 UCP600

실무

대금결제방식에 따른 회계처리

1. 일람불신용장(At Sight L/C) : 운송서류와 환어음의 인수와 동시에 수입대금 결제

(사례)

×1. 12. 20. 수출재화 선적 (US 5,000, 선적일의 환율 1,300원)

×1. 12. 30. 환어음을 매입의뢰하여 6,300,000원 입금 받음(환가료 100,000원, 수수료 70,000원 발생)

(회계처리)

① ×1. 12. 20.

| (차) 외상매출금 | 6,500,000 | (대) 매출 | 6,500,000 |

② ×1. 12. 30.

(차) 보통예금	6,300,000	(대) 외상매출금	6,500,000
환가료	100,000		
수수료	70,000		
외환차손	30,000		

※ 부가가치세 과세표준은 선적인 환율로 환산한 6,500,000원

2. 기한부신용장(Usance L/C) : 수입업자의 입장을 고려해 개설은행이나 수출업자가 대금결제를 일정기간 유예해 주는 외상거래

(사례)

×1. 12. 20. 수출재화 선적 (US 5,000, 선적일의 환율 1,300원)

　　　　　－계약조건: 기한부신용장(Shipper's Usance L/C : at 90 days after B/L date)

×1. 12. 30. 환어음을 매입의뢰하여 6,200,000원 입금 받음(90일분 선이자 100,000원, 환가료 100,000원, 수수료 70,000원 발생)

(회계처리)

① ×1. 12. 20.

| (차) 외상매출금 | 6,500,000 | (대) 매출 | 6,500,000 |

② ×1. 12. 30.

(차) 보통예금	6,200,000	(대) 외상매출금	6,500,000
매출채권처분손실	100,000		
환가료	100,000		
수수료	70,000		
외환차손	30,000		

※ 매출채권처분손실은 지급이자 손금불산입대상이며 원천징수대상 아님

② 대행수출[73]

  ㉠ 수출품 생산업자가 수출업자와 다음과 같이 수출대행계약을 체결하여 수출업자의 명의로 수출하는 경우(수출품 생산업자가 완제품 내국신용장을 개설 받는 경우 포함)에 수출품 생산업자가 외국으로 반출하는 재화는 영의 세율을 적용한다(부가통칙 21-31-2).

    ⓐ 수출품 생산업자가 직접 수출신용장을 받아 수출업자에게 양도하고 수출대행계약을 체결한 경우(수출품 생산업자가 완제품 내국신용장을 개설 받는 경우 포함)

    ⓑ 수출업자가 수출신용장을 받고 수출품 생산업자와 수출대행계약을 체결한 경우(수출품 생산업자가 완제품 내국신용장을 개설 받는 경우 포함)

  ㉡ 수출품 생산업자에게 영세율을 적용[74]한다.

  ㉢ 공급시기와 공급가액은 직수출의 경우와 같다.

  ㉣ 수출업자는 국내에서 용역을 공급하는 것이 되므로 수출대행수수료에 대해 세금계산서를 발급하여야 한다.

  ㉤ 수출품 생산업자가 실제로 수출을 하였는지는 거래의 실질내용에 따라 판단한다.

  ㉥ 사업자가 대행수출하는 경우에는 영세율첨부서류로서 수출실적명세서를 제출하여야 한다(부가통칙 21-101-1).

  ㉦ 해당사업자의 수입금액(법기통 15-11-6)

    ⓐ 수출품생산업자 : 당해 수출금액

    ⓑ 수출업자 : 수출품생산업자로부터 받는 대행수수료

---

73) '대행수출'이란 자기명의로 직접 수출하지 아니하고 제3자 명의를 빌려 수출하는 것을 말한다. 수출대행업자(무역업고유번호 부여받은 자)는 자기명의로 거래함에 따른 책임을 지며 대행자와 위탁자의 관계는 대행계약에 의하여 정해진다.

74) 수출신고필증상 수출자는 명의뿐이고 수출신용장, 수출계약서, 선적서류, 송장, 수출대금의 수취 등의 사실에 비추어 수출한 사업자가 따로 있는 때에는 사실상 귀속되는 사업자에게 영세율 적용

- 「관세법」에 따른 보세판매장 운영사업자가 외국 갑법인 및 국내 을법인과 '물품공급 (대행)계약'을 체결하여 갑법인에게 물품을 공급하는 경우로서 같은 법 시행령 제213 조 및 「보세판매장 운영에 관한 고시」, 관세청 지침(「보세판매장 내국물품 수출인도장 운영지침」)에 따라 수출인도장에서 갑법인의 직원에게 물품을 인도하고 을법인이 갑 법인으로부터 단순히 대행업무를 위탁받아 수출대행 등의 용역을 제공하여 관세청 지 침에 따른 수출인도장에서의 수출에 해당하는 경우 보세판매장 운영사업자가 갑법인 에 공급하는 물품은 「부가가치세법」 제21조 제2항 제1호에 따른 수출하는 재화에 해당 하여 영세율이 적용되며 같은 법 제33조 및 시행령 제71조 제1항 제4호에 따라 세금계 산서 발급의무가 면제되는 것이나 을법인이 자기 책임과 계산으로 보세판매장 운영사 업자로부터 물품을 매입하여 갑법인에게 수출하는 경우에는 보세판매장 운영사업자가 을법인에게 물품을 공급하는 것으로서 같은 법 제32조에 따라 을법인에게 10%의 세율 을 적용하여 세금계산서를 발급하는 것이며, 위 질의가 어느 경우에 해당하는지는 계 약관계 및 실제 거래내용 등을 종합적으로 고려하여 사실판단할 사항임(사전법령해석부 가 2020-1078, 2020.11.30.)
- 의약품 수출을 대행하고 중개수수료를 받기로 제약회사와 계약을 체결한 점, 해외거래 처로부터 수출 대금을 수취한 후에 제약회사에게 물품대금을 지급한 점, 수출면장상 제약회사가 수출업자로 신고되어 있는 점 등에 비추어 쟁점거래를 영세율 적용대상이 아니라고 보아 부가가치세를 과세한 처분은 잘못이 없음(조심 2014서1798, 2014.12.8.)
- 외국의 수입업자를 위하여 수출알선용역을 제공하고 수출업자로부터 알선수수료를 지 급받는 경우에는 국내사업자인 수출업자에게 용역을 제공한 대가인 수수료는 부가가 치세의 과세대상이 된다(부가 22601-1687, 1988.9.21.).
- 수출알선용역을 제공하고 그 대가를 비거주자 또는 외국법인으로부터 외국환은행을 통하여 원화로 받는 경우에는 그 밖의 외화획득용역에 해당하여 영세율을 적용(부가통 칙 24-33-1)

0303-79 A	수 출 실 적 입 금 명 세 서		19

근거 : 부가가치세 영세율 적용에 관한 규정

사 업 자	① 성 명		④ 사업자등록번호	
	② 상 호		⑤ 업 태	
	③ 사업장소재지		⑥ 종 목	

⑦ 구분	입금일자			수 출 금 액		수 출 면 장		비 고
	년	월	일	⑧ 외 화	⑨ 원 화	⑩ 면장번호	⑪ 면허일자	
제출계								
신 고 해 당 분								
	소계							
미 해 당 분	⑫ 대 행 분							
	⑬ 타 사 업 장 분							
	⑭ 기 신 고 분							
	⑮ 신고기간 미도래분							
	⑯ 기 타 분							
	소 계							

③ 전자적 형태의 무체물

    ㉠ 소프트웨어, 영상물 등 전자적 형태의 무체물을 전송하거나 정보처리장치에 저장하여 외국으로 반출하는 것은 수출에 해당한다(집행기준 21-31-1).

    ㉡ 내국법인이 사업상 취득하여 우리나라 법률에 따라 등록한 특허권·상표권·저작권 등과 기타 등록되지 아니한 권리 등의 무형자산을 국내사업장이 없는 외국법인에게 양도하여 국외에서 사용·소비하도록 하는 경우 해당 권리의 양도는 수출하는 재화에 해당한다(부가-1603, 2011.12.23.).

④ 임대수출

사업자가 건설장비 등을 임대(국외제공용역)할 목적으로 대외무역법에 규정하는 '임대수출' 방식으로 국외로 반출하는 경우 소유권의 이전 없이 반출하는 해당 건설장비 등은 재화의 공급에 해당하지 아니하는 것이다.

다만, 임대계약기간 만료 전 또는 만료 후 해당 건설장비 등의 소유권이 외국에서 이전되는 경우에는 해당 재화가 인도되는 때를 공급시기로 하여 같은 법 제11조 제1항 제1호의 규정을 적용하며, 이 경우 부가가치세의 과세표준은 같은 법 제13조 제1항의 규정에 의하는 것이다(서면3팀-1875, 2007.7.2., 집행기준 21-31-2).

⑤ 무상수출

사업자가 재화를 국외로 무상으로 반출하는 경우에는 영의 세율을 적용한다. 다만, 자기사업을 위하여 대가를 받지 아니하고 국외의 사업자에게 견본품을 반출하는 경우에는 재화의 공급으로 보지 아니한다(부가통칙 21-31-4).

📈 실무 ○

재화의 무상수출과 영세율 적용

- 재화의 외국반출에 따른 외환결제가 이루어지지 않는 무상수출도 재화의 수출에 해당되어 영세율이 적용됨
- 그러나, 다음의 경우에는 재화의 공급에 해당되지 아니함
  ① 국외 사업자에게 견본품을 반출하는 경우(수출신고필증 거래구분 92) : 영세율 신고대상아님
  ② 위탁가공 무역 방식으로 원자재 등을 무환으로 외국에 반출하는 경우(수출신고필증 거래구분 29) : 재화의 공급이 아니며 외국에서 제품을 완성하여 인도하는 때 영세율 적용
  ③ 당초 반출한 재화의 하자로 인하여 반품된 재화를 수리하여 재수출하거나 동일제품으로 교환하여 재수출하는 경우

④ 수입업자가 수입 또는 판매된 재화의 하자로 인하여 수리할 목적으로 외국에 반출하는 경우
⑤ 외국사업자 소유의 전시물을 무환으로 수입하여 전시한 후 반환하기 위하여 외국에 반출하는 경우
⑥ 수입업자가 재화의 수입과 관련된 반환조건의 수입 재화 용기를 반환하기 위하여 외국에 반출하는 경우

2) 대외무역방식에 의한 수출

국내 사업장에서 계약과 대가수령 등 거래가 이루어지는 다음에 해당하는 것은 수출에 포함된다(부령 §31).

① 중계무역(Intermediate Trade) 방식의 수출

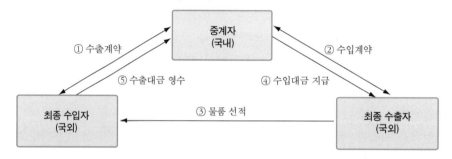

㉠ 수출할 것을 목적으로 물품 등을 수입하여 보세구역 및 보세구역 외 장치의 허가를 받은 장소 또는 자유무역지역 이외의 국내에 반입하지 아니하고 수출하는 것을 말한다.
㉡ 공급시기는 수출 재화의 선(기)적일이 된다.
㉢ 공급가액은 선(기)적일의 기준환율 또는 재정환율로 환산한 금액(공급시기가 되기 전에 원화로 환가한 경우 환가금액)이 된다.
㉣ 영세율 첨부서류는 수출계약서 사본 또는 외국환은행이 발행하는 외화입금증명서이다(실무적으로 반송신고필증[75] 제출하는 경우 많음).
  → ⓐ 중계무역업자는 수출과 수입거래가 모두 이루어지지만, 수입 물품이 세관을 통하여 국내에 인취되지 아니하므로 수입 재화에 해당하지 아니함.
    ⓑ **중개무역 : 중개자가 수출입의 주체가 되지 아니하고 중개수수료만 취득하는 무역**

---

75) 사업자가 외국으로부터 물품을 국내의 보세구역까지만 반입한 후 다시 관세법에 따라 세관장에 반송신고를 하고 외국으로 반출

중계무역 방식 영세율 첨부서류

중계무역 방식의 수출에 있어서 제출하여야 하는 영세율 첨부서류는 수출계약서 사본 또는 외화입금증명서로 하는 것이나, 부득이한 사유로 인하여 당해 서류를 첨부할 수 없는 때에는 외화획득명세서에 당해 외화획득내역을 입증할 수 있는 반송신고서나 반송신고내용을 기재한 수출실적명세서를 제출할 수 있는 것임(부가-2170, 2008.7.22.)

중계무역의 매출인식

① 중계무역은 중개무역과는 다르게 자기책임 하에 국내사업장에서 계약을 체결하고 대가를 수령하는 형태로 수입물품의 성질을 변형시키지 않고 원상태로 수출하는 것으로 한국표준산업분류상 도매업으로 분류

  ☞ 중소기업 해당 업종의 범위에 포함되어 일정한 요건이 충족되면 조세특례 가능(서이 46012-11271, 2003.7.7.)

  ☞ 수입금액의 인식은 총액(다만, 수출실적의 인정금액은 수출금액(FOB)에서 수입금액(CIF)을 공제한 금액)

② 중계무역 회계처리

  캐나다에서 FOB USD 10,000에 수입 (×1.11.13. 상품 선적, 기준환율 1,300원)

  미국으로 FOB USD 20,000에 수출 (우리나라 수입통관하지 아니하고 캐나다에서 미국으로 바로 선적)

  ×1. 11. 15. 수입대금 결제 (기준환율 1,350원)

  ×1. 11. 17. 은행에 환어음을 매입하고 환가료 50,000원, 추심료 100,000원을 제외한 25,500,000원을 보통예금으로 입금

  ☞ 수입과 수출계약을 각각 하였기 때문에 매입회계처리와 매출회계처리를 각각

  ☞ 미국과 계약된 수출금액 총액으로 부가가치세 신고

  ×1. 11. 13.

(차) 상품	13,000,000	(대) 외상매입금	13,000,000
			($10,000 × 1,300원)
(차) 외상매출금	26,000,000	(대) 매출	26,000,000
매출원가	13,000,000	상품	13,000,000

  ×1. 11. 15.

(차) 외상매입금	13,000,000	(대) 현금	13,500,000
외환차손	500,000		

×1. 11. 17.

(차) 보통예금	25,500,000	(대) 외상매출금	26,000,000
환가료	50,000		
추심료	100,000		
외환차손	350,000		

📈 실무

반송신고필증

1. 반송[76]이란

   외국에서 물품을 우리나라로 운송하여 보세구역에 반입되었지만 수입신고를 하지 아니하고 다시 수출국으로 혹은 제3국으로 나가는 것을 반송이라 한다.

2. 반송통관의 절차
   ① 보세구역 장치 및 확인
   ② 반송신고
   ③ 물품검사 또는 검사생략
   ④ 통관심사
   ⑤ 신고수리
   ⑥ 보세운송 신고 및 보세운송
   ⑦ 신고수리
   ⑧ 선(기)적

3. 반송물품의 범위
   (1) 단순반송물품 : 외국으로부터 우리나라 보세구역에 반입된 물품으로서 다음의 사유로 수입신고를 하지 아니한 상태에서 다시 외국으로 반출되는 물품
       ① 주문이 취소되었거나 잘못 반입된 물품
       ② 수입 신고 전에 계약과 다른 사항이 확인된 물품
       ③ 수입 신고 전 수입요건 미구비가 확인된 물품
       ④ 선사(항공사)가 외국으로 반출하는 선(기)용품 또는 선(기)내에 판매용품 및 기타 사유로 반출하는 물품
   (2) 통관보류물품 : 외국으로부터 보세구역에 반입된 물품으로서 수입하고자 수입신

---

76) 관세 및 부가세 납부 없이 바로 수출이 가능하고 운송비, 수입통관수수료 등의 비용절감이 가능하지만, 국내로의 이동이 보세구역으로 한정되기 때문에 자유롭지 못하고 수출하는 기간이 오래 소요되면 창고료 및 가산세 등의 부담이 있다.

고를 하였으나 수입신고 수리요건 등의 불비로 통관이 보류되어 다시 외국으로 반출되는 물품

(3) 위탁가공물품 : 해외에서 위탁가공 후 보세구역에 반입된 물품으로서 수출할 목적으로 다시 외국으로 반출하는 물품

(4) 외국으로부터 보세창고에 반입된 물품으로서 국내 수입화주의 결정지연 등으로 수입하지 아니한 상태에서 다시 외국으로 반출되는 물품, 보세창고에 반입된 해외조립용 수출용원재료 또는 이미 수출한 물품의 사후보수, 수리를 위한 물품 (장기비축 수출용원재료 및 수출품사후보수용품)

(5) 박람회 등을 위하여 보세전시장에 반입된 후 전시 종료 후 외국으로 반출하는 물품

(6) 보세판매장에 반입된 외국물품을 판매하지 못하여 운영인이 외국으로 반출하는 물품

(7) 미군 교역처에서 수출조건부 불하한 보세물품

(8) 중계무역 방식으로 수입하여 보세구역에 장치 후 수출할 목적으로 외국으로 반출하는 경우

(9) 여행자 또는 승무원의 휴대물품을 반출하는 경우

(10) 보세판매장에서 외국인에게 판매한 물품을 외국으로 반출하는 경우

4. 반송수출시 필요 서류
① 수입기본서류 : B/L, 수입인보이스, 수입 패킹리스트
② 수출기본서류 : 수출인보이스, 수출패킹리스트
③ 반송요건 입증 서류 : 계약서, 위임장 등

5. 회계처리
(1) 구입시

(차) 미착상품 (상품)	×××	(대) 외상매입금	×××

(2) 반송시

(차) 외상매출금	×××	(대) 매출	×××
(차) 매출원가	×××	(대) 미착상품(상품)	×××

☞ 수출로 보지 않는 단순반품의 경우에는 수정분개(-)만 하면 된다.
☞ 수출로 보는 중계무역이나 위탁가공무역의 경우는 영세율 적용
☞ 사업자가 수입한 재화를 반품하는 경우 수출하는 재화에 해당되어 영세율 적용

6. 반송신고필증 : 거래구분(⑨)과 반송사유(⑳)란의 코드번호를 확인하면 반송원인을 알 수 있다. 이에 따라 회계처리 및 세무처리를 해야 한다.

USD .8000
JPY .1737
계약번호1:
계약번호2:

반 송 신 고 필 증 　　(감지)

※처리기간 : 즉시

접수번호 1 5-0-0X 8			
(1)신고자 김 관세사무소	⑤신고번호 030-0-0-0 5-	⑥신고일자 20 / /	⑦신고구분 M ⑧C/S구분
② 수 출 자 (주)　　　　부표　　수출자구분 O	⑨거래구분 79	⑩종류 A	⑪결제방법 TT
위 탁 자 (주소)	⑫목적국		⑬적재항 PUS 부산항
(대표자) (통관고유부호)	⑭운송형태 10 LC		⑭검사방법선택 A 검사희망일 20 / /
(사전자료확인번호)	⑮물품소재지 600 부관폐리 부산중구		
③ 제 조 자 미상 (통관고유부호)제조미상- 제조장소 130　　산업단지부호 999	⑯L/C번호		⑱물품상태 N
	⑲사전임시개항통보여부 A		⑳반송사유 40
④ 구 매 자 (구매자부호)	㉑환급신청인 [1:수출/위탁자, 2:제조자] 간이환급 NO		
	㉒환급기관		
품명.규격 (란번호/총란수:001/001)			
㉓품 명 ㉔거래품명		㉕상표명	
㉖모델.규격	㉗성분	㉘수량	㉙단가(JPY)　㉚금액(JPY)
	SAMPLE 응지참조		
㉛세번부호 8479.89-9020　㉜순중량 4. (KG)㉝수량		48(U)	㉞신고가격(FOB) W　$
㉟송품장부호	㊱수입신고번호		㊲산지 JP--　㊳포장갯수(종류) 3(GT)
㊴총중량 4. (KG)㊵포장갯수		3(GT)	㊶총신고가격(FOB) W　$
(L)운임(₩)	㊷보험료(₩)		㊸결제금액 FOB-JPY-
㊹수입화물 관리번호		B	㊺컨테이너번호 N
㊻수출요건확인 (발급서류명)			
부신고인기재란 입회인 반입인 성명 : B/L NO :		㊼세관기재란	
㊽운송(신고)인 ㊾기간 / / 부터 / / 까지		㊿신고수리일자 20 / / 　적재의무기한 20 / /	

Page: 1/2

(1) 수출신고수리일로부터 30일내에 적재하지 아니한 때에는 수출신고수리가 취소됨과 아울러 과태료가 부과될 수 있으므로 적재사실 확인하시기 바랍니다.
(관세법 제251조, 제277조) 또한 휴대반송 반송시에는 반드시 출국심사(부두,호소,공항) 세관공무원에게 제시하여 확인을 받으시기 바랍니다.
(2) 반송신고필증의 진위여부는 수출입통관정보시스템에 조회하여 확인하시기 바랍니다.(http://kcis.ktnet.co.kr)

7. 반송사유(반송신고필증⑳)

통계부호	반송사유
11	주문 취소 물품 또는 잘못 반입된 물품
12	수입신고 전에 계약상과 다른 내역이 확인된 물품
13	수입신고 전 수입요건 미구비가 확인된 물품
14	선사/항공사가 외국으로 반출하는 선/기용품 또는 선/기내판매물품
15	기타 사유로 반송하는 물품
20	통관보류물품의 반송
30	위탁가공하여 보세구역에 반입된 물품의 반송
40	중계무역물품의 반송
50	보세창고반입물품의 반송
60	장기비축원재료 및 수출물품 사후보수용품 반송
70	보세전시장물품 반송
80	보세판매장물품 반송
90	수출조건부 미군불하물품 반송

② 위탁판매수출

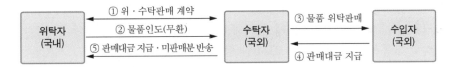

㉠ 물품 등을 무환으로 수출(수출관리부호 31)하여 당해 물품이 판매된 범위 안에서 대금을 결제하는 계약에 의한 수출을 말한다.

㉡ 공급시기는 수출 재화의 공급가액이 확정(국외의 수탁자가 판매하는 때)되는 때가 된다.

㉢ 공급가액은 공급시기의 기준환율 또는 재정환율로 환산한 금액(공급시기가 되기 전에 원화로 환가한 경우 환가금액)이 된다.

㉣ 영세율 첨부서류는 수출계약서 사본 또는 외국환은행이 발행하는 외화입금증명서이다.

㉤ 국내사업장이 없는 외국법인이나 비거주자가 내국법인의 상품을 위탁받아 현지에서 판매를 대행하고 지급받는 수수료는 국내원천소득에 해당하지 않으므로 원천징수하지 않는다.

ⓗ 미판매 물품을 재수입하는 경우 수출자와 수입자가 동일하거나 당해 재화의 제조자가 직접 수입하는 것으로서 관세가 감면되는 것 중 수출한 물품을 수출신고일로부터 2년 이내에 다시 수입하는 것은 부가가치세를 면제한다.

📈 **실무** ○

위탁판매 재화에 대한 영세율 적용(부가통칙 21-31-10)

① 수탁자가 자기명의로 내국신용장을 개설 받아 위탁자의 재화를 공급하는 경우에는 위탁자가 영의 세율을 적용받으며, 이 경우 영세율 첨부서류는 수탁자명의의 내국신용장 사본과 위수탁매매임을 입증할 수 있는 서류로 한다.
② 「관세법」에 따른 보세판매장을 운영하는 사업자가 위탁자의 물품을 수탁 받아 외국인관광객에게 판매하고 위탁자로부터 수수료를 받는 경우 수탁물품의 공급에 대하여는 위탁자가 영세율을 적용받는다.
③ 면세판매장을 경영하는 사업자(위탁자)가 다른 장소에서 면세판매장을 경영하는 사업자(수탁자) 등과 위탁판매계약에 따라 수탁자의 면세판매장에서 위탁판매하는 경우 「조세특례제한법」 제107조에 따라 위탁자에게 영세율을 적용한다.

📈 **실무** ○

위탁판매수출의 회계처리

×1. 9. 15.   미국의 수탁사업자에게 전자제품 US 10,000
            (통관 및 운송비등 500,000원 발생, 원가 9,000,000원)
×1. 11. 13. 미국의 수탁사업자로부터 수탁수수료 700,000원을 차감한 금액을 송금받았다.(기준환율 1,300원)
×1. 9. 15.   위탁판매를 위한 상품의 반출

(차) 적송품	9,500,000	(대) 상품 또는 제품	9,000,000
		현 금(통관 및 운송비)	500,000

×1. 11. 13. 정산시

(차) 현금	12,300,000	(대) 매출	13,000,000
수수료	700,000		
(차) 매출원가	9,500,000	(대) 적송품	9,500,000

국내사업자 '갑'과 '을'이 공동으로 소유하고 있는 특허권을 '갑'의 위탁을 받아 '을'이 국내사업장이 없는 외국법인에게 양도한 경우 재화의 수출에 해당하는 것으로 부가가치세 신고 시 각각의 지분율에 따라 영세율을 적용하여 신고하는 것임(서면부가 2016-2965, 2016.2.29.)

③ 외국인도수출

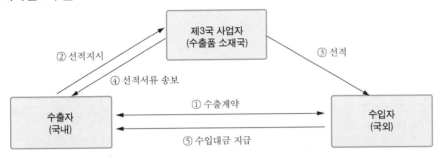

㉠ 수출대금은 국내에서 영수하지만 국내에서 통관되지 아니한 수출 물품 등을 외국으로 인도하거나 제공하는 수출을 말한다.
  → 국외의 사업장에서 계약과 대가수령 등 거래가 이루어지는 경우에는 외국인도수출에 해당하지 않는다(과세대상이 되지 않음).
㉡ 산업설비 수출, 해외건설, 해외투자 등 해외사업현장에서 필요한 기자재를 외국도착 수입형태로 구입하여 사용 또는 제조·건설한 후 국내반입 없이 다시 매각할 때 또는 항해 중이거나 어로작업 중인 선박을 현지에서 매각하는 경우 등에 주로 사용
㉢ 공급시기는 외국에서 해당 재화가 인도되는 때가 된다.
㉣ 공급가액은 공급시기의 기준환율 또는 재정환율로 환산한 금액(공급시기가 되기 전에 원화로 환가한 경우 환가금액)이 된다.
㉤ 영세율 첨부서류는 수출계약서 사본 또는 외국환은행이 발행하는 외화입금증명서(위탁가공 무역방식의 수출업자로부터 매입하여 수출하는 경우 매입계약서 추가 제출)이다.
㉥ 수출의 대가를 국외의 수입자로부터 원화로 받든 외화로 받든지 여부에 관계없이 영세율 적용

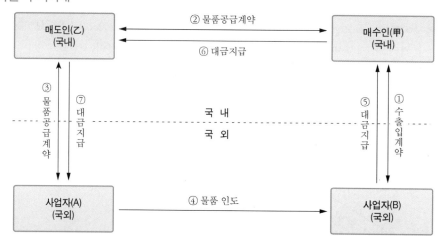

📈 실무 ●

4자간 무역거래

- "甲"은 외국인도수출에 해당
- "乙"은 국내에서 계약과 대가수령이 이루어지고, 국외에서 재화가 이동된 경우로서 국내사업자인 "甲"과의 거래이므로 외국인도수출에 해당하지 아니함(과세거래 아니지만 계산서 발급 대상)

외국인도수출 판단기준은 다음과 같다.
① 국내의 사업장에서 계약과 대가수령 등 거래가 이루어져야 함
② 재화의 이동이 국외에서 이루어져야 함
③ 수출대금을 국외에서 국내로 송급받는 경우여야 함

📈 실무 ●

[실무] 외국인도수출 회계처리

국외 건설현장에서 사용하던 기계장치(취득가액 50,000,000원, 감가상각누계액 20,000,000원)를 국외 현지에서 제3국에 있는 외국법인에게 USD 30,000에 매각, 선적일 기준환율은 1,300원이다.

① 선적일 회계처리

(차) 미수금	39,000,000	(대) 기계장치	50,000,000
감가상각누계액	20,000,000	유형자산처분이익	9,000,000

외국법인으로부터 USD 30,000을 송금받아 수수료 100,000원을 제외하고 현금인출하였다.
(원화출금 기준환율 1,250원)

②

(차) 현금	37,400,000	(대) 미수금	39,000,000
수수료	100,000		
외환차손	1,500,000		

해석사례

① '물품 등을 외국으로 인도한다'는 것의 의미는 단순히 내국의 물품이 장소적으로 외국에서 이동한다는 것만이 아니라 외국에 위치한 국내사업자의 물품이 처분권한과 함께 외국으로 이동하는 것을 의미한다 할 것으로 청구법인이 국내사업자에게 반제품을 납품하는 것은 국외거래에 해당하기는 하나, 국내사업자와의 거래로서 위 규정에 따른 영세율의 적용대상인 수출에는 해당하지 아니한다고 보는 것이 타당(조심 2020광412, 2021.2.24.)

② 국내사업자가 외국업체(A)로부터 주문을 받아 주문 물품의 생산을 외국업체(B)에게 의뢰하여 생산하게 한 후, 완성된 물품을 국내에 수입하지 아니하고 외국업체(B)가 외국업체(A)에게 직접 인도하게 하고 수출대금은 국내사업자가 외국업체(A)로부터 영수하는 경우에는 부가가치세법 시행령 제24조 제1항 제2호 다목의 외국인도수출에 해당하는 것(부가-977, 2012.9.27.)

④ 위탁가공무역 방식의 수출

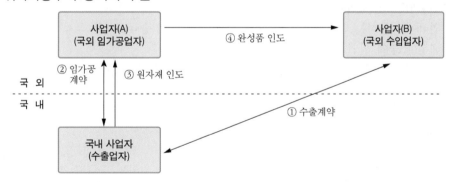

㉠ 가공임을 지급하는 조건으로 외국에서 가공(제조, 조립, 재생, 개조 포함)할 원료의 전부 또는 일부를 거래상대방에게 수출하거나 외국에서 조달하여 가공한 후 가공 물품 등을 외국으로 인도하는 방식의 수출을 말한다.

대외무역법상 위탁가공무역방식의 수출 – 다음 요건 모두 충족

① 가공임을 지급하는 조건으로 외국에서 가공이 이루어질 것
② 원재료의 전부 또는 일부 제공할 것(국내 또는 외국에서 조달)
③ 가공물품을 외국으로 인도할 것(가공국에서 제3국으로, 가공국내에서 제3자에게 인도하는 것을 포함

ⓒ 공급시기는 외국에서 해당 재화가 인도되는 때가 된다.

ⓒ 공급가액은 완성된 제품의 인도가액으로 하며, 공급시기의 기준환율 또는 재정환율로 환산한 금액(공급시기가 되기 전에 원화로 환가한 경우 환가금액)이 된다.

ⓔ 영세율 첨부서류는 수출계약서 사본 또는 외국환은행이 발행하는 외화입금증명서이다. 다만, 외국인도수출 사업자로서 위탁가공무역방식의 수출을 적용받는 사업자로부터 매입하는 경우 매입계약서를 추가로 첨부한다.

위탁가공무역방식의 수출 주의사항

① 도매업[77]에 해당되므로 제조업으로 감면 등을 적용하시 않음에 유의
② 수출신고필증의 원자재반출(29)은 재화의 공급이 아니기 때문에 외국에서 완제품이 인도되는 때 영세율 신고를 한다.
③ 외국에 지급하는 임가공료를 외주가공비로 처리(국외 송금내역은 국세청에 통보되기 때문에 금액 확인)
④ 외국에서 가공 중에 있거나 선적되지 않은 것은 기말재고자산에 포함

해석사례

① 위탁가공무역 방식의 수출에서 수출대금을 외국에서 외화로 수령한 후 이를 국내로 반입하여 외국환은행에서 원화로 환전하는 경우는 실질적으로 국내 사업장에서 대가를 수령하는 것으로 볼 수 있으므로, "국내 사업장에서 대가 수령"요건을 충족하는 것임(기준법령해석부가 2020–73, 2021.5.27.)

② 국내 사업자 A가 외국 소재 사업자와 수출계약을 체결한 국내 무역업자 B와 납품계약을 체결한 후, 국내 사업자 A가 원자재를 중국의 수탁가공사업자에게 대가없이 반

───────────

77) 국세심판원과 국세청의 행정해석

출하여 가공한 재화를 국내로 반입하지 아니하고 국내 무역업자 B가 지정한 외국 소재 사업자에게 양도하는 방식의 경우에 대해서는 「부가가치세법」 시행령 제24조 제1항 제2호 라목에 해당되어 영세율이 적용되는 것임(부가-738, 2012.6.29.)

⑤ 위탁가공용 원료의 반출

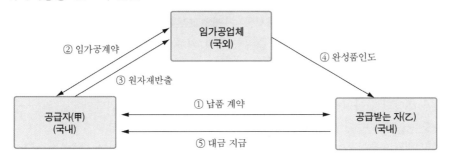

㉠ 원료를 대가없이 국외의 수탁가공 사업자에게 반출하여 가공한 재화를 양도하는 경우에 그 원료의 반출을 말한다.

㉡ 공급시기는 외국에서 해당 재화가 인도되는 때가 된다.

㉢ 공급가액은 공급시기의 기준환율 또는 재정환율로 환산한 금액(공급시기가 되기 전에 원화로 환가한 경우 환가금액)이 된다.

㉣ 국내 사업자가 지정하는 외국사업자에게 양도하는 경우 국내 사업자에게 영세율 세금계산서를 발급하여야 한다.

㉤ 외화획득명세서에 영세율이 확인되는 증빙서류(계약서 등)를 첨부하여 제출하여야 한다.

해석사례

① 내국법인이 국외사업자에게 원재료를 무환반출하여 위탁가공한 완제품을 국외에서 다른 내국법인에게 인도하는 경우 완제품 전체 공급가액에 대하여 계산서를 발급하여야 함(사전법령해석법인 2020-663, 2020.10.8.)

② 사업자가 국내의 다른 사업자와 체결한 물품공급계약에 따라 국외의 수탁가공사업자에게 원재료를 무환반출하여 위탁가공 후 완제품을 국외에서 다른 외국법인에게 인도하는 경우 원재료의 반출은 영세율이 적용되는 것이며, 국내 사업자 간 거래는 국외거래로서 완제품 공급가액 전부에 대하여 계산서를 발급하여야 하는 것임(서면법령해석부가 2019-2631, 2019.12.31.)

⑥ 수입신고 수리 전 보세구역 물품의 외국반출

📉 **실무** ○

본래의 수출과 부가가치세 실무

1. 본래의 수출에 해당되는 경우 부가가치세 신고시 수출실적명세서(갑),(을)을 작성해서 제출해야 함
2. 수출실적명세서를 작성하기 위해서는 거래처로부터 수출신고서를 넘겨받아야 하는데, 이 때 공급시기(선적일자 등)를 판단하기 위해서 필요한 선하증권(B/L) 상의 선(기)적일자를 수출신고서 상단이나 하단에 반드시 기록하여 줄 것을 요청하여야 함
3. 외국으로 재화를 반출하여 수출신고서가 발급된 경우에도 부가가치세법상 재화의 공급에 해당되지 아니하는 경우(위탁가공을 위한 원자재 수출, 위탁판매를 위한 물품의 수출 등)에는 수출실적명세서에 기재되지 않음에 유의해야 함
4. 이후 위탁가공물품이나 위탁물품이 외국에서 팔리는 시점에서는 수출신고서가 별도로 작성되지는 않지만 수출계약서사본과 외화입금증명서 등 영세율 첨부서류를 첨부하여 반드시 부가가치세 영세율 신고를 하여야 함(수출실적명세서(갑) "⑪ 기타영세율적용"란에 기재)

영세율적용대상	첨부서류	
	법령에 의한 첨부서류	국세청장 지정서류, 집행기준(45-101-1)
직접수출(대행수출 포함)	수출실적 명세서, 휴대반출시 간이 수출신고서 사본, 소포수출의 경우 소포수령증	대행수출 : 수출대행계약서 사본과 수출 실적명세서
중계무역방식 수출, 위탁판매 수출, 외국인도수출, 위탁가공무역 수출 등	수출계약서 사본 또는 외화입금증 명서(위탁가공무역방식 수출자로 부터 매입하여 외국인도수출하는 경우 매입계약서 추가 첨부)	
내국신용장·구매확인서에 의한 공급	내국신용장 사본이나 내국신용 장·구매확인서 전자발급명세서 (전자무역기반시설을 통하여 개설 되거나 발급된 경우)	과세환급금 등 명세서(내국신용장 불포 함분)
한국국제협력단에 재화 공급	한국국제협력단 발행 공급사실 증 명서류	
한국국제보건의료재단에 재화 공급	한국국제보건의료재단 발행 공급 사실 증명서류	

영세율적용대상	첨부서류	
	법령에 의한 첨부서류	국세청장 지정서류, 집행기준(45-101-1)
대한적십자사에 재화 공급	대한적십자사 발행 공급사실 증명서류	
수탁가공무역 수출용 재화공급	수출재화 입증서류 및 외화입금증명서	
국외에서 공급하는 용역	외화입금증명서 또는 용역공급계약서	장기 해외공사의 경우 최초 신고 시 공사도급계약서 사본을 제출하고 당해 신고기간에는 외화획득명세서 제출
선박에 의한 외국항행용역	외화입금증명서	『선박에 의한 운송용역 공급가액일람표』(외화입금증명서로 제출한 공급가액 포함 작성)
항공기에 의한 외국항행요역	공급가액 확정명세서	공급가액 확정명세서
다른 외항사업자의 선박 또는 항공기의 승선(탑승)권 판매하거나 화물운송계약 체결 대가	외화입금증명서	공급자와 공급받는 자간의 송장집계표 또는 대금청구서
국제복합운송계약에 의한 외국항행용역	외화입금증명서	외화획득명세서에 선박·항공기에 의한 외국항행용역 입증서류[화주가 내국인인 경우 외화획득명세서에 영세율임을 입증하는 서류)B/L)]
국내에서 비거주자·외국법인에게 공급되는 재화 및 일부 용역	• 외화입금증명서 • 해당 국가에서 우리나라의 거주자 또는 내국법인에 대하여 동일하게 면세한다는 사실을 입증할 수 있는 관계 증명서류(제33조 제2항 제1호 나목 중 전문서비스업과 같은 호 아목에 해당하는 용역의 경우에 한정한다) • 국외사업자에게 정보통신망을 통해 영상·오디오 기록물 제작업 등에 해당하는 용역을 제공하였음을 증빙하는 서류	• 용역공급계약서 사본 또는 대금청구서 • 외환매입증명서 또는 외국환매각증명은 외화입금증명서에 갈음 • 직접 외화가 입금되니 아니한 경우 → 외화획득명세서에 외화획득사실 증빙 첨부 • 채널이름, URL 주소, 개설시기 등

영세율적용대상		첨부서류	
		법령에 의한 첨부서류	국세청장 지정서류, 집행기준(45-101-1)
수출재화 임가공요역	수출업자와 직접 도급계약	임가공계약서 사본과 납품사실증명서 또는 수출대금입금증명서	
	내국신용장 구매확인서	내국신용장 사본이나 내국신용장·구매확인서 전자발급명세서 (전자무역기반시설을 통하여 개설되거나 발급된 경우)	
외항 선박·항공기 등에 공급하는 재화·요역	재화	선(기)적완료증명서. 다만, 전기통신사업은 용역공급기록표, 개별소비세법 시행령 제20조 제2항 제3호 및 교통·에너지·환경세법 시행령 제17조 제2항 제2호에 따른 석유류 면세의 경우에는 유류공급명세서	외항 선박 등에 제공한 재화·용역일람표와 세관장 발행 선(기)용품 등 적재허가서
	하역 용역		외항 선박 등에 제공한 재화·용역일람표와 세관장에게 제출한 수출입물품 적재·하선(기)작업 확인 신청 및 증명원 또는 대금청구서
	기타 용역		외항 선박 등에 제공한 재화·용역일람표와 세관장 발급 승선(탑승) 신고수리서 또는 선장이 발행하는 확인서나 대금청구서
	원양어선에 공급하는 재화·용역		외항 선박 등에 제공한 재화·용역일람표와 세관장 발급 승선 수리신고서 또는 선장이 발행하는 확인서나 대금청구서
	지정서류를 제출할 수 없는 경우		외황 선박 등에 제공한 재화·용역일람표와 용역공급계약서 사본 또는 대금청구서
외교공관 등에 공급하는 재화·용역		수출(군납)대금입금증명서 또는 군납완료증명서 또는 법 제24조 제1항 제1호에 따른 해당 외교공관 등이 발급한 납품 또는 용역 공급 사실을 증명하는 서류 다만, 전력 등 계속 공급하는 경우 재화공급기록표 또는 용역공급기록표	재화·용역 공급기록표
관광알선용역		일반여행업은 외화입금증명서. 다만, 외화 현금으로 받는 경우 관광알선수수료 명세표와 외화매입증명서	

영세율적용대상	첨부서류	
	법령에 의한 첨부서류	국세청장 지정서류, 집행기준(45-101-1)
외국인전용판매장 등에서 공급하는 재화·용역	외화입금증명서 또는 외화매입증명서	
외교관 등에게 공급하는 재화·용역	외교관면세판매 기록표	외국인 물품판매·외교관면세 판매 기록표
영세율적용사업자가 위 지정서류를 제출할 수 없는 경우		• 외화획득명세서 • 영세율이 확인되는 증빙서류
영세율 대상이 되는 제조·가공·역무의 제공이 2과세기간 이상 소요되어 외화입금증명서 또는 수출신고필증을 발급받을 수 없을 때		제조·가공·역무제공계약서 사본
방위산업물자 군부대 등에 공급하는 석유류	납품증명서	
도시철도 건설용역	납품받는 기관장 발행 용역공급사실 증명서류	
국가·지방자치단체에 공급하는 사회간접자본시설	『사회간접시설에 대한 민간투자법』에 의한 공급 입증서류	
장애인용 보장구 및 정보통신기기	월별판매액합계표	
농민 등에게 공급하는 농·축·임·어업용 기자재	• 월별판매액합계표, 임협·중앙회의 장의 임업용 기자재 구매확인서 • 농협 등을 통한 공급의 경우 기관장의 납품 확인서	
농·어업 기자재 등에 대한 사후환급	환급신청서, 농·어민 확인서, 매입처별세금계산서합계표(비사업자는 매입세금계산서합계표), 환급신청명세서	
외국인관광객에 대한 사후환급	• 세관장이 확인한 판매확인서와 송금명세서 또는 환급증명서 • 외국인관광객 면세물품 판매 및 환급실적명세서	

영세율적용대상	첨부서류	
	법령에 의한 첨부서류	국세청장 지정서류, 집행기준(45-101-1)
외국인관광액 미용성형 의료용역에 대한 사후환급	의료용역공급확인서 및 환급·송금명세서	
외교관 등에게 공급하는 재화 또는 용역에 대한 사후환급	외교관면세판매기록표	
외국사업자가 공급받은 재화 또는 용역에 대한 사후환급	외국사업자 증명원, 거래내역서, 세금계산서 원본, 위임장(대리인에 의한 신청서)	
제주특별자치 여행객 면세점 이용 특례	제주특별자치도 여행객 면세점 공급실적명세서	

수출실적명세서(갑)

년 제 기 (월 일 ~ 월 일)

※ 아래의 작성방법을 읽고 작성하시기 바랍니다.

제출자 인적사항	① 사업자등록번호	② 상호(법인명)
	③ 성명(대표자)	④ 사업장 소재지
	⑤ 업태	⑥ 종목

| ⑦ 거래기간   년   월   일 ~   월   일 | ⑧ 작성일자 |

구분	건수	외화금액	원화금액	비고
⑨ 합계				
⑩ 수출재화(= ⑫합계)				
⑪ 기타 영세율적용				

⑫ 일련번호	⑬ 수출신고번호	⑭ 선(기)적일자	⑮ 통화코드	⑯ 환율	금액	
					⑰ 외화	⑱ 원화
	합계					
	홈택스에서 수출실적명세서(수출통관 자료) 조회					
	→ 선적일은 기존처럼 별도로 확인하여야 함					

작 성 방 법

이 명세서는 외국으로 재화를 직접 반출(수출)하여 영세율을 적용받는 사업자가 작성하며 아래의 작성요령에 따라 한글, 아라비아숫자, 영문자로 정확하고 선명하게 적어야 합니다.

①~⑥ : 제출자(수출자)의 사업자등록증에 적힌 사업자등록번호·상호(법인명)·성명(대표자)·사업장 소재지·업태·종목을 적습니다.

⑦ : 신고대상기간을 적습니다(예시 : 2010년 1월 1일~3월 31일).

⑧ : 수출실적명세서 작성일자를 적습니다.

⑨ : 부가가치세 영세율이 적용되는 재화 또는 용역의 공급으로 세금계산서 발급대상이 아닌 영세율 적용분에 대한 총건수, 외화금액 합계, 원화금액 합계[부가가치세 신고서 2쪽 영세율 기타분(④항) 과세표준]를 적습니다.

⑩ : 관세청에 수출신고 후 외국으로 직접 반출(수출)하는 재화의 총건수, 외화금액 합계, 원화금액 합계를 적으며, ⑫란의 1번부터 마지막 번호까지를 모두 합계한 건수, 외화금액, 원화금액과 일치하여야 합니다.

⑪ : 관세청에 수출신고 후 외국으로 직접 반출(수출)하는 재화 이외의 영세율적용분(국외제공용역 등)으로 세금계산서를 발급하지 아니하는 분의 총건수, 외화금액 합계, 원화금액 합계를 적습니다(※ 영세율 첨부서류는 별도 제출).

⑫ : 수출 건별로 1번부터 부여하여 마지막 번호까지 순서대로 적습니다.

⑬ : 수출신고서의 (7)번 신고번호를 적습니다.

⑭ : 수출재화(물품)을 실질적으로 선(기)적한 일자를 적습니다.

⑮ : 수출대금을 결제받기로 한 외국통화의 코드를 영문자 3자로 적습니다(수출신고서 (48)번 항목의 중간에 표시되며, 미국달러로 결제받는 경우 USD라 적습니다).

⑯ : 수출재화의 선(기)적 일자에 해당하는 외국환거래법에 의한 기준환율 또는 재정환율을 적습니다.

⑰ : 수출물품의 인도조건에 따라 지급받기로 한 전체 수출금액으로 수출신고서의 (48)번 항목의 금액이며 소수점 미만 2자리까지 적습니다.

⑱ : ⑰란의 금액을 ⑯란의 환율로 곱한 환산금액 또는 선(기)적일 전에 수출대금(수출선수금, 사전송금방식수출 등)을 원화로 환가한 경우에는 그 금액을 원단위 미만은 절사하고 적습니다.

※ 『수출실적명세서(갑)』 서식을 초과하는 수출실적분에 대해서는 『수출실적명세서(을)』[별지 제40호 서식(2)]에 작성합니다.

210㎜×297㎜[백상지 80g/㎡(재활용품)]

관세청 전자통관시스템 UNI-PASS

수 출 신 고 서 (갑지)

※ 처리기간 : 즉시

① 신고자 관세법인 인천	⑤ 신고번호 43978-00-103225X	⑥ 세관과 020-09	⑦ 신고일자 20x1-04-06	⑧ 신고구분 일반P/L신고	⑨ C/S구분 A

② 수 출 대 행 자 ㈜ ABC (통관고유부호) ABC-1-21-1-01-5 수출자구분 C 수 출 화 주 ㈜ ABC (통관고유부호) ABC-1-21-1-01-5 (주소) (대표자) (소재지) (사업자등록번호)	⑩ 거래구분 11 일반형태	⑪ 종류 A 일반수출	⑫ 결제방법 TT 단순송금방식
	⑬ 목적국 CN PRC	⑭ 적재항 ICN 서울/인천	⑮ 선박회사 (항공사)
	⑯ 선박명(항공편명)	⑰ 출항예정일자	⑱ 적재예정보세구역 02099999
	⑲ 운송형태 40 LC		⑳ 검사희망일 20x1/04/06
	㉑ 물품소재지		
③ 제 조 자 미상 (통관고유부호) 제조미상*9*99*9*00*0 제조장소 22381 산업단지부호 999	㉒ L/C번호		㉓ 물품상태
	㉔ 사전임시개청통보여부		㉕ 반송 사유
④ 구 매 자 (구매자부호)	㉕ 환급신청인 1 (1 : 수출대행자/수출화주, 2 : 제조자) 자동간이정액환급 NO		

・ 품명 ・ 규격 (란번호/총란수: 999/999)

㉗ 품 명 ㉘ 거래품명	㉙ 상표명

㉚ 모델 ・ 규격	㉛ 성분	㉜ 수량	㉝ 단가(XXX)	㉞ 금액(XXX)

㉟ 세번부호	3304.99-1000	㊱ 순중량	103.18 (KG)	㊲ 수량		㊳ 신고가격(FOB)	$65,307 ₩90,482,000
㊴ 송품장번호		㊵ 수입신고번호		㊶ 원산지		㊷ 포장갯수(종류)	
㊸ 수출요건확인 (발급서류명)							
㊹ 총중량		㊺ 총포장갯수		㊻ 총신고가격 (FOB)			$65,307 ₩90,482,000
㊼ 운임(₩)		㊽ 보험료(₩)		㊾ 결제금액		FOB-KRW-90,482,000.00	
(50) 수입화물관리번호				(51) 컨테이너번호			

※신고인기재란	(52) 세관기재란

(53) 운송(신고)인 (54) 기간 부터 까지	(55) 적재의무기한	20x1/05/06	(56) 담당자		(57) 신고수리일자	

(1) 수출신고수리일로부터 30일 내에 적재하지 아니한 때에는 수출신고수리가 취소됨과 아울러 과태료가 부과될 수 있으므로 적재사실을 확인하시기 바랍니다.(관세법 제251조, 제277조) 또한 휴대탁송 반출시에는 반드시 출국심사(부두, 초소, 공항) 세관공무원에게 제시하여 확인을 받으시기 바랍니다.

(2) 수출신고필증의 진위여부는 관세청 인터넷통관포탈에 조회하여 확인하시기 바랍니다. (http://portal.customs.go.kr)

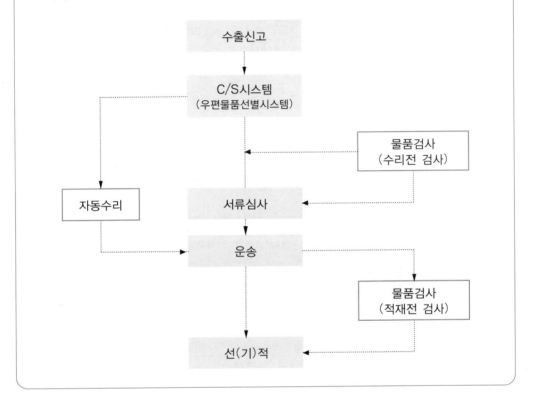

📈 실무

수출신고 및 통관 절차[78]

① 국내에서 수출하고자 하는 모든 물품은 세관에서 통관 절차를 지나 수출신고 필증을 발급받아야 함(보통 UNIPASS 사이트를 통하여 전자신고)
② 수출신고는 판매자, 수출대행자, 관세사가 주로 진행
③ 수출신고 수리일로부터 30일 이내에 화물을 적재하지 않는다면 수출신고가 취소되고 과태료가 부과될 수 있음(수출자는 신고 후 물건이 적재되었는지 반드시 확인)

---

78) 관세청 홈페이지 참고

실무

수출신고필증 체크사항

(1) 수출자 구분 (수출신고필증 ② 확인)
 ① 수출대행자가 제조자와 동일한 경우 : A (직수출)
 ② 수출대행자가 수출대행만을 한 경우 : B (대행수출 – 수출대행수수료 세금계산서 확인 또는 단순 명의대여인지 확인)
  ☞ 수출자가 아닌 수출품 생산업자가 영세율 과세표준 신고를 하여야 함
 ③ 수출대행자가 완제품공급(원상태 공급을 포함한다)을 받아 수출한 경우 : C (제조자가 내국신용장 또는 구매확인서에 의하여 공급되어 영세율이 적용되는지 확인)
 ④ 수출화주와 제조자가 본·지사 관계인 경우 : D

(2) 거래구분 (수출신고필증 ⑩ 확인)
 수출신고필증상 거래구분과 실질 수출형태가 다른 경우 실질에 따라 영세율 신고해야 함에 유의

통계부호	거래구분	비고
11	일반형태 수출	
15	전자상거래에 의한 수출물품 ☞ 선하증권상 선(기)적일	
17	전자상거래 풀필먼트 수출 ☞ 국외에서 아마존 등에 의해 판매한 재화의 공급가액이 확정되는 때[79]	
21	국내 외국인 투자업체가 외국으로부터 수탁받아 가공 후 수출	
22	기타 일반업체가 수탁받아 가공 후 수출	
29	**위탁가공(국외가공)을 위한 원자재 수출**	
31	**위탁판매를 위한 물품의 수출**	B.W.T 수출 등
32	연계무역에 의한 물품의 수출(구상무역 포함)	
33	**임대방식에 의한 수출(소유권 이전 조건)**	
39	**임대방식에 의한 수출(소유권 불이전 조건)**	
40	임차방식에 의한 수입 후 다시 수출되는 물품	
41	대외 원조수출(정부원조)	
49	대외 원조수출(민간원조)	
51	현물차관 수출	
59	현물상환 수출	

---

79) 2022.3.9. 이후 공급분부터 적용(위탁판매 수출과 동일하게 처리)
 • 수출 시 회계처리) (차) 적송품   ××× (대) 상품   ×××
 • 국외 판매 회계처리) (차) 외상매출금 ××× (대) 위탁수출매출 ×××

통계부호	거래구분	비고
61	**해외투자 수출(현물투자 포함)**	
69	산업설비	산업설비수출승인을 받아 수출하는 경우
70	국내보세공장에서 국적취득조건부 나용선으로 건조한 선박의 수출	
71	주한미군 불하물품 수출	
72	외국물품을 수입통관 후 원상태로 수출	유상판매하는 경우
73	수출조건부 공매물품의 수출	
78	외국으로부터 보세구역에 반입된 물품으로 다시 반송 신고 되는 물품(단, 중계무역 수출제외)	
79	중계무역수출	
81	선박, 항공기를 국내수리 후 수출	
82	선박, 항공기를 외국에서 수리, 검사받을 목적으로 수출	
83	외국에서 수리 또는 검사를 받을 목적으로 반출하는 물품 (선, 기 제외)	재수입 조건부 수출
84	외국물품을 국내에서 수리, 검사(가공 제외) 등을 행한 후 다시 반출하는 물품(선, 기 제외)	
85	외국에서 개최되는 국제행사, 체육대회, 전시회, 박람회, 문화예술공연 등에 참가하기 위하여 무상으로 반출하는 물품	유상반출의 경우는 일반 형태의 수출
86	국내에서 개최된 국제행사, 체육대회, 전시회, 박람회, 문화예술공연 등에 참가한 후 재반출하는 물품	재수출 조건부 수입의 수출
89	우리나라에서 수출되었던 물품이 수리, 검사 또는 크레임, 기타 사유로 반입되어 국내에서 수리, 검사 또는 보수작업 후 다시 반출되는 물품(하자보수)	재수출 조건부 수입의 수출
90	수출된 물품이 계약내용과 상이하여 반출하는 물품	
91	해외이주법에 의한 해외 이주자가 반출하는 원자재, 시설재, 장비 등의 물품의 수출(해외이주자 물품)	
92	무상으로 반출하는 상품의 견품 및 광고용품	
93	수입된 물품이 계약내용과 상이하여 반출하는 물품	
94	기타 수출승인 면제물품	
95	외교관 용품 등 수출	
96	수출물품의 성능보장 기간 내에 당해 물품의 수리 또는 검사를 위하여 반출되는 물품	
100	화폐 등 지급수단의 수출	
101	자유무역지역에서의 수출(GDC 국외반출물품)	
102	수출인도장에서의 보세판매장 국산물품수출	

① (29) 위탁가공(국외가공)을 위한 원자재 수출

수출신고서 작성과 함께 수출신고필증은 발급되나 영세율 신고대상이 아니며, 실제 외국에서 가공되어 완제품이 최종 계약자(제3국)에게 인도될 때 영세율 신고를 하여야 하며, 담당자는 이를 별도로 관리하여야 함

(회계처리 참고) 담당자가 관리하기 위해 선적일에 별도의 코드로 분개처리하는 것이 좋음

| (차) 적송원재료등 | ××× | (대) 원재료 | ××× |
| 제조비용 | ××× | 현금등 | ××× |

> **해석사례**
>
> **국외에서 국내사업자에게 공급하는 제품에 대한 계산서 발급대상 금액**
> 내국법인이 국외사업자에게 원재료를 무환반출하여 위탁가공한 완제품을 국외에서 다른 내국법인에게 인도하는 경우 완제품 전체 공급가액에 대하여 계산서를 발급하여야 함(무환반출 원재료에 대한 영세율 세금계산서 아님에 유의) - 사전법령해석 법인 2020-663, 2020.10.8.

② (31) 위탁판매를 위한 물품수출

국외에 있는 수탁자의 판매장 등에 보관하기 위해 물품을 수출한 경우 수탁자가 실제 소비자에게 판매하는 시섬이 공급시기이다. 따라서 수줄신고필증이 발급된 시점에 영세율 신고하는 것이 아니라 실제 판매되는 시점에 영세율 신고를 하여야 함

(회계처리 참고)

| (차) 적송품 | ××× | (대) 상품 | ××× |
| (차) 외상매출금 | ××× | (대) 위탁수출매출 | ××× |

③ (33, 39) 임대방식에 의한 수출

	소유권이전	소유권불이전
재화의 국외반출	수출 (영세율 적용)	재화의 공급 아님
임대료 발생시	국외제공용역 (영세율 적용)	국외제공용역 (영세율 적용)

④ (40) 임차방식에 의한 수입 후 다시 수출되는 물품

임차(사용대차 포함) 계약에 따라 물품 등을 수입하여 일정기간 후 다시 수출하거나 그 기간의 만료 전 또는 만료 후 해당 물품의 소유권을 이전받는 수입

☞ 수입금액이 아니기 때문에 별도의 회계처리 없음

⑤ (61) 해외투자수출(현물투자 포함)

해외로 현물 출자하는 경우 그 현물의 반출은 부가가치세법상 재화의 공급이며 영의세율을 적용함

⑥ (78) 외국으로부터 보세구역에 반입된 물품으로 다시 반송 신고되는 물품

☞ 외국물품의 경우 별도의 영세율 신고도 없으며, 수입금액이 아니기 때문에 별도의 회계처리도 없음

⑦ (79) 중계무역수출

'중계무역'이란 수출할 것을 목적으로 물품 등을 수입하여 관세법 제154조에 따른 보세구역 및 관세법 제156조에 따라 보세구역의 장치의 허가를 받은 장소 또는 자유무역지역의 지정등에 관한 법률 제4조에 따른 자유무역지역 이외의 국내에 반입하지 아니하고 수출하는 수출입을 말함

☞ 수출과 수입의 인도기준이 다르지 않는 한 매출과 매입회계를 동시에 처리

⑧ (81~86) 재화의 공급이 아니나 부가가치세 신고시 영세율로 신고 후 수입금액 제외로 신고하는 것이 유리할 것으로 보임. 별도의 수입금액이 아니기 때문에 회계처리는 없음

해석사례

① (83) 외국회사(을)의 관계회사인 외국인투자법인이 그 외국회사(을)가 국내의 고객회사에게 판매한 반도체생산 장비를 고객회사에 설치하고 불량부품 교체 등의 A/S용역을 제공함에 있어, A/S용역 제공시 수거한 불량부품을 수리를 위하여 소유권 이전 없이 외국회사(을)에게 무환 반출하는 경우 당해 불량부품의 반출은「부가가치세법」제6조에서 규정하는 재화의 공급에 해당하지 아니하는 것임(부가-4146, 2008.11.12.)

② (86) 기계장치를 수입하여 판매하는 사업자가 수입·판매된 기계장치를 보증수리기간 내에 하자가 발생하여 수리목적으로 외국으로 반출하는 경우와 수입된 기계장치의 하자로 반품처리(환불)하기 위하여 외국으로 반출하는 경우에는「부가가치세법」제6조에 규정한 재화의 공급에 해당하지 아니하며, 사업자가 국내에서 신제품 전시목적으로 외국사업자 소유의 전시품을 무환 수입하여 전시를 하고 전시가 끝난 후 당해 외국사업자에게 반환하기 위하여 외국으로 반출하는 경우에는「부가가치세법」제6조에 규정한 재화의 공급에 해당하지 아니함(서면3팀-3425, 2007.12.27.)

---

⑨ (89) 우리나라에서 수출되었던 물품이 수리, 검사 또는 크레임, 기타 사유로 반입되어 국내에서 수리, 검사 또는 보수작업 후 다시 반출되는 물품(하자보수)
부가가치세법상 재화의 공급이 아니며 별도의 매출 회계처리 없음

사업자가 재화를 수출한 후 하자로 인하여 당해 수출한 재화를 반입하면서 세관장으로부터 수입세금계산서를 교부받고 반입된 재화를 수리하여 재수출하거나 동일제품으로 교환하여 재수출하는 경우 당해 재화의 반입일이 속하는 예정신

> 고기간 또는 확정신고기간에 대한 예정 또는 확정신고시 부가가치세 과세표준
> 에서 반입재화의 공급가액을 차감하지 아니하고 반입시 교부받은 수입세금계산
> 서의 매입세액은 매출세액에서 공제하며, 당해 수리된 재화 등의 재수출시에는
> 부가가치세가 과세되지 아니한다(부가 46015–2284. 1999.8.2.).

⑩ (92) 무상으로 반출하는 상품의 견품 및 광고용품

사업자가 재화를 국외로 무상으로 반출하는 경우에는 영의 세율을 적용한다. 다만, 자기사업을 위하여 대가를 받지 아니하고 국외의 사업자에게 견본품을 반출하는 경우에는 재화의 공급으로 보지 아니한다(부가통 21–31–4). 견본품에 대하여 외국으로부터 대가를 받는 경우에는 과세대상에 해당되며 수익으로 계상하여야 한다. 이 경우 공급시기는 대가를 받기로 확정되는 때이다(부가 46015–1072, 1997.5.13.).

(회계처리 참고) 무상반출 시

(차) 견본품비 　　　　 ×××　　　 (대) 상품 　　　　　　 ×××

(3) 결제방법 (수출신고필증 ⑫ 확인)

① (LS ; 신용장) 일람출급 L/S : 수입상이 선적서류와 환어음을 인수받고 대금을 결제(이전까지는 외상수출)하는 현금상환방식

② (LU ; 신용장) 기한부 L/C : 선석서류와 환어음을 인수하여 물품을 인도받고 어음만기일에 대금을 결제하는 외상거래방식

- 수출자가 기한을 준 경우(Shipper's Usance) : 수출자 입장에서 외상수출[80]
- 수입자에게 기한을 준 경우(Bamler's Usance) : 수출자 입장에서는 현금수출 (외상아님)이나 수입자가 도착한 환어음 또는 선하증권 인수대금을 지급할 때까지는 외상수출임

③ (DA ; 추심) 선적서류인수도 D/A : 수입업자가 선적서류와 환어음을 인수하고 물품을 인도받은 후 어음만기일에 대금을 결제하는 방식 (수출자 입장에서는 외상매출)

④ (DP ; 추심) 선적서류지급도 D/P : 수입업자가 선적서류 및 일람출금환어음을 인수하고 대금을 결제하는 방식 (현금수출 다만, 수입자가 도착한 환어음 또는 선하증권 인수대금을 지급할 때까지는 외상수출)

⑤ (CD ; 송금) 사후 또는 동시 송금방식 : 현금수출(다만, 수입자가 도착한 수입품을 인수할 때까지는 외상수출)

- COD(Cash On Delivery) : 수입국에 수출업자의 해외지사나 대리인에 물품을 송부하고 수입자가 물품을 검사한 후 대금을 지급하는 방식

---

80) 수출자가 환어음을 발행하여 금융기관에 할인매입
　ⓐ K-IFRS : 단순 차입거래로 인식하여 여전히 외상매출임
　ⓑ 기업회계기준 : 매각거래로써 외상대금회수 회계처리

       －CAD(Cash Against Documents) : 수출업자가 물품을 선적하고 받은 운송서류를 수출국에 소재하는 수입업자의 해외지사나 대리인에게 전달하고 대금을 결제하는 방식

⑥ (TT : 송금) 단순송금방식 T/T, M/T : 송금으로 대금결제를 완료하는 방식으로 선수금도 있고 후불도 있음

⑦ (LH) 분할영수(지급)방식 : 외상수출(대금분할 회수)

⑧ (PT) 임가공료 지급방식의 위탁(수탁)가공무역(Processing Trade) : 가공료 등 회계처리

⑨ (WK) 계좌이체(상호계산방식)

⑩ (GO) 기타 유상(위탁판매 포함) : 거래구분 확인 후 회계처리

⑪ (GN) 무상거래

실무 ◉

결제금액

- 실제의 거래금액으로서 **부가가치세법상 공급가액에 해당함**
- 인도조건에 따른 코드(FOB, CIF, EWX 등 13개)를 기재하고, 다음 해당 결제통화코드를 기재하며, 그 다음 해당 결제금액을 기재함

USD	미달러	JPY	엔화	EUR	유로화	GBP	파운드
CHY	위안화	CAD	캐나다달러	HKD	홍콩달러	AUD	호주달러
CHF	스위스 프랑	SEK	스웨덴크로네	SGD	싱가폴달러	IDR	루피(인니)

실무 ◉

수출시 거래조건

group E	출발지 인도조건	국내 제조장 등에서 외국의 대리인에게 직접 인도함으로써 거래가 종결되는 경우	EWX
group F	주운임 미지급조건	항구에서 선박에 적재함으로써 거래가 종결되는 경우로서 운송비, 보험료 등을 수입업자가 부담하는 수출조건	FOB FCA
group C	주운임 지급조건	항구에서 선박에 적재함으로써 거래가 종결되는 경우로서 운송비, 보험료 등을 수출자가 부담하는 수출조건	CIF CPT CFR
group D	도착지 인도조건	국외 목적지에서 수입자에게 인도되는 것으로서 거래가 종결되는 경우	DAF

⋙ 실무 ○

FOB조건과 CIF조건

FOB조건	CIF조건
• 본선인도조건(FREE ON BOARD) • 수출물품이 항구의 선박에 적재됨으로써 수출이 완료되는 것으로서 수출에 관련된 비용인 보험료, 운반비를 수출자가 부담하는 것이 아니라 수입자가 부담하는 거래조건을 말함 • 가장 대표적인 거래형태로서 수출신고필증에 신고가격으로 기재됨 • 다른 조건으로 수출한 경우라 하더라도 FOB금액으로 환산하여 기재하여야 함	• 운임 · 보험료포함조건(COST, INSUR-ANCE AND FREIGHT) • 수출물품이 항구의 선박에 적재됨으로써 수출이 완료되는 것으로서 수출에 관련된 비용인 보험료, 운반비를 수출자가 부담하는 거래조건 • 수입시 수입신고서 작성상 신고가격으로 기재됨 • 다른 조건으로 수입한 경우라 하더라도 CIF금액으로 환산하여 기재하여야 함

⋙ 실무 ○

대금결제방식

신용장(L/C) 거래	은행에서 대금의 지급을 보증하는 신용장에 의한 거래방법	신용장(L/C) 개설
추심방식	은행에서 대금지급의 보증없이 수입상의 신용을 전제로한 추심방법	D/A(무신용장 인수 · 인도조건) D/P(무신용장 인도조건)
송금방식	물품의 선적 전후에 당사자간 송금방식으로 대금을 결제하는 방법	T/T(전신환 송금)방식 M/T(우편환 송금)방식

※ 과거에는 신용장거래가 대부분이었으나 현재는 무신용장 거래인 추심결제방식이나 송금거래가 계속 늘어가고 있는 추세임

⋙ 실무 ○

신용장(L/C)과 선하증권(B/L)

신용장	• 신용장(L/C, letter of credit)이란 외국의 수입업자를 지급인으로 하여 발행된 환어음에 대하여 수입업자의 거래은행(신용장 개설은행)이 지급할 것을 약속하는 보증서를 말함 • 외국과의 무역거래에서 수출대금의 지급을 수입업자의 대리은행에서 보장하는 대금결제수단임

선하증권	• 선하증권(B/L, bill of lading)이란 상품 선적 후 선박회사에서 발행하는 화물상환증권을 말함 • 일종의 유가증권으로서 그 자체가 별도의 거래대상이 됨 • 수입자는 대금결제를 마치고 은행에서 선하증권(B/L)을 찾아서 선박회사에 제시하여 화물을 인수함 • 수출재화의 공급시기가 선(기)적일이므로 선하증권(B/L)상의 선(기)적일을 확인하여 수출일자로 하여 환율을 적용하여야 함

📈 **실무**

재화의 무상수출과 영세율 적용

• 재화의 외국반출에 따른 외환결제가 이루어지지 않는 무상수출도 재화의 수출에 해당되어 영세율이 적용됨
• 그러나, 다음의 경우에는 재화의 공급에 해당되지 아니함
  ① 국외사업자에게 견본품을 반출하는 경우
  ② 위탁가공무역방식으로 원자재 등을 무환으로 외국에 반출하는 경우
  ③ 당초 반출한 재화의 하자로 인하여 반품된 재화를 수리하여 재수출하거나 동일제품으로 교환하여 재수출하는 경우
  ④ 수입업자가 수입 또는 판매된 재화의 하자로 인하여 수리할 목적으로 외국에 반출하는 경우
  ⑤ 외국사업자 소유의 전시물을 무환으로 수입하여 전시한 후 반환하기 위하여 외국에 반출하는 경우
  ⑥ 수입업자가 재화의 수입과 관련된 반환조건의 수입재화 용기를 반환하기 위하여 외국에 반출하는 경우

📈 **실무**

수입재화의 반품과 부가가치세

원 칙	수출하는 재화에 해당하여 영세율이 적용됨 부가가치세 신고시 누락하는 경우 가산세 적용됨
예 외	수입재화의 하자로 인하여 수리할 목적으로 외국에 반출하는 경우에는 재화의 공급에 해당되지 아니함

수출재화의 크레임과 부가가치세

구 분	주요 내용
(1) 수출재화의 반품	• 재화를 수출한 후 당초 계약내용과 상이하여 반입된 재화로서 세관장으로부터 수입세금계산서를 교부받은 경우에는 반입일이 속하는 과세기간의 부가가치세 과세표준에서 반입재화의 공급가액을 차감하여 과세표준을 계산함 • 당해 수입세금계산서상의 매입세액은 반입일이 속하는 과세기간의 매입세액으로 공제할 수 있음
(2) 반품받은 후 대체공급	• 반입된 재화를 수리하여 재수출하거나 동일제품으로 교환하여 재수출하는 경우 반입시 과세표준에서 공제하지 않음 • 재수출시에는 재화의 공급으로 보지 아니하므로 수출실적명세서에 기재할 필요가 없음
(3) 반품없이 대체공급	• 재화를 공급한 후 당해 재화의 하자로 인하여 당초 공급한 재화의 반품없이 동일한 재화를 다시 공급하는 경우 부가가치세 과세대상이 됨 • 이는 사업상 증여에 해당하므로 영세율 과세표준으로 신고하여야 함 • 부가가치세 신고서상 기타 매출로 처리하며 과세표준명세란에서 수입금액 제외함 • 법인세법 또는 소득세법상 다음과 같이 회계처리함 (차) 수선수리비 ××× (대) 매입(타계정대체) ×××

기타 수출의 영세율 적용

구 분	주요 내용
(1) 임가공수출	• 외국법인과 임가공계약에 의하여 원자재를 무환수입하여 가공한 후 위·수탁가공원자재로 수출신고하는 경우 당해 임가공용역을 제공하고 그 대금을 외국환은행에서 원화로 받는 경우 당해 대가에 대하여는 영세율이 적용됨 • 다시 수출하는 조건 및 가공목적으로 일시 수입하여 통관하는 경우 부가가치가 면세됨
(2) 휴대품 반출에 따른 간이수출 (보따리무역)	• 보따리무역이란 국내에서 물건을 구입하여 부두 보따리 아주머니 등을 통해 해외로 보낸 다음에 물건이 팔린 외국에서 한국외국환은행통장으로 매매금액을 외화 입금하는 것을 말함 • 이와 같이 사업자가 휴대품 반출에 따른 간이수출신고를 한 후 국외로 반출하고 그 대가를 외국환은행에서 원화로 지급받는 경우 영세율이 적용됨 • 영세율 첨부서류 : 세관장이 발행하는 간이수출신고수리필증

구 분	주요 내용
(3) 북한반출물품	• 북한반출물품에 대하여는 남북교류협력에 관한 법률 시행령 제51조 제3항의 규정에 의하여 이를 수출품목으로 보아 부가가치세법을 준용하는 것이므로 영세율이 적용됨 • 남한에서 운수업을 영위하는 사업자가 무역업자와의 계약에 의하여 남한에서 북한으로 관광객 및 화물을 수송하고 대가를 받은 경우에 동 운송용역은 국내에서 제공되는 용역에 해당되므로 영세율이 적용되지 않음
(4) 외국법인에게 특허권 등 양도	사업자가 특허권, 상표권 및 이에 부수되는 일체의 권리를 국내사업장이 없는 외국법인에게 양도하여 당해 외국법인이 동 권리를 국외에서 사용·소비하는 경우 동 권리는 수출하는 재화에 해당하여 영세율이 적용됨

참고

인코텀즈(INCOTERMS : International Rules for the Interpretation of Trade Terms)
무역거래조건

1. 인코텀즈란?

국제상업회의소(ICC : International Chamber of Commerce)에서 제정한 규칙으로 무역거래를 진행함에 있어 계약당사자인 수출자/수입자 간에 물품 인도, 비용부담, 위험이전, 의무, 책임에 대해서 정해놓은 기준

2. INCOTERMS 2020의 주요내용[81]

분류	수입자에게 위험이 이전되는 시기	수출자의 비용부담범위
EXW (EX Works, 공장인도)	수출자의 영업장 구내에서 수입자가 물품을 인도하였을 때 ☞ 수입자는 매입처리(미착품)	수입자가 물품을 인도할 때까지의 모든 비용을 부담 (수출입통관은 수입자)
FCA (Free Carrier, 운송인인도)	수출자가 지정장소에서 수입자가 지정한 운송인에게 수출통관 된 물품을 인도하였을 때	수입자가 물품을 인도할 때까지의 모든 비용을 부담 (수출통관 : 수출자) (수입통관 : 수입자)
FAS (Free Alongside Ship, 선측인도)	물품이 지정 선적항의 부두 혹은 부선으로 선측에 인도되었을 때	수입자가 물품을 인도할 때까지의 모든 비용을 부담 (수출통관 : 수출자) (수입통관 : 수입자)

---

81) 인코텀즈(1), ㈜지앤지커머스, 네이버블로그

분류	수입자에게 위험이 이전되는 시기	수출자의 비용부담범위
FOB (Free on Board, 본선인도)	물품이 지정 선적항에서 본선에 적재된 때	수입자가 물품을 인도할 때까지의 모든 비용을 부담 (수출통관 : 수출자) (수입통관 : 수입자)
CFR (Cost and Freight, 운임포함 인도)	물품이 지정 선적항에서 본선에 적재된 때	수출자는 본선에 적재될 때까지의 모든 비용과 목적항까지의 운임, 정기선의 경우 양하비 부담 (수출통관 : 수출자) (수입통관 : 수입자)
CIF (Cost, Insurancd and Freight, 운임/보험료지급인도)	물품이 지정 선적항에서 본선에 적재된 때	수출자는 본선에 적재될 때까지의 모든 비용과 목적항까지의 운임/보험료, 정기선의 경우 양하비 부담 (수출통관 : 수출자) (수입통관 : 수입자)
CPT (Carriage Paid To, 운송비지급인도)	수출국 내 약정된 장소에서 지정된 운송인에게 물품이 인도된 때	수출자는 물품이 인도될 때까지의 모든 비용과 지정된 목적지까지의 운송비 (수출통관 : 수출자) (수입통관 : 수입자)
CIP (Carriage and Insurance Paid to, 운송비/보험료 지급 인도)	지정된 운송인에게 물품이 인도된 때	수출자는 물품이 인도될 때까지의 모든 비용과 지정된 목적지까지의 운송비, 보험료 (수출통관 : 수출자) (수입통관 : 수입자)
DAP (Delivered At Place, 도착인도장소)	수입통관되지 않은 상태로 수입국 내 지정 목적지에서 물품을 운송수단에서 양하 하지 않은 상태로 수입자에게 인도된 때	물품이 인도될 때까지의 모든 비용 부담, 수입자는 수입통관비와 양하비 부담 (수출통관 : 수출자) (수입통관 : 수입자)
DPU (Delivered Place Unloaded, 도착지 양하 인도)	수입통관되지 않은 상태로 수입국 내 지정 목적지에서 물품을 운송수단에서 양하 하지 않은 상태로 수입자에게 인도된 때	물품이 인도될 때까지의 모든 비용과 양하비 부담, 수입자는 수입통관 비용 부담 (수출통관 : 수출자) (수입통관 : 수입자)

분류	수입자에게 위험이 이전되는 시기	수출자의 비용부담범위
DDP (Delivered Duty Paid, 관세 지급 인도)	수출자 본인 책임하에 목적지까지 물품을 운반해서 수입통관 절차를 거치고 수입국 내 지정된 목적지에서 양하 준비된 상태로 수입자에게 인도된 때	물품이 인도될 때까지의 모든 비용, 수입통관비용, 관세, 조세, 부과금을 부담 (수출입통관 : 수출자)

3. 거래조건별 매도자(○ 수출자)·매수자(* 수입자)의 비용부담정리

	포장비 검사비	수출국 내륙 운송비	수출 통관비	수출항 적재비	해상 운송비	보험료	수입항 양하비	수입 통관비	수입국 내륙 운송비	도착지 양하비
EXW	○	*	*	*	*	*	*	*	*	*
FCA	○	*	○	*	*	*	*	*	*	*
FAS	○	○	○	*	*	*	*	*	*	*
F○B	○	○	○	○	*	*	*	*	*	*
CFR	○	○	○	○	○	*	○	*	*	*
CIF	○	○	○	○	○	○	○	*	*	*
CPT	○	○	○	○	○	*	○	*	○	*
CIP	○	○	○	○	○	○	○	*	○	*
DAP	○	○	○	○	○	○	○	*	○	*
DPU	○	○	○	○	○	○	○	*	○	○
DDP	○	○	○	○	○	○	○	○	○	*

4. 주요 조건 비교

	FOB	CFR	CIF
표시방법	FOB 수출항명	CFR 수입항명	CIF 수입항명
운임	매수인부담	매도인부담	매도인부담
보험료	매수인부담	매수인부담	매도인부담
매수인위험이전시기	선적항에서 화물이 본선의 갑판에 적재가 완료된 때		
운송서류	수출지에서 선박회사가 발행		
보험증권 발행	수입지의 보험자	수입지의 보험자	수출지의 보험자

나. 수출재화에 포함되는 것

1) 수출재화에 포함되는 것의 범위

재화가 우리나라 국경을 통관하는 절차가 없는 다음의 것들은 본래의 수출에는 해당하지 않지만 수출의 전단계거래로서 추후 수출될 것이므로 수출재화에 포함되는 것으로 보아 영세율을 적용한다. 이는 영세율 적용절차의 번거로움을 피하기 위해 미리 영세율을 적용하는 것이며, 그로 인해 수출업자 등의 원자재 구매가 쉬워져 수출지원의 효과가 있다.

① 사업자가 내국신용장 또는 구매확인서에 의하여 공급하는 재화(금지금 제외)

② 사업자가 한국국제협력단에 공급하는 재화(한국국제협력단이 국제협력 등의 사업을 위하여 외국에 무상으로 반출하는 재화로 한정함)

③ 사업자가 한국국제보건의료재단에 공급하는 재화(한국국제보건의료재단이 외국 및 북한의 보건의료수준의 향상을 위한 사업을 위하여 외국에 무상으로 반출하는 재화로 한정함)

④ 사업자가 「대한적십자조직법」에 따른 대한적십자사에 공급하는 재화(대한적십자사가 같은 법 제7조의 규정에 따른 사업을 위하여 외국에 무상으로 반출하는 재화로 한정함)

⑤ 일정한 수탁가공무역으로 다음의 요건에 따라 공급하는 재화

　㉠ 국외의 비거주사 또는 외국법인('비거주사 등'이라고 함)과 직접 계약에 따라 공급할 것

　㉡ 대금을 외국환은행에서 원화로 받을 것

　㉢ 비거주자 등이 지정하는 국내의 다른 사업자에게 인도할 것

　㉣ 국내의 다른 사업자가 비거주자 등과 계약에 따라 인도받은 재화를 그대로 반출하거나 제조·가공 후 반출할 것

2) 내국신용장 또는 구매확인서에 의한 수출

① 내국신용장과 구매확인서

　㉠ 내국신용장[82]

　　사업자가 국내에서 수출용원자재·수출용완제품 또는 수출재화임가공용역을 공급받으려는 경우에 해당 사업자의 신청에 따라 외국환은행의 장이 재화나 용역의 공급시기가 속하는 **과세기간이 끝난 후 25일**(그 날이 토요일, 일요일, 공휴일 및

---

82) '내국신용장'이란 외국환은행의 장이 발급하여 국내에서 통용되는 신용장으로 수출이행에 필요한 원자재나 완제품을 국내에서 조달하기 위하여 수입상으로부터 받은 원신용장을 담보로 원신용장의 개설 통지은행이 국내의 공급자를 수혜자로하여 개설하는 제2의 신용장을 말한다(집행기준 21-31-7).

대체공휴일 또는 근로자의 날인 경우에는 바로 다음 영업일) 이내에 개설하는 신용장을 말한다(부가칙 §21 1호, 2014.10.31. 개정 시행).

ⓛ 구매확인서[83]

외국환은행의 장이나 전자무역기반사업자가 내국신용장에 준하여 재화나 용역의 공급시기가 속하는 **과세기간이 끝난 후 25일(그 날이 토요일, 일요일, 공휴일 및 대체공휴일 또는 근로자의 날인 경우에는 바로 다음 영업일) 이내에 발급**하는 확인서를 말한다(부가칙 §21 2호, 2014.10.31. 개정 시행).

② 공급시기

내국신용장 및 구매확인서에 의한 재화의 공급시기는 국내거래이므로 해당 재화를 인도하는 때를 공급시기로 한다.

③ 공급가액

ⓖ 원칙 : 내국신용장상의 금액(내국신용장상에 원화표시금액은 그 금액, 외화표시 금액은 공급시기일 현재의 기준환율 또는 재정환율로 환산한 금액)을 기준으로 과세표준을 계산한다.

ⓛ 내국신용장에 포함되지 않은 금액 : 내국신용장에 따라 재화를 공급하고 그 대가의 일부(관세환급금 등)를 내국신용장에 포함하지 않고 별도로 받는 경우 해당 금액이 대가의 일부로 확인되는 때에는 영세율을 적용한다(부가통칙 11-24-10).

④ 세금계산서 발급

공급받는 자에게 영세율을 적용하여 세금계산서를 발급하여야 한다.

ⓖ 내국신용장 등이 개설된 이후에 재화의 공급이 이루어진 경우

재화의 공급시기에 이미 내국신용장 등이 개설되어 영세율 적용요건이 성립되었으므로 영세율 세금계산서를 공급받는 자에게 발급하여야 한다.

ⓛ 반품이 발생된 경우

반품받은 사업자는 수정세금계산서(영세율 수정세금계산서)를 발급하여야 한다. 이 경우 수정세금계산서상의 공급가액은 당초 공급가액을 기준으로 한다.

ⓒ 내국신용장 등 사후개설된 경우

• 재화의 공급이 속하는 달의 다음달 10일까지 개설된 경우 : 재화의 공급일을 작성일자로 하여 영세율 세금계산서를 바로 발급할 수 있다. (총 1장의 영세율

---

83) '구매확인서'란 내국신용장에 의하지 아니하고 국내에서 외화획득용 원료 또는 물품을 공급하는 경우에 외국환은행의 장이 내국신용장에 준하여 발급하는 증서이다. 외국환은행이 납품대금의 지급보증을 하지 않는다는 점에서 내국신용장과 차이가 있다.

세금계산서 발생)

- 재화의 공급이 속하는 달의 다음 달 10일 후에 개설된 경우 (총 3장)
  - 재화를 인도하는 때 일반세금계산서 발급 (1장)
  - 내국신용장 등이 사후개설된 경우 그 작성일자는 당초 세금계산서 작성일자를 기재하고 비고란에 내국신용장 개설일 등을 부기하여 영세율 세금계산서를 발급 (1장)
  - 당초 발행한 일반세금계산서에 대한 수정세금계산서(마이너스)를 발급 (1장)

영세율 적용례

㉠ 내국신용장 등에는 제1차 내국신용장 등뿐만 아니라 제2차 또는 제3차 내국신용장 등도 포함된다.

㉡ 일단 내국신용장 등에 의해 공급된 후에는 그 재화를 수출용도에 사용하였는지의 여부에 불구하고 영세율이 적용된다(부가통칙 11-24-9).

㉢ 내국신용장에 따라 재화를 공급하고 그 대가의 일부(관세환급금 등)를 내국신용장에 포함하지 않고 별도로 받는 경우 해당 금액이 대가의 일부로 확인되는 때에는 영세율을 적용한다(부가통칙 11-24-10).

㉣ 내국신용장 등의 개설을 전제로 하여 재화가 공급된 후 나중에 내국신용장 등이 개설된 경우에도 그 공급시기가 속하는 과세기간 종료 후 25일(그 날이 토요일, 일요일, 공휴일 및 대체공휴일 또는 근로자의 날인 경우에는 바로 다음 영업일) 이내에 개설된 경우에는 영세율을 적용한다.

㉤ 수탁자가 자기명의로 내국신용장을 개설받아 위탁자의 재화를 공급하는 경우에는 위탁자가 영의 세율을 적용받으며, 이 경우 영세율첨부서류는 수탁자명의의 내국신용장 사본과 위·수탁매매임을 입증할 수 있는 서류로 한다(부가통칙 11-24-14).

㉥ 사업자가 주요 자재의 전부 또는 일부를 부담하고 일부 자재는 상대방으로부터 인도받아 공작을 가하여 생산한 재화를 거래상대방이 수출하는 경우에 당해 사업자 간의 거래는 재화의 공급에 해당하므로 내국신용장이 개설된 경우에 한하여 영의 세율을 적용한다(부가통칙 11-24-13).

㉦ 사업자가 내국신용장의 유효기간 경과 후에 재화를 공급한 것으로서 당해 신용장의 효력이 소멸되지 아니하여 그 대가를 외국환은행에서 원화로 받는 때에는 영의 세율을 적용한다(부가통칙 11-24-15).

㉧ 외국으로 반출되지 않는 재화의 공급(주한미국군 군납계약서 등)과 관련하여 개설된 내국신용장에 따른 재화 또는 용역의 공급은 영세율을 적용하지 아니한다(부가통칙 11-24-14).

실무

내국신용장과 구매확인서의 비교

구 분	내국신용장	구매확인서
발급규정	한국은행 총액한도 관련 무역금융취급세칙	대외무역관리규정
발급목적	국산수출용원자재 및 완제품의 구매(수출용)	좌동(외화획득용)
발급대상	다음의 수출기업 • 국산원자재(완제품) 구매 • 수입원자재 구매	좌동
금융혜택 및 지급보증	• 수출금융 융자대상임 • 지정외국환은행이 대금지급보증	융자혜택과 지급보증 없음
결제방법	은행에서 개설관리 및 내국신용장 환어음 결제	당사자간 협의에 따른 결정(현금 또는 어음 지급)
발급신청시 첨부서류 및 사후관리	L/C, 수출계약서 등	좌동 ※ 수입원자재의 경우 • 수입자동승인품목 : 사후관리 않음 • 수입제한품목 : 지정외국환은행 사후관리
발급차수	3차까지 발급할 수 있음	차수에 제한이 없음
영세율	적용됨	적용됨

실무

공급시기 이후 내국신용장 등이 개설된 경우 세금계산서 발급방법

다음 달 10일 이내 내국신용장 등이 개설된 경우	다음 달 10일이 지나고 과세기간 종료 후 25일 이내 개설된 경우
• 세금계산서의 발급시기가 다음 달 10일까지이므로 당초 공급시기를 발행일자로 하여 영세율 세금계산서를 발급할 수 있음 • 영세율 세금계산서 1매가 작성됨 　(예) 5월 20일자 재화를 인도하고, 내국신용장이 6월 9일자 개설된 경우 　　6월 9일자에 5월 20일자를 공급일자로 하여 영세율 세금계산서 발급하면 됨	• 당초 공급일 또는 다음 달 10일까지 일반세금계산서를 발급하고, • 내국신용장 등 개설시에 영세율로 수정세금계산서 발급함 • 일반세금계산서 1매, (−)세금계산서 1매, 영세율 세금계산서 1매 등 총 3매가 작성되며, 세금계산서합계표 제출시 일반세금계산서와 영세율 세금계산서를 함께 기재하여 제출하여야 함 　(예) 5월 20일자 재화를 인도하고, 내국신용장이 6월 15일자 개설된 경우 　　① 6월 10일까지 5월 20일자를 공급일자로 하여 일반세금계산서 발급하고,

다음 달 10일 이내 내국신용장 등이 개설된 경우	다음 달 10일이 지나고 과세기간 종료 후 25일 이내 개설된 경우
	② 6월 15일자에 5월 20일자를 공급일자로 하여 (－)일반세금계산서 1매와 영세율 세금계산서 1매를 각각 발급하여야 함

📈 **실무**

수정신고 또는 경정청구

1. 공급시기가 속하는 예정 또는 확정 신고기간 내(같은 월이 아닌 경우) 개설된 경우 (수정신고대상 아님)

    예정신고기간 내에 공급하고 예정신고기간 내에 내국신용장이 개설된 경우 또는 확정신고기간 내에 공급하고 확정신고기간 내에 내국신용장이 개설된 경우에는 재화 공급시에 일반세율 세금계산서를 발급하고, 내국신용장 개설시에 영세율세금계산서로 수정발급한다. 그리고 예정 또는 확정신고시에는 영세율 적용대상으로 과세표준을 신고하며, 일반세율세금계산서와 영세율수정세금계산서를 세금계산서합계표에 함께 기재하여 제출한다.

2. 예정신고기간 내 공급하고 확정신고기간 내 개설된 경우(수정신고대상 아님)

    재화 공급시에 일반세율세금계산서를 발급하고, 내국신용장 개설시에 영세율세금계산서로 수정발급한다. 그리고 예정신고시에 공급자는 일반세율을 적용하여 과세표준을 신고하며(일반세율세금계산서 기재하여 제출), 공급받는 자는 매입세액으로 공제할 수 있다(일반세율세금계산서 기재하여 제출). 또한 원칙적으로 예정신고 경과 후 내국신용장이 개설되는 경우 공급자는 예정신고에 대한 경정청구를 하여 예정신고납부한 부가가치세를 환급받고(영세율수정세금계산서 기재하여 제출) 공급받는 자는 예정신고에 대한 수정신고를 하여 당초매입세액공제분을 추가납부한다(영세율수정세금계산서 기재하여 제출).

    그러나 행정력 절감 등의 사유로 수정신고를 하지 않아도 되는 것으로 과세관청에서는 해석하고 있으나, 내국신용장 사후개설이 아닌 경우의 사업자와 형평성을 고려할 때 문제점을 내포하고 있다. 즉, 예정신고 경과 후 사후개설기간 내에 내국신용장이 개설되어 수정세금계산서를 발급한 경우에는 해당 수정세금계산서를 예정신고에 대한 수정신고와 함께 제출하지 않고 확정신고에 포함하여 신고하여도 된다(부가 46015 －5048, 1999.12.27.).

3. 공급시기가 속하는 예정 또는 확정신고기한 내에 내국신용장이 개설된 경우(수정신고 또는 경정청구 필요 없음)

    재화를 예정신고기간 내에 공급하고 내국신용장이 확정신고기한 내에 개설된 경우 당초공급일(당초작성일자)을 작성일자로 하여 (-)세금계산서와 영세율 수정세금계산서를 발급하고 예정신고분에 대하여 경정청구를 하여 환급받는다. 다만, 예정신고에 대한 경정청구를 생략하고 확정신고시에 영세율로 포함하여 신고를 할 수 있다.

4. 가산세

① 수정신고 및 경정청구의 경우

㉠ 공급받는 자가 거래징수당한 부가가치세액을 당초 부가가치세 신고시 자기의 매출세액에서 매입세액으로 공제하여 신고한 사항을, 부가가치세 과세표준 수정신고와 함께 추가로 납부하는 경우에 과소납부가산세는 적용하지 아니한다 (소비 22601-755, 1986.9.8.).

㉡ 부가가치세 확정신고시 당초 재화의 공급시기에 교부한 과세분 세금계산서에 대하여만 매출처별세금계산서합계표를 작성하여 신고·납부한 후 수정세금계산서 교부분에 대하여는 국세기본법 제45조의 2의 규정에 의하여 부가가치세 경정 등의 청구를 하는 경우에는 매출처별세금계산서합계표 관련 가산세와 영세율 과세표준 신고불성실가산세는 적용되지 아니한다(서삼 46015-10401, 2003.3.8.).

② 과세표준신고 및 수정신고(경정청구)를 하지 않은 경우

이때 필요한 수정세금계산서 교부 및 과세표준 신고를 하지 아니하는 경우에 관할세무서장은

㉠ 공급자에게 당초 거래징수하여 납부한 세액을 환급하고, 세금계산서 미교부가산세(매출처별세금계산서합계표 미제출가산세)와 영세율신고불성실가산세를 징수하는 것이며,

㉡ 공급받는 자에게는 당초 매입세액을 공제한 세금계산서상의 매입세액과 납부불성실가산세를 징수한다(부가 22601-1304, 1985.7.11.).

(2) 국외에서 제공하는 용역

① 국외에서 제공하는 용역에 대해서 영세율을 적용하는 것은 국외제공용역과 관련된 국내 원자재 등의 무환반출에 대해 이미 과세 된 부가가치세를 환급해 줌으로써 소비지국 과세원칙 실현하고자 하는데 그 취지가 있다.

② 국외에서 제공하는 용역이 영세율 적용이 되기 위해서는 당해 용역을 제공하는 사업의 사업장이 국내 소재하는 경우이어야 한다. 외국에서 부동산 임대업을 영위하는 것은 사업장이 외국에 있으므로 납세의무가 없다.

③ 이 경우 거래상대방이나 대금 지급방법 등에 관계없이 영세율이 적용된다.

④ 국외에서 제공하는 용역의 영세율 적용사례로는 국외 건설공사 도급용역, 북한에서

제공하는 용역 등이 있을 수가 있다.

⑤ 국외에서 용역을 제공하는 사업자의 영세율 첨부서류는 외화입금증명서 또는 국외에서 제공하는 용역에 관한 계약서(하도급의 경우에는 하도급계약서) 사본이다. 다만, 장기해외건설공사인 경우에는 해당 건설용역에 대한 최초의 과세표준신고 시에 공사 도급계약서 사본을 제출하고 그 이후의 신고에 있어서는 해당 신고기간의 용역제공실적을 영세율규정에 따른 외화획득명세서에 의하여 제출할 수 있다.

⑥ 국외에서 용역을 제공받는 자가 국내에 사업장이 없는 비거주자 또는 외국법인인 경우에 한하여 세금계산서 발급의무가 면제된다.

📈 **실무** ○

국외건설공사 재도급시 영세율 적용(부가통칙 22-0-1)

① 사업자가 국외에서 건설공사를 도급받아 국외에서 건설용역을 제공하는 경우 해당 용역을 제공받는 자, 대금결제수단에 관계없이 영세율이 적용된다.

② 다음 각 호의 용역은 해당 부동산 또는 광고매체가 사용되는 장소가 국외이므로 부가가치세가 과세되지 아니한다.

1. 국외에 있는 부동산의 임대용역
2. 외국의 광고매체에 광고게재를 의뢰하고 지급하는 광고료

☞ 하도급업자에 영세율세금계산서 발급

국내사업자가 외국의 건설공사를 도급받아 하도급을 한 경우, 하도급받은 사업자가 국외에서 건설용역을 제공하고 그 대가를 하도급자인 국내사업자로부터 국외에서 외화로 받은 경우에는 외국에서 제공하는 용역에 해당되어 영세율에 적용되며, 국내사업자에 대한 용역제공이므로 영세율세금계산서를 발급하여야 하며, 국외에서 제공하는 건설용역에 관한 계약서를 영세율첨부서류로 할 수 있는 것이다(부가-899, 2011.8.12., 서면3팀-1705, 2006.8.4.).

📈 **실무** ○

용역의 국외공급 사례

① 부동산임대용역

개인이 외국에서 부동산임대업을 영위할 경우 그 납세지가 등기부상 소재지이므로 납세의무가 없다.

② 해외건설용역

건설업의 경우에는 그 납세지가 법인은 등기부상 소재지이며 개인은 그 업무를 총괄하는 장소이므로 국내에 있는 건설업자가 국외에서 건설공사를 도급받은 사업자로부터 해당 건설공사를 재도급 받아 국외에서 건설용역을 제공하고, 그 대가를 원도급

자인 국내사업자로부터 받는 경우에도 대금결제수단에 관계없이 영(0)의 세율을 적용하는 것이다(통칙 22-0-1).

③ 특허권 사용

개별원시특허권을 보유한 사업자가 원시특허권사용계약에 의하여 국외에 소재하는 통합특허권자에게 해당 특허권에 대한 사용용역을 국외에서 제공하고 그 대가를 받는 경우 해당 용역의 제공용역의 세율을 적용하는 것이다(부가-1103, 2009.8.4.).

④ 설계용역

사업자가 국외의 건설공사를 수주받은 국내 건설업자로부터 건설용역·설계용역·건설관련 자문용역을 의뢰받아 국내에서 용역을 수하는 경우에 부가가치세가 과세(10%)되는 것이나 이를 국외에서 제공하는 경우에는 영의 세율이 적용되는 것이다 (부가 46015-1448, 1999.5.21., 서삼 46015-10248, 2002.2.15, 부가-469, 2013.5.28.).

⑤ 해외에서 국내광고주에게 홍보대행용역을 제공하고 대가를 받는 경우

신청인이 해외에서 국내 및 현지 연예인 등을 출연시켜 공연 또는 경기를 진행하고, 전시 및 체험공간을 마련하는 등의 방법으로 국내광고주에게 쟁점홍보대행용역을 제공하고 대가를 받는 경우 해당 쟁점홍보대행용역은 영의 세율이 적용되며, 이 경우 영세율 첨부서류를 부가가치세 신고시 제출하여야 하는 것이다(법규부가 2009-170, 2009.6.25.).

⑥ 애플리케이션을 인터넷상의 오픈마켓에 등재하고 국외 소비자가 다운로드

국내 사업자가 개발한 스마트폰용 응용프로그램(애플리케이션)을 인터넷상의 오픈마켓에 등재하고 오픈마켓 운영자의 중개 하에 국내·외 소비자가 이를 유상으로 다운로드받아 사용하는 경우, 동 거래는 용역의 공급으로서 과세대상이고, 국외 소비자가 다운로드받는 분은 국외에서 제공하는 용역으로서 영세율이 적용되며, 영세율을 적용하여 신고할 경우 국세청장이 정하는 바에 따라 외화획득명세서 및 영세율이 확인되는 증빙서류 등을 제출하여야 하는 것이다.

동 거래와 관련하여 소비세 등의 명목으로 외국에서 납부한 금액은 과세표준에 포함되지 아니하고, 공급가액과 세액이 별도 표시되어 있지 아니하는 경우 거래금액의 110분의 100에 해당하는 금액을 과세표준으로 보되, 영세율이 적용되는 경우에는 전체 거래금액을 영세율 과세표준으로 보는 것이다.

동 거래의 대가를 외국통화 기타 외국환으로 지급받는 경우 국내 개발자와 오픈마켓 운영자 간 정산일 등 역무의 제공이 완료되고 그 공급가액이 확정되는 때를 공급시기로 하여 과세표준을 산정하는 것이다(재부가-388, 2010.6.10.).

⑦ 용역의 중요하고 본질적인 부분은 국외에서 일어나고 일부가 국내에서 이루어진 경우

  ㉠ 용역이 공급되는 장소를 '역무가 제공되거나 재화·시설물 또는 권리가 사용되는 장소'로 정하고 있으므로, 영세율이 적용되는 거래인지는 용역이 제공되는 장소를 기준으로 판단하여야 하고, 내국법인이 제공한 단일한 용역의 중요하고 본질적인

부분이 국외에서 이루어진 경우에는 제공한 용역의 일부가 국내에서 이루어졌다고 하더라도 용역의 제공 장소는 국외로 보아야 한다(대법 2014두8766, 2016.1.14.).

ⓒ 회원들이 포인트를 적립, 충전하여 이용할 수 있는 통합멤버십 서비스를 운영하는 사업자가 국내사업장이 없는 대만법인과 계약을 체결하여 대만법인의 가맹점에서 국내 고객이 국내에서 적립, 충전한 포인트를 상품 및 서비스 구매시 그 대금으로 결제할 수 있도록 결제프로세스 및 시스템 등을 제공하고 대만법인으로부터 수수료를 받는 경우 대만법인에게 제공하는 용역의 중요하고도 본질적인 부분을 국외에서 제공하는 경우에는 「부가가치세법」 제22조에 따라 영세율이 적용되는 것이나 국내에서 제공하는 경우에는 영세율이 적용되지 아니하는 것이다(사전법령부가-0181, 2019.5.16.).

ⓒ 해외패키지, 자유여행 등의 이 사건 용역은 원고가 국외여행자들에게 여행알선용역을 제공한 것이며, 이러한 여행알선용역은 그 중요하고도 본질적인 부분이 국내에서 이루어진 것으로 봄이 상당하므로, 영세율이 적용될 수 없다(서울행정법원 2017구합 88794, 2019.7.11.).

ⓒ 구매대행계약을 통하여 공급하는 용역은 국내에서 공급하는 부분과 해외 현지법인에 위탁하여 국외에서 공급하는 부분이 유기적으로 결합하여 실질적으로는 하나의 용역으로 공급된 것으로서 그 중요하고도 본질적인 부분이 국내에서 이루어졌으므로 전체적으로 국내에서 공급되는 용역으로 봄이 타당하다(서울행정법원 2019구합58322, 2019.11.14.).

해석사례

여행알선용역의 영세율 여부
1. 국외여행계약에 따라 여행자들에게 항공, 숙박, 식사 및 관광 등의 용역을 직접 제공한 것이라기 보다는 위 용역제공의 업체를 수배·알선하고, 이에 수반되는 비용을 여행자들로부터 수탁받아 지급하는 여행알선용역을 제공한 것으로서 영세율 적용배제한 처분은 적법함(대법 2020두52566, 2021.2.10.)
2. 해외 소재한 건설장비등 현지에서 임대
   임대차계약 당시 국외에 소재한 자신의 사업용 고정자산을 국외에서 사용할 수 있도록 임대(해당 자산의 운영·유지·관리업무 포함)하는 경우 공급받는 자가 누구인지에 불문하고 용역의 국외공급에 해당하는 것임(서면법령해석부가 2019-325, 2019.4.29.)
3. 구매대행용역 중 해외현지법인에 위탁한 부분의 영세율 여부
   국내소비자에게 제공하는 구매대행용역이 국내공급부분과 해외현지법인에 위탁한 국외공급부분이 외형상 구분될 수 있더라도 이는 유기적으로 결합하여 실질적으로 하나

의 용역으로 공급된 것으로서 그 중요하고도 본질적인 부분이 국내에서 이루어졌으므로 전체적으로 국내에서 공급된 용역으로 봄이 타당함(대법 2018두46049, 2018.9.13.)

(3) 선박 또는 항공기에 의한 외국항행용역

1) 거주자 또는 내국법인

① 선박 또는 항공기에 의하여 여객이나 화물을 국내에서 국외로, 국외에서 국내로 또는 국외에서 국외로 수송하는 외국항행용역에 대하여는 대금 결제수단에 관계없이 영세율을 적용(국가 간 과세권 다툼을 방지하기 위함)

> **실무** ◐
>
> 보세구역 등에서 공급하는 재화
>
> 사업자가 국제공항보세구역 내의 외국인전용판매장에서 재화를 공급(위수탁계약에 따른 위탁자공급분을 포함한다)하거나 세관장으로부터 승선 또는 비행기 탑승 허가를 받아 외국을 항행하는 선박 또는 항공기 내에서 공급하는 재화는 수출하는 재화에 해당하는 것으로 본다(부가통칙 21-31-5).

> **실무** ◐
>
> 국제구간과 국내구간의 항공운송사업자가 다른 경우 영세율 적용
>
> 항공운송사업자가 국내지정장소에서 외국지정장소까지 또는 외국지정장소에서 국내지정장소까지 국제운송조건으로 외국항행용역을 공급하는 경우 국내운송구간이 국제운송구간에 연결된 하나의 항공권으로 발행되어 국내운송구간이 국제운송의 일환이라는 것이 명백히 확인되는 경우 해당 국제항공운송사업자와 국내항공운송사업자가 서로 다른 경우에도 영세율이 적용된다(부가통칙 23-32-3).

② 외국항행사업자가 자기의 사업에 부수하여 공급하는 다음의 재화 또는 용역의 공급은 외국항행용역에 포함되므로 영의 세율을 적용

  ㉠ 다른 외국항행사업자가 운용하는 선박 또는 항공기의 탑승권을 판매하거나 화물운송계약을 체결하는 것(외국항행사업자가 타항공사 대신 탑승권을 발매하고 수수료를 받는 경우)

ⓒ 외국항행하는 선박 또는 항공기 내에서 승객에게 공급하는 것(기내에서 제공되는 식사나 음료)

ⓒ 자기의 승객만이 전용하는 버스를 탑승하게 하는 것

ⓔ 자기의 승객만이 전용하는 호텔에 투숙하게 하는 것

2) 비거주자 또는 외국법인[84]

① 상호면세국 : 우리나라에서 여객이나 화물이 탑승 또는 적재되는 경우에 한하여 영의 세율을 적용한다.

② 상호면세국이 아닐 경우 : 우리나라에서 여객이나 화물이 탑승 또는 적재되는 경우에 한하여 과세하며, 영의 세율을 적용하지 아니한다.

3) 운송주선업자가 제공하는 다음의 국제복합운송용역

① 운송주선업자가 국제복합 운송계약에 의하여 화주로부터 화물을 인수하고 자기 책임과 계산하에 타인의 선박 또는 항공기 등의 운송수단을 이용하여 화물을 운송하고 화주로부터 운임을 받는 국제운송용역과 항공법에 의한 상업서류송달용역

② 국제복합운송용역 중 일부를 다른 복합운송 주선업자에게 위탁하여 화물을 운송하고 화주로부터 지급 받는 대가도 영세율 적용대상임

③ 운송주선업자가 국제복합운송계약에 의하여 국내출발지부터 도착지까지의 운송용역을 하나의 용역으로 연결하여 국제 간의 화물을 운송하여 주고 화주로부터 그 대가를 받는 경우에는 영세율세금계산서를 발급하는 것이나, 국제복합운송용역과는 별도로 국내에서 국내로 화물운송용역을 제공하는 경우에 해당 국내운송용역에 대하여는 일반 세금계산서를 발급하여야 한다(소비-213, 2004.2.25.).

④ 운송주선업자가 화주에 대하여 국제운송용역을 제공함이 없이 단순히 국내 항구에 도착한 화물과 관련된 서비스 등의 용역만을 제공하고 그 대가를 화주로부터 받는 경우, 그 대가에 대하여는 해당 규정에 의한 영세율이 적용되지 아니하는 것이다(부가-782, 2009.6.8., 부가-137, 2010.2.2.).

---

84) 여객이 탑승하거나 화물이 적재되는 장소를 거래장소로 보기 때문에 비거주자 또는 외국법인이 제공하는 외국항행용역은 여객이 탑승하거나 화물이 적재되는 장소가 국내인 경우에 한하여 부가가치세 납세의무가 있음.

용선과 이용운송

① 다음 각 호의 용역은 외국항행용역에 해당하므로 영의 세율을 적용한다.

1. 사업자가 외국항행선박으로 면허를 받은 선박을 선원부 용선계약에 의하여 타인에게 임대하여 자기책임하에 자기의 선원이 그 선박을 국제 간에 운항하도록 하고 용선자로부터 용선료를 받는 경우의 선원부 선박임대용역

2. 사업자가 선원부 용선계약에 의하여 임차한 선박으로 자기계산하에 여객이나 화물을 국제 간에 수송해 주고 여객 또는 화주로부터 운임을 받는 경우의 운송용역

3. 운송주선업을 영위하는 사업자가 국제복합운송계약에 의하여 화주로부터 화물을 인수하고 타인의 운송수단을 이용하여 화주에 대하여는 자기책임과 계산 하에 외국으로 화물을 수송해 주고 화주로부터 운임을 받는 경우의 국제간이용운송용역

② 외국항행사업자가 국내의 외국항행사업자에게 나용선으로 선박을 대여하고 그 대가를 받는 경우에는 영의 세율을 적용하지 아니한다.

---

4) 공급시기

항공기에 의한 외국항행용역의 공급시기는 역무의 제공이 완료되고 공급가액이 확정되는 때

5) 세금계산서 발급

사업서류 송달용역, 항공기에 의한 외국항행용역의 경우는 세금계산서 발급이 면제되지만, 선박에 의한 외국항행용역의 경우에는 공급받는 자가 국내사업장이 없는 비거주자 또는 외국법인인 경우에만 세금계산서 발급의무가 면제된다.

외국항행용역의 영세율 첨부서류

구 분	영 제101조 제1항의 첨부서류	국세청장 지정서류
외국항행선박 또는 항공기에 의한 화물 또는 여객운송용역	외화입금증명서	영세율규정에 따른 "선박에 의한 운송용역공급가액일람표"
다른 외국항행사업자의 탑승권을 판매하거나 화물운송계약을 체결하여 주는 경우	영세율규정에 따른 공급가액확정명세서	공급자와 공급받는 자간의 송장집계표("송장집계표"는 공급자와 공급받는 자간에 정하는 서식으로 일정기간의 거래내용을 기재하여 집계한 서류를 말한다)

(4) 기타 외화 획득 재화 또는 용역

1) 외교공관 등에 공급하는 재화 또는 용역

① 영세율 적용대상

우리나라에 상주하는 외교공관, 영사기관(명예영사관원을 장으로 하는 영사기관은 제외), 국제연합과 이에 준하는 국제기구(우리나라가 당사국인 조약과 그 밖의 국내법령에 따라 특권과 면제를 부여받을 수 있는 경우만 해당) 등(이하 "외교공관 등"이라 함)에 재화 또는 용역을 공급하는 경우에는 영세율을 적용한다(부법 §24 ① 1).

📈 **실무** ○──

외교공관 등과 하역용역공급계약을 체결한 사업자와의 거래

① 외국정부기관에 직접 공급하는 재화 또는 용역에 대하여만 영(0)의 세율이 적용되므로 사업자가 미국군과 하역용역공급계약을 체결한 사업자와 하도급계약을 체결하여 하역용역을 공급하는 경우에는 영(0)의 세율이 적용되지 아니한다(부가 1265-797, 1984.4.27., 소비-270, 2004.3.9.).

② "국제연합군 또는 미국군에게 공급하는 재화 또는 용역은 영세율을 적용한다."고 규정하고 있을 뿐 하청을 받은 자가 직접 공급하는 경우를 배제한다는 규정을 두고 있지 아니한 점, SOFA 제16조 제3항 및 SOFA 합의의사록 세16조 세4항이 미군에 납품가격 인하 등의 편의를 제공하려는 목적이 있는 것으로 해석되고, 재화 자체가 당초부터 미군에 공급될 것을 예정하여 미군에게 실제로 그 재화가 인도된 거래의 연장선상에 있는 일련의 거래에 대해서는 미군과 계약을 체결한 자가 직접 인도한 것이든지 그 사업자로부터 하청을 받은 자가 인도한 것이든지 불문하고 영세율 적용대상으로 봄이 문리해석에 부합하는 점 등에 비추어 영세율을 적용함이 타당함(조심 2014전4328, 2016.4.25., 조심 2015전1442, 2016.4.25.)

☞ 과세관청과 상반된 심판례

---

② 세금계산서발급의무

외교공관등에 공급하는 재화 또는 용역이 영세율 적용 대상이 되는 경우에는 세금계산서 발급의무가 없다.

③ 영세율 첨부서류

㉠ 법정 첨부서류로는 외국환은행이 발급하는 수출(군납)대금입금증명서 또는 관할 세무서장이 발급하는 군납완료증명서 또는 해당 외교공관등이 발급한 납품 또는 용역공급사실을 증명할 수 있는 서류가 있다.

ⓛ 법정 첨부서류를 부득이하게 제출할 수 없는 경우에는 외국환은행장이 발급하는
외화입금증명서를 제출하면 된다.

2) 외교관 등에게 공급하는 재화

① 영세율 적용대상

외교공관 등의 소속 직원으로서 해당 국가로부터 공무원 신분을 부여받은 자 또는 외
교부장관으로부터 이에 준하는 신분임을 확인받은 자 중 내국인이 아닌 자에게 일정한
방법에 따라 재화 또는 용역을 공급하는 경우에는 영세율이 적용된다(부법 §24 ① 2호).

② 영세율 적용요건

ⓖ 국세청장이 정하는 바에 따라 관할세무서장으로부터 외교관면세점으로 지정받
은 사업장(「개별소비세법 시행령」 제28조에 따라 지정받은 판매장 포함)이어야
한다.

ⓛ 해당 사업장에서 외교부장관이 발행하는 외교관 면세카드를 제시받아 다음에 해
당하는 재화 또는 용역을 공급하는 경우이어야 한다.

ⓐ 음식·숙박 용역

ⓑ 「개별소비세법 시행령」 제24조 제1항 및 제27조에 따른 물품

ⓒ 「교통·에너지·환경세법 시행령」 제20조 제1항에 따른 석유류

ⓓ 「주세법」에 따른 주류

ⓔ 전력

ⓕ 외교부장관의 승인을 받아 구입하는 자동차

ⓒ 외교관 등의 성명, 국적, 외교관 면세카드 번호, 품명, 수량, 공급가액 등이 적힌
외교관면세 판매기록표에 의하여 외교관 등에게 공급한 것이 확인되는 경우이어
야 한다.

ⓔ 해당 국가에서 우리나라 외교관 등에게 동일한 면세를 하는 경우(상호면세주의)
이어야 한다.

③ 세금계산서 등의 발급의무

외교관 등은 비거주자에 해당하지 아니한다. 따라서 세금계산서(영수증)의 발급의무
가 있다.

④ 영세율 첨부서류

영세율 첨부서류로는 외교관 면세판매기록표를 제출하면 된다.

⑤ 사후면세적용

우리나라에 주재하는 외교관등이 외교관면세점으로부터 재화 또는 용역(사전면세적
용품목 제외)을 구입하는 경우에는 상호주의를 적용하여 해당 재화 또는 용역을 공급
하는 사업자가 해당 재화 또는 용역과 관련된 부가가치세를 외교관 또는 외교사절에
게 환급하되, 환급한도액은 연 1백만 원으로 한다(조특법 §107 ⑥·⑦, 조특령 §108). 이
경우 외교관면세점이라 함은 관할세무서장의 지정을 받은 사업장(개별소비세법 시행
령 제28조에 따라 지정을 받은 판매장 포함)을 말하며, 해당 외국에서 우리나라의 외
교관 또는 외교사절에게 동일하게 환급하는 경우에 한하여 적용한다.

㉠ 재화 또는 용역을 공급받은 외교관등이 그 재화 또는 용역과 관련된 부가가치세를
환급받으려는 경우에는 환급신청서와 함께 외교관면세점에서 발급받은 영수증 1
매를 외교통상부장관에게 제출하여야 한다.

㉡ 외교통상부장관은 외교관등이 제출한 환급신청서의 내용을 확인하고 연 100만 원
을 한도로 하여 영수증에 기재된 부가가치세액을 지급할 것을 국세청장에게 요청
할 수 있다.

㉢ 외교통상부장관의 지급 요청을 받은 국세청장은 관할세무서장에게 해당 금액의
지급을 명할 수 있고, 세무서장은 해당 금액을 외교통상부장관에게 지급하여야 하
며, 외교통상부장관은 관할세무서장으로부터 지급받은 금액을 외교관등에게 지급
할 수 있다.

3) 국내에서 비거주자 또는 외국법인에게 공급하는 재화 또는 용역

① 영세율 적용대상 재화 또는 용역의 공급

국내에서 비거주자 또는 외국법인에게 공급하는 다음에 해당하는 재화 또는 사업에
해당하는 용역이 영세율 적용대상이다.

㉠ 비거주자 등이 지정하는 국내사업자에게 인도되는 재화로서 해당 사업자의 과세
사업에 사용되는 재화

㉡ 전문, 과학 및 기술서비스업(수의업, 제조업 회사본부 및 기타 산업 회사본부는
제외)

㉢ 사업지원 및 임대서비스업 중 무형재산권 임대업

㉣ 통신업

㉤ 컨테이너수리업, 보세구역 내의 보관 및 창고업, 「해운법」에 따른 해운대리점업
및 해운중개업

ⓑ 정보통신업 중 뉴스 제공업, 영상·오디오 기록물 제작 및 배급업(영화관 운영업과 비디오물 감상실 운영업은 제외), 소프트웨어 개발업, 컴퓨터 프로그래밍, 시스템 통합관리업, 자료처리, 호스팅, 포털 및 기타 인터넷 정보매개서비스업, 기타 정보 서비스업

ⓢ 상품중개업(상품종합중개업, 기계장비중개업, 기타상품중개업 등)[85] 및 전자상거래 소매 중개업

ⓞ 사업시설관리 및 사업지원 서비스업(조경 관리 및 유지 서비스업, 여행사 및 기타 여행보조 서비스업 제외)

ⓩ **금융지원 서비스업 중 투자자문업(2020.7.1. 이후 용역을 공급하는 분부터 적용)**

ⓒ 교육 서비스업(교육지원 서비스업으로 한정함)

ⓚ 보건업(임상시험용역을 공급하는 경우로 한정함)

ⓣ 「관세법」에 따른 보세운송업자가 제공하는 보세운송용역

② **국내사업장이 없는 비거주자 등에게 공급한 경우**[86]

국내에서 국내사업장이 없는 비거주자 등에게 영세율 적용대상 재화 또는 용역을 공급하고 그 대금을 외국환은행에서 원화로 받거나 다음의 방법으로 받아야 한다.

㉠ 국외의 비거주자 등으로부터 외화를 직접 송금 받아 외국환은행에 매각하는 방법

㉡ 해당 비거주자 등에게 지급할 금액에서 차감하는 방법

㉢ 국외에서 발급된 신용카드로 결제하는 방법

㉣ 국외 금융기관이 발행한 개인수표를 받아 외국환은행에 매각하는 방법

㉤ 외화를 외국환은행을 통하여 직접 송금 받아 외화예금 계좌에 예치하는 방법
   (외화입금증명서에 따라 외화 입금사실이 확인되는 경우에 한정)

③ **국내사업장이 있는 비거주자 등에게 공급한 경우**

국내에서 국외의 비거주자 등과 직접 계약에 의하여 영세율 적용대상 재화 또는 용역을 공급하고 그 대금을 당해 국외의 비거주자 등으로부터 외국환은행을 통하여 원화로 받거나 다음의 방법으로 받아야 한다.

㉠ 국외의 비거주자 등으로부터 외화를 직접 송금 받아 외국환은행에 매각하는 방법

㉡ 해당 비거주자 등에게 지급할 금액에서 차감하는 방법

---

85) 2017.2.7. 이후 공급하는 분부터 적용
86) 첨부서류는 다음과 같다(부가통칙 24-101-1).
   - 외화입금증명서
   - 해당 국가에서 우리나라의 거주자 또는 내국법인에 대하여 동일하게 면세한다는 사실을 입증할 수 있는 관계증명서류(전문서비스업)

ⓒ 국외에서 발급된 신용카드로 결제하는 방법

ⓔ 국외 금융기관이 발행한 개인수표를 받아 외국환은행에 매각하는 방법

ⓜ 외화를 외국환은행을 통하여 직접 송금 받아 외화예금 계좌에 예치하는 방법
   (외화입금증명서에 따라 외화 입금사실이 확인되는 경우에 한정)

∿ 실무 ○

대가의 영수방법에 따른 영세율 적용 관련 사례

구 분	관련 사례
영세율 적용	• 대금을 외국환은행을 통하여 외화로 송금 받아 외국환은행에 외화예금계좌로 예치한 경우 • 비거주자(외국법인)가 발행한 외화수표를 외국환은행에 매각한 경우 • 외국신용카드로 받는 경우 • 국외 금융기관이 발행한 개인수표를 받아 외국환은행에 매각 • 외화를 외국환은행을 통하여 직접 송금 받아 외화예금 계좌에 예치 (외화입금증명서에 따라 외화 입금사실이 확인되는 경우에 한정)
영세율 배제	• 그 대금을 외국법인의 국내 외국환은행의 "비거주자 자유원화계정"에서 원화로 송금받는 경우 • 그 대금을 여행자수표 · 외화 · 현금통화에 의하여 결제하는 경우 • 그 대금을 타인 명의의 구좌를 통하여 외화를 송금 받아 원화로 받는 경우 • 그 대가를 외국법인의 대리인(제3자)으로부터 받는 경우

---

4) 수출재화 임가공용역

① 수출업자와 직접 도급계약에 의하여 수출재화를 임가공하는 수출재화임가공용역(수
   출재화염색임가공 포함)은 영세율 적용대상이 된다.

② 수출업자와 직접 도급계약한 사업자 자신이 직접 임가공하였는지 여부에 관계없이
   영세율을 적용한다.

③ 사업자가 부가가치세를 별도로 기재한 세금계산서를 발급한 경우에는 영세율을 적용
   하지 아니한다.

④ 내국신용장 또는 구매확인서에 의하여 공급하는 수출재화임가공용역도 영세율 적용
   대상이다.

⑤ 영세율 세금계산서를 발급하여야 한다.

⑥ 영세율 첨부서류는 다음과 같다.

   ⓐ 내국신용장 또는 구매확인서가 전자무역기반시설을 통하여 개설되거나 발급된 경

우 : 내국신용장 또는 구매확인서 전자발급명세서

    ⓛ 위 ⊙ 외의 방법으로 내국신용장이 개설된 경우 : 내국신용장 사본

    ⓒ 임가공계약서 사본(수출재화임가공용역을 해당 수출업자와 동일한 장소에서 제공하는 경우는 제외)과 수출업자가 발급한 납품사실증명서(수출업자와 직접 도급계약을 한 것에 한함) 또는 수출대금입금증명서

> ※ 장기임가공계약의 경우에는 해당 임가공계약에 대한 최초의 과세표준신고시에 임가공계약서 사본을 제출하고 그 이후의 신고에 있어서는 수출업자가 발급한 납품사실증명서류만을 제출할 수 있다.

> ## 📈 실무
>
> **내국신용장 등에 의한 수출재화임가공만 영세율이 적용되는 경우**
> 다음의 경우에는 반드시 내국신용장 또는 구매확인서 등이 개설·발급된 경우에만 영세율이 적용됨
> - 수출업자와 직접 도급계약이 아닌 수출재화 임가공용역
> - 자기가 주요 자재의 전부 또는 일부를 부담하는 경우(재화의 공급에 해당)

5) 그 밖에 외화획득재화 또는 용역에 대한 영세율 적용

구 분	주요 내용
(1) 외국항행선박·항공기·원양어선에 제공하는 재화·용역	• 외국을 항행하는 선박 및 항공기 또는 원양어선에 공급하는 재화 또는 용역 • 부가가치세를 별도로 기재한 세금계산서를 발급한 경우에는 영세율을 적용하지 아니함
(2) 주한 국제연합군 등에 공급하는 재화·용역	• 우리나라에 상주하는 국제연합군 또는 미합중국군대에게 공급하는 재화 또는 용역 • 미합중국군대의 범위에 SOFA 협정에 따른 공인 조달 기관 추가 ※ 사업자가 재화 또는 용역을 공급하고 대가를 원화로 지급받는 경우에는 영세율을 적용하지 아니함
(3) 외국인관광객에게 공급하는 관광알선용역	「관광진흥법 시행령」에 따른 일반여행업자가 외국인관광객에게 공급하는 관광알선용역으로서 그 대가를 다음 중 어느 하나의 방법으로 받는 것 ① 외국환은행에서 원화로 받은 것 ② 외화 현금으로 받아 외국인관광객과의 거래임이 확인된 것(국세청장이 정하는 관광알선수수료명세표와 외화매입증명서에 의하여 확인되는 것만 해당함)

구 분	주요 내용
(4) 외국인전용 관광기념품 판매업자가 공급하는 관광기념품	「관광진흥법 시행령」에 따른 외국인전용 관광기념품 판매업자가 외국인관광객(출국예정사실이 확인되는 내국인 포함)에게 공급하는 관광기념품으로서 구매자의 성명, 국적, 여권번호, 품명, 수량, 공급가액 등이 기재된 물품판매기록표에 의하여 외국인관광객과의 거래임이 표시되는 것(출국예정사실이 확인되는 내국인의 경우에는 관광기념품이 국외로 반출되었음이 세관장에 의하여 확인되는 것에 한함)
(5) 외국인전용 판매장 등에서 공급하는 재화·용역	다음에 해당하는 사업자가 국내에서 공급하는 재화 또는 용역으로서 그 대가를 외화로 받고 그 외화를 외국환은행에서 원화로 환전하는 것 ① 관할세무서장이 지정하는 외국인전용판매장을 경영하는 자 ② 관광객이용시설업 중 주한외국군인 및 외국인선원 전용의 유흥음식점업을 경영하는 자

(5) 조세특례제한법에 따른 영세율의 적용대상

구 분	주요 내용
(1) 방산업체가 공급하는 방산물자 등	① 방위사업법에 의하여 지정을 받은 방산업체가 공급하는 방산물자 (경찰이 작전용으로 사용하는 것 포함) 다만, 방위산업체간 상호간의 거래에 대해서는 부가가치세 영세율을 적용하지 아니함 ② 비상대비자원 관리법에 의하여 중점관리대상으로 지정된 자가 생산공급하는 시제품 및 자원동원으로 공급하는 용역
(2) 국군부대 또는 기관에 공급하는 석유류	국군부대 또는 기관에 공급하는 원유, 천연가스 및 석유제품
(3) 국가 등에 직접 공급하는 도시철도 건설용역	다음의 자에게 2026.12.31.까지 직접 공급하는 도시철도건설용역 ① 국가 및 지방자치단체(민간투자법에 따른 사업시행자가 공급하는 경우 제외) ② 도시철도공사(지방자치단체 조례에 의하여 도시철도를 건설할 수 있는 경우에 한함) ③ 국가철도공단 ④ 「사회기반시설에 대한 민간투자법」에 따른 사업시행자 ⑤ 한국철도공사
(4) 국가 등에 공급하는 사회기반시설 등	「사회기반시설에 대한 민간투자법」에 따른 사업시행자 과세[87]되는 사업을 영위할 목적으로 국가 또는 지방자치단체에 2026.12.31.까지 공급하는 사회기반시설 또는 사회기반시설의 건설용역

---

87) 면세사업 목적으로 국가 및 지자체에 공급하는 사회기반시설 또는 사회기반시설의 건설용역(기부체납)은 영세율이 아닌 면세대상임을 명확화(조특법 106조 신설)

구 분	주요 내용
(5) 장애인용 보장구 등	장애인용 보장구, 장애인용 특수 정보통신기기 및 장애인의 정보통신기기이용에 필요한 특수 소프트웨어로서 일정한 재화 → 적용대상인 재화는 조세특례제한법 시행령 제105조 참조
(6) 농민 또는 임업종사자에게 공급하는 농·축산·임업용 기자재	농민 또는 임업종사자에게 2025.12.31.까지 공급(농협 등 조합과 중앙회를 통하여 공급하는 것 포함)하는 농업용·축산업용 또는 임업용 기자재로서 일정한 재화 → 적용대상인 재화는 농·축산·임·어업용 기자재 및 석유류에 대한 부가가치세 영세율 및 면세 적용 등에 관한 특례규정 제3조 참조
(7) 어민에게 공급하는 어업용 기자재	연근해 및 내수면어업용으로 사용할 목적으로 어민에게 2025.12.31.까지 공급(수협 조합 및 어촌계와 농협 조합 및 이들의 중앙회를 통하여 공급하는 것 포함)하는 어업용 기자재로서 다음에 해당하는 재화 ① 사료 ② 농·축산·임·어업용 기자재 및 석유류에 대한 부가가치세 영세율 및 면세 적용 등에 관한 특례규정 별표 4의 어업용기자재

해석사례

(1) 수출신용장의 금액과 실제수출금액이 상이한 경우
사업자가 재화를 수출하고 수출금액과 신용장상의 금액과의 차액을 별도로 지급받는 경우 그 금액에 대하여도 영의 세율을 적용함(부가통칙 11−24−8)

(2) 국내 사업장이 없는 외국법인에 특허권 양도시 영세율 적용 여부
사업자가 사업상 취득한 특허권과 상표권 및 이에 부수되는 노하우 등 일체의 권리를 국내사업장이 없는 외국법인에게 양도하여 당해 외국법인이 동 권리를 국외에서 사용·소비하는 경우 동 권리의 양도에 대하여는 수출하는 재화에 해당하여 부가가치세 영의 세율이 적용됨(서삼 46015−10405, 2003.3.11.)

(3) 해외 현지 Hub창고를 통한 원재료 공급의 영세율 적용 여부
국내사업자 "을"이 재화를 국외의 보세창고에 무환 반출하여 보관하다가 국내사업자 "갑"의 요청에 따라 "갑"의 해외현지임가공업체에 인도하고 그 대가를 국내에서 "갑"으로부터 받는 경우 "을"이 무환 반출한 당해 재화는 영의 세율을 적용하는 것이며, 그 공급시기는 선(기)적일이 되는 것임(부가 1247, 2009.9.3.)

(4) 위탁가공을 위하여 무환반출한 원자재를 국외 임가공업자에게 매각하는 경우 영세율 적용 여부

사업자가 위탁가공을 위하여 국외의 임가공업자에게 무환으로 반출한 원부자재 중 일부를 그 임가공업자에게 공급하는 경우 당해 원부자재의 공급은 영세율이 적용되는 것이며, 그 공급시기는 외국에서 인도되는 때임(부가 1248, 2009.9.3.)

(5) 조건부로 양도한 신용장에 의해 재화를 공급하는 경우 영세율 적용
수출업자가 제조업자로부터 수출용재화를 구입하면서 제조업자에게 원신용장을 조건부로 양도하는 경우 내국신용장 또는 구매확인서에 의하지 아니하고도 영세율 적용이 가능한 것임(상담3팀 2167, 2007.7.31.)

(6) 국내 · 외 4자간 거래시 영세율 적용 여부
사업자가 국외에서 재화를 공급하는 경우에는 부가가치세 납세의무가 없는 것이나, 국내의 사업장에서 계약과 대가수령 등 거래가 이루어지는 것으로서 중계무역방식의 수출 또는 외국인도수출을 하는 때에는 영의 세율을 적용하는 것임(상담3팀 1060, 2006.6.8.)

(7) 외국항행선박에 공급하는 재화 또는 용역
공항시설물을 관리 · 운영하는 사업자가 항공사와의 계약에 따라 외국을 항행하는 항공기와 관련하여 수하물처리시설(수하물 보안검색 X-ray 검사대 및 컨베이어벨트 등으로 이루어진 시설) 사용용역을 제공하고 그 사용료를 받는 경우 부가가치세 영세율이 적용되는 것임(기준법령부가 2019-539, 2019.11.21.)

해석사례 국외에서 제공하는 용역

(1) 국외에서 사용되는 권리의 대가를 받는 경우 영세율 적용 여부
국내에 사업장을 두고 제조업을 영위하는 사업자가 국외에 소재하는 사업자에게 당해 제조업에 관련된 기술적 지식 등의 노하우를 국외에서 제공하고 일정기간 단위로 용역의 공급대가를 정산하여 받기로 한 경우, 당해 용역의 제공은 영의 세율을 적용하는 것이며, 그 대가의 각 부분을 받기로 한 때를 용역의 공급시기로 보는 것임(부가 136, 2010.2.2.)

(1) 내국신용장과 관세환급금

내국신용장에 의하여 재화를 수출업자 또는 수출품생산업자에게 공급하고 당해 수출업자 또는 수출품생산업자로부터 그 대가의 일부로 받는 관세환급금은 영의 세율을 적용함. 다만, 수출업자 또는 내국신용장에 의하여 완제품을 수출업자에게 공급한 자가 세관장으로부터 직접 받는 관세환급금과 수출품생산업자가 수출대행업자로부터 받는 관세환급금은 과세하지 아니함(부가통칙 11-24-11)

(2) 내국신용장에 의하여 공급하는 위탁판매 재화

수탁자가 자기명의로 내국신용장을 개설받아 위탁자의 재화를 공급하는 경우에는 위탁자가 영의 세율을 적용받으며, 이 경우 영세율첨부서류는 수탁자명의의 내국신용장 사본과 위수탁매매임을 입증할 수 있는 서류로 함(부가통칙 11-24-12)

(3) 영의 세율을 적용하지 아니하는 내국신용장

외국으로 반출되지 아니하는 재화의 공급과 관련하여 개설된 내국신용장(주한미국군 군납계약서 등)에 의한 재화 또는 용역의 공급은 영의 세율을 적용하지 아니함(부가통칙 11-24-14)

(4) 내국신용장 유효기간 경과후 재화공급시 영세율 적용

사업자가 내국신용장의 유효기간 경과후에 재화를 공급한 것으로서 당해 신용장의 효력이 소멸되지 아니하여 그 대가를 외국환은행에서 원화로 받는 때에는 영의 세율을 적용함(부가통칙 11-24-15)

(5) 구매확인서 발급일 이후 공급가액 변동시 영세율 적용 여부

사업자가 무역거래법에서 정하는 구매확인서에 의하여 재화를 공급함에 있어 구매확인서 발급일 이후에 공급가액이 변동되는 때에도 당해 재화가 동 구매확인서에 의하여 공급하는 재화임이 확인되는 때에는 부가가치세 영세율이 적용되는 것임(상담3팀 2736, 2007.10.2.)

(6) 대가 일부를 내국신용장에 포함하지 않고 별도 수령시 영세율 적용 여부

사업자가 내국신용장에 의하여 재화를 공급하면서 그 대가의 일부를 내국신용장에 포함하지 아니하고 별도로 받는 경우에 영세율 적용하며, 별도 받는 금액이 내국신용장에 의하여 공급한 재화의 대가의 일부인지 여부는 거래사실에 따라 판단하는 것임(상담3팀 989, 2007.4.2.)

(1) 수출입알선용역의 영세율 적용
  ① 국내에서 국내사업장이 없는 비거주자 또는 외국법인에게 수출알선용역을 제공하고 그 대가를 외국환은행에서 원화로 받는 경우에는 영의 세율을 적용함
  ② 외국으로부터 수출신용장을 받아 수출업자에게 양도하고 받는 대가는 영의 세율을 적용하지 아니함(부가통칙 11-26-1)

(2) 외국법인의 국내 건설사업장에 공급하는 재화 또는 용역
  사업자가 국내에서 공장건설(플랜트)용역을 제공하는 외국법인에게 당해 공장건설에 소요되는 재화 또는 용역을 공급하고 그 대가를 외국법인의 본점으로부터 받는 경우에는 영의 세율을 적용하지 아니함(부가통칙 11-26-2)

(3) 국내사업장이 없는 외국법인 등이 지정한 자에게 공급하는 재화 또는 용역
  국내에 사업장이 없는 비거주자 또는 외국법인이 지정한 자에게 국내에서 재화 또는 용역을 공급하고 그 대가를 당해 비거주자 또는 외국법인으로부터 외국환은행을 통하여 원화로 받는 경우에는 영의 세율을 적용함(부가통칙 11-26-3)

(4) 외국법인에게 공급하는 재화를 국내 사업자에게 인도하는 경우 영세율 적용 여부
  사업자가 국내사업장이 없는 외국법인과 계약에 의하여 공급하는 재화로서 그 대가를 외국환은행에서 원화로 받고 당해 재화를 외국법인이 지정하는 국내사업자에게 인도하여 국내사업자의 과세사업에 사용하는 경우 영세율이 적용되는 것임(상담3팀 1312, 2007.5.2.)

(5) 국내에서 외국법인에게 공급하는 용역의 영세율적용 여부
  사업자가 국내에서 국내사업장이 없는 비거주자 또는 외국법인에게 부가가치세법에 해당하는 용역을 공급하고 그 대금을 외국환은행에서 원화로 받는 경우에는 영세율이 적용되는 것이나, 그 대금을 국내 제3자 또는 국내대리인으로부터 받는 경우에는 영세율이 적용되지 아니하는 것임(상담3팀 873, 2006.5.11.)

(6) 외국법인의 자회사 설립대행 용역에 대한 영세율 적용 여부
  외국법인의 국내 자회사의 설립과 관련하여 법인설립대행 용역을 제공하고 그 용역제공 대가로 외국법인으로부터 외국환은행을 통하여 원화로 받는 것은 부가가치세 영세율이 적용되는 것임(상담3팀 1200, 2007.4.24.)

01 의의

(1) 개념

'**면세**'라 함은 일반소비세인 부가가치세를 과세함에 있어서 역진성을 완화하고 사회정책적 목적 내지는 경제정책적 목적을 달성하기 위하여 일정한 재화 또는 용역의 공급에 대하여 부가가치세의 과세를 면제하여 주는 것을 말한다.

(2) 면세제도의 목적

부가가치세제에 있어서 면세를 설정하고 있는 가장 큰 목적은 일반소비세인 부가가치세의 역진성을 보완하고자 하는 데 있다. 그러나 면세는 이러한 주된 목적 외에도 다음과 같은 정책적 목적을 달성하고자 하는 데 그 근거가 있다.
① 생산요소에 대한 중복적 과세대상 포함 방지
② 국민후생의 보장 또는 문화의 진흥
③ 세무행정의 편의
④ 공공사업의 지원

(3) 면세제도의 성격

① 면세는 사업자의 세부담을 경감하기 위한 제도가 아니라 면세재화 또는 용역을 공급받는 최종 소비자의 세부담을 경감시키기 위한 제도적 장치이다.
② 면세는 면세되는 재화 또는 용역의 거래에서 발생하는 자기 단계의 부가가치에 대해서만 부가가치세를 면제(부분면세)하는 것이다.
③ 면세가 최종 단계에서 적용되는 것이 아닌 경우 즉, 면세가 적용된 이후에 과세단계가 적용된다든지 아니면 면세가 과세단계와 과세단계의 중간단계에서 적용되는 경우에는 면세의 환수효과와 누적효과가 나타나게 된다. 이로 인하여 면세가 불완전해지게 된다.

전단계세액공제법에서의 누적효과와 환수효과

1. 누적효과(cascade effect)

거래단계의 중간단계에서 면세를 적용받고 그 후속 단계에서 과세를 적용받는 경우
거래전체단계에서 창출된 부가가치에 대한 부가가치세액보다 더 많은 세액이 국고로
수납되는 효과가 발생한다.

	과세사업자	면세사업자	과세사업자	Total
매출액	10,000	31,000	61,000	
[부가가치]	[10,000]	[20,000]	[30,000]	[60,000]
부가가치세	1,000	면세	6,100	
매입액	-	11,000	31,000	
납부세액	1,000	0	6,100	7,100

2. 환수효과(Catch-up effect)

거래단계의 중간단계에서 영세율을 적용받은 후 그 후속 단계에서 과세를 적용받는
경우 영세율적용으로 경감된 세액이 다시 국고로 환수되어 종전 영세율의 적용효과가
취소되는 결과가 발생한다.

	과세사업자	영세사업자	과세사업자	Total
매출액	10,000	30,000	60,000	
[부가가치]	[10,000]	[20,000]	[30,000]	[60,000]
부가가치세	1,000	0 (영세율)	6,000	
매입액	-	11,000	30,000	
납부세액	1,000	1,000 환급	6,000	6,000

재화 또는 용역의 공급에 대한 면세

(1) 면세품목

구 분	면세 적용대상
(1) 기초생활필수품	① 미가공식료품(식용 농·축·수·임산물 포함, 외국산 포함) 및 우리나라에서 생산된 비식용 미가공 농·축·수·임산물(단, 외국산은 과세대상) ② 수돗물(단, 전기는 과세대상), ③ 연탄과 무연탄, ④ 여성용 생리처리 위생용품 ⑤ 여객운송용역(지하철·시내버스·시외일반고속버스 등) [다만, 항공기·시외우등고속버스 및 시외고급고속버스를 사용하는 시외버스 운송사업·전세버스·택시·특수자동차·특종선박·고속철도·**삭도(索道)***1)·**관광유람선·관광순환버스 및 관광궤도차량***2)·**관광사업 목적 일반철도***3)에 의한 여객운송여객은 과세, 부령 §37] *1) 스키장, 관광지 등의 케이블카 *2) 관광용 모노레일 등 *3) 바다열차 등 ⑥ 주택과 이에 부수되는 토지의 임대용역(단, 사업용건물과 이에 부수되는 토지 임대용역은 과세대상)
(2) 국민후생 및 문화관련 재화·용역	① 의료보건용역(수의사의 용역 포함)으로서 일정한 것과 혈액(치료·예방·진단용 동물의 혈액(2025.1.1. 이후 공급하는 분부터) 포함) (단, 약사의 조제 용역은 면세이나 의약품 단순판매는 과세대상) ② **교육용역** 　㉠ 정부의 허가 또는 인가를 받은 학교·어린이집(영유아보육법에 따른 어린이집을 말하며, 같은 법에 따라 국공립어린이집이나 직장어린이집 운영을 위탁받은 자가 제공하는 경우를 포함)·학원·강습소·훈련원·교습소 기타 비영리단체, 청소년수련시설, 산학협력단 및 사회적기업, 사회적협동조합일 것 　㉡ 학생·수강생·훈련생·교습생 또는 청강생에게 지식·기술 등을 가르칠 것 　　→ 허가 또는 인가를 받지 못한 유치원·학원 등은 과세대상임 　　　자동차운전학원은 2012.7.1. 이후 용역제공 분부터 과세전환 　㉢ 어린이집(위탁운영 포함) - 2024년 이후 공급하는 분부터 적용 ③ 도서(실내 도서열람 및 도서대여용역 포함)·신문(인터넷신문 포함)·잡지·관보 및 뉴스통신(광고는 제외) ④ 예술창작품(골동품 제외)·예술행사·문화행사·비직업운동경기 ⑤ 도서관·과학관·박물관·미술관·동물원 또는 식물원에의 입장(단, 오락이나 유흥시설과 함께 있는 동물원, 식물원, 해양수족관은 과세)

구 분	면세 적용대상
(3) 생산요소	① 토지 | 구 분		과세·면세 등 여부
---	---	---
토지의 공급		면세
토지의 임대	전·답·과수원·목장용지·임야·염전	과세 제외
	주택부수토지	면세
	그 외 토지 임대	과세	 ② 금융·보험용역 단, 다음에 해당하는 것은 본질적인 금융·보험용역에 해당되지 않기 때문에 과세됨 • 복권·입장권·상품권·지금형주화 또는 금지금에 관한 대행용역 및 이와 유사한 용역(수익증권 등 금융업자의 금융상품 판매대행용역 등은 제외함) • 기업합병 또는 기업매수의 중개·주선·대리, 신용정보서비스 및 은행업에 관련된 전산시스템과 소프트웨어의 판매·대여용역 및 이와 유사한 용역 • 부동산임대용역 • 감가상각자산 대여용역(시설대여업자가 제공하는 시설대여용역을 제외하되, 동 시설대여업자가 자동차를 대여하고 정비용역을 함께 제공하는 경우를 포함함) ③ 저술가·작곡가 기타 일정한 자가 직업상 제공하는 인적용역(단, 전문자격사의 인적용역은 과세)
(4) 기타	① 우표(수집용 우표 제외)·인지·증지·복권과 공중전화 ② 다음의 담배 ㉠ 판매가격이 200원(20개비당) 이하인 담배 ㉡ 담배사업법에 따른 특수용 담배 중 영세율이 적용되지 않는 것 ③ 종교(소속단체 포함)·자선·학술·구호 기타 공익을 목적으로 하는 단체가 공급하는 일정한 재화 또는 용역 ④ 국가·지방자치단체·지방자치단체조합이 공급하는 재화 또는 용역 **(단, 다음에 해당하는 것은 민간기업과의 형평성을 유지하기 위해 부가가치세가 과세됨)** • 우정사업본부의 부가우편역무 중 소포우편물을 방문접수하여 배달하는 용역과 우편주문 판매대행용역[88] • 고속철도(KTX)에 의한 여객운송용역 • 부동산임대업, 도·소매업, 음식·숙박업, 골프장·스키장운영업 기타 운동시설 운영업에서 공급하는 재화 또는 용역 **다만, 다음은 면세함** ㉠ 국방부 또는 국군이 군인, 군무원 그 밖에 이들의 배우자·직계존비속에게 제공하는 재화 또는 용역(부동산임대업, 도매업, 골프장 및 스키장 운

구 분	면세 적용대상
	영업, 골프연습장 운영업은 <u>2018.7.1. 이후 용역 공급분부터 과세전환</u>) ⓛ 국가 등이 소속직원의 복리후생 목적으로 직접 운영하는 구내식당에서 제공하는 음식용역 ⓒ 국가 등이 BTL · BTO **방식**의 민간투자사업에서 사회기반시설을 기부채납받고 그 대가로 공급하는 시설관리운영권(<u>2018.2.13. 이후 공급 분부터</u>) ⑤ 국가 · 지방자치단체 · 지방자치단체조합 또는 공익단체에 무상으로 공급하는 재화 또는 용역(단, 유상공급은 과세) ⑥ 공동주택 입주자대표회의 등이 제공하는 복리시설인 공동주택 어린이집의 임대용역
(5) 조세특례제한법상 면세	① 도서지방의 자가발전에 사용할 석유류 ② 공장 · 학교 등 구내식당 및 위탁급식에 의하여 공급하는 음식용역 ③ 영농 · 영어조합법인, 농업 · 어업회사법인이 농 · 어업경영 및 농 · 어업 작업의 대행용역(2026.12.31.까지) ④ 국민주택, 국민주택의 건설용역 및 리모델링 용역(단, 국민주택규모 초과 주택 공급은 과세) ⑤ 공동주택과 노인복지주택의 위탁관리용역 중 일반관리용역, 경비용역 및 청소용역 ⑥ 온실가스배출권과 외부사업 온실가스 감축량 및 상쇄배출권 ⑦ 정부업무를 대행하는 단체가 제공하는 재화 또는 용역(장애인 콜택시 위탁 운영기관 포함) ⑧ 국가철도공단이 국가에 공급하는 철도시설 ⑨ 교육부장관의 추천이나 교육부장관이 지정하는 자의 추천을 받은 자가 건설한 학교시설에 대하여 학교가 제공하는 시설관리운영권 및 그 추천을 받은 자가 그 학교시설을 이용하여 제공하는 용역 ⑩ 한국사학진흥재단이 설립한 특수 목적 법인이 건설한 기숙사에 대하여 국가 및 지자체가 제공하는 시설관리운영권 및 그 법인이 그 기숙사를 이용하여 제공하는 용역 ⑪ 시내버스 · 마을버스 · 농어촌버스(2024.1.1. 이후 공급분부터 적용) 운송사업용으로 공급하는 버스로서 전기버스 및 수소전기 버스 ⑫ 개인택시운송사업용으로 간이과세자에게 공급하는 자동차[89] (2024.12.31.까지) ⑬ 희귀병 치료를 위한 치료제 등 ⑭ 영유아용 기저귀와 분유 ⑮ 농민 또는 임업에 종사하는 자에게 난방용 또는 농업용 · 임업용으로 공급하는 임산물 중 목재펠릿(**다만, 2018.1.1.부터 전력용 목재 펠릿은 과세로 전환**)

88) 등기배송을 전제로 우체국 쇼핑(인터넷쇼핑몰)을 통한 판매대행용역
89) 부가가치세 환급 특례 신설 (25.1.1. 이후 공급하는 분부터 적용)

(2) 주요 면세대상

가. 농·축·수·임산물 등에 대한 면세

1) 미가공식료품[90]

① 농·축·수·임산물 등의 식료품

  ㉠ 가공되지 아니하거나,

  ㉡ 탈곡·정미·정맥·제분·정육·건조·냉동·염장·포장 기타 원생산물의 본래의 성질이 변하지 아니하는 정도의 1차 가공을 거쳐 식용에 공하는 것으로서 다음에 열거하는 것

   ⓐ 곡류, 서류, 특용작물류, 과실류, 채소류

   ⓑ 수축류, 수육류

   ⓒ 유란유(우유 및 분유 포함)

   ⓓ 생선류(고래 포함), 패류, 해조류

   ⓔ 위 ⓐ~ⓓ 이외에 식용에 공하는 농·축·수·임산물

   ⓕ 소금(천일염 및 재제조염으로서 식품으로 정하여진 것)

② 단순가공식품

  ㉠ 김치·두부 등 미가공식료품분류표에서 규정하고 있는 단순 가공식료품(단, 운반편의를 위한 단순포장은 면세이나 독립된 거래단위로 포장하여 공급하는 것은 과세[91]함)

  ㉡ 원생산물의 본래의 성질이 변하지 아니하는 정도로 1차 가공하는 과정에서 필수적으로 발생하는 부산물

  ㉢ 미가공식료품을 단순히 혼합한 것

  ㉣ 쌀에 식품첨가물 등을 첨가 또는 코팅하거나 버섯균 등을 배양시킨 것으로서 미가공식료품분류표에서 규정하고 있는 것

개인택시 운수사업용으로 간이과세자가 자동차를 구입하는 경우 자동차 제조 및 판매사 등이 간이과세자가 자동차 구매시 납부한 부가가치세 상당액을 간이과세자를 대신하여 환급 신청을 대행하여 환급을 받을 수 있다.

90) 면세하는 미가공식료품 분류표 참고 (2022.6.28. 개정)

91) 서민 생활물가의 안정을 위해 현행 규정상 부가가치세가 과세되는 포장 김치, 젓갈류 등 단순가공식료품과 수입 커피 및 코코아두 등에 대한 부가가치세를 2025년 12월 31일까지 면제 연장

2) 비식용 국내생산 농·축·수·임산물

국내에서 생산된 식용에 공하지 않는 농·축·수·임산물로서 다음에 해당하는 것(수입한 것은 과세됨)

① 원생산물

② 원생산물의 본래의 성상이 변하지 아니하는 정도의 원시가공을 거친 것

③ 위 ②의 규정에 의한 원시가공 과정에서 필수적으로 발생하는 부산물

| 면세하는 미가공식료품 분류표(제24조 제1항 관련) |

[별표 1](2022.6.18. 개정)

구 분	관세율표 번호	품 명
1. 곡류	1001	① 밀과 메슬린(meslin)
	1002	② 호밀
	1003	③ 보리
	1004	④ 귀리
	1005	⑤ 옥수수
	1006	⑥ 쌀(벼를 포함한다)
	1007	⑦ 수수
	1008	⑧ 메밀·밀리트(millet)·카나리시드(canary seed)와 그 밖의 곡물
	1101	⑨ 밀가루나 메슬린(meslin) 가루
	1102	⑩ 곡물가루[밀가루나 메슬린(meslin) 가루는 제외한다]
	1103	⑪ 곡물의 부순 알곡, 거친 가루, 펠릿(pellet)
	1104	⑫ 그 밖의 가공한 곡물[예: 껍질을 벗긴 것, 압착한 것, 플레이크(flake) 모양인 것, 진주 모양인 것, 얇은 조각으로 만든 것, 거칠게 빻은 것(관세율표 제1006호의 쌀은 제외한다)], 곡물의 씨눈으로서 원래 모양인 것, 압착한 것, 플레이크(flake) 모양인 것, 잘게 부순 것
	1106	⑬ 관세율표 제1106호에 해당하는 물품 중 건조한 채두류(菜豆類)(관세율표 제0713호의 것)의 거친 가루, 가루
2. 서류	0714	① 매니옥(manioc)·칡뿌리·살렙(salep)·돼지감자(Jerusalem artichoke)·고구마와 그 밖에 이와 유사한 전분이나 이눌린(inulin)을 다량 함유한 뿌리·괴경(塊莖)[자른 것인지 또는 펠릿(pellet) 모양인지에 상관없으며 신선한 것, 냉장·냉동한 것,

구 분	관세율표 번호	품 명
		건조한 것으로 한정한다], 사고야자(sago)의 심(pith)
	1106	② 관세율표 제1106호에 해당하는 물품 중 사고(sago)·뿌리나 괴경(塊莖)(관세율표 제0714호의 것)의 고운 가루 및 거친 가루
	0701	③ 감자(신선한 것이나 냉장한 것으로 한정한다)
	1105	④ 감자의 고운 가루, 거친 가루, 가루, 플레이크(flake), 알갱이, 펠릿(pellet)
3. 특용작물류	0901	① 관세율표 제0901호에 해당하는 물품 중 커피(원래 모양이나 분쇄한 것으로서 볶은 것은 제외한다) 및 커피의 껍데기·껍질과 웨이스트(waste)
	0902	② 차류(소매용으로 포장한 것은 제외한다)
	0904	③ 후추[파이퍼(Piper)속의 것으로 한정한다], 건조하거나 부수거나 잘게 부순 고추류[캡시컴(Capsicum)속]의 열매나 피멘타(Pimenta)속의 열매
	1201	④ 대두(부수었는지에 상관없다)
	1202	⑤ 땅콩(볶거나 그 밖의 조리를 한 것은 제외하며, 껍데기를 벗겼는지, 부수었는지에 상관없다)
	1206	⑥ 해바라기씨(부수었는지에 상관없다)
	1207	⑦ 그 밖의 채유(採油)에 적합한 종자와 과실[팜너트(palm nut)와 핵(核), 목화씨, 피마자, 잇꽃 종자, 양귀비씨는 제외하며, 부수었는지는 상관없다]
	1208	⑧ 채유(採油)에 적합한 종자와 과실의 고운 가루 및 거친 가루(겨자의 고운 가루 및 거친 가루는 제외한다)
	1212	⑨ 관세율표번호 제1212호에 해당하는 물품 중 사탕무와 사탕수수(신선한 것·냉장이나 냉동한 것·건조한 것으로서 잘게 부수었는지에 상관없다)
	1211	⑩ 관세율표 제1211호에 해당하는 물품 중 인삼류
	1801	⑪ 코코아두(원래 모양이나 부순 것으로 한정한다)
	1802	⑫ 코코아의 껍데기와 껍질, 그 밖의 코코아 웨이스트(waste)
	2401	⑬ 잎담배와 담배 부산물
	0910	⑭ 관세율표 제0910호에 해당하는 물품 중 생강
4. 과실류	0801	① 코코넛·브라질너트·캐슈너트(cashew nut)(신선한 것이나 건조한 것으로 한정하며, 껍데기나 껍질을 벗겼는지에 상관없다)
	0802	② 그 밖의 견과류(신선하거나 건조한 것으로 한정하며, 껍데기나

구 분	관세율표 번호	품 명
		껍질을 벗겼는지에 상관없다)
	0803	③ 바나나[플랜틴(plantain)을 포함하며, 신선하거나 건조한 것으로 한정한다]
	0804	④ 대추야자·무화과·파인애플·아보카도(avocado)·구아바(guava)·망고(mango)·망고스틴(mangosteen)(신선하거나 건조한 것으로 한정한다)
	0805	⑤ 감귤류의 과실(신선하거나 건조한 것으로 한정한다)
	0806	⑥ 포도(신선한 것으로 한정한다)
	0807	⑦ 멜론(수박을 포함한다)과 포포(papaw)[파파야(papaya)](신선한 것으로 한정한다)
	0808	⑧ 사과·배·마르멜로(quince)(신선한 것으로 한정한다)
	0809	⑨ 살구·체리·복숭아[넥터린(nectarine)을 포함한다]·자두·슬로(sloe)(신선한 것으로 한정한다)
	0810	⑩ 그 밖의 과실(신선한 것으로 한정한다)
	0811	⑪ 냉동 과실과 냉동 견과류(물에 삶거나 찐 것과 설탕이나 그 밖의 감미료를 첨가한 것은 제외한다)
	0812	⑫ 일시적으로 보존하기 위하여 처리(예 : 이산화유황가스·염수·유황수나 그 밖의 저장용액으로 보존처리)한 과실과 견과류(그 상태로는 식용에 적합하지 않은 것으로 한정한다)
	0813	⑬ 건조한 과실(관세율표 제0801호부터 제0806호까지에 해당하는 것은 제외한다)과 관세율표 제8류의 견과류나 건조한 과실의 혼합물
5. 채소류	0702	① 토마토(신선한 것이나 냉장한 것으로 한정한다)
	0703	② 양파·쪽파·마늘·리크(leek)와 그 밖의 파속의 채소(신선한 것이나 냉장한 것으로 한정한다)
	0704	③ 양배추·꽃양배추·구경(球莖)양배추·케일(kale)과 그 밖에 이와 유사한 식용 배추속(신선한 것이나 냉장한 것으로 한정한다)
	0705	④ 상추[락투카 사티바(Lactuca sativa)]와 치커리(chicory)[시커리엄(Cichorium)종](신선한 것이나 냉장한 것으로 한정한다)
	0706	⑤ 당근, 순무, 샐러드용 사탕무뿌리, 선모(仙茅), 셀러리액(celeriac), 무와 그 밖에 이와 유사한 식용 뿌리(신선한 것이나 냉장한 것으로 한정한다)
	0707	⑥ 오이류(신선한 것이나 냉장한 것으로 한정한다)
	0708	⑦ 채두류(菜豆類)(꼬투리가 있는지에 상관없으며 신선한 것이나

구 분	관세율표 번호	품 명
		냉장한 것으로 한정한다)
	0709	⑧ 그 밖의 채소(신선한 것이나 냉장한 것으로 한정한다)
	0710	⑨ 냉동채소(조리한 것은 제외한다)
	0711	⑩ 일시적으로 보존하기 위하여 처리(예 : 이산화유황가스·염수·유황수나 그 밖의 저장용액으로 보존처리)한 채소(그 상태로는 식용에 적합하지 않은 것으로 한정한다)
	0712	⑪ 건조한 채소(원래 모양인 것, 절단한 것, 얇게 썬 것, 부순 것, 가루 모양인 것으로 한정하며, 더 이상 조제한 것은 제외한다)
	0713	⑫ 건조한 채두류(菜豆類)(꼬투리가 없는 것으로서 껍질을 제거한 것인지 또는 쪼갠 것인지에 상관없다)
6. 수축류	0101	① 말(경주마, 승용마 및 번식용 말은 제외한다), 당나귀, 노새와 버새
	0102	② 소(물소를 포함한다)
	0103	③ 돼지
	0104	④ 면양과 산양
	0105	⑤ 가금(家禽)류(닭·오리·거위·칠면조 및 기니아새로 한정한다)
	0106	⑥ 그 밖의 살아 있는 동물(식용에 적합한 것으로 한정한다)
7. 수육류	0201	① 쇠고기(신선한 것이나 냉장한 것으로 한정한다)
	0202	② 쇠고기(냉동한 것으로 한정한다)
	0203	③ 돼지고기(신선한 것, 냉장하거나 냉동한 것으로 한정한다)
	0204	④ 면양과 산양의 고기(신선한 것, 냉장하거나 냉동한 것으로 한정한다)
	0205	⑤ 말·당나귀·노새·버새의 고기(신선한 것, 냉장하거나 냉동한 것으로 한정한다)
	0206	⑥ 소·돼지·면양·산양·말·당나귀·노새·버새의 식용 설육(屑肉)(신선한 것, 냉장하거나 냉동한 것으로 한정한다)
	0207	⑦ 관세율표 제0105호의 가금(家禽)류의 육과 식용 설육(屑肉)(신선한 것, 냉장하거나 냉동한 것으로 한정한다)
	0208	⑧ 그 밖의 육과 식용 설육(屑肉)(신선한 것, 냉장하거나 냉동한 것으로 한정한다)
	0209	⑨ 살코기가 없는 돼지 비계와 가금(家禽)의 비계(기름을 빼지 않은 것이나 그 밖의 방법으로 추출하지 않은 것으로서 신선한 것, 냉장하거나 냉동한 것, 염장하거나 염수장한 것, 건조하거나 훈제한 것으로 한정한다)

구 분	관세율표 번호	품 명
	0210	⑩ 육과 식용 설육(屑肉)(염장하거나 염수장한 것이나 건조하거나 훈제한 것으로 한정한다), 육이나 설육(屑肉)의 식용 고운 가루 및 거친 가루
	0504	⑪ 동물(어류는 제외한다)의 장ㆍ방광ㆍ위의 전체나 부분(식용에 적합한 것으로 한정한다)
	0511	⑫ 관세율표 제0511호에 해당하는 물품 중 건(腱)ㆍ근(筋)과 원피의 웨이스트(waste) 및 누에가루(식용에 적합한 것으로 한정한다)
	0506	⑬ 뼈와 혼코어(horn-core)[가공하지 않은 것, 탈지(脫脂)한 것, 단순히 정리한 것(특정한 형상으로 깎은 것은 제외한다), 산(酸) 처리를 하거나 탈교한(degelatinised) 것], 이들의 가루와 웨이스트(waste)
8. 유란류	0401	① 밀크(관세율표 제0401호에 해당하는 물품 중 신선한 것으로 한정하며 농축ㆍ건조ㆍ가당 또는 발효된 것은 제외한다)
	0402	② 관세율표 제0402호에 해당하는 물품 중 농축유ㆍ연유와 분유
	0407	③ 새의 알(껍질이 붙은 것으로서 신선하거나 저장에 적합한 처리를 한 것으로 한정한다)
	0408	④ 새의 알(껍질이 붙지 않은 것)과 알의 노른자위(신선한 것, 건조한 것, 그 밖의 저장에 적합한 처리를 한 것으로 한정한다)
	1901	⑤ 관세율표 제1901호에 해당하는 물품 중 유아용 조제 분유로 한정한다.
	3502	⑥ 알의 흰자위(egg albumin)(신선한 것, 건조한 것, 그 밖의 저장에 적합한 처리를 한 것으로 한정한다)
9. 생선류	0301	① 활어(관상용은 제외한다)
	0302	② 신선하거나 냉장한 어류[관세율표 제0304호의 어류의 필레(fillet)와 그 밖의 어육은 제외한다]
	0303	③ 냉동어류[기름치(Oilfish, 학명 Ruvettus pretiosus)와 관세율표 제0304호의 어류의 필레(fillet)와 기타 어육은 제외한다]
	0304	④ 어류의 필레(fillet)와 그 밖의 어육(잘게 썰었는지에 상관없으며 신선한 것, 냉장ㆍ냉동한 것으로 한정한다)
	0305	⑤ 건조한 어류, 염장이나 염수장한 어류, 훈제한 어류(훈제과정 중이나 훈제 전에 조리한 것인지에 상관없다)
	0306	⑥ 갑각류(껍데기가 붙어 있는 것인지에 상관없으며 살아 있는 것과 신선한 것, 냉장이나 냉동한 것, 건조한 것, 염장이나 염수장

구 분	관세율표 번호	품 명
		한 것으로 한정하며, 껍데기가 붙어 있는 상태로 물에 찌거나 삶아서 냉장이나 냉동한 것, 건조한 것, 염장이나 염수장한 것을 포함한다)
	0307	⑦ 연체동물(껍데기가 붙어 있는지에 상관없으며 살아 있는 것과 신선한 것, 냉장이나 냉동한 것, 건조한 것, 염장이나 염수장한 것을 포함한다)
	0308	⑧ 수생(水生) 무척추동물(갑각류와 연체동물은 제외하며, 살아 있는 것과 신선한 것, 냉장이나 냉동한 것, 건조한 것, 염장이나 염수장한 것을 포함한다)
	0309	⑨ 어류·연체동물 및 수생(水生) 무척추동물(갑각류는 제외한다)의 고운 가루 및 거친 가루와 펠릿(pellet)(식용에 적합한 것으로 한정한다)
	0511	⑩ 관세율표 제0511호에 해당하는 물품 중 어류의 웨이스트(waste)(식용에 적합한 것으로 한정한다)
10. 패류	0307	관세율표 제0307호에 해당하는 물품 중 조개·바지락·백합·홍합·전복과 그 밖의 패류(살아 있는 것과 신선한 것, 냉장이나 냉동한 것, 건조한 것, 염장이나 염수장한 것으로 한정한다)
11. 해조류	1212	관세율표 제1212호에 해당하는 물품 중 김·미역·톳·파래·다시마와 그 밖의 식용에 적합한 해조류(신선한 것과 냉장이나 냉동한 것, 건조한 것, 염장이나 염수장한 것으로 한정한다)
12. 그 밖에 식용으로 제공되는 농산물, 축산물, 수산물 또는 임산물과 단순가공 식료품(2022.6.28. 개정)	0409	① 천연꿀
	0410	② 따로 분류되지 않은 식용인 동물성 생산품
	1212	③ 관세율표 제1212호에 해당하는 물품 중 주로 식용에 적합한 과실의 핵(核)과 그 밖의 식물성 생산품으로서 따로 분류되지 아니한 것(산채류를 포함한다)
	2501	④ 관세율표 제2501호에 해당하는 물품 중 소금
		⑤ 데친 채소류·김치·단무지·장아찌·젓갈류·게장·두부·메주·간장·된장·고추장(제조시설을 갖추고 판매목적으로 독립된 거래단위로 관입·병입 또는 이와 유사한 형태로 포장하여 2026년 1월 1일부터 공급하는 것은 제외하되, 단순하게 운반편의를 위하여 일시적으로 관입·병입 등의 포장을 하는 경우를 포함한다).
	1209	⑥ 관세율표 제1209호에 해당하는 물품 중 채소 종자
		⑦ 쌀에 인산추출물·아미노산 등 식품첨가물을 첨가·코팅하거나 버섯균 등을 배양시킨 것으로서 쌀의 원형을 유지하고 있어야

구 분	관세율표 번호	품 명
		하고(쌀을 분쇄한 후 식품첨가물을 혼합하여 다시 알곡모양을 낸 것은 제외한다), 쌀의 함량이 90퍼센트 이상인 것

📈 **실무**

미가공식료품과 비식용 국내생산 농산물 등의 면세 사례

구 분	면세 여부
(1) 냉동처리한 어류	신선한 어류의 껍질·머리·뼈·내장 등을 제거하고 냉동한 순살코기와 조미하지 아니하고 단순히 분쇄 냉동한 어육으로서 식용에 공하는 것은 면세함(다만, 기름치는 유통질서를 위하여 제외)(부가통칙 12-28-1)
(2) 도살·해체한 축산물	축산물인 돼지·소·닭 등을 도살·해체하여 정육·건조·냉장 등 본래의 성질이 변하지 아니하는 정도의 1차가공을 거쳐 식용에 공하는 것은 면세함(부가통칙 12-28-2)
(3) 조미·가공한 식료품	• 조미료·향신료(고추·후추 등) 등을 가미하여 가공처리한 것으로서 다음의 식료품에 대하여는 면세하지 아니함(부가통칙 12-28-3) 　① 맛 김, ② 볶거나 조미한 멸치 　③ 조미하며 건조한 쥐치포 등의 어포류 　④ 생크림·유당·카제인·우유향 등을 배합하여 제조한 분유 등 제품 • 다만, 어류 등의 신선도 유지·저장·운반 등을 위하여 화학물질 등을 첨가하는 때에는 면세함
(4) 본래의 성질이 변한 가공식료품	본래의 성질이 변한 정도의 가공을 거친 다음의 식료품은 면세하지 아니함(부가통칙 26-34-4) 　전분, 면류, 팥·콩 등의 앙금, 떡, 한천, 묵, 인삼차, 엿기름
(5) 거래단위로 포장된 김치 등	김치·젓갈류·간장 또는 된장 등을 거래단위로서 포장하여 최종소비자에게 그 포장의 상태로 직접 공급하는 것에 대하여는 면세하지 아니함(부가통칙 12-28-5)－2025.12.31.까지 한시적으로 면세
(6) 국내생산 새·열대어 등	우리나라에서 생산된 식용에 공하지 아니하는 관상용의 새·열대어·금붕어 및 갯지렁이에 대하여는 면세함(부가통칙 12-28-6)
(7) 소금	• 식용에 공하는 재제염은 면세재화인 소금에 해당함 • 그러나 맛소금과 순염화소다는 과세대상임(부가통칙 12-28-7)
(8) 국내생산 화초·수목	• 우리나라에서 생산된 화초·수목 등의 공급에 대하여는 면세함 • 다만, 조경공사용역의 공급가액에 포함된 화초·수목 등에 대하여는 과세용역 부수재화로서 과세함(부가통칙 12-28-8)

구 분	면세 여부
(9) 국내생산 크로레라	• 우리나라에서 생산되어 단순히 건조한 크로레라(이끼)의 공급에 대하여는 면세함 • 다만, 당해 크로레라에 벌꿀 등을 가미하거나 정제로 제조한 크로레라제품의 공급에 대하여는 과세함(부가통칙 12-28-9)
(10) 국내생산 조개껍질	• 우리나라에서 생산된 조개껍질(패각)의 공급에 대하여는 면세함 • 그러나 조개껍질(패각)을 분쇄하여 패분의 상태로 공급하는 것에 대하여는 과세함(부가통칙 12-28-10)
(11) 누에고치 등	• 상묘·잠종·잠아·치잠 등 잠견류와 누에고치(생견)를 열처리하여 건조시킨 마른 누에고치(건견) 및 누에가루(식용에 적합한 것에 한함)의 공급에 대하여는 면세함 • 그러나 제사공정에서 부산물로 산출되는 번데기의 공급에 대하여는 과세함(부가통칙 12-28-11)
(12) 국내생산 볏짚 등	• 우리나라에서 생산된 볏짚·왕골·청올치(갈저)의 공급에 대하여는 면세함 • 그러나 이를 재료로 하여 제조한 돗자리·공예품 등의 공급에 대하여는 과세함(부가통칙 12-28-12)
(13) 칡뿌리등	매니옥·칡뿌리·살렙·돼지감자·고구마 등으로 자른 것인지 또는 펠릿모양인지에 상관없으며, 신선한 것, 건조한 것으로 한정(부가칙 별표 1)
(14) 사탕무와 사탕수수	신선·건조·냉장·냉동한 것으로서 잘게 부수었는지에 상관없음(부가칙 별표 1)

📉 **실무** ○

비식용 농·축·수·임산물로서 수입된 것의 면세 여부

구 분	면세 여부
(1) 수입하여 그대로 판매하는 경우	과세
(2) 수입한 후 일정기간 국내에서 재배 등을 한 경우	면세

나. 주택과 이에 부수되는 토지의 임대용역

1) 일반주택[92]

공부상 용도 등에 관계없이 실제로 그 건물을 사용하는 임차자가 상시 주거용(사업을 위한 주거용의 경우 제외)으로 사용하는 건물의 임대용역은 면세된다.

---

92) 주택법에 따른 토지 임대부 분양주택(국민주택규모 한정)에 부수되는 토지의 임대용역 포함(2024.2.29. 개정)

또한 상시 주거용으로 사용하는 건물인 주택에 부수되는 토지로서 다음에 해당하는 면적 중 넓은 면적을 초과하지 아니하는 토지의 임대용역도 면세된다.

① 주택의 연면적(지하층의 면적, 지상층의 주차용으로 사용되는 면적 및 주민공동시설의 면적 제외)

② 건물정착면적에 5배(도시지역 밖의 토지는 10배)를 곱하여 산정한 면적

③ 2024년 7월 1일 이후 공급하는 주택법 제2조 제9호의 토지임대부 분양주택(국민주택규모 이하 한정)을 분양받은 자에게 제공하는 토지의 임대(면적기준은 ①, ②와 동일)

2) 겸용주택

임대주택에 부가가치세가 과세되는 사업용 건물이 함께 설치되어 있는 경우에는 다음과 같이 당해 사업용 건물에서의 주택면적비율에 따라 주택과 주택부수토지의 면세범위를 판단한다.

구 분	주택면적 > 사업용건물면적	주택면적 ≤ 사업용건물면적
건물	전부 주택으로 보아 면세	주택부분 건물면적만 면세
부수토지	건물 전체 정착면적의 5배(또는 10배)와 주택의 연면적 중 넓은 면적을 초과하지 않는 것 면세	다음의 ①, ② 중 적은 면적을 면세 ① 주택부분정착면적의 5배(또는 10배)와 주택의 연면적 중 넓은 면적 ② 총토지면적 × 주택부분연면적/총건물연면적

📈 실무 ○

주택 및 부수토지 임대용역의 면세 및 과세 사례

면세 대상	과세 대상
• 임직원 사택용으로 주택을 임대하는 경우 • 오피스텔을 주거용으로 임대하는 경우 　→ 당초 매입세액공제 받은 경우에는 면세전용에 해당되어 공급의제대상임 • 원룸형태의 주거용 건물을 신축하여 상시 주거용으로 임대하는 경우	• 주택으로 허가받아 신축한 건축물을 펜션 등 숙박시설로 사용하는 경우 • 사원용 기숙사 임대용역

다. 의료보건용역과 혈액

① 「의료법」에 따른 규정하는 의사·치과의사·한의사·조산사 또는 간호사가 제공하는 용역(단, 국민건강보험 요양급여대상에서 제외(비급여대상)되는 다음의 진료용역은 과세됨)

*) 쌍커풀 수술, 코성형 수술, 유방확대·축소술(유방암 수술에 따른 유방 재건술은 제외), 지방흡인술, 주름살제거술, 안면윤곽술, 치아성형(치아미백, 라미네이트와 잇몸성형술을 말함) 등 성형수술(성형수술로 인한 후유증 치료, 선천성 기형의 재건수술과 종양 제거에 따른 재건수술은 제외)과 악안면 교정술(치아교정치료가 선행되는 악안면 교정술은 제외)

**) 색소모반·주근깨·흑색점·기미 치료술, 여드름 치료술, 제모술, 탈모치료술, 모발이식술, 문신술 및 문신제거술, 피어싱, 지방융해술, 피부재생술, 피부미백술, 항노화치료술 및 모공축소술

② 「의료법」에 따른 규정하는 접골사, 침사, 구사 또는 안마사가 제공하는 용역

③ 「의료기사 등에 관한 법률」에 따른 규정하는 임상병리사, 방사선사, 물리치료사, 작업치료사, 치과기공사 또는 치과위생사가 제공하는 용역

④ 「약사법」에 따른 규정하는 약사가 제공하는 의약품의 조 제용역

⑤ 「수의사법」에 따른 규정하는 수의사가 제공하는 용역. 다만, 동물의 진료용역은 다음에 해당하는 진료용역으로 한정(2023.9.26. 개정)

   ⑦ 「축산물 위생관리법」에 따른 의한 가축에 대한 진료용역

   ⓛ 「수산생물질병 관리법」에 따른 수산동물에 대한 진료용역

   ⓒ 「장애인복지법」에 따른 장애인 보조견 표지를 발급받은 장애인 보조견에 대한 진료용역

   ⓔ 「국민기초생활 보장법」에 따른 수급자가 기르는 동물(**매출명세서 제출 및 매출대장 작성·보관의무 있음**)

     *) 진료부에 면세사유, 공급가액 등 별지 제21호의 2 서식(1)에 따른 사항을 모두 적는 경우에는 진료부를 매출대장으로 갈음함(부가규칙 §25).

   ⓜ 위 진료용역 외에 질병 예방 및 치료를 목적으로 하는 동물의 진료용역
   (기존 반려동물에 대한 백신 예방접종 등 질병 예방 목적의 진료용역뿐만 아니라 질병 치료 목적의 진료용역에 대해서도 일정 범위 면세 적용)

⑥ 장의업자가 제공하는 장의용역

⑦ 「장사 등에 관한 법률」 제14조부터 제16조까지의 규정에 따라 사설묘지, 사설화장시설, 사설봉안시설 또는 사설자연장지를 설치 관리 또는 조성하는 자가 제공하는 묘지분양, 화장, 유골 안치, 자연장지분양 및 관리업 관련 용역

⑧ 지방자치단체로부터 「장사 등에 관한 법률」 제13조 제1항에 따른 공설묘지, 공설화장시설, 공설봉안시설 또는 공설자연장지의 관리를 위탁받은 자가 제공하는 묘지분양, 화장, 유골 안치, 자연장지분양 및 관리업 관련 용역

⑨ 「응급의료에 관한 법률」 제2조 제8호의 규정에 의한 응급환자이송업자가 제공하는 응급환자이송용역

⑩ 「하수도법」 제45조에 따른 분뇨수집・운반업의 허가를 받은 사업자와 「가축분뇨의 관리 및 이용에 관한 법률」 제28조에 따른 가축분뇨수집・운반업 또는 가축분뇨처리업의 허가를 받은 사업자가 공급하는 용역

⑪ 「감염병예방법」 제52조에 따라 소독업의 신고를 한 사업자가 공급하는 소독용역

⑫ 「폐기물관리법」 제25조에 따라 생활폐기물 또는 의료폐기물의 폐기물처리업 허가를 받은 사업자가 공급하는 생활폐기물 또는 의료폐기물의 수집・운반 및 처리용역과 같은 법 제29조의 규정에 의하여 폐기물처리시설의 설치승인을 얻거나 그 설치의 신고를 한 사업자가 공급하는 생활폐기물의 재활용용역

⑬ 「산업안전보건법」 제42조의 규정에 의한 보건관리전문기관으로 지정된 자가 공급하는 보건관리용역 및 같은 법에 따라 작업환경측정기관이 공급하는 작업환경측정용역

⑭ 「노인장기요양보험법」 제2조 제4호에 따른 장기요양기관이 같은 법에 따라 장기요양인정을 받은 자에게 제공하는 신체활동・가사활동의 지원 또는 간병 등의 용역

⑮ 「사회복지사업법 제33조의7에 따라 보호대상자에게 지급되는 사회복지서비스이용권을 대가로 국가・지방자치단체 외의 자가 공급하는 용역

⑯ 「모자보건법」 제2조 제11호에 따른 산후조리원에서 분만 직후의 임산부나 영유아에게 제공하는 급식・요양 등의 용역(2012.2.2. 이후 공급하는 분부터 적용)

⑰ 「사회적기업 육성법」 제7조에 따라 인증받은 사회적기업이 직접 제공하는 간병・산후조리・보육 용역

⑱ **사회적협동조합이 직접 제공하는 간병・산후조리・보육 용역**[93]

⑲ 「정신건강증진 및 정신질환자 복지서비스 지원에 관한 법률」에 따라 국가, 지방자치단체로부터 위탁받은 자가 제공하는 의료보건 용역[94]

---

93) 2020.7.1. 이후 공급하는 분부터 적용
94) 취약계층 등에 대한 의료보건사업 지원 강화를 위해 2024년 02.29. 이후 신고 또는 결정・경정하는 분부터 적용

의료보건용역 관련 주의사항

구 분		주요 내용
(1) 인·허가 등 사업		관계법률에 의한 인·허가를 받은 경우에만 면세가 됨
(2) 병원	구내식당	• 병원에서 직영하는 구내식당 : 면세사업에 부수하는 용역으로 면세됨 • 외부인이 경영하는 구내식당 : 음식용역공급사업으로 과세됨
	산후 조리원	• 종전(2012.2.2. 이전)에는 산후조리원이 공급하는 용역은 의료용역이 아니므로 원칙적으로 과세대상으로 하였음 → 산부인과의사가 직접 운영하는 경우에는 면세대상으로 판단한 사례가 다수 있음 • 그러나 2012.2.2. **이후 공급 분부터는** 모자보건법에 의한 산후조리원이 제공하는 용역은 면세로 전환됨
(3) 약국		• 조제에 필수적으로 부수되는 의약품의 판매가격은 의약품 조 제용역의 가격에 포함되어 면세됨 • 조제하지 아니하는 의약품의 판매는 과세됨 • 약국은 과세·면세 겸영사업자에 해당됨
(4) 청소용역과 소독용역		• 소독용역은 면세됨 • 청소용역은 원칙적으로 과세되나, 공동주택의 청소용역은 면세됨
(5) 폐기물처리업		• 허가사업자의 생활폐기물 등의 수집·운반 및 처리용역은 면세됨 • 산업폐기물, 신설폐기물, 가축분뇨처리업은 과세됨
(6) 장의업자		• 장례식장의 식당, 별도로 판매하는 장의용품은 과세됨
(7) 간병용역		• (인적·물적설비 없는) 개인이 독립적으로 병원, 요양기관 등에서 자체적으로 간병용역을 제공하는 경우에는 부가가치세가 면세되는 인적용역에 해당 • 병원 등에서 간병인을 고용하고 간병용역 대가를 받는 경우 주된 용역인 면세되는 의료업에 부수되는 용역의 공급이므로 면세용역에 해당 • 간병 인력의 관리 및 현장책임자 선정 등 간병용역과 관련한 총괄적인 지휘·감독을 병원이 아니라 사회적 기업, 사회적협동조합(2020.7. 이후)이 직접 수행하는 경우 간병, 산후조리, 보육용역은 면세용역에 해당 • 병원 등과의 계약에 의하여 직업소개소 또는 임의 단체가 병원에 간병인들을 공급하고 간병인들은 직업소개소 등에서 지휘·감독을 받아 근무하고 간병인들은 간병대가를 직업소개소 등에서 수령하였다면 이때는 직업소개소등은 인력공급업에 해당하여 과세대상에 해당 → 면세되는 고용알선업과 과세되는 인력공급업 구분에 주의

라. 도서(실내 도서열람 및 도서대여용역 포함) · 신문 · 잡지 · 관보 및 뉴스통신

'**도서 · 신문과 잡지**'는 인쇄한 서적 · 신문 · 잡지 기타 정기간행물 · 수제문서 및 타이프문서와 전자출판물로 하며, 면세대상은 다음과 같다.

구 분	면세 대상
(1) 도서	도서 및 도서에 부수하여 그 도서의 내용을 담은 음반 · 녹음테이프 또는 비디오테이프를 첨부하여 통상 하나의 공급단위로 하는 것 포함(부령 §32 ①) → 다음의 것은 면세하지 아니함 • 면세되는 도서 · 신문 · 잡지 등의 인쇄 · 제본 등을 위탁받아 인쇄 · 제본 등의 용역을 제공하는 것 • 특정인과의 계약에 의하여 수집한 정보 및 자료를 도서의 형태로 공급하는 것
(2) 신문 · 잡지	• 신문 등의 자유와 기능보장에 관한 법률에 따른 신문 • 잡지 등 정기간행물의 진흥에 관한 법률에 따른 잡지와 정기간행물
(3) 전자출판물	• 도서 또는 간행물의 형태로 출간된 내용 또는 출간될 수 있는 내용이 음향이나 영상과 함께 전자적 매체에 수록되어 컴퓨터 등 전자장치를 이용하여 그 내용을 보고 듣고 읽을 수 있는 것으로서 문화체육관광부장관이 정하는 기준에 적합한 전자출판물 • 다만, 음악산업진흥에 관한 법률, 영화 및 비디오물의 진흥에 관한 법률 및 게임산업진흥에 관한 법률의 적용을 받는 것을 제외함
(4) 뉴스통신	• 뉴스통신진흥에 관한 법률이 규정하는 뉴스통신(뉴스통신사업을 경영하는 법인이 특정회원을 대상으로 하는 금융정보 등 특정한 정보를 제공하는 경우 제외) • 외국의 뉴스통신사가 제공하는 뉴스통신용역으로서 뉴스통신진흥에 관한 법률에 규정하는 뉴스통신과 유사한 것
(5) 관보	관보규정의 적용을 받는 것

마. 인적용역

1) 개인적 인적용역

개인이 계속적 · 반복적으로 사업에만 이용되는 건축물 · 기계장치 등의 물적시설(임차한 것 포함) 없이 근로자를 고용(고용 외의 형태로 해당 용역의 주된 업무에 대해 타인으로부터 노무 등을 제공받는 경우를 포함)하지 아니하고 독립된 자격으로 용역을 공급하고 대가를 받는 다음에 규정하는 인적용역

① 저술 · 서화 · 도안 · 조각 · 작곡 · 음악 · 무용 · 만화 · 삽화 · 만담 · 배우 · 성우 · 가수 또는 이와 이와 유사한 용역

② 연예에 관한 감독 · 각색 · 연출 · 촬영 · 녹음 · 장치 · 조명 또는 이와 유사한 용역

③ 건축감독·학술용역 또는 이와 유사한 용역

④ 음악·재단·무용(사교무용을 포함)·요리·바둑의 교수 또는 이와 유사한 용역

⑤ 직업운동가·역사·기수·운동지도가(심판을 포함) 또는 이와 유사한 용역

⑥ 접대부·댄서 또는 이와 유사한 용역

⑦ 보험가입자의 모집·저축의 장려 또는 집금등을 하고, 실적에 따라 보험회사 또는 금융기관으로부터 모집수당·장려수당·집금수당 또는 이와 유사한 성질의 대가를 받는 용역과 서적·음반 등의 외판원이 판매실적에 따라 대가를 받는 용역

⑧ 저작자가 저작권에 의하여 사용료를 받는 용역

⑨ 교정·번역·고증·속기·필경·타자·음반취입 또는 이와 유사한 용역

⑩ 고용관계 없는 사람이 다수인에게 강연을 하고, 강연료·강사료 등의 대가를 받는 용역

⑪ 라디오·텔레비전방송 등을 통하여 해설·계몽 또는 연기를 하거나 심사를 하고 사례금 또는 이와 유사한 성질의 대가를 받는 용역

⑫ 작명·관상·점술 또는 이와 유사한 용역

⑬ 개인이 일의 성과에 따라 수당이나 이와 유사한 성질의 대가를 받는 용역

2) 전문적 인적용역

개인·법인 또는 법인격 없는 사단·재단 그 밖의 단체가 독립된 자격으로 용역을 공급하고 대가를 받는 다음에 규정하는 인적용역(부령 §42)

① 형사소송법 및 군사법원법 등에 따른 국선변호인의 국선변호·**국세기본법에 따른 국선대리인의 국선대리** 및 법률구조법에 의한 법률구조 및 변호사법에 의한 법률구조사업·**민법에 따른 후견인 및 후견감독인의 후견사무 용역**

② 새로운 학술 또는 기술을 개발하기 위하여 행하는 새로운 이론·방법·공법 또는 공식 등에 관한 학술연구용역과 기술연구용역

③ 직업소개소 및 상담소 등을 경영하는 자가 공급하는 다음의 용역

   ㉠ 직업소개소·인생상담·직업재활상담 및 그 밖의 이와 유사한 상담용역(결혼상담 제외)

   ㉡ 중소기업창업지원법 제2조에 의한 창업과 관련하여 중소기업상담회사가 창업예비자 및 창업하는 자에게 제공하는 상담 및 정보제공용역

④ 장애인복지법 제40조에 따른 장애인보조견 훈련용역

⑤ 외국공공기관 또는 국제금융기구에의 가입조치에 관한 법률 제2조의 규정에 의한 국제금융기구로부터 받은 차관자금으로 국가 또는 지방자치단체가 시행하는 국내사업

을 위하여 공급하는 용역(국내사업장이 없는 외국법인 또는 비거주자가 공급하는 것 포함). 다만, 외국공공기관 또는 국제금융기구로부터 국내사업을 위하여 받은 차관자금으로 국제경쟁입찰에 의하여 직접 공급하는 용역은 제외함(영세율 적용 대상임)

⑥ 「가사근로자의 고용개선 등에 관한 법률」에 따른 가사서비스 제공기관이 가사서비스 이용자에게 제공하는 가사서비스(가정 내 청소, 세탁, 주방일 및 가구구성원의 보호·양육 등) 용역

⑦ 「직업안정법」에 따른 근로자 공급 용역[95]

⑧ 다른 사업자의 사업장(다른 사업자가 제공하거나 지정한 경우로서 그 사업자가 지배·관리하는 장소를 포함)에서 그 사업자의 시설 또는 설비를 이용하여 물건의 제조·수리, 건설, 그 밖에 이와 유사한 것으로서 기획재정부령으로 정하는 작업을 수행하기 위한 단순 인력 공급용역(「파견근로자 보호 등에 관한 법률」에 따른 근로자파견 용역은 제외)

바. 공익단체가 공급하는 재화 또는 용역

① 공익단체의 일시적·실비적 재화·용역

다음에 해당하는 공익단체가 그 고유의 사업목적을 위하여 일시적으로 공급하거나 실비 또는 무상으로 공급하는 재화 및 용역

㉠ 주무관청의 허가 또는 인가를 받거나 주무관청에 등록된 단체(종교단체의 경우에는 그 소속 단체를 포함)로서 공익법인 등

㉡ 비영리법인의 사업으로서 종교(소속단체 포함)·자선·학술·구호·사회복지·교육·문화·예술 등 공익을 목적으로 하는 사업을 하는 단체

② 학술 및 기술연구단체의 학술 및 기술연구 관련 재화용역

학술 및 기술 발전을 위하여 학술 및 기술의 연구와 발표를 주된 목적으로 하는 단체가 그 연구와 관련하여 실비 또는 무상으로 공급하는 재화 또는 용역

③ 종교단체의 경내지 등 임대용역

「문화유산의 보존 및 활용에 관한 법률」에 따른 지정문화유산 또는 「자연유산의 보존 및 활용에 관한 법률」에 따른 천연기념물 등을 소유하거나 관리하고 있는 종교단체(주무관청에 등록된 종교단체로 한정, 그 소속단체를 포함)의 경내지(境內地) 및 경내지 안의 건물과 공작물의 임대용역(2024.5.7. 개정)

---

95) 근로자 파견의 경우 시행령 통과에서 삭제 ⑦, ⑧의 경우 적용시기는 2025.1.1. 이후 공급분부터 적용

④ 공익단체의 실비 · 무상적 음식숙박용역

공익을 목적으로 다음의 기숙사를 운영하는 자가 학생 또는 근로자를 위하여 실비 또는 무상으로 공급하는 용역(음식 및 숙박용역에 한함)

ㄱ 교육과학기술부장관 또는 교육과학기술부장관이 지정하는 자의 추천을 받은 자로서 학생을 위하여 기숙사를 운영하는 자

ㄴ 노동부장관 또는 노동부장관이 지정하는 자의 추천을 받은 자로서 근로자를 위하여 기숙사를 운영하는 자

⑤ 저작권 신탁관리용역

저작권법 제105조 제1항에 따라 문화체육관광부장관의 허가를 받아 설립된 저작권위탁관리업자로서 다음에 해당하는 사업자가 저작권자를 위하여 실비 또는 무상으로 공급하는 신탁관리용역

> 사단법인 한국음악저작권협회 · 한국문예학술저작권협회 · 한국방송작가협회 · 한국음악실연자연합회 · 한국음원제작자협회 · 한국복사전송권협회 · 한국시나리오작가협회 · 한국방송실연자협회

⑥ 저작권 보상금 수령 관련 용역

저작권법 제25조 제7항에 따라 문화체육관광부장관이 지정한 보상금수령단체로서 기획재정부령으로 정하는 단체인 사업자가 저작권자를 위하여 실비 또는 무상으로 공급하는 보상금 수령 관련 용역

> 사단법인 한국음악실연자연합회 · 사단법인 한국문학예술저작권협회 · 사단법인 한국연예제작자협회

⑦ 교육환경개선 관련 용역

비영리교육재단이 초 · 중등교육법 제60조의2 제1항에 따른 외국인학교의 설립 · 경영사업을 영위하는 자에게 제공하는 학교시설 이용 등 교육환경 개선과 관련된 용역

사. 국민주택, 국민주택의 건설용역 및 리모델링 용역(조세특례제한법)

구 분	주요 내용
(1) 국민주택	주택법에 의한 국민주택규모(전용면적 85㎡) 이하의 주택
(2) 국민주택 건설용역	국민주택의 건설용역으로서 건설산업기본법·전기공사업법·소방시설공사업법·정보통신공사업법·주택법·하수도법 및 가축분뇨의 관리 및 이용에 관한 법률에 의하여 등록을 한 자가 공급하는 것. 다만, 소방감리업은 제외함
(3) 국민주택 설계용역	국민주택의 설계용역으로서 건축사법, 전력기술관리법, 소방시설공사업법, 기술사법 및 엔지니어링 기술진흥법에 따라 등록 또는 신고를 한 자가 공급하는 것

(4) 국민주택 리모델링 용역	국민주택 리모델링용역으로서 면세대상이 되기 위해서는 다음의 요건을 모두 갖추어야 함
	① 주택법·도시 및 주거환경정비법 및 건축법에 의하여 리모델링하는 것으로서 다음에 해당하는 용역을 말함
	  ㉠ 건설산업기본법·전기공사업법·소방시설공사업법·정보통신공사업법·주택법·하수도법 및 가축분뇨의 관리 및 이용에 관한 법률에 의하여 등록을 한 자가 공급하는 것
	  ㉡ 당해 리모델링에 사용되는 설계용역으로서 건축사법에 의하여 등록을 한 자가 공급하는 것
	② 당해 리모델링을 하기 전의 주택규모가 국민주택규모(전용면적 85㎡) 이하에 해당하는 경우일 것
	③ 리모델링 후 당해 주택의 규모가 국민주택규모(전용면적 85㎡)를 초과하는 경우로서 리모델링하기 전의 주택규모의 130% 이내의 것일 것

〽️ 실무

국민주택건설용역에 해당되는 것과 해당되지 않는 것의 예시

국민주택건설용역에 해당되는 것	국민주택건설용역에 해당되지 않는 것
① 국민주택 택지조성을 위한 건설용역 ② 국민주택에 부수되는 부대시설인 다음에 해당하는 건설용역 도로포장, 상수도공사, 조경공사, 어린이 놀이터, 운동시설, 울타리(담장) 등의 설치에 대한 건설용역 ③ 국민주택건설을 위한 기존건물 철거용역 ④ 모델하우스 건설용역	① 아파트단지 둘레 담장 및 방음벽 건설용역 ② 아파트단지 진입로 건설공사 ③ 별도 공급하는 주차시설 ④ 당해 아파트 건물에 부속되지 아니하고 주택단지 외에 위치한 시설물공사 ⑤ 기존 국민주택 하자보수공사 ⑥ 합숙소나 기숙사 건설용역

국민주택 관련 면세판정시 유의할 점

항 목	면세판정시 유의할 점
① 국민주택	• 세대당 주거전용면적(지하실 면적 등 제외)이 85㎡(약 25.7평) 이하인 상시 주거용의 주택 • 다가구단독주택의 경우 가구당 전용면적을 기준으로 국민주택 여부 판단 • 다중주택(원룸 등)의 경우에는 주택면적 전체를 기준으로 국민주택 여부 판단
② 건설자재	• 건설회사가 국민주택건설용역을 제공하면서 함께 공급하게 되는 건설자재는 국민주택건설용역에 포함되므로 면세대상임 • 그러나 사업자가 국민주택 건설자재(철근, 시멘트 등)를 국민주택을 건설하는 건설회사에 납품하는 것은 과세대상임
③ 감리용역	건축사 등이 제공하는 국민주택 및 리모델링의 감리용역은 과세대상임
④ 선택(옵션)품목	주택공급과 별개의 공급으로 부가가치세가 과세됨
⑤ 택지조성공사	건설산업기본법 등에 의하여 등록한 자가 국민주택택지조성을 위한 건설용역을 제공하는 경우에도 면세대상임
⑥ 분양권 양도	국민주택 분양권의 양도는 면세됨

아. 공동주택의 위탁관리용역 중 일정용역(조특법 §106 ① 4의2~4의4)

구 분	면세대상용역	면세기한
국민주택규모 이하	일반관리용역, 경비용역, 청소용역	면세기한 설정 없음
국민주택규모 초과	일반관리용역, 경비용역, 청소용역	2025.12.31.까지 면세

→ 일반관리용역은 일반관리비(위탁관리수수료 및 이와 유사한 비용은 제외)를 말하는 것이고, 소독용역은 보건위생용역으로 면세됨

→ 국민주택규모 초과 주택 중 전용면적 135㎡ 초과하는 대형 공동 주택(비수도권 읍·면 제외)의 관리 용역 등은 부가가치세 과세로 전환함(2015.1.1. 이후 공급하는 분부터 적용)

자. 정부업무대행단체가 공급하는 재화 또는 용역(조특법 §106 ① 6)

구 분	주요 내용
(1) 면세대상	정부업무대행단체의 그 고유목적사업으로서 면세사업(별표 10)을 위하여 공급하는 재화 또는 용역 → 정부업무대행단체의 범위는 조세특례제한법 시행령 제106조 제7항 참조

구 분	주요 내용
(2) 과세대상	① 소매업·음식점업·숙박업·욕탕업 및 예식장업 ② 건설업과 부동산업 중 재화의 공급으로 보는 사업 ③ 부동산임대업 ④ 골프장·스키장 및 기타 운동시설 운영업 ⑤ 수상오락서비스업 ⑥ 유원지·테마파크운영업 ⑦ 주차장운영업 및 자동차견인업(종교·자선·학술·구호단체 등이 공급하는 재화 등 부가가치세법상 면세대상 규정에 불구하고 과세됨)

03 재화의 수입에 대한 면세

(1) 부가가치세법상 재화의 수입에 대한 면세

① 가공되지 아니한 식료품(식용으로 제공되는 농산물, 축산물, 수산물 및 임산물 포함)으로서 대통령령으로 정하는 것
다만, 커피두·코코아두의 각·피와 웨이스트에 대해서는 부가가치세를 과세함 (2025.12.31.까지 한시적으로 면세)

② 도서·신문 및 잡지로서 대통령령이 정하는 것

③ 학술연구단체·교육기관 또는 문화단체가 과학·교육·문화용으로 수입하는 재화로서 대통령령이 정하는 것

④ 종교의식·자선·구호 기타 공익을 목적으로 외국으로부터 종교단체·자선단체 또는 구호단체에 기증되는 재화로서 대통령령이 정하는 것

⑤ 외국으로부터 국가·지방자치단체 또는 지방자치단체조합에 기증되는 재화

⑥ 거주자가 수취하는 소액물품으로서 관세가 면제되는 재화

⑦ 이주·이민 또는 상속으로 인하여 수입하는 재화로서 관세가 면제되거나 그 간이세율이 적용되는 재화

⑧ 여행자의 휴대품, 별송물품과 우송물품으로서 관세가 면제되거나 간이세율이 적용되는 재화

⑨ 수입하는 상품의 견본과 광고용 물품으로서 관세가 면제되는 재화

⑩ 국내에서 열리는 박람회, 전시회, 품평회, 영화제 또는 이와 유사한 행사에 출품하기 위하여 무상 수입하는 물품으로서 관세가 면제되는 재화

⑪ 조약·국제법규 또는 국제관습에 의하여 관세가 면제되는 재화로서 대통령령으로 정하는 것

⑫ 수출된 후 다시 수입하는 재화로서 수출자와 수입자가 동일하거나 당해 재화의 제조자가 직접 수입하는 것으로서 관세가 감면되는 것 중 다음에 열거하는 것. 다만, 관세가 경감(輕減)되는 경우에는 경감되는 비율만큼만 면제한다.

    ㉠ 수출(보세가공수출 포함)한 물품을 수출신고일부터 2년 이내에 다시 수입하는 것

    ㉡ 수출물품의 용기로서 다시 수입하는 것

    ㉢ 가공 또는 수리할 목적으로 수출한 물품을 2년 이내에 다시 수입하는 것

    ㉣ 해외에서 시험 및 연구할 목적으로 수출한 물품을 다시 수입하는 것

    ㉤ 원재료 또는 부분품을 수출한 후 당해 원재료 또는 부분품을 이용하여 제조·가공한 물품을 수입하는 것

⑬ 다시 수출하는 조건으로 일시 수입하는 재화로서 관세가 감면되는 것 중 대통령령으로 정하는 것. 다만, 관세가 경감되는 경우에는 경감되는 비율만큼만 면제한다.

⑭ 수입담배(판매가격 20개비 기준 200원 이하인 것과 특수용 담배로서 영세율이 적용되지 아니하는 것)

⑮ 기타 관세가 무세(無稅)이거나 감면되는 재화로서 대통령령으로 정하는 것. 다만, 관세가 경감되는 경우에는 경감되는 비율만큼만 면제한다.[96]

    ㉠ 군수품(**정부의 위탁을 받아 정부 외의 자가 수입하는 경우 포함**)

    ㉡ 국가원수 경호용품

    ㉢ 장애인용품(팔보조기, 청각보조기기, 보청기, 인공달팽이관 장치 등)

(2) 조세특례제한법상 재화의 수입에 대한 면세(조특법 §106 ②)

① 무연탄

② 과세사업에 사용하기 위한 선박

③ 과세사업에 사용하기 위한 관세법에 의한 보세건설물품

④ 농민이 직접 수입하는 농업용 또는 축산업용 기자재와 어민이 직접 수입하는 어업용 기자재로서 일정한 것(2025.12.31.까지 수입신고하는 분에 한함)

⑤ 간이과세자인 개인택시사업자의 자동차 구입 시 부가가치세 면제(2024.12.31.까지 구매 분에 한함)

---

96) 항공업계 지원 위해 항공기의 부분품이 영 시행일 이후 수입하는 분부터 적용된다.

면세하는 품목(관세의 기본세율이 무세인 품목)의 분류표(제43조 관련)

구 분	관세율표 번호	품 명
1. 살아 있는 동물	0102	① 번식용 소
	0103	② 번식용 돼지
	0105	③ 번식용 닭
2. 다른 류에 분류되지 않은 동물성 생산품	0511	① 소의 정액
		② 동물의 정액(소의 것은 제외한다)
		③ 수정란
3. 식용의 채소·뿌리·괴경(塊莖)	0701	종자용 감자
4. 곡물		
5. 채유(採油)에 적합한 종자와 과실, 각종 종자와 과실, 공업용·의약용 식물, 짚과 사료용 식물	1005	종자용 옥수수
	1209	파종용의 종자·과실·포자(胞子)
6. 의료용품	3001	① 피부와 뼈(이식용으로 한정한다)
	3002	② 면역혈청
		③ 혈청과 혈장(합성인 것은 제외한다) ④ HSK번호 제3002.12.3000호, 제3002.13.0000호, 제3002.14.0000호의 것 ⑤ 사람의 피 ⑥ 동물의 피(치료용·예방용·진단용으로 조제한 것으로 한정한다)
	3822	⑦ 말라리아용 진단 시험 도구모음
7. 인쇄서적·신문·회화·그 밖의 인쇄물, 수제(手製) 문서·타자문서·도면	4901	① 인쇄서적·소책자·리플릿(leaflet)과 이와 유사한 인쇄물(단매인지에 상관없다)
	4902	② 신문·잡지·정기간행물(그림이나 광고 선전물이 있는지에 상관없다)
	4903	③ 아동용 그림책과 습화책
	4904	④ 악보[인쇄나 수제(手製)의 것으로서 제본되었는지 또는 그림이 있는지에 상관없다]

구 분	관세율표 번호	품 명
	4905	⑤ 지도·해도나 이와 유사한 차트(제본한 것, 벽걸이용의 것, 지형도와 지구의를 포함하며, 인쇄한 것으로 한정한다)
	4906	⑥ 설계도와 도안[건축용·공학용·공업용·상업용·지형학용이나 이와 유사한 용도에 사용하는 것으로서 수제(手製) 원도(原圖)로 한정한다], 손으로 쓴 책자와 이들을 감광지에 사진복사·카본복사한 것
	4907	⑦ 사용하지 않은 우표·수입인지나 이와 유사한 물품(해당국에서 통용되거나 발행된 것으로 한정한다), 스탬프를 찍은 종이, 지폐, 수표, 주식·주권·채권과 이와 유사한 유가증권
	4911	⑧ 광고 선전물, 상업용 카탈로그(catalogue)와 이와 유사한 것 ⑨ 서화·디자인 및 사진을 제외한 그 밖의 인쇄물(인쇄된 설계도와 도안을 포함한다)
8. 원자로 및 그 부분품	8401	원자로, 방사선을 조사(照射)하지 않은 원자로용 연료 요소(카트리지)와 동위원소 분리용 기기
9. 차량·항공기·선박과 수송기 관련품	8609	컨테이너(액체운반용 컨테이너를 포함하며, 하나 이상의 운송수단으로 운반할 수 있도록 특별히 설계되거나 구조를 갖춘 것으로 한정한다)
10. 철도용이나 궤도용 외의 차량과 그 부분품·부속품	8710	전차와 그 밖의 장갑차량[자주식(自走式)으로 한정하며, 무기를 장비하였는지에 상관없다], 이들의 부분품
11. 항공기와 우주선, 이들의 부분품	8802	① 그 밖의 항공기(헬리콥터는 제외한다), 우주선(인공위성을 포함한다), 우주선 운반로켓
	8804	② 로토슈트(rotochute) 및 로토슈트의 부분품과 부속품
	8805	③ 항공기 발진장치, 갑판 착륙장치나 이와 유사한 장치, 지상비행 훈련장치, 이들의 부분품(군용·경찰용의 것으로 한정한다)
	8806	④ 무인기
	8807	⑤ 관세율표 제8801호·제8802호·제8806호 물품의 부분품
12. 선박과 수상 구조물	8901	① 순항선·유람선·페리보트(ferry-boat)·화물선·부선(barge)과 이와 유사한 선박(사람이나 화물 수송용으로 한정한다) 중 수리선박
	8902	② 어선과 어획물의 가공용이나 저장용 선박 중 수리선박
	8906	③ 군함을 제외한 그 밖의 선박(노를 젓는 보트 외의 구명보트를 포함한다) 중 수리선박
		④ 군함(수리선박을 포함한다)

구 분	관세율표 번호	품 명
13. 무기·총포탄과 이들의 부분품과 부속품	9301	① 군용 무기[리볼버(revolver)·피스톨(pistol)과 관세율표 제9307호의 무기는 제외한다]
	9302	② 리볼버(revolver)와 피스톨(pistol)(관세율표 제9303호·제9304호의 것은 제외한다)
	9305	③ 리볼버(revolver) 또는 피스톨(pistol)(관세율표 제9302호의 것)의 부분품과 부속품
		④ 군용 무기(관세율표 제9301호의 것)의 부분품과 부속품
	9306	⑤ 폭탄·유탄·어뢰·지뢰·미사일과 이와 유사한 군수품과 이들의 부분품, 탄약, 그 밖의 총포탄·탄두와 이들의 부분품[산탄알과 탄약 안에 충전되는 와드(wad)를 포함한다]
	9307	⑥ 검류·창과 이와 유사한 무기, 이들의 부분품과 집
14. 예술품·수집품·골동품	9701	① 회화·데생·파스텔(손으로 직접 그린 것으로 한정하며, 관세율표 제4906호의 도안과 손으로 그렸거나 장식한 가공품은 제외한다), 콜라주(collage)와 이와 유사한 장식판
	9702	② 오리지널 판화·인쇄화·석판화
	9703	③ 오리지널 조각과 조상(彫像)(어떤 재료라도 가능하다)
	9706	④ 골동품

비고 : 제6호의 품명란에서 "HSK번호"란 기획재정부장관이 고시하는 관세통계통합품목분류표상의 번호를 말한다.

04 면세의 포기

(1) 의의

'면세포기'라 함은 부가가치세가 면세되는 재화 또는 용역을 공급하는 자가 그의 선택에 의하여 면세를 받지 아니하는 것을 말한다.

면세를 적용받는 경우에는 전단계로부터 거래징수 당한 매입세액을 공제받거나 환급받을 수가 없어서 이를 원가에 가산하여야 한다. 그러므로 다음에 해당하는 경우 면세사업자는 오히려 가격경쟁에서 불리해질 수가 있기 때문에 사업자가 스스로 면세적용을 포기할 수 있도록 허용하고 있는 것이다.

① 면세사업자가 영세율 적용대상 재화 또는 용역을 공급하는 경우
② 주로 사업자에게 재화 또는 용역을 공급하는 경우

(2) 면세포기의 내용

1) 면세포기대상

부가가치세법상 다음 네 가지의 면세포기대상이 규정되어 있으나, 현재는 시행령에 규정된 두 가지만 면세포기의 대상이 된다(부법 §12 ④, 부령 §47 ①).

부가가치세법	부가가치세법 시행령
① 영세율 적용대상이 되는 재화 또는 용역 ② 주택 및 부수토지의 임대용역 ③ 인적용역 ④ 종교·자선 등 공익을 목적으로 하는 단체가 공급하는 재화 또는 용역	① 영세율 적용대상이 되는 재화 또는 용역 ② 학술연구단체 또는 기술연구단체가 학술연구 또는 기술연구와 관련하여 공급하는 재화 또는 용역

2) 면세포기의 범위

면세되는 둘 이상의 사업 또는 종목을 영위하는 사업자는 면세포기대상이 되는 재화 또는 용역의 공급 중에서 면세포기하고자 하는 재화 또는 용역의 공급만을 구분하여 면세포기할 수 있다.

3) 면세포기의 신고 및 사업자등록

① 면세포기의 신고

　　면세포기를 하고자 하는 자는 면세포기신고서에 다음 사항을 기재하여 관할세무서장에게 신고(국세정보통신망에 의한 신고 포함)하여야 한다.

　　㉠ 사업자의 인적사항

　　㉡ 면세를 포기하고자 하는 재화 또는 용역

　　㉢ 기타 참고사항

② 사업자등록

　　㉠ 사업자는 면세포기신고와 함께 지체없이 사업자등록신청을 하여야 한다(신규 개업처럼 새롭게 납세의무자가 되는 것이기 때문에 승인은 필요하지 않고 단지 사업자등록신청만 하면 됨).

　　㉡ 신규사업개시자는 면세포기신고서를 사업자등록신청서와 함께 제출할 수 있다.

4) 면세적용의 신고

면세포기사업자가 그 **신고일로부터** 3년이 경과한 후 부가가치세의 면제를 받고자 하는 때에는 다음의 사항을 기재한 면세적용신고서를 제출하여야 한다.

① 사업자의 인적사항

② 면세를 받고자 하는 재화 또는 용역

③ 기타 참고사항

이 때 사업자등록증도 함께 제출하여야 하며, 면세적용신고서를 제출하지 아니한 경우 계속하여 면세를 포기한 것으로 본다.

(3) 면세포기의 효력

구 분	주요 내용
(1) 효력발생시기	• 면세포기신고를 한 날(면세포기신고서의 도달시점) • 면세포기신고서가 제출된 후 상당한 기간이 경과한 후 과세사업자등록을 한 경우에는 그 사업자등록을 한 날 이후의 거래분부터 과세로 전환하는 것으로 해석하고 있음(미등록관련 불이익 주지 않기 위함)
(2) 면세포기효력의 범위	• 면세포기를 한 때로부터 과세사업자로서의 제반 권리와 의무를 갖게 됨 • 면세포기신고를 한 날로부터 3년간은 면세를 적용받을 수 없음 • 영세율 적용대상이 되는 것만을 면세포기한 사업자가 면세되는 재화 또는 용역을 국내에 공급하는 때에는 면세포기의 효력이 없음
(3) 면세포기의 승계	면세포기신고를 한 사업자가 사업을 포괄적으로 양도하는 경우, 면세포기의 효력은 사업을 양수한 사업자에게 승계됨

📈 실무

오피스텔의 분양 및 임대 관련 과세·면세 판정

| 분 양 | • **주거용 여부나 국민주택규모 여부에 관계없이 과세대상임**
• 다만, 심판례에서 공부상 오피스텔의 경우에도 실제 용도를 기준으로 국민주택 여부를 판정한 경우가 존재함.
　"쟁점 오피스텔 건축물은 시공시 주택으로 시공되었고, 건축시 매입세액공제를 받은 바 없으며, 신축 때부터 주택으로 분양하기 위한 목적으로 보이므로 부가가치세 면세대상인 국민주택의 분양에 해당함(조심 2015중0629, 2015.4.29., 조심 2014중4517, 2015.6.29.)"
　그러나, **조세심판관합동회의**(조심-2017-서-0991, 2017.12.20.)에서 주거용 오피스텔의 양도가 부가가치세 과세대상이 아니라는 청구주장을 인용결정하였다가 기각결정으로 변경하였다. 이를 세법해석상 불분명하다고 주장할 수 있으나, 과세관청에서는 일관되게 업무용 오피스텔의 양도에 대해서는 부가가치세가 과세된다고 지속적으로 견해표명을 하였다.
　"오피스텔을 신축·분양하고 수분양자가 이를 주택임대사업에 사용하는 경우에도 해 |

분 양	당 오피스텔의 공급에 대해서는 부가가치세를 면제할 수 없는 것(법규부가-2012-201, 2012.5.23., 기획재정부 부가가치세과-563, 2014.9.24., 같은 뜻임)" "부가가치세법상 재화의 공급시기는 원칙적으로 재화가 인도되거나 이용가능하게 되는 때로 규정하고 있어 부가가치세의 납세의무는 재화의 공급시점에 결정되어야 하고 공급시기 이후 사용자의 사용상황에 따라 사후적으로 결정될 수 없는 것인 바, 오피스텔을 업무용으로 분류하여 관할 지방자치단체로부터 건축허가 및 사용승인을 받았고, 해당 오피스텔이 사용승인일부터 공급시기까지 「주택법」상 주택으로 변경된 것이 아니므로 해당 오피스텔의 공급에 대해 부가가치세를 과세한 처분은 정당하다고 판단함(조심-2017-서-0991, 2017.12.20.)" 또한, 오피스텔의 분양은 주택신축판매업이 아닌 **부동산매매업**으로 보아야 하므로, 토지 등 매매차익 예정신고・납부하여야 함. "주택신축판매업에서 말하는 주택이란 본래부터 주거용으로 사용될 목적으로 신축된 것을 말하고, 오피스텔과 같이 그 공부상 용도를 업무시설 등으로 하여 신축된 경우에는 설령 그것이 사후에 주거용으로 사용된다고 하더라도 주택신축판매업에서 말하는 주택에 해당하지 않는다고 봄이 상당하다 할 것(대법원 2010.7.22. 선고, 2008두21768 판결, 같은 뜻임)이므로 쟁점오피스텔을 주택에 해당하지 않는다고 보아야 함(조심-2018-서-4510, 2019.1.9.)" "「조세특례제한법」제106조 제1항 제4호에 따라 부가가치세가 면제되는 국민주택의 공급은 「주택법」에 따른 국민주택 규모 이하의 주택 공급에 한해 적용하는 것으로 오피스텔은 「주택법」에 의한 주택에 해당하지 않으므로 이를 적용할 수 없는 것임"(기획재정부, 부가가치세제과-563, 2014.9.24.) "주거용 오피스텔에 대해서도 부가가치세가 면제된다고 판시한 고등법원의 결정에 대한 피고의 대법원 상고(2020두44749)의 결과 2021.1.28. 서울고등법원으로 파기 환송하는 판결[97](**부가가치세 과세**)을 하였다.
임 대	• 오피스텔을 신축・취득하여 임대한 경우로서 임차인이 이를 상시 주거용으로 사용하는 것이 확인되는 경우 당해 오피스텔 임대용역은 주택의 임대용역에 해당되어 부가가치세가 면제됨 → 이 경우 오피스텔을 신축・취득하면서 매입세액공제를 받은 경우에는 과세재화의 면세전용에 해당됨에 유의할 것

---

97) 조세심판관합동회의의 결정이 있기 전에 오피스텔을 국민주택으로 인정한 심판결정례를 신뢰하여 부가가치세를 신고하지 아니하여 발생된 무신고 가산세 등에 대한 처분은 잘못이 있는 것으로 판단(조심 2021인 5537, 2021.12.13.)

실무

음식점업과 정육점업 겸영사업자의 과세·면세 판정

구 분	주요 내용
(1) 음식점업	용역의 공급으로 과세사업에 해당함
(2) 정육점업	축산물의 도·소매업으로서 면세사업에 해당함
(3) 겸영사업자가 접객시설에서 육류를 소비하게 하는 경우	• 축산물의 소매가 별도의 거래가 되지 아니하고 음식용역의 일부를 구성하게 되므로 **주된 용역인 음식용역의 공급에 필수적으로 부수되는 재화의 공급으로 보아 전체가 과세대상임** • 의제매입세액공제(개인 8/108, 법인 6/106) 허용됨
(4) 사업자등록이 구분된 경우	• 실질과세의 원칙에 따름 • 정육점 매출을 면세로 본 사례(춘천지법 2011구합868 → 서울고법 2012누541 → 대법 2012두28636) 정육점과 식당이 1층과 2층으로 출입문이 달라 공간이 분리되어 있고, 층별로 별도의 계산대를 설치하여 계산이 이루어지고 있는 점, 식당의 메뉴에는 기본 상차림비, 된장찌개, 공기밥, 냉면류, 주류 등으로 정육을 제외한 음식부재료만 표시되어 있는 점 등으로 보아 1층 정육매장과 2층 식당을 구분하여 운영하였던 것으로 보임 • 정육점 매출을 과세로 본 사례(조심 2014중60 외 다수) 정육과 일반 식당이 구분되어 있지 아니하고 하나의 계산대를 사용하며 결제도 동시에 이루어진 점, 메뉴가 정육을 포함하여 기재되어 있는 점, 종업원들이 과세·면세 구분없이 동일한 과세장소에서 인적용역을 제공한 점 등으로 보아 과세는 정당함

(*) 동일한 사업자가 같은 장소 또는 인접한 장소에서 정육점 면세사업자 등록과 식당 과세사업자 등록을 하고 육류를 식당에서 소비한 경우 정육 매출을 면세로 본 판례가 있으나, 과세관청과 조세심판원은 식당의 음식용역의 공급으로 보아 과세대상으로 판단하고 있음

따라서 이러한 사업자의 경우에는 언제든 과세관청과의 조세마찰이 발생할 가능성이 있고, 농수산물 등 의제매입세액공제를 고려하면 절세의 효과가 크다고 보기 어렵기 때문에 보수적으로 실무에 활용하여야 할 것으로 판단된다.

해석사례

(1) 부가가치세가 면제되는 학술연구용역 또는 기술연구용역 해당 여부

부가가치세가 면제되는 학술연구용역과 기술연구용역은 새로운 학술 또는 기술을 개발하기 위하여 행하는 새로운 이론·방법·공법 또는 공식 등에 관한 연구용역을 말하는 것이며, 주된 거래인 면세되는 용역의 공급에 필수적 부수되는 재화의 공급은 주된 거래인 면세되는 용역의 공급에 포함되는 것으로 보는 것임(부가 §99, 2010.1.26.)

(2) 금융상품 판매대행용역의 부가가치세 면제 여부

사업자가(법인 포함)가 상호저축은행 및 대부업체와 계약에 의해 대출상품 안내 및 알선 등의 용역을 제공하고 그 대가를 받는 경우 부가가치세법 제7조 제1항의 규정에 의하여 부가가치세가 과세되는 것임(부가 §21, 2010.1.6.)

(3) 선불카드의 발행 및 관리 등의 용역을 제공하는 경우 부가가치세 면제 여부

사업자가 신용카드업 허가를 받지 아니하고 선불카드의 발행 및 관리, 유료도로 통행료 전자 지불 및 정산업무, 교통카드 전국호환 표준기술개발 등의 용역을 제공하는 경우, 당해 용역은 부가가치세가 면제되는 금융·보험용역에 해당하지 아니하는 것임(부가 §1537, 2009.10.21.)

(4) 과세재화와 면세재화 혼합포장 판매 시 부가가치세 과세 여부

과세재화와 면세재화 혼합포장 판매 시 주된 재화의 과세재화 해당 여부에 따라 과세 또는 면세하는 것임(부가 §1209, 2009.8.28.)

→ 부가가치세 면세재화인 오트밀과 과세재화인 누룽지, 로스팅밀눈 등을 하나의 거래단위(팩)로 포장하여 판매하는 경우 해당 사업자가 공급하는 주된 재화가 면세되는 미가공식료품인 경우에는 면세(사전법규부가 2022-1036, 2022.11.7.)

→ 과세재화인 칼국수면 등과 면세재화인 애호박 등을 하나의 거래단위로 포장하여 판매하는 경우 주된 재화가 과세재화인 경우에는 부가가치세가 과세되는 것(사전법령해석부가 2018-239, 2018.4.17.)

(5) 사립박물관의 입장료 수입, 캐릭터상품 판매, 체험학습비, 임대료의 면세 여부

사업자가 사립박물관을 운영함에 있어, 박물관 입장료 수입은 부가가치세가 면제되는 것이나, 캐릭터상품 판매·체험학습비·임대료·대여료는 부가가치세가 과세되는 것임(부가 §893, 2009.3.6.)

(6) 흑마늘의 부가가치세 면제 여부

마늘을 적당한 온도의 열로 일정기간 숙성하여 생산하는 흑마늘에 대하여는 부가가치세를 과세하는 것임(상담3팀 3011, 2007.11.5.)

(7) 임대사업에 사용하다가 양도하는 주택의 면세 여부

주택임대사업자가 국민주택 규모 초과 아파트를 신축하여 임대사업에 사용하다가 당해 주택을 양도하는 경우 부가가치세가 면제되는 것임(상담3팀 2946, 2007.10.30.)

(8) 요가 교습용역의 면세 여부

(사)대한요가협회 및 그 지부가 요가교습용역을 제공하고 대가를 받는 경우 동 용역은 부가가치세가 면제되는 교육용역에 해당하지 아니하는 것임(상담3팀 2773, 2007.10.9.)

(9) 김치를 포장하여 공급하는 경우 부가가치세 면제 여부

부가가치세법시행규칙 [별표1] 미가공식료품분류표 제12조 제5호에 열거된 김치는

독립된 거래단위로서 포장되어 최종소비자에게까지도 그 포장의 형태로 공급이 가능한 것에 한하여 부가가치세가 과세(2023.12.31.까지 한시적으로 면세)되는 것이고, 그 포장이 저장, 보관, 상품가치 증진을 위한 것이 아니고 상품의 특수성으로 인하여 필요불가결하여 단순한 운반목적으로 포장된 것에 대하여는 부가가치세가 면제되는 것임(부가 46015-1555, 2000.7.3.)

⑽ 공부상 오피스텔이 부가가치세 면제대상 국민주택에 해당하는지 여부
쟁점오피스텔은 호수별 전용면적이 85제곱미터 이하이고, 주방시설, 방 3개와 거실이 있는 공동주택 구조이며, 배관·상하수도 공사가 모두 벽체매립형으로 설치되어 추후 시설을 변경할 수 없는 것으로 보아 당초부터 공동주택 구조로 신축한 것으로 보이고, 청구인들이 쟁점건물을 신축하면서 관련 부가가치세 매입세액 공제를 받은 사실이 없을 뿐 아니라, 쟁점오피스텔 입주자(28호) 전체가 주소지를 쟁점오피스텔로 전입하여 실제 거주하고 있는 점, 적어도 19호 이상은 「지방세법」상 주택으로 분류되어 재산세가 과세되고 있는 점, 부가가치세 면제대상인 국민주택에 해당하는지 여부는 건축허가에서 정한 용도나 공부상의 용도를 기준으로 할 것이 아니라 당해 건축물의 실제 용도를 기준으로 판단하여야 하는 것이 타당한 점 등에 비추어 쟁점오피스텔은 부가가치세 면제 대상인 국민주택 규모 이하의 주택에 해당하는 것으로 봄이 타당하다 할 것임(조심 2015중4669, 2015.11.25., 참조결정 조심 2014중4517, 조심 2015중629)
【참조판례】
어떠한 건축물의 용도가 부가가치세 면제대상인 국민주택에 해당하는지 여부는 건축허가에서 정한 용도나 공부상의 용도를 기준으로 할 것이 아니라 당해 건축물의 실제 용도를 기준으로 판단하여야 할 것이다(대법원 2010.9.9. 선고 2010두9037 판결, 조심 2014중4517, 2015.6.29. 같은 뜻임).

⑾ 음식점 접객시설에서 용역을 공급하고 그 대가를 받는 경우 과세 여부(기존예규 삭제 및 대법원 판결 수용)
고객들이 그의 선택으로 1층 정육매장에서 쇠고기를 구입한 즉시 2층 식당으로 가서 별도로 구입한 음식부재료와 함께 이를 조리하여 먹었다거나 원고가 단일한 사업자로서 1층 정육매장과 2층 식당을 함께 운영하였다는 등의 사정만으로는, 원고가 고객들에게 음식점 용역을 제공한 것으로 볼 수 없음(대법 2012두 28636, 2015.1.29.)
→ 별도로 구분된다면 실질에 따라 면세/ 과세를 구분할 수 있음

⑿ 미가공식료품
부가가치세가 면제되는 미가공식료품인 수육류를 공급함에 있어 판매과정 상 일정규격을 맞추기 위해 절단된 고기 표면에 소량의 육류결착제를 첨가하여 접합한 후 진공포장하여 공급하는 경우로서 원생산물의 본래의 성질이 변하지 아니하는 경우에는 미가공식료품에 해당하여 부가가치세가 면제되는 것임(사전법령부가-0679, 2019.11.20.)

⑬ 해수욕장 내 샤워 및 탈의시설의 면세 여부

지방자치단체가 「해수욕장의 이용 및 관리법」 제2조 제2호에 따른 해수욕장 내에 이용자 편의시설로서 샤워 및 탈의시설을 조성하여 운영하며 이용객들로부터 시설사용료를 징수하는 경우 한국표준산업분류상 해수욕장 운영업에 해당되므로 「부가가치세법」 제26조 제1항 제19호에 따라 부가가치세가 면제되는 것임(사전-2020-법령해석부가-452, 2020.5.12.)

⑭ 국내산 도라지·더덕을 세척 후 말려서 분말 형태로 가공하여 공급하는 경우 부가가치세 면제여부(기존 면제되지 아니한다는 예규 삭제, 2021.5)

부가가치세법 시행규칙 제10조 별표1 미가공식료품분류표의 범위에 해당하지 아니하는 농산물을 분말 형태로 가공하여 공급하는 경우에는 부가가치세가 면제되지 아니함 (기존 상충예규삭제, 부가 46015-1761, 1994.8.29. 유사사례)

⑮ 평생교육시설 운영자가 제공하는 출장강의용역의 면세 여부

평생교육시설 운영자가 신고된 교육과정을 운영하면서 평생교육시설에서 교육받을 수 없는 수강생을 위하여 출장강의용역을 제공하고 받는 대가는 부가가치세가 면제되는 것임(사전법령해석부가 2015-111, 2015.5.7.)·학원으로 등록한 사업자가 기업체 등에 출장하여 제공하는 교육용역이 면세가 아니라는 해석이 삭제됨(부가-1087 삭제)

⑯ 쟁점 간병용역이 부가가치세 과세대상에 해당하는지 여부

간병 인력의 관리 및 현장책임자 선정 등 간병용역과 관련한 종괄적인 지휘·감독은 병원이 아닌 청구법인이 직접 수행한 것으로 나타나므로, 특별한 사정이 없는 한 청구법인은 단순한 인력공급이 아니라 간병용역 자체를 공급한 것으로 봄이 타당한 점, 사회적기업인 청구법인이 자기책임 하에 간병용역을 실제 제공한 사실이 확인되는 이상, 이를 직접 제공이 아니었다고 단정하기 곤란한 점, 기획재정부의 설명자료에 사회적기업인 간병서비스업체가 병원과의 위탁계약을 통해 환자들에게 간병용역을 공급함을 전제로, 그 간병용역에 대한 총괄책임 여부에 따라 면세 여부를 판단하라고 안내하고 있는 점 등에 비추어, 처분청이 쟁점용역을 부가가치세 과세대상으로 보아, 청구법인에게 이 건 부가가치세를 부과한 처분은 잘못이 있는 것으로 판단(조심 2023부6827, 2023.7.21.).

⑰ 학원법에 따라 등록한 사업자가 공급하는 온라인 교육용역의 면세 여부

「학원의 설립·운영 및 과외교습에 관한 법률」(이하 "학원법") 제6조 및 같은 법 시행령 제5조에 따라 원격 교육형태의 학교교과교습학원으로 등록한 사업자(이하 "학원사업자")가 원격교육 플랫폼 운영에 필요한 제반 시스템을 구축 및 유지하면서 파트너 강사와 계약을 통해 해당 플랫폼에서 파트너 강사가 기획·제작한 교육내용을 학원사업자의 책임과 계산에 따라 교육용역을 제공하는 경우 해당 교육용역은 부가가치세가 면제되는 것임(사전법규부가 2023-10, 2023.8.25.)

과세표준

제1절 1. 과세표준

01 의의

'**과세표준**'이란 세법에 의하여 직접적으로 세액산출의 기초가 되는 과세물건의 수량 또는 가액으로서 세율의 적용대상이 되는 것을 말한다.

부가가치세에서는 사업자가 재화 또는 용역의 거래단계에서 창출한 부가가치가 과세물건이 되며, 그것이 이미 가액으로 표시되어 있으므로 또한 과세표준이 된다.

이와 같이 부가가치세의 과세표준은 이론적으로는 부가가치가 되는 것이지만, 현행 부가가치세법은 전단계세액공제 방법을 채택하여 매출세액에서 매입세액을 공제하기 때문에 실제로는 해당 과세기간에 공급한 재화 또는 용역의 공급가액을 합한 금액으로 규정하고 있다.

이는 부가가치세는 기간과세이며 부가가치세의 과세표준은 일정과세기간 동안 공급한 재화 또는 용역의 합계액이기 때문이다. 또한, 개별 재화 및 용역의 가액인 공급가액과는 구분이 된다.

이러한 결과로 인하여 부가가치세법상 과세표준에 세율을 곱한 세액은 납세의무자가 납부할 세액을 산출한 금액이 되는 것이 아니라 단지 매출세액일 뿐인 것이다.

02 일반적인 과세표준

(1) 재화 또는 용역의 공급에 대한 과세표준

가. 과세표준계산의 일반

1) 일반적인 기준

재화 또는 용역의 공급에 대한 부가가치세의 과세표준은 해당 과세기간에 공급한 재화 또는 용역의 공급가액을 합한 금액으로 한다(부법 §29 ①).

여기서 공급가액은 다음의 금액으로 하되, 거래상대자로부터 받은 대금, 요금, 수수료, 그 밖에 어떤 명목이든 상관없이 재화 또는 용역을 공급받는 자로부터 받는 금전적 가치 있는 모든 것을 포함하되, 부가가치세는 포함하지 아니한다(부법 §29 ③). 반면에 공급대가는 부가가치세를 포함한 금액을 말한다. 따라서 일반과세자의 과세표준은 공급가액을 합한 금액이고, 간이과세자의 과세표준은 공급대가를 합한 금액이다.

구 분	과세 표준
① 금전으로 대가를 받는 경우	그 대가
② 금전 외의 대가를 받는 경우	자기가 공급한 재화 또는 용역의 시가
③ 재화의 공급에 대하여 부당하게 낮은 대가를 받거나 아무런 대가를 받지 아니한 경우	자기가 공급한 재화의 시가
④ 용역의 공급에 대하여 부당하게 낮은 대가를 받는 경우	자기가 공급한 용역의 시가
⑤ 특수관계인에게 사업용 부동산의 임대용역을 공급하고 아무런 대가를 받지 아니한 경우	자기가 공급한 부동산임대용역의 시가

📈 실무

부당행위계산의 부인 : ③, ④의 경우

구 분	부당하게 낮은 대가를 받는 경우		대가를 받지 아니한 경우	
	특수관계인	그 외의 자	특수관계인	그 외의 자
재화의 공급	시가	실지거래가액	시가	시가
용역의 공급	시가	실지거래가액	과세대상 아님	과세대상 아님

※ 특수관계인에게 부동산임대용역을 무상으로 제공한 경우에는 시가에 의하여 과세됨
※ 수탁자가 위탁자의 특수관계인에게 공급하는 신탁재산과 관련된 재화 또는 용역 포함

부당하게 낮은 대가와 시가

부당하게 낮은 대가	사업자가 특수관계인에게 공급하는 재화 또는 용역에 대한 조세의 부담을 부당하게 감소시킬 것으로 인정되는 시가보다 낮은 대가
시가	다음의 순서대로 적용 ① 특수관계인이 아닌 자와 해당 거래와 유사한 상황에서 계속적으로 거래한 가격 또는 제3자간에 일반적으로 거래된 가격 ② 대가로 받은 재화 또는 용역의 가격(공급받은 사업자가 특수관계인이 아닌 자와 해당 거래와 유사한 상황에서 계속적으로 거래한 해당 재화 및 용역의 가격 또는 제3자 간에 일반적으로 거래된 가격을 말함) ③ 일반적인 거래가격 등이 없거나 시가가 불분명한 경우 소득세법 및 법인세법상 부당행위계산부인 규정에 의한 가격(시가 = 원가 + 원가 × 수익률)

실무 ●

세액이 별도 표시되지 아니한 경우의 과세표준계산

사업자가 재화 또는 용역을 공급하고 그 대가로 받은 금액에 공급가액과 세액이 별도 표시되어 있지 아니한 경우와 부가가치세가 포함되어 있는지 불분명한 경우에는 거래금액 또는 영수할 금액의 100/110에 해당하는 금액이 과세표준이 됨. 이는 대가로 받은 금액에 부가가치세가 포함되어 있다고 판단하기 때문임.

2) 과세표준에 포함되는 것

① 과세표준에서 공제하지 않는 것

아래 항목은 재화나 용역의 공급과 관련이 없이 발생하는 항목이기 때문에 과세표준에서 공제하지 않는다. 따라서 사업자가 과세표준에서 차감하지 않은 경우에는 조정이 필요가 없으나, 이를 과세표준에서 차감한 경우 반드시 가산해 주어야 한다.

㉠ 대손금

㉡ (금전) 판매장려금

㉢ 하자보증금

② 과세표준에 포함하는 것

㉠ 할부판매의 이자상당액

㉡ 대가의 일부로 받는 운송비·포장비·하역비·운송보험료·산재보험료 등

ⓒ 용기대금과 포장비용을 변상금 형식으로 변제받은 금액[98]

㉣ 마일리지 등으로 대금의 전부 또는 일부를 결제받은 경우(㉤에 해당하는 경우 제외)에는 다음의 금액을 합한 금액

ⓐ 마일리지 등 외의 수단으로 결제받은 금액

ⓑ 자기적립마일리지 등 외의 마일리지 등(이하 '제3자 적립마일리지 등'이라 함)으로 결제받은 부분에 대하여 재화 또는 용역을 공급받는 자 외의 자로부터 보전(補塡)받았거나 보전받을 금액

㉤ 제3자적립마일리지 등으로 대금의 전부 또는 일부를 결제받은 경우로서 다음 중 어느 하나에 해당하는 경우 : 공급한 재화 또는 용역의 시가

ⓐ 제3자적립마일리지 등으로 결제받은 부분에 대하여 재화 또는 용역을 공급받는 자 외의자로부터 보전받지 아니하고 자기생산·취득재화를 공급한 경우

ⓑ 제3자적립마일리지 등으로 결제받은 부분과 관련하여 특수관계인으로부터 부당하게 낮은 금액을 보전받거나 아무런 금액을 받지 아니하여 조세의 부담을 부당하게 감소시킬 것으로 인정되는 경우

참고

부가가치세 과세표준 포함 관련 마일리지 등 용어 정리

마일리지 등	재화 또는 용역의 구입실적에 따라 마일리지, 포인트 또는 그 밖에 이와 유사한 형태로 별도의 대가 없이 적립받은 후 다른 재화 또는 용역 구입 시 결제수단으로 사용할 수 있는 것과 재화 또는 용역의 구입실적에 따라 별도의 대가 없이 교부받으며 전산시스템 등을 통하여 그 밖의 상품권과 구분 관리되는 상품권을 말한다.
자기적립 마일리지 등	당초 재화 또는 용역을 공급하고 마일리지 등을 적립(다른 사업자를 통하여 적립하여 준 경우 포함)하여 준 사업자에게 사용한 마일리지 등(여러 사업자가 적립하여 줄 수 있거나 여러 사업자를 대상으로 사용할 수 있는 마일리지 등의 경우 다음 요건을 모두 충족한 경우로 한정함)을 말한다. ① 고객별·사업자별로 마일리지 등의 적립 및 사용 실적을 구분하여 관리하는 등의 방법으로 당초 공급자와 이후 공급자가 같다는 사실이 확인될 것 ② 사업자가 마일리지 등으로 결제받은 부분에 대하여 재화 또는 용역을 공급받는 자 외의 자로부터 보전받지 아니할 것
제3자적립 마일리지 등	자기적립마일리지 등 외의 마일리지 등을 말한다.

---

98) 용기를 공급한 것으로 봄

마일리지 등으로 결제한 금액의 부가가치세 과세표준 포함 여부

구 분	주요 내용
(1) 자기적립마일리지 등	과세표준에 포함하지 않음
(2) 제3자적립마일리지 등	• 사업자가 실제 받을 대가만큼 과세표준에 포함 • 제3자적립마일리지 등으로 결제받은 부분에 대해 신용카드사 등으로부터 보전받을 금액을 과세표준에 포함 • 보전금액이 없거나 특수관계자간 부당행위에 해당하는 경우에는 시가를 과세표준에 포함
(3) 적용범위	종전에는 재화의 공급에만 적용되고 용역의 공급에는 적용되지 않았으나, 개정 후에는 재화 또는 용역의 공급에 모두 적용됨
(4) 적용시기	2017.4.1. 이후 공급하거나 공급받는 분부터 적용
(5) 경정청구 여부	2016년 2기 이전에 재화를 공급하고 마일리지 등으로 결제받은 경우로서 마일리지 등으로 결제받은 금액을 과세표준에 포함시켜 부가가치세 신고납부를 한 경우에는 경정청구를 통해 환급신청할 수 있음(대법원 2015두58959 판결, 2016.8.26. 선고 참조)

참고판례(대법원 2015두58959 전원합의체 판결, 2016.8.26. 선고)

사업자가 고객에게 재화를 공급하는 1차 거래를 하면서 매출액의 일정비율에 해당하는 점수를 적립해 주고, 향후 그 고객에게 다시 재화를 공급하는 2차 거래를 하면서 그 적립된 점수 상당의 가액을 공제하고 나머지 금액만 현금 등으로 결제할 수 있도록 한 경우에, 2차 거래에서 그 적립된 점수 상당만큼 감액된 가액은 결국 사업자와 고객 사이에서 미리 정해진 공급대가의 결제 조건에 따라 공급가액을 직접 공제·차감한 것으로서 에누리액에 해당한다. 즉 1차 거래에서 적립된 점수는 사업자가 1차 거래 때 고객에게 약속한 할인 약정의 내용을 수치화하여 표시한 것에 불과하며 그 할인 약정에 따라 그 점수 상당만큼 공제된 가액은 2차 거래의 공급가액에 포함할 수 없다고 보아야 한다.

3) 과세표준에 포함되지 않는 것

① 에누리액 : 재화나 용역을 공급할 때 그 품질이나 수량, 인도조건 또는 공급대가의 결제방법이나 그 밖의 공급조건에 따라 통상의 대가에서 일정액을 직접 깎아주는 금액

 참고판례(전주지방법원 2022구합467, 2023.4.6.)

대리점이 고객에게 지급한 지원금(가입비, 미납 통신요금, 기존 및 신규 단말기 할부금, 유심칩 구입비 등)을 에누리액으로 볼 수 있는지

과세표준에서 공제되는 '에누리액'에 해당하려면 단말기 공급거래와 관련이 있고, 그 품질·수량 및 인도·공급대가의 결제 기타 공급조건에 따라 일정한 비율로 정하여지며, 단말기의 공급가액에서 직접 공제되는 금액이어야 하므로, 당해 대리점이 고객에게 단말기를 판매하면서 지급된 지원금은 단말기 공급과 별개인 이동통신서비스 용역의 공급과 결부된 점, 고객이 납부할 할부금 중 일부를 대납한 것은 단말기 공급가액에서 직접 공제되었다고 볼 수 없으므로 에누리액으로 볼 수 없음

② 환입된 재화의 가액
③ 공급받는 자에게 도달하기 전에 파손·훼손 또는 멸실된 재화의 가액
④ 재화 또는 용역의 공급과 직접 관련되지 않는 국고보조금과 공공보조금
　→ 공급받는 자가 국고보조금 등을 재원으로 하여 그 대가를 지급하는 경우에는 과세표준에 포함됨(**보조금 교부대상이 되는 보조사업의 수행자로서 보조금을 지급받는 경우 포함**)
⑤ 공급에 대한 대가의 지급이 지체되었음을 이유로 받는 연체이자
⑥ 할인액 : 공급에 대한 대가를 약정기일 전에 받았다는 이유로 사업자가 당초의 공급가액에서 할인을 해 준 금액

⑦ 반환조건부 용기대금과 포장비용 및 회수위한 보증금 등(부채이기 때문)

⑧ 대가와 구분 기재된 종업원 봉사료(사업자가 공급한 용역의 공급가액이 아니기 때문)

　　→ 대가와 구분 기재되지 않은 종업원 봉사료와 사업자가 봉사료를 자기의 수입금
　　　 액에 계상한 금액은 과세표준에 포함됨

⑨ 거래상대방으로부터 인도받은 원자재 등을 사용하여 제조·가공한 재화를 공급하거
　 나 용역을 제공하는 경우 당해 원자재 등의 가액

　　→ 재화 또는 용역을 공급하고 그 대가로 원자재 등을 받는 경우에는 과세표준에
　　　 포함됨

⑩ 사업자가 부동산임대료와는 별도로 구분징수하여 납입을 대행하는 임차인이 부담하
　 여야 할 보험료·수도료 및 공공요금 등

📉 실무

매출에누리와 환입 및 매출할인 등의 회계 및 세무처리

구 분	기업회계	법인세법·소득세법	부가가치세법
(1) 매출에누리	매출차감항목	매출차감항목	과세표준 불포함
(2) 매출환입	매출차감항목	매출차감항목	과세표준 불포함, (−)세금계산서
(3) 매출할인	매출차감항목	매출차감항목	과세표준 불포함, (−)세금계산서
(4) 판매장려금	매출차감항목	손금 또는 필요경비	과세표준 불공제 → 물품지급시 사업상 증여로 과세

→ 매입자는 기업회계상 위 모두 매입차감 회계처리하도록 되어 있으나, 판매장려금은
　 소득세법상 총수입금액 산입사항임

• 매출에누리 : 재화 또는 용역의 공급에 있어서 그 품질·수량 및 인도·공급가액의 결
　 제 기타 공급조건에 따라 그 재화 또는 용역의 공급당시의 통상의 공급가액에서 일정
　 액을 직접 공제하는 금액

• 매출환입 : 공급한 재화가 품질 기타 계약조건 위반 등으로 반품된 것

• 매출할인 : 외상판매에 대한 공급대가의 미수금을 결제하거나 공급대가의 미수금을
　 그 약정기일 전에 영수하는 경우에 일정액을 할인하는 금액

• 판매장려금 : 자기 재화의 판매촉진을 위하여 거래상대자의 판매실적에 따라 금전으로
　 지급하는 금액(재화로 공급하는 장려금은 사업상 증여로 보아 과세함)

반품에 대한 부가가치세 세무처리

구 분		주요 내용
(1) 반품후 교환	① 동일제품으로 교환	• 재화의 공급 아니며, 수정세금계산서 발급대상 아님 • 기업회계상 별도의 회계처리 없음
	② 동종 또는 유사제품 으로 교환	• 교환공급은 별도 재화의 공급에 해당함 • 반품받은 재화는 (−)세금계산서 발급대상임 • 기업회계상 반품은 매출에서 차감하고 교환공급은 매 출로 회계처리해야 함
(2) 반품없이 재공급		• 사업상증여로서 재화의 공급의제에 해당함 • 세금계산서 발급 없음 • (차) 수선수리비 등 ××× (대) 매입(타계정대체) ×××
(3) 반품후 현금반환		• 매출환입에 해당하므로 (−)세금계산서 발급대상임 • (차) 매출환입 ××× (대) 현 금 ×××

종업원 봉사료의 세무처리

원 칙	과세표준 포함	사업자가 음식·숙박용역이나 개인서비스 용역을 공급하고 그 대가와 함께 받는 종업원(자유직업소득자 포함)의 봉사료
예 외	과세표준 불포함	① 사업자가 음식·숙박용역이나 개인서비스 용역을 공급 ② 사업자가 용역의 대가와 함께 받은 종업원의 봉사료를 세금계산서·영수 증 또는 신용카드매출전표 등에 그 대가와 구분하여 기재한 경우 ③ 봉사료를 해당 종업원에게 지급한 사실이 확인되는 경우 ④ 사업자가 봉사료를 자기의 수입금액에 계상하지 않을 것 ⑤ 봉사료 명목으로 지급되는 금액이 실질적인 봉사료에 해당 　※ 구분 기재한 봉사료 금액이 공급가액의 20%(신용카드 전체금액의 　　15.4%)를 초과하는 경우 그 봉사료 수입금액의 5%를 원천징수하여 　　야 함에 유의
	원천징수	신용카드매출전표 등(카드매출전표 건당 판정)에 그 공급가액과 구분하여 적 는 경우 구분기재한 봉사료 금액이 공급가액(간이는 공급대가)의 100분의 20 을 초과[99]하는 때에는 당해 봉사료 전체 금액에 대하여 사업자가 소득세 (5%)를 원천징수하여야 함

---

99) 계산서 등에 의해 그 공급가액과 구분기재한 봉사료 금액이 공급가액의 20%를 초과하는 경우, 원천징수대상 봉사
료는 그 봉사료 금액 전체가 됨(국심 2000부2302, 2001.2.21) − 20%를 초과하지 아니한 경우 원천징수의무 없음.

예 외	과태료	봉사료를 공급가액에서 제외하려는 사업자가 봉사료 지급대장 작성에 관한 명령을 위반하여 이를 작성하지 않거나 거짓으로 작성한 경우 다음의 과태료를 부과한다. 다만 그 금액이 과다한 경우 2,000만 원을 한도로 한다.		
		1차 위반	2차 위반	3차 위반
		미작성 또는 거짓작성 금액의 8/100에 해당하는 금액	미작성 또는 거짓작성 금액의 16/100에 해당하는 금액	미작성 또는 거짓작성 금액의 24/100에 해당하는 금액

📈 실무

2021.8.25 국세청고시 제2021-38호

봉사료를 과세표준에서 제외하고자 하는 사업자가 지켜야 할 사항

제1조(목적) 이 고시는 「부가가치세법」 제29조 제12항, 같은 법 시행령 제61조 제4항에 근거하여 「부가가치세법」 제74조 제2항, 같은 법 시행령 제119조에서 국세청장에게 위임한 바에 따라 봉사료를 구분 기재하여 공급가액에서 제외하려는 사업자가 지켜야 할 사항을 명확히 규정함을 그 목적으로 한다.

제2조(봉사료의 구분기재) 「부가가치세법」 시행령 제61조 제4항에 따라 봉사료를 매출액에서 제외하고자 하는 사업자는 공급받는 자에게 신용카드매출전표 등을 교부하는 시점에서 이미 봉사료가 구분 기재된 상태로 교부하여야 한다.

제3조(봉사료지급대장 작성 등) 「소득세법」 제127조 제1항 제8호 및 「소득세법 시행령」 제184조의2에 따라 봉사료에 대한 소득세를 원천징수하여야 하는 사업자는 붙임서식 1에 따른 봉사료지급대장을 작성하여야 하며, 「소득세법」 제164조 제1항 제7호에 따른 봉사료에 대한 사업소득 원천징수 영수증과 함께 5년간 보관하여야 한다.

제4조(수령사실의 확인 및 서명 등) 위 봉사료지급대장에는 봉사료를 수령하는 자가 직접 수령사실을 확인하고 서명하여야 하며, 수령자 본인의 서명임을 확인할 수 있도록, 붙임서식 2의 예시와 같이 봉사료 수령인별로 주민등록증 또는 운전면허증 등 신분증 사본의 여백에 봉사료 수령자 본인이 성명, 생년월일, 연락처, 주소 등을 자필로 기재한 뒤 봉사료지급대장에 사용할 서명을 기재하여 5년간 보관하여야 한다.

제5조(수령사실확인의 서명거부 시 대체증명) 봉사료를 수령하는 자가 봉사료지급대장에 서명을 거부하거나 제4조의 확인서 작성 등을 거부하는 경우에 사업자는 무통장입금영수증 등 지급사실을 직접 확인할 수 있는 다른 증빙을 대신 첨부하여야 한다.

제6조(재검토기한) 「훈령·예규 등의 발령 및 관리에 관한 규정」(대통령 훈령 제431호)에 따라 이 고시 발령 후의 법령이나 현실여건의 변화 등을 검토하여 이 고시의 폐지, 개정 등의 조치를 하여야 하는 기한은 2024년 8월 23일까지로 한다.

(2021.8.25. 개정)

봉사료를 공급가액에서 제외하고자 하는 사업자가 지켜야 할 사항 서식1

봉사료지급대장

사 업 자 인적사항	사업장소재지					
	상 호		사 업 자 등록번호			
	대 표 자		생년월일			
봉사료 수령사실 확인(수령인 기재)						
연월일	수령인성명	생년월일	봉사료 금액	원천징수액	수령확인

나. 거래형태별 과세표준

거래 형태	과세 표준
(1) 외상판매 및 할부판매	공급한 재화의 총가액
(2) 장기할부판매	계약에 따라 받기로 한 대가의 각 부분
(3) 완성도지급기준·중간지급조건부·계속적 공급	계약에 따라 받기로 한 대가의 각 부분
(4) 기부채납	당해 기부채납의 근거가 되는 법률에 의하여 기부채납된 가액 (부가가치세가 포함된 경우에는 제외함)
(5) 공유수면매립법에 의한 매립용역	「공유수면매립법」에 의하여 산정한 당해 매립공사에 소요된 총사업비
(6) 위탁가공무역방식의 수출	완성된 제품의 인도가액
(7) 개별소비세 등이 과세되는 재화 또는 용역을 공급하는 경우	당해 재화 또는 용역에 부과되는 개별소비세, 교통·에너지·환경세, 주세와 그 교육세 및 농어촌특별세 상당액을 포함함 (부가통칙 13-48-2)

다. 둘 이상의 과세기간에 걸쳐 계속적으로 용역을 제공하는 경우

1) 둘 이상의 과세기간에 걸쳐 용역을 제공하고 그 대가를 선불로 받는 경우

둘 이상의 과세기간에 걸쳐 용역을 제공하고 그 대가를 선불로 받는 경우 과세표준은 다음과 같이 안분계산한다.

$$과세표준 = 선불대금 \times \frac{해당\ 과세기간의\ 월수}{계약기간의\ 월수}$$

(적용대상 예 : 스포츠센터나 노인복지시설의 이용대금 및 상표권 사용대금 등)

이 경우 월수의 계산에 있어서 해당 계약기간의 개시일이 속하는 달이 1개월 미만인 경우에는 1개월로 하고, 해당 계약기간의 종료일이 속하는 달이 1개월 미만인 경우에는 산입하지 아니한다.

2) BOT방식에 의한 시설이용 용역의 공급

BOT방식에 의한 시설을 이용하게 하는 경우 과세표준은 다음 산식과 같이 계산한 각 과세대상기간의 합계액으로 한다.

$$과세표준 = (용역제공기간 동안 받는 대가 + 시설 설치가액) \times \frac{\text{해당 과세기간의 월수}}{\text{용역제공기간의 월수}}$$

☒ 실무 ●

특수한 거래형태의 과세표준

구 분	주요 내용
(1) 이동통신 대리점	이동통신대리점이 고객에게 이동통신사로부터의 보조금이 있는 단말기를 공급하는 경우 • 과세표준 = 고객으로부터 지급받은 금액 + 단말기 보조금 • 단말기보조금에 대하여 이동통신사에게 세금계산서를 교부하는 것이 아님(보조금의 수령자는 고객이므로 대리점은 보조금의 전달자에 불과함) ※ 현금영수증을 발급하는 경우에는 고객으로부터 실지 수령한 금액기준으로 발급하여야 함
(2) 인터넷게임 사업자	• 과세표준은 고객이 게임사이트를 이용하기 위하여 포인트를 구입시 지불하는 대가임 • 고객이 게임에서 승리하여 수취한 포인트는 시상금으로 장려금에 해당됨 • 사업형태의 작업장을 갖추고 계속적·반복적으로 게임아이템을 획득하여 판매하는 경우 부가가치세 과세대상이 됨
(3) 인터넷쇼핑몰 운영사업자	• 인터넷쇼핑몰운영사업자는 일반고객에게 공급한 재화 또는 용역의 공급가액 전체를 매출과세표준으로 세금계산서 또는 영수증을 교부하여야 함 • 대금결제시스템을 운용하는 결제대행업체는 인터넷쇼핑몰운영사업자에게 대금결제시스템이용에 대한 수수료에 대하여 세금계산서를 교부하여야 함 • 구매자가 인터넷뱅킹 등을 이용하여 현금영수증가맹점의 은행계좌로 구매대금을 입금하고 다운받아 출력한 현금영수증은 세금계산서 역할을 하는 신용카드매출전표등에 해당하므로 매입세액공제 대상임됨
(4) 상품권을 할인 판매하는 경우	• 상품권 판매시에는 재화의 공급이 아님 (차) 현금　　　　　　90,000　　（대) 상품권선수금　　100,000 　　　상품권할인액　　10,000 • 상품권할인액은 부채인 상품권선수금의 차감항목임 • 소비자에게 상품을 판매하고 상품권을 받을 경우의 회계처리 (차) 상품권선수금　　100,000　　（대) 매출　　　　　　100,000 　　　매출에누리　　　10,000　　　　　 상품권할인액　　10,000 • 부가가치세 과세표준은 할인액을 차감한 9만 원이 됨
(5) 게임장	• 게임기의 사용대가인 게임기 투입금액 총액이 과세표준이 됨 • 상품권 등 시상금(장려금)에 해당되는 가액은 과세표준에서 공제하지 아니함

구 분	주요 내용
(6) 여행알선 용역	• 여행알선수수료가 과세표준이 되며, 여행알선용역공급에 필수적으로 부수하여 발생되는 대가관계가 있는 모든 금전적 가치가 있는 것은 과세표준에 포함됨 • 단, 관광객으로부터 수탁받아 지급되는 숙박비 · 운송비 · 고속도로비 · 전화요금 · 입장료 등은 과세표준에 포함되지 아니함
(7) 과세유흥장소	• 부가가치세 과세표준 (공급대가 / 1.1), 개별소비세[100] 과세표준(부가가치세 과세표준 / 1.13 또는 요금 / 1.243) • 유흥주점은 매월 과세유흥장소의 종류별로 인원, 유흥음식 요금, 산출세액, 납부세액 등을 적은 신고서를 유흥 음식행위를 한 날이 속한 달의 다음달 25일까지 관할세무서장에게 제출하여야 함 • 과세유흥장소의 경우 매 과세기간 현금매출누락에 대한 사후검증과 봉사료를 가공 또는 변칙 계상하여 수입금액 신고 누락하는 경우가 많아 신고에 유의하여야 함

라. 외화의 환산

대가를 외국통화 기타 외국환으로 받은 때에는 다음의 금액을 그 대가로 한다(부령 §51).

① 공급시기 도래 전에 원화로 환가한 경우 : 그 환가한 금액
② 공급시기 이후에 외국통화 기타 외국환의 상태로 보유하거나 지급받는 경우 : 공급시기의 외국환거래법에 의한 **기준환율 또는 재정환율에 의하여 계산한 금액**, 이는 공급시기 이후의 환율변동을 과세표준에 반영하지 않기 위함

📈 실무 ○

기준환율과 재정환율 등의 적용(서울외국환중개 www.smbs.biz)

구 분	주요 내용
(1) 기준환율	• 미화의 매매기준율 • 전거래일의 외국환매매 중개기관을 통하여 외국환은행간에 거래가 이루어진 매매율을 거래량으로 가중평균하여 산출된 율
(2) 재정환율	미화 이외 통화의 미화에 대한 환율
(3) 토요일 및 공휴일의 경우	• 공급시기가 토요일인 경우 : 토요일에 고시한 기준환율 또는 재정환율에 의하여 계산한 금액을 과세표준으로 함 • 공급시기가 공휴일인 경우 : 그 전날의 기준환율 또는 재정환율에 의하여 계산한 금액을 과세표준으로 함

---

100) 과세유흥장소에 대하여는 개별소비세를 부과하도록 되어 있으며, 과세유흥장소라 함은 캬바레, 나이트, 룸살롱 등 유흥주점과 기타 이와 유사한 장소를 말함(개별소비세법 제1조 ⑥)

외화의 환산 과세표준

㈜삼일은 미국에 소재한 A법인과 1월 18일 수출계약(수출대금 US $500,000)을 체결하였다. 계약과 동시에 계약금(계약서에 금액 기재) 10%인 US $50,000을 지급받았다. 다음의 수출현황을 확인하여 ㈜삼일의 과세표준을 구하시오.

〈수출현황〉

(1) 1월 18일 계약금 US $50,000을 원화 60,000,000원으로 환가하여 법인통장으로 이체함

(2) 1월 22일 세관에 수출신고를 하고, 설 연휴가 겹쳐 1월 28일 수출물품을 선적 완료함

(3) 1월 30일 수출대금 잔액 $450,000에 대해 환어음을 발행하여 거래은행에서 추심하였으며 추심료 100,000원, 환가료 130,000원을 수수료 공제 후 지급받음

(4) 일자별 외환시세   (US $1당/원)

일 자	전신환매입율	기준환율
01/18	1,200	1,100
01/22	1,170	1,150
01/28	1,140	1,100
01/30	1,180	1,155

[풀이] 60,000,000(수출의 공급시기 전 환가한 금액) + $450,000 × 1,100(선적일의 기준환율)
= 550,000,000원

(2) 재화의 수입에 대한 과세표준

구 분	과세 표준
(1) 일반적인 수입재화	관세의 과세가격 + 관세 + 개별소비세·주세 + 교육세·농특세 + 교통·에너지세·환경세
(2) 보세구역 내의 사업자가 보세구역 이외로 재화를 공급하는 경우	① 세관장 : 수입세금계산서 • 과세표준 = 일반적인 수입재화의 과세표준 ② 사업자 : 세금계산서 • 과세표준 = 총공급가액 − 수입세금계산서상의 과세표준 *) 세관장이 부가가치세를 징수하기 전(수입세금계산서 발급 전) 선하증권을 양도한 경우 : 양수인으로부터 받은 대가(실무 편의를 위한 선택 규정임)

```
┌─ 예제 ─────────────────────────────────────────────────────────┐
```

보세구역 내 사업자가 보세구역 이외 재화를 공급하는 경우 과세표준

보세구역 내에서 공장을 영위하는 A사업자가 외국에서 도착한 물품에 국내 원재료를 첨가하여 가공한 제품을 국내의 다른 사업자에게 다음과 같이 공급한 경우 세관장과 A사업자가 징수할 부가가치세는 각각 얼마인가?

(1) 국내 사업자에게 공급한 가액	20,000,000원
(2) 관세의 과세가격	10,000,000원
(3) 관세	3,000,000원
(4) 원재료 및 가공비	5,000,000원

[풀이] 세관장 : (10,000,000 + 3,000,000) × 10% = 1,300,000원
       A사업자 : (20,000,000 − 13,000,000) × 10% = 700,000원

해석사례 일반적인 과세표준

(1) 외환차액의 과세표준 계산

　재화 또는 용역의 공급시기 이후에 그 대가를 외국통화 또는 외국환으로 지급받는 경우 과세표준은 영 제51조 제2호의 규정에 의하여 계산한 금액이므로 공급시기 이후에 환율변동으로 인하여 증감되는 금액은 당해 과세표준에 영향이 없음(기본통칙 13 −51−1)

(2) 할인쿠폰에 의한 할인 판매시 부가가치세 과세표준

　인터넷 쇼핑몰 운영사업자가 자기의 계산과 책임으로 구매자에게 할인쿠폰을 발행하고, 판매자와의 약관에 따라 구매자가 동 할인쿠폰으로 상품을 구매하면서 할인받는 금액을 판매자로부터 지급받을 판매수수료에서 공제하는 경우, 동 공제금액은 판매자의 상품판매가격 및 인터넷 쇼핑몰 운영사업자의 판매수수료 과세표준에 포함하는 것임(부가 1408, 2009.9.29.)

(3) 백화점 특정매입거래의 세금계산서 수수방법

　사업자가 백화점사업자와 일반적인 또는 특정 거래조건(재고반품 및 마진율과 대금지급 등)에 의한 계약을 체결하여 백화점사업자에게 과세재화를 공급(납품)하고 그 공급대가는 당해 매장에서 고객에게 판매된 금액 중 일정비율에 상당하는 마진금액을 차감한 금액으로 지급받기로 한 경우에는 당해 지급받는 금액으로 백화점업자에게 세금계산서를 교부하는 것임(부가 1317, 2009.9.15.)

⑷ 사용하던 점포를 양도하여 받은 영업양도권리금과 영업손실보상금의 과세표준 포함 여부

사업자가 사업에 사용하던 점포를 타인에게 양도하고 그 대가로서 영업양도권리금과 영업손실보상금을 받는 경우, 그 대가는 명목 여하에 불구하고 점포사용권의 양도에 대한 대가로서 부가가치세 과세표준에 포함하는 것임(부가 4402, 2008.11.25.)

⑸ 수금에 대한 장려금을 지급하는 경우 부가가치세 과세표준 제외 여부

거래처와 사전약정에 따라 일정기간의 거래수량, 거래금액, 단순한 수금(현금결제) 실적에 따라 거래처에 현금으로 지급하거나 외상매출금에서 차감하는 장려금은 부가 가치세의 과세표준에서 공제하지 아니하는 것임(상담3팀 2904, 2007.10.25.)

⑹ 게임오락실의 과세표준 산정방법

성인게임장의 부가가치세 과세표준은 게임기의 이용대가인 게임기 투입금액 총액이 되는 것임(재경부가 748, 2007.10.23.)

⑺ 게임장 운영 사업자의 상품권 과세표준에서 공제 여부

게임장을 운영하는 사업자가 게임에서 정한 요건 충족시 이용자에게 시상금 성격의 상품권을 지급하는 경우 당해 상품권의 가액은 과세표준에서 공제하지 아니하는 것 임(상담3팀 98, 2007.1.10.)

⑻ 국고보조금 부가가치세 과세표준 포함 여부

사업자가 위탁사업계약에 의하여 부가가치세가 과세되는 용역을 제공하고 용역을 공 급받는 자가 지급받은 국고보조금 및 공공보조금을 재원으로 그 대가를 받은 경우에 는 부가가치세 과세표준에 포함하는 것임(서면부가 2015-2308, 2015.11.18.)

→ (기존 예규 삭제) 보조금의 교부대상이 되는 보조사업의 수행자로서 보조금을 지 급받는 경우 동 보조금은 「부가가치세법」 제13조 제2항 제4호의 규정에 따라 부가 가치세 과세표준에 포함되지 아니하는 것임(서면3팀-2998, 2007.11.5. 삭제)

⑼ 재화의 공급가액을 원화로 확정한 후 일부 대금을 외국통화로 지급받은 경우 과세표준

사업자가 공급받는 자와의 사전약정에 의하여 재화의 공급가액을 공급수량에 원화가 격을 적용한 원화가액으로 확정하여 공급하고 당초 확정된 원화가액 중 일부를 사전 약정환율로 환산한 외국통화로 지급받는 경우 세금계산서는 당초 확정된 원화가액을 공급가액으로 하여 교부하는 것임(상담3팀 1964, 2007.7.12.)

⑽ 표지어음 할인액의 부가가치세 과세표준 제외 여부

표지어음의 공정가액과 외상매출금의 차액은 부가가치세 과세표준에 포함되지 아니 하는 할인액으로 볼 수 없는 것임(상담3팀 1689, 2007.6.8.)

⑾ 어음할인료의 부가가치세 과세표준 해당 여부

사업자가 2000.1.1. 이후에 부가가치세가 과세되는 재화 또는 용역을 공급하고 당해

공급에 대한 확정된 대가를 어음으로 지급받은 후 대가의 지급지연에 따른 별도의 어음할인료 상당액 또는 연체이자를 지급받는 경우에 당해 어음할인료 상당액 또는 연체이자는 부가가치세법 제13조 제2항 제5호 및 동법시행령 제48조 제9항의 규정에 의하여 부가가치세 과세표준에 포함하지 아니하는 것이나, 귀 질의의 경우 지급받는 금액이 재화의 공급에 대한 대가인지 어음할인료 상당액인지의 여부는 관련사실을 종합하여 판단할 사항임(부가 46015-1156, 2000.5.24.)

⑿ 신용카드 청구할인금액이 매출에누리 해당 여부

사업자가 신용카드사업자와 "소비자가 사업자의 특정상품을 신용카드사업자의 특정카드로 결제하면 일정금액을 신용카드 결제대금 청구시점에 할인하여 주는 청구할인제도를 운영하되, 할인대금은 사업자와 신용카드사업자가 함께 분담하는 약정"(이하 "약정")을 체결한 뒤 사업자가 소비자에게 청구할인 조건을 사전에 제시하고 상품을 판매하는 경우, 약정에 따라 사업자가 부담한 청구할인금액은 부가가치세법 제29조 제5항 제1호에 따른 매출에누리로 보아 부가가치세 공급가액에 포함하지 아니하는 것임(부가-800, 2018.12.20.)

⒀ 임대료 감면에 따른 손실금액을 받는 경우

지방공기업법에 따라 설립된 지방공사가 임차인과 부동산 임대차계약을 체결하여 임차인에게 부동산 임대용역을 공급하던 중 정부 정책에 따라 공급시기가 도래하기 전에 월임대료를 감면하기로 하는 임대차 변경계약을 체결하고 지방자치단체로부터 임대료 감면에 따른 손실금액을 보상받는 경우 해당 보상금액은 공공보조금으로서 지방공사의 공급가액에 포함하지 아니하는 것이며, 해당 부동산 임대용역의 공급가액은 변경된 임대료가 되는 것임(사전법령부가-0255, 2020.3.31.)

⒁ 국외에서 선하증권의 양도

국내사업자 "갑"이 국외사업자 "A"로부터 물품을 매입하면서 교부받은 선하증권을 국내에서 국내사업자 "을"에게 양도하고 "을"은 해당 선하증권을 국외사업자 "B"에게 다시 양도함으로써 실질적으로 물품의 이동이 "A"로부터 "B"에게 직접 인도되는 경우에 "갑"과 "을"의 선하증권 양도거래는 과세대상이 아님(기준법령부가 2019-445, 2019.5.31.)

⒂ 매출분리결제서비스 과세표준 제외 여부

미용실 운영사업자(이하 "사업자")가 자유직업소득자인 미용사와 계약을 체결하여 사업자는 미용사에게 시설물 등을 제공하고 미용사는 독립적으로 용역을 제공하며 성과에 따라 수당 등의 대가를 받는 경우로서 사업자가 매출분리결제서비스에 가입하여 고객이 미용용역의 대가를 신용카드로 결제시 사업자에게 귀속될 금액과 미용사에게 귀속될 금액이 분리결제 되는 경우 사업자의 부가가치세 공급가액은 「부가가치세법」 제29조 제3항 제1호에 따라 고객이 결제한 대가 전체(부가가치세 제외)가 되는 것임(사전-2019-법령해석부가-0394, 2019.8.19.)

⒃ 해외직송거래 시 선하증권을 단순교부한 경우 부가가치세법상 세금계산서 발급 여부[101]

국내사업자가 국외사업자로부터 매수한 물품을 국내사업자(이하 '丙'이라 한다)에게 매도하는 계약을 체결하고, 甲은 乙로부터 丙명의의 기명식 선하증권을 포함한 운송서류를 송부받아 丙에게 교부하고 丙이 해당 물품의 수입통관절차를 진행하는 사안에서, 甲의 丙에 대한 동 선하증권의 교부는 「부가가치세법」 제32조 제1항에 따른 세금계산서 발급대상이 됩니다. 이는 본건 회신일 이후 결정·경정하는 분부터 적용됨. (기획재정부조세법령-418, 2022.4.26.)

⒄ 상가를 분양 취득하면서 시행사와 임대수익보장 약정을 체결하는 경우 과세표준
시행사와 임대수익보장약정을 체결하여 보증기간 동안 매월 지급받는 임대수익보장금 중 임대차계약 체결 전에 해당하는 보장금이 시행사에 대한 용역의 공급 없이 지급받는 금액에 해당하는 경우 과세대상에 해당하지 아니함(사전법규부가-1284, 2023.5.9.)

⒅ '폐업으로 인한 임차인의 해지권'을 행사하면서 판결에 따라 위약금을 지급받은 경우
상가건물 임대차보호법에 따라 '폐업으로 인한 임차인의 해지권'을 행사하면서 임대사업장을 원상복구 후 퇴거한 경우로서 임대차 계약위반 여부, 임대료 및 위약금에 대하여 당사자 간에 다툼이 있어 소송을 제기하여 법원에 계류 중인 경우, 그 해지 후의 부동산임대용역에 대한 공급시기는 법원의 판결에 의하여 임대차계약의 여부, 임대료 가액 등이 확정되는 때로 하는 것이며, 해당 판결에 따라 위약금을 지급받는 경우 과세대상에 해당하지 아니함(사전법규부가-0053, 2023.3.23.)

---

101) 기획재정부에서 해석 변경에 따라 기존 사례 삭제(서면부가 2017-811, 부가-801 등)

03 과세표준계산의 특례

(1) 재화의 공급의제에 대한 과세표준

1) 일반적인 경우

구 분		과세 표준
(1) 자가공급(직접 판매목적 타사업장 반출 제외)		해당 재화의 시가
(2) 개인적공급		
(3) 사업상증여		
(4) 폐업시 잔존재화		
(5) 직접판매목적 타사업장 반출	① 원칙	해당 재화의 취득가액
	② 취득가액에 일정액을 가산하여 공급하는 경우	그 공급가액
	③ 개별소비세·주세 또는 교통·에너지·환경세가 부과되는 재화	개별소비세 등의 과세표준 +개별소비세·주세 +교육세·농어촌특별세 +교통·에너지·환경세

2) 해당 재화가 감가상각자산인 경우

구 분	과세 표준
(1) 전부공급의 경우	간주시가 = 해당 재화의 취득가액 $\times (1 - $ 체감률 $\times$ 경과된 과세기간의 수$)$
(2) 일부면세 전용의 경우	간주시가 = 해당 재화의 취득가액 $\times (1 - $ 체감률 $\times$ 경과된 과세기간의 수$) \times$ 면세전용비율
(3) 취득가액	• 취득가액 : 취득세 등 기타 부대비용을 제외한 금액으로 함 • 현재가치할인차금 포함
(4) 체감률	• 건물·구축물 : 5% • 기타 감가상각자산 : 25%
(5) 경과된 과세기간의 수	• 과세기간단위로 계산 • 과세기간 개시일 후에 감가상각자산을 취득하거나 당해 재화가 공급된 것으로 보게 되는 경우에는 그 과세기간의 개시일에 당해 재화를 취득하거나 당해 재화가 공급된 것으로 봄

• 면세전용비율 $= \dfrac{(\text{면세사업에 일부 사용한 날이 속하는 과세기간의})\text{면세공급가액}}{(\text{면세사업에 일부 사용한 날이 속하는 과세기간의})\text{총공급가액}}$

감가상각자산의 면세전용

(주)운수는 우등 고속버스 사업부에 사용하던 건물(사무실)을 20x2년 2월 11일부터 시내버스 운수사업부에 사용하기로 결정하였다. 이 경우 건물의 면세전용(시내버스 운송사업부로 용도변경)에 따른 부가가치세 과세표준을 계산하시오(건물 취득 시 매입세액 공제받음).

1. 건물의 취득일자 : 20×1.10.11.
2. 건물의 장부상 취득가액 : 500,000,000원
3. 보유기간 중 감가상각비 : 6,250,000원
4. 면세전용일 현재의 시가 : 520,000,000원

[풀이] 과세표준(간주시가) = 500,000,000 × (1 − 5% × 1)
　　　　　　　　　　　　 = 475,000,000원

폐업시 잔존재화

(주)도매는 생활용품을 판매하는 도소매업을 운영하다 20x9년 1월 17일 폐업을 하였다. 다음은 폐업일 현재 (주)도매가 보유하고 있는 잔존재화와 관련된 자료이다. 폐업시 보유자산에 대하여 각 항목별로 부가가치세 과세표준을 계산하시오.　　　　　80회 세무회계1급

자 산	취득일	취득가액(원)	시가(원)
① 상품	20×8. 12. 1.	50,000,000	70,000,000
② 기계장치	20×7. 11. 11.	30,000,000	10,000,000
③ 비영업용소형승용차	20×8. 7. 10.	85,000,000	43,000,000
④ 건물	20×0. 6. 10.	600,000,000	700,000,000
⑤ 비품	20×8. 12. 1.	4,000,000	3,000,000
⑥ 단기매매증권	20×9. 11. 10.	6,000,000	8,000,000
⑦ 토지	20×0. 6. 10.	400,000,000	400,000,000

※ 비영업용소형승용차와 토지 이외의 자산은 모두 매입세액공제를 받았으며, 건물의 실제 사용개시일은 20×1.1.15.이다.

[풀이] ① 상품 : (시가) 70,000,000원
　　　② 기계장치 : 30,000,000원 × (1 − 25% × 3기) = 7,500,00원
　　　③ 비영업용소형승용차 : (매입세액불공제분) 0원
　　　④ 건물 : 600,000,000 × (1 − 5% × 18) = 60,000,000원
　　　⑤ 비품 : 4,000,000 × (1 − 25% × 1) = 3,000,000원

⑥ 단기매매증권 : 부가가치세 과세대상 아님

⑦ 토지 : 부가가치세 과세대상 아님

(2) 과세표준의 안분계산

가. 과세사업과 면세사업 공통사용재화를 공급하는 경우

1) 과세표준계산의 안분계산

구 분	과세표준의 안분계산
(1) 일반적인 경우	과세표준 = 해당 재화의 공급가액 × **직전** 과세기간의 $\dfrac{\text{과세공급가액}}{\text{총공급가액}}$
(2) 사용면적비율로 매입세액을 안분계산한 경우	사용면적비율에 의거 매입세액을 안분계산한 재화나 납부세액 또는 환급세액을 재계산한 재화를 공급하는 경우에는 다음 산식에 의하여 계산함 과세표준 = 해당 재화의 공급가액 × **직전** 과세기간의 $\dfrac{\text{과세사용면적}}{\text{총사용면적}}$

→ 휴업 등으로 인해 직전 과세기간의 공급가액(사용면적비율)이 없는 경우에는 그 재화를 공급한 날에 가장 가까운 과세기간의 공급가액(사용면적비율)에 의해 계산함.

2) 안분계산의 생략

다음의 경우에는 당해 공급가액 전부를 과세표준으로 한다(부령 §63 ③).

① 재화를 공급하는 날이 속하는 과세기간의 직전 과세기간의 총공급가액 중 면세공급가액이 5% 미만인 경우. 다만, 총공급가액이 5천만 원 이상인 경우는 제외함.

② 재화의 공급단위별 공급가액이 50만 원 미만인 경우

③ 재화를 공급한 날이 속하는 과세기간에 신규로 사업을 개시하여 직전 과세기간이 없는 경우

공통사용재화의 공급

㈜운수는 9기 (20x9.1.1.~20x9.12.31.) 시내버스 및 우등 고속버스 운수업을 운영하는 법인이다. ㈜운수가 버스를 수리하기 위하여 보유하고 있던 기계장치를 새로이 구입하면서 기존에 사용하고 있던 수리용 기계장치를 50,000,000에 매각하였다. 이에 회계담당자 김삼일씨는 전자세금계산서 및 계산서를 발행하고자 한다. 전자세금계산서 및 계산서 발행금액은?

〈참고〉 각 과세기간의 과세 공급가액 및 면세수입금액

구 분	20x8년 제2기	20x9년 제1기
과세사업	400,000,000원	350,000,000원
면세사업	600,000,000원	750,000,000원
합 계	1,000,000,000원	1,100,000,000원

[풀이]

1. 공통사용재화 공급

   50,000,000 × 40%(직전과세기간의 과세공급가액 비율)＝20,000,000

2. 발행금액

   (1) 세금계산서 발행금액 : 20,000,000 (공급가액) / 2,000,000 (세액)

   (2) 계산서 발행금액 : 30,000,000

과세표준 계산

㈜중고는 중고자동차매매업을 운영하는 법인으로 당기 확정(20x9년 4.1.～6.30.)신고 과세표준은 100,000,000원이며 다음 사항이 포함되어 있다. 제1기 확정신고기간에 대한 부가가치세 과세표준을 계산하시오.

〈다음〉

(1) 거래처로부터 지급받은 판매장려금 5,000,000원(단, 거래처에게 지급한 판매장려금 2,500,000원은 과세표준에서 차감)

(2) 전시되어 있는 차량을 영업사원인 김영업에게 영업용으로 사용하게 함(장부가액 4,500,000원, 시가 6,000,000원)

(3) 취득당시 매입세액 공제받지 아니한 승용차(장부가액 20,000,000원, 시가 27,000,000원)을 대표자가 사용하면서 시가만큼 과세표준에 포함

(4) 취득당시 매입세액 공제를 받은 중고 승합차(장부가액 13,000,000원, 시가 21,000,000원)을 사은행사에 당첨된 고객에게 증정하고 장부가액만큼 과세표준에 포함

[풀이]

	기존 과세표준	100,000,000원
(1)	지급받은 장려금	(5,000,000)원
	지급한 판매장려금	2,500,000원
(2)	재화의 간주공급	6,000,000원
(3)	해당사항 없음	
(4)	사업상 증여(시가)	8,000,000원
		111,500,000원

예제

제조업을 영위하는 일반과세사업자 김삼일씨의 x9년 제1기 과세기간(x9.1.1.~6.30.)의 과세표준은 얼마인가? (단, 모두 국내거래이고, 다음의 금액에는 부가가치세가 포함되어 있지 않다)

2019년 CTA 1차수정

거래일자	거래내용	금 액
3.10.	제품을 거래처에 외상으로 공급 (대금은 ×9.7.27.에 수령)	100,000,000원
3.22.	신제품 홍보를 위하여 대가를 받지 않고 거래처에 견본품을 제공	시가 1,000,000원 원가 800,000원
3.31.	설날 상여로 판매하는 제품을 직원에게 제공	시가 100,000원 원가 80,000원
4.15.	일주일 안으로 서면이나 구두로 매입 동의 여부를 알려주기로 하고 시제품을 인도함 (×9.7.17. 상대방이 구도로 매입 의사를 밝힘)	3,000,000원
4.27.	거래처가 계약의 일방적인 해제에 따라 위약금으로 받은 금액	300,000원

[풀이]

3.10. 단기할부판매 100,000,000원

3.22. 사업을 위하여 대가를 받지 않고 다른 사업자에게 인도하거나 양도하는 견본품은 재화의 공급으로 보지 아니함

3.31. 경조사(설날·추석·창립기념일 및 생일 등을 포함)와 관련된 재화로서 직원 1명당 연간 10만원 이하의 재화를 제공하는 경우 재화의 간주공급(개인적 공급)으로 보지 아니함

4.15. 구매자가 구매를 확정한 날이 재화의 공급시기

4.27. 계약의 해제에 따라 받은 위약금은 재화의 공급이 아니다.

나. 토지와 건물 등을 함께 공급하는 경우(부법 §29 ⑨)

1) 의의

토지의 공급에 대해서는 부가가치세가 면세되고, 건물 등의 공급에 대해서는 부가가치세가 과세된다. 이때, 사업자가 토지와 그 토지에 정착된 건물 등을 함께 공급하는 경우의 공급가액은 다음과 같다(부령 §64).

• 원칙(실지거래가액이 확인되는 경우)	실지거래가액에 의해 계산
• 토지건물의 실지거래가액이 불분명하거나 실지거래가액이 분명히 구분되어 있더라도 감정가액 또는 기준시가에 의한 가액과 30% 이상 차이가 있는 경우(2019.1.1. 이후 공급 분부터) 다만, 다른 법령에서 정하는 바에 따라 가액을 구분한 경우 등 제외	안분계산(기준시가 보다 감정가액 우선 적용)

> 📉 **실무** ○
>
> 실지거래가액이 확인되는 경우
> ① 계약서 등에서 토지·건물 등의 가액을 구분표시하여 거래한 경우
> ② 계약서에 구분표시되지 않았더라도 관련 증빙에 의하여 토지·건물 등의 가액이 구분 가능하고 그 가액이 정상적인 거래에 비추어 합당하다고 인정되는 경우

2) 과세표준 안분계산

다음 (1), (2), (3)의 순서에 따라 안분계산·토지의 가액과 건물 등의 가액 구분이 불분명 하거나 실지거래가액으로 구분한 가액이 안분계산한 금액과 30% 이상 차이가 있는 경우(2019.1.1. 이후 공급 분부터). 다만, 다른 법령에서 정하는 바에 따라 가액을 구분한 경우[102] 등 제외

---

102) 2022.1.1. 이후 공급하는 분부터 적용(건물 등의 실지거래가액을 공급가액으로 함)
　　① 다른 법령에서 정한 토지 또는 건물의 양도가액을 따른 경우
　　② 건물이 있는 토지를 취득하여 건물을 철거하고 토지만 사용하는 경우

구 분		과세표준의 안분계산 방법
(1) 감정평가가액이 있는 경우		감정평가가액에 비례하여 안분계산
(2) 감정평가가액이 없는 경우	기준시가가 모두 있는 경우	공급계약일 현재의 기준시가에 따라 계산한 가액에 비례하여 안분계산
	기준시가가 모두 없거나 어느 하나가 없는 경우	① 장부가액(장부가액이 없는 경우에는 취득가액)에 비례하여 안분계산한 후 ② 기준시가가 있는 자산에 대하여는 그 합계액을 다시 기준시가에 의하여 안분계산
(3) 위 규정을 적용할 수 없거나 적용이 곤란한 경우		국세청장이 정하는 바에 따라 안분계산

3) 과세표준 안분계산 산식

① 거래가액에 부가가치세가 포함된 경우의 안분계산

$$과세표준 = 총\ 거래가액 \times \frac{건물의\ 기준시가}{토지의\ 기준시가 + (건물의\ 기준시가 \times 110/100)}$$

② 거래가액에 부가가치세가 포함되지 아니한 경우(부가세 별도 계약)의 안분계산

$$과세표준 = 총\ 거래가액 \times \frac{건물의\ 기준시가}{토지의\ 기준시가 + 건물의\ 기준시가}$$

📈 실무 ○

부동산 매매계약서 작성시 유의사항

- 가능하면 토지 및 건물가액을 구분표시하면서 양도소득세의 최소화를 기함
- 필요한 경우 감정평가를 의뢰하는 것을 검토할 것
- 상가나 공장건물(사업용 건물)을 계약할 때에는 부가가치세 별도라는 문구를 반드시 기재
- 사업의 포괄양수도 요건을 충족하는지 여부 검토

사업자가 오피스텔을 공급함에 있어 실지거래가액 중 토지의 가액과 건물의 가액의 구분이 불분명하여 건물의 공급가액을 안분계산하는 경우로서 해당 오피스텔의 공급시기(중간지급조건부 또는 장기할부판매의 경우는 최초 공급시기)가 속하는 과세기간의 직전 과세기간 개시일부터 공급시기가 속하는 과세기간의 종료일까지 감정평가액이 있는 경우에는 같은 법 시행령 제64조 제1호에 따라 그 가액에 비례하여 안분계산한 금액을 건물의 공급가액으로 하는 것임(사전법령부가-0685, 2019.12.2.)

ex. ×1 (감정가액 존재×) - 기준시가로 안분계산하여 신고 납부

×2 (감정가액 존재) - 감정가액으로 안분계산하여 신고 납부

×3 (감정가액 존재×) - 직전연도 감정가액으로 안분계산하여 신고 납부

→ 실지 거래가액으로 하는 경우 ×2 감정가액으로 안분계산한 금액과 30% 이상 차이에 유의

(3) 부동산 임대용역에 대한 과세표준계산

가. 전세금 또는 임대보증금을 받는 경우

1) 일반적인 경우

① 사업자가 부동산임대용역을 공급하고 전세금 또는 임대보증금을 받는 경우에는 금전 이외의 대가를 받는 것으로 보아 다음 산식에 의하여 계산한 금액(간주임대료)을 과세표준으로 한다(부령 §65 ①).

$$\text{당해 기간의 전세금 또는 임대보증금} \times \text{과세대상기간의 일수} \times \frac{\text{계약기간 1년의 정기예금이자율}}{365(\text{윤년 : }366)}$$

→ 해당 예정신고기간 또는 과세기간종료일 현재 서울특별시에 본점을 둔 은행의 계약기간 1년의 정기예금이자율의 평균을 고려하여 기획재정부령이 정하는 율(**현행 3.5%**)

※ 1년 만기 정기예금이자율의 변천

기 간	2018.1.1. ~	2019.1.1. ~	2020.1.1. ~	2021.1.1. ~	2023.3.17. 속하는 과세기간	2024.03.22. 속하는 과세기간
이자율	1.8%	2.1%	1.8%	1.2%	2.9%	3.5%

② 사업자가 전세금 또는 임대보증금을 임대료에 충당한 경우에는 그 금액을 제외한 가액을 전세금 또는 임대보증금으로 한다.

③ 분양 중 미리 받은 전세보증금(선수금)의 간주임대료는 임차자가 당해 부동산을 사용하거나 사용하기로 한 때를 기준으로 하여 계산한다.

2) 기부채납 지하도로 점용허가 받아 대여하는 경우

국가 또는 지방자치단체의 소유로 귀속되는 지하도의 건설비를 전액 부담한 자가 지하도로 점용허가(1차 무상점용기간에 한함)을 받아 대여하는 경우에는 다음과 같이 계산한 건설비상당액을 부동산임대용역에 대한 과세표준 산정을 위한 전세금 또는 임대보증금에서 제외한다.

$$건설비상당액 = \frac{당해\ 과세기간종료일까지의\ 국가 \cdot 지방자치단체에\ 기부채납된\ 지하도\ 건설비}{} \times \frac{전세금\ 또는\ 임대보증금을\ 받고\ 임대한\ 면적}{임대가능면적}$$

3) 임차부동산을 재임대(전대)하는 경우

① 전부 재임대하는 경우

부동산을 임차하여 다시 임대용역을 제공하는 경우에는 당해 기간의 전세금 또는 임대보증금은 다음과 같이 계산한 금액으로 한다.

$$당해\ 기간의\ 전세금 \cdot 임대보증금 - 임차시\ 지급한\ 전세금 \cdot 임차보증금$$

② 일부를 재임대하는 경우

부동산을 임차하여 다시 임대용역을 제공하는 경우로서 임차한 부동산 중 직접 자기의 사업에 사용하는 부분이 있는 경우에는 당해 기간의 전세금 또는 임대보증금은 다음과 같이 계산한 금액으로 한다.

$$\left(당해\ 기간의\ 전세금 \cdot 임대보증금 - 임차시\ 지급한\ 전세금 \cdot 임차보증금\right) \times \frac{직접\ 자기의\ 사업에\ 사용하는\ 면적}{임차한\ 부동산의\ 총면적}\ (예정신고기간\ 또는\ 과세기간\ 종료일\ 현재)$$

나. 과세 · 면세 겸용주택을 임대하는 경우

1) 실지귀속의 구분이 가능한 경우

과세대상 임대료와 면세대상인 주택임대료의 실지귀속의 구분이 가능한 경우에는 그 실지귀속에 따라 과세표준을 계산한다.

2) 실지귀속의 구분이 불분명한 경우

과세되는 부동산임대용역과 면세되는 주택임대용역을 함께 공급하여 그 임대구분과 임대료 등의 구분이 불분명한 경우에는 다음의 산식을 순차로 적용하여 과세표준을 계산한다 (부령 §65 ④).

① 임대료 총액의 계산		실제임대료(월임대료 × 임대월수) + 간주임대료
② 토지분 또는 건물분 임대료 상당액의 계산	토지분 임대료	임대료 총액 × $\dfrac{\text{토지가액}}{\text{토지가액} + \text{건물가액}}$
	건물분 임대료	임대료 총액 × $\dfrac{\text{건물가액}}{\text{토지가액} + \text{건물가액}}$
③ 토지분 또는 건물분 임대 과세표준의 계산	토지임대 과세표준	토지임대료 상당액 × $\dfrac{\text{과세대상 토지임대면적}}{\text{총토지임대면적}}$
	건물임대 과세표준	건물임대료 상당액 × $\dfrac{\text{과세대상 건물임대면적}}{\text{총건물임대면적}}$

● 산식 보충설명

> ① '건물가액' 또는 '토지가액'은 예정신고기간 또는 과세기간 종료일 현재의 기준시가에 따름
> ② 건물임대면적 · 토지임대면적 등의 면적이 예정신고기간 또는 과세기간 중에 변동된 경우에는 당해 예정신고기간 또는 과세기간 중의 당해 면적의 적수에 따라 계산한 면적으로 함

부동산 임대사업자의 과세표준

> 1. 임대현황 : 주택 30㎡, 점포 70㎡인 겸용주택으로 부수토지는 600㎡이다. 동 겸용
>   주택의 월 임대료는 4,500,000원이며 임대보증금은 150,000,000원이다.
> 2. 건물과 토지의 기준시가
>   건물 : 120,000,000, 토지 : 280,000,000
> 3. 해당 과세기간 말 1년 만기 정기예금이자율은 연 2.9%이며, 1년은 366일이다.
> 4. 단, 소숫점 첫째자리에서 반올림 한다.

일반 부동산 임대사업자의 도시지역에 소재한 단층 겸용주택 임대현황이다. ×1년 1기 과세기간
(×1.1.1.~ ×1.6.30.)의 부가가치세 과세표준을 계산하세요.

(1) 과세면적과 면세면적

건물 : 30㎡ (주택부분 면세), 70㎡(상가부분 과세)

토지 :

면세 MIN [①, ②] = 150㎡

① 180㎡ (600㎡ × 30㎡ / 30㎡ + 70㎡)

② Max [30 × 5, 30] = 150㎡

과세 450㎡ (600㎡ − 150㎡)

2. 임대료와 간주임대료 = 29,151,230

① 임대료 : 4,500,000 × 6개월 = 27,000,000

② 간주임대료 : 150,000,000 × 2.9% × 181/366 = 2,151,230

3. 과세표준 21,426,154

① 건물 : 29,151,230 × (120,000,000 / 120,000,000 + 280,000,000)

× (70㎡ / 30㎡+70㎡) = 6,121,758

② 토지 : 29,151,230 × (280,000,000 / 120,000,000 + 280,000,000)

× (450㎡ / 150㎡+450㎡) = 15,304,396

다. 임대료를 선불 또는 후불로 받는 경우

사업자가 2과세기간 이상에 걸쳐 부동산임대용역을 공급하고 그 대가를 선불 또는 후불로 받는 경우에는 다음의 금액을 그 과세표준으로 한다(부법 §29 ⑩ 3 및 부령 §65 ⑤).

$$과세표준 = 선불 \ 또는 \ 후불로 \ 받는 \ 임대료 \times \frac{각 \ 과세대상기간의 \ 월수}{계약기간의 \ 월수}$$

① 이 경우 월수는 달력에 따라 계산하되, 당해 계약기간의 개시일이 속하는 달이 1월 미만인 경우에는 1월로 하고, 당해 계약기간의 종료일이 속하는 달이 1월 미만인 경우에는 이를 산입하지 아니함(초월산입, 말월불산입)
② 세금계산서는 각 과세기간(예정 또는 확정)의 종료일을 기준으로 발급하면 됨

📈 실무 ◯

부동산임대업 과세표준계산 관련 기타 사항

구 분	주요 내용
(1) 월세와 함께 받는 공공요금 등	• 임대료와 함께 관리비 등을 구분하지 않고 영수하는 때에는 전체 금액에 대하여 과세함 • 임차인이 부담하여야 할 보험료, 수도료 및 공공요금을 별도로 구분징수하여 납입대행하는 경우 그 금액은 과세표준에 포함하지 아니함
(2) 임차인이 부담한 건물의 신축비 또는 시설비	• 임차인 부담으로 건물을 신축하거나 자본적지출을 하고 일정기간 임대 후에 임대인에게 반환하기로 하는 조건의 임대인 경우 • 임대인은 동 자본적 지출금액을 임대기간으로 안분하여 과세표준으로 부가가치세 신고하여야 함 • 임차인은 같은 금액을 이연비용으로 계상하여 임차기간에 안분하여 비용처리 하여야 함
(3) 부동산임대업자가 받은 권리금 및 위약금	• 부동산임대업자가 새로운 임차인으로부터 점포권리금 명목으로 받는 금액은 부가가치세 과세표준에 포함됨(권리의 양도로 재화의 공급에 해당됨) • 임대차계약의 불이행으로 위약금을 받는 경우 부가가치세 과세대상이 아님(부동산임대용역의 공급이 없었음)
(4) 간주임대료에 대한 부가가치세 부담 등	• 간주임대료는 원칙적으로 임대인이 부담함 • 간주임대료를 임차인이 부담하는 경우에도 세금계산서를 발급할 수 없음

실무

임차인이 부담한 건물의 신축비 또는 시설비의 회계 및 세무처리

A사업자는 식당업을 영위하기 위하여 B의 토지를 임차하면서, 임차한 토지 위에 식당 전용건물을 임대인 B의 명의로 신축하여 B가 소유권을 갖기로 하되, 향후 5년간은 무상사용하기로 하였다. 이 경우 임차인 A와 임대인 B의 회계 및 세무처리는 다음과 같이 해야 함

구 분	회계 및 세무처리
(1) 건물신축	① 임차인(A) （차) 건설가계정　　200,000,000　　（대) 현금예금　　220,000,000 　　　부가세대급금　　 20,000,000 → 건축허가 명의에 관계없이 실지 당해 용역을 공급받는 자의 명의로 세금계산서를 발급받고 매입세액공제를 받을 수 있음(부가 §432, 2009.3.30.) ② 임대인(B) : 회계처리 없음
(2) 건물등기	① 임차인(A) （차) 선급임차료　　200,000,000　　（대) 건설가계정　　200,000,000 　　　현금예금　　　 20,000,000　　　　　부가세예수금　 20,000,000 → 사업자가 타인 소유의 토지 위에 건물을 신축하여 일정기간 무상으로 사용 후 명도하기로 약정하고 토지 소유자의 명의로 신축건물을 보존등기하는 것은 재화의 공급에 해당하므로 당해 건물의 시가를 과세표준으로 하여 세금계산서를 교부하고 부가가치세를 거래징수하여야 함(부가 46015-1519, 2000.6.30.) ② 임대인(B) （차) 건물　　　　　200,000,000　　（대) 선수임대료　　200,000,000 　　　부가세대급금　 20,000,000　　　　　현금예금　　　 20,000,000
(3) 각 과세기간 종료일	① 임차인(A) （차) 지급임차료　　 20,000,000　　（대) 선급임차료　　 20,000,000 　　　부가세대급금　　2,000,000　　　　　현금예금　　　　2,000,000 → 200,000,000원 × 6월/60월(5년) = 20,000,000원 ※ 무상사용기간이 정하여 지지 아니한 경우에는 건축물의 신고내용연수 동안 임차료를 안분계산하여야 하는 것으로 해석됨 ② 임대인(B) （차) 선수임대료　　 20,000,000　　（대) 수입임대료　　 20,000,000 　　　현금예금　　　　2,000,000　　　　　부가세예수금　　2,000,000 ☞ 과세기간 종료일 기준 세금계산서 발급하여야 함

(1) 사업양수자산의 자가공급 등에 대한 과세표준 계산

사업자가 법 제6조 제6항 제2호의 규정에 의하여 양수한 감가상각대상자산이 법 제6조 제2항 내지 제4항의 규정에 해당하여 영 제49조 제1항의 규정에 의하여 과세표준을 계산하는 경우 당해 재화의 경과된 과세기간의 수는 당해 사업의 양도자가 당초 취득한 날을 기준으로 하여 산정함(부가통칙 13-49-1)

(2) 폐업시 잔존하는 재고재화의 시가

사업자가 사업을 폐지하는 경우 잔존하는 재고재화의 시가는 사업자와 특수관계가 없는 자와의 정상적인 거래에 있어서 형성되는 가격으로서 사업자의 업태별 시가(제조장가격, 도매가격, 소매가격 등)를 말하며, 겸업자의 경우에는 업태별 과세표준의 비율에 따라 각각 업태별 시가를 적용함(부가통칙 13-50-1)

(3) 폐업시 잔존재화 과세표준 계산시 감가상각자산을 취득한 날의 의미

폐업시 잔존재화 과세표준 계산시 경과된 과세기간의 수를 산정함에 있어서 감가상각자산을 취득한 날이라 함은 당해 재화가 실제로 사업에 사용되는 날을 말하는 것임(부가 209, 2010.2.22.)

(4) 토지와 그 토지에 정착된 건물을 함께 공급하는 경우 실지거래가액 해당 여부 등

사업자가 토지와 그 토지에 정착된 건물을 함께 공급하는 경우에 실지거래가액이란 거래당사자간 합의에 의하여 결정된 가격을 말하는 것이며, 사업자가 실지거래가액으로 신고한 토지의 가액과 건물의 가액의 구분이 건물의 규모와 형태, 제3자간에 일반적으로 거래된 가격 등 사회통념에 비추어 합당하다고 인정되지 아니하는 경우에는 불분명한 경우로 보아 그 건물의 과세표준은 같은 법 시행령 같은 조 제4항 각 호의 규정에 따라 계산하는 것임(부가-1058, 2009.7.27.)

제1절 2. 세율

부가가치세의 세율은 10%로서 단일 비례세율구조를 갖고 있다. 다만, 수출 등 일정한 재화 또는 용역의 공급에 대하여는 영(0)의 세율을 적용하고 있는데 이는 소비지국 과세원칙에 의한 소비세의 국제적 이중과세를 방지하기 위한 제도적 장치로 두고 있는 것일 뿐인 것이다.

그러므로 영(0)의 세율이 존재한다고 하더라도 국내에서 소비되는 모든 재화와 용역에 대해서는 10%의 세율이 적용되는 것이기 때문에 단일비례세율이라고 하는데 아무런 무리가 따르지 않는 것이다.

제2절 1. 거래징수

사업자가 재화나 용역을 공급하는 경우, 공급가액에 세율(10%)을 적용하여 계산한 부가
가치세를 재화나 용역을 공급받는 자로부터 징수하여야 한다(부법 §31).

구 분	주요 내용
(1) 거래징수의무자	부가가치세 과세대상인 재화 또는 용역을 공급하는 사업자
(2) 거래징수의 상대방	부가가치세 과세대상인 재화 또는 용역의 공급을 받는 자
(3) 거래징수의 대상	부가가치세 과세대상인 재화 또는 용역의 공급에 대한 부가가치세액
(4) 거래징수의 시기	해당 재화 또는 용역의 공급시기

제2절 2. 세금계산서

 의의

(1) 개념

'세금계산서'란 사업자가 재화나 용역을 공급할 때, 부가가치세를 거래징수하고 이를 증
명하기 위하여 그 재화나 용역을 공급받는 자에게 발급하는 세금영수증이다.

(2) 세금계산서의 기능

1) 본원적 기능

① 세금영수증 및 부가가치세의 전가 기능

세금계산서는 사업자가 재화나 용역을 공급하고 부가가치세를 거래징수하였다는
사실을 증명하는 세금영수증으로서 부가가치세의 전가를 위한 필수적인 법적 장치
가 된다.

② **중복과세 방지 기능**

공급받는 자는 거래징수당한 수취세금계산서상의 매입세액을 자신의 매출세액에서 공제받음으로써 다단계거래세인 부가가치세가 중복과세 되는 것을 방지하게 된다.

2) 파생적기능

① 송장·대금청구서 또는 대금영수증으로서의 기능
② 기초 증빙자료 및 장부로서의 기능
③ 소득세와 법인세 과세자료로서의 기능

(3) 세금계산서와 계산서 및 영수증의 발급의무자

발급의무자			종 류
사업자	과세사업자	일반과세자	일반업종 영위사업자	세금계산서(종이세금계산서, 전자세금계산서)
			소매업 등 영위사업자	영수증(직전연도 공급대가의 합계액이 4,800만 원 이상인 간이과세자의 경우 제외)
		간이과세자[103]	
	면세사업자		계산서와 영수증
세관장			수입세금계산서

02 세금계산서의 발급

(1) 발급의무자와 발급상대방

① **발급의무자** : 일반과세자 및 간이과세자로 사업자등록을 하고 재화 또는 용역을 공급하는 사업자
② **발급상대방** : 계약상·법률상의 모든 원인에 의하여 재화 또는 용역을 공급받는 자

---

103) 2021년 7월 이후 간이과세자는 원칙적으로 세금계산서를 발급하여야 하지만 예외적(간이과세자 중 신규사업자 및 직전연도 공급대가 합계액이 4,800만 원 미만인 사업자, 주로 사업자가 아닌 자에게 재화 또는 용역을 공급하는 사업자)으로 영수증을 발급한다.

간이과세자 등의 세금계산서 발급

간이과세자나 고유번호를 부여받은 자라 하더라도 다음의 경우에는 세금계산서를 발급할 수 있음

① 위탁판매 또는 대리인에 의한 판매의 경우

    수탁자 또는 대리인이 간이과세자에 해당되더라도 세금계산서 발급 가능함(위탁자의 명의로 세금계산서 발급)

② 공동매입(공동사용 전력비 등)의 경우

    공동매입으로 세금계산서를 받은 범위 내에서 세금계산서 발급 가능함

③ 과세유형전환의 경우

    일반과세자에서 간이과세자로 전환한 후 과세유형 전환 전에 공급한 재화 등에 대하여 환입, 공급가액 증감 등 세금계산서 수정발급사유가 발생한 경우에는 당초 세금계산서 작성일자를 수정세금계산서 작성일자로 하여 수정세금계산서를 발급할 수 있음

(2) 세금계산서의 작성

1) 필요적 기재사항

① 공급하는 사업자의 등록번호와 성명 또는 명칭

② 공급받는 자의 등록번호(공급받는 자가 사업자가 아니거나 미등록사업자인 경우 고유번호 또는 주민등록번호)

③ 공급가액과 부가가치세액

④ 작성 연월일(공급 연월일 아님)

    → 필요적 기재사항의 전부 또는 일부가 기재되지 않았거나 그 내용이 사실과 다른 경우에는 적법한 세금계산서로서의 효력이 인정되지 않음

2) 임의적 기재사항

① 공급하는 자의 주소

② 공급받는 자의 상호·성명·주소

③ 공급하는 자와 공급받는 자의 업태와 종목

④ 공급품목, ⑤ 단가와 수량, ⑥ 공급 연월일

⑦ 거래의 종류

⑧ 사업자단위과세 사업자의 경우 실제로 재화 또는 용역을 공급하거나 공급받는 종된
사업장의 소재지 및 상호
→ 임의적 기재사항은 그 전부 또는 일부가 기재되지 않았거나 그 내용이 사실과 다
르더라도 세금계산서의 효력에는 영향이 없음

참고

"공급하는 자" 또는 "공급받는 자"가 사실과 다르게 기재된 경우
① 실제 공급하는 자 또는 공급받는 자가 사업자단위과세 또는 총괄납부 범위 내의 다른
사업장 중 하나로 잘못 기재하고,
② 공급하는 자가 당초 세금계산서에 근거하여 매출세액을 모두 납부한 때에는 매입세
액공제함

---

(3) 세금계산서의 발급시기

가. 원칙적인 발급시기

세금계산서는 원칙적으로 **재화 또는 용역의 공급시기에** 발급하여야 한다.

나. 세금계산서 발급의 특례

1) 선발급 세금계산서

다음의 경우에는 재화 또는 용역의 **공급시기가 도래하기 전에** 세금계산서를 발급하더라
도 적법한 세금계산서를 발급한 것으로 본다.
① 사업자가 재화 또는 용역의 공급시기가 되기 전에 재화 또는 용역에 대한 대가의 전
부 또는 일부를 받고, 그 받은 대가에 대하여[104] 세금계산서 또는 영수증을 발급하면
그 세금계산서 등을 발급하는 때를 각각 그 재화 또는 용역의 공급시기로 본다.
② 세금계산서 발급일로부터 7일 이내에 대가를 지급받는 경우
③ 다음의 요건 중 어느 하나에 해당하는 경우
㉠ 거래 당사자간의 계약서·약정서 등에 대금청구시기와 지급시기가 별도로 기재되
고 대금 청구시기와 지급시기 사이의 기간이 30일 이내인 경우

---

104) 대가를 받는 것을 요건으로 하는 이유는 공급받은 사업자가 대가의 지급 없이 공급시기 전에 세금계산서만
발급받아 매입세액을 부당하게 공제받는 것을 막기 위함이다.

ㄴ 세금계산서 발급일이 속하는 과세기간(공급받는 자가 조기환급을 받은 경우에는 세금계산서 발급일부터 30일 이내)에 재화 또는 용역의 공급시기가 도래하는 경우(2022년부터 대금지급 요건은 삭제)

→ 청구시기와 지급시기 사이의 기간이 30일을 넘어서는 경우라도 동일한 과세기간 이내이면 매입세액공제가 허용되는 부분은 2018.1.1. 이후 재화 또는 용역을 공급하는 분부터 적용됨

2) 후발급 세금계산서

다음의 경우에는 재화 또는 용역의 **공급일이 속하는 달의 다음 달 10일까지** 세금계산서를 발급할 수 있다. 다만, 기한 말일이 토요일, 일요일, 공휴일 및 대체공휴일 또는 근로자의 날인 경우에는 그 다음 날까지 발급할 수 있다.

① 합계세금계산서

ㄱ 거래처별로 1역월의 공급가액을 합계하여 해당 달의 말일을 작성 연월일로 하여 세금계산서를 발급하는 경우(월합계세금계산서)

ㄴ 거래처별로 1역월 이내에서 사업자가 임의로 정한 기간의 공급가액을 합계하여 그 기간의 종료일을 작성 연월일로 하여 세금계산서를 발급하는 경우

② 관계 증명서류 등에 의하여 실제거래사실이 확인되는 경우로서 해당 거래일을 작성 연월일로 하여 세금계산서를 발급하는 경우

(4) 세금계산서의 발급방법

1) 일반적인 발급방법

재화 또는 용역을 공급하는 사업자는 당해 재화나 용역을 공급하는 사업장에서 공급자 보관용(적색) 1매와 공급받는 자 보관용(청색) 1매를 복사작성하여 그 중 공급받는 자 보관용 1매를 거래상대방에게 발급하여야 한다.

만일, 발급하였거나 발급받은 세금계산서를 분실한 경우에는 사본을 작성하여 제출하거나 공급자가 확인한 사본을 발급받음으로써 매입세액공제를 받을 수 있다(부가통 16-53-1).

2) 국세청장에게 신고한 계산서에 의한 발급방법

사업자는 세금계산서의 필요적 기재사항과 기타 필요하다고 인정되는 사항 및 국세청장에게 신고한 계산서임을 기재한 계산서를 국세청장에게 신고한 후 발급할 수 있다. 이 경우 동 계산서는 세금계산서로 본다(부령 §67 ④).

(5) 특수한 거래의 세금계산서 발급

가. 위탁매매와 대리인에 의한 매매

① 위탁판매 또는 대리인에 의한 판매의 경우

위탁판매 또는 대리인에 의한 판매의 경우에 수탁자 또는 대리인이 재화를 인도하는 때에는 수탁자 또는 대리인이 위탁자 또는 본인의 명의로 세금계산서를 발급하며, 위탁자 또는 본인이 직접 재화를 인도하는 때에는 위탁자 또는 본인이 세금계산서를 발급할 수 있다. 이 경우 수탁자 또는 대리인의 등록번호를 덧붙여 적어야 한다(부령 §69 ①).

구 분	수탁자(대리인)가 인도하는 경우	위탁자(본인)가 직접 인도하는 경우	위탁자 또는 본인을 알 수 없는 경우
공 급 자	위탁자(본인)	위탁자(본인)	위탁자(본인) → 수탁자(대리인) 수탁자(대리인) → 거래상대방
발급의무자	수탁자(대리인)	위탁자(본인)	위탁자(본인) → 수탁자(대리인) 수탁자(대리인) → 거래상대방
발급명의자	위탁자(본인)	위탁자(본인)	-
기 타	-	수탁자(대리인)의 등록번호 덧붙여 적음	-

→ 수용으로 인하여 재화가 공급되는 경우에도 위의 방법에 따라 사업시행자가 세금계산서를 발급할 수 있다(부령 §69 ④).

또한 용역의 공급에 대한 주선·중개의 경우에도 위의 방법에 따라 세금계산서를 발급한다(부령 §69 ⑤).

② 위탁매입 또는 대리인에 의한 매입의 경우

위탁매입 또는 대리인에 의한 매입의 경우에는 공급자가 위탁자 또는 본인을 공급받는 자로 하여 세금계산서를 발급한다. 이 경우에는 수탁자 또는 대리인의 등록번호를 덧붙여 적어야 한다(부령 §69 ②).

③ 위탁자 또는 본인을 알 수 없는 경우

위탁자 또는 본인을 알 수 없는 경우에는 위탁자 또는 본인과 수탁자 또는 대리인 사이, 그리고 수탁자 또는 대리인과 거래상대방 사이에 각각 세금계산서를 수수한다(부령 §69 ③ 및 부가통 16-58-5).

나. 조달사업에 관한 법률에 의한 물자공급

「조달사업에 관한 법률」에 의하여 물자가 공급되는 경우에는 공급자 또는 세관장이 당해 실수요자에게 직접 세금계산서를 발급하여야 한다. 다만, 물자를 조달하는 때에 당해 물자의 실수요자를 알 수 없는 경우에는 조달청장에게 세금계산서를 발급하고, 조달청장이 실지로 실수요자에게 당해 물자를 인도하는 때에는 당해 실수요자에게 세금계산서를 발급할 수 있다(부령 §69 ⑥).

→ 조달청장이 발행한 창고증권의 양도로서 임치물의 반환이 수반되는 경우의 세금계산서 발급에 관하여는 위의 규정 단서를 준용한다(부령 §69 ⑨).

다. 리스거래의 세금계산서 발급

1) 일반적인 경우

납세의무 있는 사업자가 시설대여업자로부터 시설 등을 임차하고 당해 시설 등을 공급자 또는 세관장으로부터 직접 인도받는 경우 공급자 또는 세관장이 당해 사업자에게 직접 세금계산서를 발급할 수 있다(부령 §69 ⑧). 이 규정은 금융리스와 운용리스의 경우 모두 적용된다.

이는 사업자가 리스회사로부터 시설 등을 임차한 경우 리스회사가 면세사업자이어서 세금계산서를 발급받지 못하여 매입세액을 공제받지 못함으로써 부가가치세가 중복과세되는 문제를 해결하고자 하는 데 그 취지가 있다.

→ 다만, 리스이용자(임차자)가 면세사업자인 경우에는 적용되지 않음에 유의

해석사례

◉ 세금계산서 처리
리스거래에 대하여 당초 차량판매회사가 공급받는 자를 리스회사로 기재한 세금계산서를 발급하였으나, 확정신고기한이 경과된 후에 공급받는 자를 리스이용자로 하는 수정세금계산서를 발급한 경우 해당 수정세금계산서에 대하여는 부가가치세법 제60조 제2항 제5호(부실기재) 및 제3항(위장, 가공)에 따른 가산세가 적용되지 아니함
(서면 - 2019 - 법령해석부가 - 1759, 2019.7.17.)

2) 판매후리스의 경우

판매후리스거래[105]의 경우 리스이용자(공급자)인 사업자는 자기를 공급자 및 공급받는 자로 하여 세금계산서를 발급한다.

3) 리스이용자 변경의 경우

① 금융리스의 경우

사업자가 금융리스에 의하여 리스자산을 사용하던 중 리스회사의 동의를 얻어 다른 사업자에게 해당 리스자산을 인도하는 경우에는 자산의 양도로 부가가치세가 과세된다. 이 경우 리스자산을 인도하는 사업자(기존 리스자산 사용자)는 새로운 리스이용자(리스자산을 인도받은 사업자)에게 세금계산서를 발급한다.

② 운용리스의 경우

사업자가 운용리스에 의하여 리스자산을 사용하던 중 리스회사의 동의를 얻어 다른 사업자에게 해당 리스자산을 인도하는 경우에는 재화의 공급이 아니므로 과세되지 아니한다.

그러나 운용리스자산을 인도하는 사업자(기존 리스자산 사용자)가 새로운 리스이용자(리스자산을 인도받은 사업자)로부터 대가를 받는 경우에는 그 대가에 대하여는 부가가치세가 과세된다. 이 경우 기존 리스이용자는 새로운 리스이용자에게 그 대가 부분에 대하여 세금계산서를 발급한다.

*) 세관장 또는 공급자가 새로운 리스이용자에게 당초 발급한 세금계산서를 수정하여 발급하는 것이 아님.

4) 리스회사가 국외에서 리스한 자산을 리스이용자가 재리스함에 있어서 해당 리스자산을 국내에서 공급하는 경우

리스회사가 국내사업장이 없는 외국법인으로부터 시설 등을 대여받아 과세사업자에게 재대여함에 있어서, 국내제조회사가 외국법인과의 공급계약에 의해 해당 시설 등을 대여받을 국내사업자에게 직접 인도하는 경우에는 해당 사업자가 국내제조회사로부터 시설 등을 직접 공급받은 것으로 보아 국내제조회사는 리스이용자인 국내사업자에게 세금계산서를 발급할 수 있다.

---

105) 사업자인 리스이용자가 신규로 제조하거나 구입한 자산 또는 사용하여온 시설을 여신전문금융업법에 의하여 인가를 받은 리스회사에 판매한 후 그 자산을 리스하는 거래

라. 공동매입 등의 경우 세금계산서 발급

1) 전력공급의 경우

① 「전기사업법」에 의한 전기사업자가 전력을 공급함에 있어서 전력을 공급받는 명의자와 전력을 실지로 소비하는 자가 서로 다른 경우에 당해 전기사업자가 전력을 공급받는 명의자를 공급받는 자로 하여 세금계산서를 발급하고 당해 명의자는 그 발급받은 세금계산서에 기재된 공급가액의 범위 안에서 전력을 실지로 소비하는 자를 공급받는 자로 하여 세금계산서를 발급한 때에는 당해 전기사업자가 전력을 실지로 소비하는 자를 공급받는 자로 하여 세금계산서를 발급 것으로 본다(부령 §69 ⑭).

② 「전기사업법」에 따른 재생에너지 전기공급사업자가 같은 법에 따른 발전사업자로부터 전력을 공급받아 전기사용자에게 전력을 공급하고 같은 법에 따른 전기판매사업자 또는 한국전력거래소에 전기 공급과 관련된 부대비용을 각각 지급하는 경우에는 전기판매사업자 또는 한국전력거래소가 재생에너지전기공급자에게 각각의 부대비용에 대한 세금계산서를 발급하고 재생에너지공급사업자는 그 부대비용과 관련하여 발급받은 세금계산서에 적힌 공급가액의 범위에서 발전사업자 또는 전기사용자에게 각각의 세금계산서를 발급할 수 있다(2024.2.29. 신설).

전기사업자 → 명의자 → 실지소비자
(명의자는 발급받은 세금계산서의 공급가액 범위 내에서 발급)

---

2) 조합공급 등의 경우

다음의 경우에는 위 전력공급의 경우를 준용한다(부령 §69 ⑮).

① 동업자가 조직한 조합 또는 이에 유사한 단체가 그 조합원 기타 구성원을 위하여 재화 또는 용역을 공급하거나 공급받는 경우

② 「국가를 당사자로 하는 계약에 관한 법률」에 의한 공동도급계약에 의하여 용역을 공급하고 그 공동수급체의 대표자가 그 대가를 지급받는 경우

③ 「도시가스사업법」에 의한 도시가스사업자가 도시가스를 공급함에 있어서 도시가스를 공급받는 명의자와 도시가스를 실지로 소비하는 자가 서로 다른 경우

공동도급계약에 따른 세금계산서 발급방법

구 분	세금계산서 발급방법
(1) 매출분	공동도급계약에 의하여 용역을 공급하고 그 공동수급업체의 대표자가 그 대가를 지급받는 경우 • 공동수급업체의 구성원은 각자 공급한 용역에 대하여 공동수급업체의 대표사에게 세금계산서를 발급하고, • 공동수급업체의 대표사는 전체 금액에 대하여 세금계산서를 일괄발급함 • 대표사는 자기의 공급분을 제외한 다른 공동수급업체의 공급분에 대해서는 수입금액 제외란에 기재하여 신고함
(2) 매입분	• 공사자재를 공동으로 구입하고 대표사 명의로 세금계산서를 발급받은 경우 대표사는 그 공급가액의 범위 내에서 실제 소비한 각 공동도급사에게 세금계산서를 발급할 수 있음 • 대표사는 각 공동도급사에게 발급한 세금계산서상의 금액은 수입금액 제외란에 기재하여 신고하고, 매입세금계산서상의 동 금액은 매입에서 차감하여 회계처리하여야 함

빌딩관리사무소 등의 세금계산서 발급방법

구 분	세금계산서 발급방법
(1) 빌딩관리용역업체	① 임대료 등 매출분 　임대인을 공급자로 하여 수탁자인 건물관리용역회사가 세금계산서를 발급하고, 비고란에 수탁자 명의를 부기함 ② 전기요금 등 공동매입 분 • 건물관리용역회사가 전기요금 등에 대한 세금계산서를 발급받아 당해 건물 소유주에게 발급하고, 소유주는 동 세금계산서상 공급가액의 범위 내에서 실제 사용자인 임차인에게 세금계산서 발급함 • 건물소유주는 임차인에게 발급한 세금계산서상의 금액은 수입금액 제외란에 기재하여 신고하고, 매입세금계산서상의 동 금액은 필요경비에서 차감하여 회계처리하여야 함
(2) 상가 자치관리기구	상가자치관리기구가 전기요금 등에 대한 세금계산서를 발급받은 경우에는 그 발급받은 세금계산서의 공급가액 범위 내에서 당해 재화 또는 용역을 실지로 소비하는 입주자들에게 세금계산서를 발급함

마. 기타 거래의 세금계산서 발급(부령 §69)

거래 유형	세금계산서 교부
한국가스공사가 가스도입판매사업자를 위하여 천연가스(액화한 것 포함)를 직접 수입하는 경우	세관장이 당해 가스도입판매사업자에게 직접 세금계산서 발급할 수 있음
수용으로 인하여 재화가 공급되는 경우	위탁판매의 경우를 준용함
용역의 공급에 대한 주선·중개의 경우	위탁판매의 경우를 준용함
조달청장이 발행한 창고증의 양도로서 임치물의 반환이 수반되는 경우	공급자는 조달청장에게 세금계산서를 발급하고, 조달청장이 실지로 창고증권과의 교환으로 임치물을 반환받는 자에게 당해 물자를 인도하는 때에는 당해 창고증권과의 교환으로 임치물을 반환받는 자에게 세금계산서를 발급할 수 있음
감정평가법인 등 또는 신문발행업자 및 정기간행물 발행업자 또는 뉴스통신사업을 경영하는 법인(감정평가업자 등)이 법원의 의뢰에 의하여 감정평가용역 또는 광고용역을 제공하는 경우 당해 용역을 실지로 공급받는 자를 알 수 없는 경우	감정평가법인 등은 법원에 세금계산서를 발급하고, 당해 법인이 감정평가용역 또는 광고용역을 실지로 공급받는 자에게 그 용역에 대한 대가를 징수하는 때에 세금계산서를 발급할 수 있음
전기통신사업자가 다른 전기통신사업자의 이용자에게 전기통신역무를 제공하고 그 대가의 징수를 다른 전기통신사업자에게 대행하게 하는 경우	당해 전기통신역무를 제공한 사업자가 다른 전기통신사업자에게 세금계산서를 발급하고, 다른 전기통신사업자가 이용자에게 세금계산서를 발급할 수 있음
발전사업자가 전력시장을 통하여 동법에 의한 전기판매사업자 또는 전기사용자에게 전력을 공급하고 그 대가를 동법에 의한 한국전력거래소를 통하여 받는 경우	당해 발전사업자가 한국전력거래소에 세금계산서를 발급하고 한국전력거래소가 당해 전기판매사업자 또는 전기사용자에게 세금계산서를 발급할 수 있음
전기판매사업자 등이 전기사용자에게 전력 등을 공급하는 경우	전기판매사업자 등이 전기사용자에게 전력 등을 공급하는 경우 재생에너지전기공급사업자(중개인)의 명의로 세금계산서를 발급 또는 수취할 수 있음
위성이동멀티미디어방송사업자가 전기통신사업자의 이용자에게 위성이동멀티미디어방송용역을 제공하고 그 대가의 징수를 전기통신사업자에게 대행하게 하는 경우	위성이동멀티미디어방송사업자가 전기통신사업자에게 세금계산서를 발급하고, 전기통신사업자가 이용자에게 세금계산서를 발급할 수 있음
런던금속거래소의 지정창고에 보관된 물품이 국내로 반입되는 경우	세관장이 수입세금계산서를 발급함
합병에 따라 소멸하는 법인	법인이 합병계약서에 기재된 <u>합병을 할 날부터 합병등기일까지의 기간</u>에 재화 또는 용역을 공급

거래 유형	세금계산서 교부
	하거나 공급받는 경우 합병 이후 존속하는 법인 또는 합병으로 신설되는 법인이 세금계산서를 발급하거나 발급받을 수 있음

실무

주민등록번호 등 기재분 세금계산서의 발급

구 분	주요 내용
(1) 발급사유	• 공급받는 자가 사업자가 아닌 경우 　⇒ 고유번호 또는 주민등록번호 기재 발급 • 면세사업자인 경우 　⇒ 면세사업자등록번호 또는 주민등록번호 기재 발급
(2) 매입세액공제	• 사업자등록을 신청한 사업자가 사업자등록증 발급일까지의 거래에 대하여 사업자 또는 대표자의 주민등록번호를 기재하여 세금계산서를 발급받은 경우 매입세액공제 가능함(공급시기가 속하는 과세기간이 끝난 후 20일 이내에 등록을 신청한 경우로서 등록신청일부터 공급시기가 속하는 과세기간 기산일까지 역산한 기간 내의 것) • 주민등록번호로 발급받은 매입세금계산서를 사업자등록번호로 변경하여 재발급 받은 경우, 세금계산서의 필요적 기재사항 중 일부가 착오로 기재되었으나 그 밖의 필요적 기재사항 또는 임의적 기재사항에 의하여 거래사실이 확인되고 법정신고기한 내에 신고되었다면 "사실과 다른 세금계산서"로 볼 수 없음(매입세액공제 가능)
(3) 부실기재 가산세 (1%)의 적용 여부	• 사업자등록이 되어있는 자에게 주민등록번호 기재하여 세금계산서를 발급한 경우 원칙적으로 세금계산서 부실기재 가산세가 적용되는 것임 • 사업자가 사업자등록을 한 자에게 재화 또는 용역을 공급하고 당해 공급시기에 주민등록번호를 기재한 세금계산서를 발급하였으나 관할세무서장이 경정하여 통지하기 전에 수정세금계산서를 발급하고 수정신고를 하는 때에는 당초 발급한 세금계산서에 대하여 세금계산서 부실기재 가산세를 적용하지 아니함 • 주민등록번호를 기재하여 세금계산서를 발급하였으나 주민등록번호의 일부 생략 또는 오류가 발생하는 경우에는 세금계산서 부실기재 가산세가 적용되는 것임
(4) 현금수입업종	현금수입업종의 경우 원칙적으로 세금계산서 발급대상이 아니므로 주민등록번호 기재분 세금계산서보다 현금영수증 발급이 우선적으로 적용됨

03 전자세금계산서

(1) 의의

현행의 종이세금계산서는 사업자 측면에서 볼 때에는 그 작성, 신고 및 보관에 많은 시간과 비용이 소요되어 납세협력비용을 증가시키고, 과세관청 측면에서 볼 때에는 가짜세금계산서의 색출 등에 막대한 행정력이 소요되어 징세비용을 증가시키게 된다.

이에 따라 사업자의 납세협력비용과 과세관청의 징세비용을 줄이고, 사업자간 거래의 투명성을 제고하고자 법인사업자와 복식부기의무자인 개인사업자에 한해서 전자세금계산서제도가 도입되게 된 것이다.

(2) 전자세금계산서의 발급 및 발급명세 전송

구 분	주요 내용
(1) 발급 의무자	① 법인사업자(영리법인, 국가·지방자치단체 등과 수익사업을 영위하는 비영리법인) ② 전자세금계산서 의무발급 개인사업자 → 발급의무자가 아닌 개인사업자도 전자세금계산서를 발급·전송할 수 있음
(2) 수취 의무자	• 전자세금계산서 발급의무자로부터 재화나 용역을 공급받는 자 • 사업자 및 과세유형 여부(법인, 개인사업자, 일반과세자, 간이과세자, 면세사업자 및 비사업자)에 상관없음
(3) 발급대상 거래	• 전자세금계산서 발급의무자가 재화나 용역을 공급하는 경우 • 본래의 재화 및 용역의 공급뿐만 아니라, 수정세금계산서도 전자세금계산서로 발급하여야 함
(4) 발급방법	① 표준인증을 받은 전사적 기업자원 관리설비를 이용하는 방법 ② 실거래 사업자를 대신하여 전자세금계산서 발급업무를 대행하는 사업자의 전자세금계산서 발급 시스템을 이용하는 방법 ③ 국세청장이 구축한 전자세금계산서 발급 시스템(e세로)을 이용하는 방법 ④ 전자세금계산서 발급이 가능한 현금영수증 발급장치 및 그 밖에 국세청장이 지정하는 전자세금계산서 발급 시스템을 이용하는 방법
(5) 발급기한	• 세금계산서의 발급기한과 같으므로 원칙적으로는 공급일자에 발급 • 세금계산서 발급특례가 적용되는 경우에는 거래시기가 속하는 달의 다음 달 10일까지 발급 • 이 경우 발급기한 말일이 토요일, 일요일, 공휴일 및 대체공휴일 또는 근로자의 날인 경우에는 그 다음 날까지 연장됨

구 분	주요 내용
(6) 발급명세의 전송	전자세금계산서를 발급한 때에는 전자세금계산서 발급일의 다음 날까지 전자세금계산서 발급명세(세금계산서의 기재사항을 말함)를 국세청장에게 전송하여야 함(부법 §32 ③, 부령 §68 ⑥ 및 ⑦) → 전자세금계산서 발급명세 전송은 법적으로는 발급일의 다음 날까지로 되어 있으나 실무적으로는 발급 즉시 전송하여야 함

📈 실무

전자세금계산서 의무발급 개인사업자

구 분	주요 내용			
(1) 의무발급 개인사업자	① 직전 연도의 사업장별 재화 및 용역의 공급가액(면세공급가액 포함)의 합계액이 8천만[106] 원 이상인 개인사업자 ② (공급가액 8천만 원 이상이 된 이후) 수입금액의 감소로 직전 연도의 사업장별 재화 및 용역의 공급가액이 8천만 원 미만이 된 개인사업자			
	의무발급 시행시기	**2022년 7월 1일부터**	**2023년 7월 1일부터**	**2024년 7월 1일부터**
	수입금액기준	2021년 기준 2억 원 이상	2022년 기준 1억 원 이상	2023년 기준 8천만 원 이상
(2) 전자세금 계산서의 발급기간	• 사업장별 재화 및 용역의 공급가액(면세공급가액 포함)의 합계액이 8천만 원 이상인 해의 다음 해 제2기 과세기간이 시작하는 날부터 전자세금계산서를 발급해야 한다. **→ 2023년도 사업장별 재화 및 용역의 공급가액의 합계액을 기준으로 판단하여 8천만 원 이상인 경우 2024.7.1. 이후 재화 또는 용역을 공급하는 분부터 적용** • 수정신고 또는 결정 · 경정에 의해 8천만 원 이상이 되는 경우에는 수정신고등을 한 날이 속하는 과세기간의 다음 과세기간이 시작하는 날부터 전자세금계산서를 발급해야 한다.			
(3) 의무발급의 통지	• 세무서장은 전자세금계산서를 발급해야 하는 기간이 시작되기 1개월 전까지 해당 개인사업자에게 통지하여야 함 • 과세기간 개시 1개월 전까지 납세자가 통지서를 수령하지 못한 경우 통지서를 수령한 날이 속하는 달의 다음 다음달 1일부터 의무 발급			

---

106) ① 8천만 원 (2023년 사업장별 재화 및 용역의 공급가액 합계액을 기준으로 8천만 원 이상 여부를 판단) – 2024년 7월 1일 이후 재화 또는 용역을 공급하는 분부터 적용 – 이후 수입금액 감소로 8천만 원 미만이 되더라도 의무 발행
② 1억 원 (2022년 사업장별 재화 및 용역의 공급가액 합계액을 기준으로 1억 원 이상 여부를 판단) – 2023년 7월 1일 이후 재화 또는 용역을 공급하는 분부터 적용
③ 2억 원 (2021년 사업장별 재화 및 용역의 공급가액 합계액을 기준으로 2억 원 이상 여부를 판단) – 2022년 7월 1일 이후 재화 또는 용역을 공급하는 분부터 적용

(3) 전자세금계산서의 수신

구 분	주요 내용
(1) 수신방법	• 원칙 : 공급받는 자의 이메일 계정을 통하여 전자세금계산서를 수신 • 예외 : 공급받는 자가 지정·관리하는 이메일 계정이 없는 경우에는 국세청 장이 관리하는 전자세금계산서 시스템을 통하여 수신
(2) 수신함 지정의제	재화 또는 용역을 공급받는 자가 전자세금계산서를 발급받을 수신함을 가지 고 있지 아니하거나 지정하지 아니한 경우 또는 수신함이 적용될 수 없는 시 스템을 사용하는 경우에는 국세청이 관리하는 전자세금계산서 발급 시스템을 수신함으로 지정한 것으로 봄
(3) 수신시기 의제	전자세금계산서가 재화 또는 용역을 공급받는 자가 지정하는 수신함(＝이메일 계정)에 입력되거나 국세청이 관리하는 전자세금계산서 발급 시스템에 입력된 때에 재화 또는 용역을 공급받는 자가 그 전자세금계산서를 수신한 것으로 봄

실무

전자세금계산서 관련 가산세

구 분	가산세의 내용
(1) 전자세금계산서 미발급 가산세	• 전자세금계산서 발급의무자가 전자세금계산서를 공급시기가 속하 는 과세기간에 대한 확정신고기한 내에 발급하지 아니한 경우(부 법 §60 ② 2) : 공급가액의 2% **• 전자세금계산서 대신 종이세금계산서 발급한 경우 공급가액의 1% 가산세가 적용됨(2015.1.1. 이후 공급 분부터 적용)**
(2) 전자세금계산서지연발급 가산세	• 전자세금계산서 발급의무자가 세금계산서의 발급시기가 지난 후 해당 재화 또는 용역의 공급시기가 속하는 과세기간에 대한 확정신 고기한 내에 전자세금계산서를 발급하는 경우(부법 §60 ② 1) : 공 급가액의 1% * 공급받는 자도 0.5% 가산세 있음
(3) 전자세금계산서 발급명세 미전송 가산세	• 전자세금계산서를 발급명세 전송기한(발급일의 다음 날)이 경과한 후 재화 또는 용역의 공급시기가 속하는 **과세기간에 대한 확정신고 기한까지** 국세청장에게 세금계산서 발급명세를 전송하지 아니한 경우(부법 §60 ② 4) : 공급가액의 0.5% * 2016.12.31. 개인사업자에 대한 가산세 경감율 적용 종료 * 2018.12.31.까지 (전송기한) 종전 과세기간 말의 다음 달 11일까 지, (가산세율) 공급가액의 1%
(4) 전자세금계산서 발급명세 지연전송 가산세	• 전자세금계산서 **발급명세 전송기한(발급일의 다음 날)이 경과한 후 재화 또는 용역의 공급시기가 속하는 과세기간에 대한 확정신고 기한까지 세금계산서** 발급명세를 전송하는 경우(부법 §60 ② 3

구 분	가산세의 내용
	호) : 공급가액의 0.3% * 2016.12.31. 개인사업자에 대한 가산세 경감률 적용 종료 * 2018.12.31.까지 공급분 (전송기한) : 종전 과세기간 말의 다음 달 11일까지, (가산세율) 공급가액의 0.5%
(5) 중복적용배제	• 전자세금계산서 미전송 및 지연전송 가산세는 매출처별세금계산서 합계표 관련 가산세가 적용되는 경우에는 적용되지 아니함 • 전자세금계산서 지연발급가산세(1%)와 발급명세 지연전송가산세 (0.5%)가 중복 적용되는 경우에는 지연발급가산세(1%)만 부과

04 매입자발행세금계산서(부가가치세법 시행령 제71조의2)

(1) 의의

'매입자발행세금계산서'란 세금계산서 발급의무가 있는 사업자[107]가 재화 또는 용역을 공급하고 거래시기에 세금계산서를 발급하지 아니한 경우(사업자의 부도·폐업, 공급계약의 해제·변경, 재화 또는 용역을 공급한 자가 소재불명·연락두절 상태인 경우, 휴업이나 그 밖의 부득이한 사유로 세금계산서를 발급받는 것이 곤란하다고 국세청장이 인정하는 경우 사업자가 수정세금계산서 또는 수정전자세금계산서를 발급하지 아니한 경우 포함) 그 재화 또는 용역을 공급받은 자가 관할세무서장의 확인을 받아 발행한 세금계산서를 말한다.

이 제도의 취지는 세금계산서 발급의무가 있는 사업자가 세금계산서 발급을 거부한 경우 매입자로 하여금 매입세액공제를 받을 수 있도록 하고 공급자에 대해 세금계산서 미발급에 따른 가산세의 불이익을 주어 세금계산서 수수질서를 확립하고자 하는데 있다.

(2) 매입자세금계산서 발행 및 교부의 절차

1) 거래사실의 확인신청

거래사실의 확인을 요청할 수 있는 대상거래는 건당 **공급대가가 5만 원 이상**인 거래로 한다. 이 경우 신청인은 해당 재화 또는 용역의 공급시기가 속하는 과세기간의 종료일로부터 **1년*** 이내에 거래사실확인신청서에 거래사실을 객관적으로 입증할 수 있는 서류를 첨부하여 신청

---

107) 2021.7.1. 이후 간이과세자가 세금계산서를 발급함에 따라 세금계산서 교부의무가 있는 간이과세자를 포함한다.

인의 관할세무서장에게 거래사실의 확인을 신청하여야 하며, 신청횟수에는 제한이 없다.

* 2024.02.29. 이전 : 과세기간의 종료일로부터 6개월 이내

2019.2.12. 이전 : 과세기간 종료일로부터 3개월 이내

2016.12.31. 이전 : 본래 세금계산서 발급시기로부터 3개월 이내

2) 거래사실의 확인절차

신청인 관할세무서장은 거래사실확인신청서가 제출된 날(보정을 요구한 때에는 보정이 된 날)부터 7일 이내에 신청서와 제출된 증빙서류를 공급자의 관할세무서장에게 송부하여야 한다(부령 §71의2 ⑥).

이러한 신청서를 송부받은 공급자 관할세무서장은 신청인의 신청내용, 제출된 증빙자료를 검토하여 거래사실여부를 확인하여야 한다. 이 경우 거래사실의 존재 및 그 내용에 대한 입증책임은 신청인에게 있다(부령 §71의2 ⑦).

3) 거래사실의 확인결과 통지

① 공급자 관할세무서장의 확인결과 통지

공급자 관할세무서장은 신청일의 다음 달 말일까지 거래사실여부를 확인하여 다음의 구분에 따른 통지를 공급자와 신청인 관할세무서장에게 하여야 한다. 다만, 공급자의 부도, 일시 부재 등 불가피한 사유가 있는 경우에는 거래사실 확인기간을 20일 이내의 범위에서 연장할 수 있다(부령 §71의2 ⑧).

㉠ 거래사실이 확인되는 경우 : 거래사실확인통지(공급자 및 공급받는 자의 사업자 등록번호, 작성연월일, 공급가액 및 부가가치세액 등을 포함)

㉡ 거래사실이 확인되지 아니하는 경우 : 거래사실 확인불가 통지

② 신청인 관할세무서장의 통지

신청인 관할세무서장은 공급자 관할세무서장으로부터 위의 통지를 받은 후 즉시 신청인에게 그 확인결과를 통지하여야 한다(부령 §71의2 ⑨).

4) 세금계산서 발급

신청인 관할세무서장으로부터 거래사실 확인 통지를 받은 신청인은 공급자 관할세무서장이 확인한 거래일자를 작성일자로 하여 매입자발행세금계산서를 발급하여 공급자에게 교부하여야 한다(부령 §71의2 ⑩). 이에 불구하고 신청인 및 공급자가 관할세무서장으로부터 거래사실 확인 통지를 받은 경우에는 매입자발행세금계산서를 교부한 것으로 본다(부령 §71의2 ⑪).

(3) 효력

매입자발행세금계산서를 교부한 신청인은 예정신고 및 확정신고 또는 경정청구시 매입자발행세금계산서합계표를 제출한 경우 매입자발행세금계산서에 기재된 매입세액을 해당 재화 또는 용역의 공급시기에 해당하는 과세기간의 매출세액 또는 납부세액에서 매입세액으로 공제받을 수 있다(부령 §71의2 ⑫).

홈택스(www.hometax.go.kr)에서도
신청할 수 있습니다.

거래사실 확인신청서(매입자발행세금계산서 발급용)

※ 뒤쪽의 작성방법을 읽고 작성하시기 바랍니다.

(앞쪽)

| 접수번호 | | 접수일 | | 처리기간 | |

1. 신청인 인적사항

① 상호(법인명)		② 사업자등록번호	
③ 성명(대표자명)		④ 전화번호	
⑤ 사업장소재지			
사업의 종류	⑥ 업태	⑦ 종목	

2. 공급자 인적사항

⑧ 상호(법인명)		⑨ 사업자등록번호	
⑩ 성명(대표자명)		⑪ 전화번호	
⑫ 사업장소재지			

3. 신청 내용

| ⑬ 공급대가 | | ⑭ 공급가액 | | ⑮ 부가가치세 | |

4. 거래내역 명세서

NO	⑯ 거래일	⑰ 거래품목	⑱ 규격	⑲ 수량	⑳ 공급대가 (부가가치세포함)	㉑ 비고 (대금결제방법)
	합계					

매입자발행세금계산서의 발행을 위하여 「부가가치세법 시행령」 제71조의2 제3항에 따라 거래사실의 확인을 신청합니다.

년 월 일

신청인 (서명 또는 인)

세무서장 귀하

| 첨부서류 | 1. 공급자가 발행한 영수증 또는 무통장입금증 등 대금결제 증명자료(필수) 2. 그 밖의 거래사실 증명자료 |

210mm×297mm[백상지(80g/㎡) 또는 중질지(80g/㎡)]

05 세금계산서의 수정

(1) 의의 및 발급요건

사업자가 세금계산서를 발급한 후 그 기재사항을 착오로 잘못 적거나 세금계산서를 발급한 후 그 기재사항에 관하여 일정한 수정발급사유가 발생하면 세금계산서를 수정하여 발급할 수 있다(부법 §32 ⑦).

(2) 수정세금계산서의 발급사유와 발급절차

1) 당초 공급한 재화가 환입된 경우

재화가 환입된 날을 작성일자로 기재하고 비고란에 당초 세금계산서 작성일자를 부기한후 붉은색 글씨로 쓰거나 부(−)의 표시를 하여 발급한다.

2) 계약의 해제로 인하여 재화 또는 용역이 공급되지 아니한 경우

계약이 해제된 때에 그 작성일을 계약해제일로 적고 비고란에 처음 세금계산서 작성일을 덧붙여 적은 후 붉은색 글씨로 쓰거나 부(−)의 표시를 하여 발급한다.

3) 계약의 해지 등에 따라 공급가액에 추가 또는 차감되는 금액이 발생한 경우

증감사유가 발생한 날을 작성일자로 기재하고 추가되는 금액은 검은색 글씨로 쓰고, 차감되는 금액은 붉은색 글씨로 쓰거나 부(−)의 표시를 하여 발급한다.

4) 내국신용장 또는 구매확인서의 사후 개설

재화 또는 용역을 공급한 후 공급시기가 속하는 과세기간이 끝난 후 25일(그 날이 토요일, 일요일, 공휴일 및 대체공휴일 또는 근로자의 날인 경우 바로 다음 영업일) 이내에 내국신용장이 개설되었거나 구매확인서가 발급된 경우에는 내국신용장 등이 개설된 때에 그 작성일자는 당초 세금계산서 작성일자를 기재하고 비고란에 내국신용장 개설일 등을 부기하여 영세율 적용 분은 검은색 글씨로 세금계산서를 작성하여 발급하고, 추가하여 당초에 발급한 세금계산서의 내용대로 세금계산서를 붉은색 글씨로 또는 부(−)의 표시를 하여 작성하고 발급한다.

5) 필요적 기재사항 등이 착오로 잘못 기재된 경우

당초에 발급한 세금계산서의 내용대로 세금계산서를 붉은색 글씨로 작성하여 발급하고, 수정하여 발급하는 세금계산서는 검은색 글씨로 작성하여 발급한다.

6) 필요적 기재사항 등이 착오 외의 사유로 잘못 적힌 경우

재화 및 용역의 공급일이 속하는 과세기간에 대한 확정신고기한 다음 날부터 1년 이내에 세금계산서를 작성하되, 처음에 발급한 세금계산서의 내용대로 세금계산서를 붉은색 글씨로 쓰거나 부(-)의 표시를 하여 발급하고, 수정하여 발급하는 세금계산서는 검은색 글씨로 작성하여 발급한다.

7) 착오로 전자세금계산서를 이중으로 발급한 경우

당초에 발급한 세금계산서의 내용대로 부(-)의 표시를 하여 발급한다.

8) 면세 등 발급대상이 아닌 거래 등에 대하여 발급한 경우

처음에 발급한 세금계산서의 내용대로 붉은색 글씨로 쓰거나 부(-)의 표시를 하여 발급한다.

9) 세율을 잘못 적용하여 발급한 경우

처음에 발급한 세금계산서의 내용대로 세금계산서를 붉은색 글씨로 쓰거나 부(-)의 표시를 하여 발급하고, 수정하여 발급하는 세금계산서는 검은색 글씨로 작성하여 발급한다.

10) 일반과세자에서 간이과세자로 과세유형이 전환된 경우

일반과세자에서 간이과세자로 과세유형이 전환된 후 과세유형 전환 전에 공급한 재화 또는 용역에 1)~3)의 사유가 발생한 경우에는 처음에 발급한 세금계산서 작성일을 수정세금계산서 또는 수정전자세금계산서의 작성일로 적고, 비고란에 사유 발생일을 덧붙여 적은 후 추가되는 금액은 검은색 글씨로 쓰고 차감되는 금액은 붉은색 글씨로 쓰거나 음의 표시를 하여 수정세금계산서나 수정전자세금계산서를 발급할 수 있다.

11) 간이과세자에서 일반과세자로 과세유형이 전환된 경우

간이과세자에서 일반과세자로 과세유형이 전환된 후 과세유형 전환 전에 공급한 재화 또는 용역에 1)~3)의 사유가 발생하여 수정세금계산서나 수정전자세금계산서를 발급하는 경우에는 1)~3)의 절차에도 불구하고 처음에 발급한 세금계산서 작성일을 수정세금계산서 또는 수정전자세금계산서의 작성일로 적고, 비고란에 사유 발생일을 덧붙여 적은 후 추가되는 금액은 검은색 글씨로 쓰고 차감되는 금액은 붉은색 글씨로 쓰거나 부(-)의 표시를 해야 한다.

실무

수정세금계산서 발급시 유의사항

① 위 5)와 6)의 사유로 인한 수정세금계산서는 세무서장이 과세표준과 세액을 경정하여 통지하기 전까지 발급할 수 있다.

② 위 5), 6) 및 9)는 다음에 해당하는 경우로서 과세표준 또는 세액을 경정할 것을 미리 알고 있는 경우에는 수정세금계산서를 발급할 수 없다.

    ㉠ 세무조사의 통지를 받은 경우

    ㉡ 세무공무원이 과세자료의 수집 또는 민원 등을 처리하기 위하여 현지출장이나 확인업무에 착수한 경우

    ㉢ 세무서장으로부터 과세자료 해명안내 통지를 받은 경우

    ㉣ 그 밖에 ㉠~㉢과 유사한 경우로서 경정이 있을 것을 미리 안 것으로 인정되는 경우

    (*) 9)의 경우에는 2016.2.17. 이후 세금계산서 수정발급 분부터 적용됨

| 수정세금계산서 발급사유와 발급방법 |

수정발급사유	수정발급일	수정세금계산서 작성 및 발급방법				수정신고
		수정발급방법	매수	작성연월일	비고란	
(1) 환입	환입일	환입금액분 (−)세금계산서 발급	1매	환입일	당초 작성일	×
(2) 계약해제	계약해제일	(−)세금계산서 발급	1매	계약해제일	당초 작성일	×
(3) 공급가액 변동	공급가액 변동일	증감분 (+)/(−)세금계산서 발급	1매	변동사유 발생일	당초 발급일	×
(4) 내국신용장 등 사후개설	내국신용장 등 사후 개설일	• (−)세금계산서 발급 • 영세율 세금계산서 발급	2매	당초 작성일	내국신용장등 개설일	×
(5) 착오 등	착오 등 인식일	• (−)세금계산서 발급 • 정확한 세금계산서 발급	2매	당초 작성일	수정분 발급일	×, ○
(6) 착오 등 외의 사유	잘못 기재 인식일	• (−)세금계산서 발급 • 정확한 세금계산서 발급	2매	당초 작성일	수정분 발급일	×
(7) 전자세금계산서 이중발급	이중발급 인식일	(−)세금계산서 발급	1매	당초 작성일	발급 사유	○, ×
(8) 발급대상 아닌 거래	인식일	(−)세금계산서 발급	1매	당초 작성일	발급 사유	○, ×

| 수정발급사유 | 수정발급일 | 수정세금계산서 작성 및 발급방법 | | | | 수정신고 |
		수정발급방법	매수	작성연월일	비고란	
(9) 세율 잘못 적용	인식일	• (−)세금계산서 발급 • 정확한 세금계산서 발급	2매	당초 작성일	발급 사유	○,×

※ 1. (2), (6), (8), (9)의 경우 수정세금계산서는 2012.7.1. 이후 분부터 적용됨.
 2. (5)는 착오의 내용이 당초의 과세표준에 영향이 있는 경우로서 과세기간이 다른 경우에는 수정신고 또는 경정청구가 필요하나, 그 나머지는 수정신고 필요 없음.
 3. (6)은 재화 및 용역의 공급일이 속하는 과세기간에 대한 확정신고기한 다음 날부터 1년 이내에 수정세금계산서를 발급해야 함.
 4. (7), (8), (9)는 인식일이 과세기간 내의 경우에는 수정신고할 필요가 없으나, 과세기간 이후인 경우에는 수정신고 또는 경정청구의 대상임.

06 수입세금계산서

구 분	주요 내용
(1) 의의	세관장이 수입되는 재화에 대하여 부가가치세를 징수하고 이를 증명하기 위하여 발급하는 세금영수증
(2) 발급의무자	세관장
(3) 발급대상	부가가치세 과세대상 중 재화의 수입
(4) 발급상대방	수입재화의 수입자
(5) 발급시기	관세징수의 예에 따라 부가가치세를 징수하는 때(부가가치세의 납부가 유예되는 때를 포함함)
(6) 발급특례	수개의 사업장이 있는 사업자가 재화를 수입하는 경우 수입신고필증상 기재된 사업장과 당해 재화를 사용·소비할 사업장이 상이한 때에는 수입재화를 실지로 사용·소비할 사업장명의로 세금계산서를 발급받을 수 있음

해석사례 후발적 사유에 따라 개별소비세 등을 환급하는 경우 환급세액에 해당하는 부가가치세 환급 여부

수입된 재화가 수입통관 이후 「개별소비세법」 제18조에 따라 개별소비세를 면제받아 납부한 개별소비세가 환급되거나, 수입된 주류가 변질 등의 사유로 폐기됨에 따라 「주세법」 제18조에 따라 주세가 환급되어 이미 납부한 수입 부가가치세의 과세표준 감액 사유가 발생하더라도 감액된 과세표준에 대한 부가가치세를 환급하지 아니하며 수정수입세금계산서를 발급하지 아니하는 것(기획재정부부가−49, 2022.1.25.)

07 세금계산서 발급의무의 면제 및 발급금지

(1) 의의

현행 부가가치세법에서는 세금계산서를 발급하기 어렵거나 불필요한 경우 등 일정한 경우에는 세금계산서를 발급하지 아니할 수 있도록 규정하고 있다(부법 §33 ①, 부령 §71 ① 및 부가칙 §52). 그러나 세금계산서 발급의무가 면제되는 경우라 하더라도 일정한 경우에는 **공급받는 자가 사업자등록증을 제시하고 세금계산서의 발급을 요구하는 때에는 세금계산서를 발급**하여야 한다.

그리고 사업자가 신용카드매출전표 등을 발급한 경우에는 세금계산서를 발급하지 아니한다(부법 §33 ②).

(2) 세금계산서 발급의무가 면제되는 경우

① 택시운송사업자, 노점 또는 행상을 하는 사람
② 무인자동판매기를 이용하여 재화 또는 용역을 공급하는 자
③ 전력이나 도시가스를 실제로 소비하는 자(**사업자가 아닌 자에 한함**)를 위하여 전기사업자 또는 도시가스사업자로부터 전력 또는 도시가스를 공급받는 명의자
④ 도로 및 관련시설 운용용역을 공급하는 자(**공급받는 자로부터 세금계산서의 발급을 요구받는 경우를 제외**)
⑤ 소매업 또는 미용, 욕탕 및 유사 서비스업을 경영하는 자가 공급하는 재화 또는 용역(**소매업의 경우에는 공급받는 자가 세금계산서의 발급을 요구하지 아니하는 경우에 한함**)
⑥ 자가공급(**판매목적 타사업장 반출 제외**)·개인적공급·사업상증여·폐업시 잔존재화로서 공급의제되는 재화
⑦ 영세율 적용대상이 되는 다음의 재화·용역

수출재화	수출재화는 원칙적으로는 세금계산서 발급이 면제된다. 그러나 다음의 경우에는 영세율 세금계산서를 발급하여야 한다. ① 위탁가공용 원료의 반출 ② 내국신용장 또는 구매확인서에 의하여 공급하는 재화 ③ 한국국제협력단, 한국국제보건의료재단 및 대한적십자사에 공급하는 재화
국외에서 제공하는 용역	모두 면제

외국항행용역	• 외국항행용역(공급받는 자가 국내에 사업장이 없는 비거주자 또는 외국법인인 경우 한함) ① 다른 외국항행사업자가 운용하는 선박 또는 항공기의 탑승권을 판매하거나 화물운송계약을 체결하는 것 ② 외국을 항행하는 선박 또는 항공기 내에서 승객에게 공급하는 것 ③ 내국신용장 또는 구매확인서에 의하여 공급하는 재화 ④ 자기의 승객만이 전용하는 버스를 탑승하게 하는 것 ⑤ 자기의 승객만이 전용하는 호텔에 투숙하게 하는 것 • 운송주선업자가 국제복합운송계약에 의하여 화주로부터 화물을 인수하고 자기 책임과 계산으로 타인의 선박 또는 항공기 등의 운송수단을 이용하여 화물을 운송하고 화주로부터 운임을 받는 국제운송용역 • 항공사업법에 의한 상업서류송달용역
기타 외화획득재화용역	㉠ 국내에서 국내사업장이 없는 비거주자(국내에 거소를 둔 개인, 외교공관등의 소속 직원, 우리나라에 상주하는 국제연합군 또는 미합중국군대의 군인 또는 군무원은 제외) 또는 외국법인에게 공급하는 특정 재화 또는 용역 ㉡ 종합여행업자가 외국인관광객에게 공급하는 관광알선용역으로서 그 대가를 외국환은행에서 원화로 받거나 외화현금으로 받아 외국인관광객과의 거래임이 확인된 것 ㉢ 외국인전용 관광기념품 판매업자가 외국인관광객에게 공급하는 관광기념품으로서 물품판매기록표에 의하여 외국인관광객과의 거래임이 표시되는 것 ㉣ 우리나라에 상주하는 외교공관, 영사기관(명예영사관원을 장으로 하는 영사기관은 제외), 국제연합과 이에 준하는 국제기구에 재화 또는 용역을 공급하는 경우
	외국법인 연락사무소에 대한 세원관리 강화차원으로 2023년 7월 1일 이후 재화 또는 용역을 공급하는 분부터 외국법인 연락사무소[108]와 거래시 세금계산서 발급 의무를 부여하였다.

⑧ 부동산임대용역 중 간주임대료에 해당하는 부분

⑨ 전자서명인증사업자가 인증서를 발급하는 용역(**다만, 공급받는 자가 사업자로서 세금계산서의 발급을 요구하는 경우는 제외**)

⑩ 간편사업자등록을 한 사업자가 국내에 공급하는 전자적 용역

---

108) ① 국내사업장이 없는 비거주자 또는 외국법인이 해당 외국의 개인사업자 또는 법인사업자임을 증명하는 서류를 제시하고 세금계산서 발급을 요구하는 경우
　② 외국법인연락사무소에 재화 또는 용역을 공급하는 경우

실무

세금계산서 발급이 금지되는 경우

① 미용, 욕탕 및 유사 서비스업, 여객운송업(**전세버스운송사업 제외**) 및 입장권을 발행하여 영위하는 자가 공급하는 재화 또는 용역(**감가상각자산 또는 해당사업 외의 역무를 공급하는 때에는 공급받는 자가 요구하면 세금계산서를 발급하여야 함**)
② 사업자가 신용카드매출전표 등을 발급한 경우

실무

신용카드매출전표 등 발급과 세금계산서 발급

구 분	주요 내용
(1) 원칙	• 세금계산서 발급이 금지됨 • 세금계산서와 중복 발급된 경우 세금계산서를 기준으로 부가가치세 신고·납부 • 중복발급에 따른 가산세는 적용하지 않음
(2) 세금계산서 발급 후 외상대금을 신용카드 등으로 결제 받는 경우	• 당초 발급한 세금계산서는 적법함 • 신용카드매출전표 등 이면에 "00년 00월 00일 세금계산서 발급분"으로 기재 교부하고 5년간 보관하여야 함
(3) 공급시기 전 신용카드 등으로 결제 받은 경우	공급시기에 세금계산서 발급할 수 없음
(4) 합계세금계산서를 발급하는 경우	재화 또는 용역의 공급시 대가의 일부를 신용카드 등으로 지급받고 신용카드매출전표 등을 발급한 분을 제외하고 합계세금계산서를 발급하여야 함

해석사례

(1) 보험사고차량 등의 수리에 대한 세금계산서의 공급받는 자가 누구인지?
차량정비사업자가 사고자동차에 대한 보험수리용역을 제공함에 있어서 세금계산서를 교부하는 경우에는 당해 용역대가의 지급 자 또는 차량소유자 여부를 불문하고 실제 자기책임 하에 자동차수리용역을 제공받는 자에게 세금계산서를 교부하여야 하는 것임(부가 1586, 2009.11.3.)

(2) 전자상거래시 세금계산서 교부방법 및 날인 없는 세금계산서의 효력 여부
전자상거래업체 웹사이트에서 공급자와 공급받는 자가 세금계산서를 각각 출력하여

보관하는 것은 공급자가 공급받는 자에게 세금계산서를 교부한 것으로 볼 수 있는 것이며 이 경우 출력된 세금계산서에 인감 날인이 없는 경우에도 세금계산서의 효력에 영향을 미치지 아니함(부가 1007, 2009.3.12.)

(3) 본사 및 공장이 있는 사업자가 재화를 공급하는 경우 세금계산서 교부 방법
본사 및 공장이 있는 사업자가 본사에서 재화의 공급계약·대금결제 업무를 수행하고 공장에서 당해 재화를 인도하는 경우에 세금계산서의 교부는 공장이 교부함(상담3팀 2192, 2007.8.2.)

(4) 동종(유사)제품으로 교환하여 주는 경우 세금계산서 교부 여부
동종(유사)제품으로 교환하여 주는 경우 세금계산서를 교부하고, 반품받는 물품에 대하여는 수정세금계산서를 교부하는 것임(상담3팀 1303, 2007.5.1.)

(5) 사업자가 용역 공급 대가를 받지 못한 경우 세금계산서 교부 여부
사업자가 부가가치세법 제1조의 규정에 의한 재화 또는 용역을 공급하는 경우 그 대가의 수수 여부에 불구하고 공급받는 자에게 세금계산서를 교부하고 관할세무서장에게 부가가치세 과세표준과 납부세액을 신고하여야 하는 것임(상담3팀 1127, 2007.4.13.)

(6) 과세기간이 지난 후 소급하여 세금계산서를 교부할 수 있는지 여부
사업자가 부가가치세가 과세되는 재화 및 용역을 공급하는 때에는 공급시기에 세금계산서를 공급받는 자에게 교부하여야 하는 것으로, 과세기간이 지난 후에 소급하여 세금계산서를 교부할 수 없는 것임(상담3팀 2202, 2007.8.3.)

(7) 폐업일 이후 세금계산서 교부 여부
공급시기에 세금계산서를 교부하는 것으로 폐업일 이후에는 세금계산서를 교부할 수 없는 것임(상담3팀 2899, 2007.10.25.)

해석사례 특수한 거래의 세금계산서 발급방법

(1) 위·수탁 건설공사에 대한 세금계산서 교부방법
위·수탁 공사에 대한 세금계산서 교부는 시공사인 건설업자가 수탁자에게 세금계산서를 교부하고, 수탁자는 교부받은 당해 세금계산서를 근거로 계약 내용에 따라 위탁자에게 세금계산서를 교부하는 것이며, 사업자가 위탁자와 건설사의 거래를 주선 또는 중개만을 하고 건설사가 위탁자에게 용역을 공급하는 경우에는 건설사가 위탁자를 공급받는 자로 하여 세금계산서를 교부하는 것임(상담3팀 2674, 2007.9.28.)

(2) 공동도급계약에 따른 세금계산서 교부방법
　① 공동도급계약에 의한 세금계산서 교부방법
　　공동수급체의 대표자가 그 대가를 지급받는 경우에는 당해 공동수급체의 구성원
　　은 각자 공급한 용역에 대하여 공동수급체의 대표자에게 세금계산서를 교부하고
　　그 대표자는 도급자에게 세금계산서를 일괄하여 교부할 수 있는 것임(상담3팀
　　2024, 2007.7.23.)
　② 공동으로 건설용역을 제공하고 그 대가를 받는 경우 세금계산서 교부방법
　　사업자가 공동사업시행협약서에 의하여 공동으로 공사를 시행 중인 갑과 을 중
　　을과 용역계약을 체결하여 건설용역을 제공하고 그 대가를 받는 경우 세금계산서
　　는 사업자가 을에게 교부하고 을이 갑에게 교부하거나 사업자가 갑과 을에게 각
　　각 교부할 수 있음(상담3팀 3198, 2007.11.27.)
　③ 공동도급시 세금계산서 교부 방법
　　공동도급계약에 의하여 용역을 공급하는 경우 대표사 명의로 세금계산서를 교부
　　받은 경우 대표사는 당해 세금계산서상 공급가액의 범위 내에서 다른 공동도급사
　　의 지분 비율대로 세금계산서를 교부할 수 있음(상담3팀 2502, 2007.9.5.)
　④ 건설용역의 공동수주시 세금계산서 및 영수증 교부 방법
　　건설용역을 공동수주한 경우 대표사 명의로 세금계산서를 교부받은 경우 그 공급
　　가액의 범위 내에서 실제 소비한 각 공동도급사에 세금계산서를 교부할 수 있는
　　것이나, 세금계산서 이외의 영수증을 교부받은 경우에는 세금계산서를 교부할 수
　　없음(상담3팀 1858, 2007.6.29.)
　⑤ 컨소시엄의 운영권자와 계약을 체결하고 엔지니어링 설계용역을 제공하는 경우
　　세금계산서 교부 방법
　　2 이상의 사업자가 비용을 공동으로 부담하는 조건의 공동광고용역을 그 중 한 사업
　　자명의로 계약을 체결한 경우에 당해 용역을 제공하는 사업자는 각 사업자를 공급
　　받는 자로 하여 세금계산서를 교부할 수 있는 것이며, 그 용역을 제공받은 각 사업
　　자는 자기가 부담한 매입세액을 공제받을 수 있는 것임(서삼 46015-10019, 2003.1.6.)

(3) 백화점 특정매입거래의 세금계산서 수수 방법
　사업자가 백화점사업자와 일반적인 또는 특정 거래조건(재고반품 및 마진율과 대금
　지급 등)에 의한 계약을 체결하여 백화점사업자에게 과세재화를 공급(납품)하고 그
　공급대가는 당해 매장에서 고객에게 판매된 금액 중 일정비율에 상당하는 마진금액
　을 차감한 금액으로 지급받기로 한 경우에는 당해 지급받는 금액으로 백화점업자에
　게 세금계산서를 교부하는 것임(부가 1317, 2009.9.15.)

(4) 빌딩관리사무소 등의 세금계산서 교부방법
　① 빌딩관리용역업체의 세금계산서 교부 방법
　　임대인을 공급자로 하여 수탁자인 건물관리용역회사가 세금계산서를 교부하는 것

이며 비고란에 수탁자 명의를 부기하는 것임(상담3팀 955, 2007.3.30.)
② 상가 관리사무소 세금계산서 교부방법
상가 자치관리기구가 세금계산서를 교부받은 경우에는 그 교부받은 세금계산서에 기재된 공급가액의 범위 안에서 당해 재화 또는 용역을 실지로 소비하는 입주자들에게 세금계산서를 교부할 수 있는 것임(상담3팀 2824, 2007.10.16.)
③ 공동매입에 따른 세금계산서 교부방법 등
임차인이 부담하여야 할 전기료 등 부가가치세가 과세되는 재화의 공급에 대하여 임대인 명의로 세금계산서를 교부받은 경우 임대인은 교부받은 세금계산서에 기재된 공급가액의 범위 내에서 임차인에게 세금계산서를 교부할 수 있는 것임(상담3팀 2232, 2007.8.9.)
④ 입주사를 위하여 재화·용역을 공급받고 세금계산서를 교부받은 관리운영회의 입주사에 대한 세금계산서 교부
빌딩관리운영회에서 입주사를 위하여 자재구입 및 시설물 수리용역을 공급받고 빌딩관리운영회 명의로 세금계산서를 교부받은 경우에는, 그 빌딩관리운영회는 교부받은 세금계산서의 공급가액 범위 내에서 실제 비용을 부담한 입주사들에게 세금계산서를 교부할 수 있는 것임(부가 894, 2009.3.6.)
⑤ 건물 위탁관리업체의 공동매입세금계산서 교부방법
건물을 위탁관리하는 사업자가 전기요금 등에 대한 세금계산서를 교부받아 당해 건물의 소유주에게 교부하고 소유주는 동 세금계산서상 공급가액의 범위 내에서 실제 사용자인 임차인에게 세금계산서 교부가능함(상담3팀 1399, 2007.5.9.)

(5) 기타 공동매입 등의 경우 세금계산서 교부방법
① 다수의 사업자가 경품을 공동으로 매입하는 경우 세금계산서 교부
다수의 사업자가 경품을 공동으로 매입하고 대표사가 세금계산서를 교부받은 경우 대표사는 교부받은 세금계산서에 기재된 공급가액의 범위 내에서 경품을 실지로 사용·소비하는 다른 사업자에게 세금계산서를 교부할 수 있는 것임(상담3팀 1962, 2007.7.12.)
② 프랜차이즈 가맹점 점주로 구성된 단체가 지급하는 법률자문료에 대한 세금계산서 교부
동업자가 조직한 조합이 세금계산서를 교부받은 경우 교부받은 세금계산서에 기재된 공급가액 범위 안에서 조합원에게 세금계산서를 교부할 수 있는 것임(상담3팀 1415, 2007.5.9.)
③ 택배화물운송용역 등에 대한 세금계산서 교부
법인과 회원사가 각각 화주와 화물운송계약을 체결하고 각각 자기의 책임과 계산에 의하여 운송용역을 제공하는 경우에는 운송계약을 체결한 당해 법인 또는 회

원사가 화주로부터 받은 운임에 대하여 자기의 명의로 세금계산서를 교부하여야 하는 것임(부가 747, 2009.2.24.)

(6) 리스이용자 변경시 세금계산서 교부방법

시설대여회사로부터 리스자산을 금융리스로 인도받아 사용하다가 시설대여회사의 동의를 얻어 새로운 리스이용자에게 당해 리스자산을 넘겨주는 경우 리스이용자는 새로운 리스이용자에게 세금계산서를 교부하여야 하는 것임(상담3팀 1057, 2007.4.9.)

(7) 총괄납부승인 받은 2 이상 사업자의 세금계산서 교부 여부

2 이상의 사업장을 가진 총괄납부승인을 받은 사업자가 본사에서 판매계약, 대금결제 등의 판매활동을 전담해서 이행하고, 제조장에서 제품을 인도하는 경우에는 공급자를 제조장으로 하여 작성한 세금계산서를 거래처에 교부하는 것임(상담3팀 941, 2007.3.30.)

해석사례 사업양도와 세금계산서 발급

(1) 재화의 공급으로 보지 않는 사업양도의 경우 세금계산서 교부 가능 여부

재화의 공급으로 보지 않는 사업양도인 경우에는 세금계산서를 교부할 수 없는 것이며, 사업양도가 아닌 사업용 자산의 양도인 경우에는 재화의 공급에 해당되어 세금계산서 교부대상임(상담3팀 1426, 2007.8.18.)

(2) 사업양도후 수정세금계산서를 교부하는 사업자 여부

사업양도후 수정세금계산서의 교부의무가 발생한 경우에는 양도자가 수정세금계산서를 교부할 수 있는 것이나, 양도자의 공급가액을 수정할 수 있는 권리와 의무를 승계받은 부분에 한하여 양수자가 수정세금계산서를 교부할 수 있는 것임(상담3팀 997, 2007.4.3.)

(3) 건설용역을 공급하던 중 공급받는 자가 사업양도하는 경우 세금계산서 교부

지위승계를 합의한 경우로서 당해 건설용역의 공급시기가 사업양도·양수 후 도래하는 경우에는 그 도래하는 공급시기에 사업양수자에게 세금계산서를 교부하는 것임(상담3팀 903, 2007.3.27.)

해석사례 수정세금계산서

(1) 추가로 받는 대가의 수정세금계산서 교부방법

당초의 공급가액에 추가 또는 차감되는 금액이 발생한 경우에는 증감사유가 발생한 날을 작성일자로 기재하여 수정세금계산서를 교부하는 것임(상담3팀 1811, 2007.6.25.)

(2) 판매실적에 따라 당초의 공급가액을 인하하는 경우 수정세금계산서 교부

사전약정에 의하여 거래조건에 따라 당초 공급단가를 인하하는 조건으로 재화를 공급하는 경우로서 공급단가를 변경시키는 조정사유가 발생한 때에는 수정세금계산서를 교부할 수 있는 것임(상담3팀 2160, 2007.7.31.)

(3) 공급가액의 증감사유에 해당하여 수정세금계산서 교부대상인지 여부

건설업을 영위하는 사업자가 재건축조합에게 건설용역, 분양대행업무 등의 용역을 제공하고 당초 도급금액에 대하여 거래 시기에 세금계산서를 교부하였으나, 당초 도급계약조건에 따라 미분양분의 실제 분양가액 등의 증가 또는 감소 등의 사유로 도급금액을 변경하여 공급가액에 추가 또는 차감되는 금액이 발생한 경우에는 수정세금계산서를 교부할 수 있는 것임(부가-1473, 2009.10.12.)

(4) 영세율세금계산서 교부 후 수정세금계산서(10%) 교부 가능 여부

사업자가 영세율 적용대상 거래에 대하여 착오로 10%의 세율을 적용한 세금계산서를 교부하고 부가가치세를 신고·납부한 경우에는 영세율을 적용하는 수정세금계산서를 교부하여 경정 등의 청구를 할 수 있는 것임(부가 225, 2010.2.24.)

(5) 지점을 폐업하고 본점이 지점사업을 계속 영위하는 경우 지점매출의 환입분에 대한 수정세금계산서 교부방법

지점을 폐업하고 본점이 지점사업을 양수하여 계속 영위하던 중 지점에서 공급한 재화가 본점으로 환입되는 경우, 본점은 재화가 환입된 날을 작성일자로 하여 수정세금계산서를 교부할 수 있는 것임(부가 476, 2009.4.7.)

해석사례 세금계산서 발급 - 기타

(1) 현금영수증가맹점의 세금계산서 교부의무 면제

현금영수증가맹점이 부가가치세가 과세되는 재화 또는 용역을 공급하고 공급받는 자의 신분인식수단을 확인할 수 없어 국세청장이 지정한 번호로 현금영수증을 발급한 경우에는 세금계산서 교부의무가 면제되는 것임(상담3팀 2231, 2007.8.9.)

(2) 자료상행위자가 신고·납부한 부가가치세의 환급 및 경정

자료상행위자가 가공세금계산서에 의하여 신고·납부한 부가가치세는 환급받을 수 없는 것이며, 이에 대해 가산세를 부과하지 아니하고 조세범처벌법 세금계산서 교부의무 위반에 해당하여 처벌됨(상담3팀 1109, 2007.4.11.)

제2절 3. 영수증

01 의의

'**영수증**'은 재화 또는 용역의 공급을 받는 자와 부가가치세액을 따로 기재하지 않은 계산서를 말한다. 현행 부가가치세법은 사업자가 최종 소비자에게 재화나 용역을 공급하는 경우에는 영수증을 발급하도록 규정하고 있다.

부가가치세법에서 영수증 제도를 두고 있는 이유는 사업자가 최종 소비자와 거래하면서 세금계산서를 발급하더라도 최종소비자는 발급받은 세금계산서를 과세관청에 제출할 의무가 없다. 그러므로 이 경우에는 거래 사실의 상호대사가 이루어질 수 없고, 그 수많은 거래 사실을 일일이 확인할 수도 없기 때문이다.

02 영수증발급의무자와 영수증 발급 배제(세금계산서 발급)

(1) 영수증발급의무자

영수증 발급의무자는 간이과세자(직전연도의 공급대가의 합계액이 4천800만 원 미만인 자 또는 신규로 사업을 시작하는 개인사업자 중 간이과세자)와 일반과세자 중 소매업 등 주로 사업자가 아닌 자에게 재화 또는 용역을 공급하는 일정한 사업을 영위하는 사업자이다(부법 §36 ①, 부령 §73).

그러나 영수증 발급 사업에 있어서도 공급받는 자가 사업자등록증을 제시하고 세금계산서의 발급을 요구하는 때에는 영수증 대신 세금계산서를 발급하여야 한다(부법 §36 ③).

---

① 소매업
② 음식점업(다과점업 포함)
③ 숙박업
④ 미용, 욕탕 및 유사 서비스업
⑤ 여객운송업
⑥ 입장권을 발행하여 경영하는 사업
⑦ 변호사업, 심판변론인업, 변리사업, 법무사업, 공인회계사업, 세무사업, 경영지도사업, 기술지도사업, 감정평가사업, 손해사정인업, 통관업, 기술사업, 건축사업, 도선사업, 측

량사업 및 행정사업(**사업자에게 공급하는 것 제외**)

⑧ 「우정사업운영에 관한 특례법」에 의한 우정사업조직이 「우편법」에 규정된 부가우편업무 중 소포우편물을 방문접수하여 배달하는 용역을 공급하는 사업

⑨ 부가가치세 과세대상인 성형외과 등의 진료용역

⑩ 부가가치세 과세대상인 수의사가 제공하는 동물의 진료용역

⑪ 전자서명인증사업자가 인증서를 발급하는 용역(공급받는 자가 사업자로서 세금계산서의 발급을 요구하는 경우 제외)

⑫ 간편사업자등록을 한 사업자가 국내에 전자적 용역을 공급하는 사업

⑬ 주로 사업자가 아닌 소비자에게 재화 또는 용역을 공급하는 다음의 사업

　㉠ 도정업과 떡류제조업 중 떡방앗간

　㉡ 양복점업, 양장점업 및 양화점업

　㉢ 주거용 건물공급업(주거용 건물을 자영건설하는 경우 포함)

　㉣ 운수업과 주차장 운영업

　㉤ 부동산중개업

　㉥ 예술, 스포츠 및 여가 관련 서비스업, 수리 및 기타 개인서비스업

　㉦ 가구내 고용활동

　㉧ 도로 및 관련시설 운영업

　㉨ 자동차제조업 및 자동차 판매업(공급받는 자가 사업자로서 세금계산서의 발급을 요구하는 경우 제외)

　㉩ 주거용 건물 수리 · 보수 및 개량업(2012.2.28. **이후 공급 분부터 적용**)

　㉪ 그 밖에 위와 유사한 사업으로서 세금계산서를 발급할 수 없거나 발급하는 것이 현저히 곤란한 사업

(2) 영수증발급특례

영수증 발급대상업종이 아닌 다음의 경우도 영수증을 발급할 수 있다(부령 §73 ②).

① 임시사업장개설사업자가 그 임시사업장에서 사업자가 아닌 소비자에게 재화 또는 용역을 공급하는 경우

② 「전기사업법」에 의한 전기사업자가 산업용이 아닌 전력을 공급하는 경우

③ 「전기통신사업법」에 의한 전기통신사업자가 전기통신역무을 제공하는 경우(부가통신사업자가 통신판매업자에게 부가통신역무를 제공하는 경우 제외)

④ 「도시가스사업법」에 의한 도시가스사업자가 산업용이 아닌 도시가스를 공급하는 경우

⑤ 「집단에너지사업법」에 의한 한국지역난방공사가 산업용이 아닌 열을 공급하는 경우
⑥ 「방송법」 제2조 제3호에 따른 방송사업자가 사업자가 아닌 자에게 방송용역을 제공하는 경우
⑦ 「인터넷 멀티미디어 방송사업법」 제2조 제5호 가목에 따른 인터넷 멀티미디어 방송 제공사업자가 사업자가 아닌 자에게 방송용역을 제공하는 경우

(3) 세금계산서를 발급해야 하는 경우

다음의 경우에는 **공급받는 사업자가 사업자등록증을 제시하고 세금계산서 발급을 요구하는 경우** 세금계산서를 발급해야 한다.

① 소매업·음식점업(다과점업 포함)·숙박업, 여객운송업(**전세버스운송사업 한정**) 및 「우정사업운영에 관한 특례법」에 의한 우정사업조직이 「우편법」에 규정된 부가우편업무 중 소포우편물을 방문 접수하여 배달하는 용역을 공급하는 사업, 전자서명인증사업자가 인증서를 발급하는 용역

② 미용, 욕탕 및 유사 서비스업, 여객운송업(**전세버스운송사업 제외**) 및 입장권을 발행하여 영위하는 사업자가 감가상각자산 또는 해당사업 외의 역무를 공급하는 때

③ 자동차 제조업 및 자동차 판매업을 경영하는 사업자가 영수증을 발급하였으나, 그 사업자로부터 재화를 공급받는 사업자가 해당 재화를 공급받은 날이 속하는 과세기간의 다음 달 10일까지 세금계산서의 발급을 요구하는 경우에는 세금계산서를 발급해야 한다. 이 경우 처음에 발급한 영수증은 발급되지 않은 것으로 본다.

03 영수증 발급의무의 면제

영수증 발급의무자가 세금계산서 발급의무가 면제되는 재화 또는 용역을 공급하는 경우에는 영수증 발급의무도 면제된다(부령 §73 ⑥).

04 영수증 발급의 간주

영수증을 발급하여야 하는 사업자가 신용카드매출전표, 직불카드영수증, 기명식 선불카드영수증, 현금영수증을 발행하거나 금전등록기를 설치하여 영수증을 대신하여 공급대가

를 적은 계산서를 발급하고 감사테이프를 보관[109]한 경우에는 영수증을 발급한 것으로 본다(부법 §36 ④, ⑤).

05 영수증 발급방법

① 신용카드 단말기, 현금영수증 발급장치 등을 통해 공급받는 자에게 출력하여 교부
② 「전자문서 및 전자거래 기본법」 제2조에 따른 전자문서 형태로 공급받는 자에게 송신하는 방법 (공급받는 자가 동의한 경우에 한정)

06 간이과세자의 영수증 발급 적용기간

① 영수증 발급에 관한 규정이 적용되거나 적용되지 아니하게 되는 기간 : 그 해의 1월 1일부터 12월 31일까지 공급대가의 합계액(신규로 사업을 시작한 개인사업자의 경우 환산한 금액)이 4천800만 원에 미달하거나 그 이상이 되는 해의 다음 해의 7월 1일부터 그 다음 해의 6월 30일까지로 한다.
② 영수증 발급 적용이 되는 신규 간이과세자 : 사업 개시일부터 사업을 시작한 해의 다음 해의 6월 30일까지로 한다.

07 간이과세자 중 영수증 발급 사업자 통지(부가가치세법 시행령 제73조의2)

① 영수증 발급 적용기간 개시 20일 전까지 영수증 발급대상인지 여부를 해당 사업자에게 통지해야 하고, 사업자등록증을 정정하여 과세기간 개시 당일까지 발급해야 한다.
② 간이과세자에 관한 규정이 적용되거나 적용되지 아니하게 되는 과세기간 개시 20일 전까지 그 사실을 통지하고 사업자등록증을 정정하여 과세기간 개시 당일까지 발급하였다면 위 통지·발급을 하지 않는다.

---

109) 사업자가 계산서를 발급하고 해당 감사테이프를 보관하는 경우에는 영수증 발급 인정은 물론 장부의 작성을 이행한 것으로 보며, 현금수입을 기준으로 부가가치세를 부과할 수 있다.

제 **5** 장

납부세액의 계산

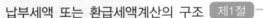

제1절 | 납부세액 또는 환급세액계산의 구조

01 의의

납부세액은 매출세액(대손세액을 뺀 금액)에서 다음의 매입세액을 공제하여 계산하되, 매출세액을 초과하는 부분의 매입세액은 환급세액으로 한다(부법 §37 ② 및 §38 ①).

① 자기의 사업을 위하여 사용하였거나 사용할 목적으로 공급받은 재화 또는 용역에 대한 부가가치세액(사업포괄양수 후 대리 납부한 부가가치세액 포함)

② 자기의 사업을 위하여 사용하였거나 사용할 목적으로 수입하는 재화의 수입에 대한 부가가치세액

납부세액 또는 환급세액 = 매출세액 - 공제대상 매입세액

---

02 매출세액

매출세액은 사업자가 재화 또는 용역을 공급할 때 거래징수한 세액의 합계액에서 대손세액을 뺀 금액이라 할 수 있다. 그러나 부가가치세법상의 매출세액과 거래징수한 부가가치세의 합계액은 반드시 일치하는 것은 아닌데 그 이유는 다음과 같다.

① 부가가치세의 매출세액은 세금계산서상의 세액을 합계하는 것이 아니라 과세표준의 합계액에 세율을 곱한 금액이기 때문이다. 따라서 실질적으로 거래상대방으로부터 부가가치세를 징수하였는지 여부에 불구하고 매출세액이 계산된다.

② 실제 거래징수하지 않는 거래인 간주공급에 대하여 매출세액이 발생한다.

③ 거래징수세액이 10원 미만인 경우 현실적으로 절사하여 대가를 받기 때문이다.

03 매입세액

(1) 공제대상 매입세액의 요건(이론적 요건)

① 사업자가 자기의 사업을 위하여 사용하였거나 사용할 목적인 재화 또는 용역에 대한 매입세액일 것

② 사업자가 공급받은 재화 또는 용역이나 재화의 수입에 대한 매입세액일 것

---

(1) 자기의 사업

① '**자기의 사업**'이란 광의로 해석하여 **자기의 사업과 직·간접적으로 관련성**이 있으면 되는 것이지 협의로 해석하여 재화나 용역의 귀속 여부를 따져서는 안 될 것이다. 판례에서도 "부가가치세법 제17조 제2항(매입세액불공제) 규정은 … 제한적·열거적 규정으로 보아야 하므로 사업관련성이 인정되는 매입세액은 여기에서 열거하고 있는 것 외에는 공제되어야 한다고 본다(대법원 94누6239, 1996.2.9.)."고 판시하여 자기의 사업에 대하여 광의의 해석을 하고 있다.

② 또한 '**사업을 위하여**'란 자기의 과세사업에 관련된 것을 말한다. 따라서 과세사업이 아닌 면세사업과 관련된 재화 또는 용역의 구입이나 개인적, 비사업적 사용·소비를 위한 재화 또는 용역의 구입에 따른 부가가치세는 매입세액으로 공제받을 수 없다.

(2) 사용하였거나 사용할

① 「**사용하였거나**」라는 의미는 이미 부가가치의 창출에 투입되어 그 사용이 완료된 것을 의미하고, 「**사용할**」이란 아직 사용되지 않았으나 장차 과세사업에 사용할 것이 예상되어 재고 상태에 있는 것을 의미한다. 물론 용역은 제공과 동시에 사용될 것이므로 이 경우는 재화의 경우를 의미하는 것이다.

② 따라서 부가가치세법에서는 당초 과세사업에 사용할 예정으로 매입세액공제를 받은 후 과세사업으로 사용하지 않는 경우(면세사업전용, 개인적공급·사업상증여·폐업시 잔존재화)에는 재화의 공급으로 의제하여 매출세액을 발생시키고 있다.

---

(2) 공제대상 매입세액

① 세금계산서상 매입세액 : 매입처별세금계산서합계표상의 매입세액

② 기타 공제매입세액

        ㉠ 신용카드매출전표등수령명세서 제출분(간이과세자[110]가 발급한 신용카드매출전표 등 포함)

        ㉡ 의제매입세액

        ㉢ 재활용폐자원등 매입세액

        ㉣ 재고매입세액

        ㉤ 변제대손세액(공급받은 자)

        ㉥ 과세사업전환매입세액

(3) 공제시기

재화 또는 용역에 대한 매입세액의 공제시기는 당해 재화 또는 용역을 공급받은 거래시기 또는 재화의 수입시기가 속하는 과세기간의 매출세액에서 공제한다(부법 §38 ②, ③). 즉 실제로 당해 예정신고기간 또는 과세기간에 사용하였는지, 대가를 거래상대방에게 지불하였는지 여부에 불구하고 공제받는다.

(4) 공제 사업장

1) 원칙

부가가치세는 사업장을 납세지로 하여 사업자등록, 과세표준의 신고, 세액의 납부 등을 각 사업장마다 하도록 하고 있으므로 매입세액 공제의 경우에도 각 사업장에서 하는 것이 원칙이다.

2) 2 이상의 사업장이 있는 경우

사업자가 2 이상의 사업장이 있는 경우에는 재화나 용역을 공급받는 당해 사업장의 사업자등록번호로 세금계산서를 수취하여 매입세액공제를 받는 것이 원칙이다. 그러나 사업장 간 직·간접적으로 사업관련성이 인정되는 경우에는 사업자단위에 의하여 매입세액공제를 허용하고 있다.

3) 신설사업장

사업자가 사업을 확장할 목적으로 신설하는 사업장의 매입세액공제에 대하여는 다음과 같이 매입세액공제 여부를 판정하면 된다.

---

110) 특정 간이과세자로 세금계산서 발급이 가능한 간이과세자(직전연도 공급대가의 합계액이 4천800만 원 이상)

법인 사업자	사업확장 목적이면 업종이 다르더라도 기존 사업장에서 매입세액공제 가능함
개인 사업자	• 기존 사업과 업종이 같거나 직·간접적 관련성이 있는 경우에는 기존 사업장에서 세금계산서를 발급받은 경우 매입세액공제 가능함 • 신설 사업장의 업종이 기존 사업장과 다른 경우 신설 사업장에서 사업자등록을 하고 세금계산서를 발급받고 매입세액공제를 하여야 함

(5) 공제받는 사업자

재화·용역의 공급에 대한 매입세액과 재화의 수입에 대한 매입세액을 공제받을 수 있는 사업자는 실제로 당해 재화·용역을 공급받거나 재화를 수입한 사업자로 한다.

해석사례 매입세액의 공제시기

(1) 폐업 후에 교부받은 전력세금계산서의 매입세액
    사업자가 폐업일 전에 공급받은 전력에 대하여 폐업일 이후에 교부받은 세금계산서의 매입세액은 폐업일 전에 공급받은 것이 확인되는 경우에 매입세액을 공제받을 수 있음(부가 1265 – 782, 1983.4.26.)

(2) 수입세금계산서에 의한 매입세액 공제
    사업자가 자기의 사업과 관련된 재화의 수입에 따른 수입세금계산서를 수입일이 속하는 과세기간 경과 후에 교부받은 때에는 수입세금계산서를 교부받은 날이 속하는 과세기간의 매출세액에서 공제받을 수 있음(부가통칙 17 – 0 – 8).

해석사례 공제사업장

(1) 2 이상의 사업장이 있는 경우
    ① 2 이상의 사업장이 있는 사업자가 세금계산서를 교부하거나 교부받는 경우에는 재화나 용역을 공급하거나 공급받는 당해 사업장의 사업자등록번호를 사용하여야 함(부가 1265 – 1223, 1982.5.12.)
    ② 본사에서 계약·발주·대금결제 등을 하고 재화는 운송편의상 실질적으로 사용·소비하는 제조장으로 인도시 본사와 제조장 어느 쪽에서도 매입세액공제가 가능함(소비 22601 – 33, 1989.1.17.)
    ③ 본사와 지점 등 2 이상의 사업장이 있는 사업자가 지점사업장을 이전할 목적으로

공장을 신축하는 경우에는 신축사업장으로 이전할 지점사업장에서 매입세액을 공제받을 수 있음(부가 22601-1413, 1989.9.29.)

④ 본점에서 매입주문·대금지급 및 매입에 따른 매출이 발생하였으나, 지점명의로 매입세금계산서를 수취한 경우 매입세액 공제 불가함. 본점에서 매입·주문하여 본점통장에서 대금결재가 이루어지고, 본점차량을 이용하여 본점의 매출처 탱크로 직접배송하여 납품하고 있는 점 등으로 보아 처분청이 지점 명의로 수취한 매입세금계산서에 대하여 사실과 다른 세금계산서로 보아 매입세액 불공제하여 경정·고지한 처분은 잘못이 없음(조심 2012전931, 2012.9.28.)

⑤ 지점이 공제받을 매입세액을 본점에서 공제받은 경우 매입세액불공제 적용 여부 부가가치세는 사업장별 과세가 원칙이므로 본점에서 "지점에서 공제받을 매입세액"을 공제받았으므로 매입세액불공제 및 매입세금계산서합계표 제출 불성실 가산세를 적용하여야 하는 것임(부가 46015-2832, 1998.12.22.)

(2) 사업장 신설의 경우

① 법인사업자가 사업을 확장하기 위하여 별도로 사업장을 신설하는 경우 신설사업장과 관련된 매입세액은 사업확장과 관련있는 기존의 사업장에서 공제할 수 있음(부가 22601-72, 1992.1.18.)

② 부동산 임대업을 영위하는 사업자가 사업규모를 확장할 목적으로 기존의 사업장이외 다른 장소에 있는 부동산을 매입하여 부동산 임대업에 사용할 예정인 경우 당해 신규부동산 매입세금계산서를 기존사업장 명의로 교부받는 경우에도 매입세액으로 공제 받을 수 있음(부가 1265-2183, 1982.8.18.)

③ 제조업을 영위하는 개인사업자가 판매장을 개설하기 위하여 상가를 분양받고 동 분양상가의 매입세금계산서를 기존사업장(제조장) 명의로 교부받은 경우 동 매입세금계산서상의 매입세액은 기존사업장의 매출세액에서 공제 또는 환급받을 수 있는 것임(부가 46015-293, 1998.2.21.)

④ 사업자가 시설을 확장하기 위하여 기존사업장 이외에 별도의 신설사업장을 건설함에 있어 신설사업장의 사업자등록일 이후에도 동 건설용역에 대한 세금계산서를 기존사업장 명의로 교부받은 경우에는 기존사업장 매입세액으로 공제받을 수 있는 것임(부가 46015-103 1998.1.17., 부가 22601-880, 1986.5.8.)

⑤ 서울에서 다방업을 영위하는 개인사업자가 대전에 제조장을 신설하는 경우 신설제조장 관련 매입세액은 기존사업장(다방)에서 공제받지 못함(소비 22601-94, 1988.2.1.)

→ 기존사업장과 신설사업장의 사업내용이 서로 다른 경우에는 기존사업장에서 매입세액공제가 되지 아니함

(1) 한 사업자 명의로 계약을 체결한 경우
    2 이상의 사업자가 공동으로 사용할 사업부대설비공사를 그 중 한 사업자의 명의로
    계약을 체결한 경우에 당해 설비건설용역을 제공하는 사업자는 각 사업자를 공급받
    는 자로 하여 세금계산서를 교부할 수 있으며, 그 용역을 공급받은 각 사업자는 자기
    가 부담한 매입세액을 공제받을 수 있음(부가통칙 17-0-7)

(2) 부부 공동건축한 건물의 사업자등록을 남편명의로 한 경우
    부부가 공동으로 건축허가를 득하여 부가가치세 과세사업에 사용할 건물을 신축하고
    소유권등기를 하였으나 사업자등록은 남편 명의의 단독사업자로 하고 세금계산서를
    교부받은 경우 당해 건물의 신축에 관련된 부가가치세 매입세액을 매출세액에서 전
    액 공제받을 수 있음(부가 46015-1649, 1999.6.11.)

(3) 사업의 양도시까지 교부받지 못한 수입세금계산서의 매입세액
    사업양도자가 수입재화에 대한 수입세금계산서를 사업양도시까지 교부받지 못하고
    사업양도 후 사업양수자가 사업양도자 명의로 교부받은 경우에는 당해 수입세금계산
    서를 교부받은 과세기간에 매입세액으로 공제받을 수 있음(부가통칙 17-0-5)

(4) 건축허가명의와 실제건축주가 다른 경우의 매입세액
    사업자가 사업에 공할 건물을 신축할 때 소요되는 재화의 구입에 있어서 건축허가명
    의에 관계없이 실지로 재화를 공급받는 자의 명의로 세금계산서를 교부받았을 경우
    에 매입세액을 공제 받을 수 있음(부가 1265-2364, 1981.9.7.)

(5) 전력·청소용역비에 대한 임차인의 매입세액
    부가가치세가 과세되는 사업을 영위하는 사업자가 임대인으로부터 전기요금 및 청소
    용역비에 대해 부가가치세법 시행규칙 제18조의 규정에 의한 세금계산서를 교부받을
    경우에 당해 매입세액은 공제받을 수 있음(부가 1265-908, 1983.5.12.)

제2절 매입세액불공제

01 의의

다음의 매입세액은 거래상대방 또는 세관장에게 부가가치세를 거래징수 당한 사실이 세금계산서 등에 의하여 입증된다 하더라도 사업자의 매출세액에서 공제하지 아니한다(부법 §39 ①).

① 매입처별세금계산서합계표 미제출·부실기재 및 사실과 다르게 기재된 분의 매입세액
② 세금계산서 미수취·부실기재 및 사실과 다르게 기재된 분의 매입세액
③ 사업과 직접 관련 없는 지출에 대한 매입세액
④ 「개별소비세법」 제1조 제2항 제3호에 따른 자동차(운수업, 자동차판매업 등 대통령령으로 정하는 업종에 직접 영업으로 사용되는 것은 제외)의 구입과 임차 및 유지에 관한 매입세액
⑤ 기업업무추진비 및 이와 유사한 비용의 지출에 관련된 매입세액
⑥ 면세사업(부가가치세가 과세되지 아니하는 재화 또는 용역을 공급하는 사업 포함)에 관련된 매입세액에 관련된 매입세액(투자에 관련된 매입세액 포함)
⑦ 토지관련 매입세액
⑧ 사업자등록을 신청하기 전의 매입세액

02 매입세액불공제의 내용

(1) 매입처별세금계산서합계표 미제출·부실기재분 매입세액

사업자가 발급받은 세금계산서에 의하여 자기의 매출세액에서 매입세액으로 공제받기 위해서는 부가가치세 예정신고 또는 확정신고와 함께 매입처별세금계산서합계표를 제출하여야 한다. 그러므로 다음의 매입세액은 매출세액에서 공제하지 아니한다(부법 §39 ① 1호). 이는 세금계산서를 주고받는 질서를 확립하기 위함이다.

① **미제출** : 예정신고 또는 확정신고시에 매입처별세금계산서합계표를 제출하지 아니한 경우의 매입세액

② **부실기재** : 제출한 매입처별세금계산서합계표의 기재사항 중 거래처별 등록번호 또는 공급가액의 전부 또는 일부가 적히지 아니하였거나 사실과 다르게 적힌 부분의 매입세액(공급가액이 사실과 다르게 적힌 경우에는 실제 공급가액과 사실과 다르게 적힌 금액의 차액에 해당하는 세액)

그러나 **다음의 경우에는 매입세액을 공제한다**(부령 §74).

① 매입처별세금계산서합계표 또는 신용카드매출전표 등의 수령명세서(정보처리시스템으로 처리된 전산매체 포함)를 다음과 같이 제출하는 경우(자진 정정에 대한 보상으로 **가산세 없음**)

 ㉠ 과세표준수정신고서와 함께 제출하는 경우

 ㉡ 경정청구서와 함께 제출하여 경정기관이 확인하는 경우

 ㉢ 기한후과세표준신고서와 함께 제출하여 관할세무서장이 결정하는 경우

② 발급받은 세금계산서 또는 신용카드매출전표 등을 경정기관(세무서장 등)의 확인을 거쳐 정부에 제출하는 경우(자진정정이 아니므로 **세금계산서는 공급가액의 0.5%, 신용카드매출전표 등은 공급가액의 0.5%* 가산세 있음**)

 * 2018.12.31. 이전 공급받은 분은 1%

③ 발급받은 세금계산서에 대한 매입처별세금계산서합계표의 거래처별등록번호 또는 공급가액이 착오로 사실과 다르게 기재된 경우로서 발급받은 세금계산서에 의하여 거래사실이 확인되는 경우에는 공제함(**가산세 없음**)

④ 필요적 기재사항 중 "공급하는 자" 또는 "공급받는 자"가 사실과 다르게 기재된 경우로서 실제 공급하는 자 또는 공급받는 자가 속하는 사업자단위과세 또는 총괄납부 범위 내의 다른 사업자 중 하나로 잘못 기재되었으나 공급하는 자가 당초 세금계산서에 근거하여 매출세액을 모두 납부한 경우에는 공제함

📈 **실무** ●

세무회계사무소에서 매입처별세금계산서합계표를 착오로 잘못 기재한 경우

• 경정청구 등에 의하여 매입세액공제 가능

• 매입처별세금계산서합계표 관련 가산세 없음

• 신고불성실가산세(과소신고 또는 초과환급신고가산세 10%)와 납부불성실가산세(1일 2.2/10,000) 있음

---

(2) 세금계산서 미수취·부실기재분 매입세액

사업자가 자기의 사업과 관련하여 재화 또는 용역을 공급받은 경우라도 다음의 매입세액은 매출세액에서 공제하지 아니한다(부법 §38 ① 2호). 이는 세금계산서를 주고받는 질서를 확립하기 위함이다.

① **미수취** : 적법한 세금계산서를 발급받지 아니한 경우의 매입세액
② **부실기재** : 발급받은 세금계산서에 필요적 기재사항의 전부 또는 일부가 적히지 아니하였거나 사실과 다르게 적힌 경우의 매입세액

그러나 **다음의 경우에는 매입세액공제가 허용된다**(부령 §75).

① 사업자등록을 신청한 사업자가 사업자등록증 발급일까지의 거래에 대하여 해당 사업자 또는 대표자의 주민등록번호를 적어 발급받은 경우
② 필요적 기재사항 중 일부가 착오로 사실과 다르게 적혔으나 그 세금계산서에 적힌 나머지 필요적 기재사항 또는 임의적 기재사항으로 보아 거래사실이 확인되는 경우
③ 재화 또는 용역의 공급시기 이후에 발급받은 세금계산서로서 해당 공급시기가 속하는 과세기간의 **확정신고기한까지 발급**받은 경우(지연수취 했기 때문에 **세금계산서는 공급가액의 0.5%, 신용카드매출전표 등은 공급가액의 0.5%* 가산세 있음**)

📈 **실무** ○

지연 발급받은 세금계산서와 매입세액공제 여부 등

• 종전에는 제1기의 경우 1월 1일부터 5월 31일까지 공급 분은 6월 30일까지 발급받은 세금계산서가 해당되고, 제2기의 경우에는 7월 1일부터 11월 30일까지 공급 분은 12월 31일까지 발급받은 세금계산서가 해당되었음
• 개정 규정에서는 월별 구분할 필요 없이 모두 확정신고기한 내에 발급받은 세금계산서는 매입세액공제가 허용됨
• 다만, 지연발급받은 세금계산서에 의하여 매입세액공제를 받는 경우에는 세금계산서 지연수취 가산세(0.5%)가 적용됨
• 한편, 공급자의 경우 과세기간 종료 후 확정신고기한 내에 지연발급한 경우에는 1% 가산세가 적용됨

---

④ 발급받은 전자세금계산서로서 국세청장에게 전송되지 아니하였으나 발급한 사실이 확인되는 경우
⑤ 전자세금계산서 외의 세금계산서로서 재화나 용역의 공급시기가 속하는 과세기간의 확정신고기한까지 발급받았고, 그 거래사실도 확인되는 경우

⑥ 실제로 재화 또는 용역을 공급하거나 공급받은 사업장이 아닌 사업장을 적은 세금계산서를 발급받았더라도 그 사업장이 총괄납부 또는 사업자단위과세 사업자에 해당하는 사업장인 경우로서 그 재화 또는 용역을 실제로 공급한 사업자가 납세지 관할세무서장에게 해당 과세기간에 대한 납부세액을 신고하고 납부한 경우

⑦ 공급시기 이후 세금계산서를 발급받았으나, 실제 공급시기가 속하는 과세기간의 확정신고기한 다음날부터 1년 이내에 발급받은 것으로서 수정신고·경정청구하거나, 거래사실을 확인하여 결정·경정하는 경우(2019.2.12. 이후 공급받는 분부터 적용, 세금계산서지연수취가산세 0.5% 적용)

⑧ 공급시기 이전 세금계산서를 발급받았으나, 실제 공급시기가 6개월 이내에 도래하고 거래사실을 확인하여 결정·경정하는 경우(2019.2.12. 이후 공급받는 분부터 적용, 세금계산서지연수취가산세 0.5% 적용)

⑨ 다음에 해당되는 경우로서 그 거래사실이 확인되고 거래 당사자가 납세지 관할세무서장에게 해당 납부세액을 신고하고 납부한 경우

  ㉠ 거래의 실질이 위탁매매 또는 대리인에 의한 매매에 해당함에도 불구하고 거래 당사자 간 계약에 따라 위탁매매 또는 대리인에 의한 매매가 아닌 거래로 하여 세금계산서를 발급받은 경우

  ㉡ 거래의 실질이 위탁매매 또는 대리인에 의한 매매에 해당하지 않음에도 불구하고 거래당사자 간 계약에 따라 위탁매매 또는 대리인에 의한 매매로 하여 세금계산서를 발급받은 경우

  ㉢ 거래의 실질이 용역의 공급에 대한 주선·중개에 해당함에도 불구하고 거래당사자 간 계약에 따라 용역의 공급에 대한 주선·중개가 아닌 거래로 하여 세금계산서를 발급받은 경우

  ㉣ 거래의 실질이 용역의 공급에 대한 주선·중개에 해당하지 않음에도 불구하고 거래당사자 간 계약에 따라 용역의 공급에 대한 주선·중개로 하여 세금계산서를 발급받은 경우

  ㉤ 다른 사업자로부터 사업(용역을 공급하는 사업으로 한정)을 위탁받아 수행하는 사업자가 위탁받은 사업의 수행에 필요한 비용을 사업을 위탁한 사업자로부터 지급받아 지출한 경우로서 해당 비용을 공급가액에 포함해야 함에도 불구하고 거래 당사자 간 계약에 따라 이를 공급가액에서 제외하여 세금계산서를 발급받은 경우

  ㉥ 다른 사업자로부터 사업을 위탁받아 수행하는 사업자가 위탁받은 사업의 수행에

필요한 비용을 사업을 위탁한 사업자로부터 지급받아 지출한 경우로서 해당 비용을 공급가액에서 제외해야 함에도 불구하고 거래당사자 간 계약에 따라 이를 공급가액에 포함하여 세금계산서를 발급받은 경우

→ 위탁·일반매매 구분이 명확하나 고의로 잘못 기재한 경우 가산세는 예전과 동일하게 부과

- (공급자) 2%(위장거래)

(공급받는 자) 2%(위장거래)

㋀ 매출에누리의 경우 공급가액에 포함하지 않아야 함에도 불구하고 거래 당사자 간 계약에 따라 해당 금액을 장려금이나 이와 유사한 금액으로 보고 이를 공급가액에 포함하여 세금계산서를 발급받은 경우

⑩ 부가가치세를 납부해야 하는 수탁자가 위탁자를 재화 또는 용역을 공급받는 자로 하여 발급된 세금계산서의 부가가치세액을 매출세액에서 공제받으려는 경우로서 그 거래사실이 확인되고 재화 또는 용역을 공급한 자가 납부세액을 신고하고 납부한 경우

📈 **실무**

위장·가공세금계산서 관련 매입세액

① '**가공세금계산서**'란 사업자가 실제 거래없이 수수한 세금계산서를 말하고, '**위장세금계산서**'란 사업자가 실제 거래는 하였으나 거래상대방을 달리하여 수수한 세금계산서를 말한다. 가공세금계산서와 위장세금계산서에 의한 매입세액은 모두 공제되지 아니한다.

② 그러나 사업자가 거래상대방의 사업자등록증을 확인하고 거래에 따른 세금계산서를 발급하거나 발급받은 경우, 거래상대방이 관계기관의 조사로 인하여 명의위장사업자로 판정되었다 하더라도 당해 사업자를 선의의 거래당사자로 볼 수 있는 때에는 경정 또는 「조세범처벌법」에 의한 처벌 등 불이익한 처분을 받지 아니한다(부가통칙 21-0-1).

③ 이 경우 명의위장사업자와 거래한 선의의 사업자라는 입증책임은 납세자에게 있다. 그러므로 고정거래처가 아니어서 거래상대방을 잘 모르는 경우에는 사업자등록증명원, 법인등기부등본, 대가지급시 공급자 명의의 계좌입금 등의 주의가 필요하다.

④ 특히, 자료상으로 확정된 사업자와의 거래에 있어서 선의의 거래당사자로 보기 위해서는 실물거래를 입증할 수 있어야 한다. 실물거래의 입증은 일반적인 상거래 관행이나 거래처의 품목과 수량, 거래일시, 통장입금 등 금융자료의 확인 등에 의한다. 그러나 통장입금 등 금융자료가 확인된다고 하더라도 부가가치세 상당액만큼만 확인이 된다거나, 통장입금 등 확인된 금액과 동일한 금액이 공급받은 자나 그와 특수관계에 있는 자에게 재송금되는 경우에는 통상적인 자료상거래라고 보고 있다.

┌─ 📈 **실무** ○───

공급가액이 과다 기재된 세금계산서 관련 매입세액

① 재화와 용역을 공급받고 실지로 공급받은 금액보다 과다 기재하여 작성된 세금계산
   서라 하더라도 그 매입세액 전액을 불공제하는 것이 아니라 과다 기재된 부분만 불
   공제한다.

② 예를 들어 100,000원의 재화를 공급받고 세금계산서는 150,000원으로 발급받았다면
   과다 기재된 50,000원에 해당하는 매입세액만 불공제하는 것이다.

───

┌─ 📈 **실무** ○───

공급시기 외의 날짜에 발급받은 세금계산서 매입세액공제 여부

구 분	매입세액공제 여부	수정세금계산서 발급 가능 여부 등

후발급
세금계산서
	• 해당 과세기간의 **확정신고기한 내** 발
	  급 : 매입세액공제
	• 해당 과세기간의 확정신고기한 이후
	  발급 : 매입세액불공제
		• 발급할 수 없음

선발급
세금계산서
	• 부가가치세법상 선발급 인정되는 경
	  우 : 매입세액공제
	• 그 외의 경우 : 매입세액불공제
		• 발급할 수 없음
		• 다가오는 공급시기에 다시 정상적으로
		  세금계산서 발급하면 공제됨
		• 선발급 분에 대해서는 각자 수정신고
		  와 경정청구하면 됨

→ 공급시기외 확정신고한내 발급 세금계산서 관련 가산세
   공급자 : 지연발급가산세 1%
   공급받는 자 : 지연수취가산세 0.5%

───

(3) 사업과 직접 관련 없는 지출에 대한 매입세액

사업과 직접 관련이 없는 지출에 대한 매입세액은 공제되지 아니하며, 그 지출의 범위는
다음과 같다(부법 §39 ① 4호 및 부령 §77). 이는 과세사업용으로 사용되지 않는 지출이기 때문
이다.

① 공동경비 중 공동사업자가 분담비율을 초과하는 금액
② 업무무관자산을 취득하거나 관리함으로써 발생하는 금액
③ 업무와 관련없이 지출되는 금액

┌─ 실무 ○───

사업과 직접 관련 없는 지출에 대한 매입세액의 불공제

소득세법 또는 법인세법의 규정에 해당하는 지출은 특정사유로 인하여 필요경비 또는 손금에 산입하지 아니하도록 정하고 있는 것이므로 이에 해당하지 아니하는 것이라 하여 모두 사업과 관련 있는 지출은 아니다. 따라서 **이에 해당하지 아니하는 지출은 별도로 사업관련 여부를 판단하여 사업과 관련이 없는 것은 매입세액으로 공제받을 수 없음**에 유의해야 한다.

└──

┌─ 실무 ○───

가공세금계산서를 수취한 후 그 거래를 사업과 직접 관련 없는 지출이라 하여 불공제한 경우

가공세금계산서를 수취한 후 그 거래를 부가가치세 신고대상에서 제외하였다고 하여 세금계산서불성실 가산세를 면할 정당한 사유가 있지 않는 한 가공세금계산서 수취로 인해 이미 성립한 가산세 납세의무가 소멸한다고 볼 수도 없음(조심 2022서6170, 2023.3.27.)

▶ 종이세금계산서와는 달리 가공(위장) 거래에 따른 전자세금계산서를 수취한 경우 이미 국세청 전산시스템에 등록되어 세금계산서를 제출한 것으로 간주됨. 이에 따라 신고서에서 미반영하였다 하더라도 공급가액의 3%의 가산세를 적용함. 다만, 국기법 제 48조 규정에 따라 납세자가 의무를 이행하지 아니한 데에 정당한 사유가 있는 경우에는 가산세를 부과하지 않음. 따라서 실무적으로 세금계산서를 취소받지 못한다면 메일이나 내용증명 등을 통하여 취소해달라는 통보 등을 보관하여야 함.

수정세금계산서를 수수한 행위에 대하여 가산세를 부과한 처분의 정당성(조심 2023서257, 2024.3.14.) ; 일선세무서의 가산세 부과와는 상반된 판례

수정세금계산서는 당초의 세금계산서와 상반관계를 갖는 하나의 거래에 해당한다고 볼 수 있고, 당초 거짓으로 발행하였던 세금계산서를 취소하기 위하여 수정세금계산서를 발급하였음에도 수정세금계산서 역시 거짓 세금계산서로 보아 가산세를 부과한다면, 잘못을 수정하려 한 납세자에게 더 큰 불이익을 지우게 되는 점, 수정세금계산서의 발급에 대한 제재와 관계 없이 당초의 거짓 세금계산서의 발급을 이유로 제재함으로써 거짓 세금계산서를 발급·수취한 행위를 바로잡을 수 있는 점 등에 비추어 수정세금계산서에 대하여 가산세를 부과한 처분은 잘못이 있다고 판단됨.

└──

(4) 「개별소비세법」 제1조 제2항 제3호에 따른 자동차의 구입과 임차 및 유지에
관한 매입세액

운수업, 자동차판매업, 자동차 임대업, 운전학원업, 무인경비업(출동차량에 한함) 및 이
와 유사한 업종에 직접 영업으로 사용되는 자동차의 구입과 임차 및 그 유지에 관한 매입세
액은 공제대상이 되나, 개별소비세가 과세되는 비영업용 소형승용자동차의 구입과 임차 및
그 유지에 관한 매입세액은 매출세액에서 공제되지 아니한다(부법 §39 ① 5호 및 부령 §78).
참고사항으로 개별소비세 과세대상 자동차가 아닌 경우(예를 들어 화물차, 경차, 정원 9인
이상의 승용차 등)은 매입세액이 공제된다.

🗾 **실무** ●

개별소비세 과세대상 비영업용 소형승용차의 범위

과세대상	비 고
승용자동차	• 정원 8명 이하의 자동차로 한정함 • 배기량이 1,000cc 이하의 것으로서 길이가 3.6㎡ 이하이고 폭이 1.6㎡ 이하인 것(국민승용차) 제외
전기승용자동차	길이가 3.6㎡ 이하이고 폭이 1.6㎡ 이하인 것 제외
갬핑용자동차	캠핑용 트레일러 포함
이륜자동차	• 내연기관을 원동기로 하는 것은 총배기량이 125cc를 초과하는 것으로 한정하며, 내연기관 외의 것을 원동기로 하는 것은 그 정격출력이 1KW를 초과하는 것으로 한정함 • 국방용 또는 경찰용으로서 해당 기관의 장이 증명하는 것 제외

---

(5) 기업업무추진비 및 이와 유사한 비용의 지출에 관련된 매입세액

기업업무추진비 및 이와 유사한 비용의 지출에 관련된 매입세액은 매출세액에서 공제하
지 아니하며, '기업업무추진비 및 이와 유사한 비용'이라 함은 소득세법 및 법인세법상 기업
업무추진비에 해당되는 것을 말한다(부법 §39 ① 6호 및 부령 §79).

기업업무추진비 등의 지출과 관련된 매입세액은 사업목적으로 사용했는지에 대한 여부
를 판단하기 어려워 납세자와의 분쟁이 생길 우려가 많기 때문에, 정책적인 목적에서 일률
적으로 매입세액을 공제하지 않는다.

(6) 면세사업 또는 비과세사업에 관련된 매입세액

부가가치세 면세사업(부가가치세가 과세되지 아니하는 재화 또는 용역을 공급하는 사업 포함)에 관련된 매입세액(투자에 관련된 매입세액 포함)은 매출세액에서 공제하지 아니한다(부법 §39 ① 7). 이는 과세사업용으로 사용하지 않은 것이기 때문이다.

(7) 토지관련 매입세액

토지의 조성 등을 위한 자본적 지출에 관련된 매입세액으로서 다음에 해당하는 매입세액은 매출세액에서 공제하지 아니한다(부법 §39 ① 7 및 부령 §80).

→ 토지는 부가가치세법상 면세 재화이다. 따라서 그 자체의 공급에 대해서는 매출세액이 발생하지 않으므로 그에 관련된 매입세액도 공제하지 않는다.

① 토지의 취득 및 형질변경, 공장부지 및 택지의 조성 등에 관련된 매입세액

② 건축물이 있는 토지를 취득하여 그 건축물을 철거하고 토지만을 사용하는 경우에는 철거한 건축물의 취득 및 철거비용에 관련된 매입세액

③ 토지의 가치를 현실적으로 증가시켜 토지의 취득원가를 구성하는 비용에 관련된 매입세액

〰️ 실무 ●

토지관련 지출과 건물 및 구축물 관련 지출 등

구 분	주요 내용
(1) 토지관련 지출로 보는 것	**(1) 토지관련 지출로 보는 것** ① 형질변경, 택지조성, 공장부지 정지작업 ② 도로개설(토지유용성 증진을 위한 진입로 도로개설 포함) ③ 옹벽설치 및 부대시설 공사(토지의 가치증가를 위한 것) **(2) 토지에 대한 자본적 지출(법인세법 기본통칙 23-31-1)** ① 토지만을 사용할 목적으로 건축물이 있는 토지를 취득하여 그 건축물을 철거하거나, 자기소유의 토지상에 있는 임차인의 건축물을 취득하여 철거한 경우 철거한 건축물의 취득가액과 철거비용 ② 토지구획정리사업의 결과 무상분할양도하게 된 체비지를 대신하여 지급하는 금액 ③ 도시계획에 의한 도로공사로 인하여 공사비로 지출된 수익자부담금 ④ 공장 등의 시설을 신축 또는 증축함에 있어서 배수시설을 하게 됨으로써 공공하수도의 개축이 불가피하게 되어 그 공사비를 부담할 경우 그 공사비는 배수시설에 대한 자본적 지출로 함

구 분	주요 내용
	⑤ 목장용 토지(초지)의 조성비 중 최초의 조성비
	⑥ 토지·건물만을 사용할 목적으로 첨가 취득한 기계장치 등을 처분함에 따라 발생한 손실은 토지, 건물의 취득가액에 의하여 안분계산한 금액을 각각 당해 자산에 대한 자본적 지출로 함
	⑦ 부동산 매매업자(주택신축판매업자 포함)가 토지개발 또는 주택신축 등 당해 사업의 수행과 관련하여 그 토지의 일부를 도로용 등으로 국가 등에 무상으로 기증한 경우 그 토지가액은 잔존토지에 대한 자본적 지출로 함
	(3) 골프장 신설의 경우
	① 골프코스를 조성하기 위한 절토, 성토 등 토목공사비, 조형공사비, 정지비
	② 티그라운드, 페어웨이, 러프, 벙커, 그린(토목공사 부분) 등의 조성비, 잔디, 자연석 쌓기
(2) 건물에 대한 자본적 지출	① 지하실 터파기, 굴삭작업, 흙막이공사, 철근빔공사
	② 옹벽설치 및 부대시설 공사(건물의 기초를 닦기 위해 반드시 필요한 정도)
(3) 구축물	① 도로포장(콘크리트바닥, 보도블럭바닥, 연와바닥, 돌바닥, 아스팔트바닥 등)
	② 담장시설, 주차시설, 건물주변 조경공사
	③ 토지의 공사비나 개량비 중 돌담, 호안, 상하수도, 가스등과 같이 영구적인 설비가 되지 못하는 것
(4) 당기비용	사용하던 건축물을 철거하고 신축건물을 건축하는 경우 구건물의 감가상각비와 철거비용

(8) 사업자등록 전 매입세액

사업자등록을 신청하기 전의 매입세액(단, 공급시기가 속하는 **과세기간이 끝난 후 20일 이내에 등록 신청한 경우 등록신청일부터 공급시기가 속하는 과세기간 기산일(1/1 또는 7/1)까지 역산한 기간 내의 것은 매입세액공제가 허용됨**)은 매출세액에서 공제하지 아니한다(부법 §39 ① 8호). 이는 사업자등록을 장려하기 위한 조치이다.

그런데 사업자등록 전에는 세금계산서의 필요적 기재사항인 공급받는 자의 사업자등록번호 등을 알 수 없어서 기재할 수가 없다. 그러므로 이 경우에는 공급받는 사업자 또는 대표자의 주민등록번호를 기재하여 세금계산서를 발급받으면 매입세액공제가 허용된다.

〰️ 실무 ●

과세기간이 끝난 후 20일이 되는 날이 토요일, 일요일, 공휴일 및 대체공휴일 또는 근로자의 날인 경우

과세기간이 끝난 후 20일이 되는 날이 토요일, 일요일, 공휴일 및 대체공휴일 또는 근로자의 날이어서 그 다음 날에 사업자등록을 신청한 경우 당해 매입세액은 공제대상임(서면3팀-858, 2007.3.21. 예규를 개정법령을 반영하여 재해석한 것임)

해석사례 사실과 다른 세금계산서

(1) 소급 작성한 세금계산서
   ① 대법원 판례에서는 "그 공급시기나 과세기간이 경과한 후에 작성일자를 공급시기로 소급하여 작성·교부했다 하더라도 그 세금계산서의 기재사항에 의하여 그 거래사실이 확인되는 경우에는 매입세액으로 공제하여야 한다."는 결정이 있음(대법 87누956, 1988.1.19.)
   ② 또한 거래일자를 소급한 경우뿐만 아니라 실제의 공급일자와 다르게 기재되었다 하더라도 재화 또는 용역의 공급일이 속하는 동일 과세기간 내에 세금계산서를 교부받은 경우에도 매입세액공제가 가능한 것으로 판시하고 있음(대법 90누9933, 1991.4.26.)
      → 과세관청과 조세심판원에서는 동일 과세기간을 경과하여 작성한 세금계산서의 매입세액은 공제되지 아니하는 것으로 해석하고 있음

(2) 위장·가공세금계산서
   ① 명의 위장사업자에 대한 부가가치세법 적용
      타인의 명의로 사업자등록을 하고 부가가치세 신고납부를 한 명의위장사업자에 대하여 경정하는 경우 그 타인의 명의로 교부받은 세금계산서의 매입세액은 「국세기본법」 제14조(실질과세)의 규정에 의하여 명의위장사업자의 매출세액에서 공제하며 미등록가산세를 적용하지 아니함(부가통칙 22-0-1)
      → 허위등록가산세(공급가액의 1%)가 부과됨
   ② 담합에 의한 위장세금계산서를 수수하는 경우 매입세액 공제 여부
      부가가치세 미등록사업자가 다른 사업자 명의로 매입세금계산서 교부받은 후 동 매입세금계산서를 위 다른 사업자로 하여금 매입세액을 공제받도록 한 경우, 동 매입세액은 "사실과 다른 경우의 매입세액"으로 공제되지 아니함(부가 22601-685, 1992.5.22.)
   ③ 명의위장세금계산서의 매입세액공제 가능 여부

재화 또는 용역을 제공받은 사업자가 세금계산서상 공급 받는자란에 타인의 명의가 기재된 세금계산서를 교부 받은 경우 당해 세금계산서에 기재된 매입세액은 부가가치세법 제17조 제2항 제1호의2 규정에 해당되어 매입세액으로 공제 받을 수 없는 것임(재소비-160 2004.2.13.)

   ㉠ 사업자가 거래상대방의 사업자등록증을 확인하고 거래에 따른 세금계산서를 교부받은 경우 거래상대방이 명의위장사업자로 판명되었다 하더라도 당해 사업자를 선의의 거래당사자로 볼 수 있을 때에는 경정을 받지 아니하는 것임(서면3팀-277 2008.2.5.)

   ㉡ 청구법인은 쟁점거래처들의 사업장 등에 방문하여 사업자등록증, 명함 등을 확인한 것으로 나타나는 점, 쟁점거래처들과의 거래관계에서 발주·대금지급·운송·입고 등 전 과정에서 일반적인 거래절차와 다른 특이한 정황은 발견되지 않으며, 쟁점거래처들의 직원과 지속적으로 업무연락을 하며 업무를 진행한 것으로 보이는 점, 청구법인이 중국보따리상과 직접 연락한 정황은 나타나지 않는 점, 청구법인은 쟁점거래처들의 명의위장 사실을 알지 못하였거나, 알지 못하였음에 과실이 없다고 판단되는 점 등에 비추어 청구법인이 선량한 관리자의 주의의무를 다하지 못하였다고 보아 부가가치세를 부과한 이건 처분은 잘못이 있는 것으로 판단 됨(조심 2023인7130, 2023.10.12.)

⑤ 허위세금계산서 판단

부가가치세는 다단계 거래세로서의 특성이 있는 점 등에 비추어 볼 때, 실질적으로 얻은 이익의 유무에 불구하고, 재화를 사용·소비할 수 있는 권한을 이전하는 일체의 원인행위를 모두 포함하나, 어느 일련의 거래과정 가운데 특정 거래가 실질적인 재화의 인도 또는 양도가 없는 명목상의 거래인지 여부는 각 거래별로 거래당사자의 거래 목적, 경위 및 태양, 이익의 귀속주체, 현실적인 재화의 이동과정, 대가의 지급관계 등 제반사정을 종합하여 개별적·구체적으로 판단(대법원 2012.11.15. 선고 2010두8263)

⑥ 끼워넣기 거래에 해당하는지 여부

실질과세의 원칙을 적용하여 "끼워넣기 거래"로 보려면 조세회피목적이 있었음이 입증되어야 할 것인데, 처분청이 제시한 자료만으로는 실제 조세회피목적이 있었다고 단정하기는 어려워 보이므로, 사실과 다른 세금계산서로 보아 과세한 처분은 잘못이 있음(조심 2022부6403, 2023.10.20.)

(3) 공급시기를 달리한 세금계산서

① 작성일자만 공급시기로 소급해 작성된 세금계산서의 매입세액공제 여부

세금계산서는 재화의 이동이 필요한 경우에는 재화가 인도되는 때, 즉 공급시기에 교부받도록 규정하고 있고, 공급시기에 교부받지 않고 과세기간을 달리하는 시기

에 작성일자만 공급시기로 소급해 작성된 세금계산서의 경우 매입세액은 매출세액에서 공제하지 않는 것임(국심 99경811, 1999.12.30.)

② 과세기간 경과 후 작성일이 허위인 세금계산서의 매입세액공제 여부

재화를 공급받은 사업자가 재화의 공급자에게 소정의 부가가치세(매입세액)를 지급하고 이에 대한 세금계산서를 교부받아 이를 정부에 제출하였다 하더라도 그 세금계산서가 사실상 재화를 공급한 날이 속하는 과세기간이 경과한 후에 작성되었고, 세금계산서에 기재된 재화의 공급시기는 사실상의 공급시기가 아닌 세금계산서 작성일로 허위 기재한 경우에는 특단의 사정이 없는 한 그 매입세액의 공제 내지 환급은 허용될 수 없음(대법 83누328, 1984.12.11.)

③ 중간지급조건부로 계약체결하고 건물 이전시점에서 총금액에 대하여 세금계산서를 교부받은 경우의 매입세액공제 여부

완성된 건물에 대하여 중간지급조건부로 매매계약을 체결하고 동 계약내용에 따라 계약금과 중도금을 지급한 후 동 건물의 이전시점에서 총금액(계약금＋중도금＋잔금)에 대하여 세금계산서를 교부받은 경우 계약금과 중도금에 대하여는 공급시기가 사실과 다른 세금계산서이므로 매입세액을 공제받을 수 없는 것이나 잔금부분에 대하여는 사실과 다른 세금계산서라 볼 수 없으므로 동 잔금에 해당되는 매입세액은 공제받을 수 있는 것임(부가 22601-697, 1991.6.5.)

→ 이 경우에도 계약금·중도금이 잔금과 동일한 과세기간 이내라면 매입세액공제가 가능함

(4) 기타 사실과 다른 세금계산서

① 대행수입자 명의로 교부받은 세금계산서의 매입세액(해석 변경)

대행수입하는 경우에는 수입위탁자의 명의로 수입세금계산서를 교부받아야 수입위탁자의 매입세액으로 공제받는 것이므로 수입대행업자가 교부받은 수입세금계산서는 부가가치세법 제17조 제2항이 규정하는 바에 의해 그 내용이 사실과 다른 세금계산서에 해당됨(부가 1265-1740, 1982.6.30.)

→ 다음의 부가가치세법 시행령 제75조 제9호 가목 및 나목에 해당하는 경우에 쟁점거래와 관련하여 수취한 세금계산서는 사실과 다른 세금계산서로 보지 아니함
(사전법규부가-0417, 2023.10.25.)

가. 거래의 실질이 위탁매매 또는 대리인에 의한 매매에 해당함에도 불구하고 거래 당사자 간 계약에 따라 위탁매매 또는 대리인에 의한 매매가 아닌 거래로 하여 세금계산서를 발급받은 경우

나. 거래의 실질이 위탁매매 또는 대리인에 의한 매매에 해당하지 않음에도 불구하고 거래 당사자 간 계약에 따라 위탁매매 또는 대리인에 의한 매매로 하여 세금계산서를 발급받은 경우

② 사업의 양도시까지 교부받지 못한 수입세금계산서 처리

사업양도자가 수입재화에 대한 수입세금계산서를 사업양도시까지 교부받지 못하고 사업양도 후 사업양수자가 사업양도자명의로 교부받은 경우에는 당해 수입세금계산서를 교부받은 과세기간에 매입세액으로 공제받을 수 있음(부가통칙 17-0-5)

해 석 사 례 사업과 직접 관련 없는 매입세액

(1) 사업상 피해재산의 복구와 관련된 매입세액

자기사업과 관련하여 타인의 재산에 손해를 입혀 당해 피해재산의 수리에 관련된 매입세액은 공제함(부가통칙 17-0-3)

(2) 여행알선업의 매입세액공제범위

여행알선업을 영위하는 사업자의 과세표준은 여행알선용역을 제공하고 받는 수수료이므로 당해 여행알선용역의 공급에 직접 관련되지 아니한 관광객의 운송·숙박·식사 등에 따른 매입세액은 공제하지 아니함(부가통칙 17-0-10)

(3) 사보제작과 관련하여 발생하는 매입세액 공제 여부

사업자가 기업의 경영실태, 업무와 관련한 정보, 기타 종업원에 대한 공지사항 등을 수록한 사보를 제작하여 종업원 및 거래처에 무상으로 배부하는 경우 그 사보의 제작과 관련하여 발생하는 매입세액은 매출세액에서 공제함(부가 1265. 1-1534, 1984.7.24.)

(4) 복리후생비에 관련된 매입세액

사업자가 자기의 사업과 관련하여 사업장 내에서 복지후생 목적으로 사용 소비하기 위하여 자기의 사용인에게 무상으로 공급하는 작업복, 작업모, 작업화, 면장갑, 고무장갑, 음식물에 대하여는 매입세액이 공제되는 것이며, 이 경우 복리후생 목적의 범위는 소득세법 시행령 제8조 및 제12조의2와 법인세법 시행령 제13조의 규정에 의하고(부가 1265-2266, 1982.8.30.), 그 예시는 다음과 같다.

① 직원들의 야유회·어버이날 위안잔치와 관련된 매입세액(부가 1265-1127 81.5.6.).
② 사용인에게 무상으로 공급된 작업복·작업모·면장갑 등과 관련된 매입세액(부가 1265-2266, 1982.8.30.)
③ 사업상 자기종업원에게 식권을 발행하고 당해 요금을 회사가 부담하는 경우(부가 1265-1637 83.8.17.).
④ 사원임대주택(국민주택 초과)에 관련된 매입세액(부가 1265-1683, 1983.8.20.)
⑤ 회사가 부담한 일부의 음식·숙박비(부가 1265-1904, 1983.9.8.)
⑥ 여직원 복리후생목적 자동판매기의 무상대여(부가 22601-1629, 1988.9.13.)

⑦ 사보제작과 관련된 매입세액(부가 1265.1 - 1534, 1984.7.24.)

→ 야유회, 회사창립기념일, 종업원생일 등과 관련하여 종업원 각자가 개인적인 목적으로 사용하도록 주는 것(시상품 등)은 사업과 관련 없는 지출로 보아 과세대상이 됨

(5) 휴업 중 교부받은 세금계산서의 매입세액

① 사업자가 휴업신고기간 중 재화나 용역을 공급하기 위하여 재화나 용역을 공급받고 교부받은 매입세금계산서는 부가가치세법 제17조 제2항의 경우를 제외하고 매입세액공제가 된다(부가 1265 - 1192, 1981.5.12.)

② 사업자가 휴업기간 중 사업장의 유지관리를 위하여 전력비를 지급하고 교부받은 세금계산서의 매입세액은 공제 또는 환급받을 수 있다(부가 1265.2 - 1959, 1983.9.14.)

(6) 사업목적의 골프장 등 이용대금 매입세액 공제 가능 여부

부가가치세법 제17조 제2항 제2호와 같은 법 시행령 제60조 제3항의 규정에 의하여 사업과 관련이 없는 지출에 대한 매입세액은 매출세액에서 공제를 받을 수 없는 것임(서면3팀 - 1070, 2008.5.28.)

(7) 국내사업장이 없는 외국법인과 공동기술개발을 하면서 발생한 비용의 매입세액공제 여부

국내사업자 A가 국내사업장이 없는 외국법인 B와 원가분담 약정을 체결하여 국내의 다른 사업자로 C부터 용역을 공급받고 세금계산서를 전부 A가 발급받고 B의 분단금액에 대하여 B에게 세금계산서를 발급한 경우 A는 C로부터 발급받은 세금계산서 상 매입세액 전체를 매출세액에서 공제할 수 있음(기획재정부가 - 183, 2011.3.25.)

→ 자기지분을 초과하는 부분에 대해서 매입세액 불공제가 안된다는 기존 예규 삭제 (부가 - 970, 2012.9.24. 삭제)

해석사례 **기업업무추진비 관련 매입세액**

---

(1) 기업업무추진비 매입세액불공제의 범위

소득세법이나 법인세법의 규정에 의한 기업업무추진비의 정의를 준용한다는 의미이므로 필요경비불산입이나 손금불산입되는 기업업무추진비에 대한 것만 매입세액으로 불공제한다는 의미가 아니라 기업업무추진비로 인정되는 한도 내의 금액뿐만 아니라 해외기업업무추진비에 대하여도 매입세액을 공제하지 아니함(부가 1265 - 947, 1983.5.17.)

(2) 골프회원권·콘도회원권의 취득에 관련된 매입세액

골프회원권 또는 콘도미니엄을 취득한 경우에는 그 회원권 등의 사용실태 등을 고려하여 사업과 직접 관련 없는 지출에 대한 것(즉, 손님접대를 위한 콘도미니엄을 매입한

경우 등)은 매입세액을 불공제하는 것이지만(부가 1265.2-275, 1982.1.29.), 종업원의 복리후생적인 목적으로 취득하였으면 매입세액으로 공제됨(부가 1265.1-3285, 1981.12.16.)

해석사례 비영업용 소형승용차 관련 매입세액

(1) 사업자가 비영업용소형승용자동차의 대리운전용역을 제공받은 경우 매입세액의 공제 여부
   사업자가 개별소비세가 과세되는 소형승용자동차(법인 소유 차량 또는 종업원 소유 차량)의 유지를 위하여 대리운전업체로부터 대리운전용역을 제공받고 교부받은 세금계산서의 매입세액은 공제하지 아니하는 것임(부가-870, 2009.6.25.).

(2) 비영업용 소형승용차 임차비용 매입세액 공제 가능 여부
   사업자가 타인 소유의 소형승용자동차를 임차한 비용과 관련한 매입세액은 공제하지 아니하는 것임(서면3팀-363, 2008.2.20.).

해석사례 면세사업 관련 매입세액

(1) 국가·공익단체 등에 무상으로 공급하는 재화의 매입세액 공제
   자기의 사업과 관련하여 생산하거나 취득한 재화를 국가·지방자치단체 등에 무상으로 공급하는 경우 당해 재화의 매입세액은 매출세액에서 공제하나, 자기의 사업과 관련 없이 취득한 재화를 국가·지방자치단체 등에 무상으로 공급하는 경우 당해 재화의 매입세액은 공제하지 아니함(부가통칙 17-0-9)
   예) 의류판매업자가 라면을 구입하여 수재민을 위하여 국가·지방자치단체에 무상으로 공급하는 경우 : 자기의 사업과 관련하여 취득하거나 생산한 재화라 볼 수 없으므로 매입세액으로 공제되지 아니함

(2) 면세포기의 경우
   수산업 등 면세사업을 영위하는 사업자가 면세포기를 하는 경우에는 면세포기한 사업에 대하여 당해 과세기간에 영세율이 적용되거나, 부가가치세가 면제되는 재화 또는 용역의 공급이 없는 때에도 면세포기사업과 관련된 매입세액은 공제된다. 다만, 면세포기한 사업에 대하여 당해 과세기간에 면세되는 재화의 공급만이 있는 경우에는 공제하지 아니함(부가통칙 17-0-1)

(3) 무상 제공하는 음식용역에 관련된 매입세액 공제 여부
   공장, 광산·건설사업현장 및 자동차운송사업법에 의한 자동차운송사업 중 노선여객

자동차운송자의 사업장과 교육법 제81조의 규정에 의한 각급 학교의 경영자가 그 종업원 또는 학생의 복리후생을 목적으로 당해 사업장 등의 구내에서 식당을 직접 경영하여 무상 또는 유상으로 공급하는 음식용역에 관련하여 발생하는 매입세액은 조세감면규제법 제74조 제3항에 의해 매출세액에서 공제되지 아니하나 다만, 무상으로 공급하는 음식용역이 부가가치세법 제7조 제2항 및 동시행령 제19조 규정에 의한 자가공급에 해당될 경우에는 당해 음식용역에 관련하여 발생한 매입세액은 매출세액에서 공제함(소비 22601-54, 1985.1.15.)

→ 유상공급 : 면세사업 해당 ⇒ 매입세액불공제
  무상공급 : 과세사업(용역의 자가공급이나 과세되지 않음) ⇒ 매입세액공제

해석사례 토지 관련 매입세액

(1) 기존건축물의 취득가액과 철거비용 관련 매입세액공제 여부
  ① 건물을 신축하기 위하여 건축물이 있는 토지를 취득하는 경우 매입세액공제 여부 등
    과세사업에 공하기 위한 건물을 신축하기 위하여 건축물이 있는 토지를 취득한 사업자가 건물 신축을 위한 명도업무 등의 용역을 제공받고 지출한 비용은 토지의 조성 등을 위한 자본적지출에 해당하므로 관련 매입세액은 매출세액에서 공제되지 않는 것임(부가-535, 2009.2.11.)
  ② 구건물을 철거하고 신축하는 경우 철거비용 매입세액공제 여부
    기존사업자가 기존 사업용에 사용하고 있던 건물이 낡아서 철거 후 새로운 건물을 신축 시에는 기존건물의 잔존가액과 철거비는 법인의 경우 당기 손금에 해당되므로 철거비는 매입세액공제가 가능하며, 개인사업자의 경우 잔존가액과 철거비는 새로운 건물에 대한 자본적 지출에 해당하므로 철거비는 매입세액 공제가 가능(서면3팀-2528, 2007.9.6.)

(2) 토지 및 건물의 취득 및 양도시 지출하는 비용 관련 매입세액공제 여부
  ① 토지 및 건물 취득시 지급한 부대비용의 매입세액공제 여부
    토지 및 건물 취득시 사업자가 지급한 부대비용의 매입세액 중 토지취득에 관련된 매입세액은 공제되지 아니하는 것이며, 토지 관련 매입세액이 명확히 구분되지 않는 경우에는 공통매입세액으로서 안분계산하는 것임(부가-2552, 2008.8.13.)
    → 중개수수료, 법무사 비용 등은 토지, 건물에 대한 자본적 지출이므로 토지 건물가액 비율로 안분계산하여 토지부분 매입세액 불공제, 건물부분은 매입세액 공제 가능(조심 2014서4683, 2015.3.27.)

② 금융자문용역의 토지관련 매입세액 해당 여부

사업자가 자기의 과세사업과 관련하여 금융자문용역을 공급받고 교부받은 세금계산서 상의 매입세액 중 토지의 취득과 관련된 매입세액은 매출세액에서 공제되지 아니하는 것임(서면3팀-652, 2008.3.28.)

③ 건물과 토지를 양도하기 위하여 지출한 수수료 매입세액공제 여부

부동산 임대업을 영위하던 사업자가 과세사업에 사용하던 건물과 그 부속 토지를 양도하기 위하여 부동산컨설팅 및 중개수수료를 지급하면서 부담한 매입세액은 자기의 매출세액에서 공제되는 것임(서면3팀-309, 2008.2.12.)

	중개수수료의 매입세액공제 여부
양도자	매출세액에서 전액공제
양수자	과세(건물)분 공제 면세(토지)분 매입세액불공제

(3) 토지임대사업자의 토지관련 매입세액 공제 여부

토지의 조성등을 위한 자본적 지출에 관련된 매입세액은 매출세액에서 공제되지 않는 것이나, 토지 임대업을 영위하는 사업자가 자기의 사업과 관련하여 토지위의 적치물(폐기물)등을 처리하는 경우 당해 매입세액은 매출세액에서 공제되는 것이나, 다만 자기의 사업과 관련 여부는 사실판단하여야 할 사항임(제도 46015-11083, 2001.5.14.)

(4) 교통·환경영향평가용역 관련 매입세액공제 여부

① 임차토지위에 건물신축 위한 교통영향평가 등에 관련된 매입세액 공제가능 여부

사업자가 임차한 토지위에 과세사업을 위하여 사용될 건축물의 신축과 관련하여 교통영향평가용역을 제공받고 지출한 매입세액 및 법률·회계서비스 등을 제공받고 지출한 매입세액은 매출세액에서 공제되는 것임(서면3팀-2816, 2006.11.15.)

② 토지취득의 사업성 검토를 위한 사전평가용역을 제공받은 경우 매입세액공제 여부

사업자가 토지 취득 전에 사업성 검토를 위한 토지적성평가용역, 생태계식생조사용역, 환경영향평가용역 등의 사전평가용역을 제공받은 경우 토지의 취득여부에 관계없이 동 사전평가용역비를 지급하면서 부담한 부가가치세는 토지관련 매입세액에 해당하는 것임(재소비-141, 2005.9.5.)

③ 조성 완료된 토지를 분양받아 건물신축하는 경우 교통영향평가용역비 매입세액공제 여부

토지 조성이 완료된 토지를 분양받아 과세사업용 건물을 신축하는 것과 관련하여 지출하는 교통영향평가용역비는 매입세액공제대상임(재부가-421, 2007.6.1.)

(5) 진입도로 등과 관련된 매입세액의 공제 여부

① 진입로 공사 관련 매입세액 공제 여부

사업자가 토지 위에 진입도로공사를 하고 이와 관련된 비용이 토지와 구분되는 감가상각대상자산인 별도의 구축물에 해당되는 경우에는 매입세액공제가 되는 것이나, 토지의 조성을 위한 자본적 지출에 해당하는 경우에는 매입세액공제가 되지 아니하는 것임(서면3팀-2477, 2006.10.19.)

② 사업장 진입도로를 개설·포장하여 기부채납한 경우 관련 매입세액의 공제 여부
부가가치세 과세사업을 영위하기 위한 사업장을 신설하면서 국가 또는 지방자치단체 소유의 토지에 당해 사업장까지의 진입도로를 개설·포장하여 기부채납한 경우 당해 진입도로의 개설·포장공사에 관련된 매입세액은 토지관련 매입세액에 해당하지 않음(부가 46015-1855, 2000.7.29.)

③ 터파기공사, 조경공사, 포장공사 등 관련 매입세액의 공제 여부
사업자가 부가가치세가 과세되는 건물을 신축·판매하기 위하여 당해 건물 지하층 건설에 필요한 터파기공사, 동 건물주변에 조경공사, 포장공사를 한 경우 당해 공사와 관련된 매입세액은 자기의 매출세액에서 공제 가능함(서삼 46015-10321, 2003.2.21.)

해석사례 사업자등록 전 매입세액

(1) 월합계 매입세금계산서 중 등록 전 매입세액의 공제
사업자가 재화나 용역을 공급한 자로부터 등록 전 매입분이 포함된 월합계에 의한 세금계 산서를 교부받은 때에는 당해 월합계매입세금계산서에 포함된 등록전 매입세액은 공제하지 아니한다. 다만, 이 경우 등록 전 매입세액이 등록신청일로부터 역산하여 20일 이내의 것은 그러하지 아니함(부가통칙 17-0-11)

(2) 과세사업등록전 20일 이내에 면세사업자번호로 교부받은 세금계산서상 매입세액공제 여부
면세사업자로 사업자등록한 자가 과세사업자로 사업자등록정정신청한 날로부터 역산하여 20일 이내에 재화 또는 용역을 공급받고 면세사업자등록번호로 교부받은 세금계산서의 매입세액은 매출세액에서 공제가능한 것임(법규과-693, 2009.2.24.)

01 의의

(1) 개념

'**공통매입세액안분계산**'이란 사업자가 과세사업과 면세사업을 겸영하는 경우에 면세사업에 관련된 매입세액의 계산은 실지귀속에 따라하되, 과세사업과 면세사업에 공통으로 사용되어 실지귀속을 구분할 수 없는 공통매입세액을 공통매입세액 안분기준을 적용하여 계산하는 것을 말한다(부법 §40).

(2) 안분계산의 취지

사업자가 과세사업과 면세사업(비과세사업 포함)을 겸영하는 경우에는 과세사업에 관련된 매입세액은 매출세액에서 공제되지만 면세사업 등에 관련된 매입세액은 매출세액에서 공제되지 아니한다. 그러므로 겸영사업자의 매입세액 중 과세사업과 면세사업 등에 공통되는 매입세액은 그 귀속을 구분하여 과세사업 분은 매출세액에서 공제하고 면세사업 등 분은 매출세액에서 공제하지 않아야 한다.

이 경우 그 구분은 실지귀속에 따르는 것이 원칙이지만, 그 실지귀속을 구분할 수 없는 경우에는 부득이 획일적인 방법으로 안분계산할 수밖에 없다.

(3) 안분계산의 요건

① 과세사업과 면세사업 등을 함께 운영하는 사업자이어야 한다.
② 과세사업과 면세사업 등에 공통으로 사용되거나 사용예정인 재화 또는 용역의 공급에 대한 매입세액이어야 한다.
③ 실지귀속이 불분명하여야 한다.
④ 매입세액으로 공제 가능한 요건을 갖춘 경우이어야 한다.

02 일반적인 경우의 안분계산

(1) 원칙

해당 과세기간의 공급가액비율로 안분계산하되, 예정신고를 하는 때에는 예정신고기간에 있어서 공급가액비율에 의하여 안분계산하고 확정신고를 하는 때에 정산한다(부령 §81 ①).

$$\text{면세사업 등 관련 매입세액} = \text{공통매입세액} \times \text{해당 과세기간의 } \frac{\text{면세공급가액*}}{\text{총공급가액}}$$

* 면세공급가액 : 공통매입세액에 관련된 당해 과세기간의 면세사업에 대한 수입금액(2018.2.13. 이후 공급 분부터 면세사업 등에 대한 공급가액과 사업자가 해당 면세사업 등과 관련하여 받았으나 과세표준에 포함되지 아니하는 국고보조금과 공공보조금 및 이와 유사한 금액의 합계액을 포함하며, **안분 · 정산뿐만 아니라 감가상각자산 재계산시도 적용한다.** 비과세공급가액 포함)

(2) 전기통신사업자와 국가철도공사

$$\text{면세사업 등 관련 매입세액} = \text{공통매입세액} \times \text{전 사업장의 } \frac{\text{면세공급가액}}{\text{총공급가액}}$$

(3) 당해 과세기간에 공급받은 재화를 공급하는 경우

과세표준의 안분계산과 일치시키기 위해 직전 과세기간의 공급가액비율로 안분계산한다. 만일, 휴업 등으로 인해 직전 과세기간의 공급가액이 없는 경우에는 그 재화를 공급한 날에 가장 가까운 과세기간의 공급가액에 의해 안분계산한다.

$$\text{면세사업 등 관련 매입세액} = \text{공통매입세액} \times \text{직전 과세기간의 } \frac{\text{면세공급가액}}{\text{총공급가액}}$$

(4) 안분계산의 생략 : 전액 공제

① 해당 과세기간의 총공급가액 중 면세공급가액이 5% 미만인 경우의 공통매입세액(다만, 공통매입세액이 5백만 원 이상인 경우는 제외)

② 해당 과세기간 중의 공통매입세액이 5만 원 미만인 경우의 매입세액
③ 해당 과세기간에 신규로 사업을 개시한 사업자가 당해 과세기간에 공급한 공통사용 재화에 대한 매입세액

📈 **실무** ○

공통매입세액 안분계산 관련 주의사항

(1) 총공급가액과 면세공급가액

고정자산의 매각금액, 외화환산이익, 지분법평가이익, 부가가치세 과세표준에 포함하지 않는 국고보조금 등 공통매입세액과 관련이 없는 금액은 포함되지 않는다. <u>그러나 2018.2.13. 이후 재화 또는 용역을 공급하는 분부터 면세사업 등과 관련하여 받았으나 과세표준에 포함되지 아니하는 국고보조금과 공공보조금 및 이와 유사한 금액은 면세공급가액에 포함된다.</u>

(2) 2개 이상의 사업장을 운영하는 경우의 공통매입세액 안분계산

사업자가 2개 이상의 사업장을 운영하는 경우 재화 또는 용역이 과세사업과 면세사업에 공통으로 사용되는 사업장 단위를 그 범위로 하여 안분계산을 한다.

---

03 **해당 과세기간 중 공급가액이 없는 경우의 안분계산 및 정산**

(1) 안분계산

구 분	안분계산 기준 적용순서
적용대상	당해 과세기간 중 과세사업과 면세사업의 공급가액이 없거나 그 어느 한 사업의 공급가액이 없는 경우
일반적인 경우	① 총매입가액(공통매입가액 제외)에 대한 면세사업에 관련된 매입가액의 비율 ② 총예정공급가액에 대한 면세사업에 관련된 예정공급가액의 비율 ③ 총예정사용면적에 대한 면세사업에 관련된 예정사용면적의 비율
건물신축 또는 취득의 경우	① 총예정사용면적에 대한 면세사업에 관련된 예정사용면적의 비율 ② 총매입가액(공통매입가액 제외)에 대한 면세사업에 관련된 매입가액의 비율 ③ 총예정공급가액에 대한 면세사업에 관련된 예정공급가액의 비율

(2) 공통매입세액의 정산

위와 같이 공통매입세액을 안분계산한 경우에는 해당 재화의 취득으로 과세사업과 면세사업의 공급가액 또는 사용면적이 확정되는 과세기간에 대한 납부세액을 확정신고하는 때에 다음 산식에 따라 정산한다(부령 §82).

① 당초 매입가액 또는 예정공급가액비율로 안분계산한 경우

가산 또는 공제되는 세액 =

$$\text{총공통매입세액} \times \left(1 - \text{과세사업과 면세사업의 공급가액이 확정되는 과세기간의} \frac{\text{면세공급가액}}{\text{총공급가액}}\right) - \text{기공제세액}$$

② 당초 예정사용면적비율로 안분계산한 경우

가산 또는 공제되는 세액 =

$$\text{총공통매입세액} \times \left(1 - \text{과세사업과 면세사업의 사용면적이 확정되는 과세기간의} \frac{\text{면세사용면적}}{\text{총사용면적}}\right) - \text{기공제세액}$$

다만, 예정신고를 하는 때에는 예정신고기간의 총공급가액(또는 총사용면적)에 대한 면세공급가액(또는 면세사용면적)의 비율에 따라 안분계산하고 확정신고를 하는 때에 정산한다(부령 §61의2 단서).

📈 **실무** ●

안분계산 및 정산시 유의사항

① 면세비율이 5% 미만인 경우에도 매입세액 안분계산을 생략하여 전액을 공제받을 수 없음
② 당초 매입가액비율, 예정공급가액비율로 안분계산한 후 과세 및 면세사업의 공급가액이 발생되는 경우에는 공급가액비율로 정산하여야 함
③ 당초 예정사용면적비율로 안분계산한 경우에는 과세 및 면세사업의 공급가액이 발생되는 경우에도 계속하여 예정사용면적비율로 안분계산하여야 하며, 과세 및 면세사용면적이 확정된 과세기간에 확정사용면적비율로 정산하여야 함

📈 **실무** ◦━━

공통매입세액 안분계산의 실무적 절차

안분계산 절차	주요 내용
① 매입세금계산서의 분류	세금계산서 건별로 과세분, 면세분, 공통분으로 분류
② 공제, 불공제, 안분대상 매입세액 계산	• 과세분 : 매입세액공제 • 면세분 : 매입세액불공제 • 공통분 : 안분계산하여 면세분 매입세액불공제
③ 안분계산 및 정산	예정신고 때에는 예정신고기간 공급비율로 안분계산하고, 확정신고 때에는 전체 과세기간 공급비율로 안분계산한 후 예정신고기간 불공제세액을 차감함
④ 납부세액 또는 환급 세액의 재계산	공통매입세액 안분계산 및 정산한 자산이 감가상각대상자산에 해당하는 경우로서 면세비율이 5% 이상 증감한 경우

해석사례 공통매입세액의 안분계산

(1) 총괄납부승인을 받은 사업자의 매입세액 안분계산

총괄납부승인을 받은 과세·면세 겸영사업자가 자기의 제조장에서 생산한 과세재화와 면세재화를 타인에게 판매할 목적으로 자기의 다른 사업장에 반출하는 경우 당해 과세재화와 면세재화의 제조원가의 합계액은 공통매입세액 안분계산 산식의 총공급가액에, 면세재화의 제조원가는 그 계산산식의 면세공급가액에 각각 포함함(부가 22601-1613, 1992.10.27.)

(2) 건설업을 영위하는 사업자의 경우

건설업을 영위하는 사업자의 경우 공통매입세액 안분계산은 사업장단위로 하되, 건설현장단위 즉, 용역의 수행장소별로 하며, 각사업장에 공통으로 사용되는 매입세액의 안분계산은 각 사업장의 공급가액의 합계액으로 계산을 하여야 함(부가 1265.2-1215, 1982.5.12.)

(3) 둘 이상의 사업장이 있는 경우의 공통매입세액 안분계산 방법

① 여러 개의 사업장이 있는 사업자의 경우 공통매입세액의 안분계산

여러 개의 사업장이 있는 사업자의 경우 공통매입세액의 안분계산은 사업장 단위로 하되, 각 사업장에 공통으로 사용되는 매입세액은 각 사업장의 공급가액의 합계액으로 안분계산하는 것임(서면3팀-3250, 2006.12.26.)

② 여러 종류의 과세사업과 여러 종류의 면세사업을 영위하는 사업자의 경우

부가가치세가 과세되는 수종의 사업과 면세되는 수종의 사업을 겸영하는 경우에는 실지귀속에 따라 매입세액으로 공제하되, 공통매입세액의 안분계산은 그 수종의 사업 중에서 공통매입세액과 관련된 사업단위별로 세분이 가능한 경우에는 당해 공통매입세액과 관련된 사업부분만의 당해 과세기간의 총공급가액에 대한 면세공급가액비율에 의하여 계산하는 것임(대법 82누170, 1982.9.29.)

⑷ 오피스텔 및 상가분양시 분양광고 관련 매입세액의 안분계산 여부
　① 오피스텔의 분양광고선전 등과 관련된 매입세액 공제방법
　　사업자가 토지와 그 토지 위에 오피스텔을 신축하여 공급하는 경우 토지에 대하여는 부가가치세가 면제되며, 오피스텔 신축과 관련된 매입세액은 매출세액에서 공제되는 것이나 오피스텔분양을 위한 광고선전에 관련된 매입세액은 안분계산함(부가 22601-266, 1991.3.4.)
　② 상가분양 대행수수료에 대한 매입세액의 안분계산 여부
　　사업자가 상가를 신축하여 분양함에 있어 상가(부수된 토지포함)분양을 위해 분양대행업자와 분양위탁계약을 체결하고 그 수수료를 지급한 경우 분양수수료에 관련된 매입세액은 매입세액 안분계산함(부가 46015-1788, 1996.9.2.)

⑸ 공통매입세액 안분계산시 총공급가액 등의 계산
　① 공통매입세액 안분계산시 토지의 가액을 총공급가액 등에 포함하는지 여부
　　사업자가 과세되는 주택과 면세되는 주택을 동일 장소에서 동시에 건축함에 있어 주택의 건축과 관련하여 발생하는 공통매입세액을 안분계산하는 경우 토지의 가액은 총공급가액 및 면세공급가액에 포함하지 아니함(부가 1265.1-1188, 1984.6.16.)
　② 공통매입세액 안분계산시 고정자산 매각가액 포함 여부
　　과세사업과 면세사업에 공통으로 사용하여 실지귀속을 구분할 수 없는 공통매입세액을 따라 안분계산함에 있어서 "총공급가액" 및 "면세공급가액"이라 함은 공통매입세액에 관련된 당해 과세기간의 총공급가액 및 면세공급가액을 말하는 것으로서 공통매입세액과 관련이 없는 고정자산의 매각에 따른 공급가액은 총공급가액 및 면세공급가액에 포함되지 아니함(서삼 46015-11127, 2002.7.5.)

⑹ 과세사업과 과세되지 아니하는 사업을 겸영하는 사업자의 매입세액 안분계산
　부가가치세 과세사업과 유가증권 매매 등 부가가치세가 과세되지 아니하는 사업을 겸영하는 사업자의 매입세액 중 부가가치세가 과세되지 아니하는 사업과 관련된 매입세액은 매출세액에서 공제되지 아니하며, 사무실 임차료·전화료·금융정보사용료 등 공통으로 사용되어 실지귀속을 구분할 수 없는 매입세액은 안분계산한다. 이 경우 과세되지 아니하는 사업의 공급가액은 당해 자산의 양도금액을 공급가액으로 하여 매입세액을 안분계산함(서삼 46015-11357, 2003.8.25.)

01 의의

'**납부세액 또는 환급세액의 재계산**[111]'이란 과세사업과 면세사업(비과세사업 포함)을 겸영하고 있는 사업자가 감가상각자산에 대한 매입세액을 공제받은 후 면세공급비율이 증가 또는 감소되는 경우에 각 과세기간별로 납부세액 또는 환급세액을 정산하는 절차를 말한다(부법 §41). 이는 과세기간별 공통매입세액을 정산하는 절차이다.

그 취지는 매입세액이 공제된 재화가 계속적으로 사용되는 경우에 과세·면세사업에 사용된 정도에 따라 매입세액의 공제범위를 조정하고자 하는 데 있다.

02 재계산 방법

구 분	주요 내용
(1) 가산 또는 공제 되는 매입세액	해당 재화의 매입세액 × (1 − 체감률 × 경과된 과세기간의 수) × 증감된 면세비율
(2) 체감률	① 건물·구축물 : 5%(2001. 12. 31. 이전 취득분은 10%) ② 기타 감가상각자산 : 25%
(3) 경과된 과세기간의 수	• 건물·구축물의 경우에는 20, 기타의 감가상각자산은 4를 한도로 함 • 경과된 과세기간의 수는 과세기간 단위로 계산 • 과세기간의 개시일 후에 감가상각자산을 취득하거나 재계산대상에 해당하게 된 경우에는 그 과세기간의 개시일에 해당 재화를 취득하거나 재계산대상에 해당하게 된 것으로 보고 계산함
(4) 증감된 면세비율	① 면세공급가액비율로 안분계산한 경우 : 증감된 면세공급가액의 비율 ② 면세사용면적비율로 안분계산한 경우 : 증감된 면세사용면적의 비율

---

111) 납부세액 또는 환급세액의 재계산은 다음의 요건을 모두 충족한 경우에 한하여 적용된다.
　① 과세사업과 면세사업(비과세사업 포함)에 공통으로 사용되고 있는 감가상각자산이어야 한다(비감가상각자산 불가).
　② 당초 매입세액공제 대상으로서 공통매입세액 안분계산의 대상이 되었던 매입세액이어야 한다.
　③ 재계산 기준 과세기간과 비교하여 면세비율의 차이가 5% 이상이어야 한다(5% 미만인 경우 경제적효익이 없어 실시하지 않음).

구 분	주요 내용
(5) 재계산의 배제	① 재화의 공급의제에 해당하는 경우 　과세사업에 공하던 감가상각자산이 자가공급·개인적공급·사업상증여· 　폐업시 잔존재화에 해당되어 공급된 것으로 의제되는 경우 ② 공통사용재화의 공급에 해당하는 경우 　과세사업과 면세사업에 공통으로 사용되는 감가상각자산을 공급하는 경우

📈 실무

재계산 방법의 보충설명

(1) 재계산 기준 과세기간

면세비율이 증가 또는 감소하였는지 여부를 판단함에 있어서 그 기준으로 삼는 과세기간은 **'취득일이 속하는 과세기간'**이며, 그 이후의 과세기간에 재계산을 한 경우에는 그 재계산을 한 과세기간이다.

→ '취득일'이란 당해 감가상각자산을 실제로 사업에 사용된 날을 말하고, 사업포괄양수도에 취득한 경우에는 양도자가 당초 취득한 날을 말함

(2) 재계산기준 면세비율

면세비율의 증가 여부를 판단하는 기준은 취득일이 속하는 과세기간의 면세비율을 공급가액비율(총공급가액에 대한 면세공급가액)에 의하여 안분계산한 경우에는 그 이후 과세기간에도 공급가액비율로, 면적비율(총사용면적에 대한 면세사용면적)로 안분계산한 경우에는 그 후의 과세기간에도 면적비율로 계산하여야 한다(부령 §63 ③).

(3) 공통매입세액 안분계산을 생략하는 경우

① 면세사용비율이 5% 미만이어서 공통매입세액 안분계산을 생략하는 경우에 해당되어 매입세액이 전액 공제된 경우에도 재계산대상이 된다(부가 1265.2-187, 1982.1. 20.).

② 그러나 대법원 판례에서는 재계산대상이 아닌 것으로 해석하고 있다(대법 83누225, 1984.7.24.).

→ 신고시 과세관청의 견해에 따라 재계산 대상으로 해석함이 안전함

겸영사업자의 부가가치세 계산

다음은 과세사업과 면세사업을 겸영하는 ㈜국세의 부가가치세 계산을 위한 자료이다.

---

1. ㈜국세는 20×1년 제1기에 다음의 자산을 취득하였는데, 취득원가와 이후 과세기 간별 시가는 다음과 같다.

구분	취득일	취득원가 (20×0년 제1기)	시가 (20×0년 제2기)	시가 (20×1년 제1기)
재고자산	20×0.4.1	10,000,000원	11,000,000원	12,000,000원
기계장치	20×0.3.1	3,000,000원	2,500,000원	2,000,000원
본사건물	20×0.5.1	20,000,000원	15,000,000원	10,000,000원
자 동 차*	20×0.6.1	25,000,000원	20,000,000원	15,000,000원

* 자동차는 영업 외 용도로 사용하는 개별소비세 과세대상 자동차에 해당함

2. 과세기간별 과세공급가액과 면세공급가액 비율, 본사 건물의 과세사업과 면세사 업에 대한 실제 사용면적비율은 다음과 같다.

구분	20X0년 제1기	20X0년 제2기	20X1년 제1기
과세사업	96%(80%)	94%(85%)	75%(70%)
면세사업	4%(20%)	6%(15%)	25%(30%)

* 괄호 안은 본사 건물의 실제 사용면적비율임.

(물음 1) ㈜국세가 자료 1번의 자산을 과세사업과 면세사업에 공통으로 사용할 목적으로 취득한 것이라고 가정한다.

(1) 20×0년 제1기 예정신고시와 확정신고시 위의 자산 취득과 관련하여 부가가치세법상 납부세액의 증감액을 계산하시오(다만, 20×0년 제1기 예정신고 기간의 과세공급가액 비율 : 면세공급가액비율은 90% : 10%).

(2) 위의 자산과 관련하여 20×0년 제2기 확정신고시 부가가치세법상 납부세액의 증감액을 계산하시오.

(물음 2) ㈜국세가 자료1번의 자산을 과세사업에만 사용할 목적으로 취득한 것이라고 가정한다.

(1) 위의 자산을 20×0년 제2기 중에 면세사업에도 일부 사용하게 되었다면, 동 자산과 관련하여 20×0년 제2기 확정신고시 부가가치세법상 납부세액의 증감액을 계산하시오(다만, 재고자산은 모두 면세사업에 사용하였다고 가정한다).

(2) 위의 자산 중 재고자산은 20×1년 제1기에 시가대로 처분하고, 나머지 자산은 20×1년

제1기에도 과세사업과 면세사업에 함께 사용하고 있는 경우, 20×1년 제1기 확정신고 시 부가가치세법상 납부세액의 증감액을 계산하시오.

(물음 3) (주)국세가 자료 1의 자산을 면세사업에만 사용할 목적으로 취득한 것이라고 가정한다.

(1) 위의 자산을 20×0년 제2기 중에 모두 과세사업에 사용하게 되었다면, 동 자산과 관련하여 20×0년 제2기 확정신고시 부가가치세법상 납부세액의 증감액을 계산하시오.

(2) 위 물음 3. (1)에 따라 과세사업에 사용된 자산 중 재고자산은 20×1년 제1기에 시가대로 처분하고, 나머지 자산은 20×1년 제1기 중에 면세사업에도 일부 사용하게 되었다면, 20×1년 제1기 확정신고시 부가가치세법상 납부세액의 증감액을 계산하시오.

[답]
(물음 1) 공통사용 재화
(1) 20X0년 제1기 납부세액 증감액(공통매입세액)
  ① 예정신고시
    기계장치 : 3,000,000 × 10% × 90% = 270,000 (−)
  ② 확정신고시
    재고자산 : 10,000,000 × 10% × 100% =　　　　 1,000,000 (−)
    기계장치 : 3,000,000 × 10% × 100% − 270,000 = 30,000 (−)
    본사건물 : 20,000,000 × 10% × 80% =　　　 1,600,000 (−)
　　　　　　　　　　　　　　　　　　　　　　　　 2,630,000 (−)

(2) 20X0년 제2기 납부세액 증감액 (납부세액 재계산)
  기계장치 : 3,000,000 × 10% × (1−25%×1) × (6%−0%) =　 13,500(+)
  본사건물 : 20,000,000 × 10% × (1−5%×1) × (15%−20%) =　 95,000(−)
　　　　　　　　　　　　　　　　　　　　　　　　 81,500(−)

(물음 2) 과세사업용 재화
(1) 20X0년 제2기 납부세액 증감액 (면세전용)
  재고자산 : 11,000,000 × 10% =　　　　　　　　 1,100,000(+)
  기계장치 : 3,000,000 × (1−25%×1) × 6% × 10% =　 13,500(+)
  본사건물 : 20,000,000 × (1−5%×1) × 15% × 10% =　 285,000(+)
　　　　　　　　　　　　　　　　　　　　　　 1,398,500(+)

(2) 20X1년 제1기 납부세액 증감액 (납부세액 재계산) (5점)
  기계장치 : 3,000,000 × 10% × (1−25%×2) × (25%−6%) =　 28,500(+)
  본사건물 : 20,000,000 × 10% × (1−5%×2) × (30%−15%)=　 270,000(+)
　　　　　　　　　　　　　　　　　　　　　　 298,500(+)

(물음 3) 면세사업용 재화

(1) 20X0년 제2기 납부세액 증감액(과세전환)

기계장치 : 3,000,000 × 10% × (1−25%×1) =   225,000(−)

본사건물 : 20,000,000 × 10% × (1−5%×1) =   1,900,000(−)

                                                                       2,125,000(−)

(2) 20X1년 제1기 납부세액 증감액 (처분 및 면세전용) (5점)

재고자산 : 12,000,000 × 10% =   1,200,000(+)

기계장치 : 3,000,000 × 10% × (1−25%×2) × 25% =   37,500(+)

본사건물 : 20,000,000 × 10% × (1−5%×2) × 30%=   540,000(+)

                                                                       1,777,500(+)

01 의의

　'**의제매입세액공제**'란 사업자가 부가가치세의 면제를 받아 공급받은 농·축·수·임산물을 원재료로 하여 제조 또는 가공한 재화 또는 창출한 용역의 공급이 과세되는 경우에 법정산식에 따라 계산된 금액을 매입세액으로 공제하는 것을 말한다. 원래 부가가치세법에 따른 매입세액을 공제받기 위해서는 세금계산서를 발급받아 그 합계표를 제출하여야 하는데, 면세 농·축·수·임산물 등에 대해서는 세금계산서 없이도 일정한 금액을 매입세액으로 의제하여 공제한다.

　의제매입세액공제는 면세가 중간단계에 설정되는 경우 나타나는 '**환수효과**'와 '**누적효과**'를 완화시켜 면세 단계의 면세 효과가 최종 소비자까지 유지될 수 있도록 하고자 하는데 그 취지가 있다.

02 의제매입세액공제의 요건

구 분	의제매입세액공제의 요건
(1) 적용대상자	사업자등록을 하고 사업을 영위하는 과세사업자이어야 함
(2) 면세농산물 등의 구입	사업자가 다음의 농산물 등을 면세로 공급받아야 함 ① 원생산물 : 농·축·수·임산물과 소금(천일염 및 재 제조된 소금으로서 식품으로 정하여진 것) ② 단순가공식료품 : 원생산물의 본래의 성질이 변하지 아니하는 정도의 원시가공을 거쳐 식용에 공하는 것 ③ 미가공식료품 : 가공되지 아니하거나 탈곡·정미·정맥·제분·정육·건조·냉동·염장·포장 기타 원생산물의 본래의 성질이 변하지 아니하는 정도의 1차 가공을 거쳐 식용에 공하는 것 ④ 1차 가공과정에서 필수적으로 발생하는 부산물

구 분	의제매입세액공제의 요건
(3) 재화의 제조·가공 또는 용역의 창출	면세농산물 등을 다음과 같이 원재료로 하여 제조·가공한 재화 또는 창출한 용역의 공급일 것 ① 재화를 형성하는 원료와 재료 ② 재화를 형성하지는 아니하나 당해 재화의 제조·가공에 직접적으로 사용되는 것으로서 화학반응을 하는 물품 ③ 재화의 제조·가공 과정에서 당해 물품이 직접적으로 사용되는 단용원자재 ④ 용역을 창출하는 데 직접적으로 사용되는 원료와 재료
(4) 재화 또는 용역공급의 과세	면세농산물 등을 원재료로 하여 제조·가공한 재화 또는 창출한 용역의 공급이 과세되어야 함
(5) 의제매입세액 공제신고서의 제출	• 사업자는 의제매입세액공제신고서와 면세농산물 등을 공급받은 사실을 증명하는 다음에 해당하는 서류를 관할세무서장에게 제출(국세정보통신망에 의한 제출 포함)하여야 함 ① 매입처별계산서합계표 ② 신용카드매출전표등수령명세서 ③ 매입자발행계산서합계표 • 제조업을 영위하는 사업자가 **농·어민 등**으로부터 면세농산물 등을 직접 공급받는 경우에는 의제매입세액공제신고서만 제출하면 됨 ＊'농·어민 등': 농업 중 작물재배업·축산업·작물재배 및 축산복합농업에 종사하거나 어업 및 임업에 종사하는 개인을 말함(임업에 종사하는 자로부터 직접 공급받은 매입액은 2016년 2월 17일 이후 재화·용역 공급 분부터 적용)

참고

환수효과와 누적효과의 발생원리

(1) 환수효과

'**환수효과**'란 정부가 면세단계에서 포기한 부가가치세를 다음 단계에서 회수하는 것을 말한다.

> 환수효과 = 면세단계의 부가가치 × 세율

(2) 누적효과

'**누적효과**'란 면세 전단계에 과세된 부가가치가 면세 다음 단계의 공급가액에 포함되어 부가가치세가 과세됨으로써 면세 전단계의 부가가치에 대하여 부가가치세가 중복과세될 뿐만 아니라 면세 전단계의 부가가치세에 대한 부가가치세까지 과세되는 것을 말한다.

$$\boxed{\text{누적효과} = (\text{면세 전단계의 부가가치} \times \text{세율}) + (\text{면세 전단계의 부가가치세} \times \text{세율})}$$

(3) 환수효과 누적효과의 발생원리

   ① 전단계세액공제법을 채택하고 있는 부가가치세제도 하에서 유통과정의 중간단계에서 면세가 적용되는 경우 면세사업자는 그가 사업상 필요한 재화나 용역을 구입할 때 거래징수 당한 부가가치세액을 공제받거나 환급받지 못하고, 그 매입세액을 스스로 부담하거나 아니면 가격인상을 통하여 고객에게 전가하게 된다.

   ② 한편, 과세사업자가 면세사업자로부터 원재료를 구입하여 제조·가공한 재화 또는 용역의 공급이 과세되는 경우 그 공급가액에는 면세사업자로부터 구입한 원재료 등의 가액이 포함되지만 거기에 포함되어 있는 면세전단계의 부가가치에 대한 부가가치세는 공제되지 않는다.

   ③ 이 결과 면세사업자가 창출한 부가가치에 대하여 면세하기로 했던 부가가치세는 정부에 환수되는 결과를 가져오게 되고, 여기에 더해서 면세사업자의 구입원가에 포함된 부가가치와 그에 대한 부가가치세에 대해서 다시 세율이 적용되어 부가가치세가 누적되는 결과를 초래하게 되는 것이다.

〽️ **실무** ●────

음식점업의 의제매입세액공제시 유의사항

농·어민으로부터 야채 등을 직접 구입하는 경우 계산서나 신용카드매입전표를 받을 수 없으므로 의제매입세액공제대상이 되지 않음

---

03 의제매입세액의 계산과 공제시기 등

(1) 의제매입세액의 계산

가. 산식

$$\boxed{\text{의제매입세액} = \text{면세농산물 등의 가액} \times \text{공제율}}$$

1) 면세농산물 등의 가액

① 원칙 : 운임 등의 부대비용을 제외한 매입원가로 한다.

② 수입 면세농산물 등 : 관세의 과세가격으로 한다(관세는 포함 안됨).

2) 공제율

일반업종 영위 사업자		2/102
제조업 영위 사업자(조특법상 중소기업 및 개인사업자에 한함)	기타 제조업	4/104
	최종소비자 상대 개인제조업	6/106
	법인(중소기업)	4/104
	법인(중소기업 외)	2/102
음식점업 영위사업자	법인사업자	6/106
	개인사업자	8/108(9/109)
	과세유흥장소경영자	2/102

*) 개인 음식점업 영위사업자 중 과세표준 2억 원(과세기간 별로 판단, 신규사업자 환산 적용하지 아니함) 이하인 자의 공제율 9/109는 2026.12.31.까지 공제율 확대

*) '과세유흥장소경영자'란 개별소비세의 과세대상 여부에 관계없이 유흥장소를 경영하는 사업자를 말함

*) **최종소비자 상대 개인제조업** : 과자점업, 도정업, 제분업, 떡방앗간

〰 실무

의제매입세액 공제율 9/109 적용시 과세표준 판단

×1.1.1.~×1.6.30. 과세표준 1억 5천 원 → 의제매입세액 적용세율(9/109)

×1.7.1.~×1.12.31. 과세표준 3억 원 → 의제매입세액 적용세율(8/108)

＊과세표준 연간합계 4억 초과하더라도 1기 9/109 적용세율은 잘못된 것이 아님

---

3) 면세농산물 등의 가액 한도

① 일반적인 경우

해당 과세기간에 해당 사업자가 공급하는 면세농산물등과 관련한 사업의 과세표준에 다음의 비율을 곱한 금액을 한도로 한다.

㉠ 2018년 2기부터 2025년 12월 31일까지

구 분		면세농산물 등의 가액 한도	
		음식점업	기 타
법인사업자		50%	
개인사업자	과세표준 1억 원 이하인 경우	75%	65%
	과세표준 1억 원 ~ 2억 원	70%	
	과세표준 2억 원 초과	60%	55%

ⓒ 2015년부터 2018년 1기까지

구 분		면세농산물 등의 가액 한도	
		음식점업	기 타
법인사업자		35%	
개인사업자	과세표준 1억 원 이하인 경우	60%	50%
	과세표준 1억 원 ~ 2억 원	55%	
	과세표준 2억 원 초과	45%	40%

→ 법인사업자에 대한 공제한도는 원칙적으로 30%이며, 35%는 2016년부터 2018년
1기까지 적용한다.

② 농수산물 매입시기가 집중되는 제조업에 대한 공제한도 정산 특례

원칙적으로 과세기간(6개월)별 매출액을 기준으로 한도액을 계산하는 것이나, 다음
의 요건을 모두 충족하는 사업자는 제2기 과세기간에 대한 납부세액을 확정신고할 때
아래의 산식에 따른 금액을 매입세액으로 공제할 수 있다.

ⓖ 제1기 과세기간에 공급받은 면세농산물 등의 가액을 그 해의 1월 1일부터 12월
31일까지 공급받은 면세농산물 등의 가액으로 나누어 계산한 비율이 75% 이상이
거나 25% 미만일 것

ⓛ 해당 과세기간이 속하는 해의 1월 1일부터 12월 31일까지 동안 계속하여 제조업을
영위하였을 것

제2기 의제매입세액공제액 = 그 해의 1월 1일부터 12월 31일까지에 공급받은 면세농산물
등의 가액 한도 × 공제율 − 제1기 의제매입세액공제액

이 경우 그 해의 1월 1일부터 12월 31일까지에 공급받은 면세농산물 등의 가액 한도
는 다음과 같이 계산한다.

구 분		한도율
개인사업자	과세표준 4억 원 이하 (그 해의 1월 1일부터 12월 31일까지)	50% (2025.12.31.까지 65%)
	과세표준 4억 원 초과 (그 해의 1월 1일부터 12월 31일까지)	40% (2025.12.31.까지 55%)
법인사업자		35% (2025.12.31.까지 50%)

→ 당해 연도에만 적용되고, 다음 해로는 이월이 불가함에 유의하여야 함

나. 의제매입세액의 안분계산

당해 사업자가 과세사업과 면세사업(비과세사업 포함)을 겸영하는 경우의 의제매입세액은 공통매입세액의 안분계산을 준용하여 다음과 같이 계산한다.

구 분	의제매입세액 안분계산방법
실지귀속 구분이 가능한 경우	과세사업에 사용하였거나 사용할 부분에 대해서만 공제
실지귀속 구분이 불분명한 경우	면세농산물 등의 가액 × 공제율 × $\dfrac{\text{과세공급가액}}{\text{총공급가액}}$

다. 의제매입세액의 납부세액 가산 또는 환급세액 공제

가산 또는 공제 사유	가산 또는 공제금액
(1) 의제매입세액의 공제를 받은 면세농산물 등을 　① 그대로 양도 또는 인도하는 경우 　② 면세사업 기타의 목적을 위하여 사용하거나 소비하는 경우	그 공제한 금액
(2) 면세농산물 등의 구성부분의 일부만을 과세재화의 제조·가공 또는 과세용역의 창출에 사용하고 나머지 부분은 그대로 양도 또는 인도하는 경우	그대로 양도 또는 인도한 부분에 대하여 공제한 금액

(2) 의제매입세액의 공제시기

1) 원칙적인 공제시기

당해 면세농산물 등을 공급받은 때가 속하는 예정신고 또는 확정신고시 매입세액으로서 공제된다.

2) 예외적인 공제시기

① 예정신고시에 증빙서류를 제출하지 못하여 공제받지 못한 의제매입세액은 확정신고시에 제출하여 공제받을 수 있다.

② 예정신고 또는 확정신고시에 공제받지 못한 의제매입세액은 다음의 경우에 증빙서류를 함께 제출하면 공제받을 수 있다.

　㉠ 과세표준수정신고서와 함께 제출하는 경우

　㉡ 경정청구서와 함께 제출하여 경정기관이 경정하는 경우

　㉢ 기한후과세표준신고서와 함께 제출하여 관할세무서장이 결정하는 경우

㉣ 경정에 있어서 교부받은 계산서 또는 신용카드매출전표등수령명세서를 경정기관의 확인을 거쳐 정부에 제출하는 경우

(3) 의제매입세액의 공제사업장

의제매입세액을 공제할 수 있는 사업장은 면세 원재료인 농·축·수·임산물을 공급받는 사업장으로 한다. 다만, 이 경우 당해 면세농산물 등을 공급받는 사업장과 과세되는 재화의 최종 제품이 완성되는 사업장이 다른 때에는 최종 제품이 완성되는 사업장에서도 공제할 수 있다(간세 1235-3503, 1978.11.24.).

┌─── 📈 **실무** ●──

2개 이상의 사업장이 있는 경우 공제사업장

① 본사에서 일괄 구입한 경우 : 구입한 본사 또는 사용하는 사업장에서 선택 공제함
② 공장에서 구입한 경우 : 본사에서는 공제가 불가능하며, 당해 공장에서 공제 가능함

(4) 의제매입세액의 회계처리

의제매입세액으로 공제받은 금액은 당해 원재료의 매입가액에서 이를 공제한다(법령 §24의3). 따라서 취득원가에서 의제매입세액상당액을 차감한 금액을 원재료의 가액으로 하고 의제매입세액상당액은 일반매입세액과 동일한 과목(부가가치세대급금)으로 계산하면 된다.

┌─── 📈 **실무** ●──

회계처리 방법

음식점업을 영위하는 사업자가 농산물을 1,000,000원에 구입하고 계산서를 교부받은 경우의 회계처리는 다음과 같다(의제매입세액공제율 9/109 적용).

① 구입시　　　　(차) 상품　　　　　1,000,000　(대) 현금 등　　　1,000,000
② 부가세 신고시 (차) 부가가치세대급금　82,569　(대) 상품　　　　　　82,569

(1) 음식업을 영위하는 사업자의 의제매입세액공제 가능 여부

음식업을 영위하는 사업자가 부가가치세의 면제를 받아 공급받은 농산물 등을 원재료로 하여 부가가치세가 과세되는 음식용역을 공급하고 의제매입세액공제를 받기 위하여는 부가가치세예정 또는 확정신고와 함께 매입처별계산서합계표 및 여신전문금융업법에 의한 신용카드매출전표 또는 직불카드영수증을 사업장 관할세무서장에게 제출하여야 함(부가 46015 – 1155, 2000.5.24.)

(2) 조경공사에 직접 사용되는 수목 등의 매입시 의제매입세액공제 여부

조경공사업을 영위하는 건설업자가 조경공사에 직접 사용되는 수목 등 부가가치세가 면제되는 원료 또는 재료를 면세사업자로부터 공급받고 매입처별계산서합계표 또는 영수증을 사업장 관할세무서장에게 제출하는 경우에는 의제매입세액을 공제받을 수 있는 것이나, 동 면세 원재료를 농민으로부터 직접 공급받은 경우에는 의제매입세액을 공제받을 수 없는 것임(부가 46015 – 1893, 1997.8.12.)

(3) 농산물의 1차 가공과정에서 필수적으로 생산되는 부산물의 의제매입세액공제 대상 여부

벼, 보리, 밀, 옥수수의 도정과정 등에서 생산되는 미강(쌀겨), 맥강(보리겨), 소맥피(밀기울), 옥피(옥태밀분)를 면세로 구입한 사업자가 당해 재화들을 원재료로 하여 제조ㆍ가공한 사료를 다른 사업자에게 공급하는 경우에는 의제매입세액을 공제받을 수 있는 것임(제도 46015 – 10420, 2001.4.6.)

(4) 면세되는 축산물을 구입한 후 위탁가공하여 공급하는 경우 의제매입세액공제 여부

사업자가 부가가치세의 면제를 받아 공급받은 축산물을 다른 사업자에게 위탁가공하여 판매하는 경우, 당해 위탁가공하여 판매하는 사업이 제조업을 영위하는 것에 해당하고 당해 위탁가공한 재화의 공급이 부가가치세가 과세되는 경우에는 당해 위탁가공에 사용된 면세축산물에 대하여는 의제매입세액을 공제할 수 있는 것임(서면3팀 – 1842, 2005.10.24.)

(1) 의제매입세액의 공제시기

사업자가 면세농산물 등을 직접 재배·사육 또는 양식을 하거나 타인이 재배·사육 또는 양식 중에 있는 면세농산물 등을 구입한 때의 의제매입세액 공제시기는 당해 면세농산물 등을 생산·채취 또는 벌목 등을 하여 과세재화의 제조·가공 또는 과세용역의 창출에 사용하거나 사용할 수 있는 때임(부가통칙 17-62-5)

(2) 예정신고시 공제하지 아니한 의제매입세액의 공제

사업자가 예정신고시 공제하지 아니한 의제매입세액은 확정신고시에 공제할 수 있으며, 예정 또는 확정신고시에 공제하지 아니한 의제매입세액은 국세기본법에 의한 수정신고 및 경정청구시 또는 경정기관의 확인을 거쳐 정부에 제출하는 경우에 공제할 수 있음(부가통칙 17-62-6)

의제매입세액 공제신고서

※ 뒤쪽의 작성방법을 읽고 작성하시기 바랍니다. (앞쪽)

접수번호		접수일		처리기간	즉시

1. 신고인 인적사항

① 상호(법인명)		② 사업자등록번호	
③ 업태		④ 종목	

2. 면세농산물등 매입가액 합계

구　　　　분		⑤ 매입처 수	⑥ 건 수	⑦ 매입가액	⑧ 공제율	⑨ 의제매입세액
⑩ 합　　계						
사업자로부터의 매입분	⑪ 계 산 서					
	⑫ 신용카드 등					
⑬ 농어민 등으로부터의 매입분						

3. 면세농산물등 의제매입세액 관련 신고내용

가. 과세기간 과세표준 및 공제 가능한 금액 등

과세표준			대상액 한도계산		⑲ 당기 매입액	⑳ 공제대상금액 (=⑱과 ⑲의 금액 중 적은 금액)
⑭ 합계	⑮ 예정분	⑯ 확정분	⑰ 한도율	⑱ 한도액		

나. 과세기간 공제할 세액

공제대상세액		이미 공제받은 세액			㉖ 공제(납부)할 세액 (=㉒-㉓)
㉑ 공제율	㉒ 공제대상세액	㉓ 합계	㉔ 예정 신고분	㉕ 월별 조기분	

4. 매입시기 집중 제조업 면세농산물등 의제매입세액 관련 신고내용

가. 해당 해의 1월 1일부터 12월 31일까지 과세표준 및 제2기 과세기간 공제 가능한 금액 등

과세표준			대상액 한도계산		해당 해의 1월 1일부터 12월 31일까지 매입액			㉟ 공제대상금액 (=㉛과 ㉜의 금액 중 적은 금액)
㉗ 합계	㉘ 제1기	㉙ 제2기	㉚ 한도율	㉛ 한도액	㉜ 합계	㉝ 제1기	㉞ 제2기	

나. 제2기 과세기간 공제할 세액

공제대상세액		이미 공제받은 세액					㊸ 공제(납부)할 세액 (=㊲-㊳)
㊱ 공제율	㊲ 공제대상세액	㊳ 총합계	㊴ 제1기	제2기			
				㊵ 합계	㊶ 예정 신고분	㊷ 월별 조기분	

5. 농어민 등으로부터의 매입분에 대한 명세(합계금액으로 작성함)

일련번호	㊹ 면세농산물등을 공급한 농어민 등		㊺ 건수	㊻ 품 명	㊼ 수 량	㊽ 매입가액
	성명	주민등록번호				
합계						
1						
2						
3						

「부가가치세법 시행령」제84조 제5항에 따라 의제매입세액을 공제받기 위해 위와 같이 신고합니다.

　　　　　　　　　　　　　　　　　　　　　　　　　　　　　　　년　　　월　　　일

신고인　　　　　　　　　　　　(서명 또는 인)

세 무 서 장　　귀하

첨부서류	1. 제조업을 경영하는 사업자가 농어민으로부터 면세농산물등을 직접 공급받는 경우: 첨부서류 없음 2. 그 밖의 경우: 매입처별 계산서합계표 또는 신용카드매출전표등 수령명세서	수수료 없음

210mm×297mm[백상지(80g/㎡) 또는 중질지(80g/㎡)]

작 성 방 법

이 신고서는 아래의 작성방법에 따라 한글과 아라비아 숫자로 정확하게 적어야 하며, 금액은 원단위까지 표시해야 합니다.

2. 면세농산물등 매입가액 합계란   (⑤ ~ ⑬)

⑧: 공제율은 일반과세자의 경우 「부가가치세법」 제42조 제1항에 따른 공제율을 적습니다.

3. 면세농산물등 의제매입세액 관련 신고내용란   (⑭ ~ ㉖)

※ 이 난은 부가가치세 과세표준 확정신고를 할 때만 적습니다.

⑭: 과세기간별 면세농산물등과 관련하여 공급한 과세표준 합계액을 적습니다.

⑮: 월별 조기환급 신고분을 포함하여 적습니다.

⑰: 법인사업자의 경우 100분의 30, 개인사업자의 경우 과세표준(⑭ 합계)이 2억원 이하인 경우 100분의 50, 2억원 초과인 경우 100분의 40을 적습니다. 다만, 법인사업자의 경우 2023년 12월 31일까지는 100분의 50, 음식점업을 경영하는 개인사업자의 경우 2023년 12월 31일까지는 과세표준이 1억원 이하인 경우에는 100분의 75, 과세표준이 1억원 초과 2억원 이하인 경우에는 100분의 70, 과세표준이 2억원 초과인 경우에는 100분의 60을 적고, 음식점업 외의 사업을 경영하는 개인사업자는 2023년 12월 31일까지는 과세표준이 2억원 이하인 경우 100분의 65, 과세표준이 2억원 초과인 경우에는 100분의 55를 적습니다.

⑱: 과세표준(⑭ 합계)에 한도율(⑰)을 곱하여 계산한 금액을 적습니다.

⑲: 매입가액(⑦)의 합계액(⑩)을 적습니다. 예정 신고 및 월별 조기환급 신고를 하였을 때 면세농산물등 매입가액을 포함하여 적습니다.

⑳: 한도액(⑱)과 당기 매입액 합계(⑲)의 금액 중 적은 금액을 적습니다.

㉒: 공제대상금액(⑳)에 공제율(㉑)을 곱하여 계산한 금액을 적습니다.

㉓: 예정신고 및 월별 조기환급 신고를 하였을 때 공제받은 세액의 합계액을 적습니다.

㉖: 예정신고 및 영세율 등 조기환급 신고를 하였을 때 이미 매입세액 공제를 받은 금액을 확정신고를 할 때 정산한 결과 추가로 납부할 세액이 발생하는 경우에는 해당 세액을 일반과세자 부가가치세 신고서(「부가가치세법 시행규칙」 별지 제21호 서식) 제3쪽 (43)번 의제매입세액란에 음수(-)로 적습니다.

4. 매입시기 집중 제조업 면세농산물등 의제매입세액 관련 신고내용란   (㉗ ~ ㊸)

※ 이 난은 「부가가치세법 시행령」 제84조 제3항에 따라 의제매입세액을 공제받으려는 사업자가 제2기 과세기간에 대한 부가가치세 과세표준 확정신고를 할 때만 적습니다. 이 경우 3번란은 별도로 적지 않습니다.

㉗: 해당 해의 1월 1일부터 12월 31일까지의 과세기간별 면세농산물등과 관련하여 공급한 과세표준 합계액을 적습니다.

㉘, ㉙ 예정 신고분 및 월별 조기환급 신고분을 포함하여 적습니다.

㉚: 법인사업자의 경우 100분의 30(2023년 12월 31일까지는 100분의 50), 개인사업자의 경우 해당 해의 1월 1일부터 12월 31일까지 과세표준 합계액이 4억원 이하인 경우에는 100분의 50, 과세표준 합계액이 4억원 초과인 경우에는 100분의 40(2023년 12월 31일까지는 과세표준 합계액이 4억원 이하인 경우에는 100분의 65, 과세표준 합계액이 4억원 초과인 경우에는 100분의 55)을 적습니다.

㉛: 과세표준 합계(㉗ 합계)에 한도율(㉚)을 곱하여 계산한 금액을 적습니다.

㉜: 제1기 과세기간의 매입가액(㉝)과 제2기 과세기간의 매입가액(㉞)의 합계액을 적습니다.

㉟: 한도액(㉛)과 해당 해의 1월 1일부터 12월 31일까지 매입액 합계(㉜)의 금액 중 적은 금액을 적습니다.

㊲: 공제대상금액(㉟)에 공제율(㊱)을 곱하여 계산한 금액을 적습니다.

㊳: 제1기 과세기간에 공제받은 세액(㊴)과 제2기 예정신고 및 월별 조기환급 신고를 하였을 때 공제받은 세액(㊵)의 합계액을 적습니다.

㊸: 예정신고 및 영세율 등 조기환급 신고를 하였을 때 이미 매입세액 공제를 받은 금액을 확정신고를 할 때 정산한 결과 추가로 납부할 세액이 발생하는 경우에는 해당 세액을 일반과세자 부가가치세 신고서(「부가가치세법 시행규칙」 별지 제21호 서식) 제3쪽 (43)번 의제매입세액란에 음수(-)로 적습니다.

5. 농어민 등으로부터의 매입분에 대한 명세란   (㊹ ~ ㊽)

간이과세 음식점업자(「소득세법」 제160조에 따른 복식부기의무자는 제외합니다)가 농어민이나 개인으로부터 직접 공급받은 면세농산물등의 가액(과세공급대가의 100분의 5를 한도로 합니다)을 ⑬란, ㊹란부터 ㊽란까지 적습니다. 제조업자는 농어민으로부터 직접 공급받은 면세농산물등의 가액을 ⑬란, ㊹란부터 ㊽란까지 적습니다.

210mm×297mm[백상지(80g/㎡) 또는 중질지(80g/㎡)]

제6절 감가상각자산의 과세사업 전환 매입세액공제

01 의의

'**감가상각자산의 과세사업 전환 매입세액공제**'란 사업자가 매입세액이 공제되지 아니한 면세사업 등을 위한 감가상각자산을 과세사업에 사용하거나 소비하는 경우 일정 산식에 따라 그 과세사업에 사용하거나 소비하는 날이 속하는 과세기간의 매입세액으로 공제하는 것을 말한다(부법 §43).

이는 과세사업용 감가상각자산을 면세사업 등에 사용·소비하는 경우 재화의 공급으로 의제되는 것과 형평을 맞추고, 감가상각자산에 대한 부가가치에 대한 중복과세를 방지하고자 하는 데 그 취지가 있다.

> **실무**
>
> 주거용 오피스텔의 사무용 전환, 의원으로 사용하던 건물의 임대 전환, 정육점용 냉장·냉동고의 식당용 전환, 법령에 의하여 면세업종이 과세업종으로 전환되는 경우 등에 적용될 수 있음

02 감가상각자산의 과세사업 전환 매입세액공제의 요건

① 공제대상자산

당초 면세사업(비과세사업 포함)에 사용하여 매입세액이 공제되지 아니한 감가상각자산이어야 한다.

② 과세사업에 사용소비

당초 면세사업 등에 사용하던 감가상각자산을 과세사업용으로 전부 전환하거나 과세사업과 면세사업 등에 공통으로 사용·소비하는 경우이어야 한다.

③ 과세사업전환 감가상각자산 신고서의 제출

사업자가 매입세액이 공제되지 아니한 감가상각자산을 과세사업에 사용·소비하는 때에는 동 과세사업에 사용·소비하는 날이 속하는 과세기간에 대한 확정신고와 함께 과세사업전환 감가상각자산신고서에 의하여 각 사업장 관할세무서장에게 신고하

여야 한다(부령 §85 ⑤).

→ 예정신고하는 때에는 매입세액공제 하지 않음에 유의해야 함

03 과세사업전환 매입세액공제 방법

(1) 과세사업용으로 전부 전환하는 경우

$$
\text{과세사업 전환 매입세액} = \text{취득 당시 해당 재화의 면세사업 관련 불공제 매입세액} \times (1 - \text{체감률} \times \text{경과된 과세기간의 수})
$$

(2) 과세사업과 면세사업 등에 공통 사용·소비하는 경우

1) 일반적인 경우의 과세사업 전환 매입세액

$$
\text{과세사업 전환 매입세액} = \text{취득 당시 해당 재화의 면세사업 등 관련 불공제 매입세액} \times \left(1 - \text{체감률} \times \text{경과된 과세기간의 수}\right) \times \text{과세공급가액비율}
$$

• 과세공급가액비율 = (과세사업에 사용·소비한 날이 속하는 과세기간의) $\dfrac{\text{과세공급가액}}{\text{총공급가액}}$

• 과세공급가액비율이 5% 미만인 경우에는 공제세액이 없는 것으로 봄(경제적 효익이 없기 때문)

2) 당해 과세기간 중 공급가액이 없는 경우의 안분계산 및 정산

구 분		주요 내용
안분 계산		안분계산기준은 다음의 순서에 따른다.
	일반적인 경우	① 총매입가액(공통매입가액 제외)에 대한 과세사업에 관련된 매입가액의 비율 ② 총예정공급가액에 대한 과세사업에 관련된 예정공급가액의 비율 ③ 총예정사용면적에 대한 과세사업에 관련된 예정사용면적의 비율
	건물의 경우	① 총예정사용면적에 대한 면세사업 등에 관련된 예정사용면적의 비율 ② 총매입가액(공통매입가액 제외)에 대한 면세사업 등에 관련된 매입가액의 비율 ③ 총예정공급가액에 대한 면세사업 등에 관련된 예정공급가액의 비율

구 분	주요 내용
정산	위와 같이 과세사업 전환 매입세액을 안분계산한 경우에는 해당 재화의 취득으로 과세사업과 면세사업 등의 공급가액 또는 사용면적이 확정되는 과세기간에 대한 납부세액을 확정신고하는 때에 다음 산식에 따라 정산함 ① 당초 매입가액 또는 예정공급가액비율로 안분계산한 경우 $$\text{가산 또는 공제되는 세액} = \text{과세사업전환 매입세액} \times \left(\text{과세사업과 면세사업 등의 공급가액이 확정되는 과세기간의} \; \frac{\text{면세등공급가액}}{\text{총공급가액}} \right) - \text{기공제세액}$$ ② 당초 예정사용면적비율로 안분계산한 경우 $$\text{가산 또는 공제되는 세액} = \text{과세사업전환 매입세액} \times \left(\text{과세사업과 면세사업 등의 사용면적이 확정되는 과세기간의} \; \frac{\text{면세등사용면적}}{\text{총사용면적}} \right) - \text{기공제세액}$$

01 의의

'재고매입세액공제'라 함은 간이과세자가 일반과세자로 변경되는 경우에 당해 변경일 현재의 재고품, 건설중인 자산 및 감가상각자산(매입세액공제대상인 것만 해당)의 장부가액에 포함되어 있다고 추정되는 부가가치세 매입세액 상당액을 일정한 방법에 따라 납부세액 계산에 있어서 공제하는 제도를 말한다.

간이과세자는 재화 또는 용역을 공급받으면서 부가가치세를 거래징수 당하더라도 매입세액을 전액 공제받지 못하고 공급대가의 0.5%만큼만 공제(2021.7.1. 개정 이전 : 업종별 부가가치율에 해당하는 부분만 공제)받는다. 이렇게 간이과세자로 있을 때 공제받지 못한 당해 재고품 등의 매입세액을 일반과세자의 지위에서 공제받을 수 있도록 함으로써 부가가치세 중복과세를 방지하고자 하는데 그 취지가 있다.

02 재고품 및 감가상각자산의 신고와 승인

(1) 공제대상 재고품 등

간이과세자가 일반과세자로 변경되는 날 현재 재고품 등으로서 매입세액공제대상인 것이어야 한다.
① 재고품 : ㉠ 상품, ㉡ 제품(반제품 및 재공품 포함), ㉢ 재료(부재료 포함)
② 건설중인 자산
③ 감가상각자산
    ㉠ 건물 및 구축물 : 취득ㆍ건설 또는 신축 후 10년 이내의 것
    ㉡ 기타의 감가상각자산 : 취득 또는 제작 후 2년 이내의 것

(2) 재고품 등의 신고

과세유형이 변경되는 날의 직전 과세기간에 대한 확정신고와 함께 "일반과세전환시의 재고품등 신고서"를 각 사업장 관할세무서장에게 제출하여야 한다.

(3) 재고품 등의 승인

재고품 등의 신고를 받은 관할세무서장은 재고금액을 조사·승인하고 재고품 등 신고기한 후 1월 이내에 당해 사업자에게 공제될 재고품 등 매입세액을 통지하여야 한다.

이 경우 그 기한 이내에 통지하지 아니한 때에는 당해 사업자가 신고한 재고금액을 승인한 것으로 본다.

03 재고매입세액의 계산

(1) 산식

1) 재고품

ⓐ 2021.7.1. 이후

$$\text{재고금액} \times \frac{10}{110} \times (1 - 0.5\% \times \frac{110}{10})$$

ⓑ 2021.7.1. 이전

$$\text{재고금액} \times \frac{10}{110} \times (1 - \text{업종별 부가가치율})$$

2) 건설 중인 자산

ⓐ 2021.7.1. 이후

$$\text{해당 건설 중인 자산과 관련된 공제대상매입세액} \times (1 - 0.5\% \times \frac{110}{10})$$

ⓑ 2021.7.1. 이전

$$\text{해당 건설 중인 자산과 관련된 공제대상매입세액} \times (1 - \text{업종별 부가가치율})$$

3) 감가상각자산

① 다른 사람으로부터 매입한 자산

ⓐ 2021.7.1. 이후

$$\text{취득가액} \times (1 - \text{체감률} \times \text{경과된 과세기간의 수}) \times \frac{10}{110} \times (1 - 0.5\% \times \frac{110}{10})$$

ⓑ 2021.7.1. 이전

$$\text{취득가액} \times (1 - \text{체감률} \times \text{경과된 과세기간의 수}) \times \frac{10}{110} \times (1 - \frac{\text{업종별}}{\text{부가가치율}})$$

② 사업자가 직접 제작·건설 또는 신축한 자산

ⓐ 2021.7.1. 이후

$$\text{매입세액} \times (1 - \text{체감률} \times \text{경과된 과세기간의 수}) \times (1 - 0.5\% \times \frac{110}{10})$$

ⓑ 2021.7.1. 이전

$$\text{매입세액} \times (1 - \text{체감률} \times \text{경과된 과세기간의 수}) \times (1 - \frac{\text{업종별}}{\text{부가가치율}})$$

(2) 재고금액 또는 취득가액

장부 또는 세금계산서에 의하여 확인되는 당해 재고품 등의 취득가액(부가가치세 포함)으로 한다.

(3) 체감률

① 건물·구축물 : 10%
② 기타 감가상각자산 : 50%

(4) 경과된 과세기간의 수

① 경과된 과세기간의 수는 과세기간 단위로 계산한다.

② 건물·구축물의 경우에는 10, 기타의 감가상각자산은 2를 한도로 한다.

③ 과세기간의 개시일 후에 감가상각자산을 취득하거나 당해 재화가 공급된 것으로 보게 되는 경우에는 그 과세기간의 개시일에 해당 재화를 취득하거나 재계산대상에 해당하게 된 것으로 보고 계산한다.

(5) 업종별 부가가치율

일반과세자로 변경되기 직전일(감가상각자산의 경우에는 당해 감가상각자산의 취득일)이 속하는 과세기간에 적용된 당해 업종의 부가가치율을 말한다.

① 2021.7.1. 이후 재화 또는 용역을 공급하는 분부터 적용

업 종	부가가치율
① 소매업, 재생용 재생자료수집 및 판매업, 음식점업	15%
② 제조업, 농업·임업 및 어업, 소화물 전문 운송업	20%
③ 숙박업	25%
④ 건설업, 그 밖의 운수업, 창고업, 정보통신업, 그 밖의 서비스업	30%
⑤ 금융 및 보험 관련 서비스업, 전문·과학 및 기술 서비스업(인물사진 및 행사용 영상 촬영업 제외), 사업시설관리·사업지원 및 임대서비스업, 부동산 관련 서비스업, 부동산임대업	40%

② 2021.7.1. 이전

업 종	부가가치율
① 전기·가스·증기 및 수도사업	5%
② 소매업, 재생용 재생자료수집 및 판매업, 음식점업	10%
③ 제조업, 농업·임업 및 어업, 숙박업, 운수 및 통신업	20%
④ 건설업, 부동산임대업, 기타 서비스업	30%

04 재고매입세액의 공제시기 등

(1) 공제시기

재고매입세액공제의 승인을 얻은 날이 속하는 해당 예정신고기간 또는 과세기간의 매출세액에서 공제한다.

(2) 조사 및 경정

재고매입세액을 승인하거나 승인한 것으로 보는 재고매입세액의 내용에 오류 또는 탈루가 있는 경우에는 재고매입세액을 조사하여 경정한다.

(3) 공제 배제

일반과세자가 간이과세자로 변경된 후에 다시 일반과세자로 변경되는 경우에는 간이과세자로 변경된 때에 재고납부세액을 납부하지 않은 재고품 및 감가상각자산에 대하여는 재고매입세액공제를 적용하지 않는다.

⚟ 실무

과세유형전환과 재고품 등 관련 부가가치세 계산

구 분	재고품 등 부가가치세 계산
일반과세자 ⇒ 간이과세자 변경	재고납부세액 계산하여 납부세액에 가산함
간이과세자 ⇒ 일반과세자 변경	재고매입세액 계산하여 매입세액공제함

제8절 대손세액공제

01 의의

(1) 개념

'**대손세액공제**'란 사업자가 부가가치세가 과세되는 재화 또는 용역을 공급하고 외상매출금이나 그 밖의 매출채권(부가가치세 포함)의 전부 또는 일부가 공급을 받은 자[112]의 파산·강제집행이나 그 밖의 사유로 대손되어 회수할 수 없는 경우 법정산식에 의하여 계산한 금액(대손세액)을 그 대손이 확정된 날이 속하는 과세기간의 매출세액에서 차감하는 것을 말한다(부법 §45 ① 본문).

(2) 대손세액공제의 취지

사업자가 거래상대방의 부도·파산 등 대손사유의 발생으로 인하여 외상매출금 등을 회수할 수 없게 된 경우에는 결과적으로 그와 관련된 부가가치세를 공급받는 자에게 전가시키지 못하게 되는데, 이 경우 최종 소비자가 부담하기로 예정되어 있는 부가가치세를 공급자가 부담하게 되는 문제가 발생하게 된다.

그러므로 대손세액공제는 공급받은 자의 부도·파산 등의 대손사유 발생으로 공급자와 공급받은 자간의 부가가치세의 경제적 부담이 왜곡되는 것을 시정하고, 최종 소비자가 아닌 사업자가 부가가치세를 부담하게 되는 결과를 방지하고자 하는 데 그 취지가 있다. 즉 사업자는 재화나 용역의 대금뿐만 아니라 부가가치세도 부담해야 되기 때문에 이중 손해를 보는데, 이를 방지하기 위함이다.

---

112) 사업자와의 계약관계에 따라 그로부터 '직접' 공급을 받은 자를 말하는 것이지, 전체 거래과정의 어느 부분에서든 물품의 공급을 받기만 하면 된다고 할 수 없으며, 이러한 '공급을 받은 자'의 의미를 확장하게 될 경우 전체 거래관계에서 파산 등의 사유가 발생한 당사자에 대한 채권을 전단계 공급자에게 무차별적으로 양도하는 경우 등에 대하여 모두 대손세액공제를 허용해야 하는 불합리한 결과가 발생할 우려가 있음(서울고법 2018누56925, 2018.10.16.)

구 분	대손세액공제의 요건
(1) 공제대상자	재화 또는 용역을 공급하는 과세사업자이어야 함
(2) 공제대상 외상매출금 등	① 부가가치세가 과세되는 재화 또는 용역의 공급에 대한 외상매출금 또는 기타 매출채권이어야 함 　→ 세금계산서 발급분, 영수증 발급분 모두 포함(금융용역과 관련된 대여금은 면세대상 용역과 관련된 채권이므로 해당 안됨) ② 당해 외상매출금 등이 각 과세기간의 과세표준에 계상되어 있어야 함 ③ 당초 매출을 누락하여 신고한 경우에도 수정신고 또는 과세관청의 경정에 의하여 과세표준에 계상된 것 포함
(3) 대손사유의 발생	• 대손사유가 발생하여 부가가치세를 포함한 매출채권을 회수할 수 없어야 함 • 대손사유는 소득세법 및 법인세법의 규정에 따라 대손금으로 인정되는 사유와 **회생계획인가결정에 따라 채권을 출자전환하는 경우***이어야 한다. 　* 대손금액은 채권의 장부가액과 주식의 시가와의 차액(기존 예규 법령화)
(4) 시간적 한계	사업자가 부가가치세가 과세되는 재화 또는 용역을 공급한 후 그 공급일부터 **10년이** 지난 날이 속하는 과세기간에 대한 확정신고기한까지 대손사유로 인하여 대손이 확정되는 대손세액이어야 함(부령 §87 ②)
(5) 대손세액공제(변제) 신고서의 제출	대손세액공제를 받고자 하거나 대손세액을 매입세액에 가산하고자 하는 사업자는 부가가치세의 확정신고서에 대손세액공제(변제) 신고서와 대손사실 또는 변제사실을 증명하는 서류를 관할세무서장에게 제출(국세정보통신망에 의한 제출 포함)하여야 함(부법 §45 ②, 부령 §87 ④)

📈 **실무** ○

확정신고시 대손세액을 공제받지 못한 경우

사업자가 대손이 확정된 날이 속하는 과세기간에 대한 부가가치세 확정신고시 대손세액을 공제받지 못한 경우 확정신고 이후에 대손금액이 발생한 사실을 증명하는 제출(경정청구)하면 대손세액 공제 가능함(재소비 46015-346, 2002.12.12.)

03 대손사유

(1) 소득세법 시행령[113] 및 법인세법 시행령에 따른 대손사유

개인사업자의 경우 소득세법상 대손사유를 따르고, 법인사업자는 법인세법상 대손사유를 따른다. 아래의 대손사유 중 ① ~ ⑫는 개인과 법인 모두에게 적용되는 대손사유에 해당하고, ⑬과 ⑭는 법인사업자에게만 적용되는 추가적인 대손사유에 해당한다.

① 외상매출금 및 미수금으로서 「상법」상의 소멸시효가 완성된 것

② 외상매출금 또는 미수금과 관련하여 받은 「어음법」상의 소멸시효가 완성된 어음

③ 외상매출금 또는 미수금과 관련하여 받은 「수표법」상의 소멸시효가 완성된 수표

④ 대여금 및 선급금으로서 「민법」상의 소멸시효가 완성된 것

⑤ 「채무자 회생 및 파산에 관한 법률」에 따른 회생계획인가의 결정 또는 법원의 면책결정에 따라 회수불능으로 확정된 채권

⑤의2 「서민의 금융생활 지원에 관한 법률」에 따른 채무조정을 받아 신용회복지원 협약에 따라 면책으로 확정된 채권

⑥ 「민사집행법」 제102조의 규정에 의하여 채무자의 재산에 대한 경매가 취소된 압류채권

⑦ 물품의 수출 또는 외국에서의 용역제공으로 발생한 채권으로서 외국환관리 법령에 의하여 한국은행총재 또는 외국환은행의 장으로부터 채권회수의무를 면제받은 것 (법인세 및 소득세법상 대손요건 삭제와 함께 삭제)

⑧ 채무자의 파산, 강제집행, 형의 집행, 사업의 폐지, 사망, 실종 또는 행방불명으로 회수할 수 없는 채권

⑨ 부도발생일부터 6개월 이상 지난 수표 또는 어음상의 채권과 외상매출금(조세특례제한법 시행령 제2조에 따른 중소기업의 외상매출금으로서 부도발생일 이전의 것에 한함). 다만, 당해 사업자가 채무자의 재산에 대하여 저당권을 설정하고 있는 것 제외

→ 저당권 설정된 채권최고금액을 초과하는 부도수표·어음금액에 대해서는 대손세액공제가 가능함(부가통칙 17의2-63의2-4)

---

113) 소득세법 시행령 제55조의2, 법인세법 시행령 제19조의2(채무자의 파산 등 대통통령으로 정하는 사유로 회수할 수 없는 채권)

⑨의2 중소기업의 외상매출금 및 미수금으로서 회수기일이 2년 이상 지난 외상매출금[114] 등. 다만, 특수관계인과의 거래로 인하여 발생한 외상매출금 등은 제외(2020.1.1. 이후 개시하는 과세기간분부터 적용[115])

┌─ 〰 **실무** ●─────────────────────
│
│ **채무자의 무재산 등 회수불능 사실에 대한 입증이 불가능한 경우**
│ 중소기업의 외상매출금 및 미수금으로서 회수기일이 2년 이상 지난 외상매출금의 대손
│ 요건에 해당된다면 채무자의 무재산 등 회수불능 사실에 대한 입증이 없더라도 대손금
│ 으로 손금산입 가능함(법인 2020-209, 2020.10.21.). 부도어음과 동일하게 채무자의 재산 여
│ 부 등과는 관계없이 2020년 기준 2년이 경과한 중소기업의 외상매출금, 미수금은 대손상
│ 각이 가능하다.
│
└──────────────────────────────

⑩ 재판상 화해 등 확정판결과 같은 효력을 가지는 민사소송법에 따른 화해 · 화해권고 결정 또는 민사조정법 따른 결정 및 조정(재판상의 화해와 동일한 효력)에 따라 회수 불능으로 확정된 채권(2020.3.12.이후[116] 민사조정법에 따른 조정 포함)

⑪ 회수기일을 6월 이상 경과한 채권 중 회수비용이 당해 채권가액을 초과하여 회수의 실익이 없다고 인정되는 30만 원[117] 이하(채무자별 채권가액의 합계액을 기준으로 함) 의 채권

⑫ 금융회사 등의 채권(여신전문금융회사인 신기술사업금융업자의 경우에는 신기술사 업자에 대한 것에 한정) 중 다음의 채권

    ㉠ 금융감독원장이 기획재정부장관과 협의하여 정한 대손처리기준에 따라 금융기관 이 금융감독원장으로부터 대손금으로 승인받은 것

---

114) 중소기업이 재화 또는 용역을 공급하고 회수하지 못한 외상매출금등의 회수기일이 2020.1.1. 이후 2년을 경과하는 경우 대손이 확정된 날이 속하는 과세기간에 대손세액을 공제받을 수 있는 것임(사전법령해석부 가 2021-749, 2021.5.31.)
115) 2020.1.1. 이전에 회수기일이 2년이 경과한 외상매출금 등에 대하여 2020.1.1. 이후 개시하는 사업연도에 손비로 계상한 경우 그 계상한 날이 속하는 사업연도의 소득금액 계산시 손금에 산입함(법인-2501, 2020.10.26.)
116) 법인세법 시행규칙 제10조의4 [회수불능 확정채권의 범위] (2020.3.13. 개정)
    회수불능으로 확정된 채권이란 다음 각 호의 어느 하나에 해당하는 것에 따라 회수불능으로 확정된 채권 을 말한다.
    1. 「민사소송법」에 따른 화해
    2. 「민사소송법」에 따른 화해권고결정
    3. 「민사조정법」 제30조에 따른 결정
    4. 「민사조정법」에 따른 조정(추가)
117) 2020.2.11. 이전 20만 원 이하

ⓛ 금융감독원장이 ⓐ의 기준에 해당한다고 인정하여 대손처리를 요구한 채권으로 금융기관이 대손금으로 계상한 것

⑬ 「벤처투자 촉진에 관한 법률」에 따른 중소기업창업투자회사의 창업자에 대한 채권으로서 중소벤처기업부장관이 기획재정부장관과 협의하여 정한 기준에 해당한다고 인정한 것

(2) 회생계획인가결정에 따라 채권을 출자전환하는 경우[118]

「채무자 회생 및 파산에 관한 법률」에 따른 법원의 회생계획인가 결정에 따라 채무를 출자전환하는 경우. 이 경우 대손되어 회수할 수 없는 금액은 출자전환하는 시점의 출자전환된 매출채권 장부가액과 출자전환으로 취득한 주식 또는 출자지분의 시가와의 차액으로 한다.

📈 **실무** ●

국세결손처분을 받은 채무자에 대한 채권

세무서장으로부터 국세결손처분을 받은 채무자에 대한 채권은 국세징수법 제86조와 동법 시행령 제83조가 2011년 말과 2012년 초 삭제되어 2013년 2월 대손사유에서 삭제되었음. 그러나 세무서장이 결손처분을 한 경우라면 사업자는 폐업을 하였을 것이므로 결손처분일자에 대손사유를 "결손처분"이 아닌 "사업의 폐지"로 하여 대손세액공제를 받는 방향으로 실무에서 활용할 수 있음

📈 **실무** ●

상법 및 다른 법률에 의한 소멸시효

구 분	소멸시효
상법상 소멸시효	(1) 일반적인 경우 : 5년(민법상 소멸시효가 3년 또는 1년으로 규정된 경우 제외) (2) 소멸시효가 1년인 것 　① 운송 및 주선수수료 등 　② 창고업의 창고사용료 　③ 보험료의 청구권 　④ 선박소유자의 용선자, 송하인 또는 수하인에 대한 채권 　⑤ 해상여객운송 수수료 　　→ 상사채권의 경우 원칙적으로는 상법상의 소멸시효가 적용되나, 다른 법률에 의하여 상법보다 단기의 소멸시효가 규정되어 있는 경우에는 그 단기의 소멸시효가 적용됨

---

118) 기존 예규 법령화

구 분	소멸시효

민법상 단기
소멸시효
	(1) **소멸시효가 3년인 것**
	  ① 이자·부양료·급료·사용료 기타 1년 이내의 기간으로 정한 금전 또는 물건의 지급을 목적으로 한 채권
	  ② 의사·조산사·간호사 및 약사의 치료·근로 및 조제에 관한 채권
	  ③ 도급받은 자, 기사 기타 공사의 설계 또는 감독에 종사하는 자의 공사에 관한 채권
	  ④ 변호사·변리사·공증인·공인회계사 및 법무사의 직무에 관한 채권
	  ⑤ 생산자 및 상인이 판매한 생산물 및 상품의 대가
	  ⑥ 수공업자 및 제조자의 업무에 관한 채권
	(2) **소멸시효가 1년인 것**
	  ① 여관·음식점·대석·오락장의 숙박료, 음식료, 대석료, 입장료와 소비물의 대가 및 체당금의 채권
	  ② 의복·침구·장구 기타 동산의 사용료의 채권
	  ③ 노역인·연예인의 임금 및 그에 공급한 물건의 대금채권
	  ④ 학생 및 수업자의 교육·의식 및 유숙에 관한 교주, 숙주, 교사의 채권

어음·수표법상
소멸시효
	(1) **어음법상의 소멸시효**
	  ① 인수인에 대한 환어음상의 청구권 : 3년
	  ② 소지인의 배서인과 발행인에 대한 청구권 : 1년
	  ③ 배서인의 다른 배서인과 발행인에 대한 청구권 : 6월
	(2) **수표법상의 소멸시효**
	  ① 소지인의 배서인, 발행인, 기타의 채무자에 대한 소구권 : 6개월
	  ② 수표의 채무자의 다른 채무자에 대한 소구권 : 6월

판결 등	판결 등에 의하여 확정된 채권 : 10년

📈 실무

대손사실을 증명할 수 있는 서류의 예시

대손유형	대손사실 증명 서류
① 파산	매출세금계산서, 비치기장한 외상매출금 계정원장, 채권배분계산서
② 강제집행	매출세금계산서, 채권배분계산서, 강제집행불능조서, 부동산임의경매에 대한 배당표
③ 사망·실종	매출세금계산서, 가정법원판결문, 채권배분계산서
④ 회사정리채권	매출세금계산서, 법원이 인가한 회사정리계획안
⑤ 부도수표·어음	매출세금계산서, 어음·수표 원본 → 어음 등의 원본을 도난·분실한 경우에도 객관적으로 최종 권리자임이 확인되는 경우에는 대손세액공제 가능함
⑥ 소멸시효완성	매출세금계산서, 거래사실확인서류(거래대금의 청구내역 등)
⑦ 기타	매출세금계산서, 기타 회수불능채권 입증서류

04 대손세액의 공제방법 및 공제시기

(1) 대손세액의 공제방법

가. 대손세액공제방법의 개요

구 분	대손세액의 공제방법	
	대손이 확정된 경우	회수(변제)한 경우
공급자	매출세액에서 차감조정	매출세액에 가산조정
공급받은 자	매입세액에서 차감조정	매입세액에 가산조정

나. 공급자에 대한 조정

1) 대손이 확정된 경우

① 대손세액의 매출세액차감

사업자가 공급받는 자에게 대손사유가 발생하여 재화 또는 용역의 공급에 대한 외상 매출금 기타 매출채권(부가가치세 포함)의 전부 또는 일부가 대손되어 회수할 수 없는 경우에는 다음 산식에 의하여 계산한 대손세액을 그 대손의 확정이 된 날이 속하는 과세기간의 매출세액에서 뺄 수 있다(부법 §45 ① 본문).

$$\text{대손세액} = \text{대손금액} \times 10/110$$

② 대손세액공제 사실의 통지

공급자의 관할세무서장은 대손세액공제 사실을 공급받는 자의 관할세무서장에게 통지하여야 한다(부령 §87 ③ 전단).

③ 대손세액공제(변제)신고서의 제출

대손세액공제를 받고자 하는 사업자는 부가가치세확정신고서에 대손세액공제(변제) 신고서와 대손사실을 증명하는 서류를 첨부하여 관할세무서장에게 제출(국세정보통신망에 의한 제출 포함)하여야 한다(부령 §87 ④).

2) 대손금의 전부 또는 일부가 회수된 경우

당해 사업자가 대손금액의 전부 또는 일부를 회수한 경우에는 회수한 대손금액에 관련된 대손세액을 회수한 날이 속하는 과세기간의 매출세액에 더한다(부법 §45 ① 단서).

다. 공급받은 자에 대한 조정

1) 대손이 확정된 경우

① 대손세액의 매입세액 차감

재화 또는 용역의 공급을 받은 사업자가 대손세액의 전부 또는 일부를 제17조의 규정에 의하여 매입세액으로 공제받은 경우로서 공급자의 대손이 당해 공급을 받은 사업자의 폐업 전에 확정되는 때에는 관련 대손세액상당액을 대손이 확정된 날이 속하는 과세기간의 매입세액에서 뺀다(부법 §45 ③ 본문).

② 결정 또는 경정

당해 사업자가 이를 빼지 아니한 경우에는 공급을 받은 자의 관할세무서장이 빼야 할 매입세액을 결정 또는 경정하여야 한다(부법 §45 ③ 단서). 이때 과소신고가산세 및 납부지연가산세는 적용하지 않는다.

2) 대손금의 전부 또는 일부를 변제한 경우

① 변제대손세액의 매입세액 가산

매입세액을 차감(관할세무서장이 경정한 경우 포함)한 해당 사업자가 대손금액의 전부 또는 일부를 변제한 경우에는 변제한 대손금액에 관련된 대손세액을 변제한 날이 속하는 과세기간의 매입세액에 더한다(부법 §45 ④).

② 대손세액공제(변제)신고서의 제출

대손세액을 매입세액에 더하려는 사업자는 부가가치세확정신고서에 대손세액공제(변제)신고서와 변제사실을 증명하는 서류를 첨부하여 관할세무서장에게 제출(국세정보통신망에 의한 제출 포함)하여야 한다(부령 §87 ④).

(2) 대손세액의 공제시기(2020.2.11. 이후 대손 확정분부터는 10년)

구 분	주요 내용
공제시기	대손이 확정된 날이 속하는 과세기간 (1) 신고조정사항인 대손사유(법인의 손금산입 여부와 관계없이 대손이 확정되었으므로, 법인의 손금산입 여부와 관계없이 대손세액 공제 가능) • 위 대손사유 중 ①, ②, ③, ④, ⑤, ⑤의2 ⑥에 해당하는 것 • 대손확정시점에 대손상각하여야 하며, 그 기한이 경과된 이후에는 대손상각할 수 없음 → 대손확정된 날이 속하는 과세기간에 공제받지 못한 경우 경정청구기한 내에 경정청구에 의해 대손세액공제 가능함

구 분	주요 내용
공제시기	(2) 결산조정사항인 대손사유(위 사유 제외) 　• 사업자의 선택에 의하여 결산시 대손상각하고 대손세액공제 받아야 함 　• 예규 변경 내용(법인세, 소득세법상 손금계상 여부와 관계없이 대손이 확정된 날이 속하는 과세기간 확정신고시에 공제) (3) 부도어음·수표의 부도확인일로부터 6월이 지난 경우 　• 부도발생일(부도어음·수표의 지급기일, 지급기일 전에 금융기관으로부터 부도확인을 받은 경우 그 확인일)로부터 6개월이 경과한 날이 속하는 과세기간의 확정신고시[119]에 대손세액공제를 받을 수 있음 　• 당해 확정신고시 공제받지 못한 경우에는 경정청구에 의하여 공제 받을 수 있음 　• 사업자가 부도발생일로부터 6개월 이상 지난 수표 또는 어음의 사유로 대손세액공제를 받지 아니한 경우 상법상 소멸시효가 완성된 날이 속하는 과세기간에 대손세액공제를 받을 수 있음 　***) 위 세 가지 대손세액공제시기 중 납세자가 선택가능 함**
대손확정일	① 파산법에 의한 파산 : 채권배분계산서의 통지를 받은 날 ② 민사소송법에 의한 강제집행 : 채권배분계산서의 통지를 받은 날(단, 강제집행을 당하여도 회수할 수 있는 재산이 있으면 대손상각되지 않음) ③ 사망·실종선고 : 사망일, 실종선고일(상속재산이 없거나 한정상속으로 인하여 채권을 회수할 수 없는 경우에 한함) ④ 회사정리법에 의한 회사정리계획인가의 결정 : 법원의 회사정리인가결정일 ⑤ 소멸시효가 완성된 경우 : 소멸시효 만료일

| 대손세액공제 관련 유의사항(1) - 일반사항 |

구 분	주요 내용
(1) 사업폐지 후 대손확정된 경우	대손세액공제를 적용받을 수 없음
(2) 채권의 일부를 면제한 경우	• 법정 대손사유를 충족하는 경우 대손세액공제 가능함 • 채권의 임의포기에 해당하는 경우 기업업무추진비에 해당함
(3) 사업의 포괄양수도에 해당하는 경우	① 매출채권 승계한 경우 : 양수자가 대손세액공제함 ② 매출채권 제외한 경우 : 양수자의 대손세액공제 대상 아님
(4) 둘 이상의 사업장이 있는 경우	① 원칙 : 대손세액 발생한 사업장에서 대손세액공제 ② 예외 : 사업장 폐지의 경우 사업폐지 사업장의 관련 사업을 인계한 다른 사업장에서 대손세액공제 가능함
(5) 법인사업자의 경우	지점사업장을 폐지한 경우 본점에서 대손세액공제 가능함
(6) 대손상각	대손세액공제는 대손상각 여부와 관계없이 적용할 수 있음

---

119) ① 직전연도 6.30. ~ 직전연도 12.29. : 1기 확정신고시 공제가능
　　② 직전연도 12.30. ~ 당해연도 6.29. : 2기 확정신고시 공제가능

참고

심판례

부가가치세 대손세액공제는 「법인세법」상의 대손상각 여부와 관계없이 적용할 수 있는
것이고, 또한 「부가가치세법 시행령」 제63조의2 제1항 제6호의 사유에 해당하여 대손세
액공제를 받을 수 있는 경우로서 당해 과세기간에 대한 확정신고시 대손세액공제를 받지
못한 경우에는 「국세기본법」 제45조의2의 규정에 의하여 경정 등의 청구를 할 수 있는
것임(조심 2009서4187, 2010.6.17.)

*) 서면 인터넷상담3팀-431, 2007.2.6.도 같은 취지임

| 대손세액공제 관련 유의사항(2) - 부도어음·수표 |

구 분	주요 내용
(1) 부도 확인	① 어음·수표 표면에 지급에 응할 수 없는 사유 적어 반환하는 것 ② 예금부족, 지급자금의 부족, 무거래 등의 경우 대손세액공제 대상임
(2) 회생계획 인가결정 이 있는 경우	① 부도발생일 후 6월 경과한 때에는 대손세액공제 대상임 ② 지급보증자가 있어도 대손세액공제 대상임 ③ 추후 미수채권 회수한 경우 회수한 날이 속하는 과세기간 확정신고시 대 손세액상당액 매출세액에 가산함
(3) 배서어음	① 배서받은 어음도 대손세액공제 대상임 ② 배서자가 공급받은 자인 경우뿐만 아니라 공급받은 자의 종업원이나 가 족 등인 경우에도 재화·용역의 공급대가임이 확인되면 대손세액공제대 상임 ③ 배서양도한 어음의 부도 : 대손세액공제 대상임(최종 소지인이 대손세액 공제)
(4) 제3자에게 양도· 할인한 어음	① 제3자에게 양도하여 당해 사업자가 부도어음을 소지하고 있지 아니한 경 우 대손세액공제를 받을 수 없음 ② 금융기관 할인어음이 부도발생하여 금융기관이 부도어음 소지하고 있는 경우에도 대손세액공제 가능함
(5) 부도어음 분실	부도어음의 분실사실이 금융기관, 법원, 경찰서 등에 의하여 객관적으로 확인 되어 최종권리자임이 확인되는 경우에 대손세액공제할 수 있음
(6) 어음보험금으로 회수한 경우	어음보험 가입 후 부도어음금액의 일부를 보험금으로 회수한 경우 당해 부도 어음 중 보험금으로 회수한 부분은 대손세액공제를 받을 수 없음
(7) 융통어음의 경우	단순한 자금결제 및 융통 목적으로 받은 어음이 부도발생한 경우에는 대손세 액공제대상 아님

(1) 대손세액공제대상 매출채권의 범위

대손세액공제의 대상이 되는 외상매출금 기타 매출채권은 부가가치세가 과세되는 재화 또는 용역에 대한 것으로서 각 과세기간의 과세표준에 계상되어 있는 것을 말함(소비 46015-297, 1996.10.11.)

거래처로부터 양수받은 외상매출금 채권의 경우 대손세액 공제를 받을 수 없음(사전법규부가 2022-1051, 2022.11.8.)

(2) 매출채권의 상법상 소멸시효 기산점

과세재화 또는 용역의 공급에 대한 외상매출금 기타 매출채권에 대한 상법상의 소멸시효의 기산점은 당해 외상매출금 기타 매출채권을 행사할 수 있는 때로부터 진행함. 이 경우에 민법상의 소멸시효 중단사유가 발생할 때에는 그 사유가 종료한 때부터 새로이 진행함(부가 46015-3244, 2000.9.19.)

(3) 매출채권의 일부를 면제해 준 경우 대손세액공제 가능 여부

사업자가 부가가치세가 과세되는 재화 또는 용역을 공급하고 공급받는 자로부터 외상매출금 기타 매출채권의 일부만 회수하고 나머지 채무는 면제하여 준 경우 당해 채무를 면제하는 금액은 법소정의 대손세액공제 사유에 해당되지 아니하므로 대손세액공제를 받을 수 없음(재경부 소비 46015-160, 2003.6.9.)

(4) 대손확정된 과세기간에 대손세액 미공제시 경정청구 가능 여부

사업자가 부가가치세가 과세되는 재화 또는 용역을 공급하고 공급을 받는 자의 파산·강제 집행 등의 사유로 인하여 당해 재화 또는 용역의 공급에 대한 매출채권이 대손되어 회수할 수 없는 경우에는 그 대손의 확정이 된 날이 속하는 과세기간에 대손세액으로 공제할 수 있으므로 사업자가 부가가치세법시행령 제63조의2 제1항에 규정하는 사유로 인하여 대손이 확정된 날이 속하는 과세기간에 대손세액을 매출세액에서 차감하지 아니한 경우에는 경정청구에 의하여 대손세액공제를 할 수 있음(재경부 소비 46015-346, 2002.12.12.)

(5) 사업을 폐지한 후 대손이 확정된 경우

사업자가 용역을 공급하고 사업을 폐지한 후 당해 용역의 공급에 대한 매출채권의 대손이 확정되어 회수할 수 없는 경우에는 대손세액공제를 받을 수 없음(부가 46015-1257, 1996.6.26., 부가 46015-315, 1998.2.21.)

→ 폐업전 대손확정되는 때 : 폐업후라도 대손세액공제함(부가 46015-1239, 1998.6.10.)

(6) 폐지한 사업장의 매출채권 관련 인계받은 사업장에서 대손세액공제 가능 여부

수개의 사업장을 보유하고 있는 사업자가 그 중 하나의 사업장을 폐지하고 관련 사업을

다른 사업장에서 인계 받은 경우 폐지한 사업장의 매출채권관련 대손세액은 관련 사업을 인계받은 다른 사업장의 매출세액에서 차감할 수 있는 것임(재소비-248, 2004.3.5.)

(7) 회사정리계획인가결정으로 외상매출금을 분할하여 지급받기로 한 경우 대손세액공제 여부

① 사업자가 부가가치세가 과세되는 재화 또는 용역을 공급한 후 공급받는 사업자에 대한 법원의 회사정리계획인가의 결정으로 당해 재화 또는 용역과 관련한 외상매출금을 분할하여 전액 지급받기로 한 경우에는 대손세액을 공제받을 수 없는 것이며,

② 분할하여 받기로 한 가액에 대하여 추후 대손사유가 발생하였다 하여도 공급일로부터 5년이 경과한 날이 속하는 과세기간까지 대손이 확정되지 않는 경우에는 대손세액 공제를 할 수 없는 것임(소비 46015-90, 2001.4.7.)

(8) 어음 부도발생일부터 6월이 경과한 후 화의인가결정이 있는 경우 대손세액공제 여부

① 사업자가 부가가치세가 과세되는 재화 또는 용역을 공급하고 그 대가로 받은 수표 또는 어음이 부도처리되고 부도발생일로부터 6월이 경과한 경우 당해 공급받는 자에 대한 화의인가결정이 있는 경우에도 대손세액공제를 받을 수 있는 것이며,

② 당해 공급받는 자에 대한 지급보증을 한 자가 있는 경우에도 대손사유에 영향을 미치지 아니하는 것이나,

③ 대손세액을 공제받은 후 당해 지급보증에 따라 미수채권을 회수한 경우에는 회수한 날이 속하는 과세기간의 확정신고시 대손세액 상당액을 매출세액에 가산하여야 하는 것임(부가 46015-2701 1998.12.8.)

(9) 민사조정법에 따른 조정으로 매출채권을 포기

사업자가 2020.3.12. 이전에 민사조정법에 따른 조정으로 매출채권의 일부만 회수하고 거래처의 채권일부는 회수를 포기한 경우 대손세액공제의 범위에 해당하지 않는 것이며, 세금계산서를 발급한 후 당초의 공급가액에 차감되는 금액이 발생하지 않는 경우에는 세금계산서 수정발급사유에 해당하지 않는 것임(사전법령부가-0254, 2020.4.3.).

해석사례 대손세액 공제시기

(1) 파산법에 의한 파산선고시 대손세액 공제시기

재화 또는 용역을 공급한 사업자는 그 공급을 받은 자에 대한 파산법에 의한 파산의 선고 후 파산자에 대한 모든 재산의 배분 결과 외상매출금 또는 기타 매출채권의 전부 또는 일부가 대손되어 회수할 수 없는 경우 그 대손이 확정되는 과세기간의 확정신고시 대손세액을 공제받을 수 있는 것임(부가 46015-2883, 1998.12.30.)

(2) 회사정리계획인가결정을 받은 매출채권의 대손세액 공제시기

사업자가 부가가치세가 과세되는 재화 또는 용역을 공급하였으나 공급받는 자의 회사정리법에 의한 회사정리계획인가의 결정으로 그 대가의 전부 또는 일부가 대손되어 회수할 수 없는 경우에는 회사정리계획인가의 결정이 있는 날이 속하는 과세기간의 확정신고시 대손세액을 공제 받을 수 있음(부가 46015－159. 1999.1.20.)

(3) 판결에 의하여 확정된 채권의 대손세액 공제시기

상법 및 민법상 소멸시효는 민사집행법상의 강제집행을 위한 재판상의 청구로 중단되고 재판이 확정된 때로부터 새로이 진행하는 것이며, 판결에 의하여 확정된 외상매출채권은 10년 소멸시효가 적용되는 것이므로 이 경우 대손세액공제를 받을 수 없는 것임(서면3팀－1208, 2004.6.25.)

(4) 부도어음·수표의 대손세액 공제시기

사업자가 재화 또는 용역을 공급하고 그 대가로 받은 어음 또는 수표가 부도발생한 경우「부가가치세법 시행령」제87조 제1항 및「법인세법 시행령」제19조의2 제1항 제9호에 따라 수표 또는 어음의 부도발생일로부터 6개월이 경과한 날이 속하는 과세기간의 확정신고시에 대손세액공제를 받을 수 있는 것이나, 당해 확정신고시 공제받지 못한 경우에는「국세기본법」제45조의2에 따른 경정청구에 의하여 공제 받을 수 있는 것입니다. 또한, 사업자가 동법시행령 제87조 제1항 및「법인세법 시행령」제19조의2 제1항 제9호에 따른 대손세액공제를 받지 아니하고「법인세법 시행령」제19조의2 제1항 제1호의 규정에 의한 대손세액공제 하고자 하는 경우에는 당해 미회수 매출채권에 대한 상법상 소멸시효가 완성된 날이 속하는 과세기간에 대손세액공제를 받을 수 있는 것입니다(부가가치세과－47, 2014.1.21.).

(5) 대손상각과 대손세액공제 시기의 관계

부가가치세 대손세액공제는「법인세법」상의 대손상각 여부와 관계없이 적용할 수 있는 것이고, 또한「부가가치세법 시행령」제63조의2 제1항 제6호의 사유에 해당하여 대손세액공제를 받을 수 있는 경우로서 당해 과세기간에 대한 확정신고시 대손세액공제를 받지 못한 경우에는「국세기본법」제45조의2의 규정에 의하여 경정 등의 청구를 할 수 있는 것임(조심 2009서4187, 2010.6.17.)

 *) 서면 인터넷상담3팀－431, 2007.2.6.도 같은 취지임

해석사례 부도어음수표 관련 대손세액공제

(1) 배서받은 어음과 배서양도한 어음의 부도발생시 대손세액공제 여부

① 배서받은 어음의 대손세액 공제 여부

'수표 또는 어음'은 재화 또는 용역의 공급을 받은 자가 배서한 수표 또는 어음을 포함함(재경원 소비 46015-76, 1997.3.5.)

② 공급받는 자의 배우자 등이 배서한 어음이 부도발생한 경우 대손세액공제 여부

사업자가 부가가치세가 과세되는 재화 또는 용역을 공급하고 그 대가로 공급받는 자의 배우자 또는 직계 존·비속이 배서한 어음을 받아 최종 소지한 경우로서 당해 어음이 부도발생하여 6월이 경과한 경우 당해 어음이 물품대금으로 수취되고 이에 대하여 부가가치세 신고가 이루어진 것이 확인되는 경우에는 대손세액공제를 받을 수 있음(부가 46015-1698, 2000.7.15.)

③ 배서양도한 어음의 부도발생시 대손세액 공제가능 여부

부가가치세가 과세되는 재화나 용역을 공급하고 어음을 지급받은 사업자가 당해 어음을 타인에게 배서양도하였으나, 동 어음이 부도발생되어 소구를 받아 어음채무를 상환하고 당해 부도어음을 회수하여 소지하고 있는 경우 부도어음을 소지하고 있는 당해 사업자는 어음의 부도발생일로부터 6월이 경과한 날이 속하는 과세기간의 확정신고시 대손세액공제를 받을 수 있음(부가 46015-319, 1998.2.24.)

(2) 부도어음을 분실한 경우

사업자가 부가가치세가 과세되는 재화 또는 용역을 공급하고 받은 어음이 부도발생하여 소지하고 있던 중 당해 부도어음을 분실한 경우에도 당해 부도어음의 분실사실이 금융기관, 법원, 경찰서 등에 의하여 객관적으로 확인되어 최종권리자임이 확인되는 경우에는 부도발생 후 6월이 경과하면 대손세액공제를 할 수 있음(부가 46015-1165, 2001.8.24.)

(3) 제3자에게 양도 또는 할인한 어음의 대손세액공제 여부

① 어음의 부도발생부터 6월이 된 경우의 사유로 대손세액공제가 가능한지 여부

사업자가 재화 또는 용역을 공급하고 지급받은 어음이 부도발생하였으나 당해 채권을 제3자에게 양도하여 당해 사업자가 부도어음을 소지하고 있지 아니한 경우 대손세액공제를 받을 수 없는 것임(서삼 46015-10929, 2003.6.10.)

② 금융기관 할인어음이 부도발생하여 금융기관이 부도어음소지시 대손세액공제 가능 여부

부도수표·어음에 대한 대손세액공제의 적용시 재화나 용역의 대가로 받은 어음을 금융기관에서 할인한 후 당해 어음이 부도발생하여 대출금으로 전환하였으나 당해 부도어음을 금융기관이 소지하고 있는 때에도 수표 또는 어음의 부도발생일로부터 6월이 된 경우에는 대손세액공제가 가능함(부가 46015-1604, 2000.7.6.)

(4) 어음보험제도 관련 대손세액공제 등의 범위

사업자가 재화 또는 용역을 공급하면서 그 대가로 어음을 수취하고 어음보험에 가입한 후 당해 어음의 부도발생으로 어음금액의 일부를 보험금으로 회수한 경우 당해 부

도어음 중 보험금으로 회수한 부분에 대하여는 대손세액공제를 받을 수 없음(부가 46015-2298, 1998.10.12.)

(5) 사업양수시 제외된 어음에 대한 대손세액 공제 여부

다른 사업자의 사업을 포괄양수 받은 사업자가 사업의 양수시 양수받지 아니한 부도어음에 대하여는 부가가치세 대손세액공제를 받을 수 없음(부가 46015-2820, 1998.12.22.)

(6) 단순한 자금결제 및 융통 목적으로 받은 어음이 부도발생한 경우 대손세액공제 가능 여부

사업자가 거래처로부터 재화 또는 용역의 공급대가가 아닌 단순히 자금결제 및 융통 목적으로 받은 어음이 부도발생한 경우 당해 어음의 부도에 대하여는 대손세액공제 규정이 적용되지 아니함(부가 46015-2687, 1997.11.28.)

해석사례 기타(회수 또는 변제 등)

(1) 대손세액공제 후 매출채권의 일부만 받고 잔액을 면제해 준 경우 매출세액 가산 범위

재화 또는 용역의 공급에 대한 매출이 대손되어 대손세액을 공제한 후 당해 매출채권 중 일부만 회수하고 잔액은 회수할 수 없어 면제하기로 한 경우 당해 회수한 채권금액에 대한 대손세액만을 회수한 날이 속하는 과세기간의 매출세액에 가산하며, 면제해 준 채권금액에 대한 대손세액은 매출세액에 가산하지 아니함(부가 46015-1855, 2000.7.29.)

(2) 사업양수자가 사업양도자의 매입채무를 변제하는 경우 매입세액 가산 여부

사업자가 재화 또는 용역을 공급받고 발행한 어음이 부도발생하여 공급자가 대손세액을 공제받아 당해 사업자의 매입세액이 차감된 경우로서 당해 사업자가 변제하지 아니한 채무(부가가치세 포함)를 포함하여 사업을 양도함에 따라 양수자가 당해 변제하지 아니한 채무를 변제하게 되는 때에는 양수자가 대손금액에 관련된 대손세액을 변제한 날이 속하는 과세기간의 매입세액에 가산할 수 있음(부가 46015-4075, 2000.12.19.)

(3) 폐업 후 회수한 대손금 관련 대손세액의 매출세액 가산 여부

① 사업자가 공급대가로 받은 어음의 부도사유로 대손세액을 공제 받은 후 당해사업자가 대손금액의 전부 또는 일부를 회수한 경우에는 회수한 대손금액에 관련된 대손세액을 회수한 날이 속하는 과세기간의 매출세액에 가산하는 것이나,

② 당해 사업자가 폐업하여 대손금액의 전부 또는 일부를 회수한 시점(폐업일 이후 변제분)에 사업자의 지위에 있지 아니한 경우에는 동 규정이 적용되지 아니하는 것임(서면3팀-922, 2004.5.12.)

01 신용카드매출전표 등 수령 매입세액공제

사업자(법인 포함)가 사업자로부터 재화 또는 용역을 공급받고 부가가치세액이 별도로 구분되는 신용카드매출전표 등을 발급받은 경우로서 다음의 요건을 모두 충족하는 경우 그 부가가치세액은 매출세액에서 공제되는 매입세액으로 본다(부법 §46 ③).

① 신용카드매출전표 등 수령명세서를 제출할 것

② 신용카드매출전표 등을 그 거래사실이 속하는 과세기간에 대한 확정신고를 한 날로부터 5년간 보관할 것[120]

③ 영수증 발급 대상인 간이과세자가 발급한 신용카드 매출전표 등이 아닐 것

📉 **실무** ○

매입세액공제가 허용되지 않는 경우

(1) 영수증 발급 대상인 간이과세자[121]로부터 재화 또는 용역을 공급받는 경우

(2) 세금계산서를 발급할 수 없는 다음의 업종으로부터 당해 업종의 사업과 관련하여 재화 또는 용역을 공급받는 경우

① 목욕·이발·미용업자의 본래 사업관련 용역

② 전세버스 운송이 아닌 여객운송업자의 여객운송용역

③ 입장권을 발행하여 영위하는 사업자의 본래 사업관련 용역

④ 의사가 제공하는 성형 등 과세되는 의료용역을 공급하는 사업

⑤ 수의사가 제공하는 과세되는 동물의 진료용역

⑥ 무도학원, 자동차운전학원의 용역을 공급하는 사업

---

120) 소득세법 또는 법인세법에 따른 다음의 방법으로 증명 자료를 보관하는 경우에는 신용카드매출전표 등을 보관하고 있는 것으로 본다.
　① 신용카드 등 월별이용대금명세서
　② 전사적자원관리시스템(ERP)에 보관하고 있는 신용카드 등의 거래정보
121) ① 직전 연도의 공급대가의 합계액(신규사업자의 경우 환산)이 4천800만 원 미만인 자
　② 신규로 사업을 시작하는 간이과세자의 최초 과세기간 중에 있는 자

신용카드매출전표 등의 범위

① 여신전문금융업법 · **전자금융거래법**에 따른 신용카드매출전표
② 여신전문금융업법에 따른 직불카드영수증 및 **전자금융거래법에 따른 직불 · 기명식**
   선불전자지급수단 영수증
③ 결제대행업체를 통한 신용카드매출전표
④ 선불카드영수증(실지명의가 확인되는 것에 한함)
⑤ 조세특례제한법에 따른 현금영수증

신용카드 등 사용에 따른 세액공제 등(기본통칙 46-88···1)

온라인 중개플랫폼을 운영하는 사업자(수탁자)가 실제 판매자(위탁자)의 재화를 판매 대행하는 형태로 수탁자가 재화를 인도하고 위탁자가 아닌 수탁자 명의로 부가가치세액 이 별도로 구분 가능한 신용카드매출전표등을 발급하는 경우, 해당 신용카드매출전표등 을 발급받은 사업자는 법 제46조 제3항에 따른 매입세액으로 공제 받을 수 없다(2024.3. 15. 신설).

▶ 해당 기본통칙은 아래 예규를 인용
   [서면법규부가 2022-1413(2022.10.13.)]
   온라인 중개플랫폼을 운영하는 사업자(이하 "수탁자")가 실제 판매자(이하 "위탁 자")의 재화를 판매 대행하는 형태로 수탁자가 재화를 인도하고 위탁자가 아닌 수탁 자 명의로 부가가치세액이 별도로 구분 가능한 신용카드매출전표등을 발급하는 경 우, 해당 신용카드매출전표등을 발급받은 사업자는 「부가가치세법」 제46조 제3항에 따른 매입세액으로 공제 받을 수 없는 것입니다.

▶ 본 예규는 「여신전문금융업법」에 따른 결제대행업체 또는 「전자금융업법」상 전자금 융업자가 아닌 경우임

타인명의 신용카드 사용시의 매입세액공제 여부

구 분		매입세액공제 여부
법인사업자	종업원(대표자와 임원 포함) 명의	매입세액공제됨
	그 외의 타인 명의	매입세액공제 대상 아님

구 분		매입세액공제 여부
개인사업자	종업원, 가족 명의	매입세액공제됨
	그 외의 타인 명의	매입세액공제 대상 아님

실무

부가가치세 신고시 유의사항

① 신용카드매출전표 등을 발급받은 분에 대하여 세금계산서 중복 수취 여부 검토
  • 신용카드매출전표 등 이면 확인(세금계산서 발행 분 표시 여부) 및 사업자 문의
② 중복 수취한 경우 : 세금계산서상의 매입세액만 공제받아야 함
  • 이중공제시 신용카드매출전표 등 수령분 매입세액은 불공제되며, 신고불성실가산세와 납부불성실가산세가 적용됨에 유의해야 함

실무

사업용 신용카드 등록제도의 활용

1. 사업용 신용카드 등록(최근 국세청 검증사항)
  (1) 개인사업자[122]
      ① 국세청 홈택스(조회/발급-사업용 신용카드-사업용 신용카드 등록)에서 사업주 본인 명의 신용카드를 공동인증서를 사용하여 로그인하고 사업용으로 사용할 신용카드 등록함
      ② 개인사업자 사업용 신용카드 사용내역은 2019년 10월 등록분부터 매월 조회가 가능함
  (2) 법인사업자
      법인명의 신용카드의 경우에는 별도 등록절차 없이 사용함
  (3) 화물운전자 복지카드 이용자
      별도의 사업용 신용카드 등록절차 없이 화물운전자복지카드의 유류비 이용내역은 화물운전자복지카드 메뉴에서 조회 가능함

2. 신용카드 사용금액의 확인
  ① 사업자 및 세무대리인이 홈택스 홈페이지에서 사업자등록번호와 주민등록번호를 입력하면 신고기간별 신용카드 사용건수 및 사용금액 집계 조회가 가능함

---

122) 공동대표자의 구성원도 사업용 신용카드 등록이 가능(기존에는 대표자 명의의 신용카드만 가능하였지만 2018년 12월부터 가능) : 홈택스에 공동대표자(부 대표자) 주민등록번호로 만든 개인 아이디로 회원 로그인 후 등록

② 월별 사용금액에 대한 세부 명세는 사업자 본인만 확인 가능함

3. **신용카드 등 수령명세서의 작성**

국세청에 등록된 사업용신용카드에 의한 거래분은 거래처별 신용카드 등 수령명세서 작성시 등록한 신용카드 매입합계 금액만 기재하면 됨. 이때 국세청 홈택스에 사업용 신용카드로 등록한 카드 내역을 기타신용카드로 신고한 경우(반대로 프로그램에서 카드 번호를 입력해야 하는 기타 신용카드 내역을 신고 편의를 위하여 사업용 신용카드로 신고한 경우) 중복신용카드라고 오인되어 사후검증대상이 될 수 있으니 주의할 것

■ 부가가치세법 시행규칙 [별지 제16호 서식(1)] 〈2019.3 20. 개정〉

홈택스(www.hometax.go.kr)에서도
신청할 수 있습니다.

신용카드매출전표등 수령명세서(갑)
년 제 기 (월 일 ~ 월 일)

(앞쪽)

1. 제출자 인적사항

① 상호(법인명)	② 사업자등록번호
③ 성명(대표자)	

2. 신용카드 등 매입명세 합계

구 분	거래건수	공급가액	세 액
④ 합 계			
⑤ 현금영수증			
⑥ 화물운전자복지카드			
⑦ 사업용 신용카드			
⑧ 그 밖의 신용카드 등			

3. 그 밖의 신용·직불카드, 기명식선불카드, 직불전자지급수단 및 기명식선불전자지급수단 매출 전표 수령금액 합계

일련 번호	⑨ 카드회원번호	⑩ 공급자(가맹점) 사업자등록번호	⑪ 그 밖의 신용카드 등 거래명세 합계		
			거래건수	공급가액	세액
1					
2					
3					
4					
5					
6					
7					
8					
9					
10					
11					
12					
13					
14					
15					

※ 기재내용이 많은 경우 별지 제16호 서식(2)의 신용카드매출전표등 수령명세서(을)에 이어서 작성합니다.

210㎜×297㎜[백상지 80g/㎡ (재활용품)]

작 성 방 법

이 명세서는 아래의 작성방법에 따라 한글과 아라비아 숫자로 정확하게 적어야 하며, 거래금액은 원 단위까지 표시해야 합니다.

1. 제출자 인적사항란

①~③ : 제출자(세액공제 신청자)의 사업자등록증에 적은 상호(법인명)·사업자등록번호·성명(대표자)을 적습니다.

2. 신용카드 등 매입명세 합계란

※ 사업과 직접 관련 없는 거래는 제외합니다(「부가가치세법」 제39조 참조)

④ : 현금영수증, 화물운전자복지카드, 사업용 신용카드, 그 밖의 신용카드 등에 의한 거래건수·공급가액·세액을 합계하여 적습니다.

⑤ : 「조세특례제한법」에 따라 수취한 현금영수증의 거래건수·공급가액·세액을 합계하여 적습니다.

⑥ : 화물운전자가 발급받은 화물운전자복지카드 사용금액을 합계하여 적습니다.

⑦ : 사업자가 등록한 사업용 신용카드 사용금액을 합계하여 적습니다.

⑧ : 신용·직불카드, 기명식선불카드, 직불전자지급수단 및 기명식선불전자지급수단 매출전표 수령금액 합계란에 작성된 거래건수·공급가액·세액을 합계하여 적습니다.

3. 그 밖의 신용·직불카드, 기명식선불카드, 직불전자지급수단 및 기명식선불전자지급수단 매출전표 수령금액 합계란

※ 세금계산서를 발급받은 거래, 사업과 관련 없는 거래는 제외합니다(「부가가치세법」 제39조 참조).

재화나 용역을 공급받고 발급받은 신용카드(화물운전자복지카드는 제외합니다) 매출전표를 카드번호별, 가맹점 사업자등록번호별로 합계금액을 적습니다.

⑨ : 재화나 용역을 공급받으면서 결제한 신용·직불카드 등의 카드회원번호 또는 직불전자지급수단·기명식선불전자지급수단에 부여된 회원번호를 적습니다.

⑩ : 신용카드매출전표 등에 적은 가맹점 사업자등록번호를 적습니다.

⑪ : 신용카드매출전표 등에 적은 거래건수·공급가액·세액의 합계를 각각 적습니다.

[작 성 예 시]

2. 신용카드 등 매입명세 합계

구 분	거래건수	공급가액	세 액
④ 합 계	34	2,727,000	272,700
⑤ 현 금 영 수 증	2	450,000	45,000
⑥ 화물운전자복지카드	10	1,340,000	134,000
⑦ 사업용 신용카드	10	100,000	10,000
⑧ 그 밖의 신용카드	12	837,000	83,700

3. 그 밖의 신용·직불카드, 기명식선불카드, 직불전자지급수단 및 기명식선불전자지급수단 매출전표 수령금액 합계

일련번호	⑨ 카드회원번호	⑩ 공급자(가맹점) 사업자등록번호	⑪ 그 밖의 신용카드 등 거래명세 합계		
			거래건수	공급가액	세액
1	1258 − 8547 − 8965 − 6745	102 − 02 − 34567	5	250,000	25,000
2	7858 − 8547 − 8965 − 3257	102 − 02 − 34567	7	587,000	58,700
3		102 − 02 − 34567	1	10,000	1,000

210mm×297mm[백상지 80g/㎡(재활용품)]

신용카드매출전표등 수령명세서(을)

년 제 기 (월 일 ~ 월 일)

사업자등록번호	

3. 그 밖의 신용·직불카드, 기명식선불카드, 직불전자지급수단 및 기명식선불전자지급수단 매출전표 수령금액 합계

일련 번호	⑨ 카드회원번호	⑩ 공급자(가맹점) 사업자등록번호	⑪ 그 밖의 신용카드 등 거래명세 합계		
			거래건수	공급가액	세액

작성방법

※ 별지 제16호 서식(1)의 신용카드매출전표등 수령명세서(갑) 내용 중 "3. 그 밖의 신용·직불카드, 기명식선불카드, 직불전자지급수단 및 기명식선불전자지급수단 매출전표 수령금액 합계"의 내용이 많은 경우에 이어서 작성합니다.

210mm×297mm[백상지 80g/㎡(재활용품)]

(1) 타인명의 신용카드 사용한 경우 매입세액공제 여부

　㈎ 개인사업자가 가족명의 신용카드를 사용해 결제한 경우 매입세액공제 여부

　　사업자가 일반과세자로부터 부가가치세가 과세되는 재화 또는 용역을 공급받고 불가피한 사유로 가족명의의 신용카드매출전표를 발행받는 경우에 있어 당해 일반과세자가 그 전표에 공급받는 자와 부가가치세액을 별도로 기재하고 확인한 때에는 그 부가가치세액이 당해 사업자의 사업을 위하여 사용되었거나 사용될 재화 또는 용역의 공급에 대한 세액임이 객관적으로 확인되는 경우 매입세액공제를 적용할 수 있음(서삼 46015-12066, 2002.12.2.)

　㈏ 종업원 명의 신용카드로 결제한 경우 매입세액공제 여부

　　① 법인사업자가 자기의 과세사업과 관련하여 공급받은 재화 또는 용역의 대가를 당해 법인명의의 신용카드 또는 소속 임원 및 종업원 명의의 신용카드를 사용하여 지급하고 공급자(일반과세자)로부터 당해 신용카드매출전표에 당해 법인의 사업자등록번호와 부가가치세를 별도 기재하고 당해 공급자 또는 그 사용인이 서명날인하여 확인한 경우 동 신용카드매출전표에 기재된 부가가치세는 매출세액에서 공제할 수 있는 매입세액으로 보는 것이나,

　　② 이 경우 당해 법인의 소속 임원 및 종업원 명의의 신용카드로 공급받은 재화 또는 용역이 자기의 과세사업과 관련되는지 여부는 구체적인 거래사실에 따라 사실판단할 사항임(부가 46015-1725, 1997.7.25.)

　㈐ 타인명의 신용카드 사용한 경우 매입세액공제 여부

　　① 사업자가 일반과세자로부터 재화 또는 용역을 공급받고 그 거래시기에 타인(종업원 및 가족 제외)의 신용카드로 그 대금을 결제하고 공급자로부터 신용카드매출전표에 공급받는 자의 사업자등록번호와 부가가치세액을 별도로 기재하여 확인을 받은 경우에도 동 신용카드매출전표에 기재된 부가가치세액은 공제할 수 있는 매입세액에 해당하지 아니하는 것이며,

　　② 이 경우 공급자는 재화 또는 용역을 공급받는 자가 세금계산서의 교부를 요구하는 경우 신용카드 명의자(종업원 및 가족 제외)와 사업자등록증 상의 대표자가 다른 것으로 확인되는 때에는 세금계산서를 교부할 수 있는 것임(서면3팀-1823, 2004.9.2.)

(2) 법인이 종업원의 회식비 등을 법인카드를 이용해 지출한 경우 매입세액공제 여부

　부가가치세 과세사업을 영위하는 법인이 사내규정에 의하여 종업원의 회식비 또는 사외 회의비를 법인카드를 이용하여 지출하고 일반과세자로부터 신용카드 매출전표에 공급받는 자와 부가가치세액을 별도로 기재하고 확인받은 경우, 그 부가가치세액은 당해 법인의 매출세액에서 매입세액으로 공제할 수 있는 것임(서삼 46015-10413, 2001.10.8.)

(3) 도·소매업을 겸업하는 일반과세자로부터 복리후생 목적의 소비용품 또는 사무용품을 구입하고 신용카드로 결제한 경우 매입세액공제 여부

제조업자가 도·소매업을 겸업하는 일반과세자로부터 당해 제조업의 원·부자재가 아니며 재판매에도 사용되지 아니하는 복리후생 목적의 소비용품 또는 사무용품을 구입함에 있어서 구입한 당해 재화의 대가를 신용카드로 결제하고 공급자인 일반과세자가 신용카드매출전표에 공급받는 자와 부가가치세액을 별도로 기재하고 확인한 경우 그 부가가치세액은 공제할 수 있는 매입세액으로 봄(서삼 46015-10934, 2002.5.31.)

(4) 현금영수증에 의한 매입세액공제 여부

사업자가 일반과세자로부터 부가가치세가 과세되는 재화 또는 용역을 공급받고 세금계산서의 교부시기에 지출증빙용으로 현금영수증을 발급받은 경우에 있어서 당해 현금영수증에 공급받는 사업자의 사업자등록번호와 부가가치세액이 인쇄된 경우 그 부가가치세액은 공제할 수 있는 매입세액으로 보는 것임(서면3팀 -306, 2005.3.3.)

02 재활용폐자원 등 매입세액공제

(1) 재활용폐자원 등 매입세액공제의 적용요건

1) 재활용폐자원의 공급자

재활용폐자원의 공급자는 세금계산서를 발행할 수 없는 다음에 해당하는 자이어야 한다(조특법 §108 ①, 조특령 §110 ①).

① 부가가치세 과세사업을 영위하지 아니하는 자(면세사업과 과세사업을 겸영하는 사업자 포함)
② 간이과세자

  (국가와 지방자치단체는 2014.1.1. 이후 대상범위에서 삭제됨)

2) 매입세액공제 적용사업자의 범위

다음에 해당하는 사업자만 재활용폐자원 매입세액공제를 적용받을 수 있다(조특령 §110 ③).

① 폐기물관리법에 의하여 폐기물중간처리업 허가를 받은 자(폐기물을 재활용하는 경우에 한함) 또는 폐기물재활용신고를 한 자
② 자동차관리법에 의하여 중고자동차매매업등록을 한 자
③ 한국환경자원공사법에 의한 한국환경자원공사
④ 자동차관리법에 의한 중고자동차를 수출하는 자

⑤ 기타 재활용폐자원을 수집하는 사업자로서 재생재료 수집 및 판매를 주된 사업으로 하는 자

3) 재활용 폐자원 등의 범위(조특령 §110 ④)

재활용폐자원	고철, 폐지, 폐유리, 폐합성수지, 폐합성고무, 폐금속캔, 폐건전지, 폐비철금속류, 폐타이어, 폐섬유, 폐유
중고품	• 자동차관리법에 따른 중고자동차 • 다음의 경우는 매입세액공제 대상에서 제외 ① 제작일 이후 1년 이내에 수출(수출신고수리일 기준)하는 자동차 ② 중고차 매도자 또는 제3자가 해당 중고차에 대한 부가가치세 매입세액을 이미 공제받은 중고자동차(간이과세자가 매입세액을 공제받은 경우 제외)

(본래의 용도대로 재사용가능한 경우에는 재활용폐자원 등에 해당되지 아니함에 유의)

4) 공제신고서 제출(조특령 §110 ⑤)

① 매입세액공제를 받고자 하는 자는 부가가치세 예정신고 또는 확정신고시 재활용폐자원 등의 매입세액공제신고서에 매입처별계산서합계표 또는 영수증을 첨부하여 제출(국세정보통신망에 의한 제출 포함)하여야 한다.

② 재활용폐자원 등의 매입세액공제신고서에 다음의 사항이 기재되어 있지 아니하거나 그 거래내용이 사실과 다른 경우에는 매입세액을 공제하지 아니한다.

    ㉠ 공급자의 등록번호(개인의 경우에는 주민등록번호)와 명칭 및 대표자의 성명(개인의 경우에는 그의 성명)

    ㉡ 취득가액

(2) 재활용폐자원 등 매입세액 공제금액의 계산

1) 재활용폐자원

① 공제금액

• 공제금액 = 취득가액 × 공제율(3/103)
• 공제한도 = 확정신고시 해당 과세기간의 재활용폐자원과 관련한 부가가치세 과세표준 × 80% − 세금계산서를 발급받고 매입한 재활용폐자원 매입가액(사업용 고정자산 매입가액 제외)

---

*) 2025년 12월 31일까지 한시적으로 적용됨.

② 매입세액의 정산

예정신고와 조기환급신고시 이미 재활용폐자원 매입세액공제를 받은 금액이 있는 경우에는 확정신고시 정산한다.

2) 중고자동차

공제금액 = 취득가액 × $\frac{10}{110}$

*) 공제율 10/110은 2018.1.1. 이후 취득하는 분부터 2025.12.31.까지 적용
*) 중고자동차는 공제한도 규정 없음.

📈 **실무**

재활용폐자원 매입세액공제시 유의사항

구 분	유의사항
(1) 공급자 검토	① 공급자가 세금계산서를 발급할 수 있는 자(법인과 개인인 일반과세사업자)인 경우에는 반드시 세금계산서를 발급받아야 함 ② 미등록사업자가 계속적·반복적인 사업성을 갖춘 경우로서 연간 수입금액이 4,800만 원 이상인 경우에는 공제대상이 아님 → 세무서 자료에 의하여 고물수집인이 일반과세자에 해당된 것을 알게 된 경우에는 신고 및 납부불성실가산세는 면할 수 있음(고물수집인이 일반과세자에 해당하는 것을 알지 못한 데 대하여 정당한 사유가 있는 것으로 봄)
(2) 공급받는 자 검토	• 조세특례제한법에 정한 자만이 매입세액공제를 받을 수 있음 • 적용대상자 여부를 정확하게 검토하기 바람
(3) 공제한도 검토	재활용폐자원의 경우 반드시 공제한도를 검토하여야 함
(4) 중고 자동차	• 일반과세자가 사업용으로 사용[123]하던 중고자동차는 반드시 세금계산서를 발급받아야 함 • 소형승용자동차 구입시 매입세액공제를 받지 못하였다고 하더라도 중고차 매각시에는 세금계산서를 발급해야 함 • 사업용 사용 여부는 사업상의 손비로 감가상각이나 차량유지비를 계상하였는지 여부에 의하여 판단함 • 제작일 이후 1년 이내에 수출(수출신고수리일 기준)하는 자동차와 중고차 매도자 또는 제3자가 해당 중고차에 대한 부가가치세 매입세액을 이미 공제받은 중고자동차는 매입세액공제대상에서 제외됨
(5) 자동차 폐차업자	① 수집한 폐차를 그대로 또는 단순히 운반 등의 편의를 위해 압축·절단하여 고철로 판매하는 경우 ⇒ "재생재료 수집 및 판매업" 해당하고 매입세액공제특례 적용됨

구 분	유의사항
	② 수집한 폐차를 일정형태로 압축·절단·분쇄 기타 가공처리하여 원료상태로 판매하는 경우 ⇒ 제조업 중 **"고철가공처리업"**에 해당하므로 매입세액공제 적용 안됨

---

123) 개인으로부터 출고된 이후 운행한 사실이 없는 신차를 구입한 경우에는 중고자동차에 해당하지 아니하므로 재활용폐자원 등에 대한 매입세액공제를 받을 수 없는 것임(기획재정부부가-662, 2009.9.29.).

재활용폐자원 및 중고자동차 매입세액 공제신고서(갑)
(년   기)

※ 뒤쪽의 작성방법을 읽고 작성하시기 바랍니다.   (앞쪽)

처리기간	즉시

1. 신고자 인적사항

① 성 명(법 인 명)	② 사업자등록번호
③ 업 태	④ 종 목

2. 재활용폐자원 등 매입 합계

구분	매입처수	건수	취득금액	매입세액 공제액
⑤ 합 계				
⑥ 영 수 증 수 취 분				
⑦ 계 산 서 수 취 분				

3. 재활용폐자원 매입세액공제 관련 신고내용
가. 과세기간 과세표준 및 공제가능한 금액 등

매출액			대상액 한도계산		당기 매입액			⑯ 공제가능한 금액 (= ⑫ - ⑭)
⑧ 합계	⑨ 예정분	⑩ 확정분	⑪ 한도율	⑫ 한도액	⑬ 합계	⑭ 세금 계산서	⑮ 영수증 등	

나. 과세기간 공제할 세액

⑰ 공제대상금액 (=⑮과 ⑯의 금액 중 적은 금액)	공제대상세액		이미 공제받은 세액			㉓ 공제 (납부)할 세액 (=⑲-⑳)
	⑱ 공제율	⑲ 공제대상 세액	⑳ 합계	㉑ 예정 신고분	㉒ 월별 조기분	

4. 영수증 수취분에 대한 매입처 명세(합계금액으로 기재, 단 중고자동차는 거래건별로 기재)

일련 번호	㉔ 공급자		㉕ 구분 코드*	㉖ 건수	㉗ 품명	㉘ 수량	㉙ 차량번호 (중고 자동차)	㉚ 차대번호 (중고 자동차)	㉛ 취득금액
	성명 또는 상호(기관명)	주민등록번호 또는 사업자등록번호							
	합계								
1									
2									
3									
4									
5									

* 구분코드 : 1. 중고자동차, 2. 기타 재활용폐자원

「조세특례제한법 시행령」제110조 제5항에 따라 재활용폐자원 및 중고자동차에 대한 매입세액을 공제받기 위하여 신고합니다.

                                                                  년   월   일

              신고인   (서명 또는 인)

세무서장   귀하

첨부서류	* 구비서류 : 매입처별계산서합계표 * 공급자가 5곳을 초과하는 경우(중고자동차의 경우 거래건수가 5건을 초과하는 경우)에는 별지 제69호 서식(2)에 이어서 작성합니다.	수수료 없음

210mm×297mm[일반용지 70g/㎡(재활용품)]

작 성 방 법

이 신고서는 아래의 작성방법에 따라 한글과 아라비아 숫자로 정확하게 적어야 하며 금액은 원단위까지 표시하여야 합니다.

2. 재활용폐자원 등 매입합계란 (⑤ ~ ⑦)

⑤ : ⑥ 영수증 수취분과 ⑦ 계산서 수취분의 매입처 수, 건수, 취득금액, 매입세액 공제액의 합계를 적습니다.

⑥ : 부가가치세 일반과세자가 아닌 사업자 및 개인 등으로부터 재활용폐자원 및 중고자동차를 매입하고 영수증을 수취한 매입처 수, 건수, 취득금액, 매입세액 공제액의 합계를 적으며, "4. 영수증 수취분에 대한 매입처 명세" 란의 합계와 일치해야 합니다.

⑦ : 부가가치세 면세사업자 등으로부터 재활용폐자원 및 중고자동차를 매입하고 계산서를 수취한 매입처 수, 건수, 취득금액, 매입세액 공제액의 합계를 적으며, 별도로 매입처별계산서합계표를 작성 · 제출해야 합니다.

※ 매입세액 공제액 산정 시 공제율
- 「자동차관리법」에 따른 자동차 중 중고자동차 : 109분의 9
  (2018년 1월 1일부터 2018년 12월 31일까지 취득분은 110분의 10)
  * 제작연월일부터 수출신고 수리일까지의 기간이 1년 미만인 중고자동차를 수출하는 경우는 공제대상에서 제외

- 중고자동차를 제외한 재활용폐자원 : 103분의 3
  (2014년 1월 1일부터 2015년 12월 31일까지 취득분은 105분의 5)

3. 재활용폐자원 매입세액공제 관련 신고내용란 (⑧ ~ ㉓)

※ 이 란은 중고자동차의 경우에는 작성하지 아니하며, 부가가치세 과세표준 확정신고를 할 때만 적습니다.

⑧ : 과세기간별 재활용폐자원 매출금액 합계액을 적습니다.

⑨ : 월별 조기환급 신고분을 포함하여 적습니다.

⑪ : 100분의 80(2008년 이전 취득분은 100분의 90)을 적습니다.

⑫ : 매출액합계(⑧)에 한도율(⑪)을 곱하여 계산한 금액을 적습니다.

⑭ : 세금계산서 수취분 재활용폐자원 공급가액 합계액을 적습니다.

⑮ : ⑥ 영수증 수취분 취득금액과 ⑦ 계산서 수취분 취득금액의 합계액과 일치합니다.

⑯ : 한도액(⑫)에서 세금계산서분(⑭)을 뺀 금액을 적으며, 음수인 경우에는 "0"으로 적습니다.

⑲ : 공제대상금액(⑰)에 공제율(⑱)을 곱하여 계산한 금액을 적습니다.

⑳ : 예정신고 및 월별 조기환급 신고 시 공제받은 세액의 합계액을 적습니다.

㉓ : 예정신고 및 영세율 등 조기환급 신고 시 이미 매입세액 공제를 받은 금액을 확정신고 시 정산한 결과 추가로 납부할 세액이 발생하는 경우에는 해당 세액을 일반과세자 부가가치세 신고서(「부가가치세법 시행규칙」 별지 제21호 서식) 4쪽 중 제3쪽 (43)번 재활용폐자원등매입세액란에 음수(△)로 적습니다.

4. 영수증 수취분에 대한 매입처 명세란 (㉔ ~ ㉛)

부가가치세 일반과세자가 아닌 사업자 및 단체와 개인 등이 재활용폐자원 등을 판매하고 발행한 영수증 상에 적힌 내용을 중고자동차와 기타 재활용폐자원을 구분하여 거래처별로 합하여 적습니다.

㉘, ㉙ : 중고자동차 매입 시에만 적습니다.

※ 공급자가 5곳을 초과하는 경우(중고자동차의 경우 거래건수가 5건을 초과하는 경우)에는 별지 제69호 서식(2)에 이어서 작성합니다.

210mm×297mm[일반용지 70g/㎡(재활용품)]

■ 조세특례제한법 시행규칙 [별지 제69호 서식(2)] 〈2019.3.20. 개정〉

재활용폐자원 및 중고자동차 매입세액 공제신고서(을)
(년   기)

사업자등록번호	

일련번호	공급자		구분코드*	건수	품명	수량	차량번호 (중고 자동차)	차대번호 (중고 자동차)	취득금액
	성명 또는 상호(기관명)	주민등록번호 또는 사업자등록번호							
1									
2									
3									
4									
5									
6									
7									
8									
9									
10									
11									
12									
13									
14									
15									
16									
17									
18									
19									
20									
21									
22									
23									
24									
25									

* 구분코드 : 1. 중고자동차, 2. 기타 재활용폐자원

210mm×297mm[일반용지 60g/㎡(재활용품)]

(1) 중고자동차매매업자가 중고자동차 매입시 재활용 등 폐자원매입세액공제 대상 여부

① 중고자동차매매업등록을 한 사업자가 부가가치세과세사업을 영위하지 아니하는 자와 간이과세자로부터 중고자동차를 취득하여 공급하는 경우에는 재활용폐자원 등에 대한 부가가치세매입세액공제를 받을 수 있는 것이므로,

② 법인사업자의 사업과 관련 없는 대표자 개인으로 등록된 차량을 취득하여 공급하는 경우에는 재활용 등 폐자원매입세액을 공제받을 수 있는 것이나,

③ 일반과세자(법인 또는 개인 일반사업자)의 사업용 중고자동차를 취득하여 공급하는 경우에는 재활용 등 폐자원매입세액공제를 받을 수 없는 것이며 세금계산서를 교부받아야 하는 것임(부가 46015-2022, 2000.8.21.)

(2) 중고자동차를 내국신용장 등에 의하여 국내무역업자에게 공급하는 경우

사업자가 구매확인서 또는 내국신용장에 의하여 국내무역업자에게 중고자동차(중고 이륜자동차 포함)를 공급하고 부가가치세 영세율 적용을 받는 경우, 당해 사업자가 수출하는 자에 해당하여 재활용폐자원 등에 대한 부가가치세 매입세액 공제특례 규정을 적용받을 수 있음(재소비 46015-18, 2003.1.14.)

(3) 아파트 부녀회로부터 헌옷, 헌이불 등을 구입하는 것이 매입세액공제 대상인지 여부

사업자가 일반 가정 또는 아파트 부녀회로부터 헌옷, 헌이불, 헌가방(섬유제품)을 구입하여 제조·가공하거나 공급(수출 포함)하는 경우에는 재활용폐자원 등에 대한 부가가치세 매입세액을 공제받을 수 있는 것이며, 아파트부녀회가 헌이불, 헌옷 등을 자치적으로 수집하여 일시적·우발적으로 그 구성원 명의로 판매하는 경우는 부가가치세 과세사업을 영위하지 아니하는 자에 포함하는 것이나, 동 부녀회가 이에 해당하는지 여부는 관련 거래사실에 따라 판단할 사항임(부가 46015-2223, 1996.10.24.)

(4) 중고건설기계를 구입하여 수출하는 경우 재활용폐자원매입세액공제 특례규정 적용 여부

건설기계매매업신고를 한 사업자가 국가·지방자치단체, 면세사업자, 간이과세자로부터 중고건설기계를 구입하여 수출하더라도 당해 중고 건설기계는 재활용폐자원 및 중고품의 범위에 해당하지 아니하여 재활용폐자원 매입세액공제특례규정이 적용되지 않음(부가 46015-775, 1997.4.10.)

(5) 재생재료 가공처리업의 재활용폐자원 매입세액 공제 여부

① 고무, 플라스틱, 합성수지, 섬유제품 등의 폐품, 스크랩 및 기타 폐기물을 절단분쇄 등 가공처리하여 특정제품 제조공정에 투입하기에 적합한 원료상태로 생산·판매하는 산업활동은 제조업에 해당하며,

② 제조업을 영위하는 사업자 중 조세특례제한법에 규정하는 매입세액공제를 받을 수 있는 사업자에 해당하지 아니하는 제조업자가 부가가치세 과세사업을 영위하지 아니하는 자로부터 재활용폐자원 및 중고품을 취득하여 제조 또는 가공하거나 이를 공급하는 경우에는 매입세액공제를 받을 수 없음(부가 46015-2079, 1997.9.8.)

해석사례 재활용 폐자원 등의 범위

(1) 고철·폐비철금속류의 정의
부가가치세 매입세액이 공제되는 고철·폐비철금속류라 함은 파손, 절단 기타 사유로 원래의 용도대로 사용할 수 없는 것을 의미하며, 이 경우 다른 법률에 의하여 한정되지 않는 것임(제도 46015-11488, 2001.6.15.)

(2) 폐타이어의 재활용폐자원 및 중고품 범위 해당 여부
폐타이어는 폐합성고무에 해당하는 것으로, 매입세액을 공제받을 수 있는 재활용폐자원 및 중고품 범위에 해당함(부가 46015-2315, 1995.12.7.)

(3) 폐식용유의 재활용폐자원 해당 여부
폐식용유는 재활용폐자원 등의 폐유에 해당함(부가 46015-2770, 1996.12.27.)

(4) 헌옷을 구입하여 제조·가공하거나 공급하는 경우 의제매입세액공제 대상인지 여부
폐자원 등 재활용매입세액공제를 적용받을 수 있는 사업자가 헌옷을 구입하여 제조·가공하거나 공급(수출 포함)하는 경우에는 당해 헌옷을 취득한 날이 속하는 과세기간 또는 예정신고기간에 대한 부가가치세 신고시 재활용 폐자원 등에 대한 부가가치세 매입세액을 공제받을 수 있는 것임(부가 46015-320, 1998.2.24.)

(5) 본래 용도대로 재사용이 가능하여 매입세액공제특례가 적용되지 않는 경우
① 공병의 재활용폐자원 등 매입세액공제 가능 여부
세척 등 물리력을 가한 후 원래의 용도로 사용이 가능한 공병은 재활용폐자원(폐유리) 등의 범위에 해당하지 아니함(부가 46015-2030, 2000.8.21.)
② PVC통을 폐자원수집자들로부터 매입하여 세척한 후 판매한 경우 매입세액공제 여부
본래 용도대로 재사용이 가능한 것이라면 매입세액공제를 받을 수 있는 재활용폐자원의 범위에 포함되지 아니한다고 할 것이므로, PVC통을 폐자원수집자들로부터 매입하여 별도의 재생과정 없이 단순히 본래의 용도대로 재사용이 가능하도록 세척한 후 판매하는 경우에는 매입세액이 공제되는 재활용폐자원에 해당된다고 할 수 없음(감심 2005-78, 2005.8.18.)

③ 재사용 가능한 드럼통이 재활용폐자원 등에 대한 부가가치세매입세액 공제대상인 지 여부

단순한 세척가공을 거쳐 재활용이 가능한 폐드럼통(폐유, 폐유기용제 및 페인트 등을 함유하고 있는 금속성용기)은 재활용 폐자원 매입세액공제를 적용 받을 수 없음(감심 2007-71, 2007.7.12.)

(6) 기타 재활용폐자원 등에 해당되지 않는 경우

① 휴대폰에 사용하던 폐배터리는 재활용폐자원 등에 해당되지 아니함(재소비 46015 -9, 2002.1.8.)

② 자동차의 중고부품은 매입세액공제를 받을 수 있는 재활용폐자원 및 중고품의 범 위에 포함되지 아니하는 것임(부가 46015-957, 1998.5.8.)

③ 중고TV는 재활용폐자원 등에 해당되지 아니하므로 재활용폐자원 등에 대한 부가 가치세 매입세액공제를 받을 수 없는 것임(부가 46015-1439, 2000.6.23.)

④ 폐목재류와 폐건축자재는 재활용폐자원 등의 범위에 해당되지 아니하여 재활용폐 자원 등에 대한 부가가치세 매입세액공제 특례규정의 적용을 받을 수 없음(서삼 46015-10236, 2002.2.14.)

01 신용카드매출전표 등의 발급 및 전자화폐 결제분 세액공제

(1) 의의

영수증 발급의무자(법인사업자와 직전 연도의 재화 또는 용역의 공급가액의 합계액이 10억 원을 초과하는 개인사업자 제외)와 특정 간이과세자가 부가가치세가 과세되는 재화 또는 용역을 공급하고 세금계산서 발급시기에 신용카드매출전표 등을 발급하거나 전자화폐로 결제받는 경우에 일정한 금액을 납부세액에서 공제한다(부법 §46 ①).

이와 같이 사업자가 재화 또는 용역을 공급하면서 신용카드매출전표 등을 발급한 경우에는 원칙적으로 세금계산서의 발급이 금지된다.

(2) 세액공제 요건

1) 공제대상자

① 영수증 발급의무와 영수증 발급특례에 해당하는 일반과세사업자(법인사업자와 직전 연도의 재화 또는 용역의 공급가액의 합계액이 10억 원을 초과하는 개인사업자 제외)

② 간이과세자(직전 연도의 공급대가의 합계액이 4천800만 원 미만인 자 또는 신규로 사업을 시작하는 개인사업자 중 간이과세자)

> ─⟋⟍ **실무** ○─
>
> 공제대상자 판단시 유의사항
> - 영수증 발급의무자만 공제대상이므로 도매업, 제조업, 부동산매매업 등 세금계산서 발급대상자는 공제대상자에 해당되지 아니함
> - 변호사 등 전문직종 사업자는 사업자에게 용역을 공급하는 경우에는 세금계산서 발급대상에 해당되므로 공제대상에 해당되지 아니함(공급받는 자가 사업자가 아닌 경우에는 공제대상에 해당됨)
> - 2016년 1월 1일 이후 신용카드 등 매출 분부터 직전 연도의 재화 또는 용역의 공급가액의 합계액이 10억 원을 초과하는 개인사업자에게는 적용되지 아니함
> - 10억 원 초과 여부는 사업장 단위로 판정함

2) 신용카드매출전표 등의 발급

재화 또는 용역을 공급하고 다음의 신용카드매출전표 등을 발급하여야 한다.

① 여신전문금융업법에 따른 신용카드매출전표·직불카드영수증·결제대행업체를 통한 신용카드매출전표·선불카드영수증(실제 명의가 확인되는 것에 한함)

② 조세특례제한법에 따른 현금영수증(부가통신사업자가 통신판매업자를 대신하여 발급하는 현금영수증을 포함한다)

③ 전자금융거래법에 따른 직불전자지급수단 영수증·선불전자지급수단 영수증(실제 명의가 확인되는 것으로 한정한다)·전자지급결제대행에 관한 업무를 하는 금융회사 또는 전자금융업자를 통한 신용카드매출전표

3) 전자적 결제 수단에 의하여 대금을 결제받는 경우

다음의 요건을 갖춘 전자적 결제수단으로 결제를 받아야 한다.

① 카드 또는 컴퓨터 등 전자적인 매체에 화폐가치를 저장하였다가 재화 또는 용역 구매 시 지급하는 결제수단(전자화폐)일 것(제로페이 등)

② 전자화폐를 발행하는 사업자가 결제 명세를 가맹 사업자별로 구분하여 관리하는 것

③ 통신판매업자가 판매를 대행 또는 중개하는 부가통신사업자를 통해 재화 또는 용역을 공급하고 부가통신사업자로부터 전자적으로 대금을 결제받는 경우(부가통신사업자가 법 제75조 제1항 및 이 영 제121조 제1항에 따라 제출하는 월별 거래 명세를 통해 그 결제 내역이 확인되는 경우만 해당)(2024.2.29. 개정)

(3) 공제세액의 계산

- 공제세액 = (신용카드매출전표 등 발행금액 + 전자화폐결제금액) × 공제율
- 공제율 =1%(2026.12.31.까지 1.3%)
- 한도액 : 연간 500만 원(2026.12.31.까지는 1,000만 원[124])

  *공제세액이 그 금액을 차감하기 전의 납부할 세액(가산세 제외)을 초과하는 경우 그 초과액은 없는 것으로 봄

  *각 신고기간별(월별조기환급신고기간, 예정신고기간, 확정신고기간)로 납부할 세액의 범위 내에서 공제하는 것이므로 각 신고기간별로 공제되지 아니한 세액은 다른 신고기간의 납부세액에서 공제할 수 없음에 유의(서면3팀－1983, 2005.11.8.)

※ 위 공제세액은 소득세 신고시 수입금액조정명세서를 작성할 때 총수입금액에 산입하여야 함.

---

124) 2019.1.1. 이후 신고하는 분부터 적용(부칙 4)

02 전자세금계산서 발급 전송에 대한 세액공제 특례

(1) 의의

직전 연도의 사업장별 재화 및 용역의 공급가액(부가가치세 면세공급가액 포함)의 합계액이 3억 원 미만인 개인사업자(해당 연도에 신규로 사업을 시작한 개인사업자 포함)가 전자세금계산서(수정 전자세금계산서 포함)를 2027년 12월 31일까지 발급(전자세금계산서 발급명세서를 기한 내 국세청장에게 전송한 경우 한정)하는 경우에는 전자세금계산서 발급 건수 당 200원을 곱한 금액을 해당 과세기간의 부가가치세 납부세액에서 공제할 수 있다.

(2) 세액공제

① 공제받는 금액이 그 금액을 차감하기 전의 납부할 세액[제37조 제2항에 따른 납부세액에서 이 법, 「국세기본법」 및 「조세특례제한법」에 따라 빼거나 더할 세액(제60조 및 「국세기본법」 제47조의2부터 제47조의4까지의 규정에 따른 가산세는 제외한다)을 빼거나 더하여 계산한 세액을 말하며, 그 계산한 세액이 0보다 작으면 0으로 본다]을 초과하면 그 초과하는 부분은 없는 것으로 본다.
② 세액공제를 적용받으려는 개인사업자는 제48조 및 제49조에 따라 신고할 때 전자세금계산서 발급세액공제신고서를 납세지 관할세무서장에게 제출하여야 한다.
③ 공제한도는 연간 100만 원으로 한다.

전자세금계산서 발급세액공제신고서

접수번호	접수일		처리기간	즉시

1. 신고인 인적사항

① 상호	② 사업자등록번호
③ 성명	④ 전화번호

⑤ 사업장 소재지

⑥ 직전연도 사업장별 공급가액(면세공급가액 포함) 합계액 3억 원 미만 개인사업자 여부

[　　] 여, [　　] 부

2. 전자세금계산서 발급세액공제 계산신고 내용

가. 공제대상 세액

⑦ 전자세금계산서 발급건수	⑧ 건당 공제금액	⑨ 공제가능 세액 (⑦ × ⑧)	⑩ 해당 공제세액 (⑨과 ⑬ 중 적은 금액)
	200원		

나. 공제 한도액 계산

⑪ 연간 공제한도액	⑫ 기 공제세액	⑬ 해당 과세기간 공제한도액 (⑪ - ⑫)
100만 원		

「부가가치세법」 제47조에 따라 전자세금계산서 발급세액공제를 받기 위하여 위와 같이 신고합니다.

년　　월　　일

신고인　　　　　　　　　　　　(서명 또는 인)

세무서장　　귀하

첨부서류	없음	수수료 없음

210mm×297mm[백상지 80g/㎡(재활용품)]

(1) 공급받는 자와 부가가치세액을 별도로 기재하고 확인한 때라 함의 의미 및 방법

신용카드매출전표 등에 공급받는 자와 부가가치세액을 별도로 기재하고 확인한 때라 함은 신용카드매출전표 등에 공급받는 자의 사업자등록번호와 부가가치세액을 별도로 기재하는 것을 말하고 신용카드매출전표 등에 부가가치세액이 별도로 인쇄된 경우뿐만 아니라 공급 자가 수기로 기재한 경우도 포함되며, 공급자의 서명 또는 날인이 반드시 필요하지 아니함(부가 46015-2096, 2000.8.26.)

(2) 소매업자가 신용카드 결제 후 세금계산서 발급시 발행세액공제 여부

개인사업자로서 소매업 등을 영위하는 사업자가 부가가치세가 과세되는 재화 또는 용역을 공급하면서 세금계산서를 교부하고 그 대가를 공급받는 자의 신용카드에 의해 결제되는 경우 신용카드발행세액공제를 할 수 있음(재경부 소비 46015-36, 2002.2.5.)

(3) 영세율 적용 재화를 공급한 경우 신용카드매출전표 발행세액 공제 여부

사업자가 부가가치세 영세율이 적용되는 장애인용 보장구를 공급하고 세금계산서의 교부시기에 여신전문금융업법에 의한 신용카드매출전표 또는 직불카드영수증을 발행하는 경우에는 신용카드매출전표 등 발행세액공제가 적용되는 것임(부가 46015-2044, 2000.8.22.)

(4) 간이과세자에서 일반과세자로 전환된 경우 연간 한도액의 계산기준

사업자의 과세유형이 간이과세자에서 일반과세자로 전환된 경우, 신용카드매출전표 등 발행 세액공제의 연간 한도액을 계산함에 있어서 간이과세자로서 동 세액공제를 받은 금액은 납부세액에서 실제로 공제된 금액을 말함(서삼 46015-10411, 2003.3.12.)

(5) 부가가치세 무신고로 과세관청이 경정하는 경우 신용카드매출전표 발행 세액공제 여부

직전연도 공급가액이 10억 원 미만인 음식·숙박업을 영위하는 개인사업자가 용역을 공급하고 신용카드 매출전표를 발행한 경우로서 당해 사업자가 부가가치세 확정신고를 하지 아니하여 사업장 관할세무서장이 부가가치세 과세표준과 납부세액을 경정하는 때에도 신용카드매출전표 발행세액을 납부세액에서 공제할 수 있는 것임(부가 46015-2144, 1998.9.22.)

(6) 재화공급 사업자와 신용카드매출전표 발행 사업자가 서로 다른 경우 세액공제 여부

신용카드매출전표는 재화나 용역을 공급하는 사업자가 발행하여야 하는 것이므로, 재화를 공급한 사업자와 신용카드매출전표를 발행하는 사업자가 서로 다른 경우에는 신용카드매출전표발행 세액공제를 하지 아니함(부가 46015-2052, 2000.8.22.)

(7) 세무사업 등의 신용카드매출전표발행 세액공제 가능 여부

부가가치세법시행령 제74조 제2항 제7호의 규정에 의한 사업 및 행정사업을 영위하

는 사업자가 사업자에게 그 사업에 해당하는 용역을 공급하는 때에는 신용카드매출전표발행 세액공제 규정을 적용하지 아니함(서삼 46015-10652, 2003.4.17.)

⑻ 자진발급 현금영수증 등에 대한 신용카드매출전표 등 발행세액공제 여부
현금영수증가맹점(법인 제외)이 부가가치세가 과세되는 재화 또는 용역을 공급하고 세금계산서의 교부시기에 소비자의 신분인식수단을 확인할 수 없어 국세청장이 지정한 번호(010-000-1234)로 현금영수증을 발급한 경우에는 현금영수증발행에 대한 세액공제를 받을 수 있는 것임(서면3팀-1309, 2007.5.2.)

⑼ 신용카드 매출전표 등 세액공제시 납부세액의 범위
『신용카드 등의 사용에 따른 세액공제 등』에서 납부세액의 범위는 신고기간(월별조기, 예정, 확정)별 납부세액으로 각 신고기간에 공제되지 아니한 동 세액은 다른 신고기간의 납부세액에서 공제할 수 없는 것임(서면3팀-1983, 2005.11.8.)

⑽ 제조업자가 전자상거래 방식으로 소비자에게 제품판매 시 신용카드발행세액공제 적용 여부
제조업자가 전자상거래 방식으로 제품을 판매하고 신용카드매출전표를 발행하는 경우 신용카드매출전표의 발행에 대한 세액공제를 받을 수 없음(사전 2020-법령해석부가-1137, 2020.12.31.)

신용카드매출전표등 발행금액 집계표

년 제 기 (월 일 ~ 월 일)

※ 아래의 작성방법을 읽고 작성하시기 바랍니다.

1. 제출자 인적사항

① 상호(법인명)	② 성명(대표자)
③ 사업장 소재지	④ 사업자등록번호

2. 신용카드매출전표등 발행금액 현황

구분	⑤ 합계	⑥ 신용·직불·기명식 선불카드	⑦ 현금영수증	⑧ 직불전자지급수단 및 기명식선불전자지급수단
합계				
과세 매출분				
면세 매출분				
봉사료				

3. 신용카드매출전표등 발행금액(⑤ 합계) 중 세금계산서(계산서) 발급명세

⑨ 세금계산서 발급금액		⑩ 계산서 발급금액	

작 성 방 법

1. 신용카드매출전표등 발행금액 현황(⑤~⑧) : 부가가치세 과세 매출분, 면세 매출분 및 봉사료로 각각 구분하여 적고, 과세 매출분란에는 공급대가(부가가치세 포함)를 적습니다.
2. 신용카드매출전표등 발행금액(⑤ 합계) 중 세금계산서(계산서) 발급명세(⑨·⑩) : ⑨ 세금계산서 발급금액란에는 ⑤ 합계란의 과세 매출분 합계금액 중 세금계산서를 발급한 금액을 적고, ⑩ 계산서 발급금액란에는 ⑤ 합계란의 면세 매출분 합계금액 중 계산서를 발급한 금액을 각각 적습니다.

210mm×297mm[백상지 80g/㎡(재활용품)]

03 **조세특례제한법에 따른 공제 · 경감세액**

(1) 전자신고에 대한 세액공제(조특법 §104의8, 조특령 §104의5)

구 분	전자신고세액공제의 내용
납세자가 직접 전자신고한 경우	• 전자신고세액공제액 = 1만 원 공제 또는 환급(간이과세자는 환급 배제) • 확정신고에만 적용되고, 예정신고에는 적용되지 아니함
세무대리인이 전자신고한 경우	• 전자신고세액공제액 = 납세자 1인당 1만 원 공제 • 연간공제한도액[125] : 300만 원(세수법인 또는 회계법인은 750만 원) • 연간공제한도액은 소득세 또는 법인세 공제액과 부가가치세 공제액을 합한 금액임 • 연간 한도액 계산시 연간은 1월 1일부터 12월 31일까지를 의미 　(ex. 20×0년 2기 부가세 확정신고(×1년 1월 신고 분) + 3월 소득세 또는 5 · 6월 소득세 + 20×1년 1기 부가세 확정신고(×1년 7월 신고 분) 시 세액공제를 합함) • ×1년 1기 부가세 확정신고 시 적용받는 전자신고 세액공제는 ×0년 2기 부가세 확정신고시 납세자 1인당 1만 원 세액공제 적용(간이과세 포함) • 최저한세 및 농특세 해당되지 않음

(2) 일반택시 운송사업자 부가가치세 납부세액 경감

가. 납부세액 경감

　여객자동차 운수사업법상 일반택시 운송사업자에 대하여는 부가가치세 납부세액의 <u>99%</u>를 2026년 12월 31일 이전에 끝나는 과세기간분까지 경감한다(조특법 §106의7 ①).

나. 경감세액의 사용

1) 운송종사자에게 지급

　일반택시 운송사업자는 경감세액 중 부가가치세 납부세액의 90%를 국토해양부장관이 정하는 바에 따라 경감된 부가가치세의 확정신고납부기한 종료일부터 1개월 이내에 일반택시 운수종사자에게 현금으로 지급하여야 한다. 이 경우 일반택시 운송사업자는 지급하는 현금이 부가가치세 경감세액임을 일반택시 운수종사자에게 알려야 한다(조특법 §106의7 ②).

---

125) 2018년까지 400만 원(세무법인 또는 회계법인 1,000만 원)

2) 감차보상재원 관리기관 납부

일반택시 운송사업자는 택시 감차 보상의 재원으로 사용하기 위하여 경감세액 중 부가가
치세 납부세액의 5% 해당하는 금액을 국토교통부장관이 정하는 바에 따라 지급기간 이내
에 택시 감차보상재원 관리기관에 지급하여야 한다(조특법 §106의7 ③).

3) 택시운수종사자 복지기금 재원 지급

일반택시 운송사업자는 택시운수종사자 복지기금의 재원 마련을 위해 경감세액 중 부가가치
세 납부세액의 4%에 해당하는 금액을 국토교통부장관이 정하는 바에 따라 지급기간 이내에 택
시운송사업자단체에 지급하여야 한다.

다. 지급명세서의 제출

일반택시 운송사업자는 지급기간 종료일부터 10일 이내에 일반택시 운송종사자에게 경
감세액을 지급한 명세를 국토교통부장관과 일반택시 운송사업자 관할세무서장에게 각각
제출하여야 한다(조특법 §106의7 ⑤).

라. 사후관리

1) 미지급통보 및 미지급통보 대상 고지

국토교통부장관은 일반택시 운송사업자가 경감된 세액을 지급기간에 운송종사자와 택시
감차보상재원 관리기관에게 지급하였는지를 확인하고, 그 결과를 지급기간 종료일부터 3개
월 이내에 국세청장 또는 일반택시 운송사업자 관할세무서장에게 통보(미지급통보)하여야
한다. 이 경우 미지급통보 대상이 된 일반택시 운송사업자에게도 그 미지급통보 대상이 되
었음을 알려야 한다(조특법 §106의7 ⑥).

2) 미지급 경감세액 상당액 및 이자상당액의 추징

국토교통부장관으로부터 미지급통보를 받은 국세청장 또는 일반택시 운송사업자 관할세
무서장은 다음의 구분에 따라 계산한 금액을 일반택시 운송사업자로부터 추징한다(조특법
§106의7 ⑦).

① 일반택시 운송사업자가 지급하지 아니한 미지급 경감세액을 미지급통보를 한 날까지
지급한 경우 : ㉠+㉡
㉠ 미지급 경감세액 상당액의 이자상당액

> 이자상당액 = 미지급 경감세액 상당액 × 경감된 부가가치세의 신고납부기한 종료일의 다음 날부터 지급일까지의 기간(일) × 2.2/10,000

ⓛ 가산세 : 미지급 경감세액 상당액의 20%

② 일반택시 운송사업자가 미지급 경감세액을 미지급통보를 한 날까지 지급하지 아니한 경우 : ㉠＋㉡＋㉢

㉠ 미지급 경감세액 상당액

㉡ 미지급 경감세액 상당액의 이자상당액

> 이자상당액 = 미지급 경감세액 상당액 × 경감된 부가가치세의 신고납부기한 종료일의 다음 날부터 추징세액의 고지일까지의 기간(일) × 2.2/10,000

㉢ 가산세 : 미지급 경감세액 상당액의 40%(다만, 운수종사자의 사망 등으로 경감세액 미지급 시 가산세 추징 배제[126])

3) 추징한 미지급경감세액 상당액의 지급

국세청장 또는 일반택시 운송사업자 관할세무서장은 추징한 미시급경감세액 상당액을 해당 일반택시 운송사업자가 지급하여야 할 일반택시 운수종사자에게 지급하여야 한다(조특법 §106의7 ⑧).

(3) 소규모 개인사업자에 대한 부가가치세 감면(조특법 §108조의4, 조특령 §110조의3)

가. 납부세액 경감

다음의 요건을 모두 갖춘 사업자가 2020년 12월 31일까지 재화 또는 용역을 공급한 분에 대하여 확정신고를 하는 경우에는 부가가치세 납부세액을 감면한다.

나. 요건

1) 소규모 개인사업자

① 부가가치세법에 따른 일반과세자로서 개인사업자

---

126) 2025.1.1. 이후 추징하는 분부터 적용

② 감면받으려는 과세기간(과세기간이 6개월 미만인 경우에는 6개월로 환산)의 재화 또는 용역의 공급가액을 합한 금액(둘 이상의 사업장을 경영하는 경우 합한 금액)이 4천만 원 이하

③ 부동산 임대 및 공급업, 과세유흥장소를 경영하는 사업이 아닐 것

다. 감면적용

① 감면세액 = 일반과세방식 세액[127] – 간이과세방식 세액[128]

② 사업자가 둘 이상의 서로 다른 사업을 경영하는 경우에는 감면배제사업이 아닌 사업에 한정

문제

납부세액의 계산

다음은 일반과세사업자(음식점업, 과세유흥장소 아님)를 운영하는 개인사업자의 부가가치세 자료이다. ×1년 2기 부가가치세 확정신고시 차가감납부할 세액을 계산하세요.

1. 음식용역의 신용카드매출전표 발행금액이 113,100,000원이고, 조세특례제한법 규정에 의한 현금영수증 발행금액이 45,300,000원이다. 위 금액은 공급대가임.
2. 현금으로 대가를 받고 조세특례제한법 규정에 의한 현금영수증을 발행하지 아니한 음식용역의 공급가액이 11,000,000원 부가가치세 1,100,000원이다.
3. 부가가치세 과세대상인 재화나 용역을 공급받고 발급받은 세금계산서 등의 매입세액이 4,000,000원인데 이 중 1,000,000원은 기계장치를 매입한 금액이다.
4. 신용카드로 구매한 내역은 다음과 같다.
   조리기구 등 구입 : 1,500,000원(공급가액), 농산물 구매 : 5,400,000원
5. 농산물을 매입하고 받은 계산서 27,000,000원을 정상 수취하였다.
6. 예정고지세액은 2,000,000원이다.
7. ×1년 제1기 부가가치세 확정신고시 신용카드매출전표 등 발행세액으로 2,000,000원을 공제받았으며, 직전연도 공급가액은 10억원 미만이다.
8. 전자신고세액공제액은 10,000원, 신고절차는 적법하게 이행할 예정이다.

1. 매출세액 : 15,500,000원
   ① 신용카드 및 현금영수증 발행분 : 144,000,000원 × 10%
   ② 일반 현금 매출 : 11,000,000원 × 10%

---

127) 납부세액에서 신용카드 등의 사용에 따른 공제세액, 전자신고에 대한 공제세액, 일반택시 운송사업자에 대한 경감세액, 현금영수증사업자 및 현금영수증가맹점에 대한 공제세액을 뺀 금액
128) 간이과세자의 업종별 부가가치율은 직전 3년간 신고된 업종별 평균 부가가치율을 고려

2. 매입세액 : (8,674,771원)
   ① 세금계산서 수취 분 : 4,000,000원
   ② 그 밖의 공제 매입세액 : 2,825,229원
      신용카드 150,000 + MIN [의제매입세액 27,000,000 × 9/109(계산서) + 5,400,000
      × 9/109(신용카드), 155,000,000 × 60% × 9/109]
3. 납부세액 : 8,674,711원
4. 공제세액 :
   ① 전자신고세액공제 : 10,000원
   ② 신용카드매출전표등발행세액공제 : MIN[158,400,000 × 1.3%, 10,000,000 − 2,000,000원]
      = 2,059,200원
5. 예정고지세액 : 2,000,000원
6. 차가감납부세액 : 4,605,571원

제**6**장

신고와 납부

01 의의

'**예정신고납부**'라 함은 부가가치세 과세기간의 전 3개월 동안에 발생된 납세의무를 예정하여 그 부분에 대한 과세표준과 세액을 정부에 신고하고 납부하는 것을 말한다.

예정신고납부제도는 조세수입의 평준화를 기하고, 납세의무자가 부가가치세를 일시에 납부하는 경우 그에 따르는 자금부담을 완화해 주고자 하는 데 그 취지가 있다.

→ 예정신고납부는 부가가치세를 확정시키는 효력이 없음

02 예정신고납부대상자

구 분	예정신고납부 대상자
(1) 예정신고납부의무자	영세법인을 제외한 법인사업자
(2) 예정신고납부를 할 수 있는 자	예정고지대상인 다음의 사업자는 예정신고납부를 할 수 있음 ① 휴업 또는 사업부진 등으로 인하여 각 예정신고기간의 공급가액 또는 납부세액이 직전 과세기간의 공급가액 또는 납부세액의 1/3에 미달하는 자 ② 각 예정신고기간분에 대하여 조기환급을 받고자 하는 자 　→ 이 경우 예정고지세액의 결정은 없었던 것으로 함

03 예정신고납부기간

구 분	예정신고납부 기간			예정신고납부 기한
	계속사업자	신규사업자	과세유형전환자	
1기 예정	1.1.~3.31.	개업일~3.31.	① 1.1.~유형전환 말일 ② 유형전환일~3.31.	4월 25일
2기 예정	7.1.~9.30.	개업일~9.30.	① 7.1.~유형전환 말일 ② 유형전환일~9.30.	10월 25일

① 과세유형전환자는 과세기간 개시일부터 유형전환 말일까지 분에 대해서 25일 이내에
   확정신고납부하여야 함
② 예정신고납부기한은 예정신고납부기간 종료 후 25일 이내임

04 예정신고납부의 대상과 절차

구 분	주요 내용
(1) 예정신고 납부 대상	• 예정신고기간에 대한 과세표준과 납부세액(환급세액)에서 신용카드 등의 사용에 따른 세액공제와 전자세금계산서 발급 · 전송에 대한 세액공제를 한 금액 → 가산세는 적용하지 아니함 • 영세율 등 조기환급신고를 한 내용은 신고대상에서 제외
(2) 신고납부 절차	① 신고 : 각 사업장 관할세무서장에게 부가가치세 예정신고서와 기타 법정서류를 제출하여야 함 ② 납부 : 각 사업장 관할세무서장(총괄납부의 경우 주사업장 관할세무서장)에게 납부하거나 국세징수법에 의한 납부서에 의하여 한국은행(대리점 포함) 또는 체신관서에 납부하여야 함
(3) 비거주자 등의 신고납부	비거주자 또는 외국법인의 대리인은 당해 비거주자 또는 외국법인을 대리하여 예정신고서와 매출 · 매입처별세금계산서합계표를 제출 · 납부하여야 함

05 예정고지와 납부

구 분	주요 내용
(1) 의의	소규모 영세사업자의 납세편의를 도모하고, 과세행정의 효율을 기하고자 관할세무서장이 직전기 납부세액의 50%를 고지하여 납부하도록 하는 것
(2) 예정고지 대상자	예정신고납부를 하는 자를 제외한 개인사업자와 대통령령으로 정하는 법인사업자(직전 과세기간 과세표준 1.5억 원 미만) → 다만, 다음의 어느 하나에 해당하는 경우에는 징수하지 아니한다. ① 징수하여야 할 금액이 50만 원 미만인 경우 ② 간이과세자에서 해당 과세기간 개시일 현재 일반과세자로 변경된 경우 ③ 국세징수법에 따라 관할세무서장이 징수하여야 할 금액을 사업자가 납부할 수 없다고 인정되는 경우

구 분	주요 내용
(3) 예정고지 기간	• 제1기 예정신고기간분 : 4.1.~4.10. • 제2기 예정신고기간분 : 10.1.~10.10.
(4) 납부세액 계산	직전 과세기간의 납부세액 × 50%
(5) 납부절차	납부고지서에 의하여 예정신고기간 종료 후 25일 이내 각 사업장 관할세무서장에게 납부하거나 한국은행(대리점 포함) 또는 체신관서에 납부하여야 함

> 📈 **실무** ○
>
> 영세 법인사업자에 대한 신고 부담 완화로 영세 법인에 대한 예정 고지 신설
> • 적용대상 : 직전 과세기간 과세표준 1.5억 원 미만의 영세법인
> • 적용시기 : 2021.1.1. 이후 결정하는 분부터 적용됨을 유의

01 의의

'**확정신고**'라 함은 사업자가 과세기간이 종료함으로써 성립한 납세의무를 확정하여 그 과세기간에 대한 과세표준과 납부세액 또는 환급세액을 정부에 신고하는 것을 말한다.

부가가치세법은 신고납부제도를 채택하고 있기 때문에 확정신고는 사업자와 정부간의 조세채권·채무를 구체적으로 **확정시키는 효력**을 갖는다.

02 확정신고납부의무자

구 분	확정신고납부 의무자
원칙	• 부가가치세 납세의무자(과세사업자) • 영세율사업자, 면세포기사업자, 간이과세자 포함
예외	소멸법인의 최종 과세기간분은 합병후 존속하는 법인 또는 합병신설법인

03 확정신고납부기간과 기한

구 분	확정신고납부기간			확정신고납부기한
	계속사업자	신규사업자	폐업자	
1기	1.1.~6.30.	개업일~6.30.	1.1.~폐업일(합병등기일)	7월 25일
2기	7.1.~12.31.	개업일~12.31.	7.1.~폐업일(합병등기일)	다음 연도 1월 25일

실무

확정신고납부기간과 기한 판단시 주의사항

① 신규사업자로서 사업개시전 등록의 경우에는 사업자등록일부터 납부기간 종료일까지임

② 확정신고납부기한은 확정신고납부기간 종료 후 25일 이내임

③ 폐업자의 확정신고납부기한은 폐업일이 속하는 달의 말일부터 25일 이내임

04 확정신고납부의 대상과 절차

구 분	주요 내용
(1) 확정신고납부 대상	• 당해 과세기간에 대한 과세표준과 납부세액(환급세액)에서 신용카드 등의 사용에 따른 세액공제를 한 금액에서 가산세를 더한 금액 • 예정신고 및 영세율등 조기환급신고를 한 내용은 신고대상에서 제외 • 예정신고 누락 과세표준과 세액 포함
(2) 신고납부 절차	① 신고 : 각 사업장 관할세무서장에게 부가가치세확정신고서와 기타 법정서류를 제출하여야 함 ② 납부 • 예정신고시 환급세액 중 조기환급되지 아니한 세액과 예정고지세액을 확정신고시 납부세액에서 공제 • 각 사업장 관할세무서장(총괄납부의 경우 주사업장 관할세무서장)에게 납부하거나 국세징수법에 의한 납부서에 의하여 한국은행(대리점 포함) 또는 체신관서에 납부하여야 함
(3) 비거주자 등의 신고납부	비거주자 또는 외국법인의 대리인은 당해 비거주자 또는 외국법인을 대리하여 확정신고서와 매출·매입처별세금계산서합계표를 제출하고 납부하여야 함

참고

예정신고와 확정신고의 효력 비교

구 분	예정신고	확정신고
(1) 신고의 의미	과세기간 전 3월의 납세의무 예정신고	과세기간 후 3월의 신고와 더불어 예정신고분을 확정정산
(2) 확정력	확정력 없음[129]	확정력 있음
(3) 가산세의 신고와 납부	적용하지 아니함	적용함
(4) 오류·탈루에 대한 조사결정 또는 경정과의 관계	• 경정대상 아님 • 경정을 준용하여 조사·결정 및 징수	• 경정의 대상 • 경정하고 징수함
(5) 조세포탈범의 기수시기	도래하지 않음	확정신고기한의 경과로 도래

---

129) 예정신고의 확정력을 인정한 대법원 판례가 있음(대법원 2010두3428, 2011.12.8.)

05 제출서류

(1) 부가가치세신고서(예정, 확정, 영세율 등 조기환급)

부가가치세신고에 있어서는 다음의 사항을 기재한 부가가치세신고서(예정, 확정, 영세율 등 조기환급)를 각 사업장 관할세무서장에게 제출하여야 한다.

① 사업자의 인적사항

② 납부세액 및 그 계산근거

③ 공제세액 및 그 계산근거

④ 매출·매입처별세금계산서합계표 제출내용

⑤ 기타 참고사항

(2) 첨부서류

가. 일반적인 경우의 첨부서류

구 분	첨부서류
(1) 매입세액불공제가 있는 경우	공제받지 못할 매입세액명세서
(2) 신용카드매출전표 등 발행한 사업자	신용카드매출전표 등 발행금액집계표
(3) 전자적 결제수단으로 매출하여 공제받는 경우	전자화폐결제명세서
(4) 신용카드매출전표 등 수령 매입세액공제받는 경우	신용카드매출전표 등 수취명세서
(5) 부동산임대업자의 경우	부동산임대공급가액명세서(임대차계약 변경 시 변경된 임대차계약서 사본 첨부)
(6) 예식장업 등의 경우	현금매출명세서
(7) 건물·기계장치 등 사업용고정자산을 취득한 경우	건물등감가상각자산취득명세서
(8) 총괄납부의 경우	사업장별 부가가치세과세표준 및 납부세액(환급세액)신고명세서
(9) 사업자단위과세사업자	사업자단위과세사업장 부가가치세과세표준 및 납부세액(환급세액)신고명세서

나. 영세율 적용시의 첨부서류

1) 수출 등 영세율 적용시의 첨부서류

구 분	첨부서류
(1) 직접수출	• 원칙 : 수출실적명세서(갑), (을)(정보처리시스템으로 처리된 전산매체) • 소포우편수출 : 해당 우체국장이 발행하는 소포수령증
(2) 대행수출	• 수출실적명세서(갑), (을)(정보처리시스템으로 처리된 전산매체)
(3) 대외무역법에 의한 수출	• 수출계약서 사본 또는 외국환은행이 발행하는 외화입금증명서 • 외국인도수출사업자로서 위탁가공무역방식의 수출을 적용받는 사업자로부터 매입하는 경우 : 매입계약서 추가됨 **(2012.2.2. 이후 신고·경정·결정하는 분부터 적용)**
(4) 내국신용장·구매확인서에 의한 수출 및 수출재화임가공용역	① 첨부서류 : 내국신용장이나 구매확인서 사본(전자무역기반사업자를 통하여 제출하는 내국신용장·구매확인서 전자발급명세서 포함) 또는 외국환은행이 발급하는 수출대금입금증명서 ② 국세청장 지정서류 : 관세환급금 등에 대한 첨부서류는 영세율규정에 의한 관세환급금 등 명세서
(5) 한국국제협력단 등에 공급하는 재화	한국국제협력단과 한국국제보건의료재단 및 대한적십자사가 교부한 공급사실을 증명할 수 있는 서류
(6) 수탁가공무역에 의한 수출재화	수출사실을 입증할 수 있는 관계증빙서류와 외국환은행이 발행하는 외화입금증명서
(7) 국외제공용역	• 원칙 : 외국환은행이 발급하는 외화입금증명서 또는 국외에서 제공하는 용역에 관한 계약서(하도급인 경우에는 하도급계약서) 사본 • 예외 : 장기해외건설공사의 경우 당해 건설용역에 대한 최초의 과세표준신고시에 공사도급계약서 사본을 제출하고, 그 이후의 신고시에는 당해 신고기간의 용역제공실적을 외화획득명세서에 의하여 제출할 수 있음
(8) 선박·항공기에 의한 외국항행용역	① 첨부서류 : 외국환은행이 발급하는 외화입금증명서(항공기의 외국항행용역에 관하여는 공급가액확정명세서) ② 국세청장 지정서류 : 영세율 규정에 의한 선박에 의한 운용용역공급가액열람표

구 분	첨부서류
(9) 국내에서 비거주자·외국법인에게 공급하는 재화·용역	① 첨부서류 : 외국환은행이 발급하는 외화입금증명서 ② 국세청장 지정서류 : 용역공급계약서 사본, 외환매입증명서 (또는 외국환매각증명서는 외화입금증명서에 갈음함), 직접 외화가 입금되지 아니한 경우 영세율규정에 의한 외화획득명세서에 외화획득 사실을 증명하는 서류 첨부
(10) 직접도급계약에 의한 수출재화 임가공용역	• 원칙 : 임가공계약서 사본(수출재화임가공용역을 당해 수출업자와 동일한 장소에서 제공하는 경우 제외)과 당해 수출업자가 교부한 납품사실증명서류(수출업자와 직접 도급계약을 한 분에 한함) 또는 수출대금입금증명서 • 예외 : 장기임가공계약의 경우에는 당해 임가공용역에 대한 최초의 과세표준신고시에 임가공계약서 사본을 제출하고, 그 이후의 신고시에는 수출업자가 교부한 납품사실증명서류만을 제출할 수 있음
(11) 외국항행선박 등에 제공하는 재화·용역	외국항행선박·항공기·원양어선에 제공하는 재화·용역 • 원칙 : 관할 세관장이 발급하는 선(기)적완료증명서 • 예외 : 전기통신사업법에 의한 전기통신사업은 용역공급기록표
(12) 외국정부기관 등에 공급하는 재화·용역	• 원칙 : 외국환은행이 발급하는 수출(군납)대금입금증명서 또는 관할세무서장이 발급하는 군납완료증명서 또는 당해 외국정부기관 등이 발급한 납품 또는 용역공급사실 증명서류 • 예외 : 전력·가스 기타 공급단위를 구획할 수 없는 재화를 계속적으로 공급하는 사업에 있어서는 재화공급기록표, 전기통신사업법에 의한 전기통신사업에 있어서는 용역공급기록표
(13) 외국인관광객에게 공급하는 관광알선용역	외화입금증명서(외화현금으로 받는 경우 관광알선수수료명세표 및 외화매입증명서)
(14) 외국인 전용 관광기념품 판매업자가 공급하는 관광기념품	외국인물품판매기록표
(15) 외국인 관광객 등에게 공급하는 숙박용역 및 음식용역	외국인 숙박 및 음식매출기록표
(16) 외국인전용판매장 등에서 공급하는 재화·용역 및 주한국제연합군 등 주둔지역 중 관광특구에서 공급하는 재화·용역	외국환은행이 발급하는 외화입금증명서 또는 외화매입증명서

구 분	첨부서류
⒄ 외교관 등에게 공급하는 재화·용역	외교관면세판매기록표
⒅ 차관자금에 의해 공급하는 재화·용역	① 첨부서류 : 외국환은행이 발급하는 외환입금증명서 또는 당해 시행청이 발급하는 차관사업증명서 ② 국세청장 지정서류 : 장기간에 걸친 차관사업인 경우 당해 차관사업을 착수한 최초 신고시에 차관사업증명서를 제출하고 그 이후의 신고기간에 있어서는 당해 신고기간의 공급실적을 영세율 규정의 외화획득명세서에 의하여 제출

2) 첨부서류를 제출한 것으로 보는 경우

① 개별소비세법에 의한 수출면세의 적용을 받기 위하여 영세율 적용시 첨부서류를 관할세무서장에게 제출한 경우에는 영세율 첨부서류제출명세서 제출로 영세율 첨부서류를 갈음할 수 있다.
② 소포수령증 및 영세율 적용시 첨부서류를 복사하여 저장한 정보처리시스템으로 처리된 전산매체를 영세율 첨부서류제출명세서와 함께 제출하는 경우에는 영세율 적용시 첨부서류를 제출한 것으로 본다.

3) 영세율 첨부서류 미제출의 경우

구 분	주요 내용
(1) 무신고 해당	영세율 적용시 첨부서류를 첨부하지 아니한 부분에 대하여는 예정신고, 확정신고, 영세율 등 조기환급신고로 보지 아니함
(2) 영세율 적용	영세율 적용대상임이 확인되는 때에는 영세율을 적용함
(3) 가산세	영세율 과세표준 신고불성실가산세(0.5%) 적용됨

(3) 세금계산서합계표의 제출

가. 사업자의 제출의무

사업자(간이과세자 포함)는 세금계산서 또는 수입세금계산서를 발급하였거나 발급받은 경우에는 다음의 사항을 기재한 매출처별세금계산서합계표와 매입처별세금계산서합계표를 해당 예정신고 또는 확정신고(예정고지의 경우에는 해당 과세기간의 확정신고)를 할 때 함께 제출하여야 한다. 다만, 전자세금계산서를 발급함에 따라 국세청장에게 세금계산서 발급명세를 전송한 경우에는 그러하지 아니하다(부법 §54 ①, ②).

① 공급하는 사업자 및 공급받는 자의 등록번호와 성명 또는 명칭

② 거래기간

③ 작성 연월일

④ 거래기간의 공급가액의 합계액 및 세액의 합계액

⑤ 거래처별 세금계산서 발급매수

나. 제출협력의무자

사업자 이외에 다음의 자는 부가가치세의 납세의무가 없는 경우에도 그 발급하였거나 발급받은 세금계산서에 대한 매출·매입처별세금계산서합계표를 제출하여야 한다.

① 수입세금계산서를 발급한 세관장

② 세금계산서를 발급받은 국가·지방자치단체 및 지방자치단체조합

③ 세금계산서를 발급받은 다음의 자

ㄱ 부가가치세가 면제되는 사업자 중 소득세 또는 법인세의 납세의무가 있는 자(조세특례제한법에 의하여 소득세 또는 법인세가 면제되는 자 포함)

ㄴ 민법 제32조에 따라 설립된 법인

ㄷ 특별법에 따라 설립된 법인

ㄹ 각급 학교 기성회, 후원회 또는 이와 유사한 단체

ㅁ 외국법인연락사무소

④ 공동매입 등에 대한 세금계산서 발급의 규정에 의하여 실지로 재화를 공급하거나 공급받는 자를 위하여 세금계산서를 발급받고 발급한 자

다. 제출시기

구 분		제출 시기
(1) 납세의무자	원칙	• 예정신고 또는 확정신고시 제출 • 예정고지의 경우 확정신고시 제출
	예정신고시 제출 못한 경우	확정신고시 제출
	영세율 등 조기환급	당해 영세율 등 조기환급신고서에 첨부하여 제출
(2) 협력의무자	세관장	예정신고 또는 확정신고기한 내에 제출
	국가 등	• 매입처별세금계산서합계표 • 과세기간종료 후 25일 이내 제출

라. 제출방법

① 서면제출

② 정보처리시스템으로 처리된 전산매체에 의한 제출

06 재화의 수입에 대한 신고납부

(1) 재화의 수입에 대한 신고납부

납세의무자가 재화의 수입에 대하여 「관세법」에 따라 관세를 세관장에게 신고하고 납부하는 경우에는 재화의 수입에 대한 부가가치세를 함께 신고하고 납부하여야 한다(부법 §50).

(2) 재화의 수입에 대한 부가가치세 납부유예

1) 요건

다음의 요건을 모두 갖춘 수출 중소기업 또는 중견기업 사업자가 자기의 과세사업에 사용하기 위한 재화의 수입에 대하여 부가가치세의 납부유예를 미리 신청하는 경우에는 해당 재화를 수입할 때 부가가치세의 납부를 유예할 수 있다(부법 §50의2, 부령 §91의2) (수출 중소기업 또는 중견기업의 자금 부담 완화를 위함)

① 직전 사업연도에 「조세특례제한법 시행령」 제2조에 따른 중소기업 또는 같은 영 제6조의4 제1항에 따른 중견기업에 해당하는 법인(「조세특례제한법」 제6조 제3항 제2호에 따른 제조업을 주된 사업으로 경영하는 기업에 한함)일 것

② 직전 사업연도에 영세율을 적용받은 재화의 공급가액의 합계액(이하 "수출액"이라함)이 다음에 해당할 것

 ㉠ 직전 사업연도에 중소기업인 경우 : 직전 사업연도에 공급한 재화 또는 용역의 공급가액의 합계액에서 수출액이 차지하는 비율이 30퍼센트 이상이거나 수출액이 50억 원 이상일 것

ⓛ 직전 사업연도에 중견기업인 경우 : 직전 사업연도에 공급한 재화 또는 용역의 공급가액의 합계액에서 수출액이 차지하는 비율이 30퍼센트 이상일 것

③ 납부유예 요청일 현재 다음 요건에 모두 해당할 것

    ㉠ 최근 3년간 계속하여 사업을 경영하였을 것

    ㉡ 최근 2년간 국세(관세 포함)를 체납(납부고지서에 따른 납부기한의 다음 날부터 15일 이내에 체납된 국세를 모두 납부한 경우는 제외)한 사실이 없을 것

    ㉢ 최근 2년간 조세범처벌법 또는 관세법 위반으로 처벌받은 사실이 없을 것

    ㉣ 최근 2년간 납부유예가 취소된 사실이 없을 것

④ 중소·중견사업자가 자기의 과세사업에 사용하기 위한 재화일 것

    → 중소기업은 2016년 7월 1일 이후 수입하는 분부터 적용되고, 중견기업은 2017년 4월 1일 이후 수입신고하는 분부터 적용됨

2) 납부유예 신청 및 적용방법

① 중소·중견사업자는 직전 사업연도에 대한 법인세 확정신고기한 또는 부가가치세 확정신고기한의 만료일 중 늦은 날부터 3개월 이내에 관할세무서장에게 납부유예요건의 충족 여부의 확인을 요청할 수 있다.

② 관할세무서장은 중소·중견사업자가 위 확인을 요청한 경우에는 그 요청일부터 1개월 이내에 확인서를 해당 중소·중견사업자에게 발급하여야 한다.

③ 중소·중견사업자는 발급받은 위 확인서를 첨부하여 부가가치세 납부유예 적용 신청서를 관할 세관장에게 제출하여야 한다.

④ 관할 세관장은 신청일부터 1개월 이내에 납부유예의 승인 여부를 결정하여 해당 중소사업자에게 통지하여야 한다.

⑤ 납부유예를 승인하는 경우 그 유예기간은 1년으로 한다.

3) 납부유예세액 정산

납부를 유예받은 중소·중견사업자는 납세지 관할세무서장에게 부가가치세 예정신고 또는 확정신고를 할 때 해당 재화에 대하여 공제하는 매입세액과 납부가 유예된 세액을 정산(해당 과세기간의 매입세액 - 납부유예세액)하여 납부하여야 한다.

일반과세자 부가가치세 [ ]예정 [ ]확정 [ ]기한후과세표준 신고서 [ ]영세율 등 조기환급

※ 뒤쪽의 작성방법을 읽고 작성하시기 바랍니다.

(4쪽 중 제1쪽)

관리번호						처리기간	즉시

신고기간	년 제 기 (월 일 ~ 월 일)						
사업자	상 호 (법인명)		성 명 (대표자명)		사업자등록번호		- -
	생년월일		전화번호		사업장	주소지	휴대전화
	사업장 주소			전자우편 주소			

① 신 고 내 용

구 분				금 액	세율	세 액
과세 표준 및 매출 세액	과세	세금계산서 발급분	(1)		10 / 100	
		매입자발행 세금계산서	(2)		10 / 100	
		신용카드·현금영수증 발행분	(3)		10 / 100	
		기타(정규영수증 외 매출분)	(4)		10 / 100	
	영세율	세금계산서 발급분	(5)		0 / 100	
		기 타	(6)		0 / 100	
	예정 신고 누락분		(7)			
	대손세액 가감		(8)			
	합계		(9)		㉮	
매입 세액	세금계산서 수 취 분	일 반 매 입	(10)			
		수출기업 수입분 납부유예	(10-1)			
		고정자산 매입	(11)			
	예정 신고 누락분		(12)			
	매입자발행 세금계산서		(13)			
	그 밖의 공제매입세액		(14)			
	합계 (10)-(10-1)+(11)+(12)+(13)+(14)		(15)			
	공제받지 못할 매입세액		(16)			
	차감계 (15)-(16)		(17)		㉯	
납부(환급)세액 (매출세액 ㉮ - 매입세액 ㉯)					㉰	
경감· 공제 세액	그 밖의 경감·공제세액		(18)			
	신용카드매출전표등 발행공제 등		(19)			
	합계		(20)		㉱	
소규모 개인사업자 부가가치세 감면세액			(20-1)		㉲	
예정 신고 미환급 세액			(21)		㉳	
예정 고지 세액			(22)		㉴	
사업양수자가 대리납부한 세액			(23)		㉵	
매입자 납부특례에 따라 납부한 세액			(24)		㉶	
신용카드업자가 대리납부한 세액			(25)		㉷	
가산세액 계			(26)		㉸	
차감·가감하여 납부할 세액(환급받을 세액)(㉰-㉱-㉲-㉳-㉴-㉵-㉶-㉷+㉸)				(27)		
총괄 납부 사업자가 납부할 세액 (환급받을 세액)						

② 국세환급금 계좌신고	거래은행	은행	지점	계좌번호	
③ 폐업 신고	폐업일		폐업 사유		
④ 영세율 상호주의	여[ ] 부[ ]	적용구분		업종	해당 국가

⑤ 과세표준 명세					「부가가치세법」 제48조·제49조 또는 제59조와 「국세기본법」 제45조의3에 따라 위의 내용을 신고하며, 위 내용을 충분히 검토하였고 신고인이 알고 있는 사실 그대로를 정확하게 적었음을 확인합니다.
업 태	종목	생산요소	업종 코드	금 액	
(28)					년 월 일
(29)					신고인 : (서명 또는 인)
(30)					세무대리인은 조세전문자격자로서 위 신고서를 성실하고 공정하게 작성하였음을 확인합니다.
(31)수입금액 제외					세무대리인 : (서명 또는 인)
(32)합 계					세무서장 귀하
					첨부서류 뒤쪽 참조

세무대리인	성 명		사업자등록번호		전화번호		생년월일	

210mm×297mm[백상지(80g/㎡) 또는 중질지(80g/㎡)]

신고인 제출서류	1. 매출처별 세금계산서합계표 3. 매입자발행 세금계산서합계표 5. 대손세액 공제신고서 7. 매출처별 계산서합계표 9. 신용카드매출전표등 수령명세서 11. 부동산임대공급가액명세서 13. 현금매출명세서 14. 주사업장 총괄 납부를 하는 경우 사업장별 부가가치세 과세표준 및 납부세액(환급세액) 신고명세서 15. 사업자 단위 과세를 적용받는 사업자의 경우에는 사업자 단위 과세의 사업장별 부가가치세 과세표준 및 납부세 　　액(환급세액) 신고명세서 16. 건물 등 감가상각자산 취득명세서　　　17. 의제매입세액 공제신고서 18. 그 밖에 필요한 증명서류　　　　　2. 매입처별 세금계산서합계표 4. 영세율 첨부서류 6. 매입세액 불공제분 계산근거 8. 매입처별 계산서합계표 10. 전자화폐결제명세서(전산작성분 첨부 가능) 12. 건물관리명세서(주거용 건물관리의 경우는 제외합니다)	수수료 없음
담당 공무원 확인사항	사업자등록증(사업을 폐업하고 확정신고하는 사업자의 경우에는 해당 서류를 제출하게 하고 이를 확인)	

행정정보 공동이용 동의서

본인은 이 건 업무처리와 관련하여 담당 공무원이 「전자정부법」 제36조 제1항에 따른 행정정보의 공동이용을 통하여 위의 담당 공무원 확인 사항을 확인하는 것에 동의합니다. 동의하지 않는 경우에는 신고인이 직접 관련 서류를 제출해야 합니다.

신고인　　　　　　　　　　　　　　　　　　　(서명 또는 인)

작 성 방 법

※ 이 신고서는 한글과 아라비아 숫자로 적고, 금액은 원 단위까지 표시합니다.

▨ 표시란은 사업자가 적지 않습니다.

① 신고내용란

(1) ~ (4): 해당 신고대상기간에 부가가치세가 과세되는 사업실적 중 세금계산서 발급분은 (1)란에, 매입자로부터 받은 매입자발행 세금계산서의 금액과 세액은 (2)란에, 신용카드매출전표등 발행분과 전자화폐수취분은 (3)란에, 세금계산서 발급의무가 없는 부분 등 그 밖의 매출은 (4)란에 적습니다(금액에 세율을 곱하여 세액란에 적습니다).

(5) · (6): 해당 신고대상기간에 영세율이 적용되는 사업실적 중 세금계산서 발급분은 (5)란에, 세금계산서 발급의무가 없는 부분은 (6)란에 적습니다.

(7): 예정신고를 할 때 누락된 금액을 확정신고할 때 신고하는 경우에 적으며, 4쪽 중 제3쪽 (37)합계란의 금액과 세액을 적습니다.

(8): 부가가치세가 과세되는 재화 또는 용역의 공급에 대한 외상매출금 등이 대손되어 대손세액을 공제받는 사업자가 적으며, 대손세액을 공제받는 경우에는 대손세액을 차감표시(△)하여 적고, 대손금액의 전부 또는 일부를 회수하여 회수금액에 관련된 대손세액을 납부하는 경우에는 해당 납부 세액을 적습니다.

(10) · (10-1) · (11): 발급받은 세금계산서상의 공급가액 및 세액을 고정자산 매입분(11)과 그 외의 매입분(10)으로 구분 집계하여 각각의 난에 적고, 「부가가치세법 시행령」 제91조의2제8항에 따라 재화의 수입에 대한 부가가치세 납부유예를 승인받아 납부유예된 세액을 (10-1)란에 적습니다.

(12): 예정신고를 하였을 때 누락된 금액을 확정신고하는 경우에 적으며, 4쪽 중 제3쪽 (40)합계란의 금액과 세액을 적습니다.

(13): 매입자가 관할 세무서장으로부터 거래사실확인 통지를 받고 발행한 매입자발행 세금계산서의 금액과 세액을 적습니다.

(14): 발급받은 신용카드매출전표등의 매입세액, 면세농산물등 의제매입세액, 2019 광주 세계수영선수권대회 관련 사업자에 대한 의제매입세액, 재활용폐자원 등에 대한 매입세액, 재고매입세액, 변제대손세액, 외국인 관광객 숙박용역에 대한 환급세액 또는 외국인 관광객 미용성형 의료용역에 대한 환급세액이 있는 사업자가 적으며, 4쪽 중 제3쪽 (49)합계란의 금액과 세액을 적습니다.

(16): 발급받은 세금계산서의 매입세액 중 공제받지 못할 매입세액, 과세사업과 면세사업등에 공통으로 사용된 공통매입세액 중 면세사업등과 관련된 매입세액 또는 대손처분받은 세액이 있는 사업자가 적으며, 4쪽 중 제3쪽 (53)합계란의 금액 및 세액을 적습니다.

(18): 택시운송사업자 경감세액 등[4쪽 중 제3쪽 (60)합계란의 금액)]을 적습니다.

(19): 개인사업자(직전 연도의 과세공급가액이 10억원을 초과하는 사업자는 제외)로서 소매업자, 음식점업자, 숙박업자 등 「부가가치세법 시행령」 제73조 제1항 및 제2항에 따른 사업자가 신용카드 및 전자화폐에 의한 매출이 있는 경우에 적으며, 금액란에는 신용카드매출전표 발행금액 등과 전자화폐 수취금액을, 세액란에는 그 금액의 13/1,000에 해당하는 금액(연간 500만원, 2023년까지는 연간 1,000만원을 한도로 합니다)을 적습니다.

(20-1) 「조세특례제한법」 제108조의4에 따른 소규모 개인사업자 부가가치세 감면세액을 적습니다.

(21): 예정신고를 할 때 일반환급세액이 있는 것으로 신고한 경우 그 환급세액을 적습니다.

(22): 해당 과세기간 중에 예정고지된 세액이 있는 경우 그 예정고지세액을 적습니다.

(23): 「부가가치세법 시행령」 제95조 제5항에 따라 사업양수자가 국고에 납입한 부가가치세액을 적습니다.

(24): 「조세특례제한법 시행령」 제106조의 9 제5항 및 제106조의 13 제4항에 따른 부가가치세 관리기관이 국고에 직접 입금한 부가가치세액을 적습니다.

(25): 「조세특례제한법」 제106조의 10 제1항에 따라 신용카드업자가 국고에 납입한 부가가치세액을 적습니다.

(26): 신고한 내용에 가산세가 적용되는 경우가 있는 사업자만 적으며, 4쪽 중 제3쪽 (79)합계란의 세액을 적습니다.

② 국세환급금계좌신고란

(27)란에 "환급받을 세액"이 발생한 사업자만 적습니다.

③ 폐업신고란

사업을 폐업하고 확정신고하는 사업자만 적습니다.

④ 영세율 상호주의란

「부가가치세법」 제25조 또는 같은 법 시행령 제33조제2항제1호 단서 및 제2호에 따라 영세율에 대한 상호주의가 적용되어 (5) · (6)란에 영세율 과세표준 금액이 존재하는 사업자가 적습니다. 적용구분란에는 부가가치세법령상 근거조항(예: 법 제21조, 법 제22조, 법 제23조, 법 제24조 제1항 제1호, 법 제24조 제1항 제2호, 영 제33조 제2항 제1호 단서, 영 제33조 제2항 제2호)을 적고, 업종란에는 부가가치세 영세율이 적용되는 재화·용역 또는 그 업종을 적습니다.

⑤ 과세표준명세란

(28) ~ (32): 과세표준 합계액(9)을 업태, 종목, 생산요소별로 적되, 생산요소는 임의적 기재사항으로 2015. 1. 1. 이후 신고분부터 적습니다. (31) 수입금액 제외란은 고정자산매각[「소득세법」 제19조 제1항 제20호에 따른 사업용 유형고정자산(같은 법 시행령 제62조 제2항 제1호 가목은 제외합니다)의 매각금액은 (28)~(30) 해당란에 기재], 직매장공급 등 소득세수입금액에서 제외되는 금액을 적고, (32)란의 합계액이 (9)란의 금액과 일치해야 합니다.

210mm×297mm[백상지 (80g/㎡) 또는 중질지(80g/㎡)]

※ 이 쪽은 해당 사항이 있는 사업자만 사용합니다.
※ 뒤쪽의 작성방법을 읽고 작성하시기 바랍니다.

사업자등록번호 ☐☐☐ - ☐☐ - ☐☐☐☐☐ *사업자등록번호는 반드시 적으시기 바랍니다.

예정신고 누락분 명세		구 분			금 액	세율	세 액
(7)매출	과세	세 금 계 산 서	(33)			10 / 100	
		기 타	(34)			10 / 100	
	영세율	세 금 계 산 서	(35)			0 / 100	
		기 타	(36)			0 / 100	
		합 계	(37)				
(12)매입		세 금 계 산 서	(38)				
		그 밖의 공제매입세액	(39)				
		합 계	(40)				

(14) 그 밖의 공제 매입세액 명세	구 분			금 액	세율	세 액
	신용카드매출전표등 수령명세서 제출분	일반매입	(41)			
		고정자산매입	(42)			
	의 제 매 입 세 액		(43)		뒤쪽 참조	
	재활용폐자원등 매입세액		(44)		뒤쪽 참조	
	과세사업전환 매입세액		(45)			
	재 고 매 입 세 액		(46)			
	변 제 대 손 세 액		(47)			
	외국인 관광객에 대한 환급세액		(48)			
	합 계		(49)			

(16) 공제받지 못할 매입세액 명세	구 분		금 액	세율	세 액
	공제받지 못할 매입세액	(50)			
	공통매입세액 중 면세사업등 해당 세액	(51)			
	대 손 처 분 받 은 세 액	(52)			
	합 계	(53)			

(18) 그 밖의 경감·공제 세액 명세	구 분		금 액	세율	세 액
	전 자 신 고 세 액 공 제	(54)			
	전자세금계산서 발급세액 공제	(55)			
	택시운송사업자 경감세액	(56)			
	대리납부 세액공제	(57)			
	현금영수증사업자 세액공제	(58)			
	기 타	(59)			
	합 계	(60)			

(26) 가산세액 명세	구 분			금 액	세 율	세 액
	사 업 자 미 등 록 등		(61)		1 / 100	
	세 금 계 산 서	지연발급 등	(62)		1 / 100	
		지연수취	(63)		5 / 1,000	
		미발급 등	(64)		뒤쪽 참조	
	전자세금계산서 발급명세 전송	지연전송	(65)		3 / 1,000	
		미전송	(66)		5 / 1,000	
	세금계산서 합계표	제출 불성실	(67)		5 / 1,000	
		지연제출	(68)		3 / 1,000	
	신고 불성실	무신고(일반)	(69)		뒤쪽참조	
		무신고(부당)	(70)		뒤쪽참조	
		과소·초과환급신고(일반)	(71)		뒤쪽참조	
		과소·초과환급신고(부당)	(72)		뒤쪽참조	
	납부지연		(73)		뒤쪽참조	
	영세율 과세표준신고 불성실		(74)		5 / 1,000	
	현금매출명세서 불성실		(75)		1 / 100	
	부동산임대공급가액명세서 불성실		(76)		1 / 100	
	매입자 납부특례	거래계좌 미사용	(77)		뒤쪽참조	
		거래계좌 지연입금	(78)		뒤쪽참조	
	신용카드매출전표 등 수령명세서 미제출·과다기재		(79)		5 / 1,000	
	합 계		(80)			

면세사업 수입금액		업태	종목	코드번호	금액
	(81)				
	(82)				
	(83)	수입금액 제외		(84) 합계	

계산서 발급 및 수취 명세	(85) 계산서 발급금액	
	(86) 계산서 수취금액	

210mm×297mm[백상지(80g/㎡) 또는 중질지(80g/㎡)]

작성방법

---

(7), (12) 예정신고 누락분 명세란

(33) ~ (36), (38)·(39): 4쪽 중 제1쪽 (7)란, (12)란의 예정신고 누락분을 합계하여 적은 경우 그 예정신고 누락분의 명세를 적습니다. 다만, 매입자발행 세금계산서는 세금계산서란에 포함하여 적습니다.

(14) 그 밖의 공제매입세액 명세란

(41)·(42): 사업과 관련한 재화나 용역을 공급받고 발급받은 신용카드매출전표 등을 신용카드매출전표등 수령명세서에 작성하여 제출함으로써 매입세액을 공제하는 경우에 일반매입과 고정자산매입을 구분하여 적습니다.

(43): 면세농산물등을 원재료로 제조·가공한 재화 또는 용역이 과세되어 의제매입세액을 공제받는 사업자는 금액란에는 「부가가치세법 시행규칙」 별지 제15호 서식의 면세농산물등의 매입가액을, 세액란에는 공제할 세액을 적고, 「조세특례제한법」 제104조의 28 제5항에 따라 매입세액을 공제받는 사업자는 금액란에는 「조세특례제한법 시행규칙」 별지 제64호의 24 서식의 매입가액을, 세액란에는 공제할 세액을 적고, 「조세특례제한법」 제104조의 29 제1항에 따라 매입세액을 공제받는 사업자는 금액란에는 「조세특례제한법 시행규칙」 별지 제64호의25서식의 매입가액을, 세액란에는 공제할 세액을 적습니다.

(44): 재활용폐자원 등에 대한 매입세액을 공제받는 사업자가 적고, 금액란에는 재활용폐자원 등의 취득가액을, 세액란에는 「조세특례제한법 시행규칙」 별지 제69호서식(1) 재활용폐자원 및 중고자동차 매입세액공제신고서(갑)의 공제할 세액을 적습니다.

(45): 면세사업에 사용하는 감가상각자산을 과세사업에 사용하거나 소비하는 경우 취득 시 공제하지 않은 매입세액을 공제받는 경우에 적습니다.

(46): 간이과세자에서 일반과세자로 변경된 사업자가 그 변경되는 날 현재의 재고품등에 대하여 매입세액을 공제받는 경우에 적습니다.

(47): 공급받은 재화나 용역에 대한 외상매입금, 그 밖에 매입채무가 대손확정되어 매입세액을 불공제받은 후 대손금액의 전부 또는 일부를 변제한 경우 변제한 대손금액에 관련된 대손세액을 적습니다.

(48): 「조세특례제한법 시행령」 제109조의 2 제6항에 따른 특례적용관광호텔 사업자 또는 같은 영 제109조의 3 제8항에 따른 특례적용외료기관 사업자가 공제받을 부가가치세액을 적습니다.

(16) 공제받지 못할 매입세액 명세란

(50): 발급받은 세금계산서 중 매입세액을 공제받지 못할 세금계산서의 공급가액, 세액의 합계액을 적습니다.

(51): 부가가치세 과세사업과 면세사업등에 공통으로 사용하는 공통매입세액 중 면세사업등에 해당하는 부분을 안분(按分)하여 계산한 공급가액과 세액을 적습니다.

(52): 부가가치세가 과세되는 재화 또는 용역을 공급받고 매입세액을 공제받은 외상매입금 그 밖에 매입채무가 폐업 전에 대손이 확정되어 거래상대방이 대손세액을 공제받은 경우 관련 대손처분을 받은 세액을 적습니다.

(18) 그 밖의 경감·공제세액 명세란

(54): 「조세특례제한법」 제104조의 8 제2항에 따른 전자신고 세액공제 금액(10,000원)을 확정신고할 때 적습니다.

(55): 직전연도의 사업장별 재화 및 용역의 공급가액(부가가치세 면세공급가액을 포함)의 합계액이 3억원 미만인 개인사업자가 전자세금계산서를 발급하고 발급명세를 국세청에 전송한 경우 공제세액(발급건당 200원씩 연간 100만원 한도)을 적습니다.

(56): 일반택시운송사업자만 적고, 4쪽 중 제1쪽 ㉔란에 적은 납부세액의 99/100에 해당하는 금액을 적습니다.

(57): 「조세특례제한법」 제106조의 10 제4항에 따른 부가가치세 대리납부세액 공제금액을 적습니다.

(58): 「조세특례제한법」 제126조의 3에 따른 현금영수증사업자에 대한 부가가치세 공제액을 적습니다.

(26) 가산세액 명세란

(61): 사업자등록을 하지 않거나 타인의 명의로 등록한 경우 또는 타인 명의의 사업자등록을 이용한 경우 그 공급가액과 세액을 적습니다.

(62): 세금계산서 발급시기를 경과하여 발급하거나 세금계산서의 필요적 기재사항의 전부 또는 일부가 착오 또는 과실로 적혀 있지 않거나 사실과 다른 경우 그 공급가액과 세액을 적습니다.

(63): 재화 또는 용역의 공급시기 이후에 발급받은 세금계산서로서 해당 공급시기가 속하는 과세기간의 확정 신고기한까지 발급받아 매입세액공제를 받은 경우 그 공급가액과 세액을 적습니다.

(64): 세금계산서를 발급하지 않거나 재화 또는 용역의 공급 없이 세금계산서등을 발급 및 수취하거나 실제로 재화 또는 용역을 공급하는 자 및 공급받는 자가 아닌 자의 명의로 세금계산서 등을 발급 및 수취하거나 재화 또는 용역의 공급가액을 과다하게 기재하여 세금계산서 등을 발급 및 수취한 경우 그 공급가액과 세액을 적습니다.
　- 세금계산서를 발급하지 않은 경우 : 공급가액의 2%,
　- 재화 또는 용역의 공급 없이 세금계산서등을 발급 및 수취한 경우 : 세금계산서등에 적힌 금액의 3%,
　- 실제로 재화 또는 용역을 공급하는 자 및 공급받는 자가 아닌 자의 명의로 세금계산서 등을 발급 및 수취하거나 재화 또는 용역의 공급가액을 과다하게 기재하여 세금계산서 등을 발급 및 수취한 경우 : 공급가액의 2%

(65): 전자세금계산서 발급 의무 사업자가 전자세금계산서 발급일의 다음 날이 경과한 후 재화 또는 용역의 공급시기가 속하는 과세기간에 대한 확정신고기한까지 세금계산서 발급명세를 전송한 경우 그 공급가액과 세액을 적습니다.

(66): 전자세금계산서 발급 의무 사업자가 전자세금계산서 발급일의 다음 날이 경과한 후 재화 또는 용역의 공급시기가 속하는 과세기간에 대한 확정신고기한까지 세금계산서 발급명세를 전송하지 않은 경우 그 공급가액과 세액을 적습니다.

(67): 「부가가치세법」 제60조 제6항 및 제7항에 해당하는 경우(매출·매입별 세금계산서합계표를 미제출·부실기재 등) 그 공급가액과 세액을 적습니다. 다만, 「부가가치세법」 제60조 제6항 제3호에 해당하는 경우는 (68)번에 적습니다.

(68): 매출처별 세금계산서합계표를 각 예정신고와 함께 제출하지 않고 해당 예정신고기간이 속하는 과세기간의 확정신고와 함께 제출하는 경우 그 공급가액과 세액을 적습니다.

(69)·(70): 「국세기본법」 제47조의2에 따라 법정신고기한까지 신고하지 않은 납부세액과 그 가산세액을 적습니다.
　- 부정행위에 따른 부당 무신고가산세: 납부세액의 40%,　- 그 외 일반 무신고가산세: 납부세액의 20%
　※ 법정신고기한이 지난 후 1개월 이내에 기한 후 신고한 경우 가산세액의 50%, 1개월 초과 3개월 이내 30%, 3개월 초과 6개월 이내 20% 감면

(71)·(72): 「국세기본법」 제47조의3에 따라 과소신고한 납부세액 또는 초과신고한 환급세액과 그 가산세액을 적습니다.
　- 부정행위에 따른 부당 과소·초과환급신고 가산세: 납부세액의 40%,　- 그 외 일반 과소·초과환급신고 가산세　납부세액의 10%
　※ 법정신고기한이 지난 후 1개월 이내에 수정신고한 경우 가산세액의 90%, 1개월 초과 3개월 이내 75%, 3개월 초과 6개월 이내 50%, 6개월 초과 1년이내 30%, 1년 초과 1년 6개월 이내 20%, 1년 6개월 초과 2년 이내 10% 감면

(73): 「국세기본법」 제47조의4에 따라 납부하지 않거나 미달하게 납부한 세액 및 환급신고해야 할 환급세액을 초과한 환급세액과 그 가산세액을 적으며, 가산세는 $\frac{22 \times (경과일수)}{100,000}$ 입니다.
　※ 경과일수는 당초 납부기한의 다음 날부터 납부일까지 또는 환급받은 날의 다음 날부터 납부일까지의 기간의 일수를 말합니다.

(74): 영세율이 적용되는 과세표준을 신고하지 않거나 미달하게 신고한 경우 그 공급가액과 세액을 적습니다.

(75): 현금매출 명세서를 제출해야 할 사업자가 그 명세서를 제출하지 않거나 사실과 다르게 적은 경우 그 공급가액과 세액을 적습니다.

(76): 부동산임대공급가액명세서를 제출해야 할 사업자가 그 명세서를 제출하지 않거나 사실과 다르게 적은 경우 그 공급가액과 세액을 적습니다.

(77): 「조세특례제한법」 제106조의4제7항 및 제106조의9제6항에 따라 금거래계좌 및 스크랩등거래계좌를 사용하지 않고 결제받은 경우 그 가산세액을 적으며, 가산세는 제품가액의 100분의 10에 해당하는 금액입니다.

(78): 「조세특례제한법」 제106조의4제8항 및 제106조의9제7항에 따라 거래시기에 부가가치세액을 거래계좌에 입금하지 않은 경우 공급일(공급일이 세금계산서 발급일보다 빠른 경우 세금계산서 발급일)의 다음 날부터 부가가치세 입금일까지 기간에 대한 가산세를 적으며, 가산세액은 지연입금액 × $\frac{22 \times (경과일수)}{100,000}$ 입니다.

(79): 「부가가치세법」 제60조 제5항에 따라 신용카드매출전표등 수령명세서를 제출하지 않았거나 금액을 과다하게 기재한 경우 그 공급가액과 세액을 적습니다.

면세사업 수입금액란, 계산서 발급 및 수취 명세란

(81)·(82): 부가가치세가 면제되는 사업의 수입금액을 업태, 종목별로 구분하여 적습니다.

(83): 수입금액 제외란은 고정자산 매각 등 종합소득세 수입금액에서 제외되는 금액[「소득세법」 제19조 제1항 제20호에 따른 사업용 유형고정자산(같은 법 시행령 제62조 제2항 제1호 가목은 제외합니다)의 매각액은 (79)~(80) 해당란에 기재]을 적습니다.

(84): 수입금액 합계액을 적습니다.

(85): 부가가치세가 과세되지 않은 재화 또는 용역을 공급하고 발급한 계산서의 합계액을 적습니다.

(86): 거래상대방으로부터 발급받은 계산서의 합계액을 적습니다.

210mm×297mm[백상지 (80g/㎡) 또는 중질지(80g/㎡)]

제3절 | 수정신고와 경정청구 및 기한후신고

01 수정신고

(1) 의의

'수정신고'란 납세의무자가 과세표준과 세액을 신고한 후 그 신고한 과세표준 및 세액이 과소한 경우 또는 신고내용에 누락·오류가 있는 것을 발견한 때에 납세의무자 스스로 이를 정정하는 신고를 말한다.

수정신고는 납세의무자에게 자기보정의 기회와 가산세의 감면을 받을 수 있는 기회를 부여하고, 과세관청의 조세행정력 절감을 도모하고자 하는 데 그 취지가 있다.

(2) 수정신고의 내용

구 분	수정신고의 내용
(1) 수정신고자	당초에 부가가치세신고서를 법정신고기한 내에 제출한 사업자
(2) 수정신고사유	당초 신고시 다음의 오류·누락사항이 있어서 과소신고를 한 경우 ① 부가가치세신고서에 기재된 과세표준 및 납부세액이 세법에 의하여 신고하여야 할 과세표준 및 세액에 미달하는 때 ② 부가가치세신고서에 기재된 환급세액이 세법에 의하여 신고하여야 할 환급세액을 초과하는 때
(3) 수정신고기한	부가가치세의 과세표준과 세액을 결정 또는 경정하여 통지하기 전으로서 국세 부과제척기간이 끝나기 전까지
(4) 수정신고절차	① 당초 신고한 부가가치세신고서와 부가가치세수정신고서를 납세지 관할세무서장에게 제출하여야 함 → 수정할 첨부서류가 있는 경우에는 수정한 서류를 첨부하여야 함 ② 수정신고에 의하여 추가로 납부할 세액과 가산세를 수정신고와 동시에 추가로 자진납부하여야 함

02 경정 등의 청구

(1) 의의

'경정 등의 청구'란 납세의무자가 이미 신고·결정·경정된 과세표준 및 세액 등이 과대하거나 결손금액 또는 환급세액이 과소한 경우에 과세관청으로 하여금 이를 정정하여 결정 또는 경정하도록 촉구하는 것을 말한다.

경정 등의 청구는 납세의무자가 과세권자에게 당초 과대하게 신고한 과세표준과 세액을 변경·시정을 청구할 수 있도록 함으로써 납세의무자의 권리를 사후적으로 구제하고자 하는 데 그 취지가 있다.

(2) 경정 등 청구의 내용

구 분	경정 등 청구의 내용
(1) 청구자 적격	① 당초에 부가가치세신고서를 법정신고기한 내에 제출한 사업자 ② 부가가치세의 과세표준 및 세액의 결정을 받은 자 　→ 일반적 사유에 의한 경정 등 청구는 ①에 해당하는 자만 할 수 있음
(2) 청구사유	㈎ 일반적 경정청구 사유 　① 부가가치세신고서에 기재된 과세표준과 납부세액이 신고하여야 할 금액을 초과하는 때 　② 부가가치세신고서에 기재된 환급세액이 신고하여야 할 환급세액에 미달하는 때 ㈏ 후발적 경정청구 사유 　① 최초 신고·결정 또는 경정에 있어서 과세표준 및 세액의 계산근거가 된 거래 또는 행위 등이 그에 관한 소송에 대한 판결(판결과 동일한 효력을 가지는 화해 기타 행위 포함)에 따라 다른 것으로 확정된 때 　② 부가가치세 과세거래의 귀속을 제3자에게로 변경시키는 결정 또는 경정이 있는 때 　③ 조세조약의 규정에 따른 상호합의가 최초의 신고·결정 또는 경정의 내용과 다르게 이루어진 때 　④ 결정 또는 경정으로 인하여 해당 결정 또는 경정의 대상이 되는 과세기간 외의 과세기간에 대하여 최초에 신고한 부가가치세의 과세표준과 세액이 신고하여야 할 과세표준 및 세액을 초과하는 때 　⑤ 위 ①~④와 유사한 일정한 사유가 부가가치세의 법정신고기한 경과 후에 발생하는 때

구 분	경정 등 청구의 내용
(3) 청구기한	① 일반적 경정청구 : 법정신고기한 경과 후 5년 이내 　→ 경정이 있는 경우에는 이의신청·심사청구 또는 심판청구기간(90일) 　→ 2015.1.1. 이후 경정청구하는 분부터 3년 이내에서 5년 이내로 바뀌어서 　　적용됨(2015.1.1. 전에 경정청구기간 3년 도과 시에는 종전 규정 적용됨 　　에 유의) ② 후발적 사유에 의한 경정 등 청구 : 그 사유가 발생한 것을 안 날부터 3월 　이내[130)
(4) 청구절차	다음의 사항을 기재한 결정 또는 경정청구서를 납세지 관할세무서장에게 제출 (국세정보통신망에 의한 제출 포함)하여야 함 ① 청구인의 성명과 주소 ② 결정 또는 경정 전의 과세표준 및 세액 ③ 결정 또는 경정 후의 과세표준 및 세액 ④ 결정 또는 경정의 청구를 하는 이유 ⑤ 기타 필요한 사항
(5) 청구의 효력	결정 또는 경정의 청구를 받은 세무서장은 그 청구를 받은 날부터 2월 이내에 다음 사항의 처분을 하여야 함 ① 과세표준 및 세액을 결정 또는 경정하거나, ② 결정 또는 경정하여야 할 이유가 없다는 뜻의 통지

03 기한후신고

(1) 의의

'**기한후신고**'란 법정신고기한 내에 과세표준신고서를 제출하지 아니한 자로서 세법에 의하여 납부하여야 할 세액(가산세 제외)이 있는 자는 관할세무서장이 세법에 의하여 당해 국세의 과세표준과 세액을 경정하여 통지하기 전까지 기한후과세표준신고서를 제출하는 것을 말한다(기법 §45의3 ①).

기한후신고는 당초 신고의무를 이행하지 않은 납세의무자로 하여금 관할세무서장이 결정하여 통지하기 전에 과세표준과 세액을 신고납부함으로써 납부불성실가산세의 부담을 줄여주고, 과세행정력의 절감을 도모하고자 하는 데 그 취지가 있다.

---

130) 2016.1.1. 이후 결정 또는 경정을 청구하는 분부터 적용하고, 2016.1.1. 전 청구기간이 경과한 분에 대해서는 2개월이 적용됨.

(2) 기한후신고의 내용

구 분	기한후신고의 내용
(1) 기한후신고자	당초에 부가가치세신고서를 법정신고기한 내에 제출하지 아니한 사업자
(2) 기한후신고기한	부가가치세의 과세표준과 세액을 결정 또는 경정하여 통지하기 전으로서 국세부과제척기간이 끝나기 전까지
(3) 기한후신고절차	① 기한후 부가가치세신고서를 관할세무서장에게 제출하여야 함 ② 기한후 부가가치세 신고에 따른 납부세액과 가산세를 기한후 부가가치세신고서의 제출과 동시에 납부하여야 함
(4) 과세표준과 세액의 결정	관할세무서장은 부가가치세의 과세표준과 세액을 결정하여야 함 → 기한후신고에 의해서는 부가가치세가 확정되지 않으며, 반드시 관할세무서장의 결정이 있어야만 확정이 됨

참고 ●

수정신고와 경정청구 및 기한후신고 요약

구 분	수정신고	경정 등 청구		기한후신고
		일반적 사유	후발적 사유	
(1) 신고자·청구자	법정신고기한 내에 신고한 자	법정신고기한 내에 신고한 자	① 법정신고기한 내에 신고한 자 ② 과세표준과 세액의 결정을 받은 자	법정신고기한 내에 신고서 제출하지 아니한 자
(2) 신고·청구사유	당초 과소신고	당초 과대신고	후발적사유로 당초 신고 등이 과대한 것으로 되는 경우	납부할 세액이 있는 경우
(3) 신고·청구기한	결정·경정하여 통지하기 전까지	법정신고기한 후 5년 이내	후발적사유 발생 안날부터 3월 이내	결정하여 통지하기 전까지
(4) 신고·청구효력	확정력 인정됨	• 감액확정력 없음 • 정부가 2월 이내 감액결정·경정하거나 해당 없음을 통지할 의무 발생		• 확정력 없음 • 정부가 결정함
(5) 가산세 감면	• 1개월 이내 : 90% • 1개월 ~3개월 이내 : 75% • 3개월~6개월 이내 : 50%	해당사항 없음		• 1개월 이내 : 50% • 1개월~3개월 이내 : 30% • 3개월~6개월 이내 : 20% 감면

구 분	수정신고	경정 등 청구		기한후신고
		일반적 사유	후발적 사유	

	• 6개월~1년
	  : 30%
	• 1년~1년 6개월
	  : 20%
	• 1년 6개월~2년
	  : 10% 감면			

제4절 부가가치세 매입자납부 특례

 01 의의

　'**부가가치세 매입자납부 특례**'라 함은 사업자가 금관련 제품 또는 구리 스크랩, 철스크랩 등을 다른 사업자에게 공급한 때에는 부가가치세를 그 공급을 받는 자로부터 거래징수하지 아니하고, 사업자가 금관련 제품 또는 구리 스크랩, 철스크랩 등을 다른 사업자로부터 공급받은 때에는 금거래계좌 또는 구리 스크랩, 철스크랩 등 거래계좌를 사용하여 지정금융기관에게 입금하는 방식으로 부가가치세를 납부하는 것을 말한다.

📈 **실무** ●

구리 스크랩 등의 범위

① 관세·통계통합품목분류표(HS코드) 중 구리의 웨이스트 및 스크랩과 잉곳 또는 이와 유사한 재용해 구리의 웨이스트와 스크랩으로부터 제조된 괴상의 주조물
② 구리가 포함된 합금의 웨이스트 및 스크랩으로서 구리함유량이 40% 이상인 물품
③ 비철금속류 (알루미늄, 납, 아연, 주석, 니켈 등) - 2024.7.1. 이후 공급하거나 공급받는 분 또는 수입신고하는 분부터 적용

---

02 금거래계좌 개설 등의 의무

(1) 금거래계좌개설의무자

　다음 중 어느 하나에 해당하는 금관련 제품을 공급하거나 공급받으려는 사업자 또는 수입하려는 사업자는 금거래계좌를 개설하여야 한다(조특법 §106의4 ①).
　① **금지금** : 금괴(덩어리)·골드바 등 원재료 상태로서 순도 99.5% 이상인 금
　② 소비자가 구입한 사실이 있는 반지 등 제품상태인 것으로서 순도 58.5% 이상인 금 (14k 이상인 금)

구리 스크랩 등의 범위

① 관세·통계통합품목분류표(HS코드) 중 구리의 웨이스트 및 스크랩과 잉곳 또는 이
와 유사한 재용해 구리의 웨이스트와 스크랩으로부터 제조된 괴상의 주조물
② 구리가 포함된 합금의 웨이스트 및 스크랩으로서 구리함유량이 40% 이상인 물품

(2) 금거래계좌

금거래계좌는 다음의 요건을 모두 갖춘 계좌이어야 하며, 사업자는 사업장별로 둘 이상
의 금거래계좌를 개설할 수 있고, 1개의 전용 거래계좌를 둘 이상의 사업장에 대한 거래계
좌로 사용할 수 있다.

① 국세청장이 지정한 금융기관에 개설한 계좌일 것
② 개설되는 계좌의 명의인 표시에 사업자의 상호가 함께 기재될 것(상호가 있는 경우에 한함)
③ 개설되는 계좌의 표지에 "금거래계좌"라는 문구가 표시될 것

(3) 사업용계좌 사용 의제

금거래계좌를 이용하여 대금결제한 경우 사업용계좌를 사용한 것으로 본다.

03 금관련 제품의 공급 또는 매입 등의 과세특례

구 분	주요 내용
(1) 공급자	① 금사업자가 금관련 제품을 다른 금사업자에게 공급한 때에는 부가가치세를 그 공급을 받는 자로부터 징수하지 아니함(조특법 §106의4 ②) ② 공급받은 자가 입금한 부가가치세액은 금관련 제품을 공급한 금사업자가 납부하여야 할 세액에서 공제하거나 환급받을 세액에 가산함(조특법 §106의4 ⑨)
(2) 매입자	① 금사업자가 금관련 제품을 다른 금사업자로부터 공급받은 때 • 금관련 제품의 가액 : 공급한 사업자에게 입금 • 그에 대한 부가가치세 : 금거래계좌에 입금(조특법 §106의4 ③ 본문) ② 기업구매자금대출, 환어음·판매대금추심의뢰서, 기업구매전용카드, 외상매출채권담보대출제도, 구매론제도, 네트워크론제도, 전자채권을 이용하여 금관련 제품의 가액을 결제하거나 외국환은행을 통해 외화로 결제하는 경우 : 부가가치세액만 입금할 수 있음(조특법 §106의4 ③ 단서)

구 분	주요 내용
(3) 수입자	금관련 제품 수입에 대한 부가가치세는 금거래계좌를 사용하여 수입자가 금지금을 별도로 수입신고하고 그 금지금에 대한 부가가치세를 금거래계좌에 입금하는 방법에 의해 납부할 수 있음(조특법 §106의4 ④ 및 조특령 §106의9 ⑦)

→ 해당 금관련 제품에 대하여 금지금에 대한 부가가치세 과세특례에 따라 부가가치세가 면제되는 경우에는 적용하지 아니함.

04 금거래계좌 사용의무 불성실의 경우 불이익

(1) 매입세액불공제

금관련 제품을 공급받은 금사업자가 금거래계좌에 부가가치세액을 입금하지 아니한 경우에는 금관련 제품을 공급한 금사업자에게서 교부받은 세금계산서에 기재된 세액은 매출세액에서 공제되는 매입세액으로 보지 아니한다(조특법 §106의4 ⑥).

(2) 가산세

금거래계좌를 사용하지 아니하고 금관련 제품의 가액을 결제받은 경우에는 해당 금관련 제품을 공급한 금사업자 및 공급받은 금사업자에게 제품가액의 10%를 가산세로 징수한다(조특법 §106의4 ⑦).

*) 종전에는 금거래계좌와 구리스크랩거래계좌 및 철스크랩거래계좌를 따로 사용해야 되는 것으로 해석되었으나, 세법 개정으로 2017년 1월 1일부터는 금·구리·철스크랩이 혼합된 품목 거래시 하나의 전용계좌만 사용해도 가산세가 부과되지 않는다.

(3) 이자상당액가산

관할세무서장은 금관련 제품을 공급받은 금사업자가 부가가치세액을 금거래계좌에 입금하지 아니한 경우에는 다음과 같이 계산한 금액을 입금하여야 할 부가가치세액에 가산하여 징수하여야 한다(조특법 §106의4 ③, ⑧ 및 §106의9 ③, ⑦).

$$\text{입금하여야 할 부가가치세액} \times \genfrac{}{}{0pt}{}{\text{금관련 제품을 공급받은 날의 \underline{다음다음날}부터}}{\genfrac{}{}{0pt}{}{\text{부가가치세액을 입금한 날까지의 기간}}{\text{(일수, 확정신고기한 한도)}}} \times \genfrac{}{}{0pt}{}{2.2/10{,}000}{\text{(2019.2.12. 이후)}}$$

*) 금 관련 제품, 스크랩 등을 공급받은 날이 세금계산서를 발급받은 날보다 빠른 경우에는 세금계산서를 발급받은 날의 다음 날부터 기산함(개정)

*) 부가가치세 입금기한 및 가산세부과 기산일

	입금기한	가산세부과 기산일
종전	재화를 공급받은 날	재화를 공급받은 날의 다음날
2018.12.24. 이후 공급부터	재화를 공급받은 날의 다음날	입금기한의 다음날

05 부가가치세액의 환급

(1) 환급방법

① 국세청장으로부터 지정받은 금융기관은 매입자가 입금한 부가가치세액(매출세액)의 범위에서 해당 사업자가 입금한 부가가치세액(매입세액)을 국세청장이 정하는 바에 따라 해당 사업자(실납부하는 매입자인 공급받는 자)에게 환급할 수 있다.

② 다음의 어느 하나에 해당하는 금액은 해당 사업자(실납부하는 매입자인 공급받는 자)가 입금한 부가가치세액(매입세액)으로 보아 환급할 수 있다.

　㉠ 금관련 제품 수입시 세관에 납부한 부가가치세액

　㉡ 금지금제련업자는 매입자가 입금한 부가가치세액(매출세액)에서 그 제련업자가 입금한 부가가치세액(매입세액)을 뺀 금액의 70%에 해당하는 금액

(2) 환급신청

① 금관련 제품 수입업자가 금관련 제품 수입시 세관에 납부한 부가가치세액을 환급받으려면 금관련 제품 수입업자 부가가치세 환급신청서를 관할세무서장에게 제출하여야 한다.

② 금관련 제품 수입업자 부가가치세 환급신청서를 제출받은 관할세무서장은 부가가치세액의 납부 여부를 확인하여 납부한 경우에는 국세청장으로부터 지정받은 금융기관에게 그 사실을 통보하여야 한다.

(3) 환급보류

1) 환급보류사유

관할세무서장은 해당 예정신고기간 및 확정신고기간 중 금사업자의 금관련 제품의 매출액이 금관련 제품의 매입액에서 차지하는 비율이 70% 이하인 경우에는 환급을 보류할 수 있다.

2) 환급보류기간

해당 예정신고기한 또는 확정신고기한의 다음 날부터 6개월 이내로 한다.

3) 환급보류의 예외

다음 중 어느 하나에 해당하는 경우 환급을 보류하지 아니한다.
① 환급받을 세액이 500만 원 이하인 경우
② 체납이나 포탈 등의 우려가 적다고 인정되는 경우로서 금사업자, 금사업자의 대표자 또는 임원이 다음의 요건을 모두 갖춘 경우
   ㉠ 해당 신고납부기한 종료일 현재 최근 3년간 조세범으로 처벌받은 사실이 없을 것
   ㉡ 해당 신고납부기한 종료일 현재 최근 1년간 국세를 체납한 사실이 없을 것
   ㉢ 해당 신고납부기한 종료일 현재 최근 3년간 결손처분을 받은 사실이 없을 것
   ㉣ 해당 신고납부기한 종료일 현재 최근 1년간 금거래계좌를 이용하지 아니하고 금관련 제품의 거래를 한 사실이 없을 것
   ㉤ 그 밖에 부가가치세 신고·납부 현황 등을 고려할 때 조세포탈의 우려가 없다고 국세청장이 인정하는 경우

01 의의

'**대리납부**'란 재화 또는 용역을 공급받는 자가 납세의무자인 공급자를 대리하여 부가가치세를 납부하는 것을 말한다.

대리납부는 납세의무자인 공급자가 부가가치세의 신고납부를 이행하기 어렵거나, 성실한 신고납부를 기대하기가 어려운 경우에 공급받는 자 등이 공급자를 대신하여 부가가치세를 납부하는 것이다.

> **참고**
>
> 과세사업자의 경우에도 대리납부를 하여야 하나, 이 경우 대리납부와 같은 과세기간에 대리납부한 매입자는 당연히 매입세액 공제를 받을 것이므로 납세자의 편의를 위하여 부가세 과세사업자로서 매입세액 공제 대상인 경우에는 대리납부의무가 면제된다.

02 국외사업자로부터 공급받는 자의 대리납부[131]

다음 중 어느 하나에 해당하는 비거주자 또는 외국법인(국외사업자)으로부터 국내에서 <u>용역 또는 권리를 공급받는 자</u>는 그 대가를 지급하는 때에 그 대가를 받은 자로부터 부가가치세를 징수하여 납부하여야 한다(공급자인 비거주자 또는 외국법인에게 부가가치세 납부의무를 부과하기 어려우며 용역 또는 권리는 세관을 통하지 않기 때문에 세관장에게 징수의무를 지우기 어렵기 때문).

① 국내사업장이 없는 비거주자 또는 외국법인
② 국내사업장이 있는 비거주자 또는 외국법인(용역 등의 제공이 국내사업장과 실질적으로 관련되지 아니하거나 국내사업장에 귀속되지 않는 경우에만 해당함)

---

131) 사례 : 면세사업자인 병원이 외국의 컨설팅회사로부터 경영 자문을 받고 그 대가를 지급하는 경우, 비사업자인 교육기관 또는 면세사업자인 학원이 외국에서 교육 관련 소프트웨어를 수입하고 대가를 지급하는 경우

구 분	주요 내용
(1) 대리납부대상	① 비거주자 또는 외국법인으로부터 공급받는 용역(역무제공 또는 재화의 사용) ② 비거주자 또는 외국법인으로부터 공급받는 권리로서 재화의 수입에 해당되지 않는 것 *) 재화의 수입에 해당되는 것은 수입자가 부가가치세 신고납부함
(2) 대리납부의무자 (공급받는 자)	<u>공급받는 자가 공급받은 용역 등을 ① 과세사업에 제공하는 경우로서 매입세액불공제 대상인 경우와 ② 면세사업자 또는 ③ 비과세사업에 제공하는 경우이다.</u> 그러므로 사업자인지 여부와는 관계가 없다.
(3) 대리납부세액의 계산	대리납부세액 = 용역 등의 대가지급액(과세표준) × 10%
(4) 대리납부의 절차	용역 등을 공급받는 자가 대리징수한 부가가치세는 대리납부신고서의 제출과 함께 사업장 또는 주소지 관할세무서장에게 납부하거나 납부서를 작성하여 한국은행 등에 납부하여야 한다.

03 사업양수인의 대리납부

사업의 양도에 따라 재화를 인도하는 것은 재화의 공급으로 보지 않는다. 그러나 사업양도(사업양도 요건 충족 여부가 불분명한 경우 포함)의 경우에도 사업양수인이 그 대가를 지급하는 때에 그 대가를 받은 자로부터 부가가치세를 징수하여 <u>그 대가를 지급하는 날이 속하는 달의 다음 달 25일까지</u>* 사업장 관할세무서장에게 납부할 수 있다.

*) 경과규정 : 시행(2019.1.1.) 전에 사업양도(사업양도가 불분명한 경우 포함)받은 양수자는 종전규정(다음 달 10일까지)에 따른다(부칙 8).

구 분	주요 내용
(1) 대리납부대상	사업양도(사업양도 요건충족 여부가 불분명한 것 포함)에 따른 재화의 인도 후 공급자가 세금계산서를 발급한 것
(2) 대리납부의무자	사업양수인
(3) 대리납부세액	대리납부세액 = 사업양도 대가(과세표준) × 10%
(4) 대리납부의 절차	• 사업양수인이 그 대가를 지급하는 때에 그 대가를 받은 자로부터 부가가치세를 징수하여 그 대가를 지급하는 날이 속하는 달의 <u>다음 달 25일</u>까지 사업장 관할세무서장에게 납부할 수 있다. • 이 경우 사업양도자가 발행한 세금계산서는 유효한 것으로 보며, 매입세액공제가 허용된다. • 사업양도인은 부가가치세 신고서상 사업양수자가 대리납부한 세액을 기납부세액으로 차감하여 기재한다.

종전에는 사업양도 유무에 관계없이 양도자가 세금계산서를 발행하고 부가가치세 신고·납부한 경우 재화의 공급으로 인정해주는 규정이 양수자의 대리납부로 바뀌었으므로, **실무상 사업양도의 해당유무가 불분명하고 이에 대해서 과세관청과 다툼을 피하고 싶다면 대리납부**하면 될 것으로 보인다.

→ 대리납부의 경우에는 과세대상 재화의 공급으로 보므로 당연히 세금계산서는 발행되어야 함

04 신용카드업자의 대리납부

(1) 의의

신용카드업자는 부가가치세 체납률 등을 고려하여 정해지는 특례사업자가 부가가치세가 과세되는 재화 또는 용역을 공급(신용카드·직불카드 또는 선불카드를 사용한 거래로 한정함)하고 그 신용카드업자로부터 공급대가를 받는 경우에는 해당 공급대가를 특례사업자에게 지급하는 때에 **공급대가의 4/110에 해당하는 금액을 부가가치세로 징수하여 매 분기가 끝나는 날의 다음 달 25일까지** 대리납부신고서와 함께 신용카드업자의 관할세무서장에게 납부하여야 한다(소비자 대상 업종의 경우 부가가치세 체납이 많아 이를 막기 위함).

구 분	주요 내용
① 대상업종(특례사업자)	부가가치세가 과세되는 재화와 용역을 공급하는 사업자로서 다음의 업종을 영위하는 사업자를 말한다. 다만, 간이과세자는 제외한다. ㉠ 일반유흥 주점업(단란주점영업 포함) ㉡ 무도유흥 주점업
② 대리납부의무자	신용카드사
③ 대리납부세액	대리납부세액 = 신용카드 등 결제금액(봉사료 제외) × 4/110 (공급가액의 4%)
④ 대리납부기한	매 분기가 끝나는 날의 다음 달 25일
⑤ 적용시기	2019.1.1. 이후 재화 또는 용역을 공급하는 분부터 적용

(2) 대리납부 절차

① 신용카드업자는 특례사업자가 재화 또는 용역을 공급하고 그 신용카드업자로부터 공급대가를 받는 경우에는 해당 공급대가를 특례사업자에게 지급하는 때에 공급대가의 4/110에 해당하는 금액을 부가가치세로 징수하여 매 분기가 끝나는 날의 다음 달 25일까지 다음 사항을 포함한 대리납부신고서와 함께 신용카드업자의 관할세무서장에게 납부하여야 한다.

    ㉠ 신용카드업자의 인적사항

    ㉡ 특례사업자의 인적사항

    ㉢ 대리납부와 관련된 공급가액

    ㉣ 대리납부한 부가가치세액

    ㉤ 그 밖의 참고 사항

② 이 경우 신용카드업자가 납부한 부가가치세액은 특례사업자가 **부가가치세 신고 시 이미 납부한 세액**으로 본다.

③ 특례사업자는 신용카드업자가 **대리납부한 부가가치세액에서 이자율(1%)을 곱한 금액을 부가가치세 신고 시 납부세액에서 공제할 수 있다.** 이 경우 해당 공제금액을 차감한 후 납부할 세액[납부세액에서 빼거나 더할 세액(가산세는 제외)을 빼거나 더하여 계산한 세액을 말함]이 음수인 경우에는 영으로 본다.

④ 특례사업자에 대하여 부가가치세를 결정하여 징수하는 경우에는 그 결정세액에서 해당 예정신고기간 또는 예정부과기간 종료일 현재 신용카드업자가 신용카드업자의 관할세무서장에게 납부할 부가가치세를 뺀 금액을 각각 징수한다. 다만, 그 산정한 세액이 음수인 경우에는 영으로 본다.

(3) 특례사업자에 대한 정보 제공 등

국세청장은 신용카드업자가 부가가치세를 대리납부할 수 있도록 신용카드업자에게 대리납부에 필요한 특례사업자에 대한 정보를 제공하여야 하며, 신용카드업자에게 대리납부에 필요한 경비를 지원하여야 한다.

(4) 신용카드사 대리납부 적용대상의 통지

① 관할세무서장은 사업자가 대리납부의 적용대상이 되는 특례사업자에 해당하는 경우

에는 해당 규정을 적용하여야 하는 과세기간이 시작되기 1개월 전까지 그 사실을 해당 사업자에게 통지하여야 한다. 이 경우 대리납부가 적용되어야 하는 과세기간이 시작되기 1개월 전까지 해당 사업자가 통지를 받지 못한 경우에는 통지서를 수령한 날이 속하는 달의 다음 달 1일부터 대리납부를 적용한다.

② 관할세무서장은 신규로 사업을 시작하는 자가 대리납부의 적용대상에 해당하는 경우에는 사업자등록증을 발급할 때 그 사실을 통지하여야 한다. 이 경우 해당 사업자의 최초 과세기간부터 대리납부를 적용한다.

해석사례 부가가치세의 신고와 납부

(1) 부동산 등기부상 소재지에 사업자등록하지 않고 본점에서 임대수입금액을 신고한 경우
부동산 등기부상 소재지에 사업자등록하지 않고 본점에서 임대수입금액을 합산하여 신고한 경우 본점과 별개의 사업장은 예정 및 확정신고로서의 효력이 없고, 부동산 등기부상 소재지가 동일한 관할세무서장이라는 이유로도 달리 볼 수 없으며 이러한 경우 가산세 부과도 정당함(부산고등법원 2009누 6179, 2010.2.12.)

(2) 예정고지대상자가 예정신고한 경우 확정신고분만 신고하면 되는지 여부
예정 결정 고지대상자로서 신고대상자에 해당하지 아니하는 자가 예정신고납부한 때에는, 신고납부효력이 없으며 확정신고시에 예정신고기간분의 과세표준을 제외하고 신고납부한 경우에는 확정신고분을 수정신고하여야 하는 것임(서삼 46015-10078, 2003. 1.14.)

(3) 예정신고기간 내에 당초 신고내용을 수정하여 다시 신고하는 경우의 효력
사업자가 예정신고기간의 종료후 25일 이내(예정신고기한)에 당해 예정신고기간에 대한 과세표준과 납부세액 또는 환급세액을 사업장관할세무서장에게 신고한 후 그 신고내용에 오류·누락이 있는 것을 발견하여 당초 신고내용을 수정하여 당해 예정신고기한 내에 제출한 경우에 있어서 수정하여 제출된 신고내용은 부가가치세법 제18조 제1항 및 제2항 단서의 규정에 의한 신고로 봄(부가 46015-2021, 2000.8.21.)

(4) 예정고지를 납부하지 않는 경우 가산금을 납부하는지 여부
국세를 납부기한까지 완납하지 아니한 때에는 체납된 국세에 대하여 3%에 상당하는 가산금을 징수하는 것이며, 체납국세가 100만 원 이상이면 납부기한이 경과한 날로부터 매 1월이 경과할 때마다 1.2%에 상당하는 중가산금을 징수하는 것임(서삼 46015-11794, 2002.10.23., 개정내용 반영)

(5) 합병으로 인한 소멸법인의 신고

법인의 합병으로 인한 소멸법인의 최종과세기간분에 대한 확정신고는 합병 후 존속하는 법인 또는 합병으로 인하여 설립된 법인이 소멸법인을 당해 과세기간의 납세의무자로 하여 소멸법인의 사업장 관할세무서장에게 신고하여야 함(부가통칙 19-65-1)

(6) 사업양도시의 신고

사업을 양도하고 폐업한 사업자는 폐업일이 속하는 과세기간의 개시일로부터 폐업일까지의 과세기간분에 대한 확정신고를 하여야 함(기본통칙 19-65-2)

(7) 상속으로 인한 사업승계시 부가가치세 신고방법

상속으로 인하여 사업승계를 받은 사업자가 사업을 승계받은 즉시 사업장을 이전하고 사업자등록정정신청을 한 경우, 예정신고 또는 확정신고는 피상속인이 사업한 기간 동안의 과세표준 및 납부세액 또는 환급세액을 포함하여 사업장 이전 후의 사업장을 관할하는 세무서장에게 하여야 하는 것임(부가 1265.1-2341, 1984.1.3.)

(8) 사업장 통합으로 소멸한 사업장의 부가가치세 신고방법

지점사업장의 사업을 다른 지점사업장에 통합함에 따라 소멸된 사업장의 사업자등록을 말소 후 통합한 사업장에서 소멸된 사업장의 사업을 계속 영위하는 경우, 당해 통합한 사업장 관할세무서장에게 소멸된 사업장의 부가가치세 과세표준과 세액을 통합한 사업장의 사업실적과 합산하여 신고·납부하는 것임(국세청 법규부가 2009-165, 2009.5.26.)

(9) 개인이 법인전환 후 법인설립등기 전까지 거래분에 대한 귀속 명의

① 개인사업자가 현물출자에 의해 법인을 설립하여 당해 법인에 사업을 양도함에 있어서 사업양도 이후 법인설립등기 전까지 개인명의 거래분이 실질적으로 당해 법인에 귀속되는 경우에는 당해 법인명의로 신고납부하여야 함

② 이 경우 당해 거래분 중 수출재화분에 대해 영세율 첨부서류상의 명의가 법인설립 미등기로 인해 법인명의로 변경이 불가능하여 개인명의로 당해 서류를 제출하는 경우에도 영세율을 적용함(부가 46015-566, 1996.3.23.)

(10) 부동산매매업자의 미분양부동산 일시 임대 후 분양시 신고납부

아파트와 아파트단지 내 상가를 신축하여 분양하는 부동산매매업을 영위하는 사업자가 미분양으로 인하여 일시적으로 상가를 임대하면서 별도로 부동산임대업 사업자등록을 하고 부가가치세를 신고·납부하던 중 당해 상가가 분양된 경우에는 당초 부동산매매업을 영위하는 사업장의 명의로 세금계산서를 교부하고 당해 사업장 관할세무서장에게 부가가치세를 신고·납부하는 것임(부가 46015-738, 2000.4.3.)

(11) 법원 판결에 의하여 상가 분양계약이 해제된 이후 교부받은 감액세금계산서에 대하여 부가가치세 신고·납부의무 여부

청구인은 쟁점상가를 계약한 이후 당해 부가가치세 신고 시에 처분청으로부터 부가가치세를 환급받은 사실이 있으며, 또한 법원판결로 인하여 쟁점 상가분양계약이 해제되어 청구인이 청구외 법인으로 쟁점 세금계산서를 발행받은 경우에는 부가가치세 확정신고 시에 이에 해당하는 부가가치세를 확정신고납부할 의무가 있는 것임(심사부가 2006-0061, 2006.4.17.)

⑿ 고금매입영수증을 비치하는 경우 고금매입대장을 비치하지 않아도 되는지 여부

고금에 대한 의제매입세액공제를 받기 위해서는 고금의제매입세액공제신고서에 그 거래사실을 입증할 수 있는 고금 매입·매출 명세서를 첨부하여 제출하여야 하는 것으로서 고금 매입·매출 명세서는 고금매입대장 및 고금매출대장에 근거하여 작성하여야 하며, 고금의제매입세액공제신고서를 제출하려는 자는 고금매입대장 및 고금매출대장을 작성하여 비치하여야 하는 것임(부가-1751, 2009.12.3.)

01 그 신탁의 수익자에게 제2차 납세의무가 발생되는 경우

기존의 수탁자 관할세무서장은 제2차 납세의무자(그 신탁의 수익자)로부터 수탁자의 부가가치세 등을 징수하려면 다음의 사항을 적은 납부고지서를 제2차 납세의무자에게 발급하여야 한다. 이 경우 수탁자의 관할세무서장은 제2차 납세의무자의 관할세무서장과 수탁자에게 그 사실을 통지하여야 한다.

① 징수하려는 부가가치세 등의 과세기간, 세액 및 그 산출근거
② 납부하여야 할 기한 및 납부장소
③ 제2차 납세의무자로부터 징수할 금액 및 그 산출근거
④ 그 밖에 부가가치세 등의 징수를 위하여 필요한 사항

02 위탁자가 납세의무자가 되는 경우

(1) 납부고지서 발급절차

위탁자의 관할세무서장은 수탁자로부터 위탁자의 부가가치세 등 징수하려면 다음의 사항을 적은 납부고지서를 수탁자에게 발급하여야 한다. 이 경우 수탁자의 관할세무서장과 위탁자에게 그 사실을 통지하여야 한다.

① 부가가치세 등의 과세기간, 세액 및 그 산출근거
② 납부하여야 할 기한 및 납부장소
③ 그 밖에 부가가치세 등의 징수를 위하여 필요한 사항

(2) 기타사항

① 고지 이후 납세의무자인 위탁자가 신탁의 이익을 받을 권리를 포기 또는 이전하거나 신탁재산을 양도하는 등의 경우에도 고지된 부분에 대한 납세의무에는 영향을 미치지 아니한다.
② 신탁재산의 수탁자가 변경되는 경우에 새로운 수탁자는 이전의 수탁자에게 고지된 납세의무를 승계한다.

③ 위탁자가 납세의무자가 되는 경우 위탁자의 관할세무서장은 최초의 수탁자에 대한 신탁 설정일을 기준으로 그 신탁재산에 대한 현재 수탁자에게 위탁자의 부가가치세 등을 징수할 수 있다.

④ 신탁재산에 대하여 「국세징수법」에 따라 강제징수를 하는 경우 「국세기본법」에도 불구하고 수탁자는 신탁법에 따른 신탁재산의 보존 및 개량을 위하여 지출한 필요비 또는 유익비의 우선변제를 받을 권리가 있다.

제7절 국외사업자의 용역 등 공급에 관한 특례

01 국외사업자의 공급특례(부가가치세법 제53조)

국외사업자가 다음의 위탁매매인 등을 통하여 국내에서 용역 등을 공급하는 경우에는 해당 위탁매매인 등이 해당 용역 등을 공급한 것으로 본다.

① 위탁매매인
② 준위탁매매인
③ 대리인
④ 중개인(구매자로부터 거래대금을 수취하여 판매자에게 지급하는 경우로 한정)

02 국외사업자의 공급장소 특례

국외사업자로부터 권리를 공급받는 경우에는 재화의 일반적인 공급장소 규정에도 불구하고 공급받는 자의 국내에 있는 사업장의 소재지 또는 주소지를 해당 권리가 공급되는 장소로 본다.

01 개요

전자적 용역을 공급하는 국외사업자[132]에 관한 특례는 해외개발자가 해외에서 직접 공급하거나 해외 오픈마켓을 통하여 공급하는 전자적 용역(게임·음성·동영상 파일 또는 소프트웨어, **광고, 클라우드컴퓨팅서비스, 재화 또는 용역 중개용역**[133]) 등에 대하여 해외개발자 또는 해외 오픈마켓 사업자가 간편하게 사업자 등록을 하여 부가가치세를 납부할 수 있도록 하는 제도이다(국내개발자와 해외개발자 간의 과세형평을 높이고 국제 전자상거래와 관련된 부가가치세의 소비지국 과세원칙을 확립하기 위함).

02 전자적 용역의 범위

(1) 게임 등

이동통신단말장치 또는 컴퓨터 등에 저장되어 구동되거나, 저장되지 아니하고 실시간으로 사용할 수 있는 것으로서 게임·음성·동영상 파일, 전자 문서 또는 소프트웨어와 같은 저작물 등으로서 광(光) 또는 전자적 방식으로 처리하여 부호·문자·음성·음향 및 영상 등의 형태로 제작 또는 가공된 것과 이에 따른 전자적 용역을 개선시키는 것

(2) 광고를 게재하는 용역

(3) 클라우드컴퓨팅서비스

(4) 재화 또는 용역을 중개하는 용역

① 국내에서 물품 또는 장소 등을 대여하거나 사용·소비할 수 있도록 중개하는 것
② 국내에서 재화 또는 용역을 공급하거나 공급받을 수 있도록 중개하는 것

다만, 재화 또는 용역의 공급대가에 중개 용역의 대가가 포함되어 부법 제3조에 따른 납세의무자가 부가가치세를 신고하고 납부하는 경우는 제외한다.

---

132) 국내사업자의 경우 직접 공급 또는 해외 오픈마켓(앱스토어 등)을 통하여 공급하는 경우 부가가치세를 과세하고 있기 때문에 국내사업자와의 형평을 맞추기 위함
133) 2019.7.1. 이후 공급 분부터 적용

03 용역 공급에 관한 특례

(1) 해외 개발자가 직접 공급한 경우

해외 개발자가 국내에 전자적 용역을 공급하는 경우에는 국내에서 해당 전자적 용역이 공급되는 것으로 본다.

(2) 해외 개발자가 해외 오픈마켓을 통하여 공급한 경우

해외 개발자가 해외 오픈마켓 사업자를 통하여 국내에 전자적 용역을 공급하는 경우에는 해외 오픈마켓 사업자가 해당 전자적 용역을 국내에서 공급한 것으로 본다.

04 사업자등록에 관한 특례

국내에 전자적 용역을 공급하는 자는 다음과 같이 그 사업의 개시일부터 20일 이내에 간편사업자등록[134]을 해야 한다.

(1) 등록

간편사업자등록을 하려는 사업자는 국세정보통신망에 접속하여 다음의 사항을 입력하는 방식으로 국세청장에게 간편사업자등록을 해야 한다.
① 사업자 및 대표자의 이름과 전화번호, 우편주소, 이메일 주소 및 웹사이트 주소 등의 연락처. 이 경우 법인인 사업자가 법인 이름과 다른 이름으로 거래하는 경우 거래이름을 포함한다.
② 등록국가·주소 및 등록번호 등 용역을 제공하는 사업장이 소재하는 국외 사업자 등록관련 정보
③ 제공하는 전자적 용역의 종류, 국내에 전자적 용역을 공급하는 사업개시일 및 그 밖에 간편사업자등록을 위하여 필요한 사항(납세관리인이 있는 경우 납세관리인의 성명, 주민등록번호 또는 사업자등록번호, 주소 또는 거소 및 전화번호, 부가가치세 환급금을 지급받기 위하여 금융회사 또는 체신관서에 계좌를 개설한 경우 그 계좌번호)

---

134) 간편사업자 등록 대상자에 대한 직권등록 신설 – 전자적 용역을 공급하는 자가 사업개시일부터 20일 이내에 미등록한 경우 관할세무서장이 직권으로 등록한다. (2024.02.29. 이후 직권등록 분부터 적용)

(2) 등록번호의 부여

국세청장은 간편사업자등록을 한 자에 대하여 간편사업자등록번호를 부여하고, 사업자(납세관리인이 있는 경우 납세관리인을 포함함)에게 통지(정보통신망을 이용한 통지를 포함함)하여야 한다.

05 신고 · 납부 등에 관한 특례

(1) 신고 · 납부

간편사업자등록을 한 자는 용역 또는 권리의 수입에 대한 대리납부규정에도 불구하고 사업자는 국세정보통신망에 접속하여 다음의 사항을 입력하는 방식으로 부가가치세 예정신고 및 확정신고를 하고 국세청장이 정하는 바에 따라 외국환은행의 계좌에 납입하는 방식으로 납부하여야 한다(원화 · 미화 · 유로화 및 국세청장이 정하는 외국통화로 신고 · 납부).

> ① 사업자이름 및 간편사업자등록번호
> ② 신고기간 동안 국내에 공급한 전자적 용역의 총공급가액, 공제받을 매입세액 및 납부할 세액
> ③ 그 밖에 필요한 사항으로 기획재정부령으로 정하는 것

이 경우 과세표준은 간편사업자등록자가 국내에 공급한 전자적 용역의 대가를 외국통화나 그 밖의 외국환으로 받은 경우에는 과세기간 종료일(예정신고 · 납부에 대해서는 예정신고기간 종료일)의 기준환율을 적용하여 환가한 금액[135]을 과제표준으로 할 수 있다.

또한 간편사업자등록을 한 자는 해당 전자적 용역의 공급과 관련하여 부가가치세법(제38조 및 제39조)에 따라 공제되는 매입세액 외에는 매출세액 또는 납부세액에서 공제하지 않는다.

(2) 납세지

간편사업자등록을 한 사업자의 납세는 사업자의 신고 · 납부의 효율과 편의를 고려하여 국세청장이 지정(남대문세무서)한다.

---

135) 국세청장은 정보통신망을 이용하여 통지하거나 국세정보통신망에 고시하는 방법 등으로 사업자(납세관리인이 있는 경우 납세관리인 포함)에게 기준환율을 알려야 한다.

(3) 가산세적용배제

전자적 용역을 공급하는 국외사업자에 대한 특례 규정에 따라 전자적 용역을 공급하는 자가 부가가치세를 납부하여야 하는 경우에는 무신고가산세, 과소신고·초과환급가산세, 납부·환급불성실가산세를 적용하지 않는다(납부기한까지 납부하지 않을 경우 가산세 부과).

(4) 세금계산서 발급의무면제

간편사업등록을 한 사업자가 국내에 공급하는 전자적 용역에 대하여는 세금계산서·영수증의 발급의무를 면제한다.

(5) 기타 제반의무사항

① 간편사업자등록을 한 자는 전자적 용역의 공급에 대한 거래명세[136](등록사업자의 과세사업 또는 면세사업에 대하여 용역을 공급하는 경우의 거래명세를 포함)를 그 거래사실이 속하는 과세기간에 대한 확정신고 기한이 지난 후 5년간 보관(정보처리장치 등의 전자적 형태로 보관 가능)하여야 한다.

② 국세청장은 부가가치세 신고의 적정성을 확인하기 위하여 간편사업자등록을 한 자에게 위 전자적 용역 거래명세서를 제출할 것을 요구할 수 있다.

③ 간편사업자등록을 한 자는 위 요구를 받은 날부터 60일 이내에 전자적 용역 거래명세서를 국세청장에게 제출하여야 한다.

④ 국세청장은 간편사업자등록을 한 자가 국내에서 폐업한 경우(사실상 폐업[137]한 경우 포함) 간편사업자등록을 말소할 수 있다.

---

136) ① 공급한 전자적 용역의 종류
　　② 공급가액과 부가가치세액
　　③ 전자적 용역의 공급시기
　　④ 공급받는 자의 등록번호 및 성명 또는 상호
137) ① 간편사업자등록자가 부도발생, 고액체납 등으로 도산하여 소재 불명인 경우
　　② 간편사업자등록자가 사업의 영위에 필요한 인·허가 등이 취소되는 등의 사유로 대한민국 또는 등록국가에서 사업을 수행할 수 없는 경우
　　③ 간편사업자등록자가 전자적 용역을 공급하기 위한 인터넷 홈페이지(앱, 그 밖에 이와 비슷한 응용프로그램을 통하여 가상의 공간에 개설한 장소를 포함)를 폐쇄한 경우
　　④ 간편사업자등록자가 정당한 사유 없이 계속하여 둘 이상의 과세기간에 걸쳐 부가가치세를 신고하지 않은 경우

제 **7** 장

결정 · 경정 및 징수와 환급

01 의의

　부가가치세의 '**결정**'이란 사업자가 부가가치세의 과세표준을 <u>신고하지 아니함</u>으로써 납세의무가 확정되지 아니한 부분에 대하여 **정부가 조사하여 확인**하는 처분을 말한다.

　그리고 부가가치세의 '**경정**'이란 사업자가 부가가치세의 과세표준을 신고하여 납세의무가 1차적으로 확정된 부분에 대하여 <u>정부가 그 신고내용의 오류 또는 탈루를 조사하여 이를 고쳐 결정</u>하는 처분을 말한다. 이렇게 경정에 의하여 확정된 납세의무를 또 다시 변경·확정하는 처분을 '**재경정**'이라고 한다.

　한편, 과세기간 전에 일정사유의 발생으로 인하여 정부가 부가가치세를 부과하는 처분을 '**수시부과**'라 한다.

02 결정 · 경정 및 수시부과의 사유 및 경정의 제한

구 분	결정·경정 및 수시부과의 사유, 경정의 제한
(1) 결정	확정신고를 하지 아니한 때
(2) 경정	① 확정신고의 내용에 오류 또는 탈루가 있는 때 ② 영세율 등 조기환급신고의 내용에 오류 또는 탈루가 있는 때 ③ 확정신고에 있어서 세금계산서합계표를 제출하지 아니한 경우 또는 그 합계표의 기재사항의 전부 또는 일부가 기재되지 않았거나 사실과 다르게 기재된 때 ④ 신용카드가맹점 또는 현금영수증가맹점 가입대상으로 지정받은 사업자가 정당한 사유 없이 가입하지 않은 경우로서 사업규모나 영업상황으로 보아 신고내용이 불성실하다고 판단되는 때
(3) 수시부과	기타 다음의 사유가 있어서 부가가치세를 포탈할 우려가 있는 때 ① 사업장의 이동이 빈번한 때 ② 사업장의 이동이 빈번하다고 인정되는 지역에 사업장이 있는 때 ③ 휴업 또는 폐업상태에 있는 때
(4) 경정제한	영수증교부의무가 있는 사업 중 국세청장이 정하는 업종을 영위하는 사업자로서 동일장소에서 계속하여 5년 이상 사업을 영위하는 자에 대하여는 객관적인 증빙자료에 의하여 과소신고한 것이 명백한 경우에 한하여 경정할 수 있음

03 결정 · 경정의 방법

(1) 원칙 : 실지조사결정 · 경정

사업장관할세무서장, 사업장관할지방국세청장 또는 국세청장이 각 과세기간에 대한 과세표준과 납부세액 또는 환급세액을 결정 또는 경정하는 경우에는 세금계산서 · 장부 기타 증빙을 근거로 하여 실지조사에 의하여 경정하여야 한다(부법 §21 ②).

(2) 예외 : 추계조사결정 · 경정

1) 추계조사사유

① 과세표준을 계산함에 있어서 필요한 세금계산서 · 장부 기타의 증빙이 없거나 그 중 요한 부분이 미비인 때
② 세금계산서 · 장부 기타의 증빙의 내용이 시설규모 · 종업원수와 원자재 · 상품 · 제품 또는 각종 요금의 시가에 비추어 허위임이 명백한 때
③ 세금계산서 · 장부 기타의 증빙의 내용이 원자재사용량 · 동력사용량 기타의 조업상 황에 비추어 허위임이 명백한 때

2) 추계조사방법

구 분	주요 내용
(1) 동업자 권형방법	기장이 정당하다고 인정되는 신고가 성실하여 결정을 받지 아니한 동일업황의 다른 동업자와 권형에 의하여 계산하는 방법
(2) 생산수율에 의한 방법	국세청장이 업종별로 투입원재료에 대하여 조사한 생산수율이 있는 때에는 이를 적용하여 계산한 생산량에 그 과세기간 중에 공급한 수량의 시가를 적용하여 계산하는 방법
(3) 영업효율에 의한 방법	국세청장이 사업의 종류, 지역 등을 고려하여 사업과 관련된 인적 · 물적 시설(종업원, 객실, 사업장, 차량, 수도, 전기 등)의 수량 또는 가액과 매출액의 관계를 정한 영업효율이 있는 때에는 이를 적용하여 계산하는 방법
(4) 기타 비율 적용방법	국세청장이 사업의 종류별, 지역별로 정한 원단위투입량, 비용의 관계비율, 상품회전율, 매매총이익율 또는 부가가치율 중의 하나에 따라 계산하는 방법
(5) 당해 사업자고유비율 적용방법	추계결정 · 경정 대상자의 위 (2)~(4)의 비율을 산정할 수 있는 경우에 이를 적용하여 계산하는 방법

구 분	주요 내용
(6) 입회조사 기준방법	주로 최종 소비자를 대상으로 거래하는 음식 및 숙박업과 서비스업에 대하여 국세청장이 정하는 입회조사기준에 따라 계산하는 방법

3) 추계조사시 매입세액공제

① 원칙

추계조사에 의하여 납부세액계산시 공제하는 매입세액은 교부받은 세금계산서를 관할 세무서장에게 제출하고 그 기재내용이 명백한 분에 대한 것에 한한다(부령 §69 ② 본문).

② 예외

재해 기타 불가항력으로 인하여 교부받은 세금계산서가 소멸됨으로써 이를 제출하지 못하는 때에는 당해 사업자에게 공급한 거래 상대자가 제출한 세금계산서에 의하여 확인되는 것으로 한다(부령 §69 ② 단서).

04 결정 · 경정기관

구 분	결정 · 경정기관
일반적인 경우	• 원칙 : 각 사업장 관할세무서장 • 국세청장이 특히 중요하다고 인정하는 경우 : 관할 지방국세청장 또는 국세청장
총괄납부사업자	• 원칙 : 각 사업장 관할세무서장 • 국세청장이 특히 중요하다고 인정하는 경우 : 관할 지방국세청장 또는 국세청장 　→ 주사업장 총괄납부사업자의 과세표준과 납부세액 또는 환급세액을 결정·경정한 때에는 이를 지체없이 납세지 관할세무서장 또는 총괄납부를 하는 주된 사업장의 관할세무서장에게 통지하여야 함

제2절 가산세

01 의의

'가산세'라 함은 세법에서 규정하는 의무의 성실한 이행을 확보하기 위하여 그 세법에서 산출한 세액에 가산하여 징수하는 금액을 말한다. 이러한 가산세는 해당의무가 규정된 세법의 당해 국세의 세목으로 하며, 당해 국세를 감면하는 경우 가산세는 그 감면하는 국세에 포함하지 아니한다.

가산세는 정부의 과세권 행사 및 조세채권의 실현을 용이하게 하기 위하여 납세자에게 부과하는 제재로서 납세의무자의 의무불이행에 대하여 고의 또는 과실을 고려함이 없이 조세의 형태로 부과한다.

02 가산세의 종류

(1) 사업자등록 관련 가산세

구 분	가산세의 내용
(1) 미등록 가산세	• 사업개시일부터 20일 이내 사업자등록을 신청하지 아니한 경우 미등록가산세 = 공급가액 × 1% • 공급가액 : 사업개시일부터 등록을 신청한 날의 전일까지의 공급가액 • 등록기한 경과 후 1개월 이내에 등록하는 경우 해당 가산세의 50% 감면함
(2) 타인명의 사업영위 가산세	• 사업자가 타인의 명의로 사업자등록을 한 경우(단, 상속으로 인해 피상속인의 사업을 승계받는 경우에는 상속개시일부터 상속세 신고기한까지 피상속인 명의로 사업을 하더라도 가산세 미부과) • 타인명의의 사업자등록을 이용하여 사업을 영위하는 것으로 확인되는 경우 타인명의 사업영위 가산세 = 공급가액 × 2%(2024.12.31. 이전 1%)[138] • 공급가액 : 사업 개시일부터 실제 사업을 하는 것으로 확인되는 날의 직전일까지의 공급가액의 합계액 → "타인"이라 함은 자기의 계산과 책임으로 사업을 영위하지 아니하는 자(사업자의 배우자 등은 제외)를 말함

138) 간이과세사업자 1% (2024.12.31. 이전 0.5%) 적용

(2) 세금계산서 등 관련 가산세

가. 개요

세금계산서 등의 발급의무는 공급자에게 있다. 그러므로 세금계산서 등의 발급과 관련된 가산세는 원칙적으로 공급자에게만 있다. 그러나 공급받는 자라 하더라도 세금계산서 등을 위장·가공 발급받은 경우에는 세금계산서 등 위장·가공 수취가산세가 있고, 세금계산서 등을 지연발급받은 경우에는 지연수취가산세가 있으며, 매입처별세금계산서합계표 제출 불성실과 관련된 가산세가 있다.

나. 공급한 사업자에 대한 가산세

1) 세금계산서 발급 및 전송 관련 불성실가산세

구 분	가산세 부과사유	가산세
① 미발급	재화 또는 용역의 공급시기가 속하는 과세기간에 대한 확정신고기한 내에 발급하지 않은 경우[139]	공급가액 × 2%
② 가공발급	• 사업자가 재화·용역을 공급하지 않고 세금계산서 또는 신용카드매출전표 등을 발급한 경우 • 사업자가 아닌 자(자료상)가 재화·용역을 공급하지 않고 세금계산서 또는 신용카드매출전표 등을 발급한 경우	공급가액[140] × 3%
③ 위장발급	• 재화·용역을 공급하고 실제로 재화·용역을 공급하는 자 외의 자 명의로 세금계산서 또는 신용카드 매출전표 등을 발급한 경우 • 실제 공급받는 자가 아닌 타인을 공급받는 자로 하여 세금계산서 또는 신용카드매출전표 등을 발급한 경우	공급가액 × 2%
④ 지연발급	• 공급시기가 속한 월의 다음 달 10일을 경과하여 과세기간에 대한 확정신고기한 내에 세금계산서를 발급한 경우 • 공급받는 자도 가산세 적용됨(0.5%) • 한도 : 중소기업 5천만원, 그 외 1억원[141]	공급가액 × 1%

---

139) 둘 이상의 사업장을 가진 사업자가 재화 또는 용역을 공급한 사업장 명의로 세금계산서를 발급하지 아니하고 자신의 다른 사업장 명의로 세금계산서를 발급한 경우 공급가액의 1퍼센트로 한다.
140) 세금계산서 등에 적힌 "공급가액"의 3퍼센트를 가산세로 한다.
141) 「소득세법」상 계산서 지연발급 가산세, 「법인세법」상 계산서 지연발급 가산세(2024.1.1. 이후 가산세를 부과하는 분부터 적용)의 한도도 동일

구 분	가산세 부과사유	가산세
⑤ 부실기재	발급한 세금계산서의 필요적 기재사항의 전부 또는 일부가 착오 또는 과실로 적혀 있지 아니하거나 사실과 다른 경우(사실과 다른 세금계산서) → 일부가 착오나 과실로 적혀 있으나 발급한 세금계산서의 필요적 기재사항 또는 임의적 기재사항으로 보아 거래사실이 확인되는 경우에는 사실과 다른 세금계산서로 보지 않음	공급가액 × 1%
⑥ 과다기재 발급	<u>재화 또는 용역을 공급하고 세금계산서 등의 공급가액을 과다하게 기재한 경우(사실과 다른 세금계산서의 하나에 해당함)</u>	<u>과다기재 공급가액 × 2%</u>
⑦ 발급명세 미전송	전자세금계산서 발급일의 다음 날이 경과한 후 재화 또는 용역의 공급시기가 속하는 과세기간 **확정신고기한**(종전 과세기간 말의 다음 달 11일)까지 세금계산서 발급명세를 전송하지 아니한 경우	공급가액 × 0.5% (종전 1%)
⑧ 발급명세지연 전송	전자세금계산서 발급일의 다음 날 경과 후 ~ 과세기간 **확정신고기한**(종전 과세기간 말의 다음 달 11일)까지 전송	공급가액 × 0.3% (종전 0.5%)

📈 실무 ○

중복적용배제

• 전자세금계산서 미전송 및 지연전송 가산세는 매출처별세금계산서합계표 관련 가산세가 적용되는 경우에는 적용되지 아니함
• 전자세금계산서 지연발급가산세(1%)와 발급명세지연전송가산세(0.5%)가 중복적용되는 경우에는 지연발급가산세(1%)만 부과
• 재화 또는 용역을 공급하고 세금계산서 등의 공급가액을 과다하게 적은 경우 공급가액 과다기재 가산세(2%)를 적용하고 사실과 다른 세금계산서 발급에 따른 가산세(1%)는 적용되지 아니함

과소발행에 따른 가산세 없음

• 재화 또는 용역을 공급하고 세금계산서를 발행함에 있어 정확한 금액이 산정되지 않은 경우 우선적으로 적은 금액을 발행하는 것이 유리
• 근거 : 과소 발급한 세금계산서 수정세금계산서 발급 가능(사전법령부가 – 0060, 2017.6.20.[142])

---

142) 처음에 발급한 세금계산서의 공급가액이 업무담당자의 착오로 과소하게 기재되어 부가가치세법 시행령 제70조 제1항 제5호에 따른 수정세금계산서를 발급하여 국세기본법 제45조에 따라 수정신고하는 경우, 해당 수정세금계산서에 대하여 부가가치세법 제60조에 따른 가산세가 적용되지 아니하는 것임

2) 매출처별세금계산서합계표 제출 불성실가산세

구 분	가산세 부과사유	가산세
① 미제출	매출처별세금계산서합계표를 제출하지 않은 경우 → 제출기한이 지난 후 1개월 이내에 제출하는 경우 해당 가산세의 50% 감면함 (*) 전자세금계산서 발급하고 국세청에 전송한 경우에는 매출처별세금계산서합계표 제출의무가 없으므로 가산세 대상 아님	공급가액 ×0.5%
② 부실기재	제출한 매출처별세금계산서합계표의 기재사항 중 거래처별 등록번호 또는 공급가액의 전부 또는 일부가 기재되지 않았거나 사실과 다르게 기재된 경우 → 매출처별세금계산서합계표의 기재사항이 착오로 적힌 경우(지연제출 제외)로서 발급한 세금계산서에 의해 거래사실이 확인되는 분의 공급가액은 사실과 다르게 적힌 것으로 보지 아니함	공급가액 ×0.5%
③ 지연제출	예정신고와 함께 제출하여야 할 매출처별세금계산서합계표를 확정신고와 함께 제출하는 경우(부실기재의 경우 제외) → 수정신고와 함께 제출하거나 경정청구와 함께 제출하는 것은 지연제출이 아니라 미제출에 해당함	공급가액 ×0.3%

다. 공급받은 사업자에 대한 가산세

구 분	가산세 부과사유	가산세
① 지연수취·공급시기 오류기재 (부령 §108 ⑤)	㉠ 재화·용역의 공급시기 이후에 발급받은 세금계산서로서 해당 공급시기가 속하는 과세기간의 확정신고기한 내에 세금계산서를 발급받아 매입세액을 공제받은 경우 ㉡ 공급시기 이후 세금계산서를 발급받았으나, 실제 공급시기가 속하는 과세기간의 확정신고기한 다음날부터 6개월 이내에 발급받은 것으로서 수정신고·경정청구하거나, 거래사실을 확인하여 결정·경정하는 경우(2019.2.12. 이후 공급받는 분부터) ㉢ 공급시기 이전 세금계산서를 발급받았으나, 실제 공급시기가 30일 이내에 도래하고 거래사실을 확인하여 결정·경정하는 경우(2019.2.12. 이후 공급받는 분부터)	공급가액 ×0.5%

구 분	가산세 부과사유	가산세
② 경정시 제출	㉠ 매입처별세금계산서합계표를 제출하지 아니한 경우로서 매입처별세금계산서합계표에 따르지 아니하고 세금계산서 등에 의하여 매입세액공제를 받은 경우 ㉡ 매입처별세금계산서합계표의 기재사항 중 거래처별 등록번호 또는 공급가액의 전부 또는 일부가 적히지 아니하였거나 사실과 다르게 적힌 경우로서 매입처별세금계산서합계표에 따르지 아니하고 <u>세금계산서에 의하여 매입세액을 공제받은 경우</u> → 착오로 사실과 다르게 적힌 경우로서 교부하였거나 교부받은 세금계산서에 의하여 거래사실이 확인되는 경우 제외 ㉢ 신용카드매출전표 등 수령명세서를 예정신고·확정신고시 제출하지 않고 경정시 제출하여 매입세액을 공제받는 경우 ㉣ 매입세액을 공제받기 위하여 제출한 신용카드매출전표 등 수령명세서에 공급가액을 과다하게 적은 경우 : 실제보다 과다하게 적은 공급가액(착오로 기재된 경우로서 신용카드 매출전표 등에 따라 거래 사실이 확인되는 부분의 공급가액은 제외)	과다기재 공급가액 ×0.5% (종전 1%)
③ 과다기재 신고	예정신고·확정신고시 또는 예정신고누락분을 확정신고시에 제출한 매입처별세금계산서합계표의 기재사항 중 공급가액을 사실과 다르게 과다하게 적어 신고한 경우 → 과다하게 적어 신고한 분(금액)에 대해서만 가산세 부과함(국심 2003중2367, 2003.12.16.)	공급가액 ×0.5%
④ 가공수취	재화 또는 용역을 공급받지 아니하고 세금계산서 또는 신용카드매출전표 등을 발급받은 경우	<u>공급가액 ×3%</u>
⑤ 위장수취	재화 또는 용역을 공급받고 실제로 재화 또는 용역을 공급하는 자 외의 자 명의로 세금계산서 또는 신용카드매출전표 등을 발급받은 경우	공급가액 ×2%
⑥ <u>과다기재 수취</u>	재화 또는 용역을 공급받고 세금계산서등 과다기재하여 발급받은 경우	<u>과다기재 공급가액 ×2%</u>

📊 **실무** ◦

결정 · 경정시 가산세가 부과되지 않는 경우

매입처별세금계산서합계표 또는 신용카드매출전표 등 수령명세서를 국세기본법에 따라

① 과세표준수정신고서와 함께 제출하거나 경정청구서와 함께 제출하여 경정기관이 경정하는 경우

② 기한 후 과세표준신고서와 함께 제출하여 관할세무서장이 결정하는 경우

(3) 신고납부불성실가산세 - 국세기본법에 규정됨

가. 신고불성실가산세

1) 개요

구 분		가산세의 내용
(1) 무신고가산세	① 일반무신고	일반무신고 해당 산출세액 × 20%
	② 부당무신고	부당무신고 해당 산출세액 × 40%
(2) 과소신고가산세	① 일반과소신고	일반과소신고 해당 산출세액 × 10%
	② 부당과소신고	부당과소신고 해당 산출세액 × 40%
(3) 초과환급신고 가산세	① 일반초과환급신고	일반초과환급 신고세액 × 10%
	② 부당초과환급신고	부당초과환급 신고세액 × 40%
(4) 영세율 과세표준 신고불성실 가산세		무신고 · 미달 신고한 영세율 과세표준 × 0.5%

2) 무신고 해당 산출세액 등의 계산

① 무신고 가산세 적용시의 무신고 해당 산출세액의 계산

납세의무자(납부의무가 면제되는 간이과세자 제외)가 법정신고기한 내에 예정신고서 또는 확정신고서를 제출하지 아니한 경우에 무신고가산세가 적용된다.

> • 부당무신고 산출세액 = 부당한 방법으로 무신고한 금액에 상당하는 산출세액
> • 일반무신고 산출세액 = 무신고산출세액 - 부당무신고 해당 산출세액

② 과소신고 가산세 적용시의 과소신고 해당 산출세액의 계산

납세의무자(납부의무가 면제되는 간이과세자 제외)가 법정신고기한 내에 예정신고서

또는 확정신고서를 제출한 경우로서 신고한 납부세액이 신고하여야 할 납부세액(경정납부세액)에 미달한 경우에 과소신고가산세가 적용된다.

- 과소신고 산출세액의 한도 = 경정납부세액 − 신고납부세액(환급세액 신고한 경우에는 영(0)으로 봄)
- 부당과소신고산출세액 = 부당한 방법으로 과소신고한 금액에 상당하는 산출세액
- 일반과소신고산출세액 = 과소신고산출세액 − 부당과소신고산출세액
  → 환급받을 세액이 있는 것으로 신고한 경우

  ㉠ 부당과소신고산출세액 = 경정납부세액 × $\dfrac{\text{부당과소신고납부세액}}{\text{경정납부세액} + \text{환급신고세액}}$

  ㉡ 일반과소신고산출세액 = 경정납부세액 × $\dfrac{\text{일반과소신고납부세액}}{\text{경정납부세액} + \text{환급신고세액}}$

③ 초과환급신고가산세 적용시의 초과환급신고 해당 산출세액의 계산

- 초과환급신고세액의 한도 = 신고한 환급세액 − 경정환급세액
- 부당초과환급신고세액 = 부당한 방법으로 초과환급신고한 세액
- 일반초과환급신고세액 = 초과환급신고세액 − 부당초과환급신고세액

───📈 실무 ○────

부정행위

사업자가 다음과 같이 과세표준 또는 세액계산의 기초가 되는 사실의 전부 또는 일부를 은폐하거나 가장하는 것에 기초하여 과세표준 또는 세액의 신고의무를 위반하는 것을 말함
① 이중장부의 작성 등 장부의 거짓기장
② 거짓증빙 또는 거짓문서의 작성 및 수취
③ 장부와 기록의 파기
④ 재산의 은닉, 소득·수익·행위·거래의 조작 또는 은폐
⑤ 고의적으로 장부를 작성하지 않거나 비치하지 않은 행위 또는 계산서, 세금계산서 또는 계산서합계표, 세금계산서합계표의 조작
⑥ 전사적 기업자원관리설비의 조작 또는 전자세금계산서의 조작
⑦ 그 밖에 국세를 포탈하거나 환급·공제받기 위한 사기 및 그 밖의 부정한 행위

┌───┐
│ 📈 **실무** ○━   │
│   │
│ 무신고 가산세와 과소신고 가산세 등의 적용   │
│   │
│ • 무신고 또는 과소신고 가산세의 대상금액은 부가가치세 신고서 상의 납부(환급)세액 │
│ 을 말함   │
│   │
│ ┌───┐ │
│ │   납부(환급)세액(㉯) = 매출세액(㉮) − 매입세액(㉰)   │ │
│ └───┘ │
│   │
│ • 사업자가 아닌 자가 환급신청을 하여 환급받은 경우에도 2012년부터 초과환급신고가 │
│ 산세와 환급불성실가산세가 적용됨(기법 §47의3 ③ 및 기법 §47의4 ③) │
└───┘

나. 납부·환급불성실가산세

1) 납부불성실가산세

납세의무자가 납부기한 내에 부가가치세를 납부하지 않았거나 납부한 세액이 납부하여야 할 세액에 미달하는 경우 다음의 금액을 납부불성실가산세로 납부하여야 한다.

$$\text{가산세} = \text{미납·미달납부세액} \times \text{기간} \times 2.2/10,000$$

위의 산식에서 기간은 납부기한의 다음 날부터 자진납부일 또는 납세고지일까지의 일수를 말한다.

2) 환급불성실가산세

납세의무자가 환급받은 세액이 환급받아야 할 세액을 초과하는 경우 다음의 금액을 환급불성실가산세로 납부하여야 한다.

$$\text{가산세} = \text{초과환급세액} \times \text{기간} \times 2.2/10,000$$

위의 산식에서 기간은 환급받은 날의 다음 날부터 자진납부일 또는 납세고지일까지의 일수를 말한다.

실무

납부·환급불성실 가산세의 적용

- 2012년부터 과세기간을 잘못하여 납부한 경우로서 앞선 과세기간에 초과납부한 경우에는 추후 과소납부한 과세기간의 납부세액을 미리 납부한 것으로 보아 과소납부가산세를 적용함

  예 1) 2013년 제2기 공급을 2013년 제1기 공급으로 잘못 신고납부한 경우
  제2기에 과소납부하였다고 하더라도 제1기에 이미 납부하였으므로 제2기에는 과소납부가산세는 적용하지 않고, 과소신고가산세만 적용함

  예 2) 2013년 제1기 공급을 제2기 공급으로 착각하여 제2기에 신고납부한 경우
  제1기에 대하여 과소신고가산세를 적용하고, 과소납부가산세는 제2기의 부가가치세 납부일까지만 적용함

- 사업자단위과세 적용이나 주사업장 총괄납부 사업자가 아닌 사업자가 사업장별로 한 사업장에서는 초과 납부하고 다른 사업장에서는 과소납부한 경우에는 각 사업장별 납부세액을 통산하여 납부불성실가산세를 적용함

  예) A사업장은 200만 원 초과납부하고, B사업장은 500만 원 과소납부한 경우 B사업장 과소납부불성실가산세는 300만 원(500만 원 - 200만 원)에 대하여만 적용함

(4) 기타 가산세

1) 현금매출명세서 또는 부동산 임대공급가액명세서 미제출 가산세

현금매출명세서 또는 부동산임대공급가액명세서를 제출하지 아니하였거나 제출한 수입금액이 사실과 다르게 기재된 경우에는 다음의 금액을 가산세로 납부하여야 한다.

가산세 = 미제출한 금액 또는 제출한 수입금액과 실제 수입금액과의 차액 × 1%

→ 제출기한 경과 후 1개월 이내 제출하면 50% 감면함.

*) 임대차계약 변경시 변경된 임대차계약서 사본을 부동산임대공급가액명세서에 첨부하지 아니한 경우라도 부동산임대공급가액명세서를 제출하였다면 가산세는 적용되지 않는 것으로 해석됨.

실무

현금매출명세서 제출

구 분	주요 내용
제출대상 거래	• 세금계산서, 신용카드, 현금영수증 발급분을 제외한 순수 현금매출 거래가 제출대상임 • 주민등록번호로 (전자)세금계산서를 발급한 분도 제출대상 거래임 • 성형외과 등 전문직으로서 현금영수증 의무발급대상자의 10만 원 이상의 거래는 현금영수증을 발급할 것이기 때문에 10만 원 미만의 현금거래로서 현금영수증을 발급하지 아니한 분이 현금매출명세서 제출대상이 된다고 할 수 있음
제출대상 업종	예식장업, 부동산중개업, 보건업(병원과 의원으로 한정함), 변호사업, 심판변론인업, 변리사업, 법무사업, 공인회계사업, 세무사업, 경영지도사업, 기술지도사업, 감정평가사업, 손해사정인업, 통관업, 기술사업, 건축사업, 도선사업, 측량사업, 공인노무사업, 의사업, 한의사업, 약사업, 한약사업, 수의사업과 그 밖에 이와 유사한 사업서비스업으로서 기획재정부령이 정하는 것 → 자동차종합수리업 : 손해보험업을 영위하는 보험회사로부터 받는 보험금은 현금영수증을 발급하지 않는다[종전 국세청 예규 서면소득 2015-1446(2015.8.28.)를 기재부 예규 조세법령-646(2018.5.11.)로 변경].

2) 영세율 과세표준 신고불성실 가산세

사업자가 영세율이 적용되는 과세표준을 예정신고 또는 확정신고를 하지 않았거나 신고한 과세표준이 신고하여야 할 과세표준에 미달하는 때(영세율 첨부서류를 제출하지 않은 경우 포함) 다음의 금액을 가산세로 납부하여야 한다.

> 가산세 = 무신고 · 미달신고한 영세율 과세표준 × 0.5%

→ 법정신고기한 경과 후 2년 이내에 수정신고납부한 경우에는 초과환급신고가산세의 50%, 20%, 10%를 감면함

→ 제출한 수출실적명세서 또는 영세율 첨부서류 제출명세서의 기재사항이 착오로 기재되었으나 수출대금입금증명서 · 수출신고필증 등의 서류에 따라 그 사실이 확인되는 경우에는 영세율 과세표준 신고불성실 가산세를 적용하지 않음

3) 대리납부불이행가산세

대리납부의무자가 대리납부세액을 납부하지 않은 경우에는 다음의 가산세를 대리납부의무자로부터 징수한다.

> ① 미납부 · 과소납부분 세액 × (3% + 일수 × 2.2/10,000)
> ② 한도 : 미납부 · 과소납부분 세액 × 10%

03 가산세의 중복적용 배제

(1) 미등록 · 허위등록가산세(1%)가 적용되는 경우

① 세금계산서불성실가산세
  ㉠ 지연발급가산세(1%)
  ㉡ 부실기재가산세(1%)
  ㉢ 전자세금계산서 미전송 · 지연전송가산세(0.5%, 0.3%)
② 매출처별세금계산서합계표불성실가산세
  ㉠ 미제출가산세(0.5%)
  ㉡ 부실기재가산세(0.5%)
  ㉢ 지연제출가산세(0.3%)
③ 신용카드매출전표등불성실가산세(0.5%)

(2) 세금계산서 불성실 가산세가 적용되는 경우

적용되는 가산세	적용배제되는 가산세
① 세금계산서 미발급 가산세(2%) ② <u>가공세금계산서 발급가산세(3%)</u> ③ 허위세금계산서 발급가산세(2%) ④ 과다기재세금계산서발급가산세(2%)	① 미등록 · 허위등록가산세(1%) ② 매출처별세금계산서합계표 불성실가산세 　• 미제출가산세(0.5%) 　• 부실기재가산세(0.5%) 　• 지연제출가산세(0.3%)
⑤ <u>가공세금계산서 수취가산세(3%)</u> ⑥ 허위세금계산서 수취 가산세(2%) ⑦ 과다기재세금계산서수취가산세(2%)	① 매입처별세금계산서합계표 불성실가산세 　• 경정시 제출 가산세(0.5%) 　• 세금계산서지연수취 · 공급시기오류기재가산세(0.5%) 　• 공급가액 과다기재 가산세(0.5%)
⑧ <u>허위세금계산서 발급가산세(2%)</u>	세금계산서 미발급가산세(2%)

(3) 매출처별세금계산서합계표 불성실가산세가 적용되는 경우

적용되는 가산세	적용배제되는 가산세
• 미제출가산세(0.5%) • 지연제출가산세(0.3%) • 부실기재가산세(0.5%)	① 세금계산서불성실가산세 　• 세금계산서 지연발급가산세(1%) 　• 세금계산서 부실기재가산세(1%) 　• 전자세금계산서 미전송·지연전송가산세(0.5%, 0.3%)

(4) 현금영수증 발급 불성실가산세가 적용되는 경우

적용되는 가산세	적용배제되는 가산세
• 발급불성실가산세 　(20%, 착오·누락으로 7일 이내 　자진발급 10%)	① 세금계산서 미발급가산세(2%) ② 매출처별세금계산서합계표 불성실가산세 　• 부실기재가산세(0.5%)

(5) 예정신고납부를 할 때 가산세가 적용된 분

예정신고납부를 할 때 다음의 가산세가 적용된 분은 확정신고납부를 할 때 가산세를 부과하지 아니한다.

　① 신고불성실가산세

　② 납부·환급불성실가산세

　③ 영세율 과세표준 신고불성실가산세

현금영수증 의무발행업종(제210조의 3 제1항 제4호 및 같은 조 제11항 관련)

구 분	업 종
1. 사업서비스업	가. 변호사업 나. 공인회계사업 다. 세무사업 라. 변리사업 마. 건축사업 바. 법무사업 사. 심판변론인업 아. 경영지도사업 자. 기술지도사 차. 감정평가사업 카. 손해사정인업 타. 통관업 파. 기술사업 하. 측량사업 거. 공인노무사업 너. 행정사업
2. 보건업	가. 종합병원 나. 일반병원 다. 치과병원 라. 한방병원 마. 요양병원 바. 일반의원(일반과, 내과, 소아청소년과, 일반외과, 정형외과, 신경과, 정신건강의학과, 피부과, 비뇨의학과, 안과, 이비인후과, 산부인과, 방사선과 및 성형외과) 사. 기타의원(마취통증의학과, 결핵과, 가정의학과, 재활의학과 등 달리 분류되지 않은 병과) 아. 치과의원 자. 한의원 차. 수의업
3. 숙박 및 음식점업	가. 일반유흥 주점업(「식품위생법 시행령」 제21조 제8호 다목에 따른 단란주점영업을 포함한다) 나. 무도유흥 주점업 다. 일반 및 생활 숙박시설운영업 라. 출장 음식 서비스업 마. 기숙사 및 고시원 운영업(고시원 운영업으로 한정한다) 바. 숙박공유업

구 분	업 종
4. 교육 서비스업	가. 일반 교습 학원 나. 예술 학원 다. 외국어학원 및 기타 교습학원 라. 운전학원 마. 태권도 및 무술 교육기관 바. 기타 스포츠 교육기관 사. 기타 교육지원 서비스업 아. 청소년 수련시설 운영업(교육목적용으로 한정한다) 자. 기타 기술 및 직업훈련학원 차. 컴퓨터 학원 카. 그 외 기타 교육기관
5. 그 밖의 업종	가. 골프장 운영업 나. 골프 연습장 운영업 다. 장례식장 및 장의 관련 서비스업 라. 예식장업 마. 부동산 중개 및 대리업 바. 부동산 투자 자문업 사. 산후 조리원 아. 시계 및 귀금속 소매업 자. 피부 미용업 차. 손·발톱 관리 미용업 등 기타 미용업 카. 비만 관리 센터 등 기타 신체 관리 서비스업 타. 마사지업(발 마사지업 및 스포츠 마사지업으로 한정한다) 파. 실내건축 및 건축마무리 공사업(도배업만 영위하는 경우는 제외한다) 하. 인물 사진 및 행사용 영상 촬영업 거. 결혼 상담 및 준비 서비스업 너. 의류 임대업 더. 「화물자동차 운수사업법」 제2조 제4호에 따른 화물자동차 운송주선사업(이사화물에 관한 운송주선사업으로 한정한다) 러. 자동차 부품 및 내장품 판매업 머. 자동차 종합 수리업 버. 자동차 전문 수리업 서. 전세버스 운송업 어. 가구 소매업 저. 전기용품 및 조명장치 소매업 처. 의료용 기구 소매업 커. 페인트, 창호 및 기타 건설자재 소매업

구 분	업 종
5. 그 밖의 업종	터. 주방용품 및 가정용 유리, 요업 제품 소매업
	퍼. 안경 및 렌즈 소매업
	허. 운동 및 경기용품 소매업
	고. 예술품 및 골동품 소매업
	노. 중고자동차 소매업 및 중개업
	도. 악기 소매업
	로. 자전거 및 기타 운송장비 소매업
	모. 체력단련시설 운영업
	보. 화장터 운영, 묘지 분양 및 관리업(묘지 분양 및 관리업으로 한정한다)
	소. 특수여객자동차 운송업
	오. 가전제품 소매업
	조. 의약품 및 의료용품 소매업
	초. 독서실 운영업 (2025.1.1. 이후 스터디카페 포함)
	코. 두발 미용업
	토. 철물 및 난방용구 소매업
	포. 신발 소매업
	호. 애완용 동물 및 관련용품 소매업
	구. 의복 소매업
	누. 컴퓨터 및 주변장치, 소프트웨어 소매업
	두. 통신기기 소매업
	루. 건강보조식품 소매업
	무. 자동차 세차업
	부. 벽지, 마루덮개 및 장판류 소매업
	수. 공구 소매업
	우. 가방 및 기타 가죽제품 소매업
	주. 중고가구 소매업
	추. 사진기 및 사진용품 소매업
	쿠. 모터사이클 수리업
	투. 가전제품 수리업
	푸. 가정용 직물제품 소매업
	후. 가죽, 가방 및 신발 수리업
	그. 게임용구, 인형 및 장난감 소매업
	느. 구두류 제조업
	드. 남자용 겉옷 제조업
	르. 여자용 겉옷 제조업
	므. 모터사이클 및 부품 소매업(부품 판매업으로 한정한다)
	브. 시계, 귀금속 및 악기 수리업

구 분	업 종
	스. 운송장비용 주유소 운영업 으. 의복 및 기타 가정용 직물제품 수리업 즈. 중고 가전제품 및 통신장비 소매업 츠. 백화점 크. 대형마트 트. 체인화편의점 프. 기타 대형 종합소매업 흐. 서적, 신문 및 잡지류 소매업 기. 곡물, 곡분 및 가축사료 소매업 니. 육류 소매업 디. 자동차 중개업 리. 주차장 운영업 미. 여객 자동차 터미널 운영업 비. 통신장비 수리업 시. 보일러수리 등 기타 가정용품 수리업
6. 통신판매업(제1호부터 제5호에서 정한 업종에서 사업자가 공급하는 재화 또는 용역을 공급하는 경우로 한정한다)	가. 전자상거래 소매업 나. 전자상거래 소매 중개업 다. 기타 통신 판매업

비고: 업종의 구분은 위 표에서 특별히 규정하는 업종을 제외하고는 한국표준산업분류를 기준으로 한다.
(2025.1.1. 이후 재화 또는 용역을 공급하는 분부터 적용)
① 여행사업, ② 기타 여행보조 및 예약 서비스업, ③ 수영장운영업, ④ 스쿼시장 등 기타 스포츠시설 운영업, ⑤ 실외경기장 운영업, ⑥ 실내경기장 운영업, ⑦ 종합스포츠시설 운영업, ⑧ 볼링장운영업, ⑨ 스키장운영업, ⑩ 의복 액세서리 및 모조 장신구 소매업, ⑪ 컴퓨터 및 주변기기 수리업, ⑫ 앰뷸런스 서비스업, ⑬ 애완동물 장묘 및 보호서비스업

04 가산세의 적용배제 및 감면 등

(1) 가산세의 적용배제

국세기본법상 기한연장의 사유가 있거나(기법 §6 ①), 납세자가 의무불이행한 것에 대한 정당한 사유가 있는 경우(기법 §48 ①)에는 해당 가산세를 부과하지 아니한다.

① 천재지변이 발생한 경우
② 납세자가 화재, 전화, 그 밖의 재해를 입거나 도난을 당한 경우
③ 납세자 또는 그 동거가족이 질병이나 중상해로 6개월 이상의 치료가 필요하거나 사망하여 상중(喪中)인 경우
④ 납세자가 그 사업에 심각한 손해를 입거나, 그 사업이 중대한 위기에 처한 경우(납부의 경우만 해당)
⑤ 정전, 프로그램의 오류, 그 밖의 부득이한 사유로 한국은행(그 대리점 포함) 및 체신관서의 정보통신망의 정상적인 가동이 불가능한 경우
⑥ 금융회사 등 또는 체신관서의 휴무, 그 밖의 부득이한 사유로 인하여 정상적인 세금 납부가 곤란하다고 국세청장이 인정하는 경우
⑦ 권한 있는 기관에 장부나 서류가 압수 또는 영치된 경우
⑧ 납세자의 형편, 경제적 사정 등을 기한의 연장이 필요하다고 인정되는 경우로서 국세청장이 정하는 기준에 해당하는 경우(납부의 경우만 해당)
⑨ 세무사법에 따라 납세자의 장부 작성을 대행하는 세무사(세무법인 포함) 또는 공인회계사(회계법인 포함)가 화재, 전화, 그 밖의 재해를 입거나 도난을 당한 경우 **(2015.2.3. 이후 기한연장을 신청하는 분부터 적용)**
⑩ 위 ②, ③ 또는 ⑦에 준하는 사유가 있는 경우

📈 **실무** ●──────

정당한 사유 – 판례의 해석

구 분	판례의 해석
(1) 법률의 부지·착오	고의나 과실 및 납세자의 세법에 대한 부지·착오는 정당한 사유에 해당되지 아니함
(2) 사실관계의 부지·착오	납세자가 진정으로 어쩔 수 없는 사정이 있고 가산세를 부과하는 것이 부당 또는 가혹한 경우에만 정당한 사유 인정
(3) 과세관청의 언동	과세관청의 언동 또는 행위와 납세자의 귀책사유와의 경중을 비교하여 정당한 사유 인정

※ 세무회계사무소의 정전, 회계프로그램 오류, 국세청 정보통신망의 오류가 있는 경우 등 납세자의 귀책사유 없이 정상적인 신고가 어려운 경우에는 정당한 사유가 있는 것으로 해석됨

(2) 가산세의 감면

1) 수정신고에 따른 신고불성실 가산세 감면

법정신고기한이 지난 후 2년 이내에 수정신고를 한 경우 신고불성실 가산세 중 다음에 해당하는 금액을 감면한다(2020.1.1. 이후 수정신고하는 분부터 적용).

→ 2015.1.1. 이후 수정신고서를 제출하는 분부터 수정신고에 따른 추가자진납부를 하지 않은 경우에도 가산세 감면이 적용된다.

1개월 이내	90% 감면
1개월 초과 3개월 이내	75% 감면
3개월 초과 6개월 이내	50% 감면
6개월 초과 1년 이내	30% 감면
1년 초과 1년 6개월 이내	20% 감면
1년 6개월 초과 2년 이내	10% 감면

※ 다만, 세액에 관하여 경정이 있을 것을 미리 알고(조사착수, 과세자료 해명통지) 수정신고서를 제출한 경우에는 감면이 배제됨.

2) 기한후신고에 따른 무신고가산세의 감면(2020.1.1. 이후 기한후신고하는 분부터 적용)

법정신고기한 경과 후 1개월 이내에 기한후신고를 한 경우	50% 감면
법정신고기한 경과 후 1개월 초과 3개월 이내에 기한후신고를 한 경우	30% 감면
법정신고기한 경과 후 3개월 초과 6개월 이내에 기한후신고를 한 경우	20% 감면

→ 2015.1.1. 이후 기한후신고서를 제출하는 분부터 기한후신고에 따른 추가자진납부를 하지 않은 경우에도 가산세 감면이 적용된다.

3) 가산세가 50% 감면되는 경우

① 과세전적부심사 결정 및 통지기간 이내에 그 결과를 통지하지 아니한 경우 그 결정 및 통지가 지연됨으로써 해당기관에 부과되는 납부불성실, 초과환급불성실가산세

② 세법에 따른 제출·신고·가입·등록·개설("제출 등")의 기한이 경과한 후 1개월 이내에 해당 세법에 따른 제출 등의 의무를 이행하는 경우 제출 등의 의무위반에 대하여 세법에 따라 부과되는 가산세

부가세법	사업자미등록, 세금계산서합계표 미제출, 현금매출명세서 미제출
법인세법	현금영수증 미가입, 지급조서 미제출, 계산서합계표 미제출, 결합재무제표 미제출, 주식이동상황명세서 미제출
소득세법	사업용계좌 미개설, 현금영수증 미가입, 수입금액명세서 불성실, 사업장현황신고 미제출, 지급조서 미제출 등

(3) 가산세의 한도

다음 어느 하나에 해당하는 가산세에 대하여는 그 의무위반의 종류별로 각각 1억 원을 한도로 한다(기법 §49 ① 3호).

① 미등록·허위등록 가산세(부법 §22 ①)

② 세금계산서 불성실 가산세, 세금계산서 등 경정기관 제출 확인 매입세액공제에 따른 가산세(부법 §22 ②)

③ 매출처별세금계산서합계표 불성실 가산세(부법 §22 ④)

④ 매입처별세금계산서합계표 불성실 가산세(부법 §22 ⑤)

⑤ 현금매출명세서 제출 불성실 가산세(부법 §22 ⑥)

> **실무**
> • 고의적으로 위반한 경우에는 한도 적용 배제함
> • 각 과세기간 단위별로 한도 계산함

해석사례 사업자등록 관련 가산세

(1) 사업자등록이 된 타인의 명의를 차용하여 사업영위한 경우 미등록가산세 부과 여부
2006.12.31. 이전까지 타인의 명의를 빌려 사업자로 등록한 경우에는 미등록가산세를 부과하지 아니하는 것이나, 아예 사업자등록 신청을 아니한 채 사업자등록이 된 타인의 명의를 차용하여 사업을 영위한 경우에까지 적용되는 것은 아님(대구고등법원 2008누1833, 2009.5.8.)

→ 위장등록 및 명의차용 관련 가산세 정리

구 분	위장등록(타인명의 등록)	명의차용(기존 사업자등록차용)
2006.12.31. 이전	가산세 부과 없음	미등록가산세 부과
2007.1.1. 이후	허위등록가산세 부과	미등록가산세 부과

(2) 미등록사업자의 매입세액불공제 및 가산세

사업자가 별도로 사업장을 신설한 후 사업자등록을 하지 아니하고 기존 사업장에서 부가가치세의 과세표준 및 세액을 신고 납부한 경우에는 신설 사업장의 거래분에 대하여는 미등록가산세 및 신고납부불성실가산세가 적용되는 것임(상담3팀-642, 2006.4.3.)

(3) 미등록된 사업장분을 등록된 사업장분으로 부가가치세를 신고·납부한 데 대하여 가산세 부과한 처분의 당부

청구법인이 쟁점부동산 소재지 관할세무서장에게 사업자등록을 신청하지 아니하고, 부가가치세를 신고·납부하여야 할 사업장 관할세무서인 처분청에 부가가치세를 신고납부하지 아니한 데 대한 가산세를 부과함에 있어 사업자미등록가산세와 신고불성실가산세를 부과함은 적법하다고 판단되나, 청구법인이 사실상 이미 국가에 납부한 부가가치세(본세)와 이에 대한 납부불성실가산세는 취소하는 것이 타당하다고 판단됨(국심 2003서2754, 2004.3.3.)

→ 위 (2)의 예규에서는 납부불성실가산세도 적용되는 것으로 해석하고 있으나, (3) 심판결정례에서는 납부불성실가산세는 적용되지 않는 것으로 해석하여 서로 상이한 입장임

(4) 지점 매출분에 대하여 본점에서 세금계산서 교부시 가산세 적용 여부

① 2 이상의 사업장이 있는 법인사업자가 지점에서 재화를 공급하고 본점에서 세금계산서 발급 및 부가가치세 신고·납부한 경우로서 지점에 대하여 세금계산서 미발급가산세가 적용되는 경우 본점에 대하여 세금계산서 기재불성실 가산세를 적용하지 아니하는 것임(기준법령부가 2019-27, 2019.3.12.)

② 본점과 지점을 소유한 법인이 지점의 건물을 양도하고 본점을 공급자로 하는 세금계산서를 발급한 이후 공급시기가 속한 과세기간에 대한 확정신고기한 까지 지점을 공급자로 하는 세금계산서를 재발급한 경우 지점에서 발급한 세금계산서에 대하여 법 제60조 제2항 제1호(지연발급)의 가산세를 적용하지 아니함

해석사례 세금계산서 등 관련 가산세 – 공급자에 대한 가산세

(1) 부가가치세 과세거래에 해당하지 아니하는 거래에 대하여 세금계산서를 교부한 경우 가산세 적용 여부

부가가치세 과세거래에 해당하지 아니하는 거래에 대하여 거래상대방에게 10%의 세율을 적용한 세금계산서를 교부하여 사업자와 거래상대방이 부가가치세 신고시 매출(매입)처별세금계산서합계표를 제출한 경우에는 매출(매입)처별세금계산서합계표 관련 가산세가 적용되지 아니하는 것임(부가-1585, 2009.11.3.)

⑵ 공급받는 자가 명의위장자로 밝혀지는 경우 가산세 거래상대방이 명의위장한 것을 알지 못하고 정당하게 세금계산서를 교부한 경우 명의위장이 판명되기 전에 교부한 것은 가산세가 적용되지 아니함(부가 1265-1260, 1980.7.4.)

⑶ 위·수탁판매의 경우 가산세
수탁자 또는 대리인이 위탁자 또는 본인을 대리하여 세금계산서를 교부하는 경우 세금계산서 관련 가산세는 위탁자 또는 본인에게 적용함(부가통칙 22-0-2)

⑷ 지점 매출분에 대하여 본점에서 세금계산서 교부시 가산세 적용 여부
세금계산서는 계약상 법률상 원인에 의하여 재화 또는 용역을 공급한 사업자가 교부하여야 하는 것으로, 재화를 지점에서 공급하고 세금계산서를 본점에서 발행한 경우에는 세금계산서 미교부·미제출 가산세 및 신고납부불성실가산세가 적용되는 것임(상담3팀-1818, 2007.6.26.)

⑸ 예정신고이행 사업자가 확정신고의 착오로 수정신고하는 경우 가산세 적용 여부
부가가치세 예정신고를 한 사업자가 확정신고시 착오로 예정신고분을 포함하여 신고하였다가 신고기한 경과 후 확정신고분으로 수정신고하는 경우 그 사실이 세금계산서에 의하여 확인되는 경우에는 매출처별세금계산서합계표 불성실 가산세 및 매입처별세금계산서합계표 불성실 가산세를 적용하지 아니하는 것임(부가 46015-1435, 2000.6.23.)

⑹ 조기환급신고를 하였으나 예정·확정신고기한 전에 경정하는 경우 세금계산서불성실 가산세 적용 여부
영세율 등 조기환급신고에 대하여 부가가치세의 과세표준과 환급세액을 조사에 의하여 예정 확정신고기한 전에 경정하는 경우 세금계산서불성실가산세를 부과하는 것임(부가 404, 2008.10.15.)

⑺ 착오로 이중발행한 세금계산서에 대한 경정청구시 가산세 적용 여부
사업자가 한 건의 재화 또는 용역의 공급에 대하여 착오로 세금계산서를 이중으로 발행하여 부가가치세 확정신고시 매출처별세금계산서합계표를 작성·제출한 후 경정청구를 하는 경우에는 가산세는 적용되지 아니하는 것임(부가 46015-1145, 2000.5.23.)

⑻ 사업을 포괄양도하면서 세금계산서를 교부한 경우 가산세 적용 여부
① 사업자가 사업을 포괄적으로 양도하면서 사업양수자에게 세금계산서를 교부하여 부가가치세를 신고·납부하고, 사업양수자는 당해 세금계산서에 의하여 부가가치세를 공제·환급받은 경우 당해 사업자 및 사업양수자가 제출한 매출(매입)처별세금계산서합계표에 대하여는 가산세가 적용되지 아니하는 것임(서면3팀-2166, 2007.7.31.)
② 그러나 사업양수자의 세금계산서에 의한 부가가치세 신고에 대하여는 환급불성실 가산세와 초과환급신고가산세는 적용하는 것임(서면3팀-2467, 2007.9.3.)

(9) 예정고지자가 예정신고 후 예정신고기간 거래분을 제외하고 확정신고한 경우 예정신고분에 대하여 매출처별세금계산서합계표 미제출 가산세, 납부불성실가산세 및 신고불성실가산세의 적용대상이 되는지 여부

① 예정고지를 받은 사업자로서 예정신고대상에 해당하지 않는 개인사업자가 예정신고기간의 거래분에 대하여 예정신고와 함께 매출·매입처별세금계산서합계표를 관할세무서장에 제출한 후에 부가가치세 확정신고시 예정신고기간의 과세표준과 납부세액 등을 제외하고 과세기간 최종 3월간(4.1.~6.30. 또는 10.1.~12.31.)의 과세표준과 납부세액만을 신고·납부한 경우에는 수정신고 또는 경정청구를 하여야 함

② 이 경우 당해 개인사업자가 예정신고시 제출한 매출처별세금계산서합계표의 기재사항이 부가가치세법 제22조 제3항 제2호에 해당하는 경우를 제외하고는 매출처별세금계산서합계표 관련 가산세가 적용되지 아니하며,

③ 부가가치세 확정신고시 신고한 납부세액(예정신고기간의 거래분이 제외된 납부세액)이 예정신고기간 거래분을 포함하여 신고하여야 할 납부세액에 미달하거나 납부한 세액이 납부하여야 할 세액에 미달하는 경우에 그 미달한 신고·납부세액에 대하여는 신고·납부불성실가산세가 적용됨(부가 46015-982, 2000.5.2.)

⑽ 전자세금계산서를 다음달 11일 발급하여 1일 지연발급한 경우 지연발급가산세 적용지연발급 경위, 지연정도 및 범위, 이로 인한 조세부과업무의 지장 여부 등에 관계없이 일률적으로 그 공급가액의 100분의 1의 가산세를 부과하는 것은 납세자의 의무해태 정도 및 그 의무를 강제한 목적에 비하여 과도한 제재로 보임(조심 2023구 3507, 2023.6.26.)

→ 사업양수도에 해당하여 세금계산서 발급대상 아니었으나 대리 납부에 따른 세금계산서 발급 + 자체회계시스템 오류로 하루 지연 발급

해석사례 세금계산서 등 관련 가산세 – 공급받은 자에 대한 가산세

(1) 교부받은 세금계산서를 신고누락하여 이를 경정청구에 의하여 매입세액 공제를 받는 경우 매입처별세금계산서합계표 불성실 가산세 적용 여부

① 사업자가 자기의 사업과 관련하여 교부받은 세금계산서를 부가가치세 신고시 신고 누락하였을 경우 신고누락한 세금계산서의 매입세액은 국세기본법 제45조의2 제1항의 규정에 의한 경정청구시에 매입처별세금계산서합계표를 제출하여 공제받을 수 있으며 이 경우 매입처별세금계산서합계표 불성실 가산세는 적용되지 아니하는 것임

② 다만, 매입세금계산서를 경정기관의 확인을 거쳐 정부에 제출함으로써 매입세금계산서합계표에 의하지 아니하고 세금계산서에 의하여 매입세액을 공제 받는 경우에는 매입처별세금계산서합계표 불성실 가산세는 적용되는 것임(부가 46015-3304, 2000.9.23.)

(2) 기한후 과세표준신고시 매입세금계산서에 대한 가산세 적용 여부

사업자가 교부받은 세금계산서에 대한 매입처별세금계산서합계표를 국세기본법에 의한 기한후 과세표준신고서와 함께 제출하여 관할세무서장이 결정하는 경우 매입처별세금계산서합계표 불성실 가산세가 적용되지 아니하는 것임(서면3팀-847, 2007.3.20.)

(3) 영세율 등 조기환급신고서를 제출한 후 누락한 매입세금계산서를 다음 달 영세율 등 조기환급신고서에 포함하여 제출한 경우 가산세 적용 여부

사업자가 「부가가치세법 시행령」 제73조 제3항의 규정에 의하여 4월분 과세표준과 환급세액에 대하여 영세율 등 조기환급신고서를 제출한 후 당해 영세율 등 조기환급신고시 누락한 4월분 매입세금계산서는 확정신고시 제출하는 것이며, 당해 매입세금계산서를 5월분 과세표준과 환급세액에 대하여 영세율 등 조기환급신고서를 제출하면서 포함하여 제출한 경우 매입처별세금계산서합계표 기재불성실 가산세 및 초과환급신고가산세는 적용하지 아니하는 것임(상담3팀-1904, 2007.7.5.)

(4) 상품권 매매시 교부 세금계산서 관련 매입처별세금계산서합계표 불성실 가산세 적용 여부

상품권의 경우 세금계산서 교부의무와 매입처별세금계산서합계표 제출에 대한 의무가 없는 거래로 매입처별세금계산서합계표에 포함하여 부가가치세를 신고·납부하였다 하여도 매입처별세금계산서합계표의 기재사항 중 사실과 다르게 과다하게 기재하여 신고한 것으로 볼 수 없으므로 「부가가치세법」 제22조 규정에 의한 매입처별세금계산서합계표 가산세 부과대상에 해당하지 않는 것임(부가-546, 2007.7.18.)

→ 「부가가치세법」 제22조의 규정에 의한 "매입처별세금계산서합계표의 기재사항 중 사실과 다르게 과다하게 기재하여 신고한"의 의미는 정상적으로 발급받은 세금계산서상의 공급가액을 매입처별세금계산서합계표에 과다하게 기재하거나 사업과 관련 없는 세금계산서를 발급받아 매입처별세금계산서합계표에 기재하여 매입세액을 공제받는 경우를 말하는 것임

(5) 수입계산서를 매입처별세금계산합계표에 기재하여 제출한 경우 가산세 적용 여부

부가가치세가 면제되는 재화의 수입에 대하여 수입계산서 교부의무가 없는 세관장이 수입계산서를 발행하고 사업자가 교부받은 수입계산서를 매입처별세금계산합계표에 기재하여 제출한 경우에는 매입처별세금계산서합계표 불성실 가산세의 규정을 적용할 수 없음(재소비 46015-90, 2002.4.4.)

(6) 세금계산서로 보는 계산서(영수증) 미제출시 가산세 적용 여부

사업자가 부가가치세법상 세금계산서로 보는 계산서를 공급자로부터 교부받아 부가
가치세 신고시 신고누락하였을 경우 매입처별세금계산서합계표 불성실 가산세의 규
정은 적용되지 아니하는 것임(서면3팀 - 442, 2008.2.28.)

해석사례 신고·납부 불성실 가산세

(1) 면세사업자로부터 세금계산서를 교부받아 매입세액을 공제받은 경우 가산세 적용
여부

사업자가 면세사업자인 거래상대방으로부터 세금계산서를 교부받아 매입세액을 공제
받은 경우 당해 매입세액은 사실과 다르게 기재된 매입세액에 해당하여 매출세액에
서 공제되지 아니하는 것이며, 이 경우 매입처별세금계산서합계표 불성실 가산세 및
신고·납부 불성실 가산세가 적용되는 것임(서삼 46105 - 11550, 2002.9.12.)

(2) 과·면세 겸영자의 공통매입세액 관련 매입처별세금계산서합계표 불성실 가산세 기
준금액

매입세금계산서에 대한 불성실 가산세의 적용대상을 세금계산서의 경우 공제받은 매
입세액으로 하고 있고 부가가치세의 과세체계상 면세사업을 과세대상에서 제외하고
있으므로, 세금계산서의 제출의무를 면제하고 이를 거래처별 합계표로 작성하여 제출
하는 매입처별세금계산서합계표의 경우에도 공제받은 매입세액에 상당하는 공급가액
을 대상으로 가산세를 적용하는 것이 합리적이라 할 것임. 그러므로 사실과 다르다고
본 매입처별세금계산서합계표상 모든 공급가액에 대하여 매입처별세금계산서합계표
불성실 가산세를 적용한 처분은 가산세의 적용에 관한 관련법리를 오해한 잘못이 있
어 부당함(국세청 심사 99 - 1030, 2000.3.10.)

(3) 영세율 등 조기환급신고의 내용에 오류가 있어 경정하는 경우 가산세 적용 여부

영세율 등 조기환급신고의 내용에 오류 또는 탈루가 있어 경정하는 경우 초과환급신
고가산세는 적용되지 아니하는 것이나, 환급불성실가산세는 적용되는 것임(재경부 조
세정책과 - 170, 2008.2.15.)

(4) 조기환급 결정 전 조기환급신고를 취소한 경우 초과환급신고가산세 적용 여부

재화의 공급에서 제외되는 사업의 포괄양도양수와 관련하여 세금계산서를 교부받고
조기환급신고를 한 후, 관할세무서의 조기환급결정 전에 수정신고를 통해 조기환급신
고를 취소한 경우, 초과환급신고가산세는 적용되지 아니하는 것임(재경부가 - 420, 2008.
3.12.)

(5) 예정신고시 조기환급 결정 및 통보된 조기환급세액을 확정신고시 예정신고미환급세액으로 기재하여 신고납부한 경우 가산세 적용 여부

부가가치세 확정신고시 예정신고시에 이미 조기환급 결정 및 통보된 조기환급세액을 예정신고미환급세액으로 기재하여 신고납부, 결과적으로 차가감납부할 세액을 과소하게 신고납부한 경우에는 신고불성실가산세를 부과하는 것임(재소비 46015-264, 2002. 10.17.)

(6) 예정신고시 조기환급신청에 대한 환급통보가 없어 다시 확정신고를 하여 이중 환급신청한 경우 가산세 적용 여부

처분청은 청구인이 예정신고시 신청한 조기환급세액을 15일 이내에 환급하지 아니하였을 뿐만 아니라, 확정신고 때까지도 환급통보를 하지 아니하여 청구인은 조기환급신청세액을 확정신고를 하면서 "예정고지세액"란에 다시 표시할 수밖에 없었고, 이는 단순히 미수령한 환급세액 상당액을 기재한 것으로 청구인이 환급세액을 초과하여 신고한 것은 아니라 할 것이므로 처분청이 환급금을 추징하면서 납부불성실가산세를 가산한 처분은 정당하나 신고불성실가산세를 과세한 처분은 잘못인 것으로 판단됨(국심 2002중2431, 2003.2.19.)

(7) 납세자의 경정청구를 관할세무서장이 거부한 경우 초과환급신고가산세 적용 여부

납세자가 부가가치세의 과세표준 및 세액의 경정을 청구하였으나, 관할세무서장이 이를 거부한 경우에는 초과환급신고가산세를 적용하지 않는 것임(징세-4009, 2008.9.1.)

(8) 과세관청의 결정취소 후 다시 부과처분을 하는 경우 납부불성실가산세 부과의 당부

과세관청의 결정취소는 그 결정취소가 정당하다고 신뢰한 데 대하여 청구인에게 납부의무에 대한 판단을 그르친 귀책사유가 있다고 볼 수 없으므로 처분청의 결정취소일(2004.7.21.) 익일부터 부과처분일(2008.10.31.)까지에 대한 납부불성실가산세는 이를 부과하지 아니함이 타당하다고 판단됨(조심 2009중1569, 2009.9.21.)

(9) 대손세액공제가 배제되는 경우 가산세가 적용되는지 여부

사업자가 부가가치세 신고시 대손세액공제를 하였으나 관할세무서로부터 대손세액공제를 배제당하였을 경우 신고불성실가산세와 납부불성실가산세가 적용되는 것임(부가 46015-4221, 1999.10.18.)

해석사례 영세율 과세표준 신고불성실 가산세

(1) 영세율 과세표준에 대하여 첨부서류만을 제출하고 과세표준신고서에 기재하지 아니한 경우 가산세 적용 여부
  사업자가 부가가치세 신고 시 영세율이 적용되는 과세표준에 대하여 첨부서류만을 제출하고 과세표준신고서에 기재하지 아니한 경우에는 영세율 과세표준 신고불성실 가산세가 적용되는 것임(부가-475, 2009.4.7.)

(2) 신고서상 영세율과세표준을 기재하지 않고 수출실적명세서내용으로 과세표준을 알 수 있는 경우 가산세 적용 여부
  부가가치세신고서상 영세율과세표준을 기재하지 않고 수출실적명세서상 과세표준을 알 수 있어도 신고의무를 이행했다고 볼 수 없으므로 영세율 과세표준 신고불성실 가산세 부과는 정당함(조심 2009구2965, 2009.10.8.)

(3) 영세율 첨부서류 사후 제출에 따른 가산세 적용 여부
  영세율 과세표준 신고시 법정서류를 첨부하지 않고 영세율 첨부서류 목록에 당기 신고 미도래금액을 기재하고 송장 등을 제출한 후 사후 외화가 입금된 시점의 부가가치세 신고시 외화입금증명서를 제출한 경우 영세율 과세표준신고 불성실 가산세를 부과함은 부당함(국심 2000서436, 2000.7.29.)

(4) 조세특례제한법에 의한 영세율 첨부서류 미제출시 가산세 적용 여부
  ① 조특법 기본통칙
    사업자가 조세특례제한법의 규정에 따라 영세율이 적용되는 부가가치세 과세표준에 대하여 영세율 첨부서류를 제출하지 않은 경우 부가가치세법 제22조 제6항의 규정에 의한 영세율 과세표준신고 불성실 가산세는 적용함(조특통칙 106-106-1 ②)
  ② 국세청 해석
    사업자가 조세특례제한법의 규정에 따라 영세율이 적용되는 부가가치세 과세표준을 신고하였으나, 이에 대한 영세율 첨부서류를 제출하지 않은 경우 당해 첨부서류를 제출하지 않은 영세율 과세표준에 대하여는 부가가치세법상 영세율 과세표준신고 불성실 가산세를 적용하는 것임(법규-2858, 2007.6.7.)
  ③ 대법원 판례
    부가가치세법의 규정에 의하여 영세율을 적용받는 거래가 아닌 조세특례제한법에 의한 영세율을 적용받는 거래에 대하여 부가가치세법 제22조 제6항의 규정에 의한 영세율 과세표준신고 불성실 가산세 부과처분은 위법함(대법원 2003두9718, 2006.9.8.)

| 조세특례제한법상 영세율 적용 첨부서류 미제출시 가산세 적용에 대한 해석 |

구 분	부가가치세법 §22 ⑥(영세율 과세표준 신고불성실 가산세)
조특법 기본통칙	적용됨
국세청 해석	
대법원 판례	적용은 위법·부당함

(5) 중계무역·외국인도수출 등의 영세율 과세표준 미신고시 가산세 적용 여부

사업자가 중계무역·외국인도수출 및 위탁가공무역에 의하여 재화를 수출하는 경우 당해 재화는 수출하는 재화에 해당되어 부가가치세 영의 세율이 적용되는 것이며, 이 경우 부가가치세 과세표준을 신고함에 있어 신고한 과세표준이 신고하여야 할 과세 표준에 미달하는 때에는 영세율 과세표준신고 불성실 가산세가 적용되는 것임(서삼 46015-10334, 2002.2.28.)

(6) 영세율 적용대상인 관세환급금 신고누락한 경우 가산세 적용 여부

내국신용장에 의하여 수출업자 또는 수출품생산업자에게 수출재화 염색가공용역을 제공하고 당해 수출업자 또는 수출품생산업자로부터 그 대가의 일부로 받는 관세환 급금은 영의 세율을 적용하는 것이며, 영세율이 적용되는 과세표준을 신고하지 아니 하거나 신고한 과세표준이 신고하여야 할 과세표준에 미달하는 때에는 영세율 과세 표준신고 불성실 가산세를 납부세액에 가산하거나 환급세액에서 공제하는 것임(부가 22601-1827, 1989.12.20.)

(7) 영세율 과세표준 신고불성실 가산세를 부과한 처분의 당부

부가세 확정신고시 예정신고 대상인 영세율과세표준을 예정신고누락분으로 신고한 경우 그 과세표준의 100분의 1에 상당하는 금액을 영세율 과세표준 신고불성실 가산 세로 납부세액에 가산한 처분은 정당함(국심 2008중0171, 2008.3.27.)

(8) 국세정보통신망을 이용하여 법정기한 내 부가가치세 확정신고를 하면서 영세율 첨부 서류(신용장·구매승인서)를 함께 제출하지 아니하고 일반환급신고시 제출기한 내에 제출한 경우에 있어 영세율 신고불성실 가산세를 부과한 처분의 당부

조기환급신고의 경우 영세율 첨부서류를 제출기한 연장대상에서 제외하는 것은 그 취 지가 영세율사업자에게 조기환급하여 자금부담을 덜어주기 위하여 일반환급시보다 빨 리 영세율첨부서류를 제출하라는 것임을 감안할 때 청구법인이 조기환급신고자의 제 출기한내에 영세율첨부서류를 제출하지는 않았으나 일반 환급신고자의 제출기한내에 영세율첨부서류를 제출하였다면 이를 일반환급 신고로 보아 영세율 조기환급의 혜택 을 부여하지 아니하고 일반환급으로 전환하는 것으로 충분한 것이지 영세율사업자에 게 신고불성실 가산세까지 부과할 것은 아니라고 할 것임(국심 2006서3669, 2007.4.27.)

(1) 납세자가 세법의 무지 또는 오인이나 세무공무원의 잘못된 설명을 믿고 그 신고납부
의무를 이행하지 아니한 경우 가산세 부과의 당부

① 세법상 가산세는 과세권의 행사 및 조세채권의 실현을 용이하게 하기 위하여 납
세자가 정당한 이유 없이 법에 규정된 신고·납세의무 등을 위반한 경우에 법이
정하는 바에 의하여 부과하는 행정상의 제재로서 납세자의 고의·과실은 고려되
지 아니하고, 법령의 부지 또는 오인은 그 의무위반을 탓할 수 없는 정당한 사유
에 해당하지 아니한다 할 것임(같은 뜻, 대법원 2006.10.26. 선고, 2005두3714 판결, 대법
원 2007.4.26. 선고, 2005두10545 판결 외 다수)

② 또한 납세의무자가 세무공무원의 잘못된 설명을 믿고 그 신고납부의무를 이행하
지 아니하였다 하더라도 그것이 관계 법령에 어긋나는 것임이 명백한 때에는 그러
한 사유만으로 정당한 사유가 있다고 볼 수 없다 할 것임(같은 뜻, 대법원 2002.4.12
선고, 2000두5944, 대법원 1997.8.22. 선고, 96누15404 판결 외 다수)

③ 따라서 처분청이 폐업일이 속하는 과세기간에 대한 부가가치세를 신고납부하지
아니한 청구인에게 세금계산서합계표 미제출가산세, 무신고가산세, 납부불성실가
산세를 부과한 이 건 처분은 정당하다고 판단됨(심사부가 2010−0011, 2010.3.29.)

(2) 조세전문가의 조언에 따라 과소신고시 가산세 면제 여부
조세전문가의 조언에 따라 상품권 가액을 공제한 금액을 과세표준으로 하여 신고한
것은 세법지식이 부족한 것에 따른 것으로 조세를 포탈하려는 의도가 없었다 하더라
도 이러한 사정으로는 의무해태를 탓할 수 없는 정당한 사유가 있는 것으로 인정할
수 없으므로 가산세 부과는 정당함(서울고등법원 2008누31620, 2009.5.13.)

(3) 수입대행업자 명의로 발행된 세금계산서를 교부받아 부가가치세 신고를 한 데 대하
여 처분청의 과세예고통지 후 수정신고를 한 경우, 가산세 부과가 정당한지 여부
청구법인은 처분청이 쟁점수입세금계산서의 매입세액이 청구법인의 사업과 직접 관
련이 없는 지출에 대한 매입세액으로서 사실과 다른 세금계산서로 보아 청구법인에
게 과세예고 통지를 한 후에 쟁점수입세금계산서가 사실과 다른 세금계산서라고 인
정하여 수정신고를 하였는 바, 수입대행업자인 청구법인이 당초 처분청에 환급신고한
쟁점수입세금계산서상의 매입세액은 청구법인의 사업과 직접 관련이 없는 지출에 대
한 매입세액으로서 사실과 다른 세금계산서에 해당하고, 청구법인이 당해 쟁점 수입
세금계산서의 매입세액 신고에 대한 부가가치세의 경정이 있을 것을 미리 알고 난 후
에 쟁점 수입세금계산서에 대한 수정신고를 하였으므로, 처분청이 가산세에 대한 정
당한 사유를 인정하지 아니하고 쟁점 가산세를 부과한 처분은 잘못이 없다고 판단됨
(조심 2010중0404, 2010.3.31.)

(4) 확정신고시 이미 결정취소된 예정고지세액의 공제에 따른 가산세 적용 여부

예정고지세액 취소가 과세관청에서 임의로 이루어졌고, 이를 개인사업자가 인지할 만한 정황이 없는 상황 하에서 개인사업자가 결정취소된 예정고지세액을 부가가치세 확정신고시 공제하여 신고·납부한 것은 그 위반을 탓할 수 없는 정당한 사유 또는 귀책사유가 없는 경우에 해당되는 것으로 보아 신고·납부불성실가산세의 적용을 배제하는 것이 타당함(재경부가-607, 2007.8.14.)

(5) 공급시기 전 세금계산서를 선발행하고 그 후 공급시기가 속하는 과세기간 내에 세금계산서를 교부하는 경우 가산세 중복 적용 여부

사업자가 재화 또는 용역의 공급시기가 도래하기 전에 세금계산서를 선발행하고 그 다음 과세기간에 재화 또는 용역을 공급하면서 당해 공급시기 이후 동일한 과세기간 내에 세금계산서를 교부하는 경우 재화 또는 용역을 공급한 사실과 세금계산서를 교부한 사실이 서로 상관관계가 있는 하나의 거래에 해당하는 경우에는 세금계산서 관련 불성실 가산세 규정을 적용함에 있어 중복하여 가산세를 적용하지 아니함(상담3팀-1239, 2007.4.26.)

문제

미등록사업자의 가산세

1. ×1년 8월 1일 사업을 개시하였으나 사업자등록은 하지 않았다.
2. 매출 관련 자료
   (1) 기간별 매출내역

구 분	8월 1일 ~ 10월 30일	11월 1일 ~ 12월 31일
현금판매로 인한 계좌입금액	33,000,000원	22,000,000원

   (2) 매출은 과세물품으로 전액 현금판매하고 계좌입금 받았다.(영세율 아님)

3. 매입 관련 자료
   (1) 기간별 매출 내역

증빙의 종류	8월 1일 ~ 10월 30일	11월 1일 ~ 12월 31일
세금계산서	11,000,000원 (주민등록번호수취분)	8,800,000원 (사업자등록번호수취분)
신용카드발행전표	9,900,000원	7,700,000원

증빙의 종류	8월 1일 ~ 10월 30일	11월 1일 ~ 12월 31일
간이영수증	5,500,000원	3,300,000원
현금매입(계좌이체내역 있음)	4,400,000원	2,200,000원

(2) 위 금액은 공급대가로써 모두 사업관련 매입이다.

(3) 매입 세금계산서는 공급시기에 적법하게 발급받았으며 매입은 모두 일반과세자로부터의 매입분이다.

4. 법령의 부지·오인으로 인한 사업자 미등록이며, 부정 미신고·과소신고에 해당하지 않는다.

5. 세금계산서, 합계표, 현금영수증, 각종명세서 관련 가산세는 고려하지 않는다.

1. X1년 2기 확정신고기한이 지난 뒤 관할세무서장에게 직권으로 일반과세자로 등록되어 부가가치세가 고지되는 경우 차가감 납부세액을 계산하세요(미납일수는 100일이라 가정).

① 매출세액 : (33,000,000 + 22,000,000) × 100/110 × 10% = 5,000,000원

② 매입세액 : 0

③ 납부세액 : 5,000,000원

④ 가산세

  (1) 사업자미등록 가산세 : (33,000,000 + 22,000,000) × 100/110 × 1% = 500,000원

  (2) 신고불성실 가산세 : 5,000,000 × 20% = 1,000,000원

  (3) 납부불성실 가산세 : 5,000,000 × 0.022% × 100일 = 110,000원

⑤ 차가감 납부세액 : 6,610,000원

2. 사업자는 X1년 11월 1일 뒤늦게 일반과세자로 사업자등록을 하고, X2년 1월 30일 X1년 2기 확정 부가가치세 기한후신고를 자진하여 서면신고하는 경우 자진신고·납부할 세액(가산세 포함)을 계산하시오(세부담 최소화를 가정하고 미납일수는 5일이라고 가정).

① 매출세액 : (33,000,000 + 22,000,000) × 100/110 × 10% = 5,000,000원

② 매입세액 : (11,000,000 + 8,800,000 + 9,900,000 + 7,700,000) × 100/110 × 10%
          = 3,400,000원

③ 납부세액 : 1,600,000원

④ 가산세

  (1) 사업자미등록 가산세 : 33,000,000 × 100/110 × 1% = 300,000원

  (2) 신고불성실 가산세 : 1,600,000 × 20% × 50% = 160,000원

  (3) 납부불성실 가산세 : 1,600,000 × 0.022% × 5일 = 1,760원

⑤ 차가감 납부세액 : 2,061,760원

제3절 징 수

01 의의

'**징수**'란 과세관청이 납세의무자로부터 조세채권의 이행을 청구하고 수령하는 절차이다. 부가가치세는 자진신고납부하는 세목으로 사업자가 스스로 부가가치세를 계산하고 신고납부하는 것이 원칙이다. 그러나 사업자가 스스로 납부하여야 할 세액을 납부하지 아니하거나 납부하여야 할 세액에 미달하게 납부한 경우에는 그 납부하지 아니하거나 미달하게 납부한 세액을 정부가 강제적으로 받아들여야 하는데 이 절차가 징수인 것이다.

02 사업자에 대한 부가가치세의 징수

(1) 미달납부세액의 징수

관할세무서장은 사업자가 예정신고 또는 확정신고를 하는 때에 신고한 납부세액에 미달하게 납부한 경우에는 그 미달한 세액을 국세징수법에 따라 징수한다.

(2) 결정 또는 경정에 따른 추가납부세액의 징수

관할세무서장은 사업자의 부가가치세를 결정 또는 경정을 한 경우 추가로 납부하여야 할 세액을 국세징수법에 따라 징수한다.

(3) 예정신고불성실 등에 따른 징수

다음의 경우에는 결정·경정에 준하여 과세표준과 납부세액 또는 환급세액을 조사하여 결정·경정하고 국세징수법에 따라 징수한다.
① 사업자가 예정신고를 하지 아니하는 때
② 신고한 내용에 오류 또는 탈루가 있는 때
③ 기타 경정사유 및 수시부과사유가 있는 때

03 재화의 수입에 대한 부가가치세의 징수

(1) 징수방법

재화의 수입에 대한 부가가치세는 세관장이 관세징수의 예에 의하여 징수한다.

(2) 위약물품에 대한 환급

세관장으로부터 부가가치세를 징수당한 수입재화가 관계법에 규정하는 위약물품에 해당하는 경우 관할세관장은 부가가치세를 지체없이 환급하여야 한다.

이 경우 세관장은 수정수입세금계산서를 수입자에게 교부하고, 이를 관할세무서장에게 제출하여야 한다.

(3) 과오납부에 대한 징수 또는 환급

세관장으로부터 부가가치세를 징수당한 수입재화가 관세법의 규정에 의하여 과오납부한 수입재화에 해당하는 경우 관할세관장은 지체없이 징수 또는 환급하여야 한다. 이 경우 세관장은 수정수입세금계산서를 수입자에게 교부하고, 이를 관할세무서장에게 제출하여야 한다.

04 신탁재산에 대한 강제징수의 특례

수탁자가 납부하여야 하는 부가가치세가 체납된 경우에는 「국세징수법」 제31조에도 불구하고 해당 신탁재산에 대해서만 강제징수를 할 수 있다.

제4절 환 급

01 의의

'**환급**'이라 함은 납세의무자가 국세·가산금 또는 체납처분비로서 납부한 금액 중 과오납부하거나 세법에 의하여 환급할 세액이 있는 경우 동 금액을 납세자에게 돌려주는 것을 말한다.

'**부가가치세법상의 환급**'은 전단계세액공제법을 채택하고 있는 부가가치세의 계산방법으로 인하여 발생되는 것으로서 예정신고기간 또는 과세기간의 매입세액이 매출세액을 초과하는 때에 그 초과하는 금액을 환급세액으로 하여 납세의무자에게 되돌려 주는 것이다.

02 일반환급

구 분	주요 내용
(1) 과세기간별 환급	확정신고기한 경과 후 30일 내(조기환급의 경우에는 15일 이내)에 환급하여야 함(예정신고기간에 대한 일반환급세액은 확정신고시 납부세액에서 공제함)
(2) 결정·경정에 의한 환급	결정·경정으로 추가 발생한 환급세액은 지체없이 환급하여야 함
(3) 환급할 세액의 범위	환급되어야 할 세액은 예정신고·확정신고 또는 조기환급신고시 제출한 신고서 및 이에 첨부된 증빙서류와 매입처별세금계산서합계표, 신용카드매출전표 등 수취명세서에 의하여 확인되는 금액에 한함

03 조기환급

(1) 의의

사업장 관할세무서장은 일반환급 규정에 불구하고 사업자가 영세율이 적용되거나, 사업설비를 신설·취득·확장 또는 증축하는 경우에는 환급세액을 사업자에게 조기에 환급할 수 있다.

이는 영세율거래나 사업설비투자거래에 관련된 부가가치세액을 조기에 환급을 함으로써 사업자의 자금상의 부담을 경감시켜 주어 수출지원이나 투자지원을 하고자 하는데 그 취지가 있다.

(2) 조기환급대상

① 영세율을 적용받는 경우
② 사업설비(소득세법 시행령 제62조 및 법인세법 시행령 제24조에 따른 감가상각자산)를 신설·취득·확장 또는 증축하는 경우
③ 조기환급기간, 예정신고기간 또는 과세기간의 종료일 현재 재무구조개선계획승인권자가 승인한 재무구조개선계획을 이행 중인 경우

(3) 환급세액계산

> 영세율 등 조기환급세액 = 사업장별 매출세액 − 매입세액

(4) 조기환급방법

1) 예정·확정신고기간의 조기환급

구 분	주요 내용
(1) 조기환급신고기한	• 예정신고기간 또는 확정신고기간 종료일부터 25일 이내
(2) 조기환급신고의 내용	• 조기환급을 받고자 하는 사업자가 예정신고서 또는 확정신고서를 제출한 경우에는 환급에 관하여 신고한 것으로 봄(별도 신고서 불필요) • 사업설비의 신설·취득·확장 또는 증축에 해당하는 경우에는 다음 사항을 기재한 건물등감가상각자산취득명세서를 그 신고서에 첨부하여야 함 ① 사업설비의 종류·용도·설비예정일자·설비일자 ② 공급받은 재화 또는 용역과 그 매입세액 ③ 기타 참고사항 • 재무구조개선계획을 이행 중인 경우에는 재무구조개선계획서를 신고서에 첨부하여야 함
(3) 조기환급기한	• 예정신고 : 예정신고기한 경과 후 15일 이내 • 확정신고 : 확정신고기한 경과 후 15일 이내

2) 예정신고기간 또는 과세기간 중 조기환급

구 분	주요 내용
(1) 조기환급기간	예정신고기간 중 또는 과세기간 최종 3월 중 매월 또는 매2월
(2) 조기환급신고기한	영세율등 조기환급기간 종료일로부터 25일 이내
(3) 조기환급기한	조기환급기간별로 당해 조기환급신고기한 경과 후 15일 이내
(4) 조기환급신고방법	다음 사항을 기재한 영세율 등 조기환급신고서에 당해 과세표준에 대한 영세율 첨부서류와 매출·매입처별세금계산서합계표를 첨부하여 제출하여야 함 ① 사업자의 인적사항 ② 과세표준과 환급세액 및 그 계산근거 ③ 매출·매입처별세금계산서합계표 제출내용 ④ 기타 참고사항 → 사업설비의 신설·취득·확장 또는 증축에 해당하는 경우에는 건물 등 감가상각자산취득명세서를 그 신고서에 첨부하여야 함

(5) 조기환급신고와 예정·확정신고의 관계

① 조기환급신고를 한 부분은 예정신고 및 확정신고의 대상에서 제외한다.

② 조기환급신고에 있어서 매출처별세금계산서합계표 및 매입처별세금계산서합계표를 제출한 것은 예정신고 또는 확정신고와 함께 이를 제출한 것으로 본다.

예제

환급

부가가치세법상 환급에 관한 설명으로 옳지 않은 것은?　　　2019 CTA 1차수정

① 예정신고기간에 대한 환급세액은 원칙적으로 환급하지 않고 확정신고시 납부할 세액에서 정산된다.

② 일반과세자이든 간이과세자이든 환급규정이 적용된다.

③ 조기환급의 경우 환급세액은 조기환급 관련 신고기한이 지난 후 15일 이내에 환급하여야 한다.

④ 사업자가 사업 설비를 신설·취득·확장 또는 증축하는 경우 조기환급은 세법상 감가상각자산에 한해 받을 수 있다.

⑤ 예정신고기간 중 매월 또는 매 2월, 과세기간 최종 3개월 중 매월 또는 매 2월을 조기환급기간이라 한다.

[풀이] ② 간이과세자의 경우 환급규정을 적용받지 아니한다.

제 **8** 장

간이과세

01 간이과세의 의의

(1) 개념

'**간이과세**'란 연간 매출액이 일정금액(1억 400만 원[143])에 미달하는 소규모 영세사업자에 대하여 전단계세액공제법에 의한 부가가치세의 납세의무를 부담하지 않고, 과세표준과 납부세액의 계산, 신고납부, 경정 및 징수와 환급에 관하여 예외적인 방법에 의하여 간편하게 부가가치세 납세의무를 부담하는 것이다.

(2) 취지

① 소규모 영세사업자들은 세법지식이나 계산능력 등이 상대적으로 부족하여 자기의 과세표준과 세액을 사업자 스스로가 계산하여 신고·납부하는 것을 기대하기 어렵다.

② 대부분 최종소비자에게 직접 재화나 용역을 공급하므로 세금계산서를 발급[144]하지 않더라도 부가가치세를 최종소비자에게 전가시키는데 별다른 지장을 초래하지 않는다.

③ 일반과세를 적용시키더라도 부가가치세 세수 실적은 미미할 것인 데 비하여 그 대상자가 너무 많아서 과세행정의 혼란을 초래할 수가 있고, 납세자와의 조세마찰이 우려된다.

(3) 간이과세의 특징

① 전단계세액공제법 적용이 배제된다(일정 비율의 매입세금계산서 수취세액공제).

② 기존의 간이과세 기준(직전 연도의 공급대가 합계액 4천800만 원 미만)의 경우 정규세금계산서의 발급이 금지된다(상대 거래처가 요구해도 발급할 수 없음). 다만, 새로

---

143) 간이과세 적용 기준금액이 2020.12.31.까지 직전 연도의 공급대가 합계액 4천800만 원 미만이었던 것에서 1억 400만 원 미만으로 상향하되(2021년 이후; 소규모 자영업자의 세부담을 경감하고 납세편의를 제공하기 위함), 부동산임대업 및 과세 유흥장소를 경영하는 사업자에 대해서는 기존의 4천800만 원 기준을 유지 간이과세 적용기준금액 1억 400만 원은 2023년도 공급대가의 합계액을 기준으로 2024년 7월 1일부터 2025년 6월 30일까지의 기간에 대한 간이과세 규정의 적용 여부를 판단하는 경우부터 적용

144) 종전에는 모든 간이과세자는 영수증을 발급하여야 했던 것에서 앞으로는 직전 연도 공급대가 합계액이 4천800만 원 미만인 간이과세자 등을 제외하고는 세금계산서를 발급하도록 영수증 발급 대상을 조정

이 개정된 간이과세 기준(직전 연도의 공급대가 합계액 4천800만 원 이상 1억 400만 원 미만)의 경우 세금계산서를 발급하여야 한다.

③ 환급이 배제된다.

📉 **실무** ⦿

간이과세자의 세금계산서 발급

간이과세자는 직전 연도의 공급대가 합계액 4천800만 원 이상 1억 400만 원 미만의 경우 세금계산서를 발급(거래하는 금액(공급대가)의 100/110에 해당하는 금액은 공급가액, 공급가액의 10%에 해당하는 금액을 부가가치세액으로 기재하여 발급)하여야 한다. 이때 세금계산서는 일반과세자와 동일한 양식이기 때문에 별도로 간이과세자가 발급한 세금계산서임을 표기할 수 없다.

※ 간이과세자와 일반과세자를 구분하기 위해서는 홈택스 사업자 상태 조회에서 사업자등록번호로 조회 가능함

---

(4) 간이과세 적용 확대

소규모 자영업자의 세부담을 경감하기 위하여 기존 간이과세 적용대상 기준이 개인 사업자별 4천800만 원 미만에서 1억 400만 원 미만으로 상향되고, 간이과세자의 부가가치세 면제 기준은 3천만 원에서 4천800만 원으로 상향되었다.

① 기존의 간이과세자 기준(직전 연도의 공급대가 합계액 4천800만 원 미만)에 해당되는 경우 부가가치세 면제로 부가가치세 납부의무가 없다.

② 기존의 간이과세자에 대한 세액공제는 폐지되었다.

③ 새로이 확대된 간이과세자 기준(직전 연도의 공급대가 합계액이 4천800만 원 이상 1억 400만 원 미만)의 간이과세자는 세금계산서를 발급함에 따라 일반과세자에게 적용되는 세금계산서 관련 가산세 규정을 준용한다.

02 간이과세의 범위

(1) 간이과세 적용대상자

구 분	주요 내용
(1) 계속사업자	직전 연도[145]의 **공급대가의 합계액이 1억 400만 원에 미달하는 개인사업자**
(2) 신규사업자	• 사업개시일이 속하는 연도의 연간공급대가 예상액이 1억 400만 원에 미달하는 경우 사업자등록신청서와 함께 다음 사항을 기재한 간이과세적용신고서를 관할세무서장에게 제출(국세정보통신망에 의한 제출 포함)하여야 최초의 과세기간에 간이과세를 적용함 ① 사업자의 인적사항 ② 사업시설착수연월일 또는 사업개시연월일 ③ 연간공급대가예상액 ④ 기타 참고사항 • 다만, 사업자등록신청서에 연간공급대가예상액과 기타 참고사항을 기재하여 제출한 경우에는 간이과세적용신고서를 제출한 것으로 봄
(3) 미등록 사업자	사업을 개시한 날이 속하는 연도의 공급대가 합계액이 1억 400만 원에 미달하는 경우 최초의 과세기간에 간이과세를 적용함
(4) 휴업자	• 직전 연도 중 휴업자의 경우 직전 연도의 공급대가 합계액을 12월로 환산(1월 미만의 단수는 1월로 함)한 금액이 1억 400만 원에 미달하는 경우 • 이 때 휴업기간은 없는 것으로 보며, 직전 연도 중 공급대가가 없으면 신규사업자로 봄

→ 법인의 경우 간이과세기준금액에 미달할지라도 간이과세가 적용되지 아니하고 일반과세가 적용됨

(2) 간이과세의 적용배제(신규사업자 포함)

적용배제 대상자	주요 내용
(1) 일반과세사업장 보유 사업자	간이과세가 적용되지 않는 다른 사업장을 보유하고 있는 사업자 → 개인택시운송업, 용달 및 개별화물자동차운송업, 기타 도로화물운송업, 이용, 미용업 등의 사업에 대하여는 간이과세 배제규정을 적용하지 아니함 [실무] 공동명의의 경우 간이과세 배제대상 아님 ① 간이과세자로 등록된 개인사업자가 일반과세사업장의 공동사업자의 구성원에 해당하는 경우

---

145) 재화 또는 용역의 공급대가의 합계액을 12개월로 환산한 금액(신규 사업자, 휴업자 등 유의)

적용배제 대상자	주요 내용
	② 간이과세자인 공동사업자의 구성원 중 1인이 일반과세자로 등록된 사업장이 있는 경우 → 공동사업은 민법상 조합에 해당하여 그 구성원인 개인의 사업과는 별개의 사업체(소비-1351, 2004.12.13.)
(2) 부동산 임대업 또는 과세유흥장소를 경영하는 사업자	해당 업종의 직전 연도의 공급대가의 합계액이 4,800만 원 이상인 사업자

(3) 적용배제업종 영위 사업자	① 광업
	② 제조업
	  → 다만, 주로 최종소비자에게 직접 재화를 공급하는 과자점업, 도정업, 제분업(떡방앗간 포함), 양복·양화점업, 기타 50% 이상 최종소비자에게 공급하는 사업 제외
	③ 도매업(소매업을 겸영하는 경우 포함) 및 상품중개업
	  → 재생용 재료수집 및 판매업은 제외
	④ 부동산매매업
	⑤ 특별시·광역시 및 시(행정시 포함)의 지역에 소재하는 부동산임대 사업장으로서 국세청장이 정하는 규모 이상의 부동산임대업
	⑥ 서울특별시, 특별자치시, 「제주특별자치도 설치 및 국제자유도시 조성을 위한 특별법」에 따라 설치된 행정시 및 시 지역과 국세청장이 사업현황과 사업규모 등을 고려하여 간이과세적용대상에서 제외하는 것이 필요하다고 인정하여 고시하는 지역에서 과세유흥장소를 영위하는 사업
	⑦ 변호사업, 심판변론인업, 변리사업, 법무사업, 공인회계사업, 세무사업, 경영지도사업, 기술지도사업, 감정평가사업, 통관업, 기술사업, 건축사업, 도선사업, 측량사업, 공인노무사업, 의사업, 한의사업, 약사업, 한약사업, 수의업 기타 이와 유사한 사업서비스업
	⑧ 전기·가스·증기 및 수도 사업, 건설업(다만, 주로 최종소비자에게 직접 재화 또는 용역을 공급하는 사업으로서 도배, 실내 장식 및 내장 목공사업 등은 제외), 전문·과학·기술서비스업, 사업시설 관리·사업지원 및 임대 서비스업. 다만, 주로 최종소비자에게 직접 용역을 공급하는 사업으로서 개인 및 가정용품 임대업, 인물사진 및 행사용 영상촬영업, 복사업 등은 제외)[146)]
	⑨ 사업장 소재지역·사업의 종류·규모 등을 고려하여 국세청장이 정하는 기준에 해당하는 사업

(4) 일반과세 사업장을 포괄양수한 사업자	재화의 공급으로 보지 않는 사업의 양도에 따라 일반과세자로부터 양수한 사업 → 사업양수시점에서는 일반과세사업자로 사업자등록을 하여야 하나, 추후 수입금액의 감소로 인하여 공급대가의 합계액이 연 8,000만 원

적용배제 대상자	주요 내용
	에 미달하게 되는 경우에는 간이과세의 적용이 가능함(매출기준이 아닌 다른 적용 배제요건이 있는 경우 불가)
(5) 전자세금계산서 의무발급 개인사업자	전자세금계산서 의무발급 개인사업자가 경영하는 사업
(6) 전전연도 기준 복식부기의무자	• 전전연도 기준 복식부기의무자가 경영하는 사업 • 복식부기의무자 판정기준인 **"수입금액의 합계액"**은 결정 또는 경정으로 증가된 수입금액을 포함하되, **과세유형 전환일 현재 폐업한 사업장의 수입금액은 제외함**(2015.7.1. 이후 개시하는 **과세기간부터 적용**) • 결정·경정 또는 수정신고로 인하여 수입금액의 합계액이 증가함으로써 전전연도 기준 복식부기의무자에 해당하게 되는 경우에는 그 결정·경정 또는 수정신고한 날이 속하는 과세기간까지는 전전년도 기준 복식부기의무자로 보지 아니함
(7) 둘 이상 사업장 영위 사업자	둘 이상의 사업장이 있는 사업자가 영위하는 사업으로서 그 둘 이상의 사업장의 공급대가의 합계액이 연간 1억 400만 원 이상인 경우

146) 2022년부터 간이과세를 적용할 수 있는 업종

업종코드	업 종	업종명
452101	건설업	미장, 타일 및 방수 공사업
452200		그 외 기타 건축 마무리 공사업
452129		도장 공사업
452102		유리 및 창호 공사업
749902	전문 과학 기술서비스업	번역 및 통역 서비스업
749403		사진 처리업
930917	사업시설관리 사업지원 및 임대서비스업	콜센터 및 텔레마케팅 서비스업 (대리운전 연결)
749300		건축물 일반 청소업(주거용 건물 등)

03 과세유형의 변경

(1) 직전연도의 공급대가에 의한 과세유형의 변경

1) 과세유형의 변경

구 분	과세유형 변경내용
(1) 계속사업자	당해연도 공급대가가 1억 400만 원의 금액에 미달되거나 그 이상이 되는 해의 **다음 해의 7월 1일부터** 그 다음 해의 6월 30일까지 변경된 과세유형을 적용함
(2) 신규사업자	• 간이과세 적용신고를 한 최초의 과세기간 : 간이과세 적용 • 신규로 사업을 개시한 개인사업자에 대하여는 사업개시일부터 그 과세기간 종료일까지의 공급대가 합계액을 12월(1월 미만은 1월로 함)로 환산한 금액을 기준으로 하여 1억 400만 원에 미달하는지의 여부를 판정함 • 최초의 과세기간에 대한 연환산 공급대가가 1억 400만 원 이상이 되는 경우 다음 해 1월 1일부터 6월 30일까지는 계속해서 간이과세를 적용하고, 7월 1일부터 그 다음 해의 6월 30일까지는 일반과세를 적용함
(3) 결정 또는 경정의 경우	간이과세자의 공급대가가 결정 또는 경정으로 인하여 기준금액 이상이 되는 경우 그 결정 또는 경정한 날이 속하는 과세기간까지는 간이과세자로 봄
(4) 간이과세 배제 종목 신규겸영	간이과세자가 간이과세의 적용이 배제되는 광업·제조업·도매업 등을 신규로 겸영하는 경우에는 해당 사업의 시작일이 속하는 과세기간의 다음 과세기간부터 간이과세자의 규정을 적용하지 않음

2) 과세유형의 변경통지 및 과세유형 변경시기

구 분	과세유형의 변경통지 및 변경시기
(1) 변경통지	• 과세유형이 변경되는 경우에 해당 사업자의 관할세무서장은 그 변경되는 과세기간 개시 20일 전까지 그 사실을 통지하여야 하며, • 사업자등록증을 정정하여 과세기간 개시 당일까지 발급하여야 함 • 간이과세자 중 영수증 발급 사업자 통지 : 발급 적용기간 개시 20일 전까지 영수증 발급대상자 인지 여부를 해당 사업자에게 통지하여야 함 • 사업자등록증 정정 발급 : 영수증 발급 및 세금계산서 발급 적용기간 개시 당일까지 사업자등록증에 세금계산서 발급대상 여부를 정정하여 발급
(2) 유형변경시기	• 일반과세자로 변경되는 경우 : 당해 사업자의 관할세무서장으로부터 간이과세가 적용되지 아니한다는 통지를 받은 날이 속하는 과세기간까지는 간이과세를 적용함 • 간이과세자로 변경되는 경우 : 부동산임대업자를 제외하고는 당해 사업자의 관할세무서장으로부터 간이과세가 적용된다는 통지에 관계없이 간이과세를 적용함 • 간이과세포기신고를 한 사업자에 대하여는 변경통지를 할 필요가 없음

(2) 간이과세포기에 의한 과세유형의 변경

구 분	주요 내용
(1) 취지	① 일반과세 사업자와는 다르게 매입세액공제를 전액 받지 못함 ② 영수증 발급 의무자 기준의 간이과세자(직전연도의 공급대가의 합계액이 4천800만 원 미만 또는 신규사업자 중 간이과세자)는 세금계산서를 교부할 수 없어서 일반과세자인 구매자가 구매를 회피할 우려가 있음 ③ 영세율이 적용되는 경우 환급받을 수가 없음 ④ 일반과세자에서 간이과세자로 전환 되는 경우 재고납부세액이 과다한 경우(기공제 또는 환급받은 매입세액이 큰 건물매입 등)
(2) 간이과세 포기대상자	① 간이과세자 ② 수입금액 감소로 간이과세자에 관한 규정을 적용받게 되는 일반과세자 ③ 신규사업자로서 간이과세를 포기하고자 하는 자
(3) 간이과세포기신고	• 간이과세포기를 하고자 하는 달의 전달 마지막 날까지 사업장 관할세무서장에게 간이과세 포기신고를 하여야 함 • 간이과세포기 신고(포기사유 불문)는 매월별로 제출할 수 있으며, 관할세무서장의 승인절차를 요하지 않음
(4) 과세유형 적용방법	• 간이과세 적용 : 포기신고일이 속하는 과세기간의 개시일~그 신고일이 속하는 달의 말일 • 일반과세 적용 : 포기신고일이 속하는 달의 다음 달 1일~그 과세기간의 종료일
(5) 간이과세 적용의 제한	• 간이과세를 포기한 사업자는 일반과세를 적용받고자 하는 달의 1일(신규사업자는 사업 개시일이 속하는 달의 1일)부터 3년이 되는 날이 속하는 과세기간까지는 일반과세를 적용받아야 함(2024.7.1. 이후부터 포기신고의 철회가 가능) • 3년이 지난 후 다시 간이과세를 적용받기 위해서는 그 적용대상에 해당하여야 할 뿐만 아니라, 간이과세를 적용받고자 하는 과세기간 개시 10일 전까지 간이과세 적용신고를 하여야 함

〰️ 실무 ●

수 개의 사업장 운영하는 사업자의 간이과세 포기

• 간이과세를 적용받는 수 개의 사업장이 있는 경우 한 사업장에 대하여 간이과세 포기신고를 하는 경우에는 당해 사업장 외의 사업장에 대해서도 일반과세를 적용함
• 일반과세의 적용시기는 간이과세포기를 신고한 사업장이 일반과세를 적용받고자 하는 달이 속하는 과세기간의 다음 과세기간부터임

(3) 간이과세 배제대상 사업자의 과세유형 변경

1) 기준사업장의 규모축소 또는 폐업의 경우

구 분	과세유형의 변경
기준사업장 규모 축소	간이과세가 적용되지 않는 다른 사업장(기준사업장)의 그 해의 1월 1일부터 12월 31일까지의 공급대가가 1억 400만 원에 미달하는 연도의 다음 해의 7월 1일부터 그 다음 해의 6월 30일까지 기준사업장과 기준사업장을 원인으로 간이과세가 배제되어 일반과세로 전환된 사업장에 대하여 간이과세를 적용함
기준사업장의 폐업	기준사업장이 폐업되는 경우 그 폐업일이 속하는 연도의 다음 연도 7월 1일부터 기준사업장을 원인으로 간이과세가 배제되어 일반과세로 전환된 사업장에 대하여 간이과세를 적용함
예외	기준사업장을 원인으로 일반과세로 전환된 사업장의 그 해의 1월 1일부터 12월 31일까지의 공급대가가 1억 400만 원 이상이거나 간이과세 적용배제 업종인 경우에는 간이과세를 적용하지 아니함

2) 간이과세자가 일반과세 적용사업장을 신규로 개설하는 경우

간이과세자가 일반과세를 적용받는 사업장을 신규로 개설하는 경우에는 해당 사업개시일이 속하는 과세기간의 다음 과세기간부터 간이과세자에 관한 규정을 적용하지 아니한다.

3) 간이과세배제사업 겸영으로 일반과세자로 전환된 사업자가 간이과세배제사업 폐지하는 경우

간이과세 배제사업 폐지일이 속하는 연도의 <u>다음 연도 7월 1일부터 간이과세</u> 적용

📉 **실무** ○

간이과세자가 간이과세배제업종을 겸영 후 배제업종 폐업

- 간이과세자가 간이과세배제사업을 신규로 겸영하는 경우에는 해당 사업의 개시일이 속하는 과세기간의 다음 과세기간부터 간이과세자에 관한 규정을 적용하지 아니함
- 일반과세자로 전환된 사업자로서 해당 연도 공급대가의 합계액이 8,000만 원 미만인 사업자가 간이과세배제사업을 폐지하는 경우에는 해당 사업의 폐지일이 속하는 연도의 다음 연도 7월 1일부터 간이과세자에 관한 규정을 적용한다(2020.2.11. 신설).

	제2절	간이과세자의 과세표준과 납부세액계산

제2절 **간이과세자의 과세표준과 납부세액계산**

01 과세표준과 납부세액계산의 구조(2021.7.1. 이후 공급받거나 수입신고하는 분부터 적용)

	공급대가	• 부가가치세가 포함된 금액
×	해당업종의 부가가치율	
×	세율(10%)	
=	산출세액[147]	• 2 이상의 업종을 겸영하는 경우에는 각각의 업종별로 계산한 금액의 합계액
+	재고납부세액	• 일반과세자가 간이과세자로 변경된 경우 재고매입세액을 납부세액에 가산
−	공제세액	• 매입세금계산서 및 신용카드 등 공제[148] • 공제세액의 합계액이 각 과세기간의 산출세액을 초과하는 때에는 초과분은 없는 것으로 봄(환급 없음)
−	예정고지세액 예정신고기납부세액	예정부과에 의하여 납부한 세액 또는 예정신고 기납부세액
+	가산세	미등록 및 허위등록 가산세, 신고불성실가산세, 납부불성실가산세, 결정·경정기관 확인 매입세액공제 가산세, 영세율과세표준신고불성실가산세, 세금계산서 관련 가산세[149]
=	차가감납부세액	

---

147) 산출세액 = 과세표준(공급대가) × 업종별 부가가치율 × 10%
148) 해당 과세기간에 세금계산서 등을 발급받은 재화와 용역의 공급대가에 0.5퍼센트를 곱한 금액
149) 세금계산서 등 발급 관련 가산세(§60 ②, ③ 1·3·5호), 매출처별세금계산서합계표 관련 가산세(§60 ⑥), 세금계산서 미수취 가산세(공급대가의 0.5%) − 2021.7.1. 이후 재화 또는 용역을 공급하거나 공급받는 분부터 적용

과세표준과 납부세액계산 내용

(1) 업종별 부가가치율

일반과세자로 변경되기 직전일(감가상각자산의 경우에는 당해 감가상각자산의 취득일)
이 속하는 과세기간에 적용된 당해 업종의 부가가치율을 말한다.

① 2021.7.1. 이후 재화 또는 용역을 공급하는 분부터 적용

업 종	부가가치율
① 소매업, 재생용 재생자료수집 및 판매업, 음식점업	15%
② 제조업, 농업·임업 및 어업, 소화물 전문 운송업	20%
③ 숙박업	25%
④ 건설업, 그 밖의 운수업, 창고업, 정보통신업, 그 밖의 서비스업	30%
⑤ 금융 및 보험 관련 서비스업, 전문·과학 및 기술 서비스업(인물사진 및 행사용 영상 촬영업 제외), 사업시설관리·사업지원 및 임대서비스업, 부동산 관련 서비스업, 부동산임대업	40%

② 2021.7.1. 이전

업 종	부가가치율
① 전기·가스·증기 및 수도사업	5%
② 소매업, 재생용 재생자료수집 및 판매업, 음식점업	10%
③ 제조업, 농업·임업 및 어업, 숙박업, 운수 및 통신업	20%
④ 건설업, 부동산임대업, 기타 서비스업	30%

(2) 재고납부세액(재고매입세액의 납부세액 가산)

재고납부세액이라 함은 일반사업자가 간이과세자로 과세유형이 변경되는 경우에 일반사
업자로서 공제 받은 매입세액을 간이과세자로서 공제 받을 매입세액과의 차이를 다시 정산
하여 납부하는 절차를 말한다.

> **실무**
>
> 간이과세포기신고를 간과하는 경우 일반과세사업자로부터 간이과세자 전환으로 인하여
> 많은 세금이 재고납부세액으로 추징되므로 특별한 주의를 기울여야 한다.

가. 산식

1) 재고품(상품, 제품, 원재료)

① 2021.7.1. 이후

$$재고납부세액 = 재고금액 \times \frac{10}{100} \times (1 - 0.5\% \times \frac{110}{10})$$

② 2021.7.1. 이전

$$재고납부세액 = 재고금액 \times \frac{10}{100} \times (1 - 업종별\ 부가가치율)$$

2) 감가상각 자산

① 다른 사람으로부터 매입한 자산

ⓐ 2021.7.1. 이후

$$재고납부세액 = 취득가액 \times (1 - 체감률 \times \frac{경과된\ 과세기간의\ 수}{}) \times \frac{10}{100} \times (1 - 0.5\% \times \frac{110}{10})$$

ⓑ 2021.7.1. 이전

$$재고납부세액 = 취득가액 \times (1 - 체감률 \times \frac{경과된\ 과세기간의\ 수}{}) \times \frac{10}{100} \times (1 - \frac{업종별\ 부가가치율}{})$$

② 사업자가 직접 제작·건설 또는 신축한 자산

ⓐ 2021.7.1. 이후

$$재고납부세액 = 매입세액 \times (1 - 체감률 \times \frac{경과된\ 과세기간의\ 수}{}) \times \frac{10}{100} \times (1 - 0.5\% \times \frac{110}{10})$$

ⓑ 2021.7.1. 이전

$$\text{재고납부세액} = \text{매입세액} \times (1 - \text{체감률} \times \frac{\text{경과된}}{\text{과세기간의 수}}) \times \frac{10}{100} \times (1 - \frac{\text{업종별}}{\text{부가가치율}})$$

나. 산식에 대한 보충 설명

구 분	주요 내용
취득가액	• 장부 또는 세금계산서에 의하여 확인되는 당해 재고품 및 감가상각자산의 취득가액(부가가치세 불포함)으로 함 • 장부 또는 세금계산서가 없거나 기장이 누락된 경우 : 취득가액은 시가로 하고, 매입세액은 시가의 10%에 상당하는 세액으로 함
업종별부가율	간이과세자로 변경되는 날이 속하는 과세기간에 적용된 당해 업종의 부가가치율 (21.2.17. 이후 삭제)
체감률	① 건물·구축물 : 5% ② 기타 감가상각자산 : 25%
경과된 과세기간의 수	• 건물·구축물의 경우에는 20, 기타의 감가상각자산은 4를 한도로 함 • 경과된 과세기간의 수는 과세기간 단위(1.1.~6.30., 7.1.~12.31.)로 계산함 • 과세기간의 개시일 후에 감가상각자산을 취득한 경우에는 그 과세기간의 개시일에 해당 재화를 취득한 것으로 보고 계산함
납부방법	• 간이과세자로 변경된 날이 속하는 과세기간의 거래에 대한 납부할 세액에 가산하여 납부하여야 함 • 당해 과세기간의 납부세액에 대해 납부의무의 면제를 적용받더라도 재고납부세액은 납부하여야 함

(3) 매입세금계산서 등에 대한 세액공제

세액공제액 = 해당 과세기간에 세금계산서 등을 발급받은 재화와 용역의 공급대가에
0.5퍼센트를 곱한 금액
(과세 면세 겸영 간이과세자의 경우 : 해당 과세기간의 과세 공급대가 비율)

① 세금계산서·매입자 발행 세금계산서 및 신용카드매출전표 등을 수취하여야 하고, 매입처별세금계산서합계표 또는 신용카드매출전표등 수령명세서를 제출하여야 한다.

② 세금계산서 등에 의한 매입세액이 공제대상이어야 하며, 처음부터 매입세액불공제 대상은 제외된다.

예제

재고납부세액 계산

일반과세자인 A는 x3년 7월 1일에 간이과세자로 전환하였다. A의 재고납부세액(가산)을 구하시오.

구분	취득일	T/I상 취득가액	7월 1일 시가
건물	20×1. 6. 1.	100,000,000원	200,000,000원
화물자동차	20×1. 1. 25.	15,000,000원	20,000,000원
상품A	20×3. 6. 21.	20,000,000원	25,000,000원
상품B	20×2. 9. 15.	5,000,000원	5,000,000원
저장품	20×2. 2. 3.	2,000,000원	3,000,000원
*건설 중인 자산	–	7,000,000원	7,000,000원

* 건설 중인 자산관련 매입세액 공제액 : 200,000원
  - 연도별 부가가치율 : 20×1년 10%, 20×2년 20%, 20×3년 30%

① 10,702,125원 ② 9,639,000원 ③ 9,450,000원 ④ 8,977,500원 ⑤ 7,140,000원

[풀이] ②
  - 건 물 : 100,000,000 × 10/100 × (1 − 5% × 5) × (1 − 0.5% × 110/10) = 7,087,500
  - 화물차 : 15,000,000 × 10/100 × (1 − 25% × 4) × (1 − 0.5% × 110/10)) = 0
  - 상품A : 20,000,000 × 10/100 × (1 − 0.5% × 110/10)) = 1,890,000
  - 상품B : 5,000,000 × 10/100 × (1 − 0.5% × 110/10)) = 472,500
  - 건설 중인 자산 : 200,000 × (1 − 0.5% × 110/10)) = 189,000
    계 : 9,639,000원

(4) 신용카드매출전표 발행 등에 대한 세액공제

신용카드매출전표 등(직불카드·기명식선불카드영수증 및 현금영수증포함)을 발행하거나 전자화폐로 대금을 결제받은 경우 다음의 금액을 세액공제한다.

> 세액공제액 = ①과 ② 중 적은 금액
> ① 발행금액·결제금액 × 1%(2023년까지 음식점업 및 숙박업 : 1.3%, 2021.6.30.까지 2.6%)
> ② 연간 500만 원(2023.12.31.까지는 1,000만 원[150])

03 결정·경정 또는 수정신고한 경우의 납부세액계산 특례

구 분	주요 내용
적용대상	• 결정·경정 또는 수정신고한 간이과세자의 그 해의 1월 1일부터 12월 31일까지의 공급대가가 1억 400만 원 이상인 경우 • 그 결정·경정 또는 수정신고의 대상이 된 과세기간(다만, 결정·경정 등의 과세기간이 신규사업자의 최초 과세기간인 경우에는 해당 과세기간)의 다음 과세기간의 납부세액계산
납부세액계산	간이과세자이나 일반과세자 납부세액계산 방식 적용 • 납부세액 = 매출세액 − 매입세액 • 매출세액 = 공급대가 × 10/110 • 매입세액 = 세금계산서 등 매입세액 − 세금계산서 등에 대한 세액공제(간이과세자로서 공제받은 세액)

---

150) 2019.1.1. 이후 신고하는 분부터 적용(부칙 §4)

01 예정부과와 납부

(1) 예정부과와 납부 : 원칙

구 분	주요 내용
납부세액의 결정	• 관할세무서장은 직전 과세기간에 대한 납부세액의 1/2에 해당하는 금액을 1월 1일부터 6월 30일(예정부과기간)까지의 납부세액으로 결정함 • 납부세액에서 공제하거나 경감한 세액이 있는 경우에는 그 세액을 뺀 금액으로 함 • 결정 또는 경정과 수정신고 및 경정청구에 따른 결정이 있는 경우에는 그 내용이 반영된 금액으로 함
납부고지서 발부	관할세무서장은 7월 1일부터 7월 10일까지 납부고지서를 발부하여야 함
징수	• 관할세무서장은 결정된 납부세액을 예정부과기간이 끝난 후 25일 이내(예정부과기한)까지 징수함 • 다만, 징수하여야 할 금액이 **30만 원** 미만이거나 일반과세자에서 과세기간 개시일 현재 간이과세자로 변경된 경우에는 징수하지 아니함

(2) 예정신고와 납부 : 예외

구 분	주요 내용
예정신고 대상자	① 휴업 또는 사업부진 등으로 인하여 예정부과기간의 공급가액 또는 납부세액이 직전 과세기간의 공급가액 또는 납부세액의 1/3에 미달하는 간이과세자는 선택에 의하여 예정신고할 수 있음 ② 세금계산서를 발급한 간이과세자(기존 일반과세자 기준에서 간이과세자 기준으로 변동되는 연 매출 4,800만 원~1억 400만 원 사이의 자)는 일반사업자와 동일하게 예정부과 납부세액 신고를 하여야 함
예정신고와 납부	• 예정신고하는 간이과세자는 예정 부과기간 종료 후 25일 이내에 부가가치세 예정신고서와 함께 매입처별세금계산서합계표 및 매출처별세금계산서합계표를 제출하여야 함. 다만, 매입처별세금계산서합계표 및 매출처별세금계산서합계표를 예정신고를 할 때 제출하지 못하는 경우에는 확정신고를 할 때 제출할 수 있음 • 예정신고하는 간이과세자는 예정부과기간 종료 후 25일 이내에 예정 부과기간의 납부세액을 사업장 관할세무서장에게 납부하여야 함

구 분	주요 내용
확정신고와 납부	• 각 과세기간의 과세표준과 납부세액을 그 과세기간 종료 후 25일 이내에 사업장 관할세무서장에게 신고납부하여야 함 • 영수증 발급 대상인 간이과세자(세금계산서 발급하지 아니하는 간이과세자)는 영수증만을 발급하고 영수증 제출의무는 없음 • 발급받은 세금계산서에 대한 매입처별세금계산서합계표 및 발급한 세금계산서에 대한 매출처별세금계산서합계표는 확정신고와 함께 제출하여야 함 • 다음의 요건을 모두 충족하는 사업자는 간이과세자 부가가치세 간편 신고서(별지 제45호 및 제45호 서식)를 이용하여 신고할 수 있다. ① 해당 예정부과기간 또는 과세기간에 1개 업종의 사업만을 경영 ② 영세율, 재고납부세액, 가산세 또는 신용카드매출전표에 따른 매입세액에 대하여 신고사항이 없는 경우 ③ 해당 예정부과기간 또는 과세기간에 세금계산서를 발급하지 않은 경우
결정·경정 및 징수	• 일반과세자의 경우 준용

가산세	가산세의 종류	가산세
	① 미등록가산세(고정사업장 없는 경우 제외)	공급대가 × 0.5%와 5만 원 중 큰 금액
	② 세금계산서 관련 가산세	세금계산서 발급의무가 있는 간이과세자만 적용 • 지연발급 : 공급가액의 1퍼센트 • 필요적 기재사항의 전부 또는 일부가 착오 또는 과실로 적혀있지 않거나 사실과 다른 경우 : 공급가액의 1퍼센트 • 미발급 : 공급가액의 2퍼센트 • 가공세금계산서 : 공급가액의 3퍼센트 • 위장 또는 과다기재 : 공급가액의 2퍼센트 • 세금계산서 미수취의 경우 공급대가의 0.5퍼센트 • 수취한 세금계산서를 매입세액 공제받지 아니하여 결정 또는 경정 기관의 확인을 거쳐 공제받는 경우 공급가액의 0.5퍼센트 • 매출처별 세금계산서합계표 미제출의 경우 공급가액의 0.5퍼센트(확정때 반영하는 경우 0.3퍼센트) • 매출처별 세금계산서합계표의 기재사항이 적혀있지 아니하거나 사실과 다르게 적혀있는 부분의 경우 공급가액의 0.5퍼센트 • 영세율 적용분을 신고하지 않은 경우 : 무신고한 공급대가의 0.5퍼센트

구 분	주요 내용	
	가산세의 종류	**가산세**
	③ 신고불성실가산세	일반과세자와 동일함
	④ 영세율과세표준 신고불성실가산세	
	⑤ 납부불성실가산세	
	→ 결정 또는 경정한 간이과세자의 그 해의 1월1일부터 12월 31일까지의 공급대가가 1억 400만 원 이상인 경우로서 세금계산서 등을 과세관청에 제출하여 매입세액공제를 받는 경우에는 공급가액의 1% 상당액 가산세가 있음(2020년 12월 31일분까지 적용)	
납부의무의 면제	• 간이과세자의 해당 과세기간에 대한 공급대가가 4,800만 원 미만인 경우에는 해당 과세기간에 대한 납부세액의 납부의무를 면제함 • 가산세도 부과하지 않는다. • 다만, 일반과세자가 간이과세자로 변경되는 경우 납부세액에 가산하여 납부하여야 할 재고납부세액은 납부하여야 함	

03 납부의무의 면제

① 간이과세자의 해당 과세기간에 대한 공급대가의 합계액이 <u>4,800만 원 미만</u>[151]이면 예정부과·납부 및 신고·납부 규정에도 불구하고 납부세액의 납부의무를 면제한다. 단, 재고납부세액 납부의무는 면제하지 않는다.

② 납부의무가 면제되는 사업자가 자진 납부한 사실이 확인되면 납세지 관할세무서장은 납부한 금액을 환급하여야 한다.

③ 납부할 의무를 면제하는 경우 대하여는 가산세 규정을 적용하지 않는다. 다만, 납부의무면제가가 사업개시 후 20일 이내에 사업자등록을 신청하지 않은 경우(고정된 물적시설을 갖추지 않고 공부에 등록된 사업장 소재지가 없는 경우는 제외함)에는 공급대가의 0.5%와 5만 원 중 큰 금액을 미등록가산세로 부과한다.

④ 납부의무의 면제 규정을 적용할 때 다음의 경우에는 그 공급대가의 합계액을 12개월로 환산한 금액을 기준으로 한다.
  ㉠ 해당 과세기간에 신규로 사업을 시작한 간이과세자는 그 사업개시일부터 그 과세기간 종료일까지의 공급대가의 합계액

---

151) 2019.1.1. 이후 신고하는 분부터(부칙 §6)

ⓛ 휴업자·폐업자 및 과세기간 중 과세유형을 전환한 간이과세자는 그 과세기간 개시일부터 휴업일·폐업일 및 과세유형 전환일까지의 공급대가의 합계액
ⓒ 일반과세자에서 간이과세자로 변경되어 7.1.~12.31.의 과세기간의 적용을 받는 간이과세자는 해당 과세기간의 공급대가의 합계액

04 납부의무의 면제 특례(조세특례제한법 제108조의5)

① 다음의 요건을 모두 갖춘 사업자가 2020년 12월 31일까지 재화 또는 용역을 공급한 분에 대하여 부가가치세 납부의무를 면제한다(재고품 등 매입세액 가산 제외).
- 간이과세자
- 과세기간의 공급대가의 합계액이 3천만 원 이상 4천800만 원 미만
② 둘 이상의 서로 다른 사업을 경영하는 경우에는 감면배제사업이 아닌 사업에 한정

문제

간이과세자의 납부세액 (세무회계1급 80회 기출)

1. 매출내역(공급대가 기준)
    (1) 신용카드 매출전표 발행분 : 10,000,000원
    (2) 현금영수증 발행분 : 5,000,000원
    (3) 영수증 발행분 : 33,000,000원
    (4) 통신사 마일리지 보전액 : 4,000,000원
        통신사 마일리지를 고객이 사용하고 해당 통신사로부터 보전 받은 금액이다.
2. 매입내역(공급대가기준)
    (1) 세금계산서 수취분(사업관련) : 5,500,000원
    (2) 계산서 수취분(면세농산물구입) : 5,000,000원
        이 중 4,000,000원은 관련사업에 사용하고 1,000,000원은 거래처 업무추진비로 사용하였다.
    (3) 신용카드 수취분(사업관련) : 3,000,000원
3. 관할세무서장이 고지하여 납부한 예정고지세액 : 300,000원
4. 세부담 최소화를 가정하고 위 사업자는 소득세법상 간편장부대상자이다.
6. 세금계산서는 적법하게 발급 받았으며 부가가치세 신고는 우편신고를 가정함.

음식점업(부가율 15%) 사업자인 경우 차가감납부세액을 계산하세요.

① 매출세액 : 780,000원

   (10,000,000 + 5,000,000 + 33,000,000 + 4,000,000) × 10% × 15% = 780,000원

② 매입세액 : (127,500원)

   (5,500,000 + 3,000,000) × 0.5% = 127,500원

③ 신용카드매출전표발행세액공제 : (195,000원)

   (10,000,000 + 5,000,000) × 1.3% = 195,000원

④ 납부세액 : ① − ② − ③ = 457,500원

⑤ 예정고지세액 : 300,000원

⑥ 차가감납부세액 : 457,500 − 300,000 = 157,500원

문제

다음 중 부가가치세법상 간이과세자에 대한 설명으로 옳은 것은?

① 간이과세자는 음식점업의 경우에만 의제매입세액공제를 적용받을 수 있다.

② 간이과세자는 해당 과세기간에 세금계산서 등을 발급받은 매입세액에 업종별 부가가치율을 곱한 금액을 납부세액에서 공제한다.

③ 부동산임대업의 경우 연간 공급대가의 합계액이 4,800만원 미만이더라도 납부세액이 발생한다.

④ 간이과세자도 영세율을 적용받을 수 있다.

⑤ 간이과세자의 과세표준은 해당 과세기간의 공급가액의 합계액으로 한다.

[답] ④

간이과세자 부가가치세 [ ]예정신고서 [ ]신고서 [ ]기한후과세표준신고서

(4쪽 중 제1쪽)

| 관리번호 | | | | | | | | 처리기간 | | 즉시 | |

신고기간	년 (월 일 ~ 월 일)		

사업자	상 호		성명(대표자명)		사업자등록번호		–	–	
	생년월일			전화번호	사업장		주소지		휴대전화
	사업장 소재지				전자우편주소				

❶ 신고내용

구 분				금 액	부가가치율	세율	세 액
과세표준 및 매출세액	21.6.30. 이전 과세분	전기·가스·증기 및 수도사업	(1)		5/100	10/100	
		소매업, 재생용 재료수집 및 판매업, 음식점업	(2)		10/100	10/100	
		제조업, 농·임·어업, 숙박업, 운수 및 통신업	(3)		20/100	10/100	
		건설업, 부동산임대업, 그 밖의 서비스업	(4)		30/100	10/100	
	21.7.1. 이후 과세분	소매업, 재생용 재료수집 및 판매업, 음식점업	(5)		15/100	10/100	
		제조업, 농·임·어업, 소화물 전문 운송업	(6)		20/100	10/100	
		숙박업	(7)		25/100	10/100	
		건설업, 운수 및 창고업(소화물 전문 운송업 제외), 정보통신업, 그 밖의 서비스업	(8)		30/100	10/100	
		금융 및 보험 관련 서비스업, 전문·과학 및 기술 서비스업(인물사진 및 행사용 영상 촬영업 제외), 사업시설관리·사업지원 및 임대서비스업, 부동산 관련 서비스업, 부동산임대업	(9)		40/100	10/100	
	영세율 적용분	세금계산서 발급분	(10)			0/100	
		기 타	(11)			0/100	
	재 고 납 부 세 액		(12)				
	합 계		(13)			㉮	
공제세액	매입세금계산서등 수취 세액공제	21.6.30. 이전 공급받은 분	(14)				뒤쪽 참조
		21.7.1. 이후 공급받은 분	(15)				
	의 제 매 입 세 액 공 제		(16)				
	매입자발행 세금 계산서 세액공제	21.6.30. 이전 공급받은 분	(17)				
		21.7.1. 이후 공급받은 분	(18)				
	전 자 신 고 세 액 공 제		(19)				
	신용카드매출전표등 발행세액공제	21.6.30. 이전 공급한 분	(20)				
		21.7.1. 이후 공급한 분	(21)				
	기 타		(22)				
	합 계		(23)			㉯	
매 입 자 납 부 특 례 기 납 부 세 액			(24)			㉰	
예 정 고 지 (신 고) 세 액			(25)			㉱	
가 산 세 액 계			(26)			㉲	
차 감 납 부 할 세 액 (환급받을 세액) (㉮ – ㉯ – ㉰ – ㉱ + ㉲)			(27)				

❷ 과세표준 명세

	업 태	종 목	업 종 코 드	금 액
(28)				
(29)				
(30)	기타(수입금액 제외분)			
(31)	합 계			

❸ 면세수입금액

	업 태	종 목	업 종 코 드	금 액
(32)				
(33)				
(34)	수입금액 제외분			
(35)	합 계			

❹ 국세환급금계좌신고	거래은행	은행 지점	계좌번호	
❺ 폐 업 신 고	폐업연월일	. .	폐업사유	
❻ 영 세 율 상 호 주 의	여[ ] 부[ ]	적용구분	업종	해당 국가

「부가가치세법 시행령」 제114조 제3항 및 「국세기본법」 제45조의3에 따라 위의 내용을 신고하며, 위 내용을 충분히 검토하였고 신고인이 알고 있는 사실 그대로를 정확하게 작성하였음을 확인합니다.

년 월 일

신고인:
(서명 또는 인)

세무대리인은 조세전문자격자로서 위 신고서를 성실하고 공정하게 작성하였음을 확인합니다.

세무대리인:
(서명 또는 인)

세무서장 귀하

세무대리인	성 명		사업자등록번호		전화번호	

첨부서류	1. 매입처별 세금계산서합계표 2. 매출처별 세금계산서합계표(세금계산서를 발급한 자만 제출합니다) 3. 매입자발행 세금계산서합계표 4. 영세율 첨부서류(영세율 적용을 받는 자만 제출합니다) 5. 부동산임대공급가액명세서(부동산임대업자만 제출합니다) 6. 사업장현황명세서(음식, 숙박 및 그 밖의 서비스업자가 확정신고를 하는 경우만 제출합니다) 7. 의제매입세액 공제신고서 8. 그 밖에 「부가가치세법 시행규칙」 제74조 제2항에 따른 해당 서류	수수료 없음

작 성 방 법

이 신고서는 한글과 아라비아 숫자로 작성하며, 금액은 원 단위까지 표시합니다.

▨ 란은 사업자가 적지 않습니다.

❶ 신고내용란

(1) ~ (4): 해당 업종의 금액란에는 2021년 6월 30일 이전 매출액(과세분으로 공급한 재화 또는 용역의 공급대가)을 적습니다.
(5) ~ (9): 해당 업종의 금액란에는 4쪽 중 제3쪽 (40),(45),(50),(55),(60)합계란의 금액을 적습니다. 세액란에는 (금액×해당 업종의 부가가치율×10/100)에 따라 계산된 세액을 적습니다.
(10)·(11): 해당 신고대상기간에 영세율이 적용되는 사업실적 중 세금계산서 발급분은 (10)란에, 세금계산서 발급의무가 없는 부분은 (11)란에 적습니다.
(12): 일반과세자에서 간이과세자로 변경된 사업자가 변경된 날 현재의 재고품 및 감가상각자산에 대한 재고납부세액을 납부하는 경우에 적습니다.
(14): 일반과세자로부터 받은 세금계산서 또는 신용카드매출전표 등에 적은 매입세액을 공제받는 경우에 적으며, 금액란에는 해당 매입세금계산서 또는 신용카드매출전표 등에 적은 부가가치세 합계액을, 세액란에는 (금액× 해당 업종의 부가가치율)에 따라 계산된 세액을 적습니다.
(15): 사업자로부터 세금계산서 또는 신용카드매출전표 등을 발급받아 납부세액에서 공제받는 경우에 적으며, 금액란에는 해당 매입세금계산서 또는 신용카드매출전표 등에 적은 공급대가 합계액을, 세액란에는 (금액× 0.5퍼센트)에 따라 계산된 세액을 적습니다.
(16): 음식점업, 제조업 사업자가 2021년 6월 30일 이전에 공급받아 음식점업, 제조업에 사용된 면세농산물등에 대한 의제매입세액을 공제받는 경우에 적고, 금액란에는 의제매입세액 공제신고서의 면세농산물등의 매입가액을, 세액란에는 [음식점업 사업자 중 과세유흥장소 사업자는 면세농산물등의 가액 × 2/102, 과세유흥장소 외 음식점업 사업자는 면세농산물등의 가액 × 8/108(과세표준 4억 원 이하인 경우 9/109), 제조업 사업자는 면세농산물등의 가액 × 6/106]에 따라 계산한 금액을 적습니다.
(17): 매입자가 관할세무서장으로부터 거래사실확인 통지를 받고 발행한 매입자발행 세금계산서에 적은 매입세액을 공제받는 경우에 적으며, 금액란에는 해당 매입세금계산서 또는 신용카드매출전표 등에 적은 부가가치세 합계액을, 세액란에는 (금액× 해당 업종의 부가가치율)에 따라 계산된 세액을 적습니다.
(18): 매입자가 관할세무서장으로부터 거래사실확인 통지를 받고 발행한 매입자발행 세금계산서에 적은 매입세액을 공제받는 경우에 적으며, 금액란에는 해당 매입세금계산서 또는 신용카드매출전표 등에 적은 공급대가 합계액을, 세액란에는 (금액× 0.5퍼센트)에 따라 계산된 세액을 적습니다.
(19): 「조세특례제한법」 제104조의8 제2항에 따른 전자신고 세액공제 금액(10,000원)을 적되, 공제세액이 (13)란의 세액에서 (14)란부터 (18)란까지의 세액을 뺀 후의 세액을 초과할 때에는 그 초과하는 세액은 공제되지 아니합니다.
(20): 2021년 6월 30일 이전에 신용카드 등이나 전자화폐에 의한 매출액이 있는 사업자가 적으며, 금액란에는 신용카드 등 및 전자화폐에 의한 매출액을, 세액란에는 (신용카드 등이나 전자화폐 매출액 × 13/1,000, 음식점업 또는 숙박업은 26/1,000)에 따라 계산한 금액을 적습니다.
(21): 2021년 7월 1일 이후에 신용카드 등이나 전자화폐에 의한 매출액이 있는 사업자가 적으며, 금액란에는 신용카드 등 및 전자화폐에 의한 매출액을, 세액란에는 (신용카드 등이나 전자화폐 매출액 × 10/1,000, 2021년 12월 31일까지는 13/1,000)에 따라 계산한 금액을 적습니다.
※ (20)의 세액과 (21)의 세액을 더한 금액은 연간 500만 원을 한도로 하되, 2021년 12월 31일까지는 1,000만 원을 한도로 적습니다.
(23): 세액의 합계액은 (13)란을 한도로 하여 공제합니다.
(24): 「조세특례제한법 시행령」 제106조의9 제5항 및 제106조의13 제4항에 따른 부가가치세 관리기관이 국고에 직접 입금한 부가가치세액을 세액란에 적습니다.
(25): 해당 과세기간 중에 예정고지(신고)된 세액이 있는 경우 그 예정고지(신고)세액을 적습니다.
(26): 신고한 내용에 가산세가 적용되는 경우가 있는 사업자만 적으며, 4쪽 중 제3쪽 (76)합계란의 세액을 적습니다.

❷ 과세표준 명세란

(28)·(29): (13)의 과세표준 합계액을 업태, 종목별로 구분하여 적습니다.
(30): 부가가치세는 과세되나 소득세 과세 시 수입금액에서 제외되는 금액(고정자산매각, 직매장공급 등)을 적고, (31)란의 합계액이 (13)란의 금액과 일치해야 합니다.

❸ 면세수입금액란

(32)·(33): 부가가치세가 면세되는 매출액이 있는 경우 업태, 종목별로 구분하여 적습니다.
(34): 면세수입금액 중 종합소득세 과세 시 수입금액에서 제외되는 금액(고정자산매각 등)을 적습니다.

❹ 국세환급금계좌신고란

국세환급금을 송금받으려는 거래은행과 계좌번호를 적습니다.

❺ 폐업신고란

폐업을 하고 확정신고하는 사업자만 적습니다.

❻ 영세율상호주의란

「부가가치세법」 제25조 또는 같은 법 시행령 제33조 제2항 제1호 단서 및 제2호에 따라 영세율에 대한 상호주의가 적용되어 (10)·(11)란에 영세율 과세표준 금액이 존재하는 사업자가 적습니다. 적용구분란에는 부가가치세법령상 근거조항(예: 법 제21조, 법 제22조, 법 제23조, 법 제24조 제1항 제1호, 법 제24조 제1항 제2호, 영 제33조 제2항 제1호 단서, 영 제33조 제2항 제2호)을 적고, 업종란에는 부가가치세 영세율이 적용된 재화·용역 또는 그 업종을 적습니다.

210mm×297mm[백상지(80g/㎡) 또는 중질지(80g/㎡)]

※ 이 쪽은 해당 사항이 있는 사업자만 사용합니다.
※ 아래의 작성방법을 읽고 작성하시기 바랍니다.

사업자등록번호 ☐☐☐ - ☐☐ - ☐☐☐☐☐ *사업자등록번호는 반드시 적으시기 바랍니다.

	구분			금액(공급대가)
(5)~(9) 21.7.1. 이후 과세분 명세	(5) 소매업, 재생용 재료수집 및 판매업, 음식점업	세금계산서 발급분	(36)	
		매입자발행 세금계산서	(37)	
		신용카드 · 현금영수증 발행분	(38)	
		기타(정규영수증 외 매출분)	(39)	
		합 계	(40)	
	(6) 제조업, 농 · 임 · 어업, 소화물 전문 운송업	세금계산서 발급분	(41)	
		매입자발행 세금계산서	(42)	
		신용카드 · 현금영수증 발행분	(43)	
		기타(정규영수증 외 매출분)	(44)	
		합 계	(45)	
	(7) 숙박업	세금계산서 발급분	(46)	
		매입자발행 세금계산서	(47)	
		신용카드 · 현금영수증 발행분	(48)	
		기타(정규영수증 외 매출분)	(49)	
		합 계	(50)	
	(8) 건설업, 운수 및 창고업(소화물 전문 운송업 제외), 정보통신업, 그 밖의 서비스업	세금계산서 발급분	(51)	
		매입자발행 세금계산서	(52)	
		신용카드 · 현금영수증 발행분	(53)	
		기타(정규영수증 외 매출분)	(54)	
		합 계	(55)	
	(9) 금융 및 보험 관련 서비스업, 전문 · 과학 및 기술서비스업(인물사진 및 행사용 영상 촬영업 제외), 사업시설관리 · 사업지원 및 임대서비스업, 부동산 관련 서비스업, 부동산임대업	세금계산서 발급분	(56)	
		매입자발행 세금계산서	(57)	
		신용카드 · 현금영수증 발행분	(58)	
		기타(정규영수증 외 매출분)	(59)	
		합 계	(60)	

	구 분			금 액	세 율	세 액
(26) 가산세액 명세	사업자 미등록 등		(61)		5 / 1,000	
	세 금 계 산 서	지연발급 등	(62)		1 / 100	
		미발급 등	(63)		뒤쪽 참조	
		미수취	(64)		5 / 1,000	
	세금계산서 합계표	제 출 불성실	(65)		5 / 1,000	
		지연제 출	(66)		3 / 1,000	
	신고 불성실	무신고(일반)	(67)		뒤쪽 참조	
		무신고(부당)	(68)		뒤쪽 참조	
		과소신고(일반)	(69)		뒤쪽 참조	
		과소신고(부당)	(70)		뒤쪽 참조	
	납 부 지 연		(71)		뒤쪽 참조	
	결정 · 경정기관 확인 매입세액 공제		(72)		5 / 1,000	
	영세율 과세표준신고 불성실		(73)		5 / 1,000	
	매입자 납부특례	거래계좌 미사용	(74)		뒤쪽 참조	
		거래계좌 지연입금	(75)		뒤쪽 참조	
	합 계		(76)			

210mm×297mm[백상지(80g/㎡) 또는 중질지(80g/㎡)]

작 성 방 법

(36) ~ (60): 해당 신고대상기간에 부가가치세가 과세되는 사업실적 중 세금계산서 발급분은 (36),(41),(46),(51),(56)란에, 매입자로부터 받은 매입자발행 세금계산서의 발급분은 (37),(42),(47),(52),(57)란에, 신용카드매출전표등 발행분과 전자화폐수취분은 (38),(43),(48),(53),(58)란에, 세금계산서 발급의무가 없는 부분 등 그 밖의 매출은 (39),(44),(49),(54),(59)란에 적습니다.

※ 이 때 금액은 공급대가를 적습니다.

(61) ~ (76): 아래의 각 가산세 부과 사유를 참고해서 해당란에 적습니다.

가산세 부과 사유	가산세 적용대상 금액	가산세율
(61): 사업자등록을 하지 않은 경우 사업자등록을 타인 명의로 한 경우 또는 타인 명의의 사업자등록을 이용한 경우	미등록 신고기간 동안의 공급대가(매출액) 공급대가(매출액)	5/1,000* 5/1,000
(62): 세금계산서 발급시기를 경과하여 발급하거나 세금계산서의 필요적 기재사항의 전부 또는 일부가 착오 또는 과실로 적혀 있지 않거나 사실과 다른 경우	공급가액	1/100
(63): 세금계산서를 발급하지 않은 경우 재화 또는 용역의 공급 없이 세금계산서등을 발급한 경우 실제로 재화 또는 용역을 공급하는 자가 아닌 자의 명의로 세금계산서 등을 발급하거나 재화 또는 용역의 공급가액을 과다하게 기재하여 세금계산서 등을 발급한 경우	공급가액 세금계산서등에 적힌 금액 공급가액	2/100 3/100 2/100
(64): 세금계산서를 발급하여야 하는 사업자로부터 재화 또는 용역을 공급받고 세금계산서를 발급받지 아니한 경우	공급대가	5/1,000
(65): 매출처별 세금계산서합계표를 제출하지 아니한 경우 거래처별 등록번호 또는 공급가액의 전부 또는 일부가 적혀 있지 않거나 사실과 다르게 적혀 있는 경우	제출하지 아니한 부분에 대한 공급가액 기재사항이 적혀 있지 않거나 사실과 다르게 적혀 있는 부분에 대한 공급가액	5/1,000
(66): 매출처별 세금계산서합계표를 법 제66조6항 단서에 따라 신고를 할 때 제출하지 못하여 해당 예정부과기간이 속하는 과세기간에 확정신고를 할 때 제출하는 경우	공급가액	3/1,000
(67)·(68): 법정기한까지 신고하지 않은 경우	무신고 납부세액	20/100(부당 40/100)
(69)·(70): 법정기한까지 과소신고한 경우	과소신고 납부세액	10/100(부당 40/100)
(71): 법정기한까지 납부세액을 납부하지 않은(과소납부한) 경우	미납부(과소납부)한 납부세액	지연납부일수 1일당 25/100,000
(72): 결정·경정기관의 확인을 거쳐 매입세액 공제받는 경우	공급가액	5/1,000
(73): 영세율 적용분을 신고하지 않은(과소신고한) 경우	무신고(과소신고)한 공급대가(매출액)	5/1,000
(74): 「조세특례제한법」 제106조의4 제7항 및 제106조의9 제6항에 따라 금거래계좌, 스크랩등거래계좌를 사용하지 않고 결제받은 경우	제품가액	10/100
(75): 「조세특례제한법」 제106조의4 제8항 및 제106조의9 제7항에 따라 입금기한 내에 금거래계좌, 스크랩등거래계좌에 입금하지 않은 경우	지연 입금한 부가가치세액	지연입금일수 1일당 25/100,000

* 납부의무면제자의 경우 5/1,000와 5만 원 중 큰 금액

210mm×297mm[백상지(80g/㎡) 또는 중질지(80g/㎡)]

■ 박성욱

▌ 저자 약력

• 서울대학교 인문대학 국어국문학과(학사)
• 서울대학교 대학원 경영학과 회계학전공(석사)
• 서울대학교 대학원 경영학과 회계학전공(박사)

• SSCI, SCI급 논문을 포함한 102편의 학술논문 게재
• 한국세무학회 우수논문상 수상
• 한국세무학회 최우수학위논문상 수상
• 한국세무학회 우수논문발표상 수상
• 한국경영학회 융합학술대회 우수논문상 수상
• 한국조세연구포럼 우수논문상 수상
• 국세청장 표창 수상
• 금융위원장 표창 수상
• 국가고시 출제위원

(현)
• 경희대학교 경영대학 회계·세무학과 교수
• 경희대학교 경영대학원 세무관리학과 학과장
• 한국세무관리학회 회장
• LH 기술심사 평가위원
• 한국수력원자력 특수계약 심의위원회 위원
• 경기도 물류단지 실수요검증위원회 위원
• 하남도시공사 기술자문위원
• 김포도시관리공사 계약심의위원회 위원
• 사단법인 한국회계정보학회 부회장
• 사단법인 한국조세연구포럼 부회장
• 사단법인 한국회계학회 상임이사

(전)
• 경희대학교 경영대학원 부원장
• 중부지방국세청 국세심사위원회 위원
• 국민체육진흥공단 자산위험관리위원회 위원
• 서울특별시 투자·출연기관 경영평가 위원
• 한국세무학회 〈세무학연구〉 편집위원장
• 한국세무학회 〈세무와회계저널〉 편집위원장
• 경희대 등록금심의위원회 위원장
• San Diego State University Visiting Scholar

■ 김선일

▌ 저자 약력

• 연세대학교 경제학과(학사)
• 경희대학교 경영대학원 세무관리학과(석사)
• 경희대학교 대학원 회계세무학과(박사수료)
• 인천지방국세청장 표창
• 한국세무사회 공로상
• 인천지방세무사회 공로상

(현)
• 세무사
• 경희대학교 경영대학원 세무관리학과 겸임교수
• 한국세무사회 세무연수원 교수
• 인천지방세무사회 연수위원
• 한국세무사회 자격시험 출제위원

(전)
• 명지전문대학교 세무회계학과 겸임교수
• 웅지세무전문대학교 경영세무정보학부 겸임교수
• 한양여자대학교 세무회계학과 겸임교수

개정증보판 **부가가치세 이론과 실무**

2024년 2월 28일 초판 발행
2025년 2월 18일 2판 발행

저 자 박 성 욱
       김 선 일
발 행 인 이 희 태
발 행 처 **삼일피더블유씨솔루션**
서울특별시 용산구 한강대로 273 용산빌딩 4층
등록번호 : 1995. 6. 26 제3 - 633호
전   화 : (02) 3489 - 3100
F A X : (02) 3489 - 3141
I S B N : 979 - 11 - 6784 - 345 - 6 93320

저자협의
인지생략

정가 35,000원

※ '삼일인포마인'은 '삼일피더블유씨솔루션'의 단행본 브랜드입니다.
※ 파본은 교환하여 드립니다.